ZENTRALASIEN

Auf der Seidenstraße durch Kasachstan, Kirgistan, Usbekistan, Tadschikistan und Turkmenistan

Dagmar Schreiber

TRESCHER VERLAG

1. Auflage 2019

Trescher Verlag
Reinhardtstr. 9
10117 Berlin
www.trescher-verlag.de

ISBN 978-3-89794-449-7

Herausgegeben von Bernd Schwenkros und
Detlev von Oppeln

Reihenentwurf und Gesamtgestaltung:
Bernd Chill
Gestaltung, Satz, Bildbearbeitung: Ulla Nickl
Lektorat: Sabine Fach
Stadtpläne und Karten: Johann Maria Just,
Martin Kapp

Gedruckt auf chlorfrei gebleichtem Papier

Printed in Germany

Alle Angaben in diesem Reiseführer wurden sorgfältig recherchiert und überprüft. Dennoch können Entwicklungen vor Ort dazu führen, dass einzelne Informationen nicht mehr aktuell sind. Gerne nehmen wir dazu Ihre Hinweise und Anregungen entgegen. Bitte schreiben Sie an **post@trescher-verlag.de.**

Titel: Blick über die Altstadt von Chiwa,
Usbekistan (→ S. 403)
Klappe vorne: Astana (Nur-Sultan),
Kasachstan (→ S. 117)
Klappe hinten: Herbst am Song-Köl,
Kirgistan (→ S. 233)

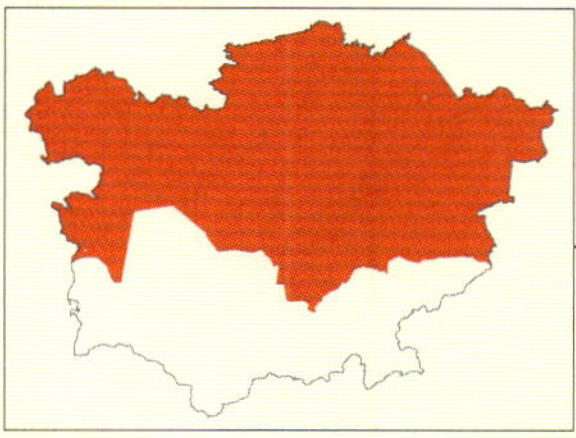

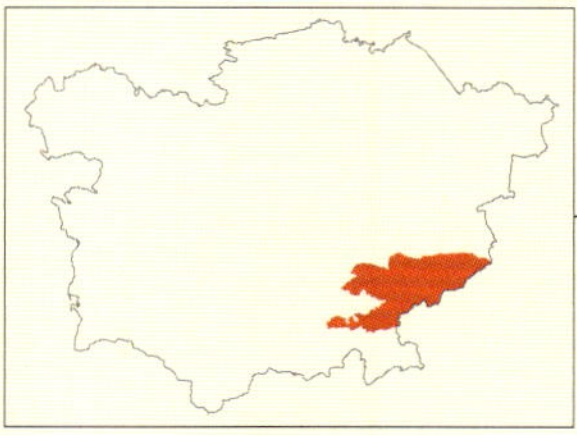

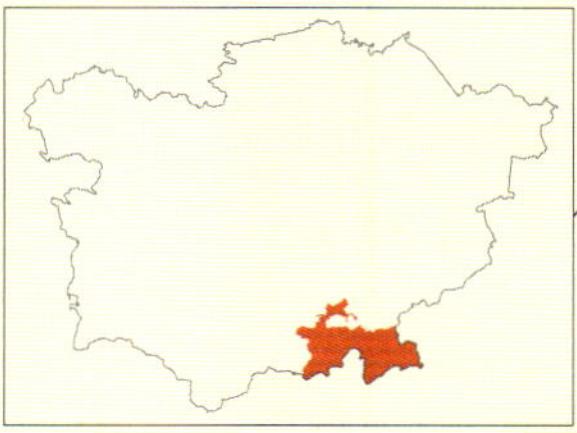

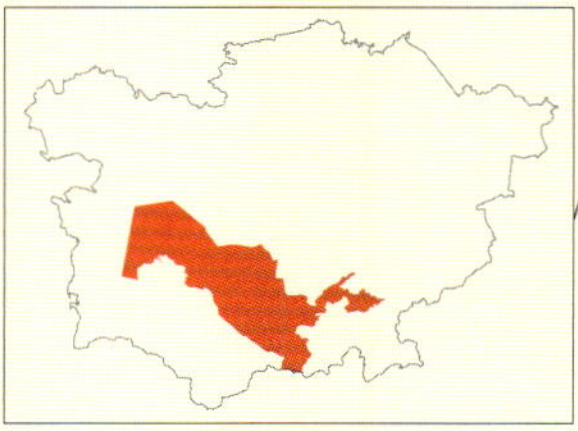

Eingangsportal der Moschee Hazret Sultan in Astana (Nur-Sultan)

TURKMENISTAN

REISETIPPS VON A BIS Z

ANHANG

EXTRA

Gastfreundschaft in Sary Tschaschma (Tadschikistan)

Vorwort

Diese Welt schau dir an mit dem Auge der Weisheit,
Nicht mit dem Auge, mit dem du sonst schaust.
Sie ist wie das Meer, und aus Wohltaten baust
Du dir ein Schiff, damit du die Weite durchschaust.

Rudaki (858–941), tadschikischer Nationaldichter

Als der deutsche Geograph Ferdinand von Richthofen 1877 den Begriff ›Seidenstraßen‹ prägte, ahnte er nicht, was dieser magische Begriff knapp 150 Jahre später auslösen sollte. Weder konnte er wissen, dass Millionen Reisende sich plötzlich dieser Weltgegend zuwenden würden, um die Spuren einer faszinierenden Geschichte mit eigenen Augen zu sehen, noch war er in der Lage vorauszusehen, dass die Weltmacht China mit der beabsichtigten Investition von einer Billion US-Dollar in diese Ost-West-Drehscheibe für Unruhe unter den anderen ›global playern‹ sorgen würde. Richthofen wollte einen Arbeitsbegriff schaffen, der den regen Handel zwischen Ost und West bis zum 15./16. Jahrhundert beschrieb. Doch die Seidenstraße war natürlich keine Straße, und Seide war bei weitem nicht das einzige hier beförderte Gut. Der Begriff Seidenstraßen beschreibt ein Geflecht von gefährlichen und beschwerlichen Karawanenwegen, die weit über die einzige Route hinausreichten, auf die sie heute oft reduziert werden. Und in der Tat war Seide lange das Hauptzahlungsmittel in den Handelsknotenpunkten entlang dieser Karawanenrouten. Das zweite, nicht minder wichtige Zahlungsmittel waren Sklaven. Hoch im Kurs standen Europäer, die von den Rus aus dem Nordwesten bis ans Kaspische Meer gebracht wurden und von hier ihre Reise in den Orient antraten.

Wie gut, dass wir heute sicher reisen können. Und Seide wird in den Manufakturen Zentralasiens auch noch hergestellt. Doch wer weiß schon von den anderen Geschichten aus dieser Weltgegend? Wer weiß, dass der mathematische Algorithmus vom Namen des berühmten Mathematikers, Geographen und Astronomen Al-Chorezmi hergeleitet wurde, der im 9. Jahrhundert in der Nähe von Chiwa geboren wurde? Sind die Pasta-Liebhaber unter uns sich darüber im Klaren, dass in den Kesseln der Nomaden schon seit Jahrtausenden Fleisch mit Nudeln vor sich hinbrodelt? Wem ist bekannt, dass der erste Mensch im Kosmos, Juri Gagarin, von kasachischer Erde zu seinem Himmelsflug startete?

Lassen wir uns überraschen von Zentralasiens Geschichten, die so bunt sind wie die Kleider der Frauen, lassen wir uns inspirieren von den unglaublich vielfältigen, grandiosen Landschaften. Lassen wir uns anrühren von der sprichwörtlichen Gastfreundschaft der Tadschiken, Usbeken, Kirgisen, Kasachen, Turkmenen, Russen, Tataren, Uighuren, Karakalpaken und der hundert anderen Ethnien, die von Völkerwanderungen, Eroberungszügen, Deportationen, Handel und Wandel hierhergetragen wurden und eine faszinierende kulturelle Melange gebildet haben. Nutzen Sie die neue Reisefreiheit. Nach Kirgistan, Kasachstan und Usbekistan darf man inzwischen ohne Visum reisen, das tadschikische E-Visum kostet Sie nur wenige Klicks am Bildschirm.

Möge dieses Buch Ihre Neugier beflügeln.

Die schönsten Reiseziele

Naturschönheiten

Yssyk-Köl ▶

Das ›kirgisische Meer‹ ist einer der größten Hochgebirgsseen der Welt, und die Umrahmung durch die Vier- und Fünftausender des Tien Shan macht ihn unwiderstehlich. Badeurlaub lässt sich ergänzen mit ein paar Nächten in einer Jurte, Ausflügen in die Berge oder gar einer Trekking-Tour zu Fuß oder Pferd. (→ S. 193)

Pamir Highway ▶

Teilweise noch eine einsame Rumpelpiste, bald im Rahmen der chinesischen Initiative ›One Road, one belt‹ asphaltiert, ausgebaut und ihres Charmes beraubt – eine grandiose Straße von Duschanbe nach Osch in Kirgistan bzw. Taschkurgan in China oder andersherum. (→ S. 261)

Tien Shan Highway

Grüner als der Pamir Highway, nicht so menschenleer, es geht nicht ganz so hoch hinauf. Aber die Querung der Gebirge zwischen Bischkek und Osch ist auch nicht ganz ohne, und der Naryn mit dem Toktogul-Stausee und seinen Schluchten und Staudämmen ist spektakulär. (→ S. 213)

Altai-Berge und Vorland ◀

Die nordöstlichste Ecke Zentralasiens ist ganz anders als der ›Rest‹ – sibirisch. Nadelwald-Taiga, üppige Kräuterwiesen, der Schnee liegt meterhoch und verschwindet erst im April. Mittendrin der höchste Berg des Altai, die geheimnisumwitterte Bjelucha. (→ S. 166)

Kasachische Steppe

Ein schier unendliches Meer aus Gras und Kräutern. Pelikane und Flamingos an den Steppenseen. Riesige Vogelschwärme auf dem Durchzug im Mai und Spätsommer. Urzeitliche Tiere durchstreifen die Weiten der Steppe – Saiga-Antilopen, bedroht durch Wilderei, Klimawandel und Verlust ihres Lebensraumes.(→ S. 128)

Tulpenblüte in Kasachstan ▼
Wilde Tulpen gibt es in allen Stans, aber in den unterschiedlichsten Naturlandschaften Kasachstans findet man 40 Arten! Sie sind klein und weiß oder groß und farbig rot, sie blühen in Wüsten, Steppen und Bergen! Blütezeit ist von Ende März bis Mitte Juli, je nach Art und Biotop. (→ S. 125, 149)

Kaspische Küste ▼
Der größte Binnensee der Erde hat an seinem Ostufer über Jahrmillionen atemberaubende Landschaften geschaffen. Jangikala in Turkmenistan oder das Ustjurt-Plateau in Kasachstan sind zerklüftete Kalk-Cliffs von außerirdisch schöner Farbigkeit.
Wer hierher fährt, muss sich auf Camping in der Wüste einstellen – ein Erlebnis der besonderen Art. (→ S. 158, 350)

Ausläufer der Hissar-Berge in Usbekistan ▲
Auf dem Weg von Samarkand nach Termez passiert man Baysun-tau, die bunten, wunderlich erodierten Ausläufer der Hissar-Berge und das Tal des Surchandarja, wo inmitten bizarrer Canyons kleine Dörfer mit einer interessanten Alltagskultur auf Besucher warten. (→ S. 425)

Zentraler Tien Shan
Eine im wahrsten Sinne des Wortes herausragende Sehenswürdigkeit, besonders der prächtige Gipfel des Khan Tengri, 6995 Meter hoch. Man kann sich per Helikopter oder mühsam zu Fuß über den Engiltschek-Gletscher nähern, es sind gute Touren im Angebot, und es gibt Camps. (→ S. 205)

Wildlife in Tadschikistan
In allen fünf Ländern ist Wilderei ein großes Problem. Das führt dazu, dass man selbst in Nationalparks nur selten Wildtiere sieht, Hier setzt die tadschikische Organisation Tajwildlife an, die ehemalige Wilderer zu Wildhütern ausgebildet hat, damit sich Wildtierpopulationen erholen können. Finanziert wird dies durch punktuelle, hochdotierte Trophäenjagd sowie Ökotourismus. (→ S. 273, 276, 309)

Kulturhöhepunkte

Buchara ▶

Vom Weltkulturerbe-Dreigestirn der egendären Seidenstraßen-Städte Usbek stans ist Buchara wohl die schönste. Die Innenstadt ist autofrei, so lässt sich wunderbar flanieren, staunen und in den Auslagen der Händler stöbern – im traditionellen Flair der überkuppelten Basare. (→ S. 384)

Samarkand

Eine der ältesten Städte der Welt, vielmals erobert und zerstört und immer wieder aufgebaut. Glanzpunkte der timuridischen Zeit aus dem 15./16. Jahrhundert sind der weltbekannte Registan, das Mausoleum Gur-Emir, die Gräberstadt Schah-i Zinda und die gigantischen Ruinen der Moschee Bibi Chanym. (→ S. 369)

Merw und Margiana

Vor der Zerstörung durch die Mongolen war Merw, an der Kreuzung der Handelsstraßen von Ost nach West und Nord nach Süd gelegen, nach Bagdad die größte Stadt des mittleren Ostens. Heute können beeindruckende Ruinen aus zwei Jahrtausenden besichtigt werden, inmitten der uralten Kulturlandschaft der Margiana. (→ S. 328)

Konya Urgentsch ◀

Die Ruinen der alten Hauptstadt der Schahs von Chorezmien im Norden Turkmenistans lassen erahnen, was für eine Zivilisation hier unterging, als die Mongolen 1220 den Damm des Syrdarja zerstörten und alles fluteten, was sich ihnen nicht ergeben wollte. Ein Abstecher zum brennenden Gaskrater Darwaza in der Wüste Karakum bietet sich an. (→ S. 338)

Chiwa mit Nukus ▶

In der gut erhaltenen Wüstenfestung Chiwa wähnt man sich in einer mittelalterlich-orientalischen Welt. Hier, im legendären Chorezmien, entstand eine der ältesten Hochkulturen der Menschheit, deren Ruinen man in der Wüste noch finden kann. Ein Besuch im benachbarten Nukus im Sawitzki-Museum für moderne Kunst komplettiert die Wüstenreise. (→ S. 403, 413)

Turkestan
Zentralasiens bedeutendster Pilgerort und das einzige timuridische Bauwerk auf dem Territorium Kasachstans, das alle Maßstäbe sprengende Mausoleum für den Sufi-Scheich Achmed Jassawi, befindet sich in der ehemaligen Provinzstadt Turkestan, seit 2018 Gebietshauptstadt Südkasachstans. (→ S. 152)

World Nomad Games ▼
Kirgistan hat zuerst damit angefangen, seine nomadischen Traditionen als Kulturerbe anderen zugänglich zu machen: mit den alle zwei Jahre stattfindenden World Nomad Games. Reiter- und andere Wettkämpfe, Leben in Jurten, Herstellen von Filz, typische Küche, Jagd mit Greifvögeln und Windhunden – ein breites Spektrum wird geboten. (→ S. 197)

Traditionelle Lebensweise im Pamir ▶
In den engen, steinigen Tälern des Pamir und seiner Ausläufer hat sich eine uralte Lebensweise erhalten, sehr einfach und im Einklang mit der überaus dominanten Natur. Entlang des Pamir Highway, an den Seen des Fan-Gebirges, in den Tälern Jaghnob und Gorno-Matscha kann man noch einen Hauch dieser Traditionen erhaschen. (→ S. 261)

Ost-West-Metropole Almaty
Von allen modernen Städten Zentralasiens ist Almaty zweifellos die quirligste. Trotz Dauerstau und Smog gilt sie als Stadt mit der höchsten Lebensqualität – für Leute, die Geld haben. Das kulturelle und gastronomische Angebot kann sich sehen lassen, die Musikszene ist lebendig (Jazz, Ethno, Rock, Klassik). (→ S. 134)

Astana (Nur-Sultan) ▲
Die jüngste aller Sehenswürdigkeiten – Kasachstans buchstäblich aus dem Steppenboden gestampfte neue Hauptstadt, erst reichlich 20 Jahre alt. Eine Spielwiese für Architekten, hier durften sich Kurokawa, Norman Foster und andere beweisen. (→ S. 117)

Zum Umgang mit diesem Buch

Der Titel des Buches – ›Zentralasien‹ – mag bei Kennern Widerspruch hervorrufen, wird doch unter diesem Begriff in der Wissenschaft eine größere Region verstanden, die Teile der Mongolei, Nordwestchinas, Nordafghanistans und Nordpakistans einschließt. Korrekt müsste der Titel ›Mittelasien‹ lauten – dieser Begriff ist jedoch im ›Tourismus-Deutsch‹ wenig geläufig. Mag Zentralasien also in unserem Falle ›nur‹ Kasachstan, Kirgistan, Tadschikistan, Turkmenistan und Usbekistan umfassen.

Diese fünf Länder in einem Buch vollständig zu beschreiben, ist ein Ding der Unmöglichkeit. Ich möchte die Leser also von vornherein um Nachsicht bitten. Vieles musste allgemein bleiben, sei es nun die äußerst komplexe und vielschichtige Geschichte, Wirtschafts- und Sozialstatistiken oder das so reiche und mannigfaltige kulturelle Leben. Mir war es wichtig, den großen Zusammenhang zwischen den fünf Ländern herzustellen und aufzuzeigen, was das Besondere in jedem von ihnen ist.

Individualtouristen werden detaillierte Anfahrtswege und lange Listen von Hotels, Gästehäusern und Veranstaltern vermissen. Ich habe sie ganz bewusst weggelassen, denn sie allein hätten ein Buch gefüllt. Auch die Literaturtipps sind längst nicht erschöpfend. Weiterführende Informationen sind in den Reiseführern enthalten, die der Trescher Verlag zu jedem einzelnen der postsowjetischen ›Stans‹ vorrätig hat. Im Zeitalter von Google Earth und Booking.com gibt es eine Fülle von Informationen im Internet, im Buch sind außerdem einige Websites erwähnt, mit deren Hilfe man sich auch als Rucksacktourist gut durch die Länder navigieren kann.

Alle praktischen Informationen zu An- und Einreise, Wechselkursen, Reiseorganisation etc. finden Sie in den Reisetipps von A bis Z ab → S. 429.

Schreibweisen von Eigennamen

Die während der sowjetischen Zeit in allen zentralasiatischen Ländern verbindliche kyrillische Schrift wurde nach der Erlangung der staatlichen Unabhängigkeit in Turkmenistan und Usbekistan durch lateinische Lettern ersetzt, Kasachstan folgt 2020. Leider haben sich die drei Länder nicht auf eine gemeinsame Variante geeinigt, und so wird aus Buchara Buxoro oder Bukhara. Tadschikistan und Kirgistan verwenden noch das Kyrillische für die Verschriftung ihrer sehr verschiedenen Sprachen, nicht zu verges-

Ein häufiger Anblick: Pferdeherde in Kirgistan

sen das Russische, welches auch noch im Umlauf ist. Dazu kommt noch ein heilloses Durcheinander in den Ländern selbst, es gibt verschiedene Schreibweisen für ein und denselben Ort. Der Bindestrich ist da noch das geringere Übel: Songköl, Song-Köl, Song Köl, Song-Kul, Songkul etc. Für vorliegendes Buch musste also ein Kompromiss gefunden werden. Alle fünf Sprachen mit ihren unterschiedlichen Lauten versuche ich mit Buchstaben wiederzugeben, die der Aussprache so nahe wie möglich kommen. Die Regeln finden Sie auf → S. 458. Ich habe mich um Konsequenz bemüht, an einigen Stellen musste ich sie aber durchbrechen:

Die Ländernamen und andere gängige Orts-, Personen und Gegenstandsbezeichnungen, die im Deutschen schon lange gebräuchlich sind, weichen in ihrer Schreibweise teilweise von meinem Schema ab. Ich habe mich aus Gründen der Auffindbarkeit im Internet hier für die gebräuchlichen Schreibweisen entschieden, zum Beispiel:

Korrekte Transkription	Verwendete Schreibweise
Qazaqstan	Kasachstan
Kyrgyzstan	Kirgistan
Tadzhikistan	Tadschikistan
Balqasch	Balchasch
Altaj	Altai
Hisor	Hissar
Zarafschon	Serafschan
Ferghana oder Farghona	Fergana
Qaraqum	Karakum
Samarqand	Samarkand
Alaj	Alai
Semej	Semey

Für Tadschikistan gibt es einige sehr gute Karten, in denen die Orte nach den englischen Verschriftungsregeln bezeichnet sind. Hier habe ich teilweise diese Schreibweisen verwendet, das möge die Orientierung in diesen Karten erleichtern.

Bei wichtigen Orten habe ich bei der Einführung der Bezeichnung weitere Verschriftungsvarianten in Klammern gesetzt. Hätte ich das überall getan, wäre das Buch 20 Seiten dicker geworden.

Ebenfalls aus Gründen der Platzersparnis habe ich bei Adressenangaben fast immer auf das köschesi, kotschosu, kutschaj (Straße) verzichtet. Wenn dort Rudaki 6 steht, dann bedeutet das Kutschaj Rudaki 6, also Rudaki-Straße 6. Wenn eine Straße nach einem Russen benannt ist und sich in einem Ort befindet, in dem noch überwiegend Russisch gesprochen wird, dann setzt man den Namen in den Genitiv und es heißt nicht Gorki, sondern Gorkowo (geschrieben Gorkogo).

Wenn Ihnen Ungereimtheiten auffallen, schreiben Sie mir bitte. Meine Mailadresse finden Sie auf → S. 477. Die nächste Auflage dieses Buches wird dann mit Ihrer Hilfe ein bisschen besser. Danke.

Übrigens: Sie können den CO2-Ausstoß, den Sie mit Ihren Flügen verursachen, kompensieren: https://www.primaklima.org/baeume-verschenken/

Gerade in Zentralasien ändert sich das Klima dramatisch.

Danke, dass Sie so viel Verantwortung in Ihrem Reisegepäck haben.

Zahlen und Fakten

	Kasachstan	Kirgistan
Fläche	2,725 Mio. km²	198 500 km²
Staatsgrenzen	Russland, China, Kirgistan, Usbekistan	Kasachstan, China, Tadschikistan, Usbekistan
Territoriale Gliederung	3 Städte (Astana, Almaty, Schymkent) 14 Gebiete (Oblaste)	2 Städte (Bischkek, Osch), 7 Gebiete (Oblaste)
Höchster Berg	Peak Khan Tengri 6995 m	Peak Pobeda 7439 m
Klima, Durchschnitts-temperaturen Januar/Juli	Streng kontinentales Klima -18/+29 °C	Streng kontinentales Klima -8/+32 °C
Einwohnerzahl	18,4 Mio.	6,3 Mio.
Bevölkerungsdichte EW/km²	7	31
Ethnien in %	Kasachen 66, Russen 20, Usbeken 3, Ukrainer 2, Uighuren 1, Tataren 1, Deutsche 1, Koreaner	Kirgisen 72, Usbeken 14, Russen 6, Dunganen 1, Uighuren 1, Ukrainer 1, Tadschiken, Tataren, Kasachen
Bevölkerungswachst. (2016)	1,04 %	+ 1,05 %
Durchschnittsalter	28	26
Lebenserwartung bei Geburt	69,1 Männer 64,3, Frauen 73,9	70,3 Männer 66,4, Frauen 74,3
Anteil Stadtbevölkerung	53 %	36 %
Hauptstadt	Astana (Nur-Sultan)	Bischkek
Einwohner in der Hauptstadt	1,03 Mio.	1,04 Mio.
Sprachen	Amtssprache Kasachisch (ab 2020 lateinisches Alphabet), Russisch weit verbreitet	Amtssprache Kirgisisch (kyrillisches Alphabet), Russisch weit verbreitet
Religion(en)	sunnitischer Islam, orthodoxes Christentum	sunnitischer Islam, orthodoxes Christentum
Staats- und Regierungsform	Präsidialrepublik	Parlamentarische Republik
Präsident/im Amt seit ...	Kassym-Schomart Tokajew/ 2019	Sooronbai Dscheenbekow/ 2017
Nationalfeiertag	16.12.1991	31.8.1991
Korruptionsindex	31 (schlecht)	29 (sehr schlecht)
BIP nominal Kopf/Jahr 2018	8841 USD	1188 USD
Inflationsrate	7 % (2018)	4,5 % (2018)
Arbeitslosenquote/ inoffiziell	5,4 %/mindestens 11,5 %	7,8 %/?
Internetkennung	.kz	.kg

Tadschikistan	Turkmenistan	Usbekistan
143 100 km²	488 100 km²	448 978 km²
Kirgistan, China, Afghanistan, Usbekistan	Kasachstan, Usbekistan, Afghanistan, Iran	alle vier anderen plus Afghanistan
Stadt Duschanbe, Autonomes Gebiet Berg-Badachschan, 2 Gebiete (Wilojate), 13 Kreise	Stadt Aschgabat, 5 Gebiete (Welajate)	Stadt Taschkent, Autonome Republik Karakalpakistan, 12 Gebiete (Wilojate)
Peak Somoni 7495 m	Ayrybaba 3139 m	Hazrat Sulton 4643 m
Streng kontinentales Klima -8/+33 °C	Streng kontinentales Wüstenklima -4/+38 °C	Streng kontinentales Klima -5/+36 °C
9,1 Mio.	5,8 Mio.	32,6 Mio.
61	13,7	70
Tadschiken 84, Usbeken 13, Kirgisen 1, Russen, Tataren, Ukrainer, Deutsche	Turkmenen 77, Usbeken 9, Russen 7, Tataren 1, Aserbaidschaner, Armenier, Ukrainer, Koreaner, Tadschiken	Usbeken 71, Russen 5, Tadschiken 4, Karakalpaken 3, Kasachen 3, Tataren 3, Koreaner 2, Turkmenen, Uighuren
+1,62 %	+1,12 %	+0,93 %
22	25	28
70,4 Männer 67,7, Frauen 73,5	67,3 Männer 63,9, Frauen 70,8	70,8 Männer 68,1, Frauen 73,8
27 %	50 %	37 %
Duschanbe	Aschgabat	Taschkent
845 000	1 Mio.	2,3 Mio.
Amtssprache Tadschikisch (kyrillisches Alphabet), Russisch verbreitet	Amtssprache Turkmenisch (lateinisches Alphabet), Russisch verbreitet	Amtssprache Usbekisch (lateinisches Alphabet), Russisch, Tadschikisch, Karakalpakisch
sunnitischer Islam, schiitischer Islam (Ismailiten im Pamir)	sunnitischer Islam, schiitischer Islam, orthodoxes Christentum	sunnitischer Islam, orthodoxes Christentum
Präsidialrepublik	Präsidialrepublik	Präsidialrepublik
Emomali Rachmon/1994	Gurbanguly Berdymuhamedow/2006	Schawkat Mirsijojew/2016
9.9.1991	27.10.1991	1.9.1991
21 (sehr schlecht)	19 (sehr schlecht)	22 (sehr schlecht)
790 USD	3510 USD	2132 USD
8,0 % (2018)	4,9 % (2017)	19,5 % (2018)
10,8 %/?	8,6 %/50–60 %	8,7 %/35 %
.tj	.tm	.uz

Das Wichtigste in Kürze

Reisezeit

Für Städtereisen und Reisen im Flachland sind die Monate April/Mai, in Kasachstan auch noch der Juni geeignet, außerdem der September, in Usbekistan, Turkmenistan und Tadschikistan auch noch der Oktober. Für Gebirgstouren eignen sich die Monate Juli und August, auch in der ersten Septemberhälfte ist das Wetter noch stabil. Im Juni sind in den Gebirgen noch häufige Niederschläge an der Tagesordnung, für Zelttouren ist diese Zeit eher unpassend.

Organisiert oder individuell?

In Turkmenistan sind vorerst nur organisierte Touren möglich, alle anderen Länder eignen sich für beides. In Usbekistan, Tadschikistan und Kirgistan gibt es relativ gute Ausschilderungen und zahlreiche englisch- und deutschsprechende Guides, letztere sollte man möglichst vorher buchen. Organisierte Touren einheimischer Veranstalter können oft mit denen europäischer Veranstalter mithalten. Meistens helfen ein Blick auf die Website und ein detaillierter Briefwechsel per E-Mail bei der Einschätzung der Professionalität.

Anreise

Per Flugzeug in die jeweiligen Hauptstädte, auch andere Großstädte wie Almaty, Urgentsch, Chudzhand, Schymkent und Aktau werden angeflogen. Die nationalen Airlines von Kasachstan, Usbekistan, Turkmenistan und Tadschikistan sind durchaus zu empfehlen.

Per Zug muss man 5 Tage einplanen, umsteigen in Moskau und ggf. anderen Städten ist unumgänglich.

Achtung Individualreisende: Zugtickets können nur unter Vorlage des Passes erworben werden. Da es nur eine beschränkte Anzahl von ausschließlich platzkartenpflichtigen Zügen gibt, empfiehlt sich der Kauf der Tickets vier bis sechs Wochen vor der Reise, am besten mit Hilfe eines lokalen Reisebüros oder über spezialisierte Bahnagenturen in Deutschland (→ S. 430).

Mit dem eigenen Fahrzeug und den entsprechenden Papieren sind alle Länder außer Turkmenistan zu bereisen.

Reisen im Land

Die Flächenländer Kasachstan, Usbekistan und Turkmenistan haben ein gutes Inlandsflug- und Eisenbahnnetz. In Kirgistan kann man zwischen Osch und Bischkek fliegen, in Tadschikistan zwischen Duschanbe und Chudzhand und Chorugh. Das Straßennetz ist im Ausbau begriffen, für die meisten Strecken braucht man gutes Sitzfleisch. Bergstraßen sind immer länger, als es auf der Karte aussieht, wegen der Pistenqualität ist Langsamfahren geboten.

Sicherheit

Die Lage ist besser, als man vielleicht vermutet. In autokratisch regierten Ländern ist die Polizei omnipräsent, als Tourist ist man deswegen recht gut behütet. Diebstähle an belebten Orten kommen aber auch hier vor.

Geld

Vor Ort können Euro und Dollar in die Nationalwährungen getauscht werden. In Turkmenistan und Tadschikistan ist das nur in staatlichen kontrollierten Banken möglich. Von Geldautomaten können täglich nur kleine Summen abgehoben werden, in Turkmenistan gibt es fast keine und in Tadschikistan ist ihre Zahl auch überschaubar.

Unterkunft

Vom Fünfsterne-Hotel über Hostels bis hin zu einfachen Privatpensionen und Jurten-Camps ist alles zu haben. In der Hauptsaison Mai bis September empfiehlt sich dringend eine vorherige Buchung.

Ausführliche Informationen in den Reisetipps von A bis Z ab → S. 429

Der sogenannte Pamirknoten im Herzen Zentralasiens

	Kasachstan	Kirgistan	Tadschikistan	Turkmenistan	Usbekistan
Landeswährung	Tenge	Som	Somoni	Manat	Sum
Wechselkurs zum Euro 05/2019	1:427	1:79	1:10,69	1:3,97	1:9528
Visum notwendig?	bis 30 Tage visafrei für EU-Touristen	Bis 60 Tage visafrei für EU-Touristen	E-Visum incl. Genehmigung für Berg-Badachschan	ja	bis 30 Tage visafrei für EU-Touristen, sonst E-Visum
Zeitzone	MEZ +4/5 MESZ +3/4	MEZ +5 MESZ +4	MEZ +4 MESZ +3	MEZ +4 MESZ +3	MEZ +4 MESZ +3
Ländervorwahl	+7	+996	+992	+993	+998

Es ist beglückender,
durch die offene Tür eines einfachen Hauses zu treten,
als vor dem verschlossenen Tor eines Palastes zu stehen.

Kurt Haberstich, Schweizer Buchautor und Aphoristiker

Kuppeln der Gräberstadt Schah-i Zinda in Samarkand (Usbekistan)

LÄNDER UND LEUTE

Klima, Landschaft und Natur

Zentralasien ist, bedingt durch die Entfernung zu den Weltmeeren, das Gebiet mit dem kontinentalsten Klima weltweit. Harte Gegensätze zwischen den Jahreszeiten und landschaftliche Extreme charakterisieren diese Region. In den Steppen Kasachstans und in den hohen, aber noch bewohnten Lagen des Pamirs können winterliche Extremtemperaturen von minus 40, gar 50 Grad auftreten. In den Oasenorten hingegen sind hochsommerliche Tagestemperaturen von plus 40–50 Grad keine Seltenheit. Somit haben wir Temperaturunterschiede von 80–100 Grad, und das hat ernste Konsequenzen für die gesamte Lebensweise, Wirtschaft und Landwirtschaft bis hin zum Straßenbau. Nicht von ungefähr sind Asphaltstraßen in diesen Extremgebieten nach wenigen Jahren völlig verschlissen.

Die beiden Hauptjahreszeiten Winter und Sommer wechseln sich fast übergangslos ab, Frühjahr und Herbst als gemäßigte Jahreszeiten sind kurz. Die Hauptniederschlagszeit ist fast überall der März-April-Mai, die Sommer sind sehr trocken.

Die Niederschlagsmengen sind extrem ungleich verteilt. Der Westliche Altai im Nordosten Kasachstans erhält durch Stauregen jährlich über 2000 Millimeter Niederschlag (Vergleich Brocken/Harz: 1400 mm), davon den Großteil als Schnee. Manche Dörfer sind damit wochenlang von der Außenwelt abgeschnitten. Auch der Südhang des Hissar-Gebirges in Tadschikistan/Ost-Usbekistan ist mit 1700 Millimetern Jahresniederschlag ein begünstigtes Gebiet, hier wie in einigen andern kleineren Becken- und Tallagen Tadschikistans herrscht subtropisch feuchtes Klima. Orte wie Almaty (574 mm), Bischkek (427 mm), Duschanbe (624 mm), Taschkent (429 mm) können sich mit ihren durchschnittlichen Jahresniederschlagsmengen auch noch glücklich schätzen (Vergleich Berlin: 568 mm). Buchara, Chiwa, Nukus oder Aschgabat hingegen haben um bzw. sogar unter 200 Millimeter Jahresniederschlag und können nur durch ihre Oasenlage bzw. künstliche Bewässerung überleben.

Bunt, aber kahl und trocken: Im Pamir herrscht extremes Kontinentalklima

Balkaschino – der Kältepol Kasachstans

Die Hochebenen des Pamir, das westliche Yssyk-Köl-Gebiet und die großen Wüsten Kyzylkum und Karakum gehören mit Jahresniederschlägen von unter 200, teilweise unter 100 Millimetern zu den trockensten Gebieten der Erde. Landwirtschaft ist in den meisten dafür infrage kommenden Regionen nur als Bewässerungswirtschaft möglich und wird als solche auch betrieben, was negative Auswirkungen auf die Böden hat – es kommt zur großflächigen Versalzung, viele Areale sind damit nicht mehr für Landwirtschaft nutzbar.

Durch den weltweiten Klimawandel ist Zentralasien am stärksten bedroht: Bis zum Ende des 21. Jahrhunderts wird ein Temperaturanstieg um fünf (!) Grad vorausgesagt. Das wird zum Abschmelzen aller kleineren und mittleren sowie der meisten großen Gletscher führen und dramatische Auswirkungen auf den Wasserhaushalt des gesamten Gebietes und damit auf die Versorgung der Menschen haben. Bis heute sind keine Strategien bekannt, wie man damit umzugehen gedenkt; die Bevölkerung wächst derweil unentwegt, der Wasserverbrauch steigt.

Oberfläche und Gewässer

Zentralasien erstreckt sich von der teilweise unter dem Meeresspiegel liegenden Kaspischen Senke und dem Tiefland von Turan in Kasachstan bis zu den Siebentausendern in den grandiosen Hochgebirgssystemen von Tien Shan und Pamir. Die höchsten Gipfel sind der Peak Somoni (7495 m) und der Peak Korzhenewskaja (7105 m) im Zentralen Pamir, der Peak Pobeda (7439 m) im Zentralen Tien Shan, der Peak Lenin (7134 m) im Pamiro-Alai und der Khan Tengri im Zentralen Tien Shan an der Grenze von Kasachstan, Kirgistan und China. Jener ist mit 6995 Metern eigentlich kein Siebentausender, wurde aber von den sowjetischen Bergsteigern als solcher geführt, um die ›Big Five‹ des sowjetischen Alpinsports zu komplettieren, für deren Besteigung es den Titel ›Schneeleopard‹ (*Snezhnyj Bars*) gab. Nach Nordosten steigt das Gebiet langsam an, über die Kasachische

Gebirgsfluss in Tadschikistan

Schwelle bis zum Altai, dessen höchster Gipfel die Bjelucha an der Grenze zu Russland ist (4406 m). Südlich der beiden großen Wüsten Kyzylkum und Karakum wird Zentralasien vom über 3000 Meter hohen Köpet-Dag begrenzt, jenseits davon liegt der Iran. Während Kasachstan, Turkmenistan und Usbekistan nur an den Rändern gebirgig sind, werden Kirgistan (über 90 % der Landesfläche höher als 1500 m) und vor allem Tadschikistan (fast 50 % der Landesfläche höher als 3000 m) von Hochgebirgen geprägt.

Die Hochgebirge sind in den Lagen über 3500 (Altai, Tien Shan) bzw. über 4500 Meter (Alai, Pamir) teilweise vergletschert. Aus den Gletschern entspringen die wasserreichsten Flüsse Zentralasiens, der Pandzh und der Wachsch, die sich zum Amudarja vereinigen sowie der Naryn und der Karadarja, die gemeinsam den Syrdarja bilden. Beide Ströme haben früher in den Aralsee entwässert. Der Amudarja erreicht ihn inzwischen nur noch in Jahren mit extremen Niederschlägen (2017 war so ein Jahr), und der Syrdarja bringt nur einen Teil seines Wassers zum Restsee Nördlicher Aral. Grund für den extrem verringerten Zufluss sind gigantische und uneffektive Bewässerungsprojekte, v.a. für Baumwolle, die den beiden Strömen schon seit vielen Jahrzehnten den Großteil des Wassers entziehen.

In Kasachstan gibt es weitere bedeutende Flüsse. Der Irtysch kommt aus dem Altai, wird hier zu einem der größten Stauseen der Erde angestaut, durchfließt dann den Landesnorden und mündet in den sibirischen Strom Ob, entwässert somit ins Nördliche Eismeer. Der Ural aus dem gleichnamigen Gebirge in Russland durchfließt Westkasachstan und mündet ins Kaspische Meer, den größten Binnensee der Erde. Auch der Ural ist von zunehmendem Rückgang der Wassermenge betroffen. Kasachstan hat ferner im äußersten Westen einen Anteil am Wolgadelta. Aus dem Grenzgebiet von Kasachstan und China kommt der Ili (Ile), der das Siebenstromland im Süden Kasachstans durchfließt und in den Balchasch-See mündet, einen mit 18428 Quadratkilometern sehr großen, dabei aber extrem flachen Steppen-Endsee, der im Westen aus Süßwasser besteht und im

Osten salzig ist. Mit dem benachbarten Salzsee Alaköl (2650 qkm) bildet er die Balchasch-Alaköl-Senke. Auch der Balchasch-See droht durch den Klimawandel und eine durch Staudammbau und Bewässerung drastisch wachsende Wasserentnahme in China zu schrumpfen und in der mittleren Zukunft auszutrocknen.

Weitere bedeutende Flüsse sind der Serafschan in Tadschikistan/Usbekistan, früher ein Zufluss des Amudarja, jetzt vor Buchara endend, und der aus Afghanistan nach Norden fließende Murgab (Murghob) mit seinem Binnendelta in Turkmenistan, auch er möglicherweise in ferner Vergangenheit bis zum Amudarja reichend. Auch die von den Gletschern des Tien Shan kommenden Talas und Tschüj erreichen mit ihren Wassern kein anderes Gewässer – sie versickern im kasachischen Teil der Wüste Kyzylkum.

Vegetation: Der Garten Eden

Ungeachtet der extremen natürlichen Bedingungen wächst in Zentralasien eine einzigartige Flora mit einer großen Bandbreite an endemischen, seltenen und wirtschaftlich wertvollen Pflanzen, die sich teilweise nur hier erhalten konnten und somit Reliktcharakter haben. Allein im kleinen Tadschikistan kommen 4511 Pflanzenarten vor, mehr als 1100 von ihnen sind endemisch. Bis heute gibt es noch unerforschte Ecken in den unzugänglichen Gebirgen.

Viele der Nutz- und Zierpflanzen, ohne die wir uns heute ein Leben nicht mehr vorstellen können, stammen aus diesem ‹Garten Eden«. Die wilden Formen von Weizen und Gerste, Erbsen, Kichererbsen und Bohnen wachsen hier – somit darf Zentralasien als einer der Ursprungsorte vieler unserer Nahrungspflanzen gelten. In den Vorbergen der Hochgebirge haben sich Reste der ursprünglich weit verbreiteten Wildobstwälder erhalten. Was findet man hier nicht alles! Aprikose und Apfel, Pflaume und Birne, Feigen, Granatapfel und Kaki, wilder Wein, Pistazien, Mandel und Walnuss haben ihre Heimat auf den unteren ‹Etagen« der Berghänge, Rhabarber, Hagebutten, Berberitzen, wilde Johannisbeeren, Weißdorn und Maibeere dienen nicht nur Tieren als Nahrungsgrundlage.

Noch gibt es Wasserreserven im Pamir

Viele Familien in Tadschikistan, Usbekistan und Süd-Kirgistan leben vom Sammeln, Verarbeiten und Verkaufen des Wildobstes. Sie tun der Menschheit damit einen Gefallen, denn mit ihrer Tätigkeit schützen sie die letzten Wildobstwälder der Region und damit einen genetischen Schatz.

Zahlreiche Öl- und Färberpflanzen haben ihre Heimat in Zentralasien, und auch das Repertoire an Heilpflanzen ist breit. Berühmte Mediziner des Altertums wie Avicenna stammten von hier – bereits sie haben Heilpflanzen wie Wermut und Meerträubel (*Ephedra*), aber auch Hanf und Steppenraute genutzt.

Und schließlich müssen auch Zierpflanzen wie Iris und Tulpen erwähnt werden; die Vorfahren der im Mittelalter über die Türkei nach Holland importierten Tulpen und dort gezüchteten Kultursorten sind die wunderschönen wilden Tulpen Zentralasiens. Überhaupt sind die rauen Länder die Heimat der Zwiebelpflanzen schlechthin. Viele Laucharten, Krokusse, Iris, Tulpen und Steppenkerzen haben sich an das kontinentale Klima angepasst. Sie ziehen sich unter die Erde zurück, wenn der trockene, heiße Sommer beginnt und überdauern hier auch den teils extrem kalten Winter. Erst danach, wenn das Schmelzwasser den kargen Boden befeuchtet hat, erwachen sie zum Leben und verwandeln Wüsten, Halbwüsten und Steppen, Bergtäler und sogar Schotterhänge für kurze Zeit in einen Blumenteppich. Unmittelbar danach kann man an vielen Orten noch den wilden Mohn blühen sehen, auch das eine Augenweide.

Doch der Garten Eden ist bedroht. Zentralasien, wo im Altertum die Ackerbaukultur Chorezmiens, Baktriens und der Sogdiana geboren wurde, ist, wenn man von den Hochgebirgsregionen absieht, eine der dichtbesiedelten Regionen der Erde. Die Ökosysteme sind starkem Nutzungsdruck durch den Menschen ausgesetzt. Durch Übernutzung kommt es zu Wüstenbildung, Degradierung der Pflanzenwelt, zum Rückgang der Populationen seltener Pflanzen. Besonders betrifft das die Flora der alten Oasen entlang der großen Flüsse. Hier dominiert heute die Kulturlandschaft mit intensiver Bewässerungswirtschaft, und die

Der Siewers-Wildapfel kommt aus dem Tien Shan

Eine der schönsten Lauchpflanzen ist Allium Oreophilum

alten Tugaj-Wälder mit ihren dichten Schilfbeständen, in denen bis vor wenigen Jahrzehnten noch der Turan-Tiger vorkam, haben sich nur als winzige Flecken erhalten. Die Bergwälder, vergleichsweise winzig (nur 3 bis 5 Prozent der Fläche sind mit Wald bedeckt) sind in Gefahr, sukzessive verfeuert zu werden, die blumenreichen Matten der Hochgebirge sind überweidet. Sogar in den entlegensten Winkeln der Berge wird Raubbau an der Natur betrieben.

Wunderbare Pflanzenbilder von Fotografen und Botanikern sowie ausführliche Informationen über Pflanzenvorkommen in der gesamten ehemaligen Sowjetunion findet man auf der Seite plantarium.ru.

Tierwelt

In den verschiedenen Lebensräumen Wüste, Halbwüste, Gras-, Kraut- und Waldsteppe, Au- und Galeriewälder entlang der Flüsse, Laub- und Mischwald, Gebirgstaiga und –tundra, Süßwasser- und Salzwasserseen haben viele Tiere ihre Heimat.

Es gibt zahlreiche Arten, die in Europa oder gar weltweit vertreten sind, aber wir wollen uns hier auf die typischen zentralasiatischen Vertreter beschränken, von denen einige wahre Überlebenskünstler sind, denn sie sind an extreme Bedingungen angepasst. Dazu gehören der streng geschützte Schneeleopard, der hoch oben in den Bergen des Altai, Dzhungarischen Alatau, Tien Shan und Pamir-Alai von Steinböcken und Wildschafen lebt, die wunderlichen Saiga-Antilopen, die früher zu Millionen die Steppen zwischen Mongolei und Wolga bevölkerten und jetzt durch Wilderei, Klimawandel und rätselhafte Epidemien bedroht sind, der asiatische Wildesel Kulan, der fast vollständig ausgestorben war und sich inzwischen in einem Nationalpark Kasachstan so gut vermehrt hat, dass man kleine Gruppen wieder auswildern kann.

Zentralasien ist die Heimat von einigen Arten des Riesenwildschafs, die inzwischen alle bedroht sind. Kleine Populationen leben geographisch isoliert in den Gebirgen Nuratau (Usbe-

Junges Murmeltier

Ein Sakerfalke

kistan), Qaratau und Qarqaraly-Kent (Kasachstan), außerdem gibt es die Argalis des Altai, Tien Shan und die legendären Marco-Polo-Schafe im Pamir, die größten Wildschafe weltweit. Weitere Huftierarten, die unter strengem Schutz stehen, sind das Ustjurt-Mufflon im Westen Kasachstans und Turkmenistans und der Urial im südlichen Pamir, beide zu den Wildschafen gehörig, sowie die Schraubenziege (Morchur) in den Hazratischoh-Bergen des südlichen Tadschikistan. Und schließlich gibt es in den Wüsten die kleinen persischen Kropfgazellen (Dzhejran).

Bereits ausgestorben ist der Turan-Tiger, der früher in den Deltas von Amudarja und Ile sowie in den Auwäldern am Zusammenfluss von Wachsch und Pandzh lebte. Nur noch ausnahmsweise verirren sich Leopard und Gepard in die südlichen Gefilde (Köpet-Dag, Ustjurt). In Tadschikistan gibt es noch eine kleine Population Hyänen. An großen Beutegreifern wären noch Wolf und Braunbär zu nennen, auch sie sind durch Jagd und Wilderei bedroht.

Vom Aussterben bedroht sind auch die einzigartige Kaspi-Robbe und der riesige Grauwaran in den Wüsten Kyzylkum (Qyzylkum, Qizilqum) und Karakum (Qaraqum).

Für Vogel-Liebhaber ist Zentralasien ein Paradies. Große Greifvögel wie Mönchs-, Schnee- und Schmutzgeier, Stein- und Steppenadler können beobachtet werden, der seltene Sakerfalke hat hier seine Heimat. Jungfernkranich, Schwarzstorch, drei Trappenarten, zahlreiche Wasser- und Watvögel und Hunderte Singvogelarten ziehen alljährlich Ornithologen und Birdwatcher an, besonders im Mai und im Spätsommer zur Zeit des Vogelzuges, wenn sich zu den vielen hier vorkommenden Arten noch zahlreiche weitere Durchzügler gesellen. Die großen Feuchtgebiete in den Steppen Kasachstans sind dann ein ergiebiges Beobachtungsgebiet.

Umweltprobleme und Umweltschutz

Außer den bereits genannten Problemen der gerade in diesen Breiten dramatischen Klimaerwärmung, der damit verbundenen Gletscherschmelze und zu erwartenden Wasserknappheit, der Versalzung der Böden durch Bewässerung und dem drohenden Verschwinden vieler Tierarten durch Wilderei gibt es zahlreiche andere.

Exemplarisch sei der Teufelskreis von Armut und Degeneration der Umwelt am Schicksal einer Pflanze erläutert. Teresken heißt sie auf tadschikisch, und sie ist bedroht: die Hornmelde (Krascheninnikovia ceratoides). Sie ist ein Halbstrauch, der im Pamir ehemals sehr verbreitet war. Wenn man die Hornmelde lässt, wächst sie zu meterhohen verholzten Büschen heran. Dieses ›Holz‹ wird ihr zum Verhängnis. Mangels Elektrizität und anderer Brennstoffe wird es zum Kochen und Heizen verwendet, aber es braucht gewaltige Mengen davon, denn der Brennwert ist niedrig. Dutzende Kilometer legen vor allem Frauen und Kinder zurück, um Teresken aus den Bergen zu holen. Oft wird sie mit den Wurzeln ausgerissen. Ohne die Hornmelde aber (und zusätzlich durch Überweidung der restlichen Pflanzendecke beraubt) sind die Hänge der Erosion preisgegeben. Sie rutschen ab und bedrohen auch die Siedlungen. Wertvolle Futtergründe für die Tiere gehen damit außerdem verloren. Eine Lösung ist der Anbau schnellwachsender Bäume wie Pappeln und Weiden. Entsprechende Projekte gibt es schon, sie werden von Organisationen der Entwicklungshilfe unterstützt. Die Nutzung erneuerbarer Energien wäre die beste Alternative, gerade in diesen Breiten, wo es in den südlichen Regionen mehr als 300 Sonnentage pro Jahr gibt und in den nördlichen Steppen Wind ohne Ende.

Das Bewusstsein für Umweltschutz ist bei Teilen der Bevölkerung wohl vorhanden, aber bei den Politikern, welche die Weichen dafür stellen müssten, wenig ausgeprägt. Kasachstan zum Beispiel verfeuert seine billige, schwefelhaltige

Brennholz ist vielerorts rar in Tadschikistan

Steinkohle zum Schaden für das Klima und seine Bevölkerung, Heizungen lassen sich nur über das Fenster regulieren, Städte wie Almaty ersticken im Smog, die Feinstaubbelastung ist extraorbitant. Luftverschmutzung ist ein großes Problem auch überall dort, wo Rohstoffe verarbeitet werden (→ S. 56) und nächtliches Verblasen von Schadstoffen die konsequente Anwendung teurer Filter ersetzt. Öskemen im Altai-Vorland ist nur ein trauriges Beispiel dafür. Die in allen fünf Ländern verbreitete Korruption macht zudem die konsequente Anwendung von Umweltstandards zunichte.

Ein weiteres Problem ist Müll. Vermeidung ist ein Fremdwort, Pfandsysteme bei Flaschen unbekannt. Verarbeitung und Wiederverwertung werden bisher nur punktuell angewendet. Systematische Entsorgung in der Natur ist verbreitet, vor allem dort, wo in entlegenen Regionen keine Müllabfuhr angeboten wird. Das Bewusstsein dafür, dass man seinen Abfall nicht aus dem Autofenster wirft und nach dem Picknick nicht einfach liegenlässt, ist bei den meisten Menschen nicht vorhanden, genauso wenig wie das Wissen darum, dass man sein Auto nicht im Fluss waschen sollte. Industrie- und Haushaltsmülldeponien werden oft nicht abgesichert, sogar radioaktiver und anderer Giftmüll lagern unter freiem Himmel. Die Folgen für Trinkwasser und Gesundheit sind gravierend.

Zugang zu Trinkwasser ist keine Selbstverständlichkeit. Die wenigsten Dörfer haben Wasser- und Abwasserleitungen, Straßenbrunnen sind oft die einzige Wasserquelle, Kinder und Frauen ziehen mit Kübeln und Wägelchen los. In den Städten sollte man das Wasser aus dem Hahn auch nicht trinken, viele Leitungssysteme sind alt und leck.

Alle fünf Länder haben, in unterschiedlicher Abstufung, so viele wirtschaftliche und soziale Sorgen, dass Ressourcenverbrauch, Klima- und Umweltschutz als sekundär behandelt werden. Die Dialektik zwischen wirtschaftlicher Entwicklung und Umwelt wird seit der sowjetischen Zeit bis heute kaum wahrgenommen.

Solarzellen am Pamir Highway

Aschgabat – Almaty. Beobachtungen und Gedanken auf 10 400 Meter Höhe

25 Grad am frühen Maienmorgen. Die Maschine von Turkmenistan Airlines startet pünktlich um 8:40. Ich nutze die Gelegenheit, um ein paar verbotene Fotos vom Flughafen Aschgabat zu machen, zu schön ist das Ensemble, um unfotografiert zu bleiben. Die blütenweiße turkmenische Hauptstadt vor dem Hintergrund der dunklen, kahlen Berge des Köpet-Dag zieht vorbei und entschwindet meinen Blicken. Wir fliegen nach Nordwesten. Fast eine Stunde darf ich nun die größte Wüste Mittelasiens von oben betrachten. Die Karakum ist nicht überall eine richtige Wüste. Der Mensch hat ihr große Teile abgerungen, sie mit Wasser weit entfernter Gletscher benetzt und urbar gemacht. Der Flickenteppich aus grünen Streifen und Flecken beeindruckt und macht zugleich nachdenklich. Von oben ist es gut zu sehen, was der Preis für den Reichtum ist, der mithilfe des geborgten Wassers geschaffen wird. Weiße Salzpfannen, fleckige Salzsümpfe überall in der Wüste verstreut. Alte Kanäle, die mitten im sandigen Nirgendwo enden. Ausgetrocknete Flussbetten.

Nach einer Stunde taucht die Lebensader auf: der Amudarja, in einem breiten Bett mäandernd, das er schon lange nicht mehr ausfüllt. Von hier oben gesehen, ist er ein Rinnsal. Seine Seitenarme sind ausgetrocknet, die Tugaj-Wälder an deren Ufern sind es auch. Und doch zieht sich ein grünes Band aus Feldern, Gärten und Siedlungen links und rechts am Amu entlang. So haben sie von alters her ausgesehen, die Oasen am Fluss. Man entnahm ihm Wasser, führte es in Kanälen parallel zu ihm durch Felder und Dörfer und gab es ihm wieder zurück. Außerhalb der Flussoasen war kein Leben. Nur wenige Ausnahmen gab es – eine kommt gerade in Sicht. Die riesige Oase von Buchara, die ihr Wasser inzwischen aus dem Amudarja bezieht, über ein Kanalsystem und den künstlichen Tudakul-See. Die Nuratau-Berge nördlich von Buchara sind gut zu sehen, und sogar die fast 2400 Jahre alte Festung von Alexander dem Großen oberhalb der Stadt Nurata. Ein Streifen Kyzylkum – die nächste große Wüste – und dann das ›usbekische Meer‹, der himmelblaue Aidarkul, auf 150 Kilometern am Nordrand des Nuratau ausgebreitet, Wasser aus dem Syrdarja, dem zweiten großen Strom Zentralasiens, das hier eigentlich nicht hingehört. Auch der Aidarkul ist durch den Eingriff des Menschen entstanden, als in einem niederschlagsreichen Jahr sehr viel Wasser aus dem Schardara-Stausee abgelassen werden musste, damit der Damm nicht bricht.

Gedankenverloren blicke ich über den See zum Nuratau – und kann es kaum fassen: Am Horizont sind die Turkestan- und die Serafschan-Kette in Tadschikistan zu sehen, und dahinter, im Dunst kaum zu erkennen, schaut der obere Teil des Pamirknotens aus den Wolken heraus. Was für eine Sicht! Luftlinie 400 Kilometer – ich sehe den Peak Kommunismus, den höchsten Berg der ehemaligen Sowjetunion, der heute natürlich nicht mehr so heißt. Aber auch als Peak Somoni ist er noch 7495 Meter hoch!

Schon taucht der Stausee von Schardara auf. Sein Zweck ist der Rückhalt von Frühjahrswasser für die Sommerbewässerung der Baumwollfelder im Süden Kasachstan. Noch vor 120 Jahren breitete sich hier die unwirtliche Hungersteppe

Bewässerte Felder in der Wüste Karakum

aus... Der Syrdarja, trotz des Aderlasses Schardara/Aidarkul (→ S. 401), mäandert großzügig unter uns, er bildet hier die Grenze von Usbekistan und Kasachstan.

Da ist der Berg Kazygurt, wo angeblich die Arche Noah gestrandet sein soll – noch heute sieht man den vermeintlichen Abdruck vom Kiel des gigantischen Bootes. Peak Sajram, Canyon Aksu, Canyon Zhabagly – unter mir ziehen meine liebsten Wandergründe vorbei, wo ich vor 15 Jahren meine ersten Argalis, Isabell-Braunbären und Himalaja-Königshühner gesehen habe. Die Bahnlinie Moskau–Almaty kommt in Sicht, gut kann man von hier oben die breiten Windschutzstreifen aus bis zu 10 Baumreihen erkennen, die man in der Mitte des 20. Jahrhunderts anlegte, um die Strecke gegen Schnee- und Sandstürme zu schützen. Der Stausee Ters-Aschybulak auf kasachischer und der schöne Gipfel des Peak Manas auf kirgisischer Seite – unterhalb das bunte Muster frisch gepflügter und teilweise von schon von zartem Grün bedeckter Felder. Ein Stück weiter reichen Reste der Kyzylkum bis an die Autobahn Taraz-Almaty, und von oben ist gut zu erkennen, warum die Wüste so heißt, Kyzyl bedeutet rot, und der Sand ist wirklich rötlich. Bis zu neun Baumstreifen zähle ich, die eine Ausbreitung der Wüste in Richtung Straße und Siedlungen verhindern sollen. Zwischen dem Fuß des Tien Shan, der hier bis 4500 Meter aufragt, und dem Südrand der Wüste ist alles urbar gemacht, Felder wechseln sich mit Weideland ab.

Wolkenschlieren behindern die Sicht. Oder ist es die schlechte Luft von Almaty, die bis in unsere Höhe reicht? Kasachstans größte Stadt empfängt uns mit 16 Grad und dem üblichen Smog.

Ich konnte in zwei Stunden und 20 Minuten all meine Lieblingsländer sehen, habe mal wieder den Überblick – und bin glücklich.

Die Geschichte Zentralasiens

Kaum jemand weiß, dass Zentralasien ein Stück Urheimat der Menschheit ist. Schon in der Steinzeit lebten Menschen in dieser Region, ihre Spuren hat man sogar dort gefunden, wo heute eine dauerhafte Besiedlung nicht mehr denkbar ist – auf dem Dach der Welt, in den kalten und kahlen Hochebenen des Pamirs auf einer Höhe von 4000 Metern, aber auch dort, wo sich heute unwirtliche Wüste ausbreitet. Wenn man sich diesen geographischen Großraum in seiner historischen Dimension vorstellt, muss man immer bedenken, dass Klima und Vegetation sich seit der letzten großen Vergletscherung vor ca. 10 000 Jahren mehrmals dramatisch geändert haben und nicht zuletzt dadurch Völkerwanderungen, verheerende Raubzüge und Kriege sowie der Untergang ganzer Kulturen ausgelöst wurden.

Hochkultur in den Oasen

Am Übergang von der Steinzeit zur Bronzezeit, vor ca. 5000 Jahren, war in Zentralasien folgende Konstellation menschlicher Arbeitsteilung zu konstatieren: In den Weiten der eurasischen Steppe, wo Klima und Vegetation keinen Ackerbau und auch keine stationäre Viehzucht erlauben, breitete sich die Kultur der Reiternomaden aus. In den fruchtbaren Oasen der von den vergletscherten Gebirgen kommenden Flüsse Serafschan, Amudarja und Syrdarja nahm eine der alten Ackerbauzivilisationen ihren Anfang. Geobotaniker haben festgestellt, dass in dieser Region damals ideale Wachstumsbedingungen für Wildgetreide vorgefunden wurden. Ausgrabungen belegen, dass sich in der Margiana, im Delta des Murgab-Flusses im heutigen Turkmenistan, und am Unterlauf des Serafschan im heutigen Tadschikistan und Usbekistan, entwickelte Städte befunden haben – die bekanntesten sind Gonur Depe und Sarazm. Sie standen sowohl miteinander im Austausch als auch mit den anderen Hochkulturen dieser ersten Blütezeit der Menschheit – den Städten im Indus-Delta, in China, Mesopotamien und Ägyp-

Steinzeitliche Höhlenmalereien in Schachty in Tadschikistan

ten. Mehr noch: Die mittelasiatische Hochkultur befand sich in der geographischen Mitte dieser Kulturen. Hier, am Kreuzungspunkt, existierten ideale Bedingungen für den Handel, noch lange, bevor die sogenannte Seidenstraße Ost und West mit einem Geflecht von Karawanenwegen verband.

Die Zusammenballung vieler Menschen in den Städten und die dichte Besiedlung der Oasen machten schon frühzeitig eine politische Gliederung notwendig. Erste Stadtstaaten entstanden, die später zu Großreichen formiert wurden und wieder zerfielen. Das erste Großreich dieser Region wurde um 600 vor unserer Zeitrechnung von den Persern etabliert: Das Reich der Achämeniden. Der südwestliche Teil Zentralasiens ging in dieses Großreich ein, im Rahmen der Provinzen (Satrapien) Parthien, Baktrien, Sogd(ien) und Chorezmien.

Die Reiternomaden der großen Steppen

Um 3500 vor unserer Zeit wurde in den eurasischen Steppen das Pferd domestiziert. Ausgrabungen in der Waldsteppe Nordkasachstans (Botaj-Kultur) belegen die systematische wirtschaftliche Nutzung der Steppenpferde, die damals noch zu Millionen die Weiten zwischen Baikalsee und Schwarzem Meer mit ihrem Hufgetrappel erfüllten. Das Pferd wurde als als Milch- und Fleischlieferant, dann auch als Reittier eingesetzt, um seine wilden Artgenossen zu jagen und zu fangen, aber natürlich auch zur Erhöhung der Schlagkraft bei kriegerischen Beutezügen. Steppenreiter wie die legendären Skythen wussten vor mehr als 2500 Jahren nicht nur das Pferd zu nutzen, sondern, wie Ausgrabungen in Kasachstan verdeutlichen, auch die Erzlagerstätten der Steppen. Die Bronzezeit war angebrochen: Sie förderten Kupfer, Zinn und Zink und stellten daraus feste Legierungen her. So waren sie auch dank ihrer Waffen und Rüstungen militärtechnologisch überlegen. Assyrische und persische Herrscher setzten die Skythen, in altpersischen Quellen Saken genannt, als Söldner ein. Krieger aus dem Norden, Angehörige einer perfekt organisierten Nomadenzivilisation, schützten Stadtstaaten wie Assur, Nimrud und Ninive sowie Persepolis im Süden, Angehörige einer hochentwickelten Zivilisation aus Ackerbauern, Handwerkern und Händlern.

Ausgrabungen aus sogdischer Zeit in Pandzhakent

Das Reich Alexanders der Großen (4. Jh. v.u.Z.)

Griechisch-baktrische Zeit

Im 4. Jahrhundert vor unserer Zeit setzte sich in Griechenland Alexander der Große gen Osten in Bewegung, um ein Großreich zu errichten. Er überwand die sesshaften persischen Achämeniden und kassierte deren Satrapien Baktrien und Sogdien. Er bezwang den Oxus und das, was dahinter lag – Transoxanien. Aber an den Völkern hinter dem Jaxartes scheiterte er. Gegen die bewegliche Guerillataktik der Reiternomaden, die nach Belieben in den Steppen verschwanden und überraschend wieder auftauchten, hatte das geschlossene Heer des Griechen keine Chance. In der Folgezeit war Zentralasien ca. 150 Jahre geteilt – im Süden das Gräkobaktrische Reich mit der vornehmlich sesshaften Oasenbevölkerung, das bis zum Südufer des Aralsees und an den Syrdarja sowie ins Fergana-Becken reichte, nördlich davon die freien Steppen der jahreszeitlich beweglichen Nomaden. Die nördlichsten griechischen Festungen waren Nurata im jetzigen Usbekistan und Alexandria Eschate, das heutige Chudzhand in Tadschikistan.

Gräkobaktrische Spuren in Tacht-i Sangin

Das Reich der Kuschan

Auf die griechisch-baktrische Zeit folgten ca. 400 Jahre Herrschaft der Kuschan (Tocharer, Yuezhi), der östlichsten indoeuropäischen Stammesgruppe, möglicherweise Nachfahren der Skythen, die von der heutigen chinesischen Provinz Gansu aus fast das gesamte Zentralasien und Nordindien unterwarfen. In diesem lockeren Verband herrschte Frieden und Glaubenstoleranz, und so erlebte der Handel zwischen Nordindien/China und Persien/Griechenland/Rom einen vorher ungekannten Aufschwung – von hier an kann man von der Seidenstraße sprechen, die Zentralasien wesentlich prägte. Im 3. Jahrhundert beendeten die persischen Sassaniden die kuschanische Epoche.

Das zweite persische Großreich

Die Perser waren wieder da, in Gestalt der Dynastie der Sassaniden – und zum Zeitpunkt ihrer größten Macht zum Anfang des 7. Jahrhunderts dehnte sich ihr Reich bis in den Westen des heutigen Kirgistan und Süden des heutigen Kasachstan. Die Territorien des heutigen Turkmenistan, Usbekistan und Tadschikistan waren fast vollständig von den Sassaniden kontrolliert. Dieser persische Einfluss im Süden Zentralasiens hörte nie ganz auf, auch unter den späteren Eroberern, und er ist noch heute zu spüren – in Sprache und Kultur der Tadschiken, deren Siedlungsgebiet weit über die Landesgrenzen des heutigen Tadschikistan hinausgeht.

Völkerwanderungen

Im Norden Zentralasiens hingegen waren die großen Reitervölker der eurasischen Steppen noch immer in Bewegung und wechselten einander ab. Die Skythen wurden von den Sarmaten unterworfen und assimiliert, ihre Spur verliert sich im 3. Jahrhundert u.Z. auf der Krim. Nach ihnen kamen im 4./6. Jahrhundert die bis heute nicht eindeutig zuzuordnenden Hunnen, dann im 6./7. Jahrhundert die Turkstämme aus der Region zwischen Baikalsee und Altai-Gebirge – wehrhafte Reiterstämme allesamt. Auch ihre Heimat waren die winterkalten Steppen, wo man nur mit nomadisierender Viehzucht überleben konnte. Sie setzten große Völkerwanderungen in Bewegung, möglicherweise hervorgerufen durch klimatische Veränderungen oder übermäßiges Bevölkerungswachstum. Auf ihrem Weg nach Südwesten, in wärmere und fruchtbare Gefilde, trafen sie auf die Kultur der Oasenstädte Transoxaniens im Osten des heutigen Usbekistan/Turkmenistan. Hier, im sagenhaften Sogdien müssen ihnen die Augen übergegangen sein. Der Handel entlang der Seidenstraße blühte, die Stadtstaaten, inzwischen Satrapien des Persischen Großreiches der Sassaniden, verfügten über erheblichen Reichtum und waren kulturell hochentwickelt. Im 4./5. Jahrhundert kam es zu schweren Auseinandersetzungen zwischen den angreifenden Hunnen und den sich verteidigenden Sogdiern, im 6. Jahrhundert fielen die Kök-Türken ein und eroberten einen Teil der Sogdiana. Die Völkerwanderung hatte den Süden Zentralasiens erreicht, Turkstämme und Perser trafen aufeinander. Ihre Nachfahren bestimmen heute noch den Bevölkerungsmix in der Region.

Turan und Iran

Am Amudarja, dem Oxus der alten Griechen, diesem ehemals mächtigen, so gut wie unbezwingbaren Strom von den vergletscherten Gipfeln des Hindukusch und Pamir bis zum Aralsee, kann man die Grenze zwischen zwei Zivilisationen festmachen. Südlich von ihm die überwiegend sesshaften indo-iranischen Völker mit persisch beeinflusster Kultur und Sprache, nördlich von ihm die Turkvölker, kriegerische Reiternomaden aus den großen Steppen, kulturell durch ihre Wanderungen geprägt, turksprachig. Diese Siedlungsgebiete wurden Iran und Turan genannt. Zwischen ihnen Transoxanien, Maverannahr, das mittelasiatische Zweistromland, fruchtbar, blühend, kulturell hochstehend – und immer wieder angegriffen und überfallen von allen Seiten.

Islamisierung

Der Reichtum der Städte Transoxaniens und entlang der Seidenstraße wird der Hauptgrund dafür gewesen sein, dass auch arabische Stämme auf ihren Raubzügen im 7. Jahrhundert bis hierhin vorstießen. Im Jahre 651 wurden der letzte persische Herrscher Yazdegerd III. und seine Getreuen in Merw von den arabischen Umayyaden umgebracht. In der Folge wurde der gesamte Südwesten Mittelasiens erobert und islamisiert. Die hier ansässigen Herrscher leisteten zum Teil erbitterten Widerstand, ihre Städte wurden dem Erdboden gleichgemacht. Exemplarisch ist die Eroberung der sogdischen Festungen im Tal des Serafschan, heute Tadschikistan. Eine architektonisch und künstlerisch entwickelte, politisch und religiös tolerante Hochkultur wurde vernichtet, der sogdische Herrscher Devaschtitsch ermordet.

In der Schlacht von Talas 751 im Grenzgebiet des heutigen Kasachstan und Kirgistan fand die Eroberung Mittelasiens durch die Araber ihr Ende. Hier standen sich die Truppen des arabischen Abbasiden-Kalifats und jene der chinesi-

Die Ausbreitung des Islam ab dem 7. Jahrhundert 0 600 1200 km

schen Tang-Dynastie mit einer gewaltigen Streitmacht gegenüber. Beide damaligen Weltmächte waren auf dieses große Gebiet in der Mitte Eurasiens erpicht. Nur durch das Überlaufen der chinesischen Hilfstruppen, der lokalen Stämme der Karluken und Oghusen, auf die Seite der Araber konnten die Chinesen geschlagen werden – ein weltgeschichtlich entscheidender Moment. Die siegreichen Araber etablierten ihre Religion und Kultur in der ganzen Region – die Islamisierung begann, zögerlich, doch dann immer konsequenter.

Die Zerstörungen, die mit der gewaltsamen Unterwerfung der hier ansässigen Völkerschaften einhergingen, waren bald Geschichte – die Städte erblühten in nie gekanntem, neuen Glanz. Samarkand, Otrar und Merw waren berühmt für ihren Wohlstand, ihre Pracht und die Gelehrsamkeit, die in Medresen und Bibliotheken herrschte. Die ersten lokalen Eliten, die freiwillig zum Islam überwechselten und ihn zur Staatsreligion machten, waren ab 960 die turkstämmigen Qarachaniden.

Qarachaniden und Samaniden

Das Reich der Qarachaniden erstreckte sich während seiner größten Ausdehnung vom Tarim-Becken bis zum Balchasch-See, von der Kyzylkum bis zum Pamir und damit über das gesamte Zentralasien mit Ausnahme des heutigen Turkmenistan. Samarkand und Kaschgar waren die Metropolen des Westens und des Ostens; Balasagun im Norden des heutigen Kirgistan war seine nördliche Hauptstadt, Özgön im Fergana-Becken die südliche. Südlich dieses Reiches hatten die dem Kalifat der Abbasiden unterstehenden persischstämmigen Samaniden von 819 bis 999 ihr Emirat. Beide Reiche waren muslimisch – das nördliche ein Reich der Turkstämme, das südliche der persischen Stämme. Die turkstämmigen Karachaniden trugen letztendlich den Sieg davon, 999 wurde die samanidische Hauptstadt Buchara von den Qarachaniden besetzt, der letzte Spross des Samaniden-Geschlechts 1005 ermordet. Noch heute betrachten sich die Tadschiken als Nachfolger der Samaniden, und Buchara ist ihre heimliche Hauptstadt.

Das Minarett von Özgön aus der Zeit der Qarachaniden

Die Qarachaniden beherrschten die Region bis zum 12. Jahrhundert, im Fergana-Becken gar bis 1213, dann

Von den Arabern zerstörte Altstadt von Pandzhakent

wurde es wieder unruhig in Zentralasien. Von Südwesten her versuchten die Seldschuken die Region zu erobern, von Norden brandete mit den Qara-Kitai die nächste Welle von kriegerischen Nomadenheeren an – doch dann verblassten alle lokalen Kriege vor etwas Größerem, Schrecklicherem.

Der Mongolensturm

Wieder rückten Reiterheere gegen die Oasenstädte vor. Dschingis Khan, der mit den geeinten mongolischen Stämmen zuvor schon große Teile der nördlichen Steppen und Chinas unterworfen hatte, zog 1219 gegen Mittelasien. Seine gut organisierten Reiterheere vernichteten in nur zwei Jahren die Blüte der mittelalterlichen islamischen Hochkultur. Otrar im heutigen Kasachstan, Samarkand, Buchara, Chiwa im heutigen Usbekistan, Gurgandsch und Merw im heutigen Turkmenistan wurden dem Erdboden gleichgemacht, schätzungsweise 30 Prozent der hier lebenden Menschen kamen um. Die anschließend etablierte Herrschaft der Mongolen führte dazu, dass die Unterworfenen Tribut zahlen mussten. Der Großkhan der Mongolen wollte teilhaben am Glanz der Sesshaften in den Stadtstaaten … Während der sogenannten Pax mongolica, in der Periode nach dem Eroberungsfeldzug und der Zwangseinigung von halb Asien, erblühte die Seidenstraße zu neuem Glanz. Die einheitlichen Gesetze der neuen Machthaber und eine durchdachte Infrastruktur von Karawanenstationen ermöglichten einen reibungslosen Handel von China bis Konstantinopel, einen friedlichen Austausch in einer Atmosphäre religiöser Toleranz. In diese Zeit fällt Marco Polos Reise von Venedig nach Karakorum 1271 bis 1275 – er durchquerte den südlichen Teil Zentralasiens und streifte das heutige Tadschikistan.

Das Reich Dschingis Khans wurde unter seinen Söhnen und Enkeln aufgeteilt und nach seinem Tod sogar noch weiter vergrößert. Es existierte 200 Jahre in Form verschiedener sogenannter Horden (Goldene Horde, Weiße Horde) und Khanate, zerfiel aber letztendlich aufgrund innerfamiliärer Konflikte innerhalb des riesigen, weitverzweigten Clans.

Das Mongolenreich im 13. Jahrhundert

Tamerlans Reich

Einen weiteren tyrannischen Herrscher musste Zentralasien erdulden: Timur, auch bekannt als Tamerlan, Nachfahre Tschagatajs, des zweiten und mächtigsten Sohnes von Dschingis Khan, und ganz offensichtlich bestrebt, ein ebenbürtiges Großreich herzustellen. Seinen Eroberungsfeldzügen von 1380 bis 1405 fielen Millionen zum Opfer, sein Imperium erstreckte sich von Bagdad bis an die Grenzen der Mongolei, von der Wolga bis Delhi. Er agierte nicht von außen wie Dschingis Khan, sondern erweiterte sein Reich aus dem Zentrum Mittelasiens heraus: aus seiner Hauptstadt Samarkand.

In Timurs Person trafen sich nomadische Herkunft und urbane Ambitionen. Der aus einem nomadischen Stammesverband stammende wilde Reiterkrieger war auch gleichzeitig ein großzügiger Sponsor von Städtebau, Kunst und Wissenschaft. Viele der prächtigsten Bauwerke, die wir heute in Samarkand, Turkistan, Buchara und seiner Geburtsstadt Kesch (Schahrisabz) bewundern können, gehen unmittelbar auf Timur zurück bzw. stammen aus der Epoche seiner Nachfahren, der Timuriden. Jene brachten es fertig, mittels Durchsetzung ihrer Partikularinteressen das Riesenreich Timurs schnell wieder auf seinen Kern zusammenzuschrumpfen. Unter allen Erben Timurs tat sich sein gelehrter Enkel Ulugh Beg in Samarkand besonders hervor: Seine 40-jährige Regierungszeit war eine seltene Periode von Stabilität, Wohlstand, Aufschwung von Wissenschaft und Kultur.

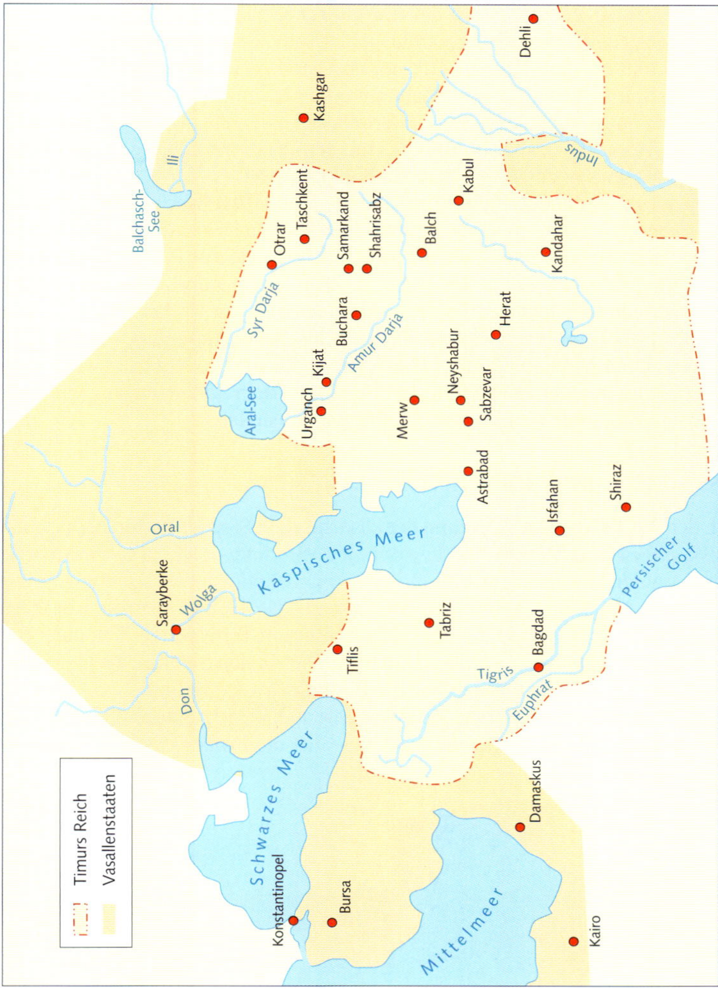

Zentralasien unter Timur, Anfang 15. Jahrhundert

Zersplitterung und Zerfall

Die Zeit der mächtigen, straff und streng organisierten Reiche und auch die großen Zeiten der Seidenstraße waren vorbei. Der Seeweg nach Indien machte ab 1500 dem Landweg ernste Konkurrenz, zumal die Türken zu Lande horrende Zollgebühren erhoben und sich die Fehden unter den Stämmen und die Kriege zwischen den Dynastien häuften und ein Reisen in dieser Region immer gefährlicher wurde. Der Südwesten fiel in die Hand der Turkmenen-Stämme, der Nordwesten wurde von den Tataren erobert, und die usbekischen Nomadenclans machten sich die Zerstrittenheit der timuridischen Fürsten zunutze und setzen sich in Transoxanien fest. Das gesamte Gebiet vom Aralsee im Westen bis Herat im Süden und bis zum Fergana-Becken im Osten geriet unter ihre Herrschaft. Der letzte Spross der Timuriden, Babur, wurde gezwungen, sein Fergana-Reich aufzugeben und zu verlassen, er wanderte nach Indien aus und begründete hier später die Mogul-Dynastie. Im Bündnis mit den Persern konnte er später im Süden Zentralasiens noch einmal kurz Einfluss erlangen.

Die ganze Region durchlebte eine Zeit der Instabilität. Der vormalige Wohlstand, erworben durch den Seidenstraßen-Handel, brauch zusammen, die Staatskassen waren leer, die Untertanen unzufrieden. Neue globale Player begannen, in Erscheinung zu treten. Die osmanischen Türken hatten Konstantinopel erobert, die Russen sich vom Joch der Goldenen Horde befreit. Im 16. Jahrhundert setzte sich eine Großmacht in spe nach Osten und Südosten in Bewegung – das Wolga-Gebiet mit den Khanaten Kazan und Astrachan, der Ural und Sibirien wurden im 16. und 17. Jahrhundert erobert, riesige Territorien dem Zarenreich angegliedert, und wo immer möglich, mit russischen Bauern besiedelt.

Russische Expansion nach Zentralasien

Auch der Westen und der Nordrand der kasachischen Steppen waren inzwischen in russischer Hand. Bereits 1640 war an der Mündung des Ural ins Kaspische Meere von den Brüdern Gurjew eine befestigte Handelsniederlassung gegründet worden, mitten im Gebiet der sogenannten Bokej-Horde. Jermaks Kosakentruppen eroberten wenig später das Khanat Sibir um Tobolsk, das sich unter der Herrschaft der usbekischen Schaibaniden befand. In den Siedlungsgebieten der nomadischen Kasachen wurde 1712 die Festung Omsk gegründet.

Am Ostufer des Kaspischen Meeres wurde 1717 eine russische Siedlung errichtet und bald darauf wieder aufgegeben – aber der Prozess hatte begonnen…

Innenhof der Moschee Ulugh Beg in Samarkand

Islamische Reiche bis zur Russischen Annexion — 0 250 500 km

Wiederholte Überfälle der Ojraten aus dem Dzhungarischen Khanat auf das Kasachische Khanat und Uneinigkeit zwischen den kasachischen Clans spielten Moskaus imperialen Plänen in die Hände. Die blutigen Raubzüge der Dzhungaren nahmen im 18. Jahrhundert ein Ausmaß an, das die kasachischen Khans und ihre Getreuen dazu trieb, einen großen ‹Schlichter« zu Hilfe zu rufen: Den russischen Zaren. Dieser ließ sich nicht zweimal bitten, waren seine Truppen doch schon auf dzhungarisches Territorium vorgedrungen und hatten 1715, 1718 und 1720 am Fluss Irtysch Festungen errichtet. Zwischen 1731 bis 1742 unterzeichneten die zermürbten Khane aller kasachischen Clanverbände Beistandspakte mit Russland. Wer konnte ahnen, dass diese Abkommen langfristig das Ende des Nomadentums in den großen Steppen bedeuten würden, die Auflösung aller mittelasiatischen Emirate und Khanate, den Untergang vieler uralter Traditionen, die Eliminierung von althergebrachten Lebensweisen und die Gleichschaltung faszinierender Kulturen. Aber vorerst gab es eine Atempause, Russland war damit beschäftigt, seine westlichen, nördlichen und südlichen Nachbarn zu annektieren; besonders der Kaukasus war eine ›harte Nuss‹.

Und Mittelasien war derweil terra incognita – eine ausgedehnte Weltgegend in Innerasien, bestehend aus menschenleeren Steppen und südlich davon den Emiraten von Buchara und Chiwa sowie dem Khanat von Kokand, abgeschotteten Oasen der strengen muslimischen Frömmigkeit, von denen Edgar Knobloch in seinem faszinierenden Buch ›Turkestan‹ schreibt: ›Das ganze 18. Jahrhundert hindurch und weit bis ins 19. Jahrhundert hinein prägten die drei Chanate Buchara, Chiwa und Kokand das politische Bild des Landes. Wachsender Druck der Russen auf alle drei Chanate machte schließlich dieser ereignislosen Zeit in ihrem Leben ein Ende.‹

Wassilij Wereschtschagin: Triumpf (Zurschaustellung der Köpfe der Feinde auf dem Registan in Samarkand)

Annexion der kasachischen Steppen

Dann aber jagten sich die Ereignisse: 62 Jahre dauerte die durchaus nicht immer friedliche ‹Eingemeindung« der kasachischen Steppen, der usbekischen und turkmenischen Wüsten, der Berge des heutigen Kirgistan und Tadschikistan ins russische Zarenreich. Russland ging nach allen Regeln der ›Kunst‹ vor – hier mit diplomatischem Geschick, da mit Zuckerbrot und Peitsche und dort mit Gewalt.

Sehr wahrscheinlich hatten die kasachischen Khane die Verträge ihrer Vorgänger längst aus den Augen und dem Sinn verloren, nicht aber Moskau. 1822 wurde das Gebiet der Mittleren Horde besetzt, 1824 das der Kleinen Horde. Der Norden und der Westen des heutigen Kasachstan waren nun russisch, die Festung Akmolinsk (heute Nur-Sultan) besiegelte 1830 diesen Status. Widerstand regte sich, Kenesary, letzter Khan der Kasachen, formierte 1837 ein Heer und hielt die zaristischen Truppen 10 Jahre in Schach, bevor er 1847 umgebracht wurde. Der folgende Feldzug war sehr effektiv: 1848 unterwarf sich mit der Großen Horde der letzte der großen Zusammenschlüsse der kasachischen Stämme. 1854 wurde die Festung Wernyj, heute Almaty, wie ein Schlusspunkt an den Südrand der großen Steppen gesetzt.

1861 hob der Zar in Russland die Leibeigenschaft auf – in den nächsten Jahrzehnten machten sich Hunderttausende landloser Familien auf den Weg, um ihr Glück zu suchen – zahllose von ihnen kamen als Siedler in die riesigen kasachischen Steppen. Für die seit Jahrhunderten frei nomadisierenden Kasachen wurde es eng, die fruchtbarsten Stücke ihrer traditionellen Weidegebiete wurden besetzt.

Der Turkestan-Feldzug

1864, Russland hatte gerade die letzten aufsässigen Kaukasus-Völker ›auf Linie‹ gebracht, setzte sich General Tschernjajew in Bewegung gen Süden. Er zog den Syrdarja aufwärts, eroberte Ak-Metschet' (Qyzylorda), Turkestan und Schymkent, 1865 ergab sich Taschkent. Hier wurde 1867 die neue Hauptstadt des russischen Generalgouvernements Turkestan proklamiert. Mit einer eigenen Verwaltung in der Region konnte der ›Rest‹ von Mittelasien nunmehr zügig unterworfen werden. 1868 wurde Samarkand erobert, das Emirat von Buchara durfte weiter bestehen bleiben, wurde jedoch unter russisches Protektorat gestellt. 1873 wurde genauso mit dem Khanat von Chiwa verfahren. 1876 annektierte Russland das Khanat von Kokand, den Süden davon gegen den erbitterten Widerstand der Alaj-Kirgisen.

1869 hatte man am Kaspischen Meer mit der Errichtung des befestigten Hafens Krasnowodsk einen Vorposten für die Eroberung Turkmeniens im äußersten Süden geschaffen. Doch ein erster Versuch der Unterwerfung der Tekke-Turkmenen scheiterte 1879. Sie setzten sich bis zum bitteren Ende zur Wehr. Die Russen begannen 1881 den Bau der Transkaspischen Eisenbahn für den militärischen

Russlands Ausdehnung bis zum Ende des 19. Jh. 0 500 1000 km

Endpunkt der russischen Eroberung Zentralasiens: Garnisonen auf dem Pamir

Nachschub und kamen mit Verstärkung wieder. Der sogenannte ›Weiße General‹ Skobeljew, immer in weißer Uniform, ließ sein Regiment ein grauenhaftes Exempel statuieren. Mehr als 14 000 Turkmenen, die sich in die Festung Gök Depe zurückgezogen hatten, wurden bei den Kämpfen um de Festung, größtenteils aber auf der Flucht abgeschlachtet. Weiterer Widerstand regte sich danach nicht mehr. 1884 folgte die friedliche Angliederung der Oase Merw.

Great Game

Russland war zur Supermacht aufgestiegen – und einer anderen, alteingesessenen Supermacht gefiel das nicht. Die Briten beobachteten mit Argwohn aus dem benachbarten Britisch Indien, was sich jenseits der afghanischen Grenze abspielte. Es war zu befürchten, dass Russlands Appetit wachsen und sich auf einen Zugang zum Golf von Bengalen richten würde – dem musste Einhalt geboten werden. Nach Säbelgerassel und langen diplomatischen Verhandlungen konnte 1895 ein Abkommen zwischen beiden Seiten unterzeichnet werden, welches die Einflusssphären in Zentralasien zwischen ihnen aufteilte und als Demarkationslinie die neu bestimmte Nordgrenze des Pufferstaates Afghanistans festlegte – zwischen Pamir und Hindukusch, mitten durch den Lebensraum der hier siedelnden Völker. Die Südgrenze des heutigen Tadschikistan entstand – und riss das Volk der Tadschiken auseinander.

Teil des russischen Vielvölkerreichs

Die Kolonisierung Zentralasiens war abgeschlossen, seine Völker nunmehr Bestandteil des russischen Vielvölkerreiches, im Rahmen des Generalgouvernements Turkestan. Ihre historische, kulturelle und religiöse Einheit wurde von den neuen Herrschern nicht zerschlagen. Doch entsprechend dem Statut über die Verwaltung der Steppengebiete waren die Bewohner von Russisch-Turkestan ›inorodcy‹, Fremdstämmige, Bürger zweiter Klasse und unmündig, waren damit allerdings auch vom Militärdienst befreit.

Russland begann nun in den neuerworbenen Territorien eine typische koloniale Tätigkeit: Es schnitt die Wirtschaft Zentralasiens auf seine Bedürfnisse zu. Diese hießen in erster Linie: Baumwolle. Bereits in den 1870ern begann man den Baumwollanbau an Amudarja und Syrdarja zu forcieren, die Transkaspische Eisenbahn von Krasnowodsk über Samarkand nach Taschkent, später denn die Transaral-Eisenbahn aus Orenburg nach Taschkent wurden unter anderem für den Abtransport des weißen Goldes gebaut.

Aufstand von 1916

Bedenkt man, welche Zumutung die russische Besetzung für die ca. 10 Millionen Menschen in Russisch-Turkestan war, besonders die Enteignung ihres Landes durch den russischen Staat und die Übergabe an 500 000 Bauernfamilien aus Mittelrussland allein zwischen 1906 und 1912, so erstaunt, wie friedlich es dabei zuging. 1869 erhoben sich die Kasachen der Kleinen Horde, 1898 gab es in Andijon im Fergana-Becken einen Aufstand, aber eine übergreifende Revolte gab es nicht – bis 1916. Russlands Verluste im Ersten Weltkrieg führten – entgegen der Zusicherung der Befreiung vom Kriegsdienst – zur Einberufung der ›Fremdstämmigen‹. Alle 19- bis 43-jährigen Männer sollten für die rückwärtigen Dienste mobilisiert werden. Das Fass lief über: Die jahrzehntelang angestaute Wut über Fremdbestimmung und Erniedrigung, Landraub und Requirierung von Vieh bahnte sich ihren Weg. Es kam in ganz Zentralasien zu Aufständen. Russische Siedler, Kirchen, Verwaltungen wurden angegriffen, Tausende Russen massakriert, ihre Häuser angezündet. Die Erhebung wurde brutal niedergeworfen, dies führte zur Flucht einer Viertelmillion Kasachen und Kirgisen nach China, war aber die Initialzündung für eine mächtige nationale Unabhängigkeitsbewegung. In ganz Zentralasien entstanden Zirkel der nationalen Eliten, die eine eigenständige, nationaldemokratische Entwicklung anstrebten.

Die Sowjetunion

Die Oktoberrevolution in Russland wurde von vielen der nationalen Befreiungsbewegungen mit Hoffnung aufgenommen, und tatsächlich gab es auch einige vielversprechende Anfänge.

Nach einem blutigen Bürgerkrieg, der auch vor Zentralasien nicht haltmachte, wurde ab 1921 im Rahmen der Neuen Ökonomischen Politik und der Korenizatsija (Einwurzelung) versucht, die nationale Intelligenz der nichtrussischen Völker in die neuen Aufgaben einzubinden, nach dem Motto: Sozialistisch im Inhalt, national in der Form. Ende 1922 wurde die Union der Sozialistischen Sowjetrepubliken (UdSSR,

Kommunismus – das ist Sowjetmacht plus Elektrifizierung des ganzen Landes

auch Sowjetunion genannt) gebildet. Zum damaligen Zeitpunkt umfasste sie die Russische, Weißrussische, Ukrainische, Armenische und Aserbaidschanische Sozialistische Sowjetrepublik (SSR). Die zentralasiatischen Sowjetrepubliken kamen etwas später dazu: die Kasachische, Usbekische und Turkmenische SSR 1925, die Kirgisische 1926, die Tadschikische 1929. Die Grenzziehung erfolgte willkürlich, teilweise mitten durch die Siedlungsgebiete der Völker hindurch. Besonders die Tadschiken waren schlimm betroffen, sie wurden einfach geteilt, die Hälfte verblieb in Usbekistan. In der Fergana-Ebene war die Zerstückelung besonders hart. Das alles sollte sich erst 70 Jahre später als Zeitbombe erweisen, als die Sowjetrepubliken, nunmehr selbständig, versuchen mussten, diese Grenzen zu richtigen Staatsgrenzen zu machen, ohne ihre Nachbarn gegen sich aufzubringen.

Fortschritt und Repression

Die Phase der Toleranz gegenüber den nationalen Besonderheiten und der Einbeziehung der nationalen Eliten dauerte jedoch nur bis 1926, dann begann Stalin mit der Politik des Zwangs und der Repressalien auf buchstäblich jeder Ebene. Das gesamte Riesenreich wurde einem streng technokratischen, russisch dominierten und zentralisierten Fortschrittsverständnis unterworfen, Zweifler und Kritiker jedweder Ethnie wurden ausgeschaltet. So kam es, dass zwar Elektrizität, Bildung, Gesundheitsversorgung und Gleichberechtigung in die entlegensten Winkel der Sowjetunion gebracht wurden, durch die forcierte Industrialisierung ein gigantischer Entwicklungsschub ausgelöst wurde, das alles aber um den Preis der bedingungslosen Unterwerfung aller Klassen, Schichten und Ethnien unter eine brutal gleichmacherische Sozialpolitik und somit unter großen Opfern erfolgte. Keinen Platz in der neuen Ordnung hatten zum Beispiel Gläubige, selbständige Bauern und Gewerbetreibende und Nomaden.

Die Sowjetunion

Denkmal für die Opfer des Hungers in Kasachstan

Grausames Ende des Nomadentums

Die sowjetische Politik zwischen 1929 und 1933 machte die Nomaden zu Geächteten. In Zentralasien betraf das vor allem die Kasachen, Kirgisen, Karakalpaken und einen Teil der Usbeken. Die meisten Nomaden galten als Großbauern, da sie durch die teilweise immense Clangröße auch große Herden brauchten und zum Hüten der Herden Pferde verwendeten. Nicht nur ihr Clanbesitz war den Sowjets ein Dorn im Auge, auch das unabhängige ›Umherziehen‹ schien suspekt. Schließlich entzogen sich die Nomaden damit der angestrebten totalen Kontrolle. Und so wurden sie gezwungen, den Familienbesitz ihrer Herden an die neu geschaffenen Kolchosen abzugeben, ihr Nomadisieren wurde unter Strafe gestellt. Der Zwangsansiedlung entflohen viele durch Abwanderungen nach China, in die Mongolei, nach Afghanistan, Millionen aber starben in den furchtbaren Hungerjahren 1931/33. Auf den ehemaligen Weidegebieten fanden von den 1930ern bis in die 1960er voluntaristische landwirtschaftliche Großversuche statt, die das natürliches Gleichgewicht und Klima in Zentralasien irreversibel durcheinanderbrachten. Monokulturen von Baumwolle auf bewässertem Wüstenland und Weizen auf umgepflügtem Steppenboden schädigten Wasserhaushalt und Böden der gesamten Region nachhaltig.

Zweiter Weltkrieg

Die Territorien der zentralasiatischen Sowjetrepubliken Kasachstan, Usbekistan, Kirgistan, Tadschikistan und Turkmenistan waren zwar vom ›Großen Vaterländischen Krieg‹, wie er in der Sowjetischen Geschichtsschreibung heißt, nicht unmittelbar betroffen, aber die männliche Bevölkerung wurde einberufen wie überall. Über 300 000 Männer aus Zentralasien kamen nicht aus dem Krieg zurück. Noch heute erinnern in fast jedem Ort Mahnmale an die Gefallenen.

Kriegerdenkmal in Shahr-i Tuz in Tadschikistan

Auch durch die Evakuierung der Industriebetriebe der vom Krieg betroffenen europäisch-sowjetischen Großstädte nach Zentralasien, vor allem nach Alma-Ata (heute Almaty), Bischkek und Taschkent, durch die Mobilisierung aller Reserven des Riesenreiches, leistete Zentralasien einen gleichberechtigten und opferreichen Beitrag zum Sieg der Sowjetunion in diesem mörderischen Krieg.

Folgenreicher Aufschwung

Nach dem Ende des Krieges konnte ein beispielloser Aufschwung in Wirtschaftsleistung und sozialer Entwicklung in allen sowjetischen Republiken verzeichnet werden. Freilich ging das oft zu Lasten der Umwelt – gigantomanische Projekte wie die Neulandgewinnung (Urbarmachung der kasachischen Steppe), Bau und Inbetriebnahme des Karakum-Kanals und anderer gigantischer Bewässerungskanäle brachten zwar kurz- und mittelfristig Nutzen, richteten langfristig mehr Schaden an. Bedeutende Rohstoffvorkommen wurden ohne Rücksicht auf Verluste erschlossen – und nach Norden abtransportiert, alle Eisenbahnlinien zeigten nach Russland, nur ein geringer Teil der Rohstoffe (Eisen, Aluminium, Uran) wurde vor Ort in sogenannten territorialen Produktionskomplexen verarbeitet. Die fünf Republiken waren zu Rohstofflieferanten degradiert, in den technischen Berufen arbeiteten fast nur Russen auf der mittleren und oberen Ebene. Heute, nach dem Wegzug der meisten Russen, leiden die zentralasiatischen Nachfolgestaaten der Sowjetunion unter einem immensen Defizit technischer Fachkräfte.

Irreparable Umweltschäden wurden nicht nur durch rigorose Wirtschaftspolitik hervorgerufen, auch im militärischen Bereich kam Zentralasien, besonders dem Flächenstaat Kasachstan, die Rolle eines gigantischen Testgebietes für alle Arten von ABC-Waffen zu. Auch das weltberühmte Kosmodrom Baikonur hatte vor allem einen militärischen Zweck – und bis heute vergiftet der Niederschlag von den russischen Proton-Raketen die kasachische Steppe.

Die nationale Frage im sowjetischen Zentralasien

Mit Stalins Machtergreifung Mitte der 1920er war eine schwere Zeit für die nichtrussischen Ethnien angebrochen. Stalin regierte rigoros nach dem Prinzip ›Teile und herrsche‹, bevorzugte die einen, benachteiligte die anderen, und manche Völkerschaften betrachtete er als Erbfeind. Die Umsiedlungen der Koreaner, Deutschen, Kalmücken, Krimtataren, Tschetschenen und anderer kaukasischer Völker zeigte deutlich seine Abneigungen. Alle genannten Ethnien, insgesamt über zwei Millionen Menschen, wurden zwischen 1937 und 1947 komplett aus ihrem Lebensraum entfernt, in Viehwaggons nach Zentralasien verfrachtet und dort als Strafarbeiter angesiedelt.

Kasachstans Norden mit seinem unwirtlichen Klima und seinen unendlichen Steppen voller zu hebender Schätze, zu bauender Städte, Betriebe und Eisenbahnen bekam die meisten neuen ›Siedler‹. Auch nach Stalins Tod wurde diese Politik fortgesetzt, für die Neulandgewinnung wurden abermals Hunderttausende Menschen umgesiedelt – die meisten dieses Mal freiwillig. So bekam Kasachstan eine Völkermischung, in der die Kasachen zur letzten Volkszählung 1989 nur noch ein reichliches Drittel ausmachten, in den anderen Republiken hatten die Titularnationen zwar zahlenmäßig die Mehrheit, waren aber auch nicht ›Herr im Hause‹.

Von den späten 1920ern bis 1938 hatten Stalin und sein Machtapparat durch ›Säuberungen‹ de facto die gesamte, ohnehin nicht umfangreiche politische und intellektuelle Elite der nichtrussischen Ethnien vernichtet. Ende der 1930er waren diese Völker damit führungslos – russische Kader übernahmen das Zepter und hatten es uneingeschränkt bis in die 1950er inne. Auch wenn es danach mit der Entstalinisierung wieder Losungen vom Aufblühen der Nationen und Kulturen‹ gab, konnten sich die meisten Republiken lange nicht von der Ausradierung ihrer eigenen kritischen Intelligenz erholen.

Industrieruinen in Sarvoda in Tadschikistan

Die Generallinie sowjetischer nationaler Politik zielte darauf ab, nationale Unterschiede zu verwischen; es zählte nur noch die Identität als Sowjetbürger. Die nationalen Sprachen wurden kaum noch gelehrt, sie fristeten auf den Dörfern ihr Dasein, der Fortschritt in den Städten sprach russisch. Nationale Kultur wurde auf vorzeigbare Folklore reduziert, viele alte Handwerke, Bräuche, Traditionen standen kurz vor dem Aussterben.

Unabhängigkeit und offene Zukunft

Den ersten nennenswerten Widerstand gegen diese Politik der nationalen Entmündigung gab es 1986 in Alma-Ata, der Hauptstadt der kasachischen Sowjetrepublik. Der Erste Sekretär der Kommunistischen Partei Kasachstans, Dinmuhammed Kunajew, ein Kasache, war seines Amtes enthoben und durch einen Russen ersetzt worden. Das Maß war voll, Zehntausende gingen auf die Straße, um die Einhaltung der Leninschen Nationalitätenpolitik, der Politik der nationalen Kader zu fordern. Bei der Niederschlagung dieser Demonstration gab es Tote – das war der sichtbare Anfang vom Ende der Sowjetunion. Binnen fünf Jahren implodierte das Riesenreich, 1991 deklarierten die Sowjetrepubliken ihre politische Unabhängigkeit. In den nächsten Jahren und Jahrzehnten erst bekamen sie das schwere Erbe zu spüren – die wirtschaftliche Schwäche des Kolosses auf den tönernen Füßen, die Schwierigkeiten der Entflechtung der Volkswirtschaften, die Explosivität der multiethnischen Bevölkerungsmischung, die politische Lethargie der Mehrheit der Bevölkerung, die skrupellose Vorteilsnahme und Korruption der alten Eliten, die nun auch die neuen waren. Am längsten (bis 2019) regierte in Kasachstan der Mann, der auch die Unabhängigkeit proklamiert hatte, unangefochten an der Spitze seines Clans. Kirgistan hatte zwei gewaltsame Machtwechsel, Tadschikistan einen verheerenden Bürgerkrieg mit Resultat einer neuen Präsidentschaft, die heute noch besteht. In Usbekistan wurde der

Sowjetische Alphabetisierung: lesende tadschikische Mädchen in den 1930ern

Büste von Juri Gagarin im kirgisischen Barskoon-Tal

unlängst verstorbene Machthaber aus der Sowjetzeit durch einen Mann ersetzt, der sich nun als Reformer entpuppt. Und Turkmenistan kam vom Regen in die Traufe – der Tod eines sagenhaft autokratischen Machthabers zog die Machtergreifung durch einen unwesentlich weniger autokratischen Machthaber nach sich. Auf diesem Hintergrund hängen die meisten über 50-Jährigen nostalgischen Erinnerungen an die Sowjetunion nach.

Berühmte Persönlichkeiten

Diese kleine Liste enthält nur wenige der zahlreichen Größen des Geistes und der Tat, welche der Kulturraum Zentralasien in 2500 Jahren hervorgebracht hat. Bei der Auswahl habe ich mich nicht nur von herkömmlicher ›Berühmtheit‹ leiten lassen, sondern von Kriterien wie Universalität, Eigenständigkeit und Aufklärertum.

Al-Farabi (870–950)

Abu Nasr ibn Muhammed Tarchan ibn Uzlag Al Farabi stammte aus der berühmten Stadt Farab, später Otrar, heute Kasachstan. Sein Studium in Bagdad und Aleppo brachte ihn den Lehren der griechischen Philosophen nahe. In schöpferischer Verarbeitung der Lehren Platos, Aristoteles', Pythagoras' und Ptolemäus' schuf al-Farabi in 160 Traktaten ein Ideengebäude, das auf die wissenschaftliche Verankerung der Philosophie und die philosophische Begründung des Glaubens zielte. Es gibt kaum ein Wissensgebiet, zu dem er nicht seine fundierten Ansichten veröffentlicht hätte. Wegen seiner universellen Gelehrsamkeit nannte man ihn den zweiten Aristoteles. Die letzten Lebensjahre verbrachte al-Farabi in Kairo, Aleppo und Damaskus, wo er auch starb. In Kasachstan wurde die Staatliche Universität in Almaty nach ihm benannt.

Avicenna-Denkmal in Chudzhand

Denkmal für Devaschtitsch in Pandazhkent

Aitmatow, Tschingis (1928–2008)

Das Schaffen des kirgisischen Nationalschriftstellers, Dramatikers und Politikers wurde stark vom gewaltsamen Tod seines Vaters geprägt, der 1937 verhaftet und 1938 mit anderen führenden kirgisischen Intellektuellen in einer Nacht- und Nebelaktion durch Stalins Schergen erschossen wurde. In Aitmatows poetischen Büchern, die durchdrungen sind von der Liebe zu seiner Heimat und den einfachen Menschen, kann man die allmähliche Wandlung vom fortschrittsgläubigen sowjetischen Enthusiasten zum verantwortungsbewussten Weltbürger und enttäuschten Skeptiker erkennen. Seide Grundthemen sind das schwierige Ringen um Menschenwürde und der Raubbau des Menschen an der Natur. Fast alle seiner Bücher, wie ›Dshamilja‹, ›Der weiße Dampfer‹, ›Abschied von Gülsary‹ und ›Der Schneeleopard‹ spielen in seinem Heimatland Kirgistan, ›Ein Tag länger als ein Leben‹ und ›Die Richtstatt‹ hauptsächlich in Kasachstan.

Avicenna, Ibn Sina (980–1037)

Der enzyklopädisch gebildete und sagenhaft produktive Universalgelehrte, Philosoph, Astronom, Poet, Musiker, Heiler und Medizintheoretiker Abu Ali al-Husain bin Abd Allah ibn Sina wird im Westen Avicenna genannt. Kaum jemand weiß, dass er aus Afschona bei Buchara und somit aus dem Kulturraum während der letzten Jahre der Samaniden-Dynastie kam. Im Buch ›Der Medicus‹ von Noah Gordon spielt er die Rolle des Lehrers in Hamadan/Isfahan. Auf der Flucht vor widrigen und einengenden Umständen gelangte er über Chorezmien nach Persien, wo er Leibarzt und kurzzeitig sogar Wesir des Herrschers von Hamadan wurde. Er starb im Alter von 57 Jahren an Ruhr. Einer der höchsten Berge Zentralasiens trägt nun seinen Namen.

Babur, Babur Schah (1483–1530)

Zahir ad-Din Muhammad Babur (›der Tiger‹) wurde in Andijon im heutigen Usbekistan als Abkomme der Timuriden geboren und starb in Agra in Indien als Begründer des Mogul-Reiches. Diese außergewöhnliche Karriere liegt darin begründet, dass es dem jungen Mann mit 14 Jahren (!) nicht gelang, das in den Wirren des Zerfalls der Timuriden-Dynastie von ihm eroberte Samarkand zu halten. Auch ein zweiter Versuch scheiterte, Babur war 18. Einen dritten Versuch unternahm er mit 28, aber Samarkand lehnte den zur Schia übergetretenen Herrscher ab. Er wandte sich nach Süden, hier konnte ihm langfristig keiner widerstehen. Er eroberte Kabul, machte es zu seiner Hauptstadt und heiratete 1619 die Tochter seines Verbündeten Malik Schah. Mit Unterstützung von Partnern aus Punjab besiegte er 1526 die Truppen des Sultans von Dehli und nahm Dehli und Agra ein, wo er das Mogul-Reich begründete und bis zu seinem Tod konsolidierte.

Seine Autobiographie ›Babur-Nama‹ ist eine bis heute hochinteressante Chronik des Lebens in Zentralasien und Indien zu Anfang des 16. Jahrhunderts. Baburs große Liebe waren schöne Pflanzen und wohlgeordnete Gärten.

Chodzhajew (Khojaev, Xo'jayev), Fayzullo (1886–1938)

Der Sohn des Karakulfell-Händlers Ubaidulla Chodzhajew, des nach dem Emir zweitreichsten Mannes von Buchara, genoss eine exzellente Ausbildung in Buchara und Moskau. Ab 1913 Anhänger der aufklärerischen islamischen Strömung des Dzhadidismus, als solcher war er Mitbegründer der nationaldemokratischen Partei der Jungbucharer. Beteiligte sich 1920 am Sturz des Emirs von Buchara, trat in die Russische Kommunistische Partei ein. Von 1920 bis 1924 Führer der Volksrepublik Buchara, nach deren Transformation von 1925 bis 1937 Vorsitzender des Rates der Volkskommissire der Usbekischen Sozialistischen Sowjetrepublik. Egon Erwin Kisch erwähnte ihn in seinem Buch ›Asien gründlich verändert‹ und war begeistert von diesem jungen, klugen, energiegeladenen und selbstlosen Politiker. Fayzullo Chodzhajew wurde 1937 aus der Partei ausgeschlossen und verhaftet. Nach Folter und Schuldgeständnis wurde er wegen ›Verschwörung gegen die Sowjetmacht‹ hingerichtet. Er hatte es gewagt, sich auf einem Parteitag öffentlich gegen die von Moskau geplante und durchgezogene Baumwoll-Monokultur mit all ihren negativen Folgen auszusprechen. Chodzhajew teilte dieses verhängnisvolle Schicksal mit Hunderttausenden anderen ergebenen, doch kritischen sowjetischen Kommunisten.

Devaschtitsch, Devashtich (Regierungszeit 708–722)

Über seine Geburt ist nichts bekannt, wohl aber über seinen Tod. Der Afschin (Fürst) des kleinen sogdischen Reiches von Pandzhakent ergab sich 712 notgedrungen den Arabern unter Qutaiba. Als überzeugter Zoroastrier organisierte er ab 720 den Widerstandskampf gegen die muslimischen Besatzer, mit dem Einverständnis des sogdischen Zaren Gurak aus Afrasiab (Samarkand) oder gar im Bündnis mit ihm. Seine Stadt wurde gebrandschatzt, Devaschtitsch floh mitsamt seinen Archivpapieren auf seine Burg auf dem Berg Mugh im Serafschan-Tal. Die Araber fanden ihn, nahmen ihn gefangen und ließ ihn kreuzigen. Die Papiere wurden 1210 Jahre später in einer Felsspalte der Festung Mugh gefunden, man konnte sie transkribieren, aber nicht übersetzen. Ein paar alte Leute aus einem kleinen Völkchen weit oben im Jaghnob-Tal waren schließlich in der Lage, den besonderen sogdischen Dialekt des Altpersischen zu dechiffrieren. Ein Denkmal für Devaschtitsch steht in Pandazhkent.

Hodzha Nasreddin (14.–15. Jahrhundert?)

Ob der Schalk Hodzha Nasreddin wirklich gelebt hat, ist unklar. Wenn, dann war er überall und nirgends, denn vom Balkan über Anatolien, Persien bis Zentralasien will jeder ihn gesehen haben – damals, im Mittelalter. Es gibt unendlich viele Hinweise in Form von Schwänken, sogar ein Mausoleum hat er – in Anatolien. Die über ihn erzählten Anekdoten sind eine bunte Mischung aus Volksweisheit, Schlauheit und derben Schwänken.

Tatsache ist, dass er durch seine vermeintlichen Taten mehr Realität hat als viele Personen, die es ›wirklich‹ gegeben hat. Nasreddin dient als allegorische Figur in einem Kulturraum, in dem es verpönt ist, direkt zu sein. Er war ein Stellvertreter an Orten und zu Zeiten, wo und wann immer es lebensgefährlich war, selbst die Wahrheit zu sagen. Sein Denkmal in Buchara ist sehr wirklich – und sehr abgegriffen. Bis heute ist Nasreddin beliebt.

Kaufmann, Konstantin Petrowitsch (1818–1882)

Der Sohn eines russischen Generals aus holsteinischer Familie schlug folgerichtig ebenfalls eine militärische Laufbahn ein. Nach steiler Karriere wurde er 1867 zum Militärgouverneur von Russisch-Turkestan ernannt und zog ins eben erst eroberte Taschkent.

Als Oberkommandierender der russischen Truppen des Turkestanischen Militärbezirks leitete er erfolgreich die Kampfhandlungen gegen das Emirat Buchara und das Khanat Chiwa. Unter seinem Kommando wurde 1874 bis 1876 der Aufstand im Khanat Kokand niedergeschlagen und dessen Gebiet als Oblast Fergana ans Russische Reich angeschlossen. Die gesamten russischen Eroberungen in Zentralasien wurden zum Generalgouvernement Turkestan vereinigt, als dessen Generalgouverneur Kaufmann eingesetzt wurde. Kaufmann war indessen nicht nur Militär, sondern auch Gestalter: Er tat viel für Städtebau, Wissenschaft und Bildung. Er starb in seiner neuen Heimat Taschkent. Ein sehr hoher Berg und eine Wildtulpenart wurden nach ihm benannt.

Kurmandzhan Datka (1811–1907)

Die junge Alai-Kirgisin Kurmandzhan floh nach der Zwangsheirat mit einem um 40 Jahre älteren Mann und sollte dafür hingerichtet werden. Durch das Eingreifen von Alymbek Datka, Fürst der Alai-Kirgisen, wurde sie gerettet. Alymbek heiratete Kurmandzhan, mehr noch, er bezog sie in die Staatsgeschäfte ein. Nach dem Mord an Alymbek Datka 1862 führte die sechsfache Mutter die vereinigten Nomadenstämme der Alai-Kirgisen an. Der Rang ›Datka‹, dem Generalsrang gleichzusetzen, wurde Kurmandzhan für ihre politischen und militärischen Verdienste sowohl vom Khan von Kokand als auch vom Emir von Buchara verliehen – in islamischen Staaten durfte und darf das als außerordentliche Sensation gelten. Von der russischen Armee erhielt Kurmandzhan 1876 den Titel eines Obersten, nachdem sie ihre Alai-Kirgisen nach verlorener Schlacht und erfolgreicher Verhandlung zur Begnadigung all ihrer Gefolgsleute dem russischen Imperium unterstellt hatte. Der monumentale Film ›Kurmandzhan Datka‹ (2014, Kyrgyzfilm) zeigt eindrucksvoll das Schicksal dieser Frauengestalt.

Navoi, Alischer (1441–1501)

Eigentlich Nizom od-Din Alischer, oft als usbekischer Nationaldichter deklariert, dabei war er Uighure, kam aber in Herat, heute Afghanistan, zur Welt und starb auch dort. Zwischenzeitlich war er freilich auch in Samarkand. Zur seinen Lebzeiten befand sich seine Heimat Chorasan unter timuridischer Herrschaft. Er war Staatsmann, Naqschbandi-Sufi und Poet, und als solcher hat er den entscheidenden Beitrag dazu geleistet, die Turksprache Tschagataj ab dem späten 15. Jahrhundert zur am meisten verbreiteten Sprache in Zentralasien zu machen. Sein bekanntestes Werk ist der ›Vergleich zweier Sprachen‹, in dem er seine Muttersprache Tschagataj mit der dominanten Kultur- und Literatursprache Persisch vergleicht und die Überlegenheit des Tschagataj zu beweisen versucht. Mit der Aufforderung an die zentralasiatischen Dichter, nicht nur in Persisch und Arabisch zu schreiben, sondern auch in Tschagataj, erwarb er sich die Liebe und Verehrung des einfachen Volkes aus den entsprechenden Stammesgruppen.

Vielen gilt er als der größte turksprachige Dichter aller Zeiten. Sein Hauptwerk sind fünf bekannte epische Poeme. Seine 3150 Gedichte im bekannten orientalischen Stil ›gazel‹ schrieb er mal in Persisch, unter dem Pseudonym Fani (›der Vergängliche‹), und mal in Tschagataj, unter dem Pseudonym Navoi (›der Weinende‹). Ein typischer polyglotter zentralasiatischer Intellektueller.

Kurmandzhan Datka vor dem Museum in Gültschö

Timur vor den Ruinen seines Palastes in Shahrizabs, Usbekistan

Rudaki (858–941)

Abu Abdullah Dzhafar Rudaki wird als der Begründer der neupersischen (tadschikischen) Literatur gesehen, als Vater der Poesie in Farsi. Er stammt aus dem kleinen Ort Pandzhrud im Serafschan-Tal, dort starb er auch. Die für die Geschichte bedeutende Zwischenzeit verbrachte er zuerst beim Studium in Samarkand und dann in Buchara als Dichter und Sänger am Hof der Samaniden, zur Zeit der Regentschaft von Ismail Samani und seines Nachfolgers Amir Nasr. Am Hof kam er zu großem Ruhm und Reichtum. Er soll 130 000 Doppelverse verfasst haben, weitere Gedichtformen, außerdem Poeme und philosophisch-didaktische Aufsätze. Erhalten haben sich etwa 1000 Doppelverse und Vierzeiler.

Bei der Untersuchung der sterblichen Überreste des Poeten stellte man eine erworbene Blindheit fest. Später fand man Dokumente, die belegen, dass Rudakis höfischer Brötchengeber einer Intrige seines Wesirs gegen den Poeten auf den Leim gegangen war und selbigen als Anhänger des am Hofe verpönten Ismailitentums im Alter von ca. 60 Jahren hatte blenden lassen. Ein späteres großzügiges Entschädigungsangebot lehnte der Poet ab. Blind kehrte er zurück in sein Dorf und starb in Armut. Sein Mausoleum ist heute eine Pilgerstätte, viele Straßen und Einrichtungen in Tadschikistan sind nach ihm benannt, er ziert einen Geldschein.

Spitamenes (370–328 v.u.Z.)

Sogdischer Militärführer, Angehöriger der sogdischen Oberschicht unter den Achämeniden, träumte von einem unabhängigen Staat. Organisierte und leitete im Namen der zoroastrischen Lehre den Aufstand der Sogder gegen Alexander den Großen 329 bis 327 vor unserer Zeit. In der Schlacht bei Samarkand fügte er dem unentwegt siegenden und voranmarschierenden Mazedonier zum ersten Mal in den sieben Jahren seit Beginn seines Feldzuges eine Niederlage zu, indem er ein Teilheer von Alexander vernichtete. Er wurde von seinen eigenen Leuten getötet, welche die Rache Alexanders fürchteten. Seine Tochter Apame heiratete den Leibwächter Alexanders, Seleukos und begründete mit ihm die Dynastie der Seleukiden.

Timur (1336–1405)

Timur der Große, Timur der Schreckliche, Timur der Lahme (Tamerlan), Amir Timur – Eroberer, Despot, Tyrann, aber auch Förderer von Städtebau, Kunst und Wissenschaft, gläubiger Analphabet. Heute in Usbekistan Identifikationsfigur. Der in Kesch (heute Schahrisabz) geborene Sohn eines lokalen Fürsten aus dem eingewanderten mongolischen Stamm der Barlas träumte von der Wiederherstellung des mongolischen Großreiches. Machtbewusst und mit Hilfe von Intrigen räumte er Konkurrenten aus dem Weg, heiratete in den Clan der Dschingisiden ein und erweiterte sein Reich bis Vorderasien, zur Wolga und zum Indus-Tal. Unter seiner Herrschaft war Zentralasien eine Großmacht. Im Bestreben, seine Macht noch weiter auszudehnen, zog er 1405 gegen China, erreichte es aber nicht, weil er unweit seiner Heimat an den Folgen eines Gelages starb. Die von Timur begründete Dynastie der Timuriden überlebte ihn um 102 Jahre, unter seinem Enkel Ulugh Beg erlebte sie ihre Blütezeit.

Ulugh Beg, Ulugbek (1394–1449)

Mirzo Muhammad Tariq ibn Schah Rukh Ulugh Beg wurde im Iran geboren, als Sohn von Schah Ruch, einem der Söhne von Amir Timur und dessen einflussreicher, gebildeter Frau Gauhar Schad. Schah Ruch setzte sich nach Timurs Tod 1405 in den Nachfolgekämpfen der Erben durch. Er machte Herat zu seiner Hauptstadt. Im Alter von 15 Jahren wurde Mirzo von seinem Vater als Statthalter nach Samarkand geschickt, um die Stadt nicht anderen Machtgruppen zu überlassen. Mirzo interessierte sich mehr für Mathematik, Astronomie, Kunst, Poesie und das Studium des Korans. Er setzte einen Khan als Aushänge-Herrscher ein, verpasste sich selbst den Titel Ulugh Beg (großer Herrscher) und widmete sich der Wissenschaft. Mit der Gründung der Medrese Ulugh Beg und des Observatoriums Gurkani Zidzh sowie durch seine international hochgeschätzten Forschungen dürfte er mehr für seine Stadt und die Mensch-

Der Dichter Rudaki gilt als Vater der neupersischen Literatur

Wassilij Wereschtschagin: An der Festungsmauer. Lasst sie ein.

heit geleistet haben als in der Rolle eines Nur-Statthalters. Mit den Wissenschaftlern al-Kaschi und und Qadi Zada berechnete er die Länge eines Jahres mit 365 Tagen, 6 Stunden, 10 Minuten und 8 Sekunden – das ist eine Abweichung von 58 Sekunden vom heutigen Wert! Sie erstellten den Sternenkatalog Zidzh-i Sultani mit Positionsangaben von über 1000 Sternen.

Fast zwangsläufig geriet er in Konflikt mit der Geistlichkeit, der es nicht passte, dass ihr Herrscher die Wissenschaft über den Glauben und seine Regierungspflichten stellte. Im Chaos der Machtkämpfe, die nach dem Tod von Schah Ruch ausbrachen, verloren die Timuriden das Gebiet am Syrdarja an das neu gegründete Usbeken-Khanat, und Ulugh Beg verlor den Rückhalt in Samarkand. Sein Sohn Abd al-Latif ließ ihn absetzen und ermorden.

Wereschtschagin, Wassili Wassiljewitsch (1842–1904)

Russischer Kriegsmaler, der von 1867 bis 1870 den Mittelasienfeldzug von General Kaufmann (→ S. 62) begleitete und das Erlebte in sehr authentischen, eindringlichen Bildern dokumentierte.Mit seinen Bildern haben wir heute eine ziemlich genaue Vorstellung von dieser kolonialen Eroberung, aber auch vom Zustand der Bauwerke um 1870, den Gesichtern und den Schönheiten der Landschaften Mittelasiens. Wereschtschagin wurde durch das in Mittelasien und später während des Russisch-Türkischen Krieges Erlebte zum Pazifisten, in seinen Bildern stellte er die Schrecken des Krieges bewusst anschaulich dar. Nach einer Ausstellung seiner Mittelasienbilder in Petersburg wurde er des Antipatriotismus und des ›Mitleids mit dem Feind‹ bezichtigt und zog sich das Missfallen des Zaren zu. Er vernichtete einige seiner Bilder, lehnte einen Professoren-Titel ab und ging nach Indien, dann nach Frankreich.

Wereschtschagin starb sozusagen bei einer Recherche-Dienstreise während des Russisch-Japanischen Krieges, beim Untergang eines Kriegsschiffes im Gelben Meer.

Ethnien und Politik

Bedingt durch die Lage im Zwischenraum von Orient und Okzident, durch den mehr als tausendjährigen Austausch auf den Seidenstraßen sowie mehrere Völkerwanderungen und allumfassende Eroberungszüge kann Zentralasien als wahrer Schmelztiegel gelten. Hier trifft man auf einen Menschenschlag, der sich nicht wirklich abgrenzen lässt. In den Personaldokumenten der Bürger Kasachstans, Kirgistans, Tadschikistans, Turkmenistans und Usbekistans gibt es immer noch die Zeile ›Nationalität‹, diese anachronistische und genaugenommen diskriminierende Tradition wird aus sowjetischen Zeiten fortgesetzt. Eigentlich dürfte es längst nicht mehr heißen ›Usbeke‹, ›Tatar‹, Uighur‹, ›Karakalpak‹ oder ›Jude‹. Hier müsste stehen: ›egal!‹ oder wenigstens: ›wunderbare Melange‹.

Zu sowjetischer Zeit waren Mischehen relativ weit verbreitet, leider ist heute eine rückläufige Tendenz zu beobachten, es findet eine allmähliche ethnische Entflechtung statt. Doch der Prozentsatz der Menschen, die von sich sagen können, sie sind ein ›metis‹, eine Mischung, ist hoch – das erkennt man auch im Straßenbild der großen Städte.

Zwei große Völkerfamilien beeinflussen die Geschicke Zentralasiens schon seit Jahrtausenden: Die Indo-Iraner (v.a. Perser), deren Abkömmlinge die Tadschiken sind, und die Turko-Mongolischen Stämme, aus Südsibirien stammend, die sich im Laufe einer großen Völkerwanderung bin ins Gebiet der heutigen Türkei ausgebreitet haben. Kasachen, Kirgisen, Karakalpaken, Usbeken, Uighuren, Tataren – sie alle gehören zu dieser Völkerfamilie. Die südwestlichen von ihnen, die Turkmenen, sehen den Iranern ähnlicher als ihren nordöstlichen Stammesverwandten, aber auch sie sind ein Turkvolk.

Zugewandert sind freiwillig oder durch Umsiedlungspolitik: Russen, Ukrainer, Juden, Koreaner, Deutsche und Angehörige kaukasischer Völker: Armenier, Tschetschenen, Inguschen u.v.a.m.

Hirtenfamilie in Kirgistan

Die Titularnationen sind inzwischen in allen fünf Ländern in der deutlichen Mehrheit. Noch 1995 lebten jedoch in Kasachstan bedeutend mehr Russen als Kasachen. Eine gewisse Entflechtung hat in den letzten 30 Jahren stattgefunden. Die Landesnamen – ›Kasach-Stan‹ = ›Land der Kasachen‹, ›Kirgis-Stan‹ – Land der Kirgisen usw. entsprechen inzwischen den Tatsachen. Die Landesgrenzen, festgelegt durch Stalin und Genossen in den 1930ern, sind nunmehr weitgehend delimitiert, das heißt, die Länder haben sich in einem schwierigen Prozess auf diese bzw. teilweise auch davon abweichende Grenzen geeinigt – nun schon souverän in ihrer eigenen Staatlichkeit.

Auftakt zu den jährlichen Reiterspielen am 9. Mai in Kasachstan

Identitäten und Abgrenzung

Allen fünf Ländern ist gemeinsam, dass sie jung sind, ganz neu auf der Landkarte, und mit dem Zerfall der Sowjetunion zum ersten Mal eine wirklich eigene, unabhängige Staatlichkeit aufbauen konnten. Dieser Fakt stellte die Eliten der jeweiligen Länder vor das Problem, mit welcher gemeinsamen nationalen Idee sie ihre Landsleute an sich binden und zusammenhalten wollen. Und so wurden seit den beginnenden 1990ern zielgerichtet Identitäten aufgebaut, die gleichzeitig zur Abgrenzung von den Nachbarn dienen sollten. Das erwies sich als schwierig, haben doch die Länder eine gemeinsame Vergangenheit, die sich territorial nur schwer aufsplitten lässt. Also musste man tief in die Stammesgeschichte gehen und hier Kristallisationspunkte finden. Das ist in allen fünf Ländern inzwischen weitgehend gelungen.

Kasachstan mit seinen in drei Clans vereinigten 40 Stämmen beansprucht dabei ein sehr weites Feld der Vergangenheit für sich, das von den Skythen über Dschingis Khan und Timur bis hin zu den Begründern des ersten kasachischen Staatengebildes Zhanibek und Kerej reicht. Kasachstan ist das einzige zentralasiatische Land, das in der Bezeichnung seiner Bürger über den Namen der Titularnation hinausgeht. Die Bürger Kasachstans heißen Kasachstaner und nicht Kasachen, hier wird die Multiethnizität zum Ausdruck gebracht.

Kirgistan hat sich sehr pointiert auf den Manas festgelegt und betrachtet seine Geschichte durch dieses Prisma eines allumfassenden Heldenepos.

In Tadschikistan pflegt man die Idee der arisch-zoroastrischen Zivilisation parallel zum Erbe der persischen Samaniden.

Turkmenistan beansprucht die Nachfolge der Seldschuken für sich, der achteckige Seldschuken-Stern ist das allgegenwärtige Symbol im Land, außerdem sind die Achal-Tekkiner Pferde das Aushängeschild.

Und Usbekistan sieht sich ganz in der Linie von Timur, spart dabei die blutigen Kapitel aus und konzentriert sich auf die Staatenbildung und die kulturhistorischen Spuren, die vor allem in Samarkand und Schahrisabz zu sehen sind.

Kasachstan, Kirgistan und Turkmenistan gehen dabei unterschiedlich mit ihrem nomadischen Erbe um. Die Kirgisen nutzen es offensiv und geschickt für die Werbung um Touristen. Die Kasachen taten sich lange schwer damit, weil sie ihr unterdrücktes Nomadentum, ganz der sowjetischen Sichtweise folgend, als rückständig wahrnahmen. Erst in letzter Zeit besinnt man sich eines Besseren und zeigt einen gewissen Stolz auf die alte Nomadenkultur, die so anziehend auf Gäste aus dem Ausland wirkt und diesen Geschmack nach Freiheit hat. Auch Turkmenistan beruft sich hier und da auf die nomadischen Traditionen seiner wehrhaften Stämme, tendiert aber mehr zur Nutzung des Images als uralte Zivilisation von Oasenstädten. Usbekistan und Tadschikistan hingegen sehen sich eher in der Nachfolge der sesshaften Zivilisation der Oasenstädte Chorezmiens und der Sogdiana.

Allen fünf Ländern gemeinsam ist, dass sie die Idee der Großen Seidenstraße sowohl für ihre nationale Identität als auch für die Werbung um Touristen nutzen.

Regionale Integration

Nach einer langen Etappe der Selbstbesinnung, Konkurrenz und teilweise gar gegenseitigen Abschottung der fünf zentralasiatischen Staaten kommt es seit 2016 verstärkt zur regionalen Integration. Als Triebkraft hierbei kann Usbekistan gelten. Der neue Präsident fährt einen Kurs der Öffnung, der sich sehr positiv auf die gesamte Region auswirkt. Sogar Turkmenistan ist ein Stückchen aus seiner Schmollecke herausgekommen und hat die Anzahl der Flüge in die Nachbarstaaten erhöht. Es finden wieder multilaterale Gipfeltreffen statt. Die Anzahl der zu beratenden, abzustimmenden und dringend zu lösenden Fragen ist riesig. Da sind zum einen die Wasserprobleme. Es geht nicht ›nur‹ um die Rettung des Aralsees, der sich alle auf dem Papier verschrieben haben und die wohl nicht mehr statt-

Händlerin auf dem Basar in Samarkand

finden wird. Es geht um die existenzielle Frage der gerechten und zeitgenauen Verteilung des Wassers, das aus den Hochgebirgen der ›Oberanlieger‹ Tadschikistan und Kirgistan kommt, dort im Sommer angestaut wird, damit im Winter Strom daraus erzeugt werden kann, und so den Unteranliegern Turkmenistan und Usbekistan nicht in vollem Umfang für die Bewässerung zur Verfügung steht. Endlich redet man wieder darüber, statt sich zu beschimpfen und bedrohen. Es werden Quoten ausgehandelt, und Usbekistan will sich sogar an Staudammprojekten beteiligen, um seinen Strom dann teilweise von dort zu beziehen.

Aber auch die Wiederaufnahme und Erweiterung von Flug- und Zugverbindungen zwischen den Ländern und gemeinsame Visa(abschaffung) für die Förderung des Tourismus auf der Seidenstraße sind ein Thema, ferner Grenzziehungen, Zollerleichterungen, Investitionen, gemeinsame Terrorbekämpfung.

Kasachstan, Kirgistan, Usbekistan und Tadschikistan sind Mitglieder der Shanghaier Organisation für Zusammenarbeit (SOZ), einer internationalen Organisation mit Sitz in Peking. Ihr gehören außerdem China, Indien, Pakistan und Russland an. Ziele der SOZ sind vor allem Fragen der Sicherheitspolitik, Stabilität und Zusammenarbeit in der Region. Turkmenistan genießt Gaststatus. Die SOZ vertritt ca. 40 Prozent der Weltbevölkerung und ist damit die weltweit größte Regionalorganisation.

Multipolare Außenpolitik

Kasachstans Ex-Präsident Nazarbajew hat den Begriff begründet, und er wandte diese Art von sehr pragmatischer Außenpolitik schon seit fast 30 Jahren erfolgreich an. Dafür, nicht so sehr für seine Innenpolitik, genießt er in der Welt Anerkennung.

Multipolare Außenpolitik meint die Ausrichtung nach allen Seiten, Bündnispolitik verschiedenen Inhalts und unterschiedlicher Intensität mit Russland, China, den USA, Westeuropa, der Türkei, den arabischen Staaten, Japan, Korea

Das 17. Gipfeltreffen der Shanghaier Organisation für Zusammenarbeit

Der tadschikische Präsident ist allgegenwärtig

– ungeachtet etwaiger Animositäten dieser Bündnispartner untereinander. Diese scheinbar unbekümmerte Realpolitik ist in Wirklichkeit berechnend, und letztendlich schafft sie Stabilität. Ein großes, rohstoffreiches Land wie Kasachstan kann sich seine Bündnispartner aussuchen, die Investoren stehen Schlange. Aber Kasachstan nutzt seine Position auch, um zu vermitteln – die Syrien-Gespräche oder die Treffen der Führer der Weltreligionen in Astana sind ein gutes Beispiel.

Auch Usbekistan wendet die multipolare Ausrichtung seit kurzem an, Kirgistan und Tadschikistan lavieren ebenso geschickt zwischen den globalen Playern. Die kritische Lage in Afghanistan hatte zwischenzeitlich sogar dazu geführt, dass sowohl die USA als auch die EU und Russland Stützpunkte für den militärischen Nachschub in zentralasiatischen Ländern hatten. Kirgistan ließ sich zum Beispiel eine Zeitlang sowohl von Russland als auch von den USA für die quasimilitärische Nutzung des Internationalen Airports Manas bezahlen.

Turkmenistan übt seit seiner Gründung außenpolitisch strikte Neutralität und ist von der UNO als neutraler Stadt anerkannt.

Innenpolitik gleich Clanpolitik

Außer Kirgistan sind alle zentralasiatischen Länder Präsidialrepubliken, das heißt Republiken, in denen der Präsident nicht nur Staatsoberhaupt, sondern de facto auch Regierungschef ist und alle entscheidenden Vollmachten innehat: Er kann das Parlament auflösen und den Ausnahmezustand ausrufen, ernennt den Premierminister, Minister, Gouverneure und Richter, darf Gesetze erlassen, ist Armee-Oberbefehlshaber und genießt weitgehende Immunität. Kasachstan Ex-Präsident Nazarbajew hatte sich per Verfassungsänderung zum Präsidenten auf Lebenszeit bestimmen lassen.

Hinter den Präsidenten stehen in der Regel mächtige Clans. Tadschikistans Präsident Rachmon hat seine Familie in entscheidende Schlüsselpositionen ge-

Bürgerbewegung in Kasachstan: Protest gegen ein Skigebiet im Nationalpark Ile-Alatau

bracht: Der Sohn ist Bürgermeister von Duschanbe, eine Tochter leitet die Präsidialverwaltung, zahlreiche andere Posten sind in guten Händen bei Verwandten und anderen loyalen Mächten. Vetternwirtschaft auch in Kasachstan: Die drei Töchter des Ex-Präsidenten mit ihren jeweiligen Gatten sind an entscheidenden Schaltstellen des Landes eingesetzt: Im Medienbereich, in der Öl- und Gasindustrie, im Unternehmerverband. Die jüngste, politisch ›unverbrauchte‹ Tochter stieg neulich in die Leitung eines nationalen Verbundes von Umweltschutz-Organisationen ein und sichert damit deren Machtkonformität.

Kirgistan ist seit 2010 parlamentarische Republik, die einzige der Region. Das Volk hat sich diesen Status mit zwei wütend und mutig erzwungenen Präsidentenrücktritten hart erkämpft und wird ihn auch verteidigen müssen, denn die Clanstrukturen sind auch hier sehr viril.

Doch im Demokratie-Index der britischen Zeitschrift ›The Economist‹ belegt das Land den vordersten Platz unter allen zentralasiatischen Ländern und wird als ›Hybridregime‹ aus demokratischen und autoritären Elementen eingestuft. Kasachstan, Tadschikistan, Turkmenistan und Usbekistan gelten als ›autoritäre Regimes‹, von der US-amerikanischen NRO Freedom House wird ihr politisches System mit ›unfrei bewertet‹, wogegen Kirgistan immerhin das Prädikat ›teilweise frei‹ zugesprochen bekam.

Zivilgesellschaft und Menschenrechte

Die Lage der Menschenrechte ist in den als unfrei bewerteten Staaten schlecht bis katastrophal schlecht, obwohl alle in ihren Verfassungen die Menschenrechte festgeschrieben haben. In der Realität gibt es keine oder nur stark eingeschränkte Pressefreiheit, Versammlungs- und Redefreiheit, auch die Religionsfreiheit ist teilweise drastisch beschnitten. Mit politischen Technologien gezielter Nicht- oder Fehlinformation, Einschüchterung und Rechtsbeugung unter Ausnutzung der Unkenntnis der meisten Menschen werden unzufriedene Bürger in Schach gehalten. Nicht systemkonforme Nichtregierungsorganisationen werden nicht zugelassen, verboten bzw. bedroht und in ihrer Arbeit behindert. Von willkürlichen Diskriminierungen und Verhaftungen von Oppositionellen bis zu Folter in der Haft ist alles gang und gäbe. Eine gute Seite, die zum Beispiel Menschenrechtsverletzungen in Kasachstan dokumentiert, ist https://bureau.kz/en/.

Unter diesen Bedingungen ist die Zivilgesellschaft unterentwickelt bzw. nur punktuell vorhanden und kann nicht als gleichberechtigter Akteur bei der Gestaltung der Politik wahrgenommen werden.

Parteien

Parteien spielen bei weitem nicht die Rolle, die sie in den westlichen Staaten (noch) innehaben. Sie werden nicht als Interessenvertreter der Menschen wahrgenommen. Sicher liegt das in der Diskreditierung der Parteien-Idee durch die Kommunistische Partei der Sowjetunion begründet, die das Wahrheitsmonopol gepachtet hatte und keine Abweichungen von der Generallinie duldete. Sie war de facto keine Partei, sondern der verlängerte Arm der Macht, und das wirkt immer noch nach.

In allen fünf Ländern gibt es zwar Mehrparteiensysteme, aber außer in Kirgistan sind sie ihrer Funktion beraubt, haben eher Feigenblatt-Charakter, und es wird sorgsam darauf geachtet, dass nichts die Partei des herrschenden Clans gefährden kann. Wahlen sind Inszenierungen, Wahlbeobachter bestätigen immer wieder deren rein formalen Charakter, zuletzt bei der Präsidentenwahl in Kasachstan im Juni 2019.

Freiheitsdenkmal im kirgisischen Bischkek

Religionen

Häufig liest man, dass es sich bei den zentralasiatischen Ländern um islamische Staaten handelt. Das ist falsch. Alle fünf Staaten sind säkular, haben Staat und Religion per Verfassung getrennt. Es gibt keine Staatsreligion, alle Glaubensrichtungen sind gleichberechtigt. Politisch-religiöse Vereinigungen sind inzwischen überall verboten, die Staaten kontrollieren die Glaubensausübung, teilweise streng.

Auf alle fünf Länder trifft jedoch zu, dass der Islam traditionell die Religion mit den meisten Anhängern ist und sich auf dem Vormarsch befindet. Nach wie vor gibt es aber auch eine relativ große Anzahl an Atheisten bzw. Agnostikern – das Erbe der Sowjetunion. In Kasachstan und Kirgistan, wo noch große russische Minderheiten leben, ist auch der russisch-orthodoxe Glaube verbreitet. Außerdem gibt es Katholiken, Lutheraner, Buddhisten, Juden und eine Vielzahl kleiner Glaubensgemeinschaften

Geschichte eines multireligiösen Raumes

Es hätte auch anders kommen können. Wenn die Araber die Schlacht am Talas 751 nicht für sich entschieden hätten, wären zumindest Kasachstan und Kirgistan heute unter dem Einfluss des Konfuzianismus. So aber ist der gesamte zentralasiatische Raum islamisch geprägt, jedoch auf eine ganz andere Art als die Staaten des Nahen und Mittleren Ostens.

Seit Urzeiten und wie bei anderen Naturvölkern waren in dieser Weltgegend Animismus und Schamanismus verbreitet. Dass sie sich hier so lange halten konnten und teilweise immer noch halten, hat zweifellos mit dem unmittelbaren Erleben der Natur zu tun, mit der Wucht der Elementargewalten Kälte, Hitze, Sturm, Trockenheit und dem Ausgeliefertsein an jene in extremen Landschaften wie Wüste und Hochgebirge. Die immer noch latent vorhandene Strömung des Animismus in Zentralasien ist der Tengrismus, eine polytheistische Naturreli-

Auf den Friedhöfen hält sich fast niemand ans muslimische Abbildungsverbot

gion mit einem hierarchischen Pantheon von Göttern, an deren Spitze Tengri und Umai stehen, der Gott des Himmels und Herrscher der Geister und die Göttin der Erde, der Fruchtbarkeit und der Unterwelt. Die Geister der Ahnen sind in diese Götterwelt integriert und spielen noch immer eine große Rolle bei allen zentralasiatischen Völkern.

Tengrianische Symbolik aus Filz

Auf der Seidenstraße wurden nicht nur Waren von Ost nach West und West nach Ost gebracht. Auch Erfindungen, Kulturen und Religionen wechselten die Himmelsrichtung und verbreiteten sich mit den Karawanen. Religionen wie Zoroastrismus, Manichäismus und Buddhismus gingen eine Melange mit dem Tengrismus ein. Der Zoroastrismus als erste Religion mit einem herrschenden Schöpfergott und weiteren untergeordneten Göttern entstand in Zentralasien und konnte sich lange halten, da seine Regeln, festgehalten im Buch Awesto, eine durchdachte und ausführliche Anleitung für das Leben unter den hiesigen schwierigen natürlichen Bedingungen waren. Auch das Judentum, nach dem Babylonischen Exil in Zentralasien vertreten, und der Buddhismus, von den Kuschan nach Zentralasien gebracht, drängten sich nicht auf, und schon gar nicht das nestorianische Christentum, das hier ab dem 5. Jahrhundert in einigen Winkeln blühen durfte. Anders der Islam. Er wurde mit Feuer und Schwert in die Region getragen. Tempel, Klöster und andere Zeugnisse des Buddhismus und Zoroastrismus wurden vernichtet, Anbetung von Götzen und Geistern untersagt. Oft wurden die ersten Moscheen demonstrativ auf den Stätten der zerstörten Vorgängertempel errichtet.

Islamisierung mit Hindernissen

Der Islam wurde in Zentralasien im 8. Jahrhundert zur herrschenden Religion gemacht, doch seine Verbreitung gestaltete sich außerordentlich schwierig. Nicht nur, dass sich besonders die Zoroastrier erbittert gegen die neue Religion wehrten (→ S. 61, Devaschtitsch), es war auch nicht möglich, die Nomaden zu einer Religion zu bekehren, die ihnen ein täglich fünfmaliges, möglichst pünktliches Erscheinen am Gebetsplatz abverlangte. Während in den Oasenstädten bei den Sesshaften der Islam längst angenommen war und hier in den Medresen sogar eine Rolle als Fortschrittsträger zu spielen begann, gingen die Viehzüchter in den Steppen und Gebirgen lieber als ›Ungläubige‹ ihrem schweren Tagwerk nach. Bei der Gewinnung der Nomaden spielten die Sufis eine große Rolle. Ihre spirituelle ›Übersetzung‹ des Islam für die Steppenvölker, unter Einbeziehung von Elementen der älteren Religionen, wurde angenommen. Wichtiger als das Befolgen starrer Regeln und die Anleitung durch einen Imam war der innere Hal-

Magoki Attori in Buchara ist die älteste Moschee Zentralasiens

tung, die Hingabe an Allah. Sie konnte bei einem Stoßgebet während des Massenlammens der Schafe im Februar/März oder während des Hütens der Herde auf einem kleinen Gebetsteppich in der Steppe genauso gut demonstriert werden wie in einer Freitagsmoschee. Der Sufi-Scheich Achmed Jassawi übersetzte den Koran ins Tschagataj, die Gebote und Gebete waren plötzlich allen verständlich – das war der Durchbruch.

Eine ähnliche Rolle spielte das Nizari-Ismailitentum im Pamir, das durch Scheich Nasir (Nosir) Chusraw im 11. Jahrhundert hierhergebracht wurde. Diese gemäßigte Auslegung des Islam war und ist hier oben willkommen, weil sie eine freie Glaubensausübung gestattet, eine innere Zwiesprache mit Gott durch Meditation, die an jedem Ort vorgenommen werden kann, auch auf der Hochweide, ohne Moschee und Imam. Das Ismailitentum wurde auch deswegen gern angenommen, weil es den Frauen weitgehende Gleichberechtigung gewährt – unabdingbar in den rauen Bergen, wo jede Hand zum Arbeiten gebraucht wird, nicht nur in den Hinterzimmern der Häuser, sondern auch auf dem Feld. Noch heute sind die Bewohner des Pamir Ismailiten, zelebrieren ihren Islam ohne wöchentlichen Feiertag, sondern bei Bedarf in der Dzhamoatchona, halten Bildung und Wissenschaft hoch.

Zentrum der Gelehrsamkeit

Als Ironie der Geschichte darf gelten, dass ausgerechnet das Gebiet, das den Islam nur widerstrebend angenommen hatte, sich später zu seinem theologischen Zentrum entwickeln sollte. Vom 14. bis zum 19. Jahrhundert wandelte sich Buchara vom Zentrum der islamischen und auch wissenschaftlichen Gelehrsamkeit zum ›Hauptneste überspannten Religionseifers‹ (Hermann Vambery). Heute würde man sagen: Buchara war die Hautstadt des islamischen Fundamentalismus. Auch in anderen Städten, wie Samarkand, Taschkent, Osch, Chudzhand, Istarafschan, Kokand, Fergana und Kulob gab es Hunderte Medresen. Jede Mahalla hatte ihre Moschee. Auch nach der russischen Besetzung durften sie bleiben.

Atheistisches Intermezzo

Die Sowjets betrachteten jegliche Religion als ›Opium für das Volk‹ (Marx) und versuchten, sie einzudämmen, wo es nur ging. Physische Repression gegen die Geistlichkeit, Zerstörung oder Zweckentfremdung von Gotteshäusern, Schließung fast aller Medresen und Kirchen – das war die eine Seite. Ein sofortiges Gegenprogramm von Alphabetisierung und raschen Schritten zur Gleichberechtigung der Frau auf der anderen Seite entzog der Religion tatsächlich ihren sozialen Boden. Es gab zwar furchtbare Rückschläge nach einigen Aktionen, wie zum Beispiel die Aggression der Männer gegen ihre Ehefrauen, die man zum Verbrennen ihrer Tschadore aufgefordert, überredet und sogar gezwungen hatte, aber der Islam verlor an Boden. Die spätsowjetische Gesellschaft darf tatsächlich als weitgehend atheistisch gelten, wenn man davon absieht, dass der Glaube an den Kommunismus bisweilen auch etwas Religiöses hatte.

Neuer Boden für einen alten Glauben

Der Zusammenbruch der Sowjetunion war auch ein Fiasko der Ideale. Woran nun glauben?

In das Bestreben, der postsowjetischen ideologischen Leere und der neuen Unübersichtlichkeit des Lebens einen Halt entgegenzusetzen, fügt sich der Islam wie jeder andere Glaube gut hinein. Eine Religion der Höflichkeit und Gastfreundschaft, der Gelassenheit und der Achtung vor den Alten passt gut zu den kulturellen Traditionen. Der Islam wird aber auch oft als Gegenentwurf zu Ungerechtigkeit, Bereicherungssucht und Korruption gesehen.

Eine Identitätssuche ohnegleichen setzte ein. Religiöse Feiertage wurden wieder offiziell begangen. Kleine Moscheen wurden errichtet, etwas später größere und sehr große. Sponsoren aus islamischen Ländern traten auf den Plan, gewiss nicht nur aus altruistischen Gründen. An der Nordflanke der islamischen Welt geht es um handfeste ökonomische und politische Interessen. Die nationale Selbstfindung wurde anfangs teilweise an den Islam geknüpft, alle fünf Staaten traten der Organisation der Islamischen Zusammenarbeit bei.

Inzwischen ist, bedingt durch die immer stärkere Verbreitung des islamischen Fundamentalismus und die Zunahme terroristischer Bedrohungen weltweit, eine gewisse säkulare Ernüchterung eingetreten und scheinbar widerstrebende politische Handlungen sind zu beobachten.

Staatliche Strukturen kontrollieren einerseits streng religiöse Vereinigungen, versuchen aber andererseits auch, sich selbst an die Spitze einer religiösen Bewegung zu setzen, um Richtung und Geschwindigkeit der offenbar nicht aufzuhaltenden Islamisierung nicht obskuren Mächten zu überlassen. In Turkmenistan ist das am weitesten fortgeschritten, der Staat bedient sich des Islams als Vehikel der Volkserziehung. Es ist nur eine Frage der Zeit, dass er als Staatsreligion fixiert wird.

Volksglauben: Wunschbänder auf einem Friedhof in Turkmenistan

Neue Moschee Hazret Sultan in Astana (Nur-Sultan)

Politischer Islam?

Die Antwort auf die häufig gestellte Frage, ob eine verstärkte Hinwendung zum Islam zu erwarten ist, hängt von innen- und außenpolitischen Weichenstellungen ab, von der Entwicklung der wirtschaftlichen und sozialen Lage und des Bildungsniveaus. Politisch ist eine Islamisierung nicht gewollt. Wenn aber die Polarisierung der Gesellschaft fortschreitet, wird es zwangsläufig zu einer Verstärkung islamistischer Tendenzen kommen. Dass auch radikal-islamistische Szenarien nicht ausgeschlossen sind, haben die letzten Jahre bewiesen. Punktuell kam es zu Angriffen auf öffentliche Gebäude mit (behauptetem) islamistischem Hintergrund, die zwar sofort unterbunden wurden, aber für Verunsicherung sorgten. Berichte über Tausende zentralasiatischer Kämpfer beim ›Islamischen Staat‹ haben große Besorgnis ausgelöst und die Staaten zur forcierten Kontrolle und Einschränkung religiöser Angelegenheiten aller Glaubensrichtungen bewegt. Aber die Angst vor militantem Islamismus ist bei den Regierenden auch ein gar nicht so ungern gesehener Hintergrund für Rundumschläge gegen die Opposition generell.

Volksglauben

Außer den Nizari-Ismailiten und einer kleinen Gruppe in Turkmenistan sind alle anderen Moslems Zentralasiens Sunniten. Die Glaubensgrundsätze und religiösen Feiertage sind bei beiden Strömungen gleich. Der Islam wird bei den meisten Gläubigen eher kulturell gelebt und weniger streng religiös praktiziert. Außerdem enthält er viele volkstümliche Elemente – heidnische Bräuche werden mit isla-

Religionen sind gleichberechtigt: Kirche in Taschkent

mischen Glaubensregeln gemischt. Das Tischgebet zu Allah mit dem Schlusswort ›Amin‹, Tierknochen über der Tür oder Polster von Acantholimon auf dem Dach zum Abschrecken übelwollender Geister und gegen den bösen Blick, das Reinigen der Räume mit dem Rauch glimmender Steppenraute und das Streben nach Baraka – ohne Schwierigkeiten wird das alles ins Alltagsleben integriert.

Stätten des Glaubens

Zentralasiens Stätten des Glaubens sind ein Beweis für das friedliche Miteinander der Religionen. Millionenstädte wie Taschkent, Almaty, Astana (seit 2019 Nur-Sultan), Bischkek, Duschanbe haben Gotteshäuser für Gläubige mehrerer Glaubensrichtungen. Kasachstan richtet alle zwei Jahre ein Treffen der Führer der Weltreligionen aus. In Duschanbe wurde 2009 im Beisein von Präsident Rahmon das erste Ismailitische Zentrum Zentralasiens eingeweiht, eine wichtige Stätte für das Selbstverständnis der Pamiri, die den kulturellen und friedensstiftenden Aspekt des Islam betont, den Stellenwert von Bildung, Toleranz und Verständigung. Orte des Sufismus wie die Grabmoschee für Achmed Jassawi in Turkestan, die Wiege des Sufi-Ordens der Nakschbandiya bei Buchara und das Mausoleum für Nadzhmeddin Kubra in Konya Urgentsch ziehen alljährlich Millionen Pilger an. Buddhistische Stätten kann man noch heute vor allem im Wachan-Korridor besichtigen. Es ist zu hoffen, dass diese traditionelle Seidenstraßenmixtur auch weiterhin so bunt bleibt und Gäste aus aller Welt gleich mit integriert.

Wirtschaft

Auf den ersten Blick sind die Voraussetzungen für menschliches Wirtschaften und Überleben in Zentralasien denkbar ungünstig: Schwer zugängliche, teilweise vergletscherte Hochgebirge auf der einen Seite, endlose Steppen und Wüsten ohne Wasser auf der anderen. Und doch: Dank der scheinbar endlosen Wasserspeicher in den Gebirgen waren die zentralasiatischen Länder lange Selbstversorger, was die wichtigsten Güter, vor allem Nahrungsmittel, anging. Weizen, Gerste, Hirse und Reis, Gemüse und Obst, Baumwolle und Seide für den Hausgebrauch, Fleisch, Milchprodukte, Wolle und Leder – alles war in Hülle und Fülle vorhanden. Man musste es nur großräumig austauschen zwischen den Viehzüchter-Regionen in den großen Steppen, Halbwüsten und Gebirgen und den Acker- und Obstbauern in den Oasen. Das funktionierte mehr als zwei Jahrtausende lang. Über die Karawanenwege kamen Luxusartikel aus fernen Ländern dazu – Zentralasien war ein perfekter Gemischtwarenladen.

Geschichte einer Abhängigkeit: Russland

Das änderte sich mit der Annexion durch Russland. Russisch-Turkestan wurde als Zulieferer für strategisch wichtige Güter gebraucht und als Absatzmarkt für russische Waren. Alexander Kriwoschein, Leiter des Amtes für Landeseinrichtung und Landwirtschaft, schrieb 1913 freimütig: ›Jedes überschüssige Pud turkestanischen Weizens ist eine Konkurrenz für den russischen und sibirischen Weizen, jedes Pud turkestanischer Baumwolle eine Konkurrenz für die amerikanische Baumwolle.‹ Zu diesem Zeitpunkt war die strategische Ausrichtung auf die zentralasiatische Baumwoll-Monokultur schon in vollem Gange. Eisenbahnlinien zum Abtransport des Weißen Goldes waren gebaut worden, das erste riesige Bewässerungsprojekt gerade eingeweiht: der Romanow-Kanal zur Bewässerung der sogenannten Hungersteppe.

Paradiesisches Angebot in der Markthalle von Khujand

Bereits 1900 deckte Turkestan ein Drittel des russischen Bedarfs an Baumwolle, 1913 schon 70 Prozent und 1916 den vollständigen Bedarf. 26 Fabriken für die Entkörnung der Baumwolle arbeiteten auf Hochtouren. In den beiden Jahren vor dem Ersten Weltkrieg waren 15,5 Millionen Pud (eine Viertelmillion Tonnen) Baumwolle aus Zentralasien nach Russland gebracht worden. Diese Eile und diese Mengen waren kein Zufall. Die Baumwolle wurde durchaus nicht nur für die Herstellung von Stoffen gebraucht – man stellte Zellulosenitrat (›Schießbaumwolle‹) daraus her, einen damals fast unersetzlichen Grundstoff für die Produktion von Schwarzpulver/Schießpulver. Der Erste Weltkrieg war in vollem Gange...

Doch die riesigen Flächen, auf denen nun Baumwolle wuchs, fehlten für den Anbau von Nahrungsmitteln. Turkestan war von russischen Weizenimporten abhängig geworden. Im Ersten Weltkrieg wurden die Lieferungen eingestellt und eine Hungersnot brach aus, die den Sowjets an die Macht half.

Geschichte einer Abhängigkeit: Sowjetunion

Auch wenn von sowjetischen und russischen Historikern häufig der gegenseitige Nutzen des Lebens in der sowjetischen Völkerfamilie betont wird, dem war bei weitem nicht so. Die Sowjetherrschaft in Zentralasien muss als Fortsetzung der russischen Kolonialpolitik gesehen werden, mit anderen, teilweise rücksichtsloseren Mitteln. Trotz Alphabetisierung und medizinischer Betreuung, Elektrifizierung und andern Wohltaten waren die Beziehungen zwischen dem Zentrum in Moskau und den Republiken in Zentralasien klar: Es waren Rohstoffanhängsel. Brutalster Beweis dafür ist die Tatsache, dass in den 1930ern alle Politiker aus den Republiken, die sogenannten Nationalkader, aus dem Weg und aus dem Leben geräumt wurden, sobald sie Zweifel an der sowjetischen Politik der immer tieferen Abhängigkeit äußerten (→ S. 61, Chodzhajew). Der Bau des Großen Wachsch-Kanals, des Karakum-Kanals und zahlreicher anderer Bewässerungssysteme einzig und allein für die Baumwolle, die Zwangsumsiedlung Zehntausender Menschen aus den Gebirgsregionen – hier wurden die Weichen für eine ganze Ära gestellt. Noch heute befinden sich Usbekistan, Turkmenistan und Tadschikistan unter dem Joch des ›Weißen Goldes‹, auch wenn inzwischen die Landwirtschaft partiell diversifiziert wird. Im abgeschotteten Turkmenistan waren 2018 ernste Lebensmitteldefizite zu verzeichnen.

Aber auch zahlreiche Rohstoff-Erschließungsprojekte mit nachfolgendem Bau von Eisenbahnlinien ausschließlich in Süd-Nord-Richtung gen Russische Föderation unterstreichen den Einbahnstraßencharakter der Beziehungen. Erst in den 1960ern wurde mit der Planung und Errichtung von territorialen Produktionskomplexen entgegengesteuert, weil offenbar die Transportkosten für die sagenhaften Rohstoffmengen zu hoch waren. Man begann, die geförderten Rohstoffe vor Ort zu verarbeiten. In Zentralasien wurden sechs solcher Komplexe errichtet: Karaganda-Temirtau (Steinkohlegewinnung und Stahlproduktion), Pawlodar-Ekibastus (Energiegewinnung aus Steinkohle, Erdölchemie, Maschinenbau und Aluminiumherstellung), Karatau-Zhambyl (Phosphatchemie und als Buntmetallurgie ›getarnter‹ Uranabbau), Mangyschlak (Ölgewinnung

Bei der Baumwollernte

und Erdölchemie, inoffiziell auch Uranabbau und -anreicherung), alle vier in Kasachstan, der süd-tadschikische (Hydroenergiegewinnung, Aluminiumherstellung und Elektrochemie) und der ost-turkmenische Komplex (Erdöl- und Erdgasgewinnung, Petrochemie).

Nachsowjetische Wirtschaftsprobleme

Nach der Auflösung der Sowjetunion kam es ab 1991 zur wirtschaftlichen Desintegration, was gleichbedeutend war mit dem vollständigen Zusammenbruch der Wirtschaften der fünf Länder. Die neue politische Unabhängigkeit unterstrich den fatalen Charakter der alten wirtschaftlichen Abhängigkeit innerhalb der zentralistisch gelenkten Sowjetunion. Das Zentrum war immer in Moskau gewesen – nun waren die Wirtschaften ›kopflos‹. Das, was auf dem sowjetischen Binnenmarkt nachgefragt war, ließ sich außerdem auf dem Weltmarkt nicht ohne weiteres verkaufen – es fehlte die Infrastruktur für den Transport, und auch die Qualität entsprach oft nicht den Weltmarktanforderungen. Die auf Rohstoffexport ausgerichteten Ökonomien waren plötzlich abgehängt, und die einsetzenden Rivalitäten zwischen ihnen machten es nicht besser. Russland aber verlangte plötzlich horrende Durchleitungsgebühren für die zentralasiatischen Bodenschätze.

Binnenstaaten: Nachteile und Vorteile

Der entscheidende wirtschaftliche Faktor der fünf zentralasiatischen Länder ist nicht ihr Rohstoffreichtum, sondern der Fakt, dass sie Binnenstaaten (teilweise sogar ›double landlocked‹) sind, weit weg von den Weltmeeren und somit vom Wasserweg abgeschnitten. Der Erfolg der Großen Seidenstraße war mit der Entdeckung des Seewegs nach Indien Geschichte. Die Verbindung mit Russland und der sowjetische Verbund hatten dieses Manko verdeckt, doch nun, nach ihrem Ende, wurde der Nachteil der Binnenlage wieder mit aller Deutlichkeit sichtbar.

China baut neue Straßen, hier: Pamir Highway bei Anjirob, Tadschikistan

Heute, in der Ära von Eisenbahnen, Autobahnen und Pipelines, ist es möglich, aus der Not wieder eine Tugend zu machen – die Staaten können von ihrer Transitlage bzw. den Rohstoffen und Warenströmen, die über ihr Territorium ›fließen‹, profitieren. Genau das ist der Sinn des chinesischen Projekts der neuen Seidenstraße. Nachdem bereits im letzten Jahrzehnt Öl- und Gaspipelines von Turkmenistan und Kasachstan nach China verlegt wurden (60 Prozent des turkmenischen Erdgases werden nach China geliefert!) will China im nächsten Jahrzehnt etwa eine Billion US-Dollar in Zentralasien investieren, um das gesamte Netz der Transportwege zu modernisieren: Eisenbahnen, Straßen, Pipelines, Häfen und andere Knotenpunkte. Das tut es vor allem im eignen Interesse: um seine Waren schnell und preiswert an die Bestimmungsorte zu transportieren und um die fünf Nachbarn noch enger an sich zu binden, durch ein System von Schulden, technologischer Abhängigkeit, Transfer von Arbeitskräften und Experten. Bereits heute registrieren die einfachen Bürger von Kasachstan, Kirgistan und Tadschikistan, dass ihre Regierungen offenbar das Tafelsilber verhökern und China scheinbar (?) schon Herr im Hause ist. Das reicht von Mehrheitsbeteiligungen an Rohstofflagerstätten über Eigentum an Pipelines, Pacht von landwirtschaftlicher Fläche bis zum Einsatz chinesischer Arbeitskräfte in verschiedenen Bereichen.

Eurasische Wirtschaftsunion

Turkmenistan fährt einen demonstrativen Kurs der Nicht-Integration, doch die anderen vier Staaten sind zwecks Bestehens in einer scheinbar alternativlos globalisierten Welt auf der Suche nach starken Bündnispartnern. Die chinesischen Avancen sind zwar auf den ersten Blick sehr überzeugend, weil eine mächtige Wirtschaftsleistung dahintersteht, aber man fürchtet zu Recht eine allmähliche Vereinnahmung. Deswegen möchte man auf den großen Partner im Norden nicht verzichten. Russland hat in den letzten Jahren alles versucht, die ehemaligen Sowjetrepubliken wieder einzubinden. Wirtschaftliche Zusammenarbeit sollte auch durch politische und militärische Kooperation flankiert werden, von letzteren halten sich die zentralasiatischen Juniorpartner aber bisher demonstrativ fern. Die Eurasische Wirtschaftsunion, der Kasachstan und Kirgistan bereits beigetreten sind, soll, nach dem Vorbild der EU, die Wirtschaften wieder integrieren und einen gemeinsamen Binnenmarkt herstellen. Das wird jedoch nur funktionieren, wenn es sich um annähernde gleichstarke Wirtschaften handelt. Kirgistan und das ebenfalls beitrittswillige Tadschikistan sind aber ungleich schwächer als Russland, und auch Kasachstan ist trotz seiner Größe eher Juniorpartner.

Rohstoffreichtum: Segen oder Fluch?

Alle Länder Zentralasiens können einen sagenhaften Rohstoffreichtum ihr eigen nennen, auch wenn bisher nur Kasachstan (Öl, Uran, Kupfer und andere Buntmetalle, Gold, seltene Erden) und Turkmenistan (Gas, Öl) damit in die Schlagzeilen geraten sind. Aber auch in Usbekistan gibt es etwas zu holen (Gas, Gold u.a.m.), und die beiden Gebirgsrepubliken Kirgistan und Tadschikistan haben in ihren Bergen mehr als nur Goldlagerstätten, welche bereits von Kanadiern und Chinesen ausgebeutet werden. Bisher haben das schwierige Relief und die weiten Transportwege eine systematische Erkundung und Erschließung weiterer Bodenschätze verhindert, aber in der Zukunft, mit dem Steigen der Preise infolge des Rohstoffhungers der Menschheit, wird auch das keine Bremse mehr sein. Nicht von ungefähr tummeln sich bereits alle ›global player‹ der Rohstoffwirtschaft in Zentralasien. Ein neues Great Game hat schon längst begonnen, und nicht nur die ins Auge fallenden ökologischen Folgen des Raubbaus an der Natur sind bedenklich.

Für die fünf Länder ist der Rohstoffreichtum im Moment eher ein Fluch als ein Segen. Das ›schnelle‹ Geld, das man mit dem Export verdienen kann, verleitet dazu, nicht vorrangig in die Sektoren Bildung und Verarbeitung zu investieren.

Zyanid-Tanklaster am Barskoon-Pass in Kirgistan

Vieh und Fleisch sind wichtige Exportgüter von Kasachstan und Kirgistan

Es verstärkt die ökonomischen und sozialen Ungleichgewichte, befeuert die Korruption und erzeugt so einen fatalen Teufelskreis aus schlechter Regierungsführung und niedrigem Entwicklungsstandard. Wenn dieser Kreis nicht durchbrochen wird, bleiben die Länder willkommene Rohstoffanhängsel der Großmächte.

Eine nachhaltige wirtschaftliche Entwicklung wäre in der Zukunft möglich unter Nutzung der sagenhaften Ressourcen der erneuerbaren Energien. Wenn man bedenkt, dass fast alle Regionen südlich der Linie Almaty–Uralsk mehr als 300 Sonnentage pro Jahr haben, dass in der Steppe praktisch ununterbrochen eine steife Brise weht, dass Erdwärme an vielen Stellen direkt an der Erdoberfläche nutzbar ist, wird klar, dass die Länder sich emissionsfrei selbst versorgen können und einen Großteil ihrer Nachbarn gleich mit. Mit nachhaltiger Landwirtschaft ohne ›Hilfe‹ der internationalen Agrarkonzerne und ohne Verpachtung der wenigen wirklich fruchtbaren Gebiete an China könnten die Länder Selbstversorger sein, wenn sie die Baumwolle dahin zurückdrängen, wo sie in der Mitte des 19. Jahrhunderts war.

Textilherstellung (Baumwolle, Wolle, Seide) bleibt trotzdem ein wichtiger Zweig. Die Lebensmittelindustrie kann Obst, Gemüse, Getreide und Fleisch aus nachhaltiger Weidewirtschaft tiefer verarbeiten – diese Produkte könnten ein Exportschlager werden.

Die Überweidung durch immer größere Viehbestände muss allerdings so bald wie möglich durch ein kluges und durchgehendes Weidemanagement ersetzt werden, sonst degenerieren die Almen und die Grundlage der Viehzucht verschwindet.

Der immer schnellere Ausverkauf der lokalen Rohstoffe muss durch den konsequenten Aufbau eigener Wertschöpfungsketten ersetzt werden, das erfordert ein tiefgreifendes Qualifikationsprogramm. Alle fünf Länder haben großes Potential im Tourismus und sollten ihre Transitrolle selbstbewusst nutzen.

Übersicht über die Wirtschaftsgüter der Länder

Eine dauerhaft negative Handelsbilanz haben Kirgistan, Tadschikistan und seit drei Jahren auch Usbekistan. Das führt zur Verschuldung gegenüber den Gläubigern (Hauptgläubiger: China) und zum schrittweisen Verlust der Selbstständigkeit.
Im Folgenden sind die Güter aufgezählt, welche die Länder zurzeit vornehmlich für den eigenen Verbrauch und den Export (fett hervorgehoben) herstellen. Demgegenüber stehen die Importgüter.

Kasachstan

Hat und stellt her:
Erdöl, **Erdgas**, **Uran**, Kohle, **Eisen- und Nichteisenmetalle**, **Gold**, **Silber**, **seltene Erden**, **Chemieprodukte**, **Hartweizen**, **Vieh (Fleisch)**, **Wolle**
Importiert:
Maschinen, Apparate, Geräte, Fahrzeuge, Textilien, Nahrungsmittel

Kirgistan

Hat und stellt her:
Gold, **seltene Erden**, Kohle, Öl, Erdgas, Nephelin, **Quecksilber**, **Wismut**, **Blei**, **Zink**, **Früchte**, **Gemüse**, **Tabak**, Vieh, Wolle, Baumwolle, **Textilien**
Importiert:
Petrochemie, Textilien/Bekleidung, Nahrungsmittel, Maschinen

Tadschikistan

Hat und stellt her:
Gold, **Silber**, **Wolfram**, **Antimon**, **Zink**, **Blei**, Braunkohle, **Quecksilber**, **Uran**, Erdöl, **Aluminium**, **Edel- und Halbedelsteine**, **Strom**, Vieh, Gemüse, **Obst**, Getreide, **Baumwolle**, **Textilien**
Importiert:
Maschinen und Ausrüstungen, Transportmittel, mineralische Produkte, Nichtedelmetalle und -erzeugnisse, chemische Erzeugnisse, Nahrungsmittel, Holz und Holzerzeugnisse

Turkmenistan

Hat und stellt her:
Erdgas, **Baumwolle**, **Stoffe**, **Textilien**, **Erdöl und Erdölerzeugnisse**, Vieh
Importiert:
Eisen, Stahl, Maschinen, Geräte, Metallwaren, Lebensmittel

Usbekistan

Hat und stellt her:
Gold, **Erdgas**, **Straßenfahrzeuge**, **Nichteisenmetalle**, **Baumwolle**, **Textilien**, **Düngemittel**, **Obst**, **Gemüse**
Importiert:
Eisen, Stahl, Maschinen, Erdöl- und Erdölerzeugnisse, pharmazeutische Erzeugnisse

Stromleitungen am Wasserkraftwerk Norak in Tadschikistan

Gesellschaft

Zentralasiens Gesellschaften sind multiethnisch, schnell wachsend und in einer Zerreißprobe zwischen Traditionen, neu erstarkenden Religionen, den Anforderungen der Moderne und Migration. Es gibt ein starkes Nord-Süd-Gefälle und signifikante Unterschiede zwischen Stadt und Land, bedingt durch die wirtschaftliche Lage der Länder und die Arbeitsmarktsituation.

Stellung der Frau

Ganz und gar nicht zufällig beginnt dieses Kapitel mit der Stellung der Frau. Wo Sie auch unterwegs sein werden in Zentralasien, mit Ausnahme einiger Großstädte in Kasachstan, Ihnen wird schon allein an der Kleidung auffallen: Frauen sind Kulturträger. Selbstbewusst tragen sie die bunten Kleider mit den traditionellen Ornamenten, während die jüngeren Männer in Jogginghosen oder Jeans und dem obligatorischen T-Shirt mit Aufschrift unterwegs sind: Russia. Adidas. Boss. Doch Boss sind sie nur nominell. Noch. In den Familien haben die Frauen den Überblick und sehr oft auch das Sagen. Sowohl bei den Nomadenvölkern als auch weit oben in den Bergen des Pamir hätten die Gemeinschaften ohne die Mitarbeit der Frauen schwer überlebt, hier stehen die Frauen schon seit Jahrtausenden ›ihren Mann‹.

Fast die Hälfte der Frauen sind berufstätig. In Kasachstan sind es 48 Prozent, hier ist auch der Anteil der Stadtbevölkerung am höchsten; in Tadschikistan, wo zwei Drittel der Menschen noch auf dem Land leben, sind es nur 38 Prozent. Der Anteil der berufstätigen Frauen geht langsam zurück. Zu sowjetischen Zeiten waren es fast 100 Prozent, Frauen waren gleichberechtigt, ihre Teilhabe am gesellschaftlichen Leben war ausdrücklich erwünscht. Es gab Krippen, Kindergärten, Schulhorte, um Familie und Berufstätigkeit vereinbar zu machen.

In den ganz harten Wendejahren der 1990er, als die Betriebe reihenweise bankrott gingen und die Arbeitslosigkeit astronomische Ausmaße erreichte, waren es vor allem die Frauen, die die Karre aus dem Dreck zogen, während Männer sich der Verzweiflung und dem Suff ergaben. Legionen von Frauen aber fuhren nach China und andere erreichbare Länder, kauften alles ein, woran es mangelte, und verkauften es auf den Märkten weiter. Zu den historischen und sozialpsycholo-

Tschador kommt nicht in Frage: junge Models in Usbekistan

gischen Gründen dieser unterschiedlichen Krisenbewältigung müsste geforscht werden.

Der aktuelle Rückgang der Frauenerwerbsquote sagt aus, dass es wieder mal sehr eng ist auf dem Arbeitsmarkt. Dort, wo es knapp wird, sind Frauen die Verliererinnen. Und es bedeutet, dass es ein ›Roll back‹ gibt. Der nächste Schritt ist schon vorprogrammiert: Mit dem Wiedererstarken des Islam geht ein Zurückdrängen der Frauen in die hinteren Gemächer einher, ein Sprung von 100 Jahren in die Vergangenheit. Man kann es jetzt schon an der Verhüllung sehen. Dort, wo die Armut am größten ist, hat der Islam den stärksten Einfluss und die Frauen legen den Hidzhab wieder an (→ S. 78, Religion). Auch die Zahl der Fälle von Zwangsverheiratung, Brautraub und Vielehe, zu vorsowjetischer Zeit gang und gäbe, ist trotz gesetzlichen Verbots wieder am Ansteigen.

Junge und sehr junge Pamirkirgisin

Landflucht

Der Unterschied zwischen Stadt und Land ist extrem. Städte wie Almaty und Astana (Nur-Sultan), Taschkent, Bischkek oder Chudzhand sind zumindest in den Zentren modern, schnell, vernetzt. Solange sie wachsen, gibt es Arbeit. Wer auf dem Land keine hat, versucht sein Glück hier. Oft reicht es jedoch nur zu schlechtbezahlten Jobs im Handel, Gastgewerbe und im übrigen Dienstleistungssektor, manche scheitern auch ganz. Kriminalität und Prostitution sind oft der letzte Ausweg. Doch auf's Land geht so gut wie niemand zurück. Die Dörfer bluten langsam aus, die Alten bleiben zurück. Staatliche Programme wie ›Auylym – altyn besigim‹ (Mein Dorf – meine goldene Wiege‹) in Kasachstan sind nicht konsequent bis zum Ende gedacht. Was nutzt die Starthilfe ins dörfliche Leben nach dem Studium, wenn es keine Wasserleitung und keine passable Straße gibt, keine Krankenstation und keinen Kindergarten. Viele Dörfer befinden sich in einer Abwärtsspirale von Abwanderung und Stilllegung von Einrichtungen.

An den Rändern der boomenden Städte entstehen Ghettos der Zugezogenen. Man wohnt entweder sehr beengt in den sowjetischen Plattenbausiedlungen oder baut sich ein Lehmhüttchen mit Blechdach ganz weit draußen. Die Städte wuchern de facto unkontrolliert ins Land hinein, sozialer Sprengstoff häuft sich hier an. Grüppchen arbeitsloser junger Männer stehen allerorten wartend herum, die Moscheen verzeichnen steigenden Zulauf, hier hat man wenigstens fünfmal am Tag etwas zu tun.

Dreh- und Angelpunkt: Großfamilie

Das Überlebensmodell in allen zentralasiatischen Ländern heißt Großfamilie. Nur hier kann ausgeglichen werden, was in den Augen ausländischer Besucher unmöglich erscheint: Durchschnittseinkommen von um die 100 Euro (in Tadschikistan, Kirgistan, Turkmenistan weniger, in Kasachstan mehr). Wenn alle Familienmitglieder ihr Einkommen zusammenlegen, auch jene vom Land ihre Naturalien in Form von Fleisch, Tomaten und Kartoffeln beisteuern, wenn nicht jeder auf einem eigenen Zimmer besteht, dann geht es eben doch. Dass sich in der Stadt vier bis acht Personen zwei Räume teilen, ist keine Seltenheit, so lassen sich Kosten minimieren. Die Häuser in den Dörfern sind zwar oft geräumiger, aber Bauweise und Infrastruktur sind oft sehr bescheiden.

Dass in allen Ländern die Familie demonstrativ hochgehalten wird, dass die meisten Menschen ihre Ahnenreihe bis ins siebte Glied aufsagen können, dass viele Frauen Kompromisse im Namen der Familie über sich ergehen lassen, hat nicht nur mit den jahrtausendealten Clan-Traditionen zu tun, sondern zum großen Teil mit dieser Notgemeinschaft. Die Großfamilie ist alles – Zwangsjacke und wärmendes Nest. Das kasachische Wort ›*zhanujá*‹ (Nest der Seele) sagt sehr viel aus. Oft leben hier bis zu vier, ja gar fünf Generationen in einem Haus. Bei einer tadschikischen Hochzeit wurde ich Zeugin, wie die 104-jährige Ururgroßmutter das Brautpaar segnete. Altersheime sind undenkbar und nicht finanzierbar. Die Achtung vor dem Alter ist allgegenwärtig, und die Alten werden auch ins Familienleben einbezogen. Hier hat jeder seine Aufgabe – Enkel hüten, Möhren stifteln, Strümpfe stricken, Wassergräben bewachen und die Ziegen beaufsichtigen.

Arbeit und Selbstversorgung

Ein wesentlicher Grund, trotz des fehlenden Arbeitsmarktes auf dem Land zu leben, ist die Möglichkeit zur Selbstversorgung. Man mag keine Arbeit im Sinne von bezahlter Anstellung haben, aber man hat einen Garten, ein Feld, eine Kuh, Hühner, Bienen und eine kleine Schaf- oder Ziegenherde. Das reicht zum Überleben. In dieser Position wird man, selbst wenn man Arbeit sucht, auch nicht als arbeitslos registriert, man ist ja grundversorgt. So erklären sich die niedrigen Arbeitslosenzahlen von drei (Turkmenistan), fünf (Kasachstan) bis maximal zehn (Tadschikistan) Prozent. Misst man Arbeitslosigkeit nach europäischen Maßstäben, kommt man auf bis zu 60 Prozent! Wer jedoch in der Stadt lebt, eine Anstellung hat und

Mädchen nehmen an Wettkämpfen teil

Achtung vor dem Alter

einigermaßen gut verdient, von dem wird erwartet, dass er die Verwandten auf dem Dorf mitversorgt. Das geschieht nicht unbedingt in Form von Geld, sondern auch in Gestalt von Wohnrecht für Verwandte vom Dorf (zum Teil jahrelang, z.B. während des Studiums), im ›Beschaffen‹ von Arbeitsplätzen für Familienangehörige usw. Wenn jemand in eine stabile Stellung geraten ist, die das ›Hinterherholen‹ von Verwandten in den beruflichen Umkreis erlaubt, gilt das nicht als Machtmissbrauch, sondern als familiäre Notwendigkeit.

Gastarbeiter

Der zerrüttete Arbeitsmarkt und die daraus erwachsende Armut (in Tadschikistan leben beispielsweise 20 Prozent unter der Armutsgrenze) haben zur Folge, dass Millionen Menschen, vor allem Männer, auf Wanderschaft sind, als Gastarbeiter. Sie werden hier ›gastarbejtery‹ genannt.

Die Herkunftsländer der Gastarbeiter sind Usbekistan (Schätzung 2,6 bis 6 Millionen), Tadschikistan (ca. 1 Million), Kirgistan (ca. 1 Million) und Turkmenistan (ca. 400 000). Nach Schätzungen stammten 2017 ca. 30 Prozent des BIP (GDP) in Kirgistan aus Rücküberweisungen der Gastarbeiter, in Tadschikistan gar 37 Prozent, hier hat der Staat inzwischen Wege gefunden, diese Gelder zu zentralisieren und durch Steuern empfindlich zu beschneiden. Wenige Jahre vorher lagen die Rücküberweisungssummen noch deutlich höher, doch die russische Wirtschaftskrise hat zu einem Einbruch geführt. Trotzdem muss man davon ausgehen, dass immer noch bis 20 Prozent der Bevölkerung im arbeitsfähigen Alter in anderen Ländern auf Arbeitsuche ist.

Die Zielländer der allermeisten Gastarbeiter sind Russland und Kasachstan. Dabei ist Kasachstan auch Herkunftsland, denn auch Kasachstaner gehen nach Russland, um Arbeit zu suchen. In den letzten Jahren wurden innerhalb von Zen-

Einklassenschule im Jaghnob-Tal, Tadschikistan

tralasien und zwischen den einzelnen Ländern und Russland Abkommen ausgehandelt, um den Status der Gastarbeiter zu legalisieren. Lediglich Turkmenistan steht abseits – die turkmenischen Gastarbeiter befinden sich ohne Erlaubnis ihres Staates auf den Öl- und Gasfeldern Westsibiriens und den Baustellen der Türkei. Im Juni 2018 erließ der turkmenische Staat ein Gesetz, das die Ausreise von Bürgern unter 40 Jahren verbietet.

Bildung

In allen fünf Ländern ist die Alphabetisierungsrate sehr hoch. Das Erbe der Sowjetunion auf dem Gebiet der Bildung ist ein vorzeigbares. Eine neun- bis elfjährige Schulpflicht wird konsequent eingehalten. Allerdings hat die außerordentlich niedrige Bezahlung der vom Staat finanzierten Lehrkräfte in Schulen, Berufsschulen (sofern überhaupt noch vorhanden) und Universitäten zu einer starken Abwanderung von Experten und zu einer mangelhaften Motivation neuer Lehrkräfte geführt. Das Niveau der Allgemein-, Berufs- und Hochschulbildung hat sich verschlechtert, auch wenn es hier und da beachtliche ›Leuchtturm-Projekte‹ wie die Nazarbajew-Universität in Astana (Nur-Sultan) gibt.

Bevölkerungswachstum

Es gibt Daten von der ersten Volkszählung von 1897 in Russisch-Turkestan, die vermutlich gründlicher war als die heutigen Volkszählungen. Und es gibt die Daten der letzten sowjetischen Volkszählung 1989. Obwohl die Methodik der Zählung sicher unterschiedlich war, zeigt ein Vergleich ganz deutlich eine Tendenz. Das relativ geringe Bevölkerungswachstum bei den Kasachen erklärt sich mit den riesigen Verlusten während der durch die Enteignung, Zwangskollektivierung und -ansiedlung provozierten Hungerjahre 1931 bis 1933.

Man beachte: Im Vergleich zu 1989 hat sich die Bevölkerung in den letzten 30 Jahren noch einmal fast verdoppelt..

Die Fertilitätsrate liegt deutlich über der von Deutschland, von 2,1 (Turkmenistan) bis 3,4 (Tadschikistan) Kinder pro Frau. Das heißt, in allen fünf Ländern wächst die Bevölkerung unentwegt, trotz eines negativen Migrationssaldos. In den ärmsten Ländern Tadschikistan und Kirgistan wächst sie am schnellsten.

Die Ursachen dieses Wachstums sind einfach erzählt: Errungenschaften des Sowjetsystems wie durchgehende medizinische Betreuung, Alphabetisierung, Elektrifizierung, zentralisierte Versorgung entlegener Regionen mit Brennstoffen und Lebensmitteln führten zu einer drastischen Senkung der Sterblichkeit. Hohe Kinderzahlen wurden honoriert, man brauchte Arbeitskräfte für den sozialistischen Aufbau und besonders die Baumwollindustrie. Nach dem Ende der Sowjetunion wurde dieser Prozess nicht abgebremst, obwohl die Versorgungsleistungen aufhörten. Durch die prekäre Rentensituation sehen viele Menschen die einzige Absicherung ihrer Zukunft in den Kindern. Familienplanung ist kulturell verpönt.

Man braucht kein Prophet zu sein, um zu verstehen, wohin das führt. Wenn man in Tadschikistan unterwegs ist, ist es augenfällig: Die Städte und Dörfer wachsen in die Ebenen hinein, das ohnehin schon knappe für Ackerbau nutzbare Land wird immer weniger. Die Bergalmen sind hoffnungslos überweidet, in ihrer Not treiben die Menschen ihr Vieh über viele Hunderte Kilometer bis in die Naturschutzgebiete des Pamir. Das karge Land kann die gewachsene Bevölkerung mit althergebrachten Mitteln nicht ernähren, die Männer müssen sich im Ausland verdingen. Ein weiteres Wachstum wird zwangsläufig zu noch mehr Raubbau an der Natur und zu sozialen Spannungen führen.

Der einzige Ausweg sind konsequente Investitionen in Bildung und Frauenprojekte, um, und hier schließt sich der Kreis, die eigentlichen Bosse der Familien wieder in die Wirtschaftskreisläufe einzubinden.

Bevölkerungswachstum der einzelnen Volksgruppen

Ethnie	1897	1989	Wachstum um das ...fache
Kasachen	3,88 Millionen	8,13 Millionen	2,1
Kirgisen	0,63 Millionen	2,52 Millionen	4
Usbeken	1,80 Millionen	16,69 Millionen	9,3
Tadschiken	0,35 Millionen	4,21 Millionen	12
Turkmenen	0,28 Millionen	2,72 Millionen	9,7
Karakalpaken	0,10 Millionen	0,42 Millionen	4,2
Uighuren	0,10 Millionen	0,26 Millionen	2,6

Die Einwohnerzahlen der Länder

Land	Einwohner	davon unter 15 Jahre
Usbekistan	31,5 Millionen	26,5 % (Deutschland: 13,3!)
Kasachstan	18,2 Millionen	21,6 %
Tadschikistan	9,1 Millionen	33,9 %
Kirgistan	6,3 Millionen	29,3 %
Turkmenistan	5,6 Millionen	27,5 %

Quelle: countrymeters.info

Kultur, Kunst und Kunsthandwerk

Das Wort verkümmert und stirbt, wenn wir es nicht mit anderen teilen.
Tschingis Aitmatow (1928–2008), kirgisischer Schriftsteller

Womit anfangen, wenn es um Kultur und Kunst in Zentralasien geht? Mit dem Augenfälligen? Mit den bunten Kleidern der Frauen und den Tjubetejkas der Männer in Usbekistan und Tadschikistan? Der Herstellung und Verarbeitung traumhafter Stoffe aus Atlas-Seide und Adras-Gemisch? Den prachtvollen Fassaden der Medresen in Samarkand und Buchara? Mit den turkmenischen Teppichen, die zu den feinsten der Welt gehören?

Oder eher mit der usbekischen Miniaturmalerei in alter persischer Tradition? Mit kasachischer und karakalpakischer Silberschmiedekunst, kunstvoller Lederverarbeitung oder kirgisischem Filzhandwerk? Farbenfroher und formenreicher usbekischer Keramik und filigraner tadschikischer Schnitzerei?

Sollte man mit Rudakis Gedichten beginnen oder mit oder Aitmatows ›Dshamilja‹? Und die Pamir-Tänze und kasachischen Dombra-Improvisationen dürfen nicht vergessen werden!

Ist der Goldschatz der Skythen in den streng bewachten Museen von Astana (Nur-Sultan) und Almaty das Wichtigste? Der Buddha im Nirwana oder die schutzlos-nackte Figur des Sonnengottes Mithra im Altertumsmuseum von Duschanbe? Sind es die Schätze der Margiana in den Museen von Aschgabat und Mary? Die großartigen Zeugnisse zentralasiatischer Handwerkskunst im Museum für angewandte Kunst in Taschkent? Oder die sensationelle Sammlung sowjetischer Avantgarde-Kunst im entlegenen Nukus?

Der Oxus-Schatz befindet sich in London

Oder sollte man gar nach London reisen, um im Britischen Museum den Oxus-Schatz zu bestaunen? Nach Berlin, um anerkennend vor Rickmers' Sammlung im Völkerkunde-Museum zu stehen? Auch in Petersburg wurde das Eine oder Andere zusammengetragen, fern von den Fundorten, nah bei den Forschern und Bewunderern … Jedem dieser Themen sind ganze Bibliotheken gewidmet worden.

Und was ist mit den modernen Schöpfern bildender und darstellender Kunst, die es so schwer haben, ihr Publikum zu finden?

Die Vielfalt ist immens, nach Zeiten, Regionen, Völkern, Genres, Klassen, Zwecken.

Filzteppichmacherin in Alitschur (Pamir)

Die Geburt von Kultur und Kunst aus dem Alltag

Wenn wir Kultur in ihrem breitesten Sinne als Antwort des Menschen auf bestimmte vorgefundene natürliche Bedingungen betrachten, so ist die Herstellung der ersten Filzjurte in den Weiten der zentralasiatischen Steppen ein ungeheurer kultureller Akt gewesen. Diese mobile Behausung der Wanderhirten hat eine Lebensweise ermöglicht, die seit Jahrtausenden ihre Daseinsberechtigung hat. Die Notwendigkeit des Auskleidens der Jurte mit isolierenden Materialien hat den Teppich für Boden und Wände hervorgebracht – sei er nun aus Filz gewalkt oder aus Wollfäden gewebt oder geknüpft oder gar aus Grashalmen, mit Wolle umwickelt, hergestellt. Was für den Reisenden interessante Mitbringsel sind, sogenannte Souvenirs, vielleicht sogar Luxusartikel, sind für die Einheimischen Alltagsgegenstände gewesen oder sind es immer noch. Keine einzige der zahllosen Teppicharten, die wir in Zentralasien vorfinden, wurde dafür ausgedacht, nur das Auge zu erfreuen. Teppiche sind DAS Attribut einer uralten Nomadenkultur. Auf den Märkten findet man noch heute Teppiche, so dicht geknüpft, dass man förmlich schaukelt, wenn man darüber geht. Wussten Sie, dass auf einem Quadratzentimeter Knüpfteppich 70 Knoten sitzen?

Das waren die ›basics‹. Was danach kam, die Farben, die Ornamente, die Teppiche aus Seide, war Verfeinerung. Alltagskunst ist immer angewandte Kunst, der Mensch macht sich sein alltägliches Leben schön. Und selbst die Schönheit ist nicht einfach Selbstzweck, sie hat einen Sinn. All die Farben und Ornamente haben ihre Bedeutung und ihre Magie.

In den Nationalmuseen, nationalen Galerien und Heimatkundemuseen Zentralasiens kann man sehen, mit welchem Erfindergeist die hier lebenden Menschen seit Jahrtausenden das Nützliche mit dem Angenehmen verbinden, das Zweckmäßige mit dem Schönen.

Klassische usbekische Keramik

Da finden sich exquisite Schmuckstücke aus Silber, Karneol und Türkis zum Aufbewahren von Nadeln, Kosmetika, Kräutern und anderen Frauenutensilien. Wir sehen verzierte Teeschalen aus Holz, Leder, Horn und Metall, die beim ständigen Umherziehen der Nomaden nicht zerbrechen konnten, und außerdem ohne Henkel, denn Henkel stören beim Stapeln. Da gibt es kunstvolle Lederetuis für den Transport dieser Teeschalen und Lederflaschen für die Mitnahme von Kumys oder Schubat auf die Reise, fein gearbeitetes Zaumzeug und geschmückte Sättel, mit Halbedelsteinen besetzte Damaszenerklingen aus fünf Schichten handgeschmiedeten Stahls, filigran geschnitzte Truhen mit Intarsien aus Kuhhorn für das Aufbewahren der wenigen Wertgegenstände, bunte Bänder und Schnüre zum Festbinden der Jurten bei Sturm.

Die Kleidung ist ein Kapitel für sich – muss sie doch den Menschen bei Temperaturen von plus 50 bis minus 50 Grad beschützen. Pelz, Filz, Wolle für die harten Winter in der Steppe oder im Hochgebirge, Leder für Reiten und Kampf, kühlende Baumwolle und Seide für die heißen Sommer – und die farbenfrohe und formenreiche Ornamentik auf dieser Kleidung gehört zum Schönsten, was die Menschheit hervorgebracht hat.

Immaterielles UNESCO-Weltkulturerbe in Zentralasien

Aber auch heute noch gelebte Bräuche, Spiele, Feierlichkeiten gehören zu dieser Alltagskultur, und Zentralasien ist besonders reich daran. Die UNESCO hat einige dieser einzigartigen Attribute der Alltagskultur in ihr immaterielles Weltkulturerbe aufgenommen, und sie sollen hier kurz vorgestellt werden.

Das Wissen und die Kenntnisse um den Bau der Jurte

Die Jurte ist eine genial konstruierte Behausung zentralasiatischer Reiternomaden. Ein rundes Filzzelt auf Holzgestell, im Sommer kühl, im Winter warm, in wenigen Stunden auf- oder abgebaut, von Kamelen oder Lastwagen bequem zu transportieren zum nächsten Dzhailoo. In den 1930er Jahren wurde sie von sowjetischen Ideologen verfemt als Relikt einer mittelalterlichen Lebensweise. Der ›Fortschritt‹ verlangte nach ›richtigen Häusern‹, die Jurten mussten weg, eine Ära schien zu Ende. Und doch feierte die Jurte nach dem Ende der Sowjetunion ihre Auferstehung. In Kirgistan, aber auch in Turkmenistan und Kasachstan wird sie wieder hergestellt. Schaf- oder Kamelwolle wird zu großen Flächen gefilzt, die flexiblen Holzgestelle werden wieder gefertigt. Beide Handwerke wurden sozusagen im letzten Moment vor dem Aussterben gerettet, als nur noch ganz wenige der alten Meister lebten. Eine alte Tradition und Lebensweise wurde bewahrt und eine wachsende Anzahl von Touristen glücklich gemacht – denn Jurten-Urlaub steht ganz hoch im Kurs.

Das Backen und Teilen des Fladenbrotes

Backen fast ohne Brennstoff ist eine Kunst für sich (→ S. 35), Brot aufbewahren und teilen ist es auch. Ein Fladenbrot wird vom Hausherrn persönlich feierlich in die Hand genommen und mit Bedacht in möglichst gleiche Teile gerissen bzw. gebrochen (nicht geschnitten!). Die Stücke werden vor die Gäste gelegt oder jenen in die Hand gegeben. Brot ist heilig, es wird nicht auf's Gesicht gelegt und darf nicht herunterfallen. Brot wegschmeißen ist eine Sünde.

Das Neujahrs- und Frühlingsfest Nowruz (Nooruz, Nauryz)

Zum Zeitpunkt der Frühjahrs-Tagundnachtgleiche wird von allen Völkern des mittleren Ostens und Zentralasiens Nowruz gefeiert, drei Tage lang, mit vielen alten, zum Teil noch heidnischen Fruchtbarkeits-Zeremonien und Bräuchen, welche die Freude über den Anbruch der warmen Jahreszeit ausdrücken, die früher auch identisch mit Neujahr war. Astronomen hatten beizeiten gelernt, diesen Tag zu bestimmen, Nowruz war das Zeichen dafür, dass man bald mit der Aussaat beginnen konnte. Gemeinsam werden bestimmte Gerichte gekocht und gegessen, der Tisch ist besonders geschmückt, in Tadschikistan zum Beispiel mit ›Haft Sin‹, sieben Dingen, die mit ›S‹ beginnen: Sabzi (Grünes, Weizensprossen) symbolisiert Frische, Sumanak (ein Getreidebrei) steht für Segen, Sir (Knob-

Farbenfroher Filz aus der Manufaktur im kirgisischen Bokonbajewo

lauch) gibt Schutz, Sendzhed (getrocknete Mehlbeeren) symbolisieren die Saat des Lebens, Serkeh (Essig) bringt Fröhlichkeit, das Gewürz Sumach steht für den Geschmack des Lebens und Sib (der Apfel) ist auch im zentralasiatischen Kulturraum das Symbol für Gesundheit.

Das traditionelle kirgisische Reiterspiel Kok boru

Kok boru (kasachisch Kokpar, tadschikisch Buskatschi) wird in bei allen Nomadenvölkern Zentralasiens gespielt und diente früher der Ertüchtigung der Krieger. Mut, Kraft, Schnelligkeit und Wendigkeit und eine absolute Beherrschung des Reitpferdes waren für dieses Spiel wie für die zahlreichen Raubzüge und Kriege gleichermaßen wichtig. Zwei Mannschaften versuchen, sich einen Ziegenbalg abzujagen und jenen zur einer Art Tor (einer Vertiefung) zu bringen und dort hineinzuwerfen – Sieger ist die Mannschaft, welche die meisten ›Tore‹ hat. Bis heute ist Kok boru eine Art Volksfest und wird ausgerichtet, wenn es etwas Besonderes zu feiern gibt. Der Einlader stiftet einen Preis, und die Mannschaften und Zuschauer strömen voller Erwartung zusammen, um dem rasanten Spiel zuzuschauen und lautstark mitzufiebern.

Die turkmenische Musik- und Tanzzeremonie Küschdepti

Dieser berührungsfreie, sich beschleunigende Reigen- und Hopstanz nach einem festgelegten Schema, mit ganz bestimmten Ausrufen und Gesten, hat eine Tradition von über 2000 Jahren – man hat Abbildungen davon auf den Rhytonen im turkmenischen Nisa gefunden, der alten Stadt der Parther. Er wird gemeinsam getanzt, alle Altersgruppen nehmen teil. Der Kulttanz zur Anbetung Gottes um Glück entstand in vorislamischer Zeit und wird noch immer praktiziert – eine erstaunliche Kontinuität, die wohl nur in sehr abgelegenen Regionen vorkommt.

Brotbacken auf der Sommerweide

Nichts für schwache Nerven: das Reiterspiel Kok boru

Die traditionellen kasachischen Assyk-Spiele

Vermutlich ist das Assyk-atu eines der ersten Spiele der Menschheit. Es fördert die Kommunikation, den Wettbewerbsgeist, Konzentration, Geschicklichkeit und Körperbeherrschung. Es wird mit den Gelenkknöchelchen von Schafen oder Ziegen gespielt. Eine Gruppe von Spielern (in der Regel Jungen von 4 bis 14 oder 15 Jahren) trifft sich im Freien, legt ein kleines Spielfeld fest, baut Knöchelchen nach einem bestimmten Schema auf. Dann versuchen alle, der Reihe nach, mit ihren Knöchelchen die der anderen wegzukicken. Es gibt unzählig viele Variationen. Jeder Spieler hat sein eigenes Set, er kann die Knöchelchen der anderen Spieler erobern, wenn er geschickt ist. Assyk-atu ist ein sehr demokratisches Spiel, jeder kann die Voraussetzungen dafür erwerben. Meistens sammeln die Großmütter jahrelang die beim Kochen anfallenden Knöchelchen für ihre Enkel. So ein Säckchen mit *assyk* ist ein begehrtes Geschenk. Die Kirgisen und Mongolen haben ähnliche Spiele.

Verschiedene Formen der verbalen Wettbewerbe

Askiya, die usbekische Kunst des Witzes und der geistigen Wendigkeit ist eine hochinteressante, gesellschaftlich geförderte Form des verbalen Schlagabtauschs, bei dem zwei oder mehrere Teilnehmer zu einem bestimmten Thema in ein Wortgefecht treten, vor vielen Zuschauern, die sich dabei köstlich amüsieren. In Usbekistan hat es die Form eines Volkssports angenommen, es finden Askiya-Festivals statt. Doch auch in allen Nachbarländern gibt es diese Form der Verbalkultur, die viel mit Improvisation zu tun hat. Diese steht in der uralten Tradition von Völkern, die keine eigene Schriftsprache hatten bzw. eine einen hohen Anteil an nicht Schriftkundigen.

Die kasachischen und kirgisischen Singwettbewerbe Aitys (Aitysch) stehen in der gleichen Tradition und sind auch Bestandteil des immateriellen Weltkulturerbes. Dabei improvisieren kasachische oder kirgisische Volkssänger (*Aqyn*) mit Bravour zu einem bestimmten Thema. Wenn man zu einer Feier im privaten Rahmen eingeladen ist, wird man staunen, wie redegewandt alle (!) Gäste sind. Es kann nicht schaden, wenn man sich als Gast ein bisschen vorbereitet, damit man auch eine kleine und rhetorisch gute Rede aus dem Ärmel ziehen kann.

Suzani: tadschikische Sticktradition

Die tadschikische Tschakan-Stickerei

Überall in Tadschikistan und in den von Tadschiken bewohnten Teilen Usbekistans kann man sie sehen: Suzani (von Suzan = Nadel), bestickte Tücher, die bis zu zwei mal drei oder sogar drei mal vier Meter groß sein können. Sie sind ein wesentlicher Teil der Aussteuer der Braut und werden als Wandschmuck, Tagesdecke oder Bettdecke für die Kinderwiege verwendet. Aber auch Blusen, Vorhänge, Kissen, Taschen, Kopftücher werden bestickt. Diese Kunst der Stickerei mit bunten Fäden auf Baumwoll- oder Seidenstoffen wird Tschakan (Chakan) genannt. Die Ornamente, Blumenbilder und symbolischen Darstellungen haben immer eine Bedeutung. Sie beziehen sich auf die umgebende Natur und den Kosmos und bringen Hoffnungen und Wünsche der Menschen zum Ausdruck.

Kunst der Herrscherhöfe

Neben der angewandten Alltagskunst nomadischer und sesshafter Völker gab es noch die bis zum Äußersten verfeinerte Kunst der morgenländischen Herrscherhöfe, die wir heute an den Fassaden von Samarkand, Buchara und Chiwa bewundern können, an den Wänden und Decken der Medresen, Paläste, Mausoleen, auf den Fresken von Afrosiab und Pandzhakent, in der Kalligraphie und Miniaturmalerei auf den edlen Seidenpapieren von Samarkand. Diese Kunst trägt vornehmlich die Spuren der sesshaften persischen Kultur.

Eine Gewichtung zwischen Alltagskultur/Volkskunst und Kunst der Herrscherhöfe, zwischen der Kultur und Kunst der Nomadenvölker und der Kultur und Kunst der sesshaften Oasenbewohner soll hier nicht vorgenommen werden. Sie haben sich im Laufe der Jahrtausende gegenseitig beeinflusst und durchdrungen. Das, was wir heute in Zentralasien vorfinden, ist eine faszinierende Melange aus so vielen Epochen, Regionen, Stilen und Volksbräuchen.

Literatur

Die neupersische Dichtung, begründet durch Rudaki (→ S. 64), wird noch heute im ehemaligen persischen Kulturraum Tadschikistan und Usbekistan als ureigenes Kulturgut wahrgenommen. Ihm nachfolgende Dichter wie Firdausi, Omar Khayyam, Hafez und Saadi lebten zwar auf dem Gebiet des heutigen Iran, werden aber auch als zum Erbe gehörig betrachtet, wie das schöne Relief am Haus der Schriftsteller in Duschanbe zeigt.

Das Persische wurde im 15. Jahrhundert in weiteren Teilen Zentralasiens durch Tschagataj abgelöst, die zentrale Rolle dabei spielte der Dichter Alischer Navoi (→ S. 63).

Zwischen dieser Ära und dem 19./20. Jahrhundert klafft ein literarisches Loch, es wurde ausgefüllt von religiöser Buchstabengelehrtheit, vereinzelten Lichtgestalten wie dem Turkmenen Pyragy Magtymguly (Faragi) und dem mündlichen Volksschaffen, das von den Aqyn und Zhyrau weitergetragen und erst im 19. Jahrhundert teilweise schriftlich fixiert wurde.

Erst im ausgehenden 19. Jahrhundert kam es zu einer Befruchtung der hiesigen Literaturlandschaft durch verbannte und eingewanderte russische Intellektuelle. Abai und Iljas Esenberlin im heutigen Kasachstan, Muqimiy und Furqat in Usbekistan und Sadriddin Ajni in Usbekistan und Tadschikistan sind die bekanntesten Schriftsteller. Zahlreiche Vertreter der nationalen Intelligenz der russisch-sowjetischen Übergangszeit fielen Stalins großem Terror zum Opfer, wie der usbekische Publizist und Schriftsteller Abdulla Qodiriy, oder konnten sich nur unter Schwierigkeiten in Sicherheit bringen wie der kasachische Schriftsteller und Dramaturg Muchtar Auezow.

Mit der breiten Alphabetisierung in den 1930er Jahren entstand eine sowjetisch-zentralasiatische Literatur in den einzelnen Sowjetrepubliken, deren bekannteste Vertreter der Kirgise Tschingis Aitmatow (→ S. 60) und die Kasa-

Relief der Schriftsteller in Duschanbe

chen Abdizhamil Nurpeissow, Muchtar Schachanow und Olzhas Sulejmenow sind. Auch der Tadschike Ajni setzte sein Leben als Sowjetschriftsteller fort. Eine besondere Rolle spielte der Deutsche Herold Belger, der mit seiner Familie nach Kasachstan deportiert wurde und dort zu einem der anerkanntesten Schriftsteller avancierte. All diese Meister des Wortes sind auch ins Deutsche übersetzt.

Musik

Als reicher Quell für musikalische Inspiration darf auch in Zentralasien die Natur betrachtet werden. Alexander Zatajewitsch, russischer Musikethnograph (1869–1936), hat die kasachische Steppe ein Meer der Musik genannt. Dieses Gleichnis drängt sich unwillkürlich auf, wenn man auf den weiten Landschaften das Steppengras wogen und die Pferdeherden grasen sieht. Nicht nur durch die Dombra mit ihrem Hufgetrappel-Stakkato wird das wiedergegeben, auch durch die legendäre Kobyz mit ihrem weittragenden, magischen Klang, durch die weichen Melodien des Zhetigen und die getragenen Melodien der Sybyzgy.

Eine ähnlich ›naturverstärkende‹ Wirkung kann man allen zentralasiatischen Volksinstrumenten nachsagen, ob es nun die kirgisische Komuz ist oder die Rubab (Rubob) mit ihrem sehnsuchtsvollen Klang, der so gut zu den kahlen Bergen des Pamir passt.

Mit etwas Glück wird man unterwegs ein spontanes Konzert erleben, auf dem Pamir kommt das gelegentlich vor. In dieser erhabenen Umgebung entfaltet die Musik, meistens ein Zusammenklingen von Rubab, Schlagzeug (ggf. auch Schüssel oder Eimer), Akkordeon und Singstimme, eine fast hypnotische Wirkung, und wenn man dazu die uralten Pamir-Tänze sieht, die alle Pamiri wie in Trance zelebrieren, ist es nicht weit bis zum Mittanzen und dem Eindruck, dass man fliegen kann.

Spontanes Hauskonzert im tadschikischen Wachan-Korridor

Alexander Wolkow im Sawitzki-Museum in Nukus: Die rote Karawane

Die Museen für Volksmusikinstrumente in Almaty und Duschanbe bieten interaktive Hörbeispiele bzw. Live-Konzerte auf Vorbestellung an, viele Reiseveranstalter organisieren auch Konzerte für ihre Gruppen. In Kasachstan gibt es ferner einige Ethno-Bands (Turan, Ulytau, Urker u.a.) und Orchester für Volksmusik (Staatliches Kurmangazy-Orchester, Folklore-Orchester ›Sazgen Sazy‹, ›Otrar Sazy‹, ›Sybyzgy Sazy‹, Folklore-Ensemble ›Schalkyma‹), seit 2013 wird jährlich das Festival für moderne Ethnomusik ›The Spirit of Tengri‹ veranstaltet: http://thespiritoftengri.com

Moderne Musik kommt auch nicht zu kurz, exemplarisch sei hier das alljährliche Jazz-Festival im April in Almaty genannt: www.jazz.kz.

Moderne Kunstformen

In allen fünf Ländern gibt es Museen bzw. Galerien für zeitgenössische Malerei, im usbekisch-karakalpakischen Nukus sogar ein Museum für moderne Kunst, inoffiziell Sawitzki-Museum genannt. Letzteres darf in diesen Breiten als sensationell gelten (→ S. 413). Die staatlichen Kunstmuseen geben in der Regel eine gute Übersicht über den Grad der Unabhängigkeit der Kunst von der offiziellen Lesart der Wirklichkeit. In der Almatiner Kastejew-Galerie darf man die größte Bandbereite an künstlerischen Meinungen erwarten.

Gute Galerien für Contemporary Art haben es sehr schwer, sie finden vielleicht noch ein interessiertes, mutiges und kritisches, aber kaum ein kaufkräftiges Publikum. Sehens- und unterstützenswert ist in Almaty die Galerie Tengri-Umai (http://www.tengriline.kz), welche auch regelmäßig Straßenkunstfestivals wie ArtBat organisiert: https://www.artbat.kz.

Kino

Alle fünf Länder haben staatliche Kinostudios, doch sind das in der Regel nicht die Orte, an denen inhaltlich gute Filme konzipiert und gedreht werden. Die Studios in Aschgabat, Duschanbe und Taschkent sind in den Jahrzehnten nach dem Zerfall der Sowjetunion international nicht in Erscheinung getreten. Im Studio von Kazakhfilm (http://www.kazakhfilmstudios.kz) werden historisch-patriotische sowie Unterhaltungsfilme und manchmal auch gute Naturfilme gedreht. Schlagzeilen gemacht hat ›Nomad‹, eine teure Co-Produktion mit Hollywood zum Zweck der Identitätsbildung in Kasachstan. Ein ähnliches Ziel hatte sicher ›Kurmanjan Datka – Queen oft he mountains‹ von Aitysh Film in Kirgistan, hier hat das angemessene Budget der Aussagekraft des Films gutgetan.

Sowohl aus Kirgistan als auch aus Kasachstan konnte man in den letzten Jahren einige gute unabhängige Filme auf dem internationalen Podium sehen:

Kasachstan: Harmony lessons von Emir Baigazin, Silberner Bär auf der Berlinale 2013/The wounded Angel, gleicher Regisseur/Nagima von Zhanna Isabayeva, 2013/ Die unbeschwerte Gleichgültigkeit der Welt von Adilkhan Yerzhanov, 2018.

Kirgistan: Kirgisische Mitgift von Nurbek Egen, 2006/Der Dieb des Lichts von Aktan Arym Kubat, 2010/Nomaden des Himmels, von Mirlan Abdykalykov, 2015/Centaur, von Aktan Arym Kubat, 2017

Oper und Theater

Ein Besuch eines der Opernhäuser in Duschanbe, Taschkent oder Almaty ist eine lohnenswerte Erfahrung: Für umgerechnet 10 Euro bekommt man auf einem guten Platz eine klassische Kostümoper geboten, mit einem Aufwand, wie er im Westen kaum noch betrieben wird. Die Nationaloper in Astana (Nur-Sultan), drittgrößtes Opernhaus der Welt, ist gehobene Klasse, aber auch hier sind die Karten im Vergleich zu Europa preiswert. Eigene Ensembles und Gastrollen ausländischer Truppen wechseln sich ab.

Gute Off-Theater gibt es dagegen kaum, Ausnahmen sind das Art-i-Schock in Almaty und das Ilkhom in Taschkent.

Moderne Kunst in Taschkent

Küche

Essen ist – klammert man die modernen Lieferwege exotischer Zutaten einmal aus – eine Kultur, die direkt aus der Geographie abgeleitet ist. Verarbeitet und gegessen werden kann nur das, was am Ort wächst. Diese Prämisse macht die zentralasiatische Esskultur zu einem hochinteressanten Forschungsfeld für kulinarisch Interessierte.

Natürlich wird in den Wüsten Turkmenistans und Steppen Kasachstans sowie auf den Hochgebirgsalmen Kirgistans und Tadschikistans, wo man sich jahrhundertelang nur mit nomadischer Viehzucht am Leben halten konnte, anders gegessen, als in den warmen, fruchtbaren Oasen Usbekistans. Und selbstverständlich gibt es diese Essgewohnheiten nicht nur in Reinkultur, sondern in allen nur erdenklichen Mischungen, zumal ja die Karawanen auch die Esskulturen der Nachbarn nach Zentralasien brachten. Und nicht nur die Seidenstraße spielte eine Rolle: Es wird auch russisch, deutsch, koreanisch und kaukasisch gekocht, denn all diese Völkerschaften hat es in den letzten 300 Jahren freiwillig oder nicht ganz freiwillig hierher verschlagen, und alle brachten ihre Küche mit. Koreanische Salate, verkauft von Koreanerinnen, haben auf den Märkten ihren eigenen, allseits beliebten Tresen, russische Vorspeisen und Suppen (und harte Getränke) sind Gemeingut, uighurischer Lagman und kaukasischer Schaschlyk sind schon lange in die Liste der hiesigen Gerichte aufgenommen worden. Und so finden wir heute in ›unseren‹ fünf Ländern eine unglaubliche kulinarische Vielfalt. Unbekümmert wird gemixt. Es kann vorkommen, dass man in einem Viergänge-Menü nach koreanischen Salaten und russischem Borschtsch einen kasachischen Hammelbraten aufgetischt bekommt und mit usbekischen Süßigkeiten und tadschikischen Trockenfrüchten abschließt.

Die Küche der viehzüchtenden (Halb)Nomaden

In Kasachstan, Kirgistan, auf dem tadschikischen Pamir und bei den turkmenischen Viehzüchtern dominieren tierische Mahlzeiten, also Fleisch- und Milchgerichte, die Küche. Vegetarier haben es nicht ganz leicht, Veganer sollten sich von daheim ein paar Zwischenmahlzeiten mitbringen und ihre Vorlieben/Abneigungen rechtzeitig ankündigen. Oft wird behauptet, man äße hier extrem viel Fleisch, und kraftmeierische Behauptungen in bestimmten kasachischen Kreisen leisten dem noch Vorschub. In der Tat ist es so, dass der Fleischkonsum in Kasachstan am höchsten ist. Das liegt in der Verfügbarkeit riesiger Weidegebiete begründet und in entsprechenden Vieh- und Schlachtmengen. In einem Land mit einer Bevölkerungsdichte von sieben Menschen pro Quadratkilometer kann man zumindest in Gebieten mit Vegetation davon ausgehen, dass es mehr Tiere für den Verzehr gibt als Verzehrer. Gleichzeitig muss man in Betracht ziehen, dass unter den extremen kontinentalen Bedingungen in Kasachstan Feldbau nur in wenigen Gebieten risikolos möglich ist und deswegen Fleisch einfach leichter herzustellen ist als Gemüse und Getreide. Das gleiche trifft auf die Hochgebirgsgebiete Kirgistans und Tadschikistans zu – hier wachsen nur Gras und winterharte Stauden, Viehfutter eben. Aber Platzangebot und Pflanzendecke sind im Hochgebirge viel bescheidener als in den flachen Steppen, also sind die Herden kleiner, es wird seltener geschlachtet, und Fleisch kommt nicht in diesen Mengen und oft auch nicht täglich auf den Dastarchan. Das Gleiche gilt für die Halbwüsten, wo nur Kamele und Ziegen überleben. Man darf auf keinen Fall davon ausgehen, dass das, was man als Gast auf dem Tisch vorfindet, eine normale Alltagsmahlzeit ist. Für Gäste wird ja das Beste aufgefahren, und das in großen Mengen. Sind die Gäste weg, kehrt wieder Normalität ein: Fleischbrühe statt Fleisch, kleine und kleinste Mengen Fleisch im Plow statt großer Batzen für die Gäste, Kurutob statt Schaschlyk, Schirtschoj mit Brotresten statt dicker Sahne und frischem Fladenbrot. Als Gast sollte man wissen, dass man oft der Grund für das Schlachten eines Tieres ist, im Pamir kann es das einzige sein. Deswegen ist es für den Gastgeber dann auch oft ein Schock, wenn Fleisch nicht gegessen oder nur lustlos vom Knochen abgenagt wird. Essen wegzuschmeißen ist fast überall in Zentralasien eine Sünde, und unser leichtsinniger Umgang mit Essen wird verständnislos, wenn auch mit Mühe um Toleranz wahrgenommen.

Darf bei keiner Mahlzeit fehlen: Fladenbrot

Ein anderer wesentlicher Bestandteil der Mahlzeiten sind Produkte aus Kuhmilch, seltener aus Kamel-, Stuten-, Ziegen- oder Yak-Milch. In vielen Regionen werden diese noch selbst hergestellt und kommen frisch auf den Tisch: Butter und Butterschmalz (analog dem indischen Ghee), Frischkäse, Joghurt, Ayran, Kefir, Schmand, Sahne, Kur(u)t. Letzteres sind gesalzene, luftgetrocknete Frischkäsebällchen mit einem Durchmesser von einem bis fünf Zentimetern. Sie sind sehr lange haltbar und werden oft im Winter als Energie- und Kalziumspender eingesetzt, wenn die Tiere nur wenig oder gar keine Milch geben. Man löst sie in heißer Brühe auf und hat eine sämige, sattmachende Suppe. Zum Fleisch gibt es Kartoffeln und Karotten, Nudeln in verschiedenen Größen und Formen (von Bandnudeln bis Nudeltaschen oder -rollen) und Brot. Gewürzt wird mit Salz und Zwiebeln. Größere Vielfalt darf man bei den originären Gerichten der kasachischen und kirgisischen Viehzüchter nicht erwarten.

Schirtschoj – Fladenbrot in Milchtee

Großer Beliebtheit bei Kasachen und Kirgisen gleichermaßen erfreut sich die vergorene, leicht berauschende Stutenmilch (Kumys, Kymys), in Kasachstan wird auch Kamelmilch vergoren (Schubat). Es sind sehr erfrischende Getränke mit therapeutischer Wirkung (gegen TBC, Immunschwäche, Verdauungskrankheiten u.a.m.), werden aber wegen ihres eigenartigen Geschmacks von westlichen Reisenden oft verschmäht.

Generell gilt: In Zentralasien finden Sie das heutzutage vielgerühmte Slow Food, und zwar aus Tradition. Verwendet wird, was hier wächst. Einfache ländliche Küche mit Milch von glücklichen Kühen, Fleisch von freilaufenden Schafen, Ziegen, Rindern, Hühnern und --- Pferden (in Kasachstan, Usbekistan und Kirgistan).

Hochgebirgsdiät für Hundertjährige

In den Pamir-Tälern, wo sich die Häuser an die Hänge klammern und die Menschen den Bergen mit Müh und Not ein paar Terrassenfelder abgerungen haben, die sie sorgsam gegen ihre wenigen Nutztiere abzäunen, ist der Speiseplan ganz anders. Man sieht es auch den Menschen an, die hier leben: Sie sind schlank, nach dem Winter bisweilen sehr schlank bis dünn. Missernten wegen verfrühtem Kälteeinbruch oder Trockenheit haben ganz unmittelbare, fatale Folgen.

In diesen Tälern werden angebaut, und zwar auf steiniger Erde, die noch mit dem Ochsenpflug bearbeitet wird: Kartoffeln, Karotten, Kohl, Zwiebeln, in den unteren Lagen auch Tomaten, Gurken, Kürbisse und Gewürze. An der Südseite des Hauses oder dicht am Hang wachsen windgeschützt Aprikosenbäume, manchmal auch Äpfel und Pflaumen, in günstigen Lagen Walnüsse und Granatbäumchen.

Was es immer gibt, ist Schirtschoj (Shirchoy): Ein schwarzer oder grüner Tee mit Milch von der meist einzigen Kuh oder der des Nachbarn, leicht gesalzen, darin das Brot aufgeweicht. Gebacken wird meist nur einmal alle paar Tage, Brennstoff ist knapp. Der Tandyr wird angeheizt, die runden Teigfladen dicht an dicht an die Innenwände geklebt und nach wenigen Minuten vorsichtig herausgeholt. Frisches Fladenbrot ist ein Himmelsschmaus. Nach drei Tagen aber ist es knochenhart. Es wird sorgsam gelagert und zum Schirtschoj gereicht. Erst wenn das Brot ganz aufgegessen ist, wird neues gebacken. Selten wird man zum

Schaschlykbrater

Dymljama

Schirtschoj eingeladen, offenbar schämen sich die Menschen vor Gästen für ihr ärmliches Gericht. Wenn man darauf besteht, darf man sich mit der Familie an den Tisch setzen und mit ihr den Schirtschoj teilen. Manchmal gibt es dazu etwas Ayran, getrocknete Aprikosen und/oder Walnüsse, selten Honig von den fleißigen Hochgebirgsbienen. Für die Autorin dieses Buches ist Schirtschoj im Familienkreis ein Lieblingsessen.

Kunterbunter Oasen-Schmaus

In den Oasen der Flüsse und auf den bewässerten Flächen wächst alles, was das Herz begehrt, von Reis, Mais und Weizen über Hülsenfrüchte, Kürbisse, Rettiche, Rüben und Kartoffeln, Tomaten, Gurken, Paprika, Zucchini, Auberginen bis hin zu allen Früchten des Orients. Pfirsiche, Aprikosen, Granatäpfel, Khakis und Wein türmen sich auf den Basaren, Koriander, Oregano, Kreuzkümmel, Safran, Chili und Sumach duften um die Wette, Nüsse und Trockenfrüchte sind die besten der Welt. Aus all diesen Zutaten zaubern die Bewohner der Oasen – in der Regel sind es Usbeken, Tadschiken und die zugewanderten Uighuren – köstliche Gerichte. Hier wird Fleisch raffiniert mariniert, bevor es als Schaschlyk gebraten wird, hier wird nicht mit Gemüse und Gewürzen gegeizt, die Beilagenvielfalt ist größer, und oft kann man Beilagen auch als vollwertiges Hauptgericht bestellen.

Das Lieblingsgericht fast aller Menschen in Zentralasien ist Plow (Pilaw, Palau). Die Tadschiken nennen ihn sogar Osch, ›das Essen‹ schlechthin. Man könnte ihn jeden Tag essen, und manche tun das auch. Auf den ersten Blick besteht er nur aus Reis, Fleisch und Karotten, aber der Schein trügt. Eine ausgeklügelte Zubereitungsmethode, hunderte verschiedene Zutatenvarianten und tausende verschiedene Würzungsarten machen ihn immer wieder zum überraschenden Erlebnis. In Zentralasien gewesen zu sein, ohne Plow gegessen zu haben – das geht gar nicht.

Allerdings birgt der Plow ein Risiko: Er wird oft mit viel Öl zubereitet. Nicht alle westlichen Mägen vertragen das, vor allem, wenn Baumwollsamen-Öl verwendet wurde. Auf keinen Fall sollte man mit Kaltgetränken nachspülen, Magen, Galle und Darm würden Sie umgehend bestrafen. Trinken Sie zwei, drei Schälchen grünen Tee zum Plow und warten Sie mit Bier oder Cola mindestens eine Stunde.

Rezepte

Plow

Basisrezept für 4–6 Personen (In Zentralasien würde man allerdings immer gleich für mindestens 20 Personen kochen.)

Zutaten: 500 g frisches Lammfleisch, 250 g Langkornreis (am besten aus Özgön oder Batken in Kirgistan), 2 Zwiebeln, 1 Knoblauchknolle (im Ganzen!), 500 g Karotten (oft werden gelbe verwendet), 1 Pepperonischote, 1 TL gemahlener Kreuzkümmel, 1/2 TL Koriandersamen, Salz, 1 TL getrocknete schwarze Berberitzen, neutrales Pflanzenöl

Zubereitung: Reis waschen, Möhren stifteln, Zwiebeln in Streifen und Fleisch in Würfel schneiden, Knoblauchknollen von der Außenhülle befreien, aber nicht trennen.

Öl in großem Topf (am besten natürlich in einem Kessel über offenem Feuer, aber Gas tut es auch) erhitzen, Fleisch hinzufügen, scharf anbraten, salzen, Zwiebeln hinzufügen, 10 min unter Rühren weiterbraten, Peperoni zugeben, ablöschen. Kreuzkümmel und Koriander mischen, mit den Berberitzen einstreuen. Möhren auf's Fleisch schichten, nicht umrühren. Abgetropften, ungekochten Reis hinzugeben, glätten, nicht umrühren. Bei maximaler Hitze soviel Wasser zugießen, dass alles 3 cm bedeckt ist. Auf kleiner Flamme ca. 45 min köcheln lassen. Ist das Wasser fast aufgesogen, Knoblauchkopf in den Reis stecken, weitergaren. Kurz vor Ende der Garzeit mit einem Holzstab Löcher in die Mischung stechen, Topf abdecken, 10 min garziehen lassen.

Es kann auch Rindfleisch oder anderes Fleisch verwendet werden, es gibt sogar Fischplow und auch vegetarischen Plow. Usbekischer Festtags-Plow wird noch mit Rosinen, getrockneten Aprikosen oder/und Nüssen verfeinert. Auch die Würzmischungen variieren. Kreieren Sie Ihren ganz persönlichen Plow!

Zum Plow wird Schakarob gereicht, ein Salat aus frischen Tomaten und Zwiebeln, gewürzt mit Salz, Pfeffer und ggf. etwas grünem Koriander.

Es gibt zahllose Varianten von Plow

EXTRA

Salat Schahrisabz

(persönlicher Geheimtipp der Autorin)

Zutaten: 500 g rote Beete, 100 g getrocknete Aprikosen aus Isfana oder Isfara, zur Not auch die aus dem Supermarkt, 80 g Walnüsse, 2–3 EL gutes Öl, kaltgepresst (am besten Walnussöl, Distel- oder Sonnenblumenöl tut's auch), Salz, auf Wunsch etwas Pfeffer, Koriander, Knoblauch

Zubereitung: Die Beeten bissfest kochen, abziehen und in Würfel von max. 1 cm Kantenlänge schneiden. Getrocknete Aprikosen und Nüsse kleinhacken, über die Beeten streuen und würzen. Mit Öl vermengen, mindestens einen halben Tag ziehen lassen.

Kurzbeschreibung einiger typischer Gerichte

Schurbo, Schurpa, Sorpa – Fleischbrühe, meist bereichert mit mindestens einem Stück Rindfleisch, oft am Knochen, Kartoffel, Karotte, Zwiebel, Dill oder Koriander

Kurutob – in einer Holzschüssel serviertes und mit den Händen zu essendes tadschikisches vegetarisches Gericht aus einem Tomaten-Gurken-Zwiebel-Salat, der mit einem Blätterteig-Fladenbrot bedeckt und dann mit einer Frischkäsesauce und viel Öl übergossen wird

Schaschlyk, Sikh kabob – langsam gegrillte Spieße aus mariniertem Lamm- oder Hammelfleisch, Leber, Rind, Geflügel, Hackfleischwürstchen, manchmal auch Fisch oder Gemüse; in Kasachstan und Kirgistan werden Stücke vom Hammelschwanzfett (kurdyuk) zwischen die Fleischstücke gesteckt, damit das Ganze saftiger wird.

Besbarmak, Beschbarmak – Lieblingsgericht der Kasachen und Kirgisen, gekochtes Fleisch (Lamm oder Pferd, seltener Rind, Kamel, Geflügel oder gar Fisch) mit Nudeln (in Kasachstan große Nudelfladen, in Kirgistan schmale Bandnudeln), ggf. noch Kartoffeln, Zwiebeln und Möhren, serviert mit der Kochbrühe, in welcher oft noch Kurt (getrockneter Frischkäse) aufgelöst wird

Manty, Mantu – gedämpfte große Teigtaschen mit einer Füllung aus Fleisch oder/und Kürbis

Orama, Oromo – gedämpfte Teigrolle mit einer Füllung aus Kräutern, Kartoffeln, Fleisch oder/und Kürbis

Lagman – mit den Händen geschleuderte Nudeln mit einer würzigen Sauce aus kurz gebratenem oder auch gekochtem Geschnetzelten aus wenig Fleisch, viel Gemüse und Kräutern

Dymljama, Damljama – Schichtspeise aus angeschmortem Fleisch und mehreren Schichten Kartoffeln und Gemüse, in einer Art Schnellkochtopf gedämpft. Das Fleisch kann auch weggelassen werden.

Kuyrdak, Kaurdak – Geschmorte Mischung aus viel Fleisch oder/und Innereien von Lamm/Hammel und wenig Kartoffeln.

Baursak (Borsook) – ungefüllte, neutrale Hefeteigbällchen, in Fett schwimmend ausgebacken, von 1 bis 10 Zentimeter groß

Tschaktschak (chakchak) – süßer Mürbteig, durch den Fleischwolf gedreht und diese ›Würstchen‹ in Fett ausgebacken, anschließend übergossen mit Honig

Kischmisch – kernlose Rosinen aus sehr großen Trauben, ein Gedicht!

Kuraga – luft- und sonnengtrocknete Aprikosen, meist ungeschwefelt

Nan, Non, Tandyr Nan – Fladenbrote, oft aus dem Lehmbackofen

Kök schay, qara schay – grüner Tee, schwarzer Tee

Sprachen

In allen fünf Ländern Zentralasiens gibt es jeweils eine eigene Staatsprache: Kasachisch, Kirgisisch, Tadschikisch, Turkmenisch und Usbekisch. In allen Ländern gilt Russisch noch offiziell als Verkehrssprache oder inoffiziell als Kommunikationssprache zwischen den Ethnien. Daneben haben zahlreiche kleinere Ethnien ihre eigenen Sprachen.

Es ist durchaus nicht ungewöhnlich, dass jemand zwei, drei oder gar vier Sprachen spricht: die seiner Ethnie (z.B. Karakalpakisch), die Staatssprache (Usbekisch), die Verkehrssprache Russisch und vielleicht sogar noch Englisch. Mit Russisch kann man sich in den Städten und bei älteren Personen, die zu sowjetischer Zeit die Schule besucht haben, noch recht gut verständigen. Auf dem Land ist man damit oft am Ende seines ›Lateins‹. Einzige Ausnahme: Männer jüngeren und mittleren Alters, die eine Weile als Gastarbeiter in Russland gelebt haben.

Drei Sprachfamilien

Um das babylonische Sprachengewirr der über 100 Ethnien in Zentralasien für Reisende ein bisschen übersichtlicher zu machen, ordnen wir sie in drei große Sprachgruppen: Turksprachen, indoiranische Sprachen, slawische Sprachen.

Die größte Sprachfamilie in Zentralasien sind die Turksprachen. Kasachisch, Kirgisisch, Usbekisch, Turkmenisch, Karakalpakisch, Tatarisch und Uighurisch gehören zu dieser Familie. Sie haben sich in den letzten 400 bis 100 Jahren aus dem Idiom des Tschagataiischen ausdifferenziert und sind einander sehr ähnlich. Das ist unter anderem durch die lange arabisch-persische Prägung von Wortschatz und Idiomatik bedingt, welche die zentralasiatischen Turksprachen durch den Islam erfahren haben. Außerdem gibt es zahlreiche gemeinsame russische Fremd- und Lehnwörter, wie woksal (Bahnhof), pojezd (Zug), taxi, awtobus, potschta (Post), menju (Speisekarte) usw.

Nach dem in der aktuellen Literatur üblichen Klassifikationsschema lassen sich Zentralasiens Turksprachen wie folgt einordnen:

- Südwestlicher Zweig (Oghus-Turksprachen)/Ostoghusische Gruppe: Turkmenisch
- Nordwestlicher Zweig (Kiptschak-Turksprachen)/Südkiptschakische oder Aralo-Kaspische Gruppe: Kasachisch, Kirgisisch, Karakalpakisch
- Südöstlicher Zweig (Uigur-Turksprachen)/Westliche Gruppe: Usbekisch

Die zweite Familie, die der indoeuropäischen Sprachen, wird durch die Gruppe der indoiranischen Sprachen vertreten, die in Tadschikistan gesprochen werden. Alle Pamir-Sprachen gehören zur südostiranischen Gruppe der indoiranischen Sprachen, im Unterschied zum ›Flachland-Tadschikisch‹, das der westiranischen Gruppe zugeordnet wird.

Und schließlich wird noch Russisch gesprochen, das zu den slawischen Sprachen der indoeuropäischen Sprachfamilie gehört.

Die Schnittmengen zwischen diesen Sprachgruppen sind gering. Während es, bedingt durch die gemeinsame Religion Islam, in den Turksprachen und iranischen Sprachen viele ähnliche Wörter gibt, vor allem in den Bereichen Geschichte, Religion, Bildung und Wissenschaft, ist das Russische im Wortschatz und der Sprachstruktur komplett anders.

Zwei Schriftsprachen

Um die Verwirrung perfekt zu machen, gibt es verschiedene Schriftsprachen.

Russisch wird mit kyrillischen Zeichen geschrieben. Das einst vornehmlich in den Städten gesprochene Persisch (darunter auch das heutige Tadschikisch) und Tschagatai, das Idiom der zentralasiatischen Nomaden, wurden in persisch-arabischen Schriftzeichen zu Papier gebracht, so wie auch die aus dem Tschagataiischen entstandenen Sprachen der sich allmählich formierenden Ethnien.

Mit dem Sieg der Sowjetmacht wurde das mehrmals umgekrempelt. Eine Reform der tschagataiisch-arabischen Schriftsprache in der Sowjetunion ab 1923 lief auf eine Anpassung an die inzwischen ausdifferenzierten Sprachen der jeweiligen Ethnien hinaus. Es wurden ab 1928/29 nationale Schriftsprachen im einheitlichen türkischen Alphabet eingeführt, also lateinische Buchstaben mit einigen einfachen lautlichen Anpassungen. 1940, als man den obligatorischen Russisch-Unterricht für alle sowjetischen Schüler einführte, wurde jenes dann wieder abgelöst und durch das bis heute gebräuchliche Kyrillische zu ersetzt. Dieses wird immer noch in Kasachstan, Kirgistan und Tadschikistan genutzt, ergänzt um einige besondere Schriftzeichen für im Russischen nicht existierende Laute (h, ng, q, gh, dzh, ä, ö, ü, ı). Turkmenistan hatte bereits ab 1996 auf die lateinische Schriftsprache in einer an das Neutürkische angelehnten Version umgestellt. Usbekistan folgte ab 1997 nach. In beiden Ländern wird Kyrillisch parallel noch verwendet, um die älteren Menschen nicht zu Analphabeten zu machen. Nun wird in Kasachstan die Umstellung der kyrillischen Schriftsprache auf das lateinische Alphabet vorbereitet, 2020 soll sie offiziell erfolgen. Das betrifft aber nur die Staatssprache Kasachisch, Russisch wird natürlich weiter in kyrillischer Schrift geschrieben.

Die Umstellungen gestalten sich schwierig, weil das lateinbasierte Alphabet einige Laute nicht wiedergeben kann und dafür Sonderzeichen oder Digraphen eingeführt wurden, die nun teilweise wieder abgeschafft und durch diakritische Zeichen ersetzt werden. Bisher gibt es dabei kein einheitliches, aufeinander abgestimmtes Vorgehen, was die Lage auch für Reisende nicht unbedingt erleichtert.

Chinesisch ist im Kommen

Dreisprachiger Hinweis auf ein einfaches Restaurant unterwegs

Dabei wäre es eigentlich ganz einfach. Alle fünf Staaten könnten das neutürkische Alphabet wieder einführen, so, wie das auch 1992 auf einem Treffen aller turksprachigen Präsidenten in Ankara beschlossen worden war. Die Kommunikation untereinander und mit der Türkei oder Aserbeidschan wäre kein Problem mehr, und eine einfache Lesbarkeit für die eigenen Bürger und für Gäste gleichermaßen wäre gewährleistet. Aber man möchte gern die normale englische Computertastatur verwenden und bevorzugt deswegen die für die Lesbarkeit verwirrenden Konstruktionen mit Digraphen.

Somit haben wir folgende Situation in den Ländern:

Kasachstan: Staatssprache Kasachisch (weltweit ca. 12 Millionen Sprecher, geschrieben in kyrillischen Lettern, ab 2020 in lateinischen Lettern mit Digraphen, dazu Verkehrssprache Russisch.

Kirgistan: Staatssprache Kirgisisch (weltweit ca. 4,5 Millionen Sprecher, geschrieben in kyrillischen Lettern, dazu Verkehrssprache Russisch.

Tadschikistan: Staatssprache Tadschikisch (weltweit 8–10 Millionen Sprecher, mit den afghanischen Dari-Sprechern sind es bedeutend mehr), geschrieben in kyrillischen Lettern, dazu Kommunikationssprache Russisch, im Autonomen Gebiet Berg-Badachschan auf dem Pamir noch zahlreiche Pamir-Sprachen sowie Kirgisisch.

Turkmenistan: Staatssprache Turkmenisch (weltweit ca. 7,6 Millionen Sprecher), geschrieben in lateinischen Lettern, dazu Kommunikationssprache Russisch.

Usbekistan: Staatssprache Usbekisch (weltweit ca. 30 Millionen Sprecher), geschrieben in lateinischen Lettern mit Sonderzeichen bzw. Digraphen, im Umlauf ist aber auch noch Usbekisch in kyrillischen Lettern, dazu Verkehrssprache Russisch, in der Autonomen Republik Karakalpakistan auch Karakalpakisch.

Tausend Lerchen liegen lärmend in den Lüften,
und der Wermut hüllt uns ein mit seinen Düften.

Begeisterter spontaner Vers eines Mitreisenden
an einem typischen Steppenmorgen

Der Salzsee Tuzköl im äußersten Südosten Kasachstans

KASACHSTAN
ҚАЗАҚСТАН – QAZAQSTAN

Land der Gegensätze

Das neuntgrößte Land der Erde wird wegen seiner jüngeren Geschichte und seines recht hohen russischen Bevölkerungsanteils eher mit Russland in Verbindung gebracht und ist doch integraler Bestandteil des zentralasiatischen Kulturraumes. In den kasachischen Steppen wurde erstmals das Pferd domestiziert, von hier kamen die großen Reitervölker, die immer wieder in die Oasen des Südens einfielen, aber auch mit ihnen Handel trieben und schrittweise sesshaft wurden bzw. gemacht wurden. Trotzdem findet man hier und da noch halbnomadische Lebensformen.

Das in der Mitte von Wüste und Steppe geprägte und damit nahezu unbesiedelte Land hat entlang der Transitwege und an den gebirgigen Rändern mehr Sehenswertes zu bieten, als gemeinhin angenommen wird.

Kasachstan ist reich an Bodenschätzen und hat seinen südlichen Nachbarländern einen gewissen Wohlstand voraus, der sich punktuell in den wenigen urbanen Zentren manifestiert. Die futuristisch anmutende Hauptstadt eignet sich als Stopp-Over für ein paar Tage; und die südliche Metropole Almaty ist ein guter Ausgangspunkt für zahlreiche Touren entlang eines alten Handelsweges, der als nördlicher Zweig der Seidenstraße bezeichnet wird. Bei den zugänglichen kulturhistorischen Schätzen kann Kasachstan nicht mit seinem südlichen Nachbarn Usbekistan mithalten, aber großräumige Naturlandschaften machen es zu einem Geheimtipp für Abenteuerreisende. Über ein weitreichendes Netz von Flug- und Bahnlinien sind alle Gebietshauptstädte des riesigen Landes erreichbar.

Der Reisende muss sich auf ein beträchtliches Stadt-Land-Gefälle einstellen. Dem fast europäisch anmutenden Almaty mit seinen Luxusgeschäften und exzellenten Restaurants und der boomenden Steppenmetropole Astana (Nur-Sultan) stehen Kleinstädte und Dörfer mit armseliger Infrastruktur in beeindruckenden Landschaften gegenüber.

Kasachstan, Übersicht

Astana – Nur-Sultan

Das kasachische Wort Astana bedeutet ›Hauptstadt‹, und so nannte man das ehemalige Tselinograd (Zelinograd) von 1997 bis 2019. Vom Umzug der Hauptstadt aus Almaty hierher versprach man sich einen Entwicklungsimpuls für Zentralkasachstan, eine Durchlüftung des Verwaltungsmiefs, einen sicheren Abstand zu China und dem erdbebengefährdeten Tien Shan und vor allem ein Achtungszeichen in Richtung Russland, schließlich war der Norden Kasachstans lange überwiegend von Russen besiedelt und man befürchtete Abspaltungsbestrebungen. Die Rechnung scheint aufgegangen zu sein, die neue Hauptstadt hat sich ihren Namen inzwischen verdient und darf als eines der gewagtesten Architekturexperimente weltweit gelten. Die EXPO 2017 hat den zahlreichen ungewöhnlichen Gebäuden noch ein weiteres hinzugefügt: die weltgrößte begehbare Kugel, die sogenannte Sphäre.

Im März 2019 wurde Astana abermals umbenannt. Es erhielt den Vornamen des eben erst zurückgetretenen ersten Präsidenten: Nursultan. Im Buch werden beide Bezeichnungen verwendet

Den Hauptstädtern, inzwischen sind es über eine Million, wird einiges abverlangt, denn das Klima ist hart. Ein Temperaturgefälle zwischen minus 40 und plus 35 und eine Jahresdurchschnittstemperatur von 3 Grad bedeuten, dass es von Oktober bis April eher ungemütlich ist. Um die Einwohner bei Laune zu halten, hat man zahlreiche Indoor-Freizeitmöglichkeiten geschaffen: gigantische Shopping-Malls mit Kinos, Delphinarium und Ozeanarium, Sportstätten und beheizbare Stadien, Museen, Konzerthäuser und die pompöse Astana-Opera. Dafür wurde und wird unbekümmert die seenreiche Steppe trockengelegt, so dass ein beliebter Witz nur teilweise komisch ist: ›Welches sind die zwei Vorteile von Astana? Im Sommer gibt es keinen Schneesturm und im Winter keine Mücken.‹ Die Insekten verschwinden mit den Feuchtbiotopen, den Rest erledigt die Chemie.

Astana, die zweitkälteste Hauptstadt der Welt

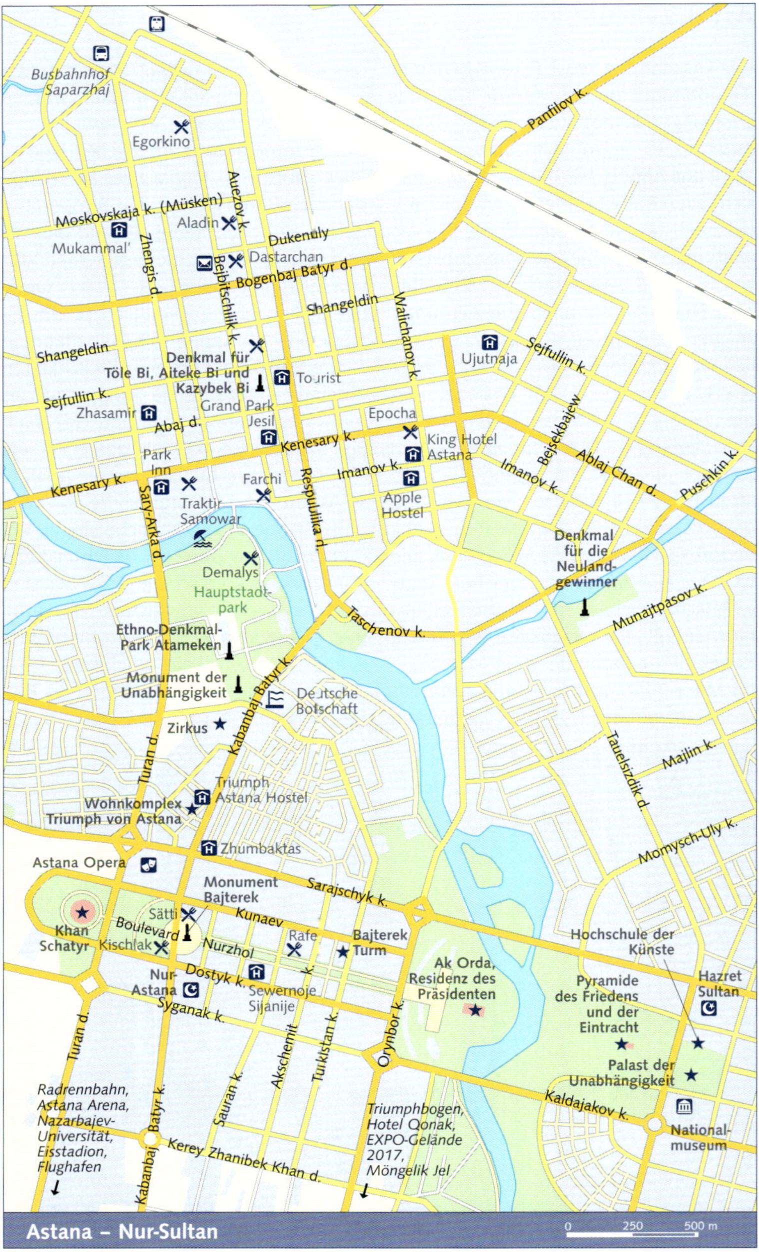
Busbahnhof Saparzhaj
Egorkino
Moskovskaja k. (Müsken)
Aladin
Auezov k.
Mukammal'
Zhengis d.
Dukenuly
Dastarchan
Beibitschilik k.
Bogenbaj Batyr d.
Shangeldin
Walichanov k.
Panfilov k.
Shangeldin
Denkmal für Töle Bi, Aiteke Bi und Kazybek Bi
Tourist
Ujutnaja
Sejfullin k.
Sejfullin k.
Zhasamir
Grand Park Jesil
Abaj d.
Epocha
Kenesary k.
King Hotel Astana
Park Inn
Imanov k.
Imanov k.
Beisekbajew
Ablaj Chan d.
Puschkin k.
Kenesary k.
Farchi
Apple Hostel
Traktir Samowar
Respublika d.
Sary-Arka d.
Demalys
Hauptstadtpark
Denkmal für die Neulandgewinner
Taschenov k.
Munajtpasov k.
Ethno-Denkmal-Park Atameken
Monument der Unabhängigkeit
Kabanbaj Batyr k.
Deutsche Botschaft
Zirkus
Tauelsizdik d.
Majlin k.
Turan d.
Triumph Astana Hostel
Wohnkomplex Triumph von Astana
Zhumbaktas
Momysch-Uly k.
Astana Opera
Monument Bajterek
Sarajschyk k.
Sätti
Kunaev
Khan Schatyr
Boulevard
Kischlak
Nurzhol
Rafe
Bajterek Turm
Hochschule der Künste
Ak Orda, Residenz des Präsidenten
Nur-Astana
Dostyk k.
Sewernoje Sijanije
Pyramide des Friedens und der Eintracht
Hazret Sultan
Syganak k.
Orynbor k.
Turan d.
Akschemit
Turkistan k.
Palast der Unabhängigkeit
Kaldajakov k.
Sauran k.
Radrennbahn, Astana Arena, Nazarbajev-Universität, Eisstadion, Flughafen
Kabanbaj Batyr k.
Kerey Zhanibek Khan d.
Triumphbogen, Hotel Qonak, EXPO-Gelände 2017, Möngelik Jel
Nationalmuseum
Astana – Nur-Sultan
0 250 500 m

Falls man in der warmen Jahreszeit hier ist, sollte man sich für Astana durchaus zwei Tage Zeit nehmen. Einen Tag kann man schlendernd in der Altstadt am rechten Ufer des Jesil (russ.: Ischim) verbringen, auf der Uferpromenade und im sogenannten ›Goldenen Viereck‹ zwischen den Straßen Kenesary, Abaj, Respublika und Zhengiz (Prospekt Pobedy), der zweite Tag geht im Handumdrehen vorüber, wenn man in die architektonische Melange der flächenmäßig riesigen Neustadt auf der linken Seite des Flusses eintaucht. Eine Dampferfahrt auf dem Jesil kann beides harmonisch verbinden. Das Steppenflüsschen wurde zu einer Wasserfläche angestaut, die einer Hauptstadt würdig ist; an ihren Ufern hat sich eine respektable Skyline entwickelt.

Altstadt – linkes Ufer

Wirklich alt ist Astana-Nur-Sultan nirgendwo, aber in der sogenannten Altstadt findet man immerhin noch ein paar Gebäude aus den ersten Jahrzehnten der heutigen Hauptstadt, die 1830 als russische Festung Akmolinsk gegründet wurde: das Lebensmittelgeschäft ›Astana‹ im Haus des russischen Kaufmanns Kubrin dem 19. Jahrhundert an der Kenesary/Bokejkhan und einige Gebäude in der Bokejkhan gleich um die Ecke.

In einem anderen der ältesten Gebäude der Stadt, dem schönen Wohnhaus des Kaufmannes Kasantsew an der Ecke Auezow k. 20/Sejfullin k., hat man das **Museum für Saken Sejfullin** (1894–1938) eingerichtet. Der kasachische Aufklärer, Poet, Politiker und Patriot hatte große Hoffnungen in den Kommunismus gesetzt und sich aufopferungsvoll für dessen Sieg in Zentralasien eingesetzt, doch auch er wurde von dessen besinnungslosen Eiferern ausgelöscht (Tel. 328467, www.seifullin.ru; tgl. 10–18).

Das Hotel **Grand Park Jesil** in der Bejbitshilik 8 und das **Russische Dramentheater** in der Zheltoksan 11 stammen aus den sowjetischen Anfangsjahren.

Aber auch die Gebäude aus den 1950ern bis 1980ern, Verwaltungen, Hochschulen, Hotels, Theater und typisch sowjetische Wohnblocks aus vier Jahrzehnten, welche die Straßen auf dem linken Flussufer prägen, sind (wenn auch teilweise neu verkleidet) alt im Vergleich zu den wuchtigen Bauten der Neuzeit auf dem anderen Ufer. In dieser Zeit erlebte die Stadt einen ersten Bauboom als Tselinograd, ›Neulandstadt‹. Auf dem Bahnhof Tselinograd kamen Zehntausende Landarbeiter an, die im Norden der Kasachischen Sozialistischen Sowjetrepublik die schier unendliche Steppe unter den Pflug nehmen und in Getreidefelder verwandeln sollten. Und von diesem Bahnhof rollte ein großer Teil der fast 60 Millionen Tonnen Getreide, die man in den Neulandgebieten in guten Jahren erntete, in alle Teile der Sowjetunion.

Eine Pause bietet sich an im **Restaurant Tselinnyi** in der Kongresshalle, dem renovierten Kulturpalst der 1960er, einem Ort mit unaufdringlicher Retro-Atmosphäre. Danach ist man gelassen genug, um sich das **Museum des Ersten Präsidenten** in der Bejbitshilik 11/Ecke Bigeldinow anzuschauen, eine Ausstellung über Leben, Wirken und einige Gegenstände (Staatsgeschenke) des auch nach seinem Rücktritt allgegenwärtigen Nursultan Nazarbajew – eine beeindruckende Reliqiensammlung (prezidentsmuseum.kz; Di–So 10–18 Uhr).

Falls man im Sommer hier ist, wird man einen Spaziergang auf der großzügigen **Uferpromenade** machen können, vorbei am **Palast der Jugend** ›Zhastar‹ zur schön gestalteten **Fußgängerbrücke**, nach deren Überquerung man sich auf der linken Seite des Flusses im Astana-

Das Nationalmuseum

Park oder am Badestrand wiederfindet. Im Winter friert der Jesil komplett zu, und das Leben verlagert sich auf's Eis. Schlitten- und Skifahrten sind beliebt; und alljährlich findet ein Festival der Eisskulpturen statt.

Neustadt - rechtes Ufer

Mehrere Autobrücken verbinden inzwischen die Altstadt mit der Neustadt, die spektakulärste ist zweifelllos die originelle Hängebrücke im Zentrum, die man am besten zu Fuß überquert. Eine weitere Erkundung der Neustadt jedoch ist per pedes wegen der beachtlichen Entfernungen nicht angeraten; man kann den öffentlichen Nahverkehr (v.a. Buslinie 10) oder eines der zahlreichen Leihfahrräder zu Hilfe nehmen, um zu den dezentral liegenden Sehenswürdigkeiten zu gelangen.

Die neue Hauptstadt auf dem linken Ufer des Jesil wurde 1997/98 vom japanischen Stararchitekten Kisho Kurokawa entworfen, erfuhr in ihrer Realisierung allerdings zahlreiche Verschlimmbesserungen und sieht jetzt aus wie eine Spielwiese für mutwillige Architekten.

▲ Karte S. 118

Der leuchtende Weg und der Baum der Wünsche

Nicht nur neuerdings die Hauptstadt, sondern auch zahlreiche wichtige Objekte in Kasachstan tragen den Namen des Ex-Präsidenten oder erinnern wenigstens daran, indem sie ein ›Nur‹ oder ein ›Sultan‹ in der Bezeichnung haben. In der Hauptstadt sind Flughafen und die Elite-Universität direkt nach Nursultan Nazarbajew benannt, und die Hauptachse der Neustadt heißt Nurzhol - leuchtender Weg.

Die architektonischen Endpunkte dieser vier Kilometer langen Sichtachse, auf knapp drei Kilometern auch als rabatten- und springbrunnengeschmückte Fußgängerzone begehbar, durfte der britische Stararchitekt Sir Norman Foster entwerfen: Den einem Khan-Zelt nachempfundenen **Einkaufstempel Khan Schatyr** im Westen und den **Palast des Friedens und der Eintracht**, auch Pyramide genannt, im Osten. Zwischen ihnen liegen die gut abgeschottete **Aq Orda** (Präsidentenpalast, auch ›Weißes Haus‹ genannt) und der allen zugängliche und bei allen beliebte **Bajterek-Turm** (Bayterek) in der Mitte der Achse. Jener gilt als Wahrzeichen der Stadt und inzwischen sogar des Landes: Ein Stahlgerüst mit einer goldschimmernden Kugel, in die man mit einem Lift emporfahren kann. Die Konstruktion symbolisiert den Baum des Lebens mit dem Ei des Wundervogels Samruk, in dem die Träume der Menschen verborgen sind. Oben im ›Ei‹ gibt es eine Metallplatte mit dem Handabdruck des Ex-Präsidenten. Im Volk kursiert der Glaube, dass man einen Wunsch frei hat, wenn man seine Hand in die Hand des Staatsoberhauptes gelegt hat. Viele Menschen kommen extra dafür nach Astana und auf den Bajterek. Weniger abergläubische Besucher haben immerhin die Chance, einen allumfassenden Blick auf die Stadt zu werfen. Beeindruckend sind die Regierungs- und Bankgebäude rings um den Turm und in Richtung Aq Orda; besonders die beiden goldenen Türme erregen Aufsehen.

Die Achse Nurzhol ist hinter der Aq Orda vom Jesil und seiner Uferpromenade durchbrochen, zwei Brücken führen hinüber. Auf dem anderen Ufer prangt in einem schönen Park der pyramidenförmige **Palast des Friedens und der Eintracht**. Hier finden regelmäßig Treffen der Führer/Vertreter der Weltreligionen statt.

Kontraste

Der Präsidentenpalast Aq Orda

Zwischen Nationalmuseum und größter Moschee

Östlich von der Pyramide, wo früher kleine Datschensiedlungen den Einwohnern etwas Ruhe, Frischluft, Obst und Gemüse boten, wurde ein gigantisches neues Repräsentationsviertel errichtet. Es besteht aus einem raumgreifenden Denkmalkomplex für das kasachische Land und Volk (›Qazaq Eli‹) und vor allem den Präsidenten, einer riesigen Kongresshalle mit dem Namen ›Palast der Unabhängigkeit‹, dem Ufo-förmigen Sitz der Kunsthochschule ›Schabyt‹ und wird flankiert vom interessant verschachtelten Gebäudekomplex des Nationalmuseums und der größten Moschee des Landes, Hazret Sultan. Ein Besuch des **Nationalmuseums** lohnt durchaus, auch wenn die Form hier über den Inhalt triumphiert. Interessant ist vor allem der Blick auf die eigene Geschichte und die Gewichtung der Epochen. Sehenswert ist der skythische Goldschatz, der Eintritt in diese Gemächer muss extra bezahlt werden. Zu jeder vollen Stunde findet im Eingangsbereich eine patriotische Zeremonie statt (Tauelsizdik d.54/Nazhme-

Die Kuppel der Hazret-Sultan-Moschee

denow k., www.nationalmuseum.kz, Eintritt 500 Tenge, Fotoerlaubnis 200 Tenge, Di–So 10–18 Uhr).

Die Moschee **Hazret Sultan** mit ihren vier in den Himmel strebenden Minaretten ist eine gelungene Kombination von erhabener Form und Größe sowie zurückhaltender, eleganter Farbigkeit. Sie darf betreten werden (für Frauen gibt es Kapuzenmäntel) und man kann besonders im Sommer eine sehr gelassene Art der Glaubensausübung beobachten.

Infrastruktur der Zukunft

Knapp vier Kilometer ostwärts wurde 2017 der neue Hauptstadtbahnhof Nurly Zhol eröffnet. Noch ist er zu groß für die Stadt und sehr umständlich zu erreichen. Die Lösung ist schon im Bau, der Nachbar China hilft mit einer Magnetschwebebahn, die Flughafen und Bahnhof verlinken und die Sportstätten und die EXPO-City mit einbinden soll. Diese Lösung ist überfällig, schon jetzt hat Astana-Nur-Sultan ein Verkehrsproblem.

▸ Karte S. 118

■ EXPO-City und Super-Mall

Das futuristisch anmutende Viertel zwischen Flughafen und Stadt, östlich von der Nazarbajew-Universität und verbunden mit ihr durch die Shopping-Mall ›Mega-Silkway‹, wurde zur EXPO 2017 fertiggestellt und beherbergte die Länder- und Themenpavillons zum Thema ›Energie der Zukunft‹. Heute ist die zentrale ›Sphäre‹ ein Energie-Museum und die Nachnutzung der restlichen Gebäude erfolgt durch das neue Finanzzentrum, die Nazarbajew-Uni sowie ein Technologie- und Gründerzentrum. Nördlich vom EXPO-Gelände entsteht der Botanische Garten, im hiesigen Extremklima ein interessantes und teures Experiment.

■ Wolkenkratzer

Der Himmel über der Steppe ist hoch, also müssen es die Wolkenkratzer auch sein. Die ehemaligen Höhepunkte der Stadt – ›Feuerzeug‹ (Transportministerium) und Eisenbahn-Turm, die Wohnburg ›Triumpf von Astana‹ und die ›Nordlicht‹-Wohntürme – sind nicht mehr hoch genug. Alle in den Schatten stellen wird mit 382 Metern die Abu-Dhabi-Plaza, das künftig höchste Gebäude Zentralasiens, Termin der Fertigstellung noch ungewiss.

Der zentrale Expo-Pavilon

Astana

Vorwahl: +7/7172

Wechselkurs 2019: 1 Euro ca. 425 Tenge

Neuer internationaler Flughafen (Kürzel: TSE) ca. 25 km südlich der Stadt, Inlands-Terminal daneben. Weiterreise mit Flugzeug: www.airastana.com, für gute Tarife hier oder bei den anderen lokalen Linien (Scat, Bek Air usw.) über ein lokales Reisebüro buchen.

Transfer Flughafen–Stadt: Buslinie 10 für 90 Tenge oder Taxi 5–10 US-Dollar.

Täglich mehrere Züge nach Almaty (über Karaganda), Schymkent, Pawlodar, Kostanaj und Petropawlowsk, alle weiteren Städte seltener. Alter Bahnhof im alten Zentrum, neuer am östlichen Stadtrand, Tickets unbedingt ein paar Tage (von Juni bis August sogar ein paar Wochen) vorher kaufen.

Fernbus: Weiterreise in alle Städte in der Mitte und im Osten des Landes möglich. Busbahnhof auf dem Vorplatz des alten Bahnhofs.

ÖPNV: Busse, 90 Tenge, elektronisch oder beim Fahrer

Stadtrundfahrten: Hop on-hop-off Sightseeing-Touren (russisch, englisch) mit Doppelstockbus. http://redbus.kz

Taxi: Taxiruf 477447, 333333, 444000, 279696, 266060, 572525,

Preis: um 1000 Tenge in der Stadt, 3000–5000 zum Airport, viele Autos sind ›Taxis‹

Mietwagen: Europcar, am Flughafen, Tel. 779990, www.europcar.kz

Praktisch alle Hotels in Astana lassen sich über die gängigen Internetportale buchen.

Park Inn by Radisson, Sary Arka 8A; EZ/DZ ab 120/130 US-Dollar. Modern, in Flussnähe. www.parkinn.ru/hotel-astana

Zhumbaktas, Karasakal Jerimbet 65; EZ/DZ ab 27 000/36 000 Te. Neustadt, aber zentral. www.jumbaktas.kz

Grand Park Jesil, Bejbitschilik 8; EZ/DZ ab 26 000/37 000 Te. Restaurierter sowjetischer Prunkbau im alten Zentrum. www.grandparkesil.kz

Mukammal', Zhengis 53–1; EZ/DZ ab 15840/26400 Te. Familienhotel in Bahnhofsnähe, eigenes Reisebüro ›Alma Travel Astana‹ (kutalina@mail.ru).

King Hotel Astana, Walichanow 7/ Ecke Imanov; EZ/DZ ab 13 000/18 000 Te. Mit fast 500 Zimmern größtes Hotel Zentralasiens, guter Service. www.kinghotelastana.kz

Qonak, Möngelik Jel 50; EZ/DZ ab 15500/2 0000 Te. Tipptopp Qualität an der EXPO-City. www.qonaq.kz

Tourist, auch als ›Abaj‹ bekannt, Respublika 33/Abaj; EZ/DZ ab 11500/16 000 Te. Modernisiertes sowjetisches Hotel, toller Blick über die Stadt aus den oberen Etagen. www.hoteltourist.kz

Zhasamir, Kenesary 17; EZ/DZ ab 1 0000/17 000 Te. Klein und freundlich, Altstadt.

Ujutnaja, Sejfullin 52/2z; EZ/DZ 8 000/11 000 Te. Klein, unweit vom alten Zentrum, reges Nachtleben. www.hotel-uyutplace.kz

Apart Hotel Sewernoje Sijanije, im Handelszentrum ›Keruen‹, Dostyk 5, aparthotel.kz@gmail.com, skype: aparthotel.kz; ab 16 000 Te. Gute Apartments.

Apple Hostel, Sabyr Rakhymow 22 (Imanow/Walichanow); ÜN ab 2500 Te. In einem Wohnhaus.

Triumph Astana Hostel, Kabenbaj Batyr 11, Block 6, 18. Etage, Wohnung 386; ÜN ab 1620 Te. Superlage und -ausblick. www.astana-hostel.kz

Überblick: www.astana.restoran.kz

▸ **Zentralasiatisch**

Farchi, Bokejchan 3, Tel. 321899. Neben dem Kinder- und Jugendpalast am Jesil, sehr gute kasachische Küche, hochpreisig.

Sätti, Kabanbaj Batyr 32, Tel. 242848. Exzellente kasachische Küche, relativ teuer.
Kischlak, Kabanbaj Batyr 19–1/am ›Runden Platz‹. Usbekisch.
Aladin, Auezow 40, zwischen Druzhba und Moskovskaja (Möskeu). Kasachisch, orientalisch, europäisch, preiswerter Businesslunch, immer voll.
Dastarchan, Auezow 33, zwischen Bogenbaj und Dukenuly. Preiswert, immer voll und quirlig.
Kish-Mish, Bejbitschilik 79. Bezahlbare usbekische Küche.
Demalys, im Stadtpark am Jesil. Guter Schaschlyk.

▸ **Russische Küche**

Derevnja Egorkino, Auezow 23, im gleichnamigen Hotel, neorustikaler Stil.
Traktir Samowar, Kenesary 24. Altrussisches Ambiente.
Epocha, Walichanow 9. Im sowjetischen Retro-Stil, russisch & international .
Astana Nury, Mkr. Samal, Respublika 3/2. Aserbaidschanische Küche, Terrasse mit Flussblick unweit der neuen futuristischen Fußgänger-Hängebrücke. www.a-n.kz

Café Rafe, Kunajew 14, Nursaja 1, zwischen Bajterek und Präsidentenpalast, Eingang vom Nurzhol. Oase für Fußmüde nach Ablaufen des Regierungsviertels. Mehrere Filialen im Stadtzentrum; tgl. 10–24. Im selben Gebäudekomplex gibt es noch weitere Cafés und Restaurants.

Klawa dawaj!, Bejbitschilik 56-2, Populäre Bierbar.
ZAZA, Imanow 20, tgl. 23–5 Uhr. Stylish, gute Cocktails.
Kazbar, Mirzojan 18, Mi/Fr/Sa 22–4 Uhr, Männer ab 23, Frauen ab 21 Jahre.
Astana Rock Club, Orlykol' 6. Livekonzerte, Disco.
www.astanarockclub.wixsite.com/club
Insomnia, Dostyk 3, tgl. 22–4 Uhr. Größter Nachtclub der Stadt: Disco, Elektro, Retro, Pop, R&B.

▸ Karte S. 118

V dali ot, Möskeu 33/Zhengis d., tgl. 22–6 Uhr.

Astana Opera, Kunajew 1/Turan k.; Tickets ab 500 Te. Das ultimative Opernhaus in Kasachstan, im neoklassizistischen Prunkstil! www.astanaopera.kz
Staatliche Philharmonie Astana, Kenesary 32. Klassische und moderne Musik, Festivals. www.philarmonic-astana.kz
Zentraler Konzertsaal Kasachstans, Orynbor 10/1, Tel. 705256. Im futuristischen Bauwerk gibt es Konzerte und Ballett.
Palast des Friedens und der Eintracht (Pyramide), Tauelsizdik 57. Ausstellungen und Konzerte. www.astana-piramida.kz
Kasachisches Musik- und Dramentheater Kalibek Kuanyschbajew, Omarow 47b. Kasachische Klassik.
www.kaztheatre.kz
Russisches Dramentheater Maxim Gorki, Zheltoksan 11/Bigeldinow 72.
www.rtd.kz
Zirkus, Korgal'zhynskoje Chaussee 2/1, Tel. 244059. Gebäude im UFO-Look, moderne Shows.

Supermarkt Astana, ehemaliger Handelshof des Kaufmannes Kubrin an der Kenesary/Auezow.
Talisman, Respublika/Syganak 18/2; tgl. 10–20. Schmuck und Souvenirs.
www.talismans.kz

▸ **Shopping Malls mit Restaurants und Entertainment**

Mega Silkway, am EXPO-Gelände. Größtes Gestirn im Mega-Himmel Kasachstans.
Mega Center, Korgal'zhynskoje Chaussee 1.
Khan Schatyr, Turan 37. International bekanntes futuristisches Riesenzelt aus Glas am westlichen Ende des Boulevards Nurzhol, erbaut von Norman Foster.
Sine Tempore, am Platz der Republik/Kenesary.
Ramstore-Astana, Respublika 1 (Hochhaus an der Hängebrücke).

Ausflüge von Astana-Nur-Sultan

Seenplatte Tengiz-Korgalzhyn

Ein Aufenthalt in Astana lässt sich gut mit einem Ausflug zur Seenplatte von Tengiz-Korgalzhyn verbinden. 150 rumpelige Pistenkilometer südwestlich von der Hauptstadt liegt der Zapowednik, der mit dem Zapowednik Naurzum zusammen das **UNESCO-Weltnaturerbe Saryarka** bildet. Hier blühen im Mai die kleinen bunten Schrenk-Wildtulpen und es gibt Steppenmurmeltiere und Zehntausende Vögel zu beobachten. Auf dem riesigen, leicht salzigen Tengiz-See befindet sich die weltweit nördlichste Kolonie von Rosaflamingos. Ein imposantes Erlebnis ist der Herbstvogelzug Ende August – Anfang September. Hin und wieder lassen sich sogar die seltenen Saiga-Antilopen hier blicken. Im **Hauptort Korgalzhyn** gibt ein Besucherzentrum Einblick in die Tier- und Pflanzenwelt des Gebietes, freundliche Privatpensionen gewähren Übernachtung und gute Beköstigung.

i Tengiz-Korgalzhyn

Von guten und engagierten Fachleuten begleitete Touren in die Schutzgebiete Zentralkasachstans organisiert die **Naturschutzorganisation ACBK**: www.acbk.kz

Gästehaus Timur & Kenzhe: Korgalzhyn, Gorki 9, timur_iskak@mail.ru, ÜN/VP 10 000 Te.

Gästehaus Marat und Bibinur: Korgalzhyn, Abaj 10- 2, nursultan32@mail.ru, ÜN/VP 10 000 Te.

Geländegängiger Bus: Gennadi Ostapenko, ostapenko.g@mail.ru

Nationalpark Burabaj

Für eine weitere Kurzreise bietet sich die sogenannte Kasachische Schweiz an, der Nationalpark Burabaj (russ. Borowoje), eine ehemals wunderschöne Oase aus felsigen Bergen, Wäldern und glasklaren Seen mitten in der flachen Steppe nördlich von Astana, seit dem Umzug der Hauptstadt nach Astana allerdings systematisch erschlossen, sprich: zerstört und übernutzt. Es gibt Hunderte Hotels und Pensionen, einige haben sogar in der kalten Jahreszeit geöffnet. Von Juni bis August ist ein Aufenthalt nur Liebhabern von Massentourismus empfohlen. Die 230 Kilometer von Astana hierher hat man auf einer mautpflichtigen Autobahn in zwei Stunden bewältigt.

i Nationalpark Burabaj (Borowoje)

Vorwahl: +7/71630

Für Russischkenner: www.borovoe.kz

Täglich mehrere Vorortzüge von Astana nach Kökschetau, 4 h Fahrzeit, aussteigen in Schtschutschinsk-Borowoje

Täglich mehrere Busse vom Busbahnhof Astana bzw. Kökschetau

Resort Hotel Ajnaköl, Tel. 73243; DZ ab 40000 Te. www.aynakol.kz

Okzhetpes, Tel. 75125; EZ/DZ mit VP und Heilprogramm ab 23000/35000 Te. www. okzhetpes-esk.kz

Konfor Hotel, Kenesary k. 27a; DZ ab 20 000 Te. www.konforhotel.kz

Drei Hotels der Bereke-Gruppe (Alem, Bereke, Nursat); DZ ab 8000–12 000 Te. www.bereke-burabai.com

▸ In Schtschutschinsk:

RIXOS; EZ/DZ ab ca. 150 Euro. http://borovoe-ru.rixos.com

Park Hotel Kokshetau; Cottage ab 20000; DZ ab 25000 Te. www.4star.kz

Ar-Aj; DZ ab 15000 Te. www.hotel-arai.kz

Ausgrabungen von Botai

Leider ist eine wichtige Sehenswürdigkeit in relativer Nähe zur Hauptstadt noch nicht zugänglich gemacht worden: Die Ausgrabungen von Botai, die belegen, dass hier in Nordkasachstan vor 5500 Jahren womöglich erstmalig in der

Kasachstan

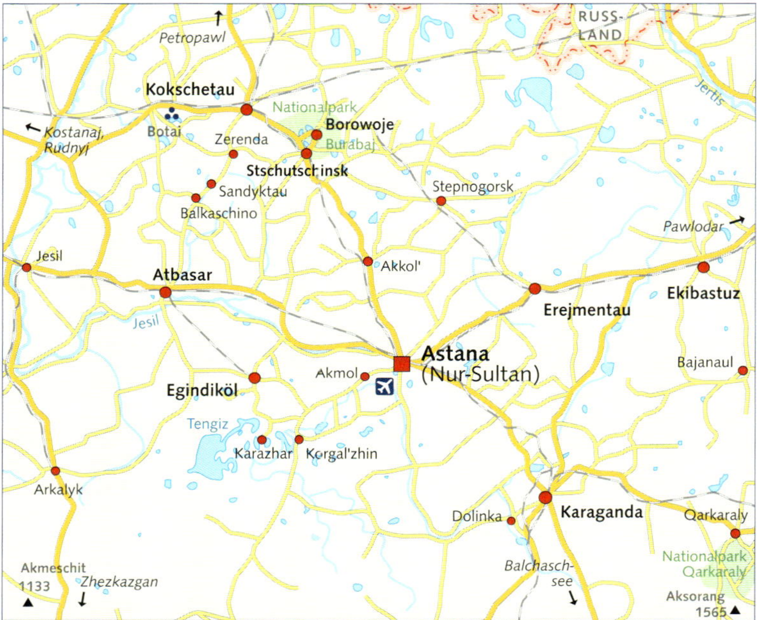

Die Umgebung von Astana – Nur-Sultan 0 60 120 km

Menschheitsgeschichte Pferde systematisch domestiziert wurden. Die bronzezeitliche Botai-Kultur wird seit Jahren von Archäologen, Genetikern und Historikern erforscht; für die frühe Menschheitsgeschichte hat sie eine Schlüsselbedeutung. Der Fundort, benannt nach dem Weiler Botai, befindet sich am rechten Ufer des Flusses Iman-Burluk, ca. 80 Kilometer südwestlich von **Kokschetau**.

Im Nationalpark Burabaj

Poligon Kasachstan

Der Begriff ›Poligon‹ ist in Kasachstan allgegenwärtig – so sehr, dass viele schon gar nicht mehr wissen, welche Tragödien sich dahinter verbergen. Als Poligon wird im Russischen ein militärisches Testgelände oder Truppenübungsplatz bezeichnet. In Kasachstan wurden zu sowjetischen Zeiten vor allem Atomwaffen aller Reichweiten und Stärken getestet, überirdisch und unterirdisch. Bekannt ist das Atomwaffentestgelände Semipalatinsk, wo von 1949 bis 1989 sage und schreibe 470 Bomben gezündet wurden, bis eine bis dahin nie dagewesene Massenbewegung sich dagegen erhob und ein Stopp veranlasst wurde. Aber es gab auch noch andere Poligone, wo man Raketen abschoss, und solche, wo diese Raketen ankamen, aufschlugen, explodierten und Strahlung freisetzten. Warum man ausgerechnet Kasachstan ausgewählt hatte, liegt auf der Hand: Das Land ist groß und extrem dünn besiedelt. Deswegen wurde auch der Raketenstartplatz Baikonur hier angelegt – die Stufen, die beim Start der Raketen abfallen, können relativ gefahrlos in einem fast menschenlosen Steppengebiet niedergehen. Ob es dabei ein paar Saiga-Antilopen mehr oder weniger erschlägt, hat für die Betreiber von Roskosmos keine Bedeutung, und auch der giftige Heptil-Niederschlag betrifft ja nicht die eigene Bevölkerung.

Schließlich gab es auch noch Projekte, die zum Wohle des Volkes gedacht waren, sich jedoch langfristig als schädlich bzw. verheerend erwiesen. Dazu gehören der gigantomanische Baumwollanbau in Turkmenistan und Usbekistan, der dazu führte, dass kaum noch Wasser im Aralsee ankam und jener bis auf einen kleinen Zipfel austrocknete – eine Umweltkatastrophe sondergleichen, welche die Anrainer Kasachstan und Usbekistan besonders trifft. Auch die Erschließung des sogenannten Neulands für die Erhöhung der sowjetischen Getreideproduktion muss leider in die Kategorie der schädlichen Großexperimente eingeordnet werden. Von den insgesamt 418000 Quadratkilometern vordem unberührter Steppe, die von 1954 bis 1960 für landwirtschaftliche Zwecke urbar gemacht wurden, lag ungefähr ein Viertel im Norden des heutigen Kasachstan. Besonders hier, in einer regelmäßig von Stürmen heimgesuchten Gegend, wurde die umgepflügte Krume in den 1960ern von gewaltigen Staubstürmen davongetragen, die Erträge sanken um 65 Prozent.

Der altgediente sowjetische Staatsmann V.M. Molotow, bei weitem kein ›Waisenknabe‹, schrieb 1977 in seinen Memoiren: ›Das Neuland wurde zu früh erschlossen, es war unzweifelhaft eine Dummheit, ein Abenteuer. Ich selbst war zu Beginn ein Anhänger einer begrenzten Neulanderschließung, aber doch nicht in diesen gewaltigen Maßstäben, die uns zwangen, immense Ausgaben zu tragen, statt auf Vordermann zu bringen, was in den bewohnten Territorien schon fertig vorlag. (...) Ich hatte vorgeschlagen, diese Gelder in unser Nichtschwarzerdegebiet zu investieren, das Neuland hingegen allmählich zu erschließen. Die Gelder jedoch wurden verschleudert (...), es gab keine Lagermöglichkeiten für das Getreide, es verfaulte, und Straßen, um es wegzubringen, hatten wir auch nicht. Aber Chrustschow hatte seine fixe Idee und ging durch wie ein Gaul ohne Zügel.‹

Noch immer wirtschaftet man in Kasachstan auf Neuland, besonders in der Region Kostanaj. Riesige Felder, kolossale Technik, gewaltige Silotürme. Hiesiger Hartweizen ist beliebt und billig. Doch Millionen Hektar sind verloren, für Dutzende, wenn nicht Hunderte von Jahren, denn die dünne Humusschicht ist verweht.

Saryarka – die große Steppe

Die Steppe, ein riesiges Grasland, im Süden in Halbwüste und Wüste, im Norden in Waldsteppe und Taiga übergehend, prägt Kasachstan wie keine zweite Landschaftsform.

Je nach Bodenbeschaffenheit, Niederschlagsmenge, Grundwasserspiegel und Temperaturen ist die Steppe an manchen Orten von Federgras dominiert und an anderen von Wermut und anderen Stauden. Das winterkalte Klima mit seinen Stürmen erschwert das Überleben von Bäumen und Sträuchern. Nur wenige große Tierarten konnten sich an diese rauen Bedingungen anpassen – und auch diese sind heute durch den Menschen bereits ausgerottet wie das Wildpferd bzw. stark gefährdet, wie Saiga-Antilope und Kulan. Selbst Wölfe haben es nicht leicht zu überleben, sie werden gnadenlos verfolgt.

Steppe ist durchaus nicht nur flach und eintönig. Sie kann mit Flüssen, Seen und Schilfmeeren gesprenkelt sein, wellig, hier und da gar gebirgig. Die Nationalparks Burabaj, Qarqaraly und Bajanaul sind regelrechte bewaldete Felseninseln in der Steppe. Die Kasachen haben zahlreiche poetische Namen für die Steppe, von denen Saryarka, ›gelber Rücken‹, wohl der zutreffendste ist. Gelb dominiert, allerdings erst ab Mitte Juni. Weiß ist die Steppe von November bis März, wo der Schnee geht, kann man mit Frühlingsbeginn mancherorten Tausende weißer Krokusse entdecken. Ab April allerdings und vor allem im Mai verwandelt sich die Steppe in ein grünbuntes Blütenmeer. Frischer Wermut und unzählige Frühblüher wie kleine Tulpen, Irispflanzen und Schachblumen lassen für kurze Zeit vergessen, in welch rauem Landstrich man sich befindet, etwas später färbt der Mohn große Flächen rot, dann wogen die weißen Grannen des Federgrases wie ein Meer. Wer das erleben möchte, sollte im Mai kommen und sich einer Tour in die schier unendliche Weite der Steppe anschließen. Botanische Touren und Expeditionen zum

Saigaantilopenbaby vor dem Messen und Wiegen

▲ Karte S. 314

Geburtsort der Saiga-Kälber haben nur wenige Veranstalter im Angebot, der Komfort ist eingeschränkt, aber es lohnt sich. Auch die Lebensweise der Kasachen ist in den Weiten der Steppe noch am ursprünglichsten. Touren in die Steppendörfer können von einzelnen Firmen organisiert werden.

Karaganda und Umgebung

Die Stadt mit dem Klang nach Kohlegruben und GULag ist viel besser als ihr Ruf und eignet sich perfekt als Ausgangspunkt für Reisen in die Steppendörfer, in den Nationalpark Qarqaraly und in die jüngere Geschichte Kasachstans. Aber auch Karaganda (kasachisch: Qaraghandy) selbst sollte einen Blick wert sein, als sowjetische Musterstadt, die in den 1930ern vor allem von Sträflingen aus dem Steppenboden gestampft und später großzügig ausgebaut wurde. Von den 1950ern bis in die spätsowjetische Zeit war Karaganda die Stadt, wo man den Puls des Landes am lautesten schlagen hörte. Kohleförderung, Stahlproduktion im benachbarten Temirtau, Getreideanbau im Umland - hier herrschte Wohlstand und Betriebsamkeit. Heute verwaltet der indische Konzern Arcelor Mittal mit harter Hand die nicht unbeträchtlichen Reste der Schwerindustrie von Karaganda-Temirtau. Über die Folgen der Kohleförderung und andere Umweltprobleme in Kasachstan kann man sich in Kasachstans einzigem **Öko-Museum** informieren (Ecomuseum, Buchar Zhyrau d. 47; Mo–Fr 9–18 Uhr).

Ein Spaziergang über die **Boulevards Buchar Zhyrau und Mira** im Zentrum kann komplettiert werden mit einer Exkursion nach **Dolinka**, wo im ehemaligen Hauptgebäude des KarLag, größter sowjetischer GULag südlich von Sibirien, mit Hilfe des British Council ein erschütternd gutes Museum geschaffen wurde. Stalins

Dreiradprinzessin in Schabanbaj Bi

Politik gegen Groß- und Mittelbauern, Intellektuelle unter Generalverdacht, Andersdenkende, missliebige Völker wird hier mit einer klugen Ausstellungskonzeption dargestellt. Im Gefangenenlager westlich von Karaganda mussten insgesamt über eine Million Häftlinge Zwangsarbeit leisten, viele haben es nicht überlebt (**Museum für die Opfer politischer Repressionen**, Dolinka, Schkolnaja k. 39, Tel./Fax +7/72156/58222; Mo–Sa 9–18 Uhr, museumdolinka@mail.ru).

■ Schabanbaj Bi

Schabanbaj Bi ist ein kleines Steppendorf ca. 200 Kilometer von Karaganda entfernt, am Fuße des höchsten Berges der Saryarka, dem felsigen Aksorang (1565 m). Hier hat der Veranstalter Nomadic Travel (→ S. 447) ein Tourismusprojekt aufgebaut, das aus mehreren freundlichen Privatpensionen mit Familienanschluss sowie ausgeschilderten Wanderrouten und anderen Sehenswürdigkeiten besteht - eine Seltenheit für Kasachstan. Unbedingt zu empfehlen für Reisende, die einen Einblick in die Alltagskultur des heutigen Kasachstan erhalten möchten.

Nationalpark Qarqaraly und Bajanaul

Knapp 200 Kilometer östlich von Karaganda wartet der kleine Nationalpark Qarqaraly in unmittelbarer Nachbarschaft des gleichnamigen Städtchens (russ.: Karkaralinsk) mitten in der Steppe mit dicht bewaldeten felsigen Berge und ein paar schönen Seen auf. Aus Karaganda kommt man gern zum Kurzurlaub hierher, es gibt Hotels und Pensionen. In den nahen Kent-Bergen gibt es mit den **Ruinen des buddhistischen Klosters Qyzylkent** aus dem 17./18. Jahrhundert und der größten **bronzezeitliche Ausgrabungsstelle** Zentralkasachstans zwei interessante historische Orte. Eine weitere markante Oase in der Steppe ist der **Nationalpark Bajanaul**, ein entlegenes Massiv von bizarren Felsen, Kiefernwald und ein paar Seen zwischen Qarqaraly und Ekibastuz. Einwohner von Pawlodar und Ekibastuz nutzen das kleine Areal als ›Nah‹erholungsgebiet, und mehr als 100 000 Erholungssuchende pro Saison bringen auch hier das Ökosystem an die Grenzen seiner Überlebensfähigkeit.

Karaganda und Umgebung

Vorwahl: +7/7272

Flughafen Sary-Arka (KGF), Tel. 428509. www.kgf.aero

Täglich ein Flug aus/nach Almaty. Verbindungen nach Ust-Kamenogorsk, Qyzylorda, Zhezqazghan

Täglich mehrere Züge von/nach Almaty, Taraz, Schymkent, Kostanaj, Astana, Kökschetau

Bahnhof im Zentrum. Die historischen Reliefs im Wartesaal idealisieren die Zwangsarbeit der 1930er Jahre.

Weiterreise in fast alle Städte des Landes möglich. Mikrobusse nach Astana fahren nur 3 Stunden. Busbahnhof auf dem Bahnhofsvorplatz

ÖPNV: Die Stadt hat ein gutes Busnetz.

Kosmonavt, Kriwoguza 162a; EZ/DZ ab 25 000/29 000 Te. Solide renoviert, freundlich, ruhig, gutes Restaurant. www.hotelcosmonaut.kz

Zere, Zhambyl 4, Tel. 425858; EZ/DZ 17 000/2 0000 Te. Neu, gut. www. hotel-zere.kz

Ar Nuvo, Mira 4a; EZ/DZ ab 22 000/24 000 Te. www.arnuvo.kz

Dostar Alem, Stroitjeljej 28; EZ/DZ ab 16 000/24 000 Te. Mittelklasse, gutes Restaurant mit arabischer und pakistanischer Küche. www.dostar-alem.kz

Tschajka, Mitschurin 11/Krylow; EZ/DZ ab 9500/12 500 Te. Hotel mit historischen Wert – viele der sowjetischen Kosmonauten übernachteten hier nach ihrer Rückkehr aus dem All (die Landungen fanden fast immer in der Steppe um Karaganda statt). Inzwischen rekonstruiert. www.chaikahotel.kz

Edem, Jermekow 29/4, edem_karaganda@mail.ru; EZ/DZ ab 7700/9 900 Te. Unweit des Bahnhofs, Restaurant.

Nationalpark Qarqaraly

Gästehaus Zulfija (spricht deutsch): +7/701/1287006, tourism_karkar@mail.ru.

Bajanaul

Marina Karimowa. Guter Guide. marinakarimova@mail.ru.

Bungalowsiedlung Elkonyz, elkonyz- kz@mail.ru; Dreierzimmer ab 4 000 Te pro Person, Bungalow ab 8 000 Te pro Person. www.bayanaul.kz

Privatpension Zura Zhussipbajewa, +7/71840/90440 oder 90577. Fröhliche Familie, russisch und Pantomime.

Karte S. 126

Im Nationalpark Bajanaul

Semey und Umgebung

Eine schöne Steppenregion ist die Gegend um Semey (russ.: Semipalatinsk), durchflossen vom hier schon recht breiten Irtysch, an dessen linkem Ufer die Kasachen früher ihre fruchtbarsten Weidegebiete hatten. Flachwellig steigt das Terrain langsam an bis zu den Karaul-Bergen. Hier lebten und wirkten Kasachstans Nationaldichter Abaj und der Philosoph Schaqarim, hier wurde Muchtar Auezow geboren, der erste bedeutende Dramatiker Kasachstans. Ein schöner Gedenkkomplex in Abajs Geburtsort Zhidebaj, bestehend aus Museum und Doppelmausoleum, erinnert an Abaj und Schaqarim. Ein aussagekräftiges Museum in Auezows Geburtsort Börli dokumentiert die ersten Jahre des Wirkens des Dramatikers und die Uraufführung des ersten kasachischen Theaterstücks Enlik und Kebek, der Tragödie einer verbotenen Liebe.

In Semipalatinsk, russisches Fort seit 1760, später dann bedeutende Handelsstadt an einer Furt durch den Irtysch, verbrachten im 19. Jahrhundert russische Intellektuelle ihre Verbannung, kamen hier in Kontakt mit Abaj und beeinflussten sein Schaffen. Noch heute kann man in der Stadt Spuren der vergangenen Jahrhunderte entdecken, wenn man in den Vierteln in Flussnähe spazieren geht. Das **Jamyschewskiy-Tor** in der Abaj-Straße, direkt an der Bahnstrecke, stammt gar aus dem Gründungsjahr der Stadt, 1776. Zwei schöne alte Gotteshäuser, die **tatarische Moschee** aus dem 19. Jahrhundert an der Ecke Abaj/Posmakow und die **russische-orthodoxe Auferstehungskathedrale** im Westen der Abaj-Straße sind auch sehenswert.

Das **Kerntestgelände** mit dem Namen Semipalatinsk, 100 Kilometer westlich, machte den guten Ruf der Stadt zunichte, ab sofort stand sie für Tod und Verderben und hat auch heute noch mit diesem Negativ-Image und einer erhöhten Rate bei Krebs und anderen Erkrankungen zu kämpfen, obwohl die letzte (unterirdische) Bombe hier 1989 gezündet wurde. Das ergreifende Denkmal ›Stärker als der Tod‹ auf der Polkownitschiy-Insel in Semey soll an die Kernwaffentests und die zahlreichen Opfer erinnern. Ein Besuch des **Kernwaffentestgeländes mit Museum Kurtschatow** ist möglich mit Nomadic Travel (→ S. 448).

Wer nach Semey verschlagen wird, sollte ein paar der außergewöhnlich zahlreichen hiesigen Museen nicht auslassen. Das **Dostojewski-Gedenkmuseum** in der Dostojewski 118, im Wohnhaus des großen russischen Schriftstellers, gibt

Kunde über dessen fünf Jahre Verbannung in der Stadt, das **Abaj-Museum** in der Internatsionalnaja 129 erzählt von Herkunft und Werdegang des großen kasachischen Dichters und Aufklärers, und das **Museum der Familie Newzorow** in der Puschkin 108 zeigt in 23 Sälen zahlreiche respektable Gemälde aus acht Jahrhunderten, welche die Familie der Stadt geschenkt hat (Di–Sa 10–18Uhr).

Semey

Vorwahl: +7/7272

Flughafen (PLX) 18 km südöstlich der Stadt, Tel. 360222. Mehrmals wöchentlich ein Flug aus/nach Almaty und Astana

Täglich mehrere Züge von/nach Almaty, Astana, Ust-Kamenogorsk
Bahnhof an der Schaqarim/Tschechow, Tel. 381232.

Fernbusse: nach Astana, Almaty, Pawlodar, Ust-Kamenogorsk u.a. Busbahnhof am Zentralen Markt, Walichanow 167.
ÖPNV: Die Stadt hat ein Busnetz.

Nomad, Ibrajew 149; EZ/DZ ab 15 000/21 000 Te. Zentral, modern.
www.hotelnomad.kz
Binar, Lenin 6/Tschajzhunusow, binarkz@yandex.ru; EZ/DZ ab 5 900/8 600 Te. Zentral, in einem alten russischen Kaufmannshaus, renoviert.
Semey, Kabanbaj Batyr 26, hotelsemey.adm@mail.ru; EZ/DZ ab 4500/7500 Te. Saniertes sowjetisches Hotel, akzeptabel.

Jolki-Palki, Ibrajew 147. Nette Kneipe mit russischer und europäischer Küche.
Dostar, Ecke Baurzhan Momysch-Uly/Walichanow. Kasachische und russische Küche, Sommergarten.
Kofeman, Internatsionalnaja 43. Fast wie zu Hause.

Oblast-Theater, International'naja. Kasachisches Musikalisches Dramentheater und Russisches Theater für Drama teilen sich ein gemeinsames Theatergebäude an der Stirnseite des Abaj-Platzes.
www.teatr.semstar.com

Ulytau

Eine markante Landschaft und außerordentlich interessante historische Objekte hat das zentrale und gleichzeitig entlegenste Gebiet Kasachstans vorzuweisen. Die **Ulytau-Berge** unweit von **Zhezqazghan**, der Kupfermetropole des Landes, sind zwar mit einer Höhe von 1133 Metern nicht besonders hoch und mit einer Ausdehnung von 350 mal 210 Kilometern auch nicht sehr groß, aber schon die Toponymik belehrt eines Besseren. Ulytau bedeutet ›die großen Berge‹, und der höchste Gipfel heißt Aulije, ›der Heilige‹. Für die Kasachen gilt Ulytau als die Seele des Landes, sie erzählen, hier habe man seit Urzeiten die kasachischen Khane gekrönt. Vor 3500 Jahren erlebte die Bronzezeit hier ihre Blüte. Durch den Reichtum an gut zugänglichem und leicht zu verarbeitendem Kupfer war das Gebiet bereits ab ca. 1500 vor unserer Zeit ein Zentrum der Entwicklung der Steppenzivilisation, denn hier wurden aus den Kupferlegierungen die Waffen der damals unbesiegbaren Steppenkrieger hergestellt. Archäologen haben zahlreiche bronzezeitliche Förderstätten und Lagerplätze gefunden. Im **Bergbau- und Metallurgie-Museum** von Zhezdi bekommt man einen guten Überblick über die Geschichte der Erzgewinnung und Bronzeherstellung. Der sogenannte **Kupferweg**, ein Bestandteil des Geflechts

▸ siehe Faltkarte

Frühling in der Steppe

der uralten Handelsstraßen, nahm seinen Anfang hier, am Ursprung des Kupfers. Eine Vielzahl von ›Galerien‹ mit **Felsgravuren** unterstreicht die historische Bedeutung der Gegend. Die **Petroglyphen von Terekty-Aulije** *48.211693, 68.613503*, **Zangyrtas** und **Tamdy** zählen zu den ältesten in Kasachstan und unterscheiden sich von den meisten anderen dadurch, dass sie flächig in den Stein gemeißelt sind und nicht linear.

Bedeutende Persönlichkeiten sind am Fuße des Ulytau beerdigt, auch das unterstreicht den Status des Ortes. Ein schönes **Mausoleum** mit türkisfarbener Kuppel ist dem ältesten Sohn Dschingis Khans, **Dzhutschi** (Zhoshy) gewidmet, dem Statthalter des eroberten riesigen Steppenimperiums. Er starb hier nach einem inszenierten Jagdunfall.

In der Steppe östlich des Gebirges liegt auch das **Mausoleum für Alascha Khan**, den legendären Urvater der Kasachen (*48.367487, 67.843059*). Im 15. Jahrhundert trafen sich am Ulytau die Führer der drei kasachischen Stammesverbände und der zahlreichen untergeordneten Sippen zu einem großen Kurultai und besiegelten ihr Zusammengehen für alle Ewigkeit. Die eingeritzten Wappenzeichen (tanba) der versammelten Sippen auf dem Gedenkstein Tanbalytas dokumentieren das.

Ein Guidebook über Ulytau kann hier heruntergeladen werden: www.guide.kz/files/UlytauGB_AvalonTravelGuides_EN.pdf.

Zwischen Yrgyz-Torgai-Senke und Naurzum

Östlich vom Ulytau senkt sich die Steppe allmählich ab. Das fast unbesiedelte Flachland zwischen den Flüssen Yrgyz und Torgai und dem Zapowednik Naurzum am Rand der Waldsteppe wurde vor wenigen Jahren als staatliches Reservat unter Schutz gestellt. In dessen Kerngebiet, **Altyn Dala** genannt, haben die selten gewordenen **Saiga-Antilopen** ihre Kinderstube. Einstmals zu Millionen durch die Steppe migrierend, schwankt ihre Zahl heute zwischen einigen Zehn- und Hunderttausend. Systematische Wilderei und offenbar durch den Klimawandel begünstigte Epidemien dezimieren die großen Herden immer wieder. Kleine Gruppen von Naturfreunden können im Frühjahr/Frühsommer mit der Naturschutzorganisation ACBK ins Schutzgebiet fahren und die Saigas beobachten: www.acbk.kz.

Auch das ist Steppe: Gebirge Bektau Ata

Heimliche Hauptstadt Almaty

Almaty, gegründet 1867 als russisches Fort Wernyj, 1921 bis 1993 Alma-Ata, seit 1936 die Hauptstadt des sowjetischen und dann des unabhängigen Kasachstan, ist seine Hauptstadtfunktion seit 1997 los. Die alteingesessenen Einwohner fühlen sich nach wie vor als Hauptstädter und kommentieren den Hauptstadtumzug nach Astana-Nur-Sultan mit einer gewissen Häme, vor allem, wenn die Rede auf die kalten Winter kommt. Dabei hat Almaty auch ohne Metropolenaufgaben genug Probleme. Die nach Taschkent zweitgrößte Stadt Zentralasiens erstickt in Stau und Smog. Von Oktober bis April kommen zu den eine Million Autos der zwei Millionen Einwohner und der zahlreichen Pendler auch noch zwei Kohle-Heizkraftwerke und unzählige Privathäuser mit ihren Heizungen hinzu – die Emissionswerte liegen bisweilen um das Zehnfache über der Norm. Wer immer es kann, versucht nach oben zu ziehen, die Stadt wächst bedenklich die Berghänge hinauf, trotz der Warnungen der Seismologen. Der Tien Shan, an dessen Nordrand die Almaty liegt, gilt als eines der erdbebengefährdetsten Gebiete der Welt. Die Berge sind das Schicksal der Stadt, im Guten wie im Schlechten. Sie bremsen den Abzug der belasteten Luft, sie drohen mit Beben, Erdrutschen und Schlammlawinen, zumal ihre forcierte Erschließung nicht Halt macht vor kritischen Hängen. Aber die Berge, fast 5000 Meter in den Himmel ragend, sind auch die sensationelle Kulisse der Stadt, die Heimat des namensgebenden Wildapfels *Malus sieversii* (das kasachische Wort Almaty bedeutet ›Apfelort‹) und das beliebteste Ausflugsgebiet ihrer smoggeplagten Einwohner, und so zieht sich am Wochenende eine Blechlawine die beiden Haupttäler über Almaty nach oben. Der Nationalpark Ile-Alatau, der die Stadt im Süden begrenzt, wird überrannt von Erholungssuchenden. Wenn es nach dem Willen der Stadtregierung geht, muss schon bald das letzte unbebaute Tal Kok Zhailjau, bis jetzt ein Wandergebiet ohne Asphaltstraße, einem Erholungsort mit Skigebiet weichen. Es gibt erheblichen Protest dagegen – auch das ist Almaty: Kasachstans Stadt mit der stärksten Zivilgesellschaft.

Blick über das Opernhaus und die Berge

▲ Karte S. 135

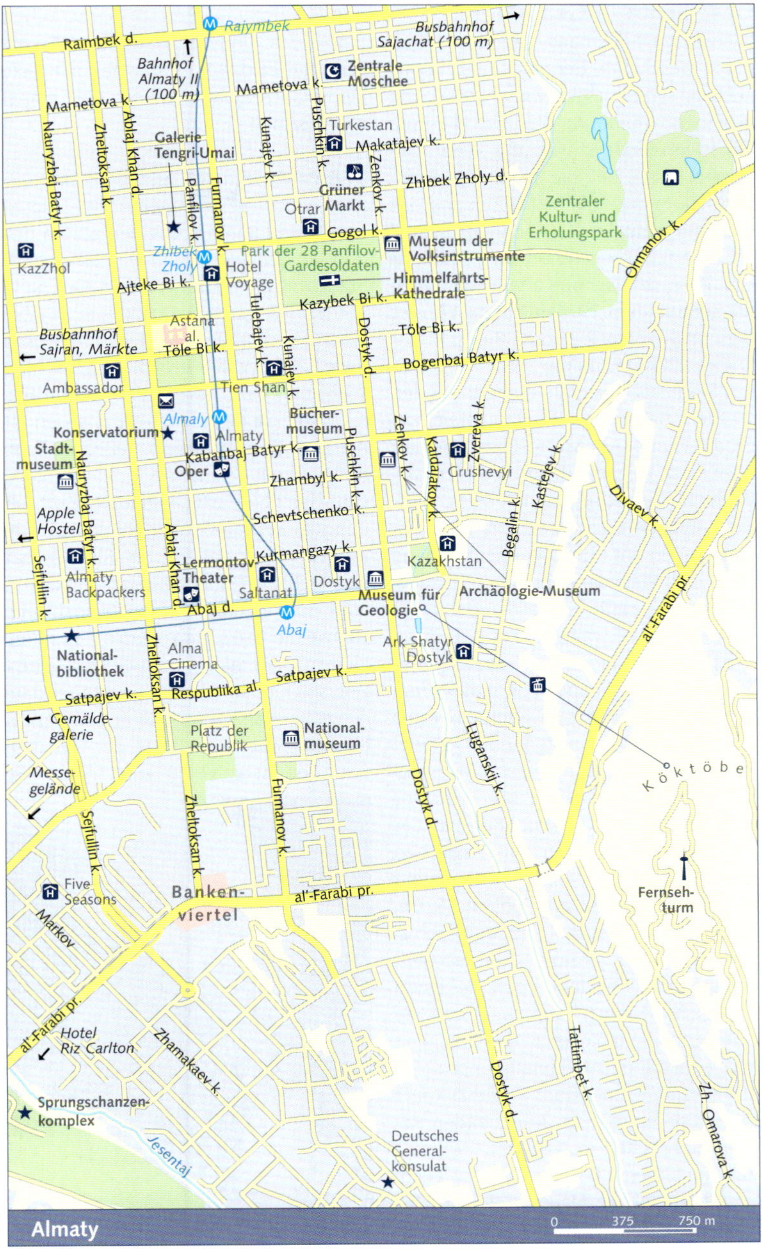
Rajymbek
Raimbek d.
Busbahnhof Sajachat (100 m)
Bahnhof Almaty II (100 m)
Zentrale Moschee
Mametova k.
Mametova k.
Nauryzbaj Batyr k.
Zheltoksan k.
Ablaj Khan d.
Galerie Tengri-Umai
Panfilov k.
Furmanov k.
Kunajev k.
Puschkin k.
Turkestan
Makatajev k.
Zenkov k.
Zhibek Zholy d.
Grüner Markt
Otrar
Gogol k.
Museum der Volksinstrumente
Zentraler Kultur- und Erholungspark
Ormanov k.
KazZhol
Zhibek Zholy
Hotel Voyage
Park der 28 Panfilov-Gardesoldaten
Himmelfahrts-Kathedrale
Ajteke Bi k.
Kazybek Bi k.
Tulebajev k.
Astana al.
Busbahnhof Sajran, Märkte
Töle Bi k.
Töle Bi k.
Dostyk d.
Bogenbaj Batyr k.
Ambassador
Tien Shan
Kunajev k.
Almaly
Bücher-museum
Konservatorium
Almaty
Stadt-museum
Kabanbaj Batyr k.
Oper
Zenkov k.
Kaldajakov k.
Zvereva k.
Grushevyi
Kastejev k.
Zhambyl k.
Puschkin k.
Nauryzbaj Batyr k.
Apple Hostel
Schevtschenko k.
Begalin k.
Divaev k.
Ablaj Khan d.
Lermontov-Theater
Kurmangazy k.
Kazakhstan
Sejfullin k.
Almaty Backpackers
Saltanat
Dostyk
Archäologie-Museum
Museum für Geologie
al'-Farabi pr.
Abaj d.
Abaj
National-bibliothek
Zheltoksan k.
Alma Cinema
Ark Shatyr Dostyk
Satpajev k.
Respublika al.
Satpajev k.
Gemälde-galerie
Platz der Republik
National-museum
Luganskij k.
Messe-gelände
Dostyk d.
Kök töbe
Furmanov k.
Zheltoksan k.
Sejfullin k.
Five Seasons
Banken-viertel
al'-Farabi pr.
Fernseh-turm
Markov
al'-Farabi pr.
Hotel Riz Carlton
Zhamakaev k.
Tattimbet k.
Dostyk d.
Zh. Omarova k.
Sprungschanzen-komplex
Jesentaj
Deutsches General-konsulat
Almaty
0
375
750 m

Kasachstan

Geschichte in Gebäuden

Wenig ist erhalten aus der vorrevolutionären Geschichte der Stadt, als Wernyj noch ein sympathisches Provinznest ohne Eisenbahnanbindung war. Die **Himmelfahrtskathedrale** ist wohl das sichtbarste Symbol dieser Zeit, die **Begalin-Kinderbibliothek** in der Töle Bi/Dostyk und das **Stadtmuseum** in der Kabanbaj Batyr/Nauryzbaj Batyr gehören auch zu dieser Ära. Zwei sehr schöne alte **Kaufmannshäuser aus dem 19. Jahrhundert** findet man in der Zhibek Zholy 63 und in der Zhibek Zholy/Panfilow 99.

Der Stadt sieht man an, dass sie seit den 1930ern zielgerichtet als Hauptstadt aufgebaut wurde. Am **Astana-Platz**, ehemals Alter Platz, zeigt die majestätische Fassade der Kasachisch-Britischen Universität, wie ein Regierungsgebäude der 1950er ausgesehen hat. 1980 wurde der Neue Platz, jetzt **Platz der Republik**, zum administrativen Zentrum von Alma-Ata, heute hat die Stadtverwaltung (Akimat) ihren Sitz in dem ausladenden Gebäude über der großen Freitreppe. Von dieser Treppe kann man gut das gesamte Ensemble überblicken, das zur Steppe hin in zwei markanten Wohntürmen und breiten Betonblocks für Media- und Business-Büros ausläuft. Das Denkmal zur Linken an der Zheltoksan erinnert an den tragischen Aufstand für mehr Selbstbestimmung im Rahmen der Sowjetunion am 16. Dezember 1986, der brutal niedergeschlagen wurde. Die zentrale Säule mit dem geflügelten Schneeleoparden, der einen skythischen Krieger trägt, war das erste Attribut der staatlichen Unabhängigkeit in den 1990ern. Die Figurengruppe sollte den Sprung Kasachstans in die Zukunft symbolisieren, die sie umgebenden Reliefs zeigen seine Geschichte.

Auch an anderen Orten in Almaty leuchtet die ehemalige Hauptstadt auf. Der lange grüne **Abaj-Prospekt** wird gesäumt von Hochschulbauten im sowjetischen Empire-Stil, und das **Haus der Wissenschaften** in der Schewtschenko/Puschkin ist auch architektonisch ein Tempel der Weisheit.

▲ Karte S. 135

Schlendern und Schlemmen

Almaty ist trotz der regen Abriss-, Abholzungs- und Bautätigkeit der letzten beiden Jahrzehnte immer noch eine grüne Stadt mit einem weitverzweigten Netz von Fußgängerzonen, wo man gut beschattet schlendern kann. 2016 wurde gegen den Willen großer Teile der Bevölkerung eine Autostraße in eine Flaniermeile verwandelt – inzwischen ist die **Panfilow-Straße** ein beliebter Tummelplatz aller Almatiner.

Die schachbrettartig angelegte Stadt mit den kleinen, teilweise noch wasserführenden Aryqs entlang der Straßen hat Grünachsen für Fußgänger sowohl in Nord-Süd- als auch in Ost-Westrichtung, welche die Parks miteinander verbinden. Und so kann man in der warmen Jahreszeit, die hier von April bis Oktober dauert, einen ganzen Tag damit verbringen, beispielsweise vom Platz der Republik über den Astana-Platz zum Markt hin-

Almatys neue Fußgängerzone

Die russisch-orthodoxe Himmelfahrtskathedrale

unter zu bummeln oder vom Panfilow-Park zum Opernpark und unterwegs in einem der zahlreichen Cafés und Restaurants einzukehren. Almaty könnte durchaus eine Stadt für Gourmet-Urlaub werden, denn die Küchen der meisten Restaurants zaubern aus guten Zutaten eine unendliche Fülle an exzellenten mittelasiatischen, aber auch europäischen, chinesischen und Fusion-Gerichten. Die hier überdurchschnittlich stark vertretene Mittelschicht scheint in den Restaurants zu wohnen, und so hat die Stadt ein angenehmes Flair für Genießer.

Außer der wohlhabenden Mittelschicht leben in Almaty auch Geringverdiener, die meisten wohnen draußen, zusammengedrängt in den Mikrorayons, und sind auf der anderen Seite des Restauranttresens oder der Ladentheke zu finden, in teilweise extrem schlecht bezahlten Jobs. Es sind viele, und es werden immer mehr, denn die Landflucht im Gebiet Almaty ist erheblich. Die Menschen machen sich Hoffnung auf etwas Teilhabe am Glanz von Zentralasiens reichster Stadt. Hier ist das Glitzerviertel Nurlytau mit seinen Banken, es ragt das Ritz Carlton empor und protzt die Esentai-Mall mit Delikatessen und Nobelklamotten, und die Autohäuser verkaufen Modelle, die sich in Europa kaum jemand leistet. Die Eigentümer dieser Karossen residieren in den Bergen, wo Villen und Townhouses wie Pilze aus dem Boden schießen und durch hohe Mauern den Blicken der Außenwelt entzogen werden.

Metro, Markt und Museen

Dem Dauerstau kann man seit Dezember 2011 mit der Metro entrinnen, deren einzige Linie einige der wichtigsten Orte unterirdisch miteinander verbindet. Man gelangt vom Zentrum, das sich inzwischen gut in der Panfilow-Fußgängerstraße lokalisieren lässt, sowohl in Richtung Markt als auch in Richtung Kastejew-Kunstmuseum. Beide Orte sollten bei einem Almaty-Besuch nicht fehlen.

Die Staatliche **Kastejew-Gemäldegalerie** ist insofern von überregionalem Interesse, als hier zahlreiche Bilder aus einem

Auf dem grünen Markt

ganzen Jahrhundert Kunde geben von den Widersprüchen der Sowjetisierung Kasachstans. Außerdem findet man im Saal für angewandte Kunst außergewöhnlich schöne Exemplare eines reichen Volkskunstschaffens (Mkr. Köktem 3, Haus 22/1, Satpajew/Wesnowka, http://www.gmirk.kz, Di–So 10–18)

Die große Halle des **Grünen Marktes** (Kök Bazar, Zeljonyi Bazar) bietet ein kunterbuntes Sammelsurium aus Obst, Nüssen und Trockenfrüchten, typisch kasachischen Milchprodukten, Honig, Kräutern und Gewürzen, koreanischen Salaten und natürlich frisches, sehr naturalistisch dargebrachtes Fleisch aller Nutztiere. In den Marktgängen seitlich von der Halle finden sich vielerlei Souvenirs, hier ist es relativ preiswert. Ein Marktbesuch lässt sich gut verbinden mit einem Bummel durch den ehemaligen Kirchpark, jetzt **Park der 28-Panfilov-Gardesoldaten**, mit Besuch der (leider bei der Restauration verkitschten) russisch-orthodoxen **Himmelfahrtskathedrale**. Mit ihrer durchdachten Holzbauweise überstand sie als einziges großes Gebäude das verheerende Erdbeben von 1911. Am Nordostrand des Parks wartet im ehemaligen russischen Offiziersclub das gut gestaltete **Museum für kasachische Volksmusikinstrumente** auf Besucher (Zenkow 24a/Gogol, Di–So 10–19 Uhr, 350 Tenge). Sehenswert sind außerdem das **Stadtmuseum** (Museum der Geschichte Almatys) in der Kabanbaj Batyr 132 (Di–So 10–19 Uhr) und das **Gedenkhaus** für den im GULag umgebrachten Sprachforscher und Bildungspolitiker Achmet Baitursynow in der Baitursynow 60/Schewtschenko (Mo–Fr 9–18, Sa, So 9–14 Uhr).

Und wer in Astana nicht das Nationalmuseum besichtigt hat, kann hier eine ältere und etwas bescheidenere Variante davon besuchen. Das **alte Nationalmuseum** in Almaty hat eine passable historische und ethnologische Exposition und einen eigenen Goldschatz (Mkr. Samal-1, Haus 44, tgl. 9.30–17 Uhr, 500 Tenge).

Blickpunkte

Der **grüne Hügel Köktöbe** ist ein beliebtes Ausflugsziel der Almatiner. Eine Auffahrt mit der **Seilbahn** vom Palast der Republik (tgl. 10–22 Uhr, 1000 Tenge eine Richtung) lohnt sich in den Vorabendstunden, der Sonnenuntergang über der Steppe ist von hier oben besonders schön. Es gibt ein Riesenrad, einen Mini-Zoo, Imbissbuden und Souvenirs, Schausteller mit Karussells und ein abgegriffenes Beatles(!)-Denkmal. Von den Terrassen der Restaurants hat man einen allumfassenden Blick auf die Stadt und die Berge. Wer nicht so viel Aufwand mit der Aussicht betreiben möchte, schreitet mit dem sicheren Auftreten eines Hotelgasts durch die Lobby des Hotels ›Almaty‹ gegenüber der Oper, fährt mit dem Lift in die achte Etage und lässt das Panorama von Stadt und Bergen von hier auf sich wirken. Auch von der oberen Bar des sowjetischen Vorzeigehotels ›Kasachstan‹ lässt sich Almaty genießen.

▲ Karte S. 135

Großes und Kleines Almatinka-Tal

Noch vor 20 Jahren begann südlich des Prospekts Al-Farabi das Umland mit Datschensiedlungen, Apfelgärten, Erdbeerplantagen und Bergwald. Heute wird dieses Umland, inzwischen offiziell in die Stadt eingemeindet, gnadenlos erschlossen.

Die **Dulati-Straße** im Tal des Bergbachs Große Almatinka, die zum Großen Almatiner See auf 2500 Meter führt, heißt im Volksmund ›Schaschlyk-Straße‹; sie wird gesäumt von Hunderten Schaschlyk-Bratereien, Restaurants und Tojchanas, palastähnlichen Feieretablissements für Familienfeste.

Die **Gornaja-Straße** im Tal der Kleinen Almatinka Tal ist eher von festungsartig umfriedeten Villensiedlungen, Townhouses, Hotels und ein paar Edelrestaurants flankiert, bevor sie auf 1600 Metern an einem Großen Parkplatz unterhalb des **Eisstadions Medeo** endet. Dieses Stadion war früher das Symbol von Alma-Ata, zahlreiche Weltrekorde im Eisschnelllauf wurden in Medeo aufgestellt. Ein martialischer Damm hinter dem Stadion soll Almaty vor Schlammlawinen schützen.

Vom Parkplatz am Medeo führt eine der längsten Seilbahnen der Welt hoch zum **Skigebiet von Schymbulaq** und bis auf den Talgar-Pass auf 3200 Metern Höhe. Das Gebiet ist mit Hotels, originellen Restaurants und ein paar Skilifts erschlossen. An den Winterwochenenden ist es von Skifreaks bevölkert, im Sommer lassen sich Wanderungen zum Gletschersystem von Tujuksu, zum Peak Furmanow oder zum Bogdanowitsch-Gletscher sowie Bergbesteigungen der umliegenden Viertausender unternehmen.

Kasachstan

Almaty

Vorwahl: +7/727

Internationaler Flughafen (Kürzel: ALA) 12 km nordöstlich von der Stadt. www.alaport.com
Air Astana fliegt fast alle Gebietshauptstädte von Almaty aus an.
Transfer Flughafen–Stadt: Buslinien 79, 92, 106 für 150 Tenge oder Taxi max. 10 US-Dollar. www.airastana.com

Täglich mehrere Züge nach Karaganda, Astana, Taraz, Schymkent, Qyzylorda, Aktöbe, Semey, Pawlodar, je einer nach Ust-Kamenogorsk, Kostanai, Kökschetau, Petropawlowsk, Atyrau und Aqtau.
Bahnhöfe **Almaty I** (Stadtrand, nördliches Ende der Sejfullin) und **Almaty II** (Zentrum, nördliches Ende der Ablaj Khan).

Weiterfahrt in alle Städte im Süden/Osten des Landes möglich.
Busbahnhof Sajachat für Vororte und Richtung Nordosten: Sujunbaj/Raimbek.
Fernbusbahnhof Sajram: Töle Bi 294, am Stausee Sajram
ÖPNV: Metro: 90 Tenge, Busse, O-Busse: 150 Tenge beim Fahrer oder 90 Tenge elektronisch.
Taxi: 500–1000 Tenge innerhalb der Stadt, viele Autos sind ›Taxis‹.
Mietwagen: Europcar, am Flughafen. www.europcar.kz

Übersicht: www.almaty-hotel.com/de/
The Ritz-Carlton, al-Farabi 77/7, www.ritzcarlton.com; EZ/DZ ab 67 600 Te. Das markanteste Gebäude Almatys, mit traumhafter Aussicht auf die Berge und einer Edel-Mall. www.ritzcarlton.com
Dostyk, Kurmangazy 36/Kunajew; EZ/DZ ab 50 400 Te. Modern renovierter Sowjetbau, zentral und ruhig. www.dostyk.kz
Worldhotel Saltanat, Nazarbajew 164, oberhalb Kurmangazy; EZ/DZ ab 34 000 Te. Businesshotel in zentraler, aber ruhiger Lage. www.worldhotelsaltanat.com

Grand Hotel Tien Shan, Bogenbaj Batyr 115/Kunajew; EZ/DZ ab 28 000/35 000 Te. Boutique-Hotel im gediegen renovierten Prachtbau aus den 1930er im grünen Zentrum. www.ts-hotels.kz
Ambassador, Zheltoksan 121/Karasaj Batyr; EZ/DZ ab 26 000/3 0000 Te. Schön renovierter Bau aus den 1930ern, familiär, zentral. www.ambassadorhotel.kz
Voyage, Furmanov 97A/Ajteke B ; EZ/DZ ab 23900/26900 Te. Boutique-Hotel, zentral. www.voyage-hotel.kz
Kazakhstan, Dostyk 52-2/Kurmangazy; EZ/DZ ab 22 000 Te. Erdbebensicheres, stilvoll modernisiertes Hochhaus aus den 1970ern, großartig und zentral gelegen, mit tollem Blick auf die Berge. www.kazakhstanhotel.kz
KazZhol, Gogol 127/1; EZ/DZ ab 14400/24300 Te. Solides Haus im Zentrum, in der Nachbarschaft vom Goethe-Institut, gute Küche. www.hotelkazzhol.kz
Otrar, Gogol 73/Walichanow; EZ/DZ ab 14 000/16 000 Te. Kultbau aus den 1970ern, zentral gegenüber dem Panfilow-Park. www.group.kz
Hotel Almaty, Kabanbaj Batyr 85/Panfilow 133 a; EZ/DZ ab 18 000/21 000 Te. Kultbau aus den 1960ern gegenüber der Oper. www.hotelalmaty.kz
Astra, Zheltoksan 12; EZ/DZ ab 12900/17500 Te. Am Bahnhof Almaty II, modern, kompetent. www.astra-hotel.kz
Grushevyi, Zwerjew 33/Kabanbaj Batyr; EZ/DZ ab 12990/15990 Te. Preis und Leistung stimmen, ruhige Lage. www.grushevy.kz
Turkestan, Makatajew k. 49; EZ/DZ ab 4500/7 000 Te, zweckmäßig, turbulent am Basar, Bezahlung in bar beim Einchecken. www.turkestanhotel.com

▸ **Hostels**

Almaty Backpackers, Elebekow 20/9; www.hostel-almaty.kz
Almaty Central Hostel, Schewtschenko 24-2/Maulenow;
Almaty Hostel Dom, Sarsen Amanzholow 42/3A; https://ru.airbnb.com/rooms/6522590
Alma Cinema, Zheltoksan 177 b; http://almacinema.kz
Ark Shatyr Dostyk, Luganskij 5, Apt. 44;
Five Seasons, Markow 46a/oberhalb Timirjazew; www.fiveseasons.kz
Apple Hostel, Kurmangazy 145; www.apple-hostel.kz
Nomad's, Tulebajew 38/Makatajew 61; www.nomads-gh.com

Überblick: www.almaty.restoran.kz

▸ **Mittelasiatische Küche**

Gakku, Keremet Wohnkomplex 7; Gemütliche Überraschung inmitten der Betonburg hinter dem Hotel ›Intercontinental‹. www.gakku-restaurant.kz
Alascha, Ospanow 20; gehoben, abends Show. www.alasha.kz
Zhety Kazyna, Makatajew 58a/Panfilow. www.7kazyna.kz
Tjubetejka, Satpajew k. 32-1/Wesnovka, neben der Kastejew-Galerie. Usbekisch-kasachisch, mit Terrasse zum Flüsschen.
Navat, Dostyk/Kurmangazy, modern orientalisch, gehört zu einer Restaurant-Kette www.abr.kz
Kischlak, Sejfullin 540a/Abaj; kasachisch & usbekisch in volkstümlicher Atmosphäre, freitags und samstags Musik und Bauchtanz. www.kishlak.kz

▸ **Internationale Küche**

Princess, Tulebajew 53/Gogol; preiswerte chinesische Küche, mittags sehr voll.
Pivovaroff, Schewtschenko 71/Zheltoksan; gute Küche und eigenes Bier auf 5 Etagen, großartiger Blick über die Dächer.
Prussia, Rozybakijew 95/Satpajew; deutsche Küche mit viel Fleisch und Würstchen.
El Mirador, Dostyk 168/2; von Pferdefleisch bis Seafood, mit Sommerterrasse.
Wagon, Bogenbaj Batyr 241; Fusion aus kasachisch, russisch und europäisch.
Gosti, Kunajew 78/Kazybek Bi, in einem der ältesten Häuschen von Almaty, stilvoll, klassisch russisch.
Traktir Medwed', Kabanbaj Batyr 140; russisch und ukrainisch.

▸ Karte S. 135

Daredzhani, Kunajew 85/Kazybek Bi 40; georgisch, gut.
Caffé del Teatro, Zhambyl 51A; schräg hinter der Oper im Park, gediegen, schattig, lärm- und fast abgasfrei.
Baraschek/Kompot, Fußgängerzone (Arbat), Ecke Zhibek Zholy/Panfilov. Ohne Abgaswolken draußen sitzen und essen.
Selbstbedienungsrestaurants der Kette Kaganat gibt es überall in der Stadt: preiswert, vielfältig und gut.

Es gibt unzählige, und dabei sehr viele gute!
Coffeedelia, Kabanbaj Batyr 79/Tulebajev. Treffpunkt Nummer 1 in Almaty.
Café total: an der Ablaj Khan, unterhalb der Kabanbaj Batyr, gibt es gegenüber dem Konservatorium ca. 10 Cafés und die **größte WiFi-Zone der Stadt**.
Sweet Lab, Tulebajewa/Schewtschenko 77. Traumhafte Leckereien

Klawa dawaj! Buchar zhyrau 66/Auezow, bis zum letzten Gast. Fröhliche Bar im sowjetischen Retrostil.
Barabulka, Kurmangazy 33/Nazarbajew, jedes zweite Bier ist gratis. Panasiatische Küche.
Vertalët, Lounge Bar, Dostyk 42/Zhambyl, rund um die Uhr.
Da Freak, Gogol 40, angesagter Club für elektronische Musik, Fr und Sa ab Mitternacht.
Tot samyj bar (›Genau diese Bar‹), Zenkov 24a.
Barwicha, Kurmangazy 25/Puschkin 125, Independent, zentral.
Pinta, an mehreren Orten in der Stadt. Klassische Kneipe, es darf geraucht werden. www.pinta.kz
Revel, Sejfullin 464, beste Cocktails in der Stadt.
Vzletnaya, im Moment die angesagteste Location in Almaty in einem Industriegebiet unweit vom Markt. https://instagram.com/vzletnayamusic

Staatliches Opern- und Ballett-Theater Abaj, Kabanbaj Batyr 110/Panfilow. Klassisches Repertoire. www.gatob.kz
Auezow-Theater für Kasachisches Drama, Abaj 103/Zhandosow, alle Stücke in kasachischer Sprache
Lermontow-Theater für Russisches Drama, Abaj 43/Ablaj Khan. Gute russische Theatertruppe. www.tl.kz
Deutsches Dramentheater, wechselnde Spielstätten. www.dtk.kz
Staatliches Puppentheater, Puschkin 63/Gogol. www.puppet.kz
Puppentheater Zazerkalje, Klotschkow 117/Abaj d. www.zazerkalye.com
Theater Art-i-schock, Kunajew 49–68/Zhibek Zholy. Kabarett und Satire im Underground. http://artishock.kz
Konzertsaal des Kurmangazy-Konservatoriums, Ablaj Khan 86–90. Studentenkonzerte auf hohem Niveau. www.conservatoire.kz
Spielstätte des Kurmangazy-Volksinstrumente-Orchesters, Ablaj Khan 83, Tel. 3900647. http://kurmangazy.com
Kasachischer Staatszirkus, Abaj 50/Wesnowka. Sporadische Aufführungen. www.circusalmaty.kz

In den zahlreichen **Shopping-Malls** gibt es alles.
Grüner Markt (Kök Bazar), zwischen Makatajew und Zhibek Zholy: Obst, Gemüse, Gewürze, Honig, Fleisch, Milchprodukte, Salate usw., draußen in den Gängen preiswerte Souvenirs.
Guter Supermarkt: Stolitschnyj, Kabanbaj Batyr/Ablaj Khan.
Schokolade: Werksverkauf von Rakhat, www.rakhat.kz, Makatajew 49/Eingang an der Jesenov.
Kunst: in den Geschäften des Staatlichen Museums und der Kastejew-Galerie und bei Tengri-Umai in der Panfilow 103, in einem der beiden Wohntürme am Arbat (www.tengriline.kz).

Ausflüge von Almaty

Die südliche Metropole ist ein guter Ausgangspunkt für ein- und mehrtägige Ausflüge in die Natur und zu kulturhistorischen Sehenswürdigkeiten; allerdings sollte man ein bisschen Sitzfleisch haben, denn man braucht erst einmal mindestens eine Stunde, um überhaupt aus dem Ballungsgebiet Almaty herauszukommen. Ein Aufbruch vor dem Stau (wochentags vor 7 Uhr!) spart Zeit und Nerven.

Nationalpark Ile-Alatau

Vom Südrand Almatys bis zur kasachisch-kirgisischen Grenze erstreckt sich der 2000 Quadratkilometer große Nationalpark Ile-Alatau, er soll ein 120 Kilometer langes Stück des Nördlichen Tien Shan vor Übernutzung und Wilderei schützen und tut es leider nicht. Sämtliche Täler, von Almaty aus in gut einer Stunde erreichbar, unterliegen einer forcierten Erschließung unter dem Deckmantel des Tourismus, in Wirklichkeit wird privatisiert, eingezäunt, versiegelt und vermüllt. Der schützenswerten Natur tut das überhaupt nicht gut. Für jemanden, der aus dem dicht besiedelten Europa kommt, ist immer noch allerhand Natur übrig, und so seien hier Ausflüge in den Park ausdrücklich empfohlen.

Der Große Almatiner See im Nationalpark Ile-Alatau

▲ siehe Faltkarte

Kaskelen-Tal, ca. 30 km westlich vom Zentrum: Auf knapp 20 km Länge befahrbar. Wunderschöne Wildobstgehölze entlang des Flusses und an den Hängen, endemische Pflanzen wie Ostrowski-Tulpe und Albert-Iris (Mai). Edelhirsch-Farm in einem Seitental. Zutritt zu den Hochgebirgsmatten leider nicht möglich (privatisiert).

Aksaj-Tal, knapp 15 km westlich vom Zentrum: Auf ca. 10 km Länge befahrbar. Wildobstgehölze und ein kleines russisch-orthodoxes Kloster (2019 Baustelle) in einem Seitental am Mittellauf des Flüsschens. Zutritt zu den Hochgebirgsmatten leider nicht möglich (privatisiert).

Jessik-Tal (Issyk-Tal), 43 km östlich von Almaty: Befahrbar bis zum Issyk-See auf 1765 Metern, teilweise wiederhergestellt nach katastrophalem Murenabgang 1963, Wanderweg talaufwärts bis zum Murenschutzgitter.

Kurgane von Issyk, 70 große skythische Grabhügel nördlich vom Ort Issyk in der Steppe, aus einem von ihnen wurde 1969 der ›Goldene Mann von Issyk‹ ausgegraben. Es handelt sich um eine vollständig erhaltene goldenen Parade-›Rüstung‹, bestehend aus einer hohen, spitz zulaufenden Kopfbedeckung mit 150 goldenen Schmuckelementen, deren auffälligste geflügelte Pferde sind, und einem Lederkaftan mit 3000 aufgenähten goldenen Schmuckplättchen, am Saum in Form von Tigerköpfen. Kopien des Goldenen Mannes stehen im sehenswerten Museum in der Nachbarschaft der Kurgane sowie in den Nationalmuseen von Almaty und Astana. Das Original befindet sich angeblich in einer Privatsammlung.

Die Felsgravuren von Tamgaly

Turgen-Tal, ca. 55 km östlich der Stadt: 44 Kilometer langes Tal mit zahlreichen Picknickplätzen und einigen Wasserfällen, bis zum Ende befahrbar. Läuft aus im Assy-Plateau, der einzigen frei zugänglichen großen Hochebene, auf der von Juni bis September Hunderte Viehzüchter-Familien mit ihren Jurten und Herden stehen. Vor dem Weiler Batan am Ende der Asphaltstraße befindet sich das empfehlenswerte **Camp des Trekking-Clubs** mit seinen komfortablen Zelten. Trekkingtouren buchbar: www.trekkingclub.kz

Petroglyphen von Tamgaly

Eine der beiden UNESCO-Weltkulturerbestätten von Kasachstan liegt ca. 180 Fahrkilometer nordwestlich von Almaty in der Steppe. Es handelt sich um eine Ansammlung von einigen Tausend Steingravuren, die vor ca. 3000 Jahren, einige auch später, in die fast senkrechten, von natürlichem Wüstenlack bedeckten Wände der hier zutage tretenden Felsen eingearbeitet worden sind: Motive, die Jagd und Viehzucht symbolisieren, Schamanen beim Ausüben kultischer Handlungen, Fruchtbarkeitssymbole – einzigartige Zeitzeugnisse einer verschwundenen Steppenzivilisation. Das Gelände ist mit Wegen und Hinweisschildern erschlossen, hier und da muss man ein bisschen klettern. Die Straße nach Tamgaly über Targap, Kopa und Karabastau ist inzwischen durchgehend asphaltiert. Es gibt einen Parkplatz, Toiletten, eine Jurte und überdachte Sitzecken für Picknick, im Dorf Karabastau auch ein kleines Museum. Eintritt Petroglyphen: 1500 Tenge.

Der Ile und die Buddhas von Tanbaly-tas

Jüngeren Datums sind zwei große in die Felsen gravierte Buddhas mit Sanskrit-Beschriftung am Steilufer des Ile am Flecken Tanbaly-tas, ca. 25 km von der Stadt Kaptschagai und dem gleichnamigen Stausee entfernt *44.067245, 76.995709*. Sie stammen aus dem 16. Jahrhundert und zeugen von Ausbreitung des Buddhismus weit nach Westen. Der Ort ist sehr beliebt bei Felsenkletterern, Anglern und Picknick-Ausflüglern und leider entsprechend vermüllt.

Nationalpark Altyn Emel

Von Almaty in ca. vier Stunden zu erreichen ist der Wüsten-Nationalpark Altyn Emel, bei einheimischen und ausländischen Gästen gleichermaßen beliebt wegen seiner riesigen **Singenden Düne** und

Der Khan Tengri spiegelt sich im Tuzköl

der **Weißen Berge Aktau**, die eigentlich Kunterbunte Berge heißen müssten. Beide Orte sind echte landschaftliche Highlights, befinden sich jedoch in entgegengesetzten Richtungen vom Hauptort Basschi entfernt, was einen Aufenthalt von zwei Tagen und somit mindestens eine Übernachtung nötig macht. In Basschi gibt es zwei kleine Hotels und ein paar dazugehörige Jurten, wo man auch verpflegt wird. Weitere Gastronomie ist im Ort nicht vorhanden, nur ein Lebensmittelladen. Für die Fahrt zur Düne (ca. 45 km, eine Richtung) sollte man wegen des Lichts die Nachmittagsstunden und den frühen Abend wählen, für die Fahrt nach Aktau (ca. 80 km, eine Richtung) den frühen Morgen. Die Waschbrett-Pisten erlauben ein Vorankommen von höchstens 60 km/h, an manchen Stellen bedeutend weniger.

Wenn man sich rücksichtsvoll verhält, hat man die Chance, in den Weiten des Parks kleine Herden des hier noch vorkommenden Asiatischen Wildesels (Kulan) oder einzelne Exemplare der persischen Kropfgazelle (Dzhejran) zu sehen. Ein Experiment zur Auswilderung von Przhewalski- Pferden muss leider als gescheitert gelten.

▶ siehe Faltkarte

i Nationalpark Altyn Emel

Anmeldung für die Hotels und Tickets für den Eintritt: Verwaltung in Basschi (unweit von den Hotels), altynemel_turizm@mail.ru, altynemel.kadr@mail.ru oder im Office Almaty, Bogenbaj Batyra 132, Ecke Panfilowa, Office 305a.

■ Nationalpark Scharyn (Charyn)

Den wahrscheinlich größten Zuwachs an Tagestouristen in ganz Kasachstan während der letzten 20 Jahre hat der Canyon des Flusses Scharyn zu verzeichnen, genau genommen der Teil des Canyons, der ›Tal der Schlösser‹ genannt wird und gut begehbar ist. In den 1990ern noch ein Geheimtipp und mit herkömmlichen Autos nicht zu erreichen, durfte er anschließend den Ansturm der Geländewagen erleben und wird ab Sommer 2019 auf einer neu gebauten Asphaltstraße überrollt werden. Die Anfahrtszeit für die 200 Kilometer hat sich von fünf auf drei Stunden verringert. Der Canyon als großartige geologische Formation wird auch das überleben, aber seine Pflanzendecke samt Kleintierwelt dürfte zum Ende der nächsten Saison verschwunden sein. Kasachstans schlecht bezahlte Nationalparkwächter haben wenig Motivation, sich dieser Tendenz entgegenzusetzen. Wer den Canyon genießen möchte, wählt einen Wochentag für den Besuch aus, an Tagen mit Neuschnee kommen die roten Felsen besonders gut zur Geltung. In der warmen Jahreszeit kann im Canyon in Schilfhütten oder Jurten übernachtet werden, es gibt ein bescheidenes Café (www.eco-park.kz).

Eine weitere Übernachtungsmöglichkeit gibt es am Unterlauf des Flusses in der sogenannten Eschen-Datscha (Jasenewaja

Datscha), dem ehemaligen Sommerhaus des kasachisch-sowjetischen Staatsmannes Dinmuhammed Kunajew. Eintritt für den Nationalpark Scharyn bezahlt man hier oder oben vor dem Eingang zum Canyon an einem Kassenhäuschen.

Nationalpark Kolsaj-Seen

Ein weiterer schöner Nationalpark kann von Almaty aus in einem Tag erreicht werden: die Kaskade der drei Kolsaj-Seen im Gebirgszug des Küngej Alatau. Bis 2007 konnten Trekking-Touristen von hier den einfachsten Übergang zum ›kirgisischen Meer‹ Yssyk-Köl nehmen, aber mit der Schließung der Grünen Grenze ist das Tal nunmehr eine Sackgasse und der obere der drei Seen gar gesperrt. Ein schöner, wenn auch unbequemer Waldweg für Wanderer und Pferde führt über Stock und Stein vom ersten zum zweiten See, hin und zurück schafft man es an einem Tag.

Eine attraktive Tagestour bietet sich im östlichen Nachbartal an, hier wartet der unwirklich schöne **Kajyndy-See** auf Bewunderer. Der See entstand 1911 durch einen Erdrutsch infolge des starken Almatiner Erdbebens, die kahlen Stämme der aus ihm ragenden überschwemmten Fichten geben ihm etwas Surreales. Ein Geländewagen schafft es bis zu einem Parkplatz oberhalb des Sees. Im Dorf Saty zwischen dem Kajyndy- und dem Kolsaj-Tal gibt es zahlreiche Privatpensionen, am ersten Kolsaj-See weitere Herbergen, Jurtencamps und ein Hotel. Eintritt für den Park entrichtet man in den jeweiligen Tälern an Schranken mit Kassenhäuschen.

i Kolsaj-Seen/Saty

Privatpension Temirkhan und Laura, Tel. +7/72777/27730, ÜN und VP ab 6000 Tenge

Blockhaus-Hotel am Ersten Kolsaj-See: Tel. +7/702/2202727, malikaduti@gmail.com; DZ ab 15000 Te, phantastischer Ausblick auf den ersten See, eigener Strand.

Khan Tengri

Für Wanderer ein Paradies, für Bergsteiger eine Herausforderung – der schöne Fast-Siebentausender Khan Tengri wäre vom Bajankol-Tal im äußersten Südwesten Kasachstans gut zu erreichen. Leider ist das Tal fast vollständig als Grenzgebiet gesperrt, die Beschaffung der Genehmigungen ist eine Tortur. So bleibt nur eine Zweitages-Zelttour zum schönen **Salzsee Tuzköl** *43.014519, 79.982683* mit Blick auf den wie verwunschen über dem Zentralen Tien Shan schwebenden Pyramiden-Gipfel.

Im Nationalpark Kolsaj-Seen

Der nördliche Abschnitt der Seidenstraße

Spricht man von der Seidenstraße, hat man üblicherweise die klassische Südroute im Blick, die über den Iran in den Mittelmeerraum führte. Es gab aber auch eine Nordroute, und diese führte nördlich am Tien Shan vorbei, am Syrdarja entlang, passierte dann Aralsee und Kaspisches Meer im Norden. Die Ostgrenze des heutige Kasachstan erreichte diese Route in der Zhayssan-Senke (heute Grenzübergang Majkapchagay), in der Alaköl-Senke (heute Grenzübergänge Makantschi und Druzhba) oder südlich vom Zhongar Alatau im Ile-Tal (heute Grenzübergang Khorghos). Wir folgen der Route A2/E38: Khorghos – Talghar – Taraz – Schymkent – Turkestan – Qyzylorda – Aralsk – Aktöbe – Uralsk. Zeitzeugnisse aus der Ära der Kamelkarawanen haben sich nur wenige erhalten, aber die neue Transitstraße Westchina–Westkasachstan–Europa kann durchaus als neue Seidenstraße gesehen werden: China betrachtet sie auch genau aus diesem Blickwinkel als Lieferkorridor für seine Waren nach Westen.

Pagodenmoschee in Zharkent

▲ siehe Faltkarte

Khorghos (Horgos)

Der chinesisch-kasachische Grenzübergang Khorghos wurde im letzten Jahrzehnt für den Transit großer Güterströme ausgebaut, eine Eisenbahnstrecke reicht vom modernen Containerbahnhof Altynkol (›Goldene Hand‹!) an der Grenze bis Almaty und zum postsowjetischen Eisenbahnnetz. Eine Autobahn nimmt hier ihren Anfang und führt – auf den meisten Abschnitten fertig ausgebaut – bis zur Westgrenze Kasachstans hinter Uralsk. Eine Sonderwirtschaftszone zwischen beiden Ländern dient vor allem den Menschen aus dem Großraum Almaty als Einkaufspunkt für billige (und in der Regel schlechte) Waren, die dann auf den Märkten weiterverkauft werden – eine Einkommensquelle für Zehntausende. Auch als Ausländer darf man hier das Land verlassen und wieder betreten, man braucht dafür nur den Pass sowie sehr viel Zeit und Geduld für den miserabel organisierten Bus-Shuttle von der Grenze zur Zone und zurück. Die mit Waren bis unters Dach gefüllten Busse werden noch vor der offiziellen Wiedereinreise von kasachischen ›Beamten‹ ausgiebig kontrolliert, diese schikanöse Prozedur dient einzig und allein der Sammlung von Bakschisch für ein schnelleres Passieren.

Zharkent

Etwa 40 Kilometer westlich der Grenze liegt das Städtchen Zharkent, schon hier wird ein Teil der chinesischen Waren auf dem Markt südlich der Hauptstraße feilgeboten. Unbedingt sehenswert ist die einzigartige **Moschee im Stil einer chinesischen Pagode** in der Nähe des Marktes. Sie wurde an der Wende vom 19. zum 20. Jahrhundert im Auftrag dunganischer und uighurischer Neubürger

Die Grundmauern von Aqyrtas

von chinesischen Baumeistern errichtet und ist ein wunderschönes Beispiel chinesischer Bau- und Schnitzkunst sowie Holzmalerei. Zharkent war erst kurz zuvor entstanden, als im Zuge der russisch-chinesischen Grenzneuziehung eine große Gruppe von muslimischen Dunganen und Uighuren freiwillig die Seiten gewechselt hatte und wegen Glaubenstoleranz in die damalige russische Provinz Turkestan zog. Auch eine hübsche **russisch-orthodoxe Kirche** aus der Zeit der Gründung von Zharkent kann nördlich von der Hauptstraße besichtigt werden.

Talghar (Talgar)

Wenige Kilometer östlich von Almaty liegt das Städtchen Talghar, an sich nicht weiter erwähnenswert, wenn man vom Peak Talghar absieht, der sich 4995 Meter hoch über dem Ort erhebt. Aber am Südrand des Ortes, am rechten Ufer des Flusses Talghar, gibt es die bedeutsamen **Ruinen von Talchiz**, einer ehedem wichtigen Stadt an der Seidenstraße, viel älter als die Millionenstadt Almaty. Der Verwaltung derselben war die historische Nachbarschaft und auch die Anwartschaft auf's UNESCO-Weltkulturerbe egal, man ließ eine Asphaltstraße mitten durch das Ausgrabungsgelände bauen, welche die Metropole mit einem Skigebiet weiter östlich verbinden soll. Mit etwas Phantasie kann man aber hinter einem hässlichen Zaun und den Ruinen eines ›nachgebauten‹ Phantasie-Stadttores die Grundrisse der alten Stadt ausmachen und auch eine alte Pflasterstraße erkennen.

Aqyrtas (Akyrtas)

Ein steinernes Rätsel findet man knapp 40 Kilometer östlich von Taraz in der Steppe am Fuße des Talas Alatau in der Nähe des Ortes Aqsholaq. Gewaltige rote Sandsteinquader sollten hier im 8. Jahrhundert offenbar zu einer **Palastanlage** gefügt werden, die aber nie fertiggestellt wurde. Die mächtigen Grundmauern von 138 mal 162 Meter Seitenlänge wurden ausgegraben, das Gelände mit Wegen und Schautafeln erschlossen, ein Gebäude nebenan sollte sicherlich ein Museum aufnehmen – die Nichtfertigstellung scheint ein Schicksal dieses Ortes zu sein ...

Plausibel ist der Erklärungsversuch des deutschen Archäologen Burchard Brentjes: Es könnte sich um die nie bezogene Residenz für Familie und Hofstaat des arabischen Feldherrn Qutaiba ibn Muslim handeln, der nach der Unterwerfung von Buchara und Samarkand weiter nach Isfidzhab (heute Sajram/Schymkent) vorrücken und möglicherweise als Statthalter hier residieren sollte. Allerdings kam er nie an, denn er wurde in Merw getötet – und der Umzug wurde abgeblasen. Die Araber aber setzten sich trotzdem in der Region fest. Im Jahre 751 besiegten sie die Chinesen in der welthistorisch bedeutsamen Schlacht am Talas, ganz in der Nähe von Aqyrtas, und läuteten die Islamisierung Zentralasiens ein.

Taraz

Taraz ist eine wirklich alte Stadt, auch wenn man davon nichts mehr sieht. An diesem geschützten, fruchtbaren Ort in der Ebene des Flusses Talas, an einer Furt, hatte es schon vor über 2000 Jahren eine Händlersiedlung gegeben. Taraz war reich, den Höhepunkt seiner Macht erreichte es unter den muslimischen Qarachaniden im 11./12. Jahrhundert. Aus dieser Zeit blieben der Stadt vier Bauwerke erhalten: die **Mausoleen Qarachan und Schochmansur** in einem kleinen Park unweit vom Zentrum und die **Mausoleen Aischa Bibi und Babadzha Chatun** im kleinen Vorort Aischa Bibi westlich von der Stadt. Das ausgesucht schöne Mausoleum für Aischa Bibi aus dem 12. Jahrhundert wird als Pilgerstätte gern besucht. Eine Legende um die unglückliche Liebe zwischen Qarachan und Aischa, die hier an diesem Ort am Biss einer giftigen Schlange starb, hat große Strahlkraft und zieht vor allem Verliebte und Frauen mit Kinderwunsch zum Mausoleum. Taraz wurde von den Mongolen 1220 vollständig zerstört, wie alle Städte, die Widerstand geleistet hatten, und versank in der Bedeutungslosigkeit. Erst im 18. Jahrhundert tauchte hier wieder eine befestigte Stadt auf, Aulije Ata, die, zu sowjetischen Zeiten mehrfach umbenannt, schließlich zur Gebietshauptstadt aufstieg. Sie eignet sich als beschaulicher Zwischenstopp für Touren in die Umgebung. Das **Regionalmuseum** sollte man allerdings nicht auslassen, es ist eins der besten in Kasachstan (Töle Bi 55, am Platz Dostyk, Di–So 10–17 Uhr).

Taraz

Vorwahl: +7/7262

Flughafen westlich der Stadt (DMB), Tel. 316126. Mehrmals wöchentlich Flüge aus/nach Almaty und Astana.

Täglich mehrere Züge von/nach Almaty, Astana und Schymkent.
Bahnhof an der Priwokzalnaja 1.

Verbindungen nach Schymkent, Almaty, Astana, Busbahnhof an der östlichen Ausfahrt. **ÖPNV**: Die Stadt hat ein Busnetz.

Orda, Zhambyl d. 139; EZ/DZ 15 000 Te. Zentral, neu. www.orda-hotel.kz

Zhambyl, Töle Bi 42; EZ/DZ ab 9700/16 000 Te. Zentral, renovierter Bau aus den 1960ern, sehr freundlich, Restaurant, Stadtführungen, Exkursionen.
www. hotel-zhambyl.kz

Anel', Kazybek Bi 142a, hotel-anel@mail.ru; EZ/DZ ab 7000/12 000 Te. Guter Basiskomfort, am Stadtpark.

Traktir Medwed', Töle bi 58. Russisch-ukrainisch rustikal.

Tschaichana Samarkand, Abaj 145 a, sehr gute Küche in großer neuer ›Teestube‹.

▶ siehe Faltkarte

Pilgerin am Mausoleum Aischa Bibi

Schutzgebiet Aksu-Zhabagly und Karatau

Ein lohnenswerter Seitensprung führt zwischen Taraz und Schymkent in Richtung Süden, wo an den Hängen des Kirgisischen Alatau der Zapowednik Aksu-Zhabagly mit einer artenreichen Fauna und Flora sowie mit ein paar netten Privatpensionen im Verwaltungsort **Zhabagly** aufwartet. Seit 2016 gehört der älteste Zapowednik Zentralasiens zum grenzüberschreitenden UNESCO-Weltnaturerbe Westlicher Tien Shan. Auf 850 Quadratkilometern wird seit 1926 eine einzigartige Flora und Fauna geschützt. Von den über 1400 hier vorkommenden Pflanzenarten sind 27 endemisch. Zahlreiche Urformen bekannter Gartenblumen stammen von hier, darunter zwei berühmte Tulpenarten, die *Tulipa greigi* und die *Tulipa kaufmanniana*.

Im **Museum des Zapowedniks** kann man sich über die Wanderwege und die hier anzutreffenden Tiere und Pflanzen informieren. In keinem anderen Schutzgebiet Kasachstans ist die Übereinstimmung zwischen dem im Museum Gezeigten und dem in der Natur noch Vorhandenen größer. Hier kann man mit etwas Glück wirklich noch Braunbären, Steinböcke und – ganz weit oben – Argali-Schafe und Himalaja-Königshühner sehen. Auch im nördlich vorgelagerten Gebirgszug **Karatau** gibt es allerhand zu entdecken, zum Beispiel gilt das **Berkara-Tal** als botanischer Geheimtipp, und der kleine Zapowednik Karatau (Sitz der Verwaltung: Kentau) soll vor allem das endemische Karatau-Argali schützen.

Zhabagly

Boardinghouse Aksu-Inn, Abaj 36, Tel. +7/701/7175851 (Zhenja); ÜN+VP 15 000 Te. www.aksuinn.com

Pension Ruslan, Abaj 24, +7/702/5284627; EZ/DZ 6500/9000 Te, VP 6000 Te. www.zhabagly.com, www.wild-natures.com

Die Gastgeber klären auch die Formalitäten mit dem Zapowednik.

Schymkent

Die Stadt ist mehr als zwei Jahrtausende alt, sie und die Nachbarstadt Sajram (historischer Name Isfidzhab) waren bekannt an der Seidenstraße. Doch wer hierher verschlagen wird, sollte wissen, dass alle über 70-jährigen Zeugnisse der Geschichte dem unkontrollierten Bauboom weichen mussten – zumindest die oberirdischen.

Ausläufer des Westlichen Tien Shan

Kasachstan

Lediglich die laufenden **Ausgrabungen der alten Zitadelle** machen eine Ausnahme. Ein trauriger Ausgleich dieser Entwicklung ist die unlängst vorgenommene administrative Erweiterung der Stadtfläche auf über 1000 (!) Quadratkilometer. Dem Moloch wurden ein paar Dutzend umliegende Dörfer und auch das historische Sajram mit seinen Mausoleen und seinem alten Minarett zugeordnet. Nunmehr die flächenmäßig größte Stadt Kasachstans, hat Schymkent auch den Status einer von drei Millionenstädten Kasachstans. 1,1 Mio. Menschen leben im Ballungsgebiet. Damit war es 2018 möglich, Schymkent den Sonderstatus einer gebietsfreien Stadt zuzusprechen. Die Funktion der Gebietshauptstadt wanderte nach Turkestan.

Schymkent ist, bis auf ein paar zentrale Straßen, eine wenn auch gigantische, so doch planlose Ansammlung von Gebäuden. Trotzdem gibt es interessante Orte und Dinge in der Stadt. Da wären zum ersten die drei glasklaren und wasserreichen **Quellen des Flusses Koschkar-Ata** im alten Zentrum, sicher der Hauptgrund für die Entstehung einer Siedlung an diesem Ort. Ferner der **Hügel mit dem Denkmal für Bajdibek-Bi** am nordwestlichen Stadtrand, mit Blick über das Häusermeer bis zu den Ausläufern des Westlichen Tien Shan.

Und dann ist da noch das Essen: In Schymkent wird das preiswerteste und beste Fleisch Kasachstans zubereitet, und das will etwas heißen in einem Land, dessen Bewohner sich rühmen, nach den Wölfen die zweitstärksten Fleischesser der Welt zu sein. Irgendwo in diesem Konglomerat von Häusern, Märkten und Parks wird man schnell einen Ort finden, an dem man einen guten Schaschlyk oder ein frisches, würziges Samsa (garantiert zubereitet von Usbeken – Taschkent liegt sozusagen um die Ecke) mit ein, zwei Glas Schymkenter Bier herunterspülen kann.

▲ siehe Faltkarte

Hochzeitspaar auf dem Hügel Bajdibek-Bi in Schymkent

Schymkent
Vorwahl: +7/7252

Flughafen (CIT) 10 km nordwestlich der Stadt, Tel. 455031. Täglich Flüge aus/nach Almaty, Astana, Aqtau, mehrmals wöchentlich aus Istanbul, chaotische Abfertigung.

Täglich mehrere Züge von/nach Almaty, Astana, Orenburg, Moskau, Taschkent. Bahnhof im Südosten, Tel. 952120.

Die Stadt hat neun Busbahnhöfe, für verschiedene Richtungen. **ÖPNV**: Das Busnetz ist nicht sehr übersichtlich.

Rixos Khadisha, Zheltoksan. 17; EZ/DZ ab 39000/46000 Te. Bestes Hotel am Platze. http://khadishashymkent.rixos.com
Canvas, Ospanov 94/Momyschuly; EZ/DZ 22000 Te. Modern, gegenüber dem Zirkus. www.canvashotelshymkent.com
Orbita Boutique Hotel, Abaj 27; EZ/DZ ab 17 000/29 000 Te. Ein Fachwerkhaus in Kasachstan! Freundlich. www. orbitahotel.kz
Dostyk, Adirbekow 17; EZ/DZ ab 9000/17 000 Te. Business-Hotel in der Nähe des Basars Ozero. www.hotel dostyk.kz
Schymkent, Respublika 6a; EZ/DZ ab 8000/9000 Te. Modernisiertes Sowjet-Hotel am zentralen Park. www.hotelshymkent.com
Tourist, Respublika 43; EZ/DZ ab 2000/3000 Te. Budget- und Mittelklassehotel mit eigenem Tourangebot. www.shymtour.kz

Bachtschysaraj, 18 Mkr., Ryskulow 1, schönes Ambiente, sehr gute orientalische Küche.

Ruinen von Otrar

Eine der ältesten und reichsten Städte der Großen Seidenstraße war Otrar, auch bekannt als Tarban, Turar oder Farab. Von hier, einer Metropole mit 200 000 Einwohnern und einer Bibliothek, die mit jener von Alexandria verglichen wurde, stammte der Universalgelehrte Abu Nasr Mohammed, der später als Al-Farabi (›Der aus Farab‹, 872–950) in die Geschichte eingegangen ist. Otrar war Zentrum einer dichtbesiedelten Region, von deren Wohlstand heute zahlreiche Siedlungsreste in einem Radius von etwa 20 Kilometern um den Ort herum zeugen, die als ›Töbe‹ (Hügel) bezeichnet werden. 1220 wurde auch Otrar von den Mongolen nach langer Belagerung eingenommen und vollständig geschleift. Nach dem Wiederaufbau im 14./15. Jahrhundert erlangte die Stadt nie wieder ihre einstige Blüte, doch sie war bis ins 19. Jahrhundert bewohnt.

Heute ist Otrar ein weithin sichtbarer Ruinenhügel zwischen E38 und dem Syrdarja, ca. 80 Kilometer südlich von Turkestan *42.852572, 68.303312*. Schon seit Jahrzehnten arbeiten Archäologen an dem Hügel und legen eine Kulturschicht nach der anderen frei, auch Teile der alten Stadtmauer. Für die Besucher hat man einiges nachgebaut: Ein Stück Mauer, ein Tor und eine Zugbrücke. Der Ruinenhügel kann erklommen und besichtigt werden, man sieht die Grundrisse einiger Gebäude. Unter den Füßen knirscht und knackt es – bückt man sich, erkennt man die Ursache: Der Besucher geht über zahllose Scherben und Knochensplitter. Im **Nachbarort Schaulder** gibt ein **Museum** einen guten Überblick über die Geschichte von Otrar und einige Fundstücke. Die wertvollsten Artefakte sind nach Astana ins Nationalmuseum gebracht worden. Knapp drei Kilometer westlich vom Rui-

Rekonstruiertes Stadttor von Otrar

nenhügel Otrar befindet sich der **Pilgerort Arystan Bab**. Kern desselben ist das 1910 erneuerte Mausoleum für den heiliggesprochenen, in ganz Zentralasien bekannten Sufi Arystan Bab (Arslan Bob), den Lehrer von Hodzha Achmed Jassawi (s.u.). Es ist umgeben von zahlreichen anderen Mausoleen für Personen, deren Verwandte ihre Verstorbenen gern in der Nähe des Heiligen wissen wollten.

Turkestan

Kasachstans einziges epochales Bauwerk aus der Epoche der Timuriden, die **Grabmoschee für den Heiligen Hodzha Achmed Jassawi**, gehört seit 2003 zum UNESCO-Weltkulturerbe. Der Prachtbau aus dem 14./15. Jahrhundert steht in Turkestan, einer Stadt, die bis 2018 vor allem wegen dieses Mausoleums bekannt war. Die Grabmoschee ist eine der bedeutendsten islamischen Wallfahrtsstätten. Alljährlich zieht sie über eine Million Pilger und ein paar Touristen an, nicht nur aus Kasachstan. Drei Besuche sollen gleichbedeutend mit einem Hadsch nach Mekka sein.

2018 wurde die frühere Provinzstadt zur Hauptstadt des Gebietes Turkestan ausgerufen, ehemals Südkasachstan mit Hauptstadt Schymkent. Viele waren gegen diesen Hauptstadt-Umzug, weil sie es für verfehlt halten, den bekanntesten geistigen Ort des Landes, eine Pilgerstätte von nicht nur nationaler Bedeutung, durch ein Zentrum weltlicher Macht zu überformen. Doch die Würfel sind gefallen, und Turkestan wächst und wird modernisiert. Wie sich das mit der Pilgerbewegung vertragen wird, bleibt abzuwarten. Schon jetzt ist abzusehen, dass die Plätze in den ohnehin schon knappen normalen Hotels noch schwieriger zu ergattern sein werden und dass es teurer wird.

▶ siehe Faltkarte

■ Hodzha Achmed Jassawi

Der spätere verehrte Prophet, Poet und Mystiker Hodzha Achmed Jassawi wurde 1093 als Achmed in Saijam geboren. Der hochbegabte Junge studierte in Buchara beim angesehenen Scheich Jussuf al-Hamadani und wurde von ihm zum Nachfolger bestimmt, bevor er nach Jassy kam, das heutige Turkestan, um hier zu wirken.

Scheich Achmed sammelte Schüler um sich und lehrte den Koran in der von ihm verstandenen sufistischen Auslegung und Erweiterung. Er machte Allah und seine Gebote für das einfache Volk verständlich, indem er, statt die Literatursprache Farsi zu benutzen, in der Turksprache Tschagataj lehrte, schrieb und betete. Seine Gedichte wurden von einfachen Menschen auswendig gelernt und weiterverbreitet, sein Gedichtzyklus ›Divani hikmat‹ (Sammlung der Weisheiten) wurde in viele Sprachen übersetzt. Jassawi predigte das Gute, Toleranz und Friedfertigkeit. Er lehrte die spirituelle Vereinigung mit Gott durch Meditation, Duldsamkeit und Askese. Damit machte er die Armen, die auf so vieles Irdische verzichten mussten, zu den wahren Gläubigen.

Im Alter von 63 Jahren zog sich der Weise aus dem irdischen Leben zurück. Er tat das im Gedenken an den Propheten Mohammed, der mit 63 Jahren verstorben war. Die nächsten zehn Jahre verbrachte er meditierend in einer Erdhöhle. Er starb, bereits zu Lebzeiten heiliggesprochen, im Jahre 1166 und wurde mit großer Pracht bestattet.

Geschichte der Grabmoschee

Auf dem Grab von Hodzha Achmed Jassawi errichtete man einen Mazar. Heerscharen von Pilgern suchten ihn auf, viele spendeten Kostbarkeiten. Tochtamyssh, Khan der Goldenen Horde, fiel mehrmals über die Stadt her, um die Grabstätte zu plündern.

1394 fand Timur nach seinem Sieg über ebenjenen Tochtamysch die Stätte in einem unwürdigen Zustand und erließ Order zum Bau einer Grabmoschee zu Ehren des Heiligen. Es heißt, er fertigte eigenhändig einen detaillierten Entwurf an und bestimmte die besten persischen Baumeister und Künstler. Die Bauarbeiten gingen zügig voran, die Mosaiken waren bereits 1397 fertiggestellt. Doch dann starb Timur im Winter 1405, das Projekt stagnierte. Das Hauptportal wurde erst zum Ende der 16. Jahrhunderts unter Khan Abdullah II. errichtet, man hielt sich dabei streng an die Pläne Timurs. Und doch ist das Bauwerk unvollendet: Die Eingangsfront mit ihrem doppelten Iwan wurde nicht mit Majolika-Mosaiken verziert. Die schon von weitem sichtbare Moschee ist 44 Meter hoch, ihre größte Kuppel hat einen Außendurchmesser von 22 Metern. Es ist die größte erhaltene freitragende Ziegelkuppel Mittelasiens. Vom 16. bis zum 19. Jahrhundert wurde der Ort zum Sitz der kasachischen Khane. Der Name Turkestan drückte den Anspruch aus, das Land der Turkvölker zu repräsentieren. Die Funktionen der Grabmoschee wurden erweitert: Sie wurde Residenz und Empfangspalast, außerdem Bestattungsort der kasachischen Elite. Noch heute findet man im Gebäude Räumlichkeiten mit den Sarkophagen der kasachischen Khane. Sehenswert sind aber vor allem der **Kazandyk**, ein zentraler Saal mit riesigem, aufwändig verzierten Bronzekessel (kazan), aus dem früher Zuckerwasser an die Pilger ausgeschenkt wurde. Der allerheiligste **Grabraum von Hodzha Akhmed** darf von normalen Besuchern nicht betreten werden, aber man erkennt ihn von außen an der prächtigen

Grabmoschee des Hodzha Achmed Jassawi

Doppelkuppel, deren größere dicht mit gedrängten Rippen verziert ist, eine in Mittelasien sehr seltene Bauweise, nur noch anzutreffen an der Moschee Bibi Chanum und der Grabstätte Gur Emir in Samarkand.

Seit 1872 wird am Bauwerk ununterbrochen herumrestauriert. Leider wurde bei diesen Arbeiten vieles zerstört, was in Jahrhunderten um das Hauptgebäude herum gewachsen war. Die wahre historische Atmosphäre ging verloren, in der Folge stand das Mausoleum einsam auf weiter Flur. Türkische Fachleute haben den Komplex seit den 1990ern für 20 Millionen US-Dollar wiederhergestellt; auch jetzt noch gehen die Arbeiten weiter.

In der Umgebung des Mausoleums sind weitere Gebäude zu besichtigen: Die **Mausoleen für Jesim Khan und Rabiga Sultan Begim**, ein **historisches Badehaus** für rituelle Waschungen, die kleine **Freitagsmoschee** und die **unterirdische Meditationsstätte** des heiligen Achmed auf dem Hügel nebenan – hier befindet sich jetzt ein **Museum**, in dem man einiges über die Schüler Jassawis und den Sufismus erfährt.

Historischer hölzerner Türrahmen

▶ siehe Faltkarte

Turkestan

Vorwahl: +7/72533

Täglich mehrere Züge von/nach Almaty und Schymkent, Qyzylorda und Moskau Historischer Bahnhof am Ende der Adirbekow-Straße.

Verbindungen nach Schymkent, Almaty, Qyzylorda. Abfahrt vor dem Bahnhof.
ÖPNV: Die Stadt hat ein paar Buslinien entlang der Hauptstraßen.

Khanaka, Baitur 1, direkt am Mausoleum, Khanakahotel01@gmail.com; EZ-DZ 15 000/20 000, neu, sauber, freundlich.
Edem, Dulaty 64/Adirbekow k.; EZ/DZ ab 5000/9500 Te. Zentral, etwas schmuddelig, laut und fröhlich. Das Restaurant des Hotels Edem ist in puncto Vielfalt, Qualität und Preis unschlagbar. www.edemhotel.kz
Das Hotel Yassy neben dem Mausoleum ist nicht zu empfehlen.

Von Turkestan nach Baikonur

Qyzylorda

Qyzylorda am Syrdarja kann man ohne großen Aufenthalt passieren. Nur wenige historische Orte der Stadt haben den Modernisierungswahn der letzten 20 Jahre überlebt. Dabei hätte sich eine gewisse Konservierung gelohnt, denn die Stadt ist immerhin über 200 Jahre alt und hat drei Vergangenheiten: eine als Festung Ak-Meschit des Khanats von Kokand, eine als Fort Perowsk nach der Einnahme durch die Russen 1853 und und eine als Hauptstadt der Kasachi-

schen Sozialistischen Sowjetrepublik von 1925 bis 1929, mit dem Namen Rote Residenz – Qyzylorda.
Sehenswert die 1875 geweihte **russisch-orthodoxe Kirche** der Ikone der Gottesmutter in der Toktybajew, die 1878 fertiggestellte **Ajtbay-Moschee** in der Satpajew 45 und der hübsche, 1905 erbaute **Bahnhof** aus den Anfangsjahren der Eisenbahnlinie Orenburg-Taschkent.

Denkmalkomplex Qorqyt

Zwischen Qyzylorda und Baikonur fällt an der Straße ein Denkmalkomplex auf. Er ist dem bei allen Turkvölkern bekannten Musiker und Philosophen Qorqyt (Khorkhyt) gewidmet, der hier am Ufer des Syrdarja die Kobyz erfunden haben soll, von allen Instrumenten der Steppenvölker wohl das mit dem magischsten Klang – nicht umsonst wird es von Schamanen genutzt. Das schlichte, aber aussagekräftige Denkmal aus vier stilisierten Instrumenten, das bis vor kurzem noch einsam in der kahlen Steppe aufragte, hat inzwischen Zuwachs von allen möglichen Bauten, Wegen etc. bekommen und damit viel von seiner Ausstrahlung eingebüßt.

Baikonur

Der Weltraumbahnhof Baikonur (kas.: Baiqongyr) ist wohl das Einzige, das vielen einfällt, wenn man sie nach Kasachstan fragt. Dabei werden die Geschicke des sogenannten Kosmodroms bis 2050 von Russland bestimmt, welches das 6717 Quadratkilometer große Gelände von Kasachstan pachtet. Inzwischen ist dieser Deal im Land umstritten, denn die Schäden an Umwelt und Gesundheit der hier lebenden Menschen sind mit dem Pachtgeld kaum aufzuwiegen.
Berühmt wurde Baikonur durch den Start der ersten Sputniks 1957 (›Sputnikschock‹) und den ersten bemannten Weltraumflug von Juri Gagarin 1961, der ebenfalls hier begann. Alle sowjetischen und portsowjetischen Weltraummissio-

Baikonur, Raketentransport-Vorrichtung und Startrampe

nen sind mit Baikonur verbunden, doch inzwischen könnten die Raketen auch von den neuen russischen Kosmodromen Wostochnyj und Plessetsk starten. Noch aber kann man hier beim Start in unmittelbarer Nähe der Rampen zugegen sein, wenn man es schafft, eine Genehmigung zu bekommen. Damit sollte man zwei Monate vor dem Termin beginnen, und man benötigt dafür die Hilfe eines autorisierten Veranstalters (z.B.: http://starcity-tours.com). Andernfalls ist die Erscheinung eines Raketenstarts auch von der Trasse Baikonur–Qyzylorda aus zu sehen, 30 bis 50 Kilometer vom Startplatz entfernt, preiswerter ist das allemal.

Auch die **Stadt Baikonur** am Syrdarja (früher Leninsk) darf ohne Erlaubnis und Eintrittsgeld durchfahren werden. 70 000 Menschen bewohnen diesen musealen Ort aus sowjetischen Plattenbauten. Das **Museum der Geschichte des Kosmodroms** (Pionerskaja 16, spacemuseum@rambler.ru, www.museum-baikonur.ru) und die bescheidenen **Häuschen von Juri Gagarin** und dem **Raketenkonstrukteur Sergej Koroljow** zeigen die menschliche Dimension der Erschließung des Kosmos.

Aralsk und Aralsee

Den ehemals viertgrößten See der Erde zu finden ist nicht einfach. Das Städtchen Aralsk (kas.: Aral) lag früher am Ufer, aber jetzt rosten die Hafenkräne viele Kilometer entfernt vor sich hin, im Hafenbecken stehen faulige Pfützen.

Der See, früher von den Anwohnern liebevoll Meer genannt, bis in die 1950er noch 68 000 Quadratkilometer groß, ist weg. Etwas Ähnliches war im Mittelalter schon einmal passiert, laut Aufzeichnungen des Hofgeografen Schachruch Hafiz-i-Abru aus dem Jahre 1417, die besagen, dass das ›Meer von Choreznien‹ (der Aralsee) nicht mehr existiert und die ›Wasser des Dzhejhun‹ (Amudarja) sich ›einen neuen Weg zum Ha-

Der Aralsee von 1960 bis heute

Junge mit Kamel in Aralsk

zarischen Meer‹ (dem Kaspischen Meer) gebahnt haben. Als Beweis können auch mittelalterliche Siedlungsreste auf dem Seegrund dienen.

Doch die heutige Katastrophe ist menschengemacht. Die gigantomanischen sowjetischen Bewässerungsprojekte haben den Aral das Leben gekostet, die beiden Zuflüsse Amudarja und Syrdarja müssen all bzw. fast all ihr Wasser an die Baumwolle und wachsende Großstädte verschenken. Vom Gletscherwasser des Amudarja kommt in normalen Jahren gar nichts mehr auf der usbekischen Seeseite an. Hier ist der See de facto nicht mehr existent, bis auf einen schmalen Streifen im Westen, der keinen Zufluss mehr hat. Das Wasser des Syrdarja schafft es teilweise noch bis zum Kleinen bzw. Nördlichen Aral. So heißt der Teil des Sees, der durch ein System von Sperrwerk und Damm gerettet wurde, welches verhindert, dass das im Norden zuströmende Wasser nach Süden abfließt und dort auf den trockengefallen Flächen des Großen Aral verdunstet.

Der knapp 3300 Quadratkilometer große **Kleine Aral** mit dem **Sperrwerk Aqqlaq** und dem **Damm von Kökaral** kann besichtigt werden. Auch einige Dörfer, deren Bewohner Fische züchten und wieder in den Zufluss einsetzen bzw. wieder Fischfang betreiben, sind eine Reise wert. Vergeblich wird man allerdings die Schiffswracks suchen, die jahrzehntelang auf dem ausgetrockneten Grund lagen – die **Geisterschiffe** wurden als Schrott an die Chinesen verkauft. Nur Kamele ziehen als Wüstenschiffe durch die Aralkum – die Aralwüste. Serik Duisenbajew von der Organisation Aral Tengizi hilft bei der Organisation von Touren und Übernachtungen (serik_duisen@mail.ru).

Aqtöbe und Oral

Wer den Kasachstan-Abschnitt der neuen Seidenstraße vollständig abklappern will, kommt unweigerlich noch durch Aqtöbe (russ.: Aktjubinsk) und Oral (russ.: Uralsk). Beide Städte sind für Zwischenstopps mit Übernachtungen geeignet und lohnen für Reisende mit etwas Zeit auch ein genaueres Hinschauen. In Aktöbe bietet Botagoz Krambajewa interessante Touren durch Stadt und Umgebung an (zere-tour@mail.ru).

In Uralsk sollte man einen Spaziergang durch die **Altstadt** unternehmen – der Prospekt Dostyk (Druzhby) auf dem Abschnitt zwischen der Erzengel-Michael-Kathedrale und dem kleinen Pugatschow-Museum in der Nähe des Flusses ist außerordentlich sehenswert, und Abstecher nach links und rechts ins alte russische Viertel versetzen den Spaziergänger ins 19. Jahrhundert.

Aqtöbe/Oral

Flamingo, Aqtöbe, Mira 5/1, flamingo_aktobe@mail.ru; EZ/DZ ab 10 000/14 000 Te. Freundlich, große Zimmer, originelles Restaurant ›Aviator‹ im sowjetischen Retrostil. **Pushkin**, Oral, Dostyk 148b; EZ/DZ ab 15 400/19 300 Te. Stilvoll, zentral. www.pushkinhotel.com

Kasachstan am Meer

Ein großes Stück Kasachstan scheint mit dem Rest der Welt nur durch Pipelines verbunden: Die Kaspische Küstenlinie. Das Vorhandensein riesiger Öllagerstätten im Schelf des Kaspischen Meeres ist Kasachstans Reichtum und Fluch gleichzeitig. Die Gebiete Atyrau und Mangystau (kas. Mangghystau) sind die größten Geber in die Staatskasse, aber was haben sie vom Schwarzen Gold? Das Öl fließt durch die Pipeline weg, die Probleme bleiben am Ort: Armut in den Wüstendörfern, miserable Straßen, soziale Spannungen, merkwürdige Erkrankungen, sterbende Kaspi-Robben. Man hat zwar den beiden Gebietshauptstädten Atyrau und Aqtau eine Glitzerfassade verpasst, aber die Dörfer und Kleinstädte der Region am Kaspischen Meer kann man nur als abgehängt bezeichnen. Ein siebenmonatiger Erdölarbeiterstreik in der Kleinstadt Zhangaözen (Schangaösen, Zhanaozen) wurde im Dezember 2011 blutig niedergeschlagen, die genaue Anzahl der Toten wird bis heute geheim gehalten.

Muschelkalk am Ufer des Kaspischen Meeres

Wer hierher reist, tut es nicht wegen der Ölfelder, obwohl der Kontrast von Ölpumpen und Kamelen schon das eine oder andere Foto wert ist. Man kommt eher nicht wegen der Ölmetropole Aqtau und schon gar nicht wegen Atyrau. Die wenigen Reisenden, die sich von der nicht vorhandenen Infrastruktur und den trotzdem horrenden Preisen nicht abschrecken lassen, wollen die kreideweißen Cliffs des Ustjurt-Plataus sehen, die pittoresken Berge von Aqmyschtau, die Canyons, riesigen Nekropolen und Sufi-Höhlen. Archäologen behaupten, diese Gegend von Kasachstan hätte mehr Schätze zu bieten, als der gesamte ›Rest‹ des Landes. Um an all diese magischen Orte zu gelangen, braucht man unbedingt ein sehr gutes Fahrzeug (besser zwei, zu Abschleppzwecken), Campingausrüstung und eine ortskundige Begleitung samt durchdachter Vorbereitung, denn nach wie vor sind die Sehenswürdigkeiten nicht ausgeschildet und teilweise auch nicht ohne Sondergenehmigung zu bereisen.

Das Kaspische Meer

Das Kaspische Meer ist abflusslos und hat keine Verbindung zu den Weltmeeren. Mit 386400 Quadratkilometern Wasserfläche ist es der größte Binnensee der Erde. Sein Wasserspiegel liegt 28 Meter unter dem Meeresspiegel, sein salziges Wasser ist der Rest des alten Binnenmeeres Paratethys, und die bizarr erodierten, stufenförmigen Landschaften

▲ Karte S. 159

im Hinterland seines Ostufers zeigen deutlich, wie das Meer sich etappenweise zurückzog und seine Wellen über die Jahrmillionen die Gestade formten. Das Gebiet am Nordufer des Kaspischen Meeres ist nicht von touristischem Interesse, Erdölarbeiten haben die versumpften Gebiete weitgehend zerstört, Störwilderer machen die Küste unsicher. Das Ostufer aber zwischen Fort Schewtschenko und der kasachisch-turkmenischen Grenze und vor allem das Hinterland bis zum Plateau Ustjurt sind ein Eldorado für Abenteurer, Fossiliensucher und Landschaftsfotografen. Dieses Gebiet wird Mangystau oder (ein Teil davon) Mangyschlaq genannt, eigentlich myng qystau (tausend Winterweiden) oder myng qishlaq (tausend Dörfer). Beide Bezeichnungen deuten darauf hin, dass es hier vor langer Zeit einmal fruchtbares Weideland und viel mehr Siedlungen gegeben hat als heute. Zahlreiche verlassene und versalzende Brunnen in der Wüste sprechen eine beredte Sprache. Heute gibt es in Mangystau außer der Gebietshauptstadt Aqtau, der Hafenstadt Fort Schewtschenko/Bautino und der Erdölarbeiterstadt Zhangaözen nur ein reichliches Dutzend Dörfer.

Weiterreise nach Usbekistan

Mangystau ist durchaus nicht die Sackgasse, für die es von vielen gehalten wird. Es gibt die Möglichkeit, einen Aufenthalt hier mit Usbekistan zu verbinden. Der Übergang Tazhen/Karakalpakiya nach/von Usbekistan 87 Kilometer südöstlich von Beineu ist für Touristen problemlos zu überqueren, sie werden nach Anmeldung am Kontrollpunkt ohne Anstehen an den langen Schlangen der usbeki-

Die Halbinsel Mangyschlak

Kasachstan

Wilde Tulpen auf der Piste

schen Arbeitsmigranten vorbeigelassen. Die Straße soll 2019 vollständig asphaltiert werden.
Der Übergang Temirbaba/Karabogas nach/von Turkmenistan, 323 Kilometer südlich von Aktau, ist im Moment nur für den Frachtverkehr geöffnet.

Aqtau (Aktau)

Die meisten kommen per Flugzeug, denn die Anreise per Auto ist mühsam - miserable Piste von Norden, schwieriger Nachbar im Süden. Eine Zugverbindung gibt es auch in beide Richtungen, aber das Reisetempo der Züge und die Entfernungen sind mit den Urlaubsfristen der meisten Menschen nicht kompatibel.
Aqtau am Steilufer des Kaspischen Meeres hieß bis 1991 Schewtschenko. Die Stadt wurde erst 1961 gegründet, nachdem man unweit von hier Öl und Uran gefunden hatte. Das Uran wurde auch eingesetzt, um den ersten schnellen Brüter weltweit zu betreiben: unter anderem für die Meerwasserentsalzung, denn Trinkwasser gibt es hier nicht. Heute ist er stillgelegt.
Sowjetische Wohnblocks der 50er, 60er, 70er und 80er Jahre, gebaut aus dem weiß-rosafarbenem Muschelkalk der Region, sind in nummerierten Vierteln geordnet, was der Aqtau en Eindruck eines riesigen Architekturmuseums verleiht. Kasachstans erster Überseehafen befindet sich im Süden der Stadt. Das **Ethnographische Museum** im 9. Mikrorayon neben dem Supermarkt Ardager lohnt einen Besuch. (Mkr. 9, Haus 23A, www.muzey.kz; Di-Fr 9–18, Sa/So 10–17, Pause 12.30–14 Uhr)
Aqtau ist mit seinen zahlreichen Businesshotels, Restaurants und Geschäften der perfekte Ausgangspunkt für einen Kurztrip entlang der Küste oder/und eine Offroad-Tour ins Hinterland. Den nächsten und einzigen Supermarkt gibt es in Zhangaözen, die Dörfer haben nur winzige Läden mit schmalem Angebot.

▲ Karte S. 159

Aqtau

Vorwahl: +7/7292

In der Stadt gibt es keine Straßennamen, sondern sogenannte Mikrorajons (Mkr., Stadtviertel), die Nummern tragen.

Flughafen (SCO) 30 km nordöstlich der Stadt. Täglich Flüge aus/nach Almaty, Astana, Atyrau und Aktöbe, mehrmals wöchentlich aus/nach Qyzylorda, Uralsk, Kökschetau und Schymkent, Moskau u.a. GUS-Städte, Istanbul. www.aktau-airport.kz

Züge von/nach Almaty, Astana, Aktöbe, Atyrau.

Station Mangyschlaq, 20 km außerhalb der Stadt, Tel. 462315.

Busbahnhof im Mkr. 28, an der Kreuzung zu den Mkr. 26, 27 und 28a, Tel. 400228.

ÖPNV: Es gibt ein Busnetz.

Autovermietung: Hertz, Mkr. 5, KKS Office Komplex, Raum 115, Tel. 458803; Mo–Fr 9–18.

Renaissance Hotel Aktau, Mkr. 9, direkt an der Uferstraße; EZ/DZ ab 43 200 Te. Bestes Hotel am Platz, exzellente Küche, Meerblick. www.renaissanceaktau.com

Grand Hotel Victory, Mkr. 13/Haus 25a; EZ/DZ ab 26 000 Te. Panoramabar. www.grandhotelvictory.kz

Samal, Mkr. 15/am Ufer; EZ/DZ ab 20 000/25 000 Te. Klein, guter Service, Restaurants, eigener Strand.

Chagala Apart, Mkr. 1; DZ ab 23 500 Te. Apartmenthotel am Strand, eigenes Restaurant.
www.chagalagroup.com/operations/aktau

Silk Way, Mkr. 3, zwischen Haus 4 und 7; EZ/DZ ab 14 000/16 000 Te. Kleines Businesshotel in ruhiger Lage.
www.silkwayaktau.com

Aktau, Mkr. 2, Haus 66, reservation.aktauhotel@gmail.com; EZ/DZ ab 8 000/13 000 Te. Sowjetischer Charme von 1972 im Zentrum, renoviert, Meerblick.

Zherujyk, Mkr. 3A, Haus 15/1; EZ/DZ ab 7650/8400 Te. Einfach und gemütlich. www.zeruik.kz

Ravil', Mkr. 14. Schiffsattrappe am Ufer, mit Sommergarten.

Ellis, gegenüber dem ›Marriott Renaissance‹ an der Strandstraße. Gut und relativ preiswert, Livemusik.

Nautilus, Mkr. 4, im Obergeschoss des U-Boot-ähnlichen Gebäudes an der Uferstraße.

Metro, im Leuchttumhaus ›Majak‹. Chinesisch und italienisch, im Erdgeschoss Kegelbahn und Nachtclub.

Supermarkt Ideal im Handelshaus Ardager (Mkr. 9).

Basar (Mkr. 23).

Halbinsel Manqyshlaq

Eine Tagestour führt auf einer guten Straße nach Norden, wo der russisch geprägte Küstenort Fort Schewtschenko (Shevchenko) mit zwei interessanten Museen einen tiefen Einblick in die Regionalgeschichte gibt. Auf dem Hin- oder Rückweg kann man einem der wilden Strände einen Besuch abstatten, sollte sich aber vorher mit einer gewissen Resistenz gegen das Müllproblem wappnen.

Fort Schewtschenko

Fort Schewtschenko, ca. 100 Kilometer nördlich von Aktau, wurde 1846 von den Russen als Befestigungsanlage Nowopetrowsk gegründet, 1857 in Fort Alexandrowskij umbenannt und erhielt 1939 die heutige Bezeichnung – nach dem ukrainischen Nationalhelden, Poeten, Maler und Demokraten Taraz Schewtschenko, der hier von 1850 bis 1857 eine Strafe als Soldat verbüßen musste.

Das ihm gewidmete **Museum** im Haus des ehemaligen Fort-Befehlshabers ist mit seiner Kollektion von Gemälden des hierher Verbannten einen Besuch wert. Aus den Bildern erfährt man viel über das Alltagsleben der Kaspi-Kasachen im 19. Jahrhundert. Ergänzend dazu zeigt kleine **Ethnographische Museum** daneben eine liebevoll zusammengestellte Sammlung von Gebrauchsgegenständen aus kasachischen Auls der Umgebung, bereichert um Erklärungen russischer Gelehrter.

Ein Besuch von Fort Schewtschenko kann unschwer mit einer Zweitagestour über die Halbinsel Manqyshlaq verbunden werden, die sich nach Osten anschließt. Geprägt ist sie von einer Küstenlinie mit wild zerklüftetem Steilufer und einem niedrigen, aber markanten Gebirge, das sich in West-Ost-Richtung bis über die A33 Aqtau–Beineu zieht: den ›Schwarzen Bergen‹, Karatau.

Am Steilufer nördlich von der Straße Fort Schewtschenko–Schetpe sind folgende Punkte sehenswert und auch durch Pisten zugänglich:

Eine **Pilgerstätte im kleinen Canyon Tamschaly**, die **Nekropolen Uschtam**, **Kentty-baba** und **Aulije-aghasch** (ausgeschildert), die **Nekropole** und unterirdische **Moschee Sultan-Epe** am gleichnamigen Canyon (→ S. 165), der gewaltige **Abbruch Zhyghylghan** mit den versteinerten Spuren von Dreizehenpferden und anderen urzeitlichen Tieren (44.607233, 50.835158) sowie die **Canyons Kapamsaj** *44.500559, 50.898980* und **Schaqpaqatasaj**, *44.433501, 51.138180*.

Rätselhafte Kugeln

Zurück auf der Hauptpiste erreicht man den Ort Tauschyk (Tautschik) und östlich davon eine asphaltierte Straße zu den Ölfeldern von Qalamqas. An der Kreuzung kann man essen und tanken und fährt gleich ins nächste Abenteuer. Etwa sechs Kilometer östlich der Asphaltstraße liegen hunderte steinerne Kugeln bis zu drei Metern Durchmesser in der Landschaft am Fuß der Karatau-Berge herum, diese Ansammlung setzt sich punktuell fort bis zum Ort Schayyr (Schair) und darüber hinaus. Wissenschaftler haben nachgewiesen, dass es sich um Konkretionen vom Meeresboden handelt, der in der späten Kreidezeit, vor 80 Millionen Jahren, 170 Meter höher lag als heute. Den Kern dieser Kugeln bilden mineralisierte kleine Meereslebewesen, die allmählich konzentrisch viele mineralische Schichten angelegt haben.

Die Berge von Akmyschtau werden auch Tal der Schlösser genannt

▸ Karte S. 159

Nekropole bei Aqmyschtau

Scherqala und Qyzylqala

Der kleine Ort Schayyr am Fuß der Karatau-Berge ist ein perfekter Ausgangspunkt für einige spektakuläre Touren: Da wäre zum ersten der Solitär-Berg Scherqala (›Tigerstadt‹, 44.256053, 52.003492), der wie eine riesige weiße Jurte aussieht, in der Nachbarschaft die kleine Oase Aqmysch und dahinter die Ausgrabungsstätte der alten Karawanenstadt Qyzylqala. Alles deutet darauf hin, dass die ›Rote Stadt‹ im Mittelalter das Zentrum von Mangyschlaq gewesen ist und dass die Region in der älteren Geschichte eine weitaus größere Rolle gespielt hat als bisher vermutet. Nicht immer ist das Klima hier so unwirtlich trocken gewesen, etwa 1500 vor unserer Zeit hat es östlich des Kaspischen Meeres sesshafte Zivilisationen, Ackerbau, Handwerk und Handel und eine dichte Besiedlung gegeben.

Aqmyschtau – Tal der Schlösser

Von Schayyr eine knappe Stunde Jeep-Fahrzeit nach Norden erreicht man das ›Tal der Schlösser‹. So nannte Taraz Schewtschenko die von ihm gezeichneten Berge Aqmyschtau 44.241164, 52.149072, einen der schönsten Plätze auf Mangyschlaq. Wundersam erodierte Berge in fast allen Farben umschließen halbkreisförmig eine grasbewachsene Ebene, auf der oft Kamele weiden. Ab 2019 soll hier jährlich im Mai das Ethnofestival Indigobay stattfinden (Info: indigobay@mail.ru).

Ustjurt-Plateau

Das 180 000 Quadratkilometer große, abgelegene, weitgehend wasserlose und deswegen fast unbesiedelte Plateau Ustjurt liegt zwischen Kaspischer Senke und den Resten des Aralsees. Mit seinen Wüsten- und Steppenlandschaften und den in Nord-Süd-Richtung verlaufenden Stufen (sog. Tschinks) erstreckt es sich von Kasachstan weit nach Usbekistan und Turkmenistan. Reisende mit Ziel Ustjurt wollen meistens die zerklüftete Steilstufenlandschaft sehen, die sich bis 150 Meter über ihre Umgebung erhebt und mit den dazwischen liegenden Salzseen fast außerirdisch wirkt, besonders im Frühjahr, wenn weite Teile der Ebene am Fuße der Tschinks unter Wasser stehen. Die geographischen Gegebenheiten und die nicht vorhandene Infrastruktur erlauben keine andere Annäherung als per pedes, Ross oder Kamel oder mit dem Hubschrauber bzw. hunderte Kilometer weit per Jeep – und das können sich nur wenige Besucher leisten. Trotzdem ist auch hier in den letzten Jahrzehnten die Anzahl der geschützten Tiere (Ustjurt-Mufflons, Dzhejran-Gazellen, Saiga-Antilopen) drastisch zurückgegangen. Schlagzeilen machte 2018 ein Leopard, der von einer Fotofalle erfasst wurde – offenbar ein Irrläufer aus den Bergen Turkmenistans.

Die **markantesten erreichbaren Punkte** des Plateaus sind Tuzbair am Abbruch südlich der Straße Aktau–Beineu 44.043575, 53.231435, der

Bei Bozzhira ist nur Zelten möglich

Berg Boqty, 40 Kilometer östlich von Senek 43.422809, 53.798088, und das weiße Kalkmassiv Bozzhira, etwa 70 Kilometer östlich dieses Oasendorfs 43.415756, 54.071858. Schwer zugänglich ist die Formation Uschbatyr 40 Kilometer nördlich der kasachisch-turkmenischen Grenze; Aussichtspunkt: 42.604315, 54.307084. Fünf Einzelberge scheinen über einer weißglänzenden Salzpfanne in der flachen, weiten Senke Qaryngzharyk zu schweben.

Für Boqty, Bozzhira und Uschbatyr braucht man eine Genehmigung des Zapowedniks Ustjurt, die Verwaltung befindet sich in Zhangaözen. Lokale Reiseveranstalter können behilflich sein (www.silkadv.com, aasta@list.ru).

Anreise: Für eine Tour zum Plateau sollte man mindestens zwei, besser drei bis fünf Tage einplanen. Die beiden einzigen Zufahrtswege verlaufen von Aqtau über **Zhangaözen**, **Özen** und das malerisch gelegene Oasendorf **Senek** (bis hierher Asphalt) und dann über Sand- und Lehmpisten bis Schopan-Ata und Beket-Ata (→ S. 165) zum Fuß der zerklüfteten Kalkwände des westlichen Tschinks bzw. von der Straße nach Beineu über Tuzbair nach Süden am Cliff entlang; sie lassen sich zu einer Rundtour verbinden.

An wenigen Stellen nur kann man das Plateau per Jeep oder zu Fuß erklimmen. Ein ortskundiger Fahrer/Guide sollte dabei sein, das Geflecht von Pisten ist unüberschaubar. Man sollte ausreichend Wasser mit sich führen, denn intakte süßwasserführende Brunnen sind kaum zu finden.

Unterirdische ›Moscheen‹ und Nekropolen

Zahlreiche, zum Teil recht große Karsthöhlen in den Cliffs von Ustjurt und Mangyschlaq haben seit Jahrtausenden Tieren und Menschen Unterschlupf geboten, einige von ihnen wurden vor Jahrhunderten künstlich zu Wohn- und Meditationshöhlen erweitert. Sie sind heute noch als sogenannte unterirdische ›Moscheen‹ bekannt; einige von ihnen ziehen beträchtliche Pilgerscharen an. Man ist sich ziemlich sicher, dass in diesen Höhlen Sufis ihre Meditationszentren und Schulen hatten, die Namen künden davon: Sie heißen Beket-Ata, Schopan-Ata, Schakpak-Ata. Ata ist der Vater, auch ein geistiger Vater. Zu

▶ Karte S. 159

Lebzeiten der Väter versammelten sich Schüler an diesen entlegenen Orten. Nach dem Tode der Meister und deren Heiligsprechung entstanden riesige Friedhöfe in der Umgebung. Die Schüler und Anhänger wollten auch im Tod in der Nähe der hochverehrten Meister sein. Viele Nekropolen sind regelrechte Totenstädte, schon von weitem in kahlen Landschaft zu erkennen. Sehr alte turkmenische Gräber zeigen, dass diese Stämme hier schon lange siedelten, die kasachischen Gräber sind jüngeren Datums. Auf vielen der Muschelkalk-Grabplatten sind Symbole eingeritzt, die erkennen lassen, welchen Beruf der oder die Verstorbene ausgeübt hatte.

Sultan-Epe und Schakpak-Ata-Say

Die vier bekanntesten Sufi-Stätten der Region kann man in zwei Cluster gruppieren. Einer befindet sich an der Nordküste der Halbinsel Mangyschlaq. Sultan-Epe, der Schutzheilige der Fischer und Seefahrer, hatte seine Höhle am Rande des gleichnamigen Canyons *44.471523, 51.009444*, das Gelände wurde behutsam saniert. Schakpak-Ata ist die größte der Höhlen und mit ihrem kreuzförmigen Grundriss die außergewöhnlichste, sie befindet sich im Canyon Schakpak-Ata-Say *44.433501, 51.138180*. Die Kulisse mit der erodierten weißen Felswand und den zahlreichen Gräbern hat es sogar in Volker Schlöndorffs Film ›Ulzhan‹ geschafft.

Schopan-Ata und Beket-Ata

Die Höhlen für den Schutzheiligen der Hirten, Schopan-Ata *43.548197, 53.394483*, und den hochverehrten Beket-Ata *43.595382, 54.082435* gehören logisch zusammen und liegen unweit voneinander ca. 20 Kilometer nördlich bzw. 60 Kilometer nordöstlich (Luftlinie!) von Senek. Schopan soll der Lehrer von Beket gewesen sein, deswegen wird zuerst er besucht, dann Beket. Sein Höhlenkomplex, wo er mit seiner Familie wohnte, ist der ursprünglichste, in der Nachbarschaft befindet sich mit ca. 6000 Gräbern die größte Nekropole von Mangystau sowie eine Pilgerherberge.
Beket-Ata ist der populärste von den heiligen Vätern, zu seinem Ort hat sich eine regelrechte Pilgerindustrie entwickelt. Zusätzlich zur alten kleinen Gebetshöhle in der Steilwand unterhalb des Plateaus wurden eine Moschee und eine große Herberge errichtet, ein riesiger Parkplatz ist an den Wochenenden regelmäßig überfüllt.

Der Abbruch von Tuzbair ist verhältnismäßig einfach zu erreichen

Kasachstan

Kasachstanischer Altai

Im äußersten Nordosten des riesigen Landes hat sich ein Stück Sibirien versteckt: Ein Teil des Altai-Gebirges, das sich über das Grenzgebiet von Russland, der Mongolei, China und Kasachstan erstreckt. Kasachstan hat dabei den grünsten, weil feuchtesten Teil abgekriegt, mit Jahresniederschlägen von bis zu 2200 Millimetern. Leider ist der kasachstanische Altai für Ausländer immer noch eine Sackgasse: Man kommt hin, aber nicht weiter, da die Grenzübergänge zu Russland für Bürger von Drittländern geschlossen sind. Also muss man um des Altais willen hierher – und das lohnt sich durchaus.

Der nordöstliche Appendix des Landes ist immer noch stark russisch geprägt. Bereits zu Beginn des 18. Jahrhunderts hatte die zaristische Armee den Altai für die russische Krone erobert, nachdem sie den Irtysch aufwärts marschiert war und entlang des Flusses Festungen angelegt hatte: Omsk, Jamyschewsk, Semipalatinsk, Pawlodar, Ubinsk. 1720 folgte Ust-Kamenogorsk. Verschiedene Forschungsexpeditionen brachten recht schnell ans Licht, dass es sich bei den neuen Ländereien um einen reichen Zugewinn handelte. Der westliche Teil des Altai ist voller Erzlagerstätten und wird deswegen auch Erz-Altai, Rudnyj Altai, genannt. Es gab und gibt abbauwürdige Mengen von Zink, Blei, Kupfer, Gold, Silber, Wismut, Kadmium, Tallium, Selen, Indium, Quecksilber, Beryllium und seltenen Erden.

Relativ zügig begann man mit Umsiedlungsprogrammen sibirischer Kosaken und russischer Bauern in den Altai; die in Zentralrussland nicht wohlgelittenen Altgläubigen durften sich hier ansiedeln und auch Sträflinge wurden eingesetzt. Man brauchte Arbeitskräfte für den Abbau und Transport des Erzes zum Irtysch, von hier wurde es nach Westen verschifft. 1786 wurde am Oberlauf der Ulba ein bedeutendes Buntmetallvorkommen entdeckt, Schacht und Siedlung wurden nach dem Entdecker Philipp Ridder benannt. 1791 wurden bei Zyrjanowsk mit dem Abbau von Erzen begonnen. Als Alexander von Humboldt 1829 diese Regionen bereiste, waren sie durch den Silberabbau bereits zu beträchtlichem Wohlstand gelangt.

Noch heute ist Ust-Kamenogorsk das Buntmetallurgiezentrum des Landes. Der Konzerngigant KazZinc hat hier seinen Sitz (http://www.kazzinc.com).

Das alles muss man wissen, um das hiesige Völkchen zu verstehen. Es sind Metallurgen, Nachfolger von Siedlern, Soldaten und Gesetzlosen. Sie sind stolz auf sich, ihre Arbeit, ihre Region und ihre Eishockey-Mannschaft Torpedo, und ein bisschen störrisch sind sie auch, richtige Sibirjaken – aber in Kasachstan.

Ust-Kamenogorsk (Öskemen)

Ustkaman nennen es die Einheimischen und keiner sagt Öskemen, wie die Stadt jetzt offiziell heißt. Wer wissen will, wie eine russische Industriestadt im kasachischen Sibirien aussieht und tickt, sollte hier einen Tag lang spazieren gehen: Vom Sportpalast, wo Torpedo spielt, am Busbahnhof vorbei die Abaj-Straße entlang, links in die Woroschilow einbiegen, knapp zwei Kilometer bis zum **Kulturpalast der Metallurgen** gehen und diesen Palast der Arbeiter bestaunen, ab hier auf dem **Prospekt der Unabhängigkeit** reichlich zwei Kilometer zurückbummeln, vorbei an den Proletarierhäusern des 20. Jahrhunderts und am Park der Metallurgen zum Sportpalast am **Ufer der Ulba**. Mittagessen im Pizza-Blues,

▲ siehe Faltkarte

das ist Kult in Ustkaman. Dann über die Brücke zu den **Resten der Altstadt** in der Gorki- und Ordzhonikidze-Straße, Erholung im Zhambyl-Park oder im Park der Jugend, von einer Bank aus die Passanten beobachten. Am Südrand des Parks warten ein **Heimatkundemuseum** (Kaisenow 40) und ein **Ethnografisches Museum** (Kirow/Kaisenow) in zwei schönen alten Häusern. Wer noch Kraft hat, kann bis zur sogenannten **Strelka** gehen, wo die Ulba in den Irtysch mündet und wo die Festung gestanden hat. Auf der Uferpromenade kann man gut unter Bäumen träumen.

Dann aber sollte man so schnell wie möglich das Weite suchen, so gut ist die KazZinc-Luft nun doch wieder nicht.

Ust-Kamenogorsk

Vorwahl: +7/7232

Touren im kasachstanischen Altai organisiert und begleitet kompetent der Reiseveranstalter Premium-Tour in Ust-Kamenogorsk: director@ptour.kz (Valeria Topolnjak), auch Genehmigungen für das Grenzgebiet an Markaköl und Bjelucha können beschafft werden.

Flughafen (UKK). Täglich Flüge von/nach Almaty und Astana, wöchentlich nach Karaganda, Moskau, Nowosibirsk.

Umständlich, weil Sackgasse. Hauptbahnhof Zastschita, Leninogorskaja 99, am nordwestlichen Stadtrand, Tel. 501215. Hier kommen die Züge aus Almaty, Astana/Semey und Russland sowie Vorortzüge aus Ridder und Zyrjanowsk an. Zusteigemöglichkeit auch am kleineren Bahnhof Ust-Kamenogorsk an der Mysy/Burow.

Ecke Abaj/Krasin, Tel. 766626. Busse und Marschrutki in alle Städte der Oblast, nach Semey und Ridder, Überlandbusse bis Pawlodar und Astana sowie in die sibirischen Städte.

ÖPNV: Busse und sehr alte Straßenbahnen

Dedeman Oskemen Tavros, Permitin 11/1; ab 78 Euro. Neu, am Irtysch. www.dedeman.com

Gold Star, Krylow 86; DZ ab 19 000 Te. Klein, ruhig. www.goldstar.kz

Shiny River, Solnetschnaja 8/1; EZ/DZ ab 10 000/13 000 Te. Am Ufer der Ul'ba, gutes Restaurant. www.shinyriverhotel.kz

Irtysh, Auezow 22, Tel. 250985; EZ/DZ ab 9000/12 000 Te. Saniert, sowjetisch, im Zentrum. www.irtyshhotel.kz

Ust-Kamenogorsk, Kabanbaj Batyr 158; EZ/DZ ab 5000/8400 Te. Solide, im Zentrum, gutes Restaurant. www.hotel-oskemen.kz

Imbeer, Kazakhstan 64, gemütlich

Staryj Tbilisi, Protozanow 117. Georgisch und gut.

Pizza Blues (Kette); Tauelsizdik 1 und 46, Gorki 56. Preiswert, große Vielfalt.

Ausflüge von Ust-Kamenogorsk

Kalba-Rücken und Sibinsker Seen

Südlich der Stadt zieht sich ein kleines Granit-Schiefergebirge bis zum Stausee von Buchtarminsk: die Kalba. Wen es nur für ein paar Tage hierher verschlagen hat, für den sind die fünf Sibinsker Seen in den Ausläufern der Kalba ein nettes Ausflugsziel. 80 Kilometer südlich von Ust-Kamenogorsk schimmern sie wie Edelsteine in ihren Einfassungen aus sogenanntem Matratzengranit *49.438428, 82.578966*. Bei trockenem Wetter sind diese Berge ideal zum Klettern geeignet, zumal man vom oben einen phantastischen Ausblick auf die umliegenden Steppenberge und die

Seen hat. Das saubere Wasser der Seen kommt aus unterirdischen Quellen. Früher konnte man an den Ufern gut zelten, jetzt ist so ziemlich alles verbaut und leider auch vermüllt.

Alpen und Riviera

Der Erholungs- und Frischluftbedarf der Menschen aus Ust-Kamenogorsk ist beträchtlich, und so haben sich in den letzten zwei Jahrzehnten einige nette Resorts entwickelt, wo man zu erschwinglichen Preisen den allseits beliebten Urlaubsarten frönen kann: Ski und Strand. Winterurlaub ist zum Beispiel in den sogenannten Altai-Alpen 22 Kilometer nördlich der Stadt möglich: www.alps.altay.kz. Strandurlaub macht man in der Blauen Bucht am Stausee von Buchtarminsk, eine reichliche Fahrstunde nach Osten: www.auda.altay.kz. Wer einfach nur in den Wald will, kann das auch, zum Beispiel im Erholungsheim Izumrudniy Altai, www.izumrudniy.altay.kz.

Ridder und Westlicher Altaj

Von Ust-Kamenogorsk nach Nordosten erreicht man in zwei Stunden Ridder, das Tor zum Westlichen Altai. Auch Ridder ist eine alte, wiedererwachte Industriestadt, man wird die Atmosphäre interessant finden. Ein für diese entlegene Gegend überraschend gut gepflegter **Botanischer Garten** ist berühmt für seine Sammlung der Altai-Gehölze.

Die Sibinsker Seen

▲ siehe Faltkarte

Der **Naturpark Westlicher Altai** beginnt vor den Toren der Stadt, aber man wird sich ohne Hilfe nicht zurechtfinden. Wenn man vorhat, die Schönheiten der Nadelwald-Taiga mit rauschenden Flüssen, bizarren Felsformationen, artenreichen Kräuterwiesen, undurchdringlichen Wäldern aus Zedern, Tannen, Lärchen und Birken zu entdecken, sollte man sich vertrauensvoll in die Hände von ein paar Enthusiasten begeben, die in der Nähe von Ridder ein Projekt für CBT und eines für nachhaltige Jagd und Naturtourismus geschaffen haben. Hier kann man in uriger Blockhaus-Atmosphäre wohnen, sich deftig bekochen lassen und jede Menge Touren zu Fuß, Pferd oder Jeep in die Umgebung unternehmen. Abholung aus Ust-Kamenogorsk oder Ridder möglich.

Naturpark Westlicher Altai

Infos: Ljudmila Nikolajewna Winokurova, Ridder, Semipalatinskaja 9, Tel. +7/72336/4027, anvin64@mail.ru.
Ökodorf Poperechnoje: Tatjana Butvilene, butvilene@bk.ru, Skype: poperechka-tatjana,
oder Maria, lilisonmasha@mail.ru.
Naturcamp Tschornaja Uba, mitten in der Taiga: Natascha, borovaya_vs@mail.ru.

Die große Altai-Runde

Den zentralen Altai mit seinen mystischen Orten, für die er berühmt ist, sieht man erst, wenn man weit nach Osten fährt. Eine ganze Tagesreise ist es bis zum Nationalpark Katon-Karagaj, eher zwei Tage braucht man man zum Zapowednik Markaköl. Um nicht ein- und dieselbe Strecke hin und zurück zu fahren, empfiehlt sich eine sehr schöne Runde, die auch das vielgestaltige und farbenfrohe Altai-Vorland mit einbezieht

Herbst im Altai

und für die man drei bis vier Tage reine Fahrzeit braucht. Sollte man diese Tour genießen wollen, sind eher zehn Tage angeraten. Eine Campingausrüstung ist hilfreich, Fahren im Konvoi empfiehlt sich.

Stausee von Buchtarminsk und Zhaissan-See

Man nimmt die R157 von Ust-Kamenorgorsk nach Süden und überquert den Kalba-Rücken bis zur **Fähre über den Stausee von Buchtarminsk**. In diesem riesigen künstlichen Gewässer, einem der zehn größten Stauseen weltweit, wird seit 1960 der Irtysch angestaut. Früher war er durchgehend schiffbar bis zum Zhaissan-See (Zaissan, Saissan), inzwischen ist das wegen der Staumauer nicht mehr möglich. Aber die Fähre von Samarskoje bringt zuverlässig Autos und Menschen ans andere Ufer, wenn man es geschafft hat, sich an Deck zu drängeln – die Gepflogenheiten sind nicht die feine englische Art. Die Überfahrt ist ein Erlebnis. Es gibt noch eine zweite Fähre über den See, nördlich von hier bei Narym. Beide Fähren sind nicht mehr die jüngsten, aber robust. Sie fahren bei eisfreiem Wasser alle zwei Stunden bis zum Einbruch der Dunkelheit.

Am Ostufer nimmt man die Straße nach Süden, durch **Kujgan** und **Kurschim** (Kurchum), und erreicht hier die **Senke des Sees Zhajssan**. Der Wasserspiegel dieses flachen Sees lag früher niedriger, er wurde durch den Rückstau von der Staumauer stark angehoben. Das Nordufer des Zhaissan ist bekannt für seine **bunten, bizarr erodierten Lehmlandschaften**. Die beiden bekanntesten Stellen befinden sich in der Bucht von Schankelmes *48.069602, 84.165775* und im Wadi Kiin Kerisch *48.159706, 84.439962*. Nach der Schneeschmelze oder anhaltenden Regenfällen sollte man von einem Besuch dieser Orte wegen der aufgeweichten Lehmpisten absehen.

Marmorpass und Markaköl-See

Aus der Zhaissan-Senke geht es auf der R147 in großen Serpentinen hinauf zum **Marmorpass**, mit Blick auf die weiße Wüste Aqqum in China. Am Fuß des Anstiegs hinter dem Ort **Terekty** kommt man der chinesischen Grenze so nahe, dass man **Grenzgebiet** berührt, man sollte eine Erlaubnis für eventuelle Kontrollen dabeihaben.

Ein Stopp auf dem Marmorpass (1399 m) ist ein Muss, die Sicht nach Norden bei klarem Wetter ein Traum – bis zu den

Am Zhaissan-See

Blick vom Marmorpass nach China

Gebirgen Saur und Tarbagataj im Süden der Zhaissan-Senke kann man blicken. Auf einer Rüttelpiste fährt man noch zwei Stunden weiter zum **Markaköl**, einem eigentlich als Zapowednik streng geschützten großen Gebirgssee auf 1493 Meter Höhe, wunderschön inmitten von sanften Bergen und Lärchenwäldern gelegen. Ein einziges Dorf liegt am Ostufer des 38 Kilometer langen Gewässers, **Urunchaj** (Urunkhayka). Die Bewohner leben von Holzeinschlag und Jagd, ihren Kartoffeln, ihrem Vieh und Imkerei. Fischwilderei ist verbreitet, dabei ist der hier heimische Lachsfisch Uskutsch der Hauptgrund, warum der See streng geschützt ist.

Österreichische Straße

Von Zeit zu Zeit reißt der wilde Bergfluss Qaraqabe die Brücken weg, aber meistens gibt es eine Verbindung zwischen Urunchaj und der R163 im Tal der Buchtarma. Diese Strecke trägt den in ganz Kasachstan bekannten Namen ›Österreichische Straße‹ (Avstrijskaja Doroga), weil an ihrem Bau österreichische Kriegsgefangene aus dem Ersten Weltkrieg mitschuften mussten. Erst wenn man diese Piste über die beiden **Pässe Alatajskij** und **Burchat** einmal entlanggekrochen ist, kann man einschätzen, was das 1915 bedeutet haben muss (Filmtipp: Lana Berndl, Die Österreichische Straße, erhältlich bei lana.berndl@gmail.com). Für die knapp 50 Kilometer Berg und Tal sollte man den ganzen Tag einplanen. Vor allem die Ausblicke vom Burchat-Pass ins Tal der Buchtarma und nach Norden zum Doppelgipfel der Bjelucha können einem den Atem verschlagen. Bei der Ankunft im Tal der Buchtarma muss man sich entscheiden: Die Straße nach Westen führt zurück nach Ust-Kamenogorsk. Die Straße nach rechts führt ins mythische Schambhala.

Bjelucha und Umgebung

Für Anhänger der uralten schamanischen Naturreligion des Tengrismus und auch für Buddhisten ist das hier nicht irgendein Ort. Der Doppelgipfel der Bjelucha (auch Belucha, ›die Weiße‹) genau auf der Grenze von Kasachstan und Russland, mit 4506 Metern höchster Berg des Altai, ist heilig. Für die Tengrianer ist die Bjelucha Sitz der Urmutter Umaj, weibliches Gegenstück zum Gott des Himmels, Tengri, der am Khan Tengri seinen Thron hat. Für Buddhisten ist hier der spirituelle Mittelpunkt der Erde, Schambhala. Gegenüber vom Gipfel, hoch über dem Wasserfall Kökköl, liegt der kleine ›See

▸ siehe Faltkarte

des Gleichgewichts‹. Unweit von hier findet man die Ruinen der Barackensiedlung Kökköl, wo die Arbeiter hausten, die von 1938 bis 1954 auf 3000 Meter Höhe Wolfram und Molybdän förderten. Inzwischen darf man sagen, dass der Ort ein Teil des GULag war. Diese Orte am Fuß des Gipfels, jenseits der Gletscher, erreicht man nur per pedes, von den jeweils letzten bewohnten Orten (Hütten am Jazewoje-See, Kurheim Rachmanowskoje-See) benötigt man je zwei Tage (eine Richtung). Menschen mit spirituellen Weltbild nehmen diese Anstrengung gern auf sich, hin und wieder trifft man auf Pilger, seltener Bergsteiger. Die Bjelucha ist wegen des launischen Wetters schwer zu besteigen, der Aufstieg erfolgt meistens von der russischen Seite.

Nationalpark Katon-Karagaj

In der weiteren Umgebung des magischen Berges gibt es mehrere Orte, wo man sich richtig gut von der sogenannten Zivilisation erholen kann.

Im Dorf **Örel** (Uryl') hat der Geologe Mihalytsch (Jewgenij Jurtschenkow) ein uriges Gästehaus, er freut sich über Kleingruppen und zeigt ihnen gern und kundig die Umgebung bis zum Markaköl und bis zur Bjelucha (yym1946@rambler.ru, http://altaikz.kz).

Heiliger Berg: die Bjelucha

Unweit davon gibt es im **Vorwerk Jasnaja Poljana** eine liebenswürdige Unterkunft beim Künstlerehepaar Olga und Alexej *49.211990, 86.280221*. Der Nationalpark Katon-Karagaj hat einige Privatpensionen unter Vertrag, auch Touren werden angeboten: Information und Reservierung in der Verwaltung in Katon-Karagaj, katontourism@mail.kz oder bei ›TEK‹, etctek@mail.ru (Natalja Bloch).

Achtung: Für das Territorium östlich von Katon-Karagaj ist ein Grenzgebietspermit vonnöten. Ihre Gastgeber kümmern sich darum, wenn Sie ihnen mindestens sechs Wochen vor dem Besuch Ihre Pass- und Kontaktdaten schicken.

Die Kurgane von Tschilikty und Berel'

Außer Natur hat der Altai auch zwei hochinteressante historische Orte zu bieten. Im gesamten Steppengürtel vom Baikal bis zur Krim gibt es skythische Kurgane, aber die im Altai sind etwas ganz Besonders. Die hier bestatteten Herrscher wurden so im Permafrostboden abgelegt, dass sich in kürzester Zeit eine Eislinse um sie bildete, welche die Körper und alle mit begrabenen Artefakte ›schockfrostete‹ und somit konservierte. Der Klimawandel führt nun zum Auftauen des Permafrostbodens, es erfolgen Rettungsgrabungen. Dabei kommen sensationelle Funde ans Tageslicht, wie in den Kurganen von Berel' unweit der Bjelucha, wo man u.a. ein Fürstenbegräbnis mit großer Pferdebestattung aus dem 4. Jahrhundert vor unserer Zeit fand, oder die riesigen Kurgane von Tschilikty zwischen den Gebirgen Tarbagataj, Saur und Mangraq südlich der Zhaissan-Senke, wo ein außergewöhnlicher Goldschatz aus dem 8. bis 6. Jahrhundert vor unserer Zeit geborgen werden konnte.

Die urwüchsige, raue und wunderbare Natur formte in meinen Landsleuten das Bewusstsein von Brüderlichkeit und von Mut. Diese Menschen fühlten sich als Teil dieser Welt mit ihren Naturgewalten, ihren Launen und ihren Träumen.

Tschingis Aitmatow (1928–2008), Mein Land

Jurtenlager neben der Karawanserei Tasch Rabat

KIRGISTAN
КЫРГЫЗСТАН – KYRGYZSTAN

Das Reich der Himmelsberge

Kirgistan (Kirgisstan, Kirgisistan, Kirgisien, Kyrgyzstan) wird auch die Schweiz Zentralasiens genannt, und damit ist vor allem der Anteil der Hochgebirge an der Landesfläche gemeint.

90 Prozent des Landes liegen auf einer Höhe über 1500 Meter. Die verzweigten Gebirgszüge des Tien Shan (chin. = Himmelsberge) im Norden, Osten und im Zentrum von Kirgistan, die lange Kette des Alai und der nördliche Zug des Pamir geben dem Land sein unverwechselbares Gepräge. Durch die natürlichen Bedingungen ist hier die dominierende Wirtschaftsform der extensiven Weidewirtschaft geradezu vorgegeben – und so trifft man noch heute auf den Hochgebirgswiesen die Sommernomaden mit ihren Herden und den typischen runden Filzzelten, den Jurten.

Die Ebene des Tschüj im Nordwesten und das Fergana-Becken im Süden machen eine Ausnahme. Das Vorhandensein von ausreichend Wasser von den Gletschern der Hochgebirge und ein mildes Klima mit einer langen Vegetationsperiode erlaubt hier den Anbau fast aller Ackerkulturen, Obst- und Gemüsesorten. Sogar am Yssyk-Köl, dem bei Reisenden so beliebten ›kirgisischen Meer‹ auf 1600 Meter Höhe, gedeihen noch Äpfel und Aprikosen, Tomaten und Zucchini.

Als erstes und bisher einziges Land in Zentralasien kann sich Kirgistan einer parlamentarischen Regierungsform rühmen, die sich an demokratischen Normen orientiert. Das streitbare kleine Gebirgsvolk hat bereits zweimal Präsidenten wegen Machtmissbraucht aus dem Amt gejagt.

Kirgistan mit seinen großartigen Landschaften und seiner bis heute bestehenden Alltagskultur der halbnomadischen Viehzucht ist ein lohnendes Reiseziel, zumal man das Land seit 2012 visafrei besuchen darf. Es gibt eine relativ gute touristische Infrastruktur, die Preise sind moderat.

Kirgistan, Übersicht

Bischkek

Hochhäuser schießen durchs Blätterdach der alten Eichen und Platanen, hupender, zähfließender Verkehr von morgens bis abends, die Berge des Ala-Artscha so nah – und doch fast unsichtbar im Dunst. Außerhalb des Zentrums pulsieren riesige Märkte, auf denen ein Großteil der Bevölkerung des Landes versucht, irgendwie über die Runden zu kommen. Bischkek (Bishkek) eignet sich gut als Anfangs- und Endpunkt einer Rundreise durch Kirgistan, aber auch als Zwischenhalt für eine größere Tour durch Mittelasien. Ein passabler internationaler Flughafen mit benachbartem neuen Inlands-Terminal ermöglicht eine glatte An- und Weitereise, für Eisenbahnfreunde ist sogar die Anfahrt mit dem Zug möglich – einer der schönsten Bahnhöfe der ehemaligen Sowjetunion erwartet sie. Ins benachbarte Kasachstan ist es nur ein Katzensprung – mit Taxi oder Marschrutka braucht man nur vier bis fünf Stunden nach Almaty.

Offiziell leben 1,045 Millionen Menschen in der grünen Stadt am Nordrand des Ala-Artscha-Gebirges. In Wirklichkeit sind es mehr. Nach Bischkek zieht es zahllose Glücksritter aus jenen Gebieten, in denen das Überleben schwer ist. Dazu kommen die Pendler: Zehntausende Händler auf dem Dordoj-, Osch-, Alamedin- und Madina-Basar. Diese Märkte sind das finanzielle Rückgrat der Stadt, das eigentlich Zentrum der ›Seiden‹straße – von hier aus werden auch die Nachbarländer versorgt. Wenn man sich durch den dicken Stau quält, muss man zweifellos zu dem Schluss kommen, dass halb Kirgistan hier auf den Beinen bzw. auf den Rädern ist. Reich scheinen diese Menschen nicht zu sein, und so fragt man sich unwillkürlich, für wen man die zahllosen schicken Hochhäuser baut, die scheinbar wahllos in die alten, ehemals grünen und idyllischen Wohnviertel hineingesetzt werden und die ehemals lebenswerte Stadt des Charmes ihrer

Am Alatoo-Platz

grünen, weitläufigen Höfe berauben. Durch diese Verdichtung entsteht ein unglaubliches Verkehrschaos in der Metropole. Es gibt keine Metro, der öffentliche Nahverkehr ist schon längst an seine Grenzen gekommen. Für den neugierigen Bischkek-Reisenden empfiehlt sich daher ein Stadtspaziergang zu Fuß, möglichst mit Mundschutz. Ein paar Stunden unter alten Bäumen auf dem zentralen Tschüj-Prospekt zu flanieren ist garantiert erholsamer und interessanter, als eine Stadtrund›fahrt‹ im Stau. Die zahlreichen Cafés und Restaurants können aufkommende Pflastermüdigkeit schnell vergessen lassen.

Russisch-sowjetisch-kirgisische Geschichte

Bischkek ist eine junge Stadt. Sie entstand am Ort einer Kosakengarnison, die im Zuge der russischen Expansion nach Mittelasien im Jahre 1862 hier etabliert wurde. An diesem Kreuzungspunkt alter Karawanenwege hatte bereits der Khan von Kokand einen befestigten Handelsknotenpunkt betrieben. Im Jahr 1868 wurde der Ort Pischpek gegründet. Von diesem Zeitpunkt an wurde hier der größte Basar im Tschüj-Tal abgehalten.
Zeitzeugnisse aus der ferneren Vergangenheit sucht man also vergeblich – Bischkeks Stadtgeschichte beginnt im Jahre 1878, als der Ort Pischpek Verwaltungszentrum wurde und den Status einer Stadt erhielt. Planvoll wurde die Stadt angelegt, schachbrettartig, mit parallel zu den Straßen verlaufenden Aryqs und Baumreihen. Diese Anordnung sollte, wie auch in den Nachbarhauptstädten Taschkent und Almaty, eine gute Luftzirkulation gewährleisten.
In den 1920ern begann Pischpeks sowjetische Geschichte. 1924 wurde es zum administrativen Zentrum des Karakirgisischen Autonomen Gebietes bestimmt und 1925 zur Hauptstadt des Kirgisischen Autonomen Gebietes. Ein Jahr später erfolgte die Umbenennung der Stadt in Frunse (Frunze), zu Ehren des hier geborenen Michail Frunse, eines sowjetischen Generals, der im Bürgerkrieg gegen die Weißgardisten kämpfte. Eine große, wenn auch wenig bekannte Rolle beim Wachstum von Frunse als Zentrum des neuen Sowjetkirgistan spielte die Genossenschaft ›Interhelpo‹, ein Zusammenschluss von freiwilligen Übersiedlern vornehmlich aus der Tschechoslowakei, die der Entwicklung der Stadt und der Industrialisierung einen spürbaren Schub gaben. Mit der Errichtung der Kirgisischen Sowjetrepublik wurde Frunse 1936 deren Hauptstadt. In diesem Jahr wurde auch mit dem Bau des Passagierbahnhofs begonnen, damit die bereits 1924 in Betrieb genommene Bahnstation endlich ein würdiges Tor zur Stadt bekam.
Während des Großen Vaterländischen Krieges von 1941 bis 1945 wurden zahlreiche Betriebe aus dem europäischen Teil der Sowjetunion nach Mittelasien umgesiedelt, auch nach Frunse. Sie blieben auch nach dem Ende des Krieges und trugen dazu bei, dass der Ort von einem Provinznest zur richtigen Metropole wurde.

Deckenbild des Bahnhofs von Bischkek

▶ Karte S. 178

Brotstand auf dem Osch-Basar

Am 1. Februar 1991 wurde die Stadt auf Anweisung des Obersten Sowjets der Kirgisischen Sowjetrepublik in Bischkek umbenannt, wenige Monate später wurde Bischkek zur Hauptstadt des unabhängigen Kirgistan.

Bischkek ist die einzige Hauptstadt der ehemaligen mittelasiatischen Sowjetrepubliken, die nach der Entstehung unabhängiger Staaten politische Umstürze gesehen hat. Die sogenannte Tulpenrevolution vom 23. März 2005 fegte den bis dahin ersten Präsidenten Askar Akajew und seinen Clan hinweg. Am 7. April 2010 kam es zu einem zweiten Umsturz, in dessen Folge Akajews korrupter Nachfolger Kurmanbek Bakijew entmachtet wurde.

Sowjetisch-kirgisisches Potpourri auf fünf Kilometern

Die Hauptschlagader der Stadt ist der **Tschüj-Prospekt** (Chuy Avenue). Wenn man ihn vom Osch-Basar am westlichen Zentrumsrand gen Osten entlanggeht und hin und wieder einen kleinen Seitensprung nach links oder rechts unternimmt, hat man eigentlich fast alles gesehen, was Bischkek ausmacht. Wie an einer Schnur sind die wichtigsten öffentlichen Gebäude am Tschüj-Prospekt aufgereiht, zwischen ihm und dem parallel verlaufenden **Prospekt Dzhibek Dzholu** – ›Seidenstraße‹ – liegen zahlreiche Parks und Grünanlagen. Für die fünf Kilometer vom Osch-Basar bis zum Kaufhaus ZUM braucht man je nach Anzahl und Dauer der Zwischenstopps zwei Stunden bis einen ganzen Tag.

Osch-Basar

Trotz des Namens befindet er sich hier in Bischkek – aber der Name rührt unzweifelhaft von Kirgistans zweitgrößter Stadt Osch. Dort und im umliegenden Fergana-Tal wächst das meiste von dem, was in den Obst- und Gemüsehallen angeboten wird und für ausländische Besucher gewiss das gesuchte Kolorit ausmacht: Granatäpfel, Weintrauben, Melonen, Aprikosen, Pfirsiche, Feigen, Pistazien, Gewürze und anders mehr.

Bischkeks Einwohner jedoch kaufen auf diesem riesigen Markt bei weitem nicht nur Obst und Gemüse, sondern auch Fladenbrot, Reis und Mehl, Haushaltswaren samt Werkzeug, Gartenbedarf, Kleidung und Schreibwaren. Als Tourist kriegt man das vielleicht nicht mit – aber hier ist es billiger als in den Supermärkten, und

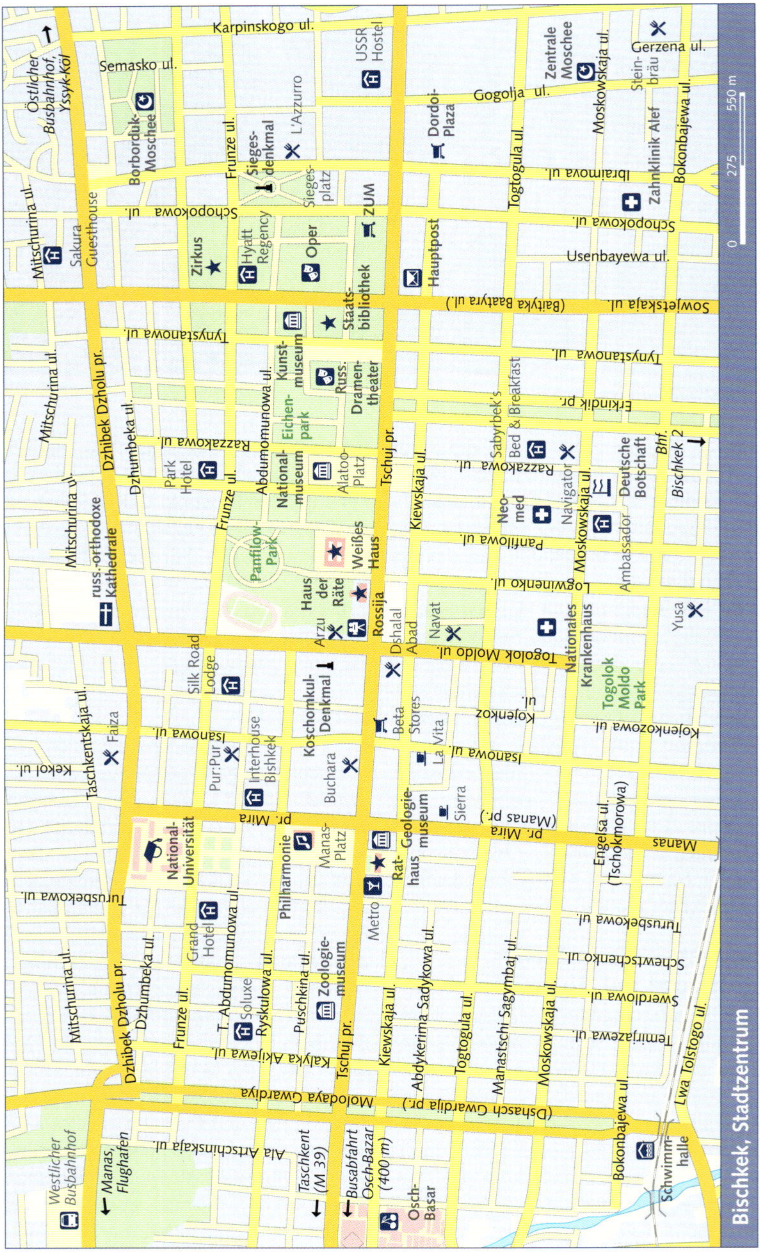
Bischkek, Stadtzentrum
0
275
550 m
Östlicher Busbahnhof, Yssyk-Köl
Karpinskogo ul.
Semasko ul.
USSR Hostel
Borborduk-Moschee
Mitschurina ul.
Sakura Guesthouse
Schopokowa ul.
Frunze ul.
Sieges-denkmal
L'Azzurro
Sieges-platz
ZUM
Dordoi-Plaza
Gogolja ul.
Zentrale Moschee
Gerzena ul.
Stein-bräu
Moskowskaja ul.
Togtogula ul.
Ibraimowa ul.
Zahnklinik Alef
Bokonbajewa ul.
Schopokowa ul.
Usenbayewa ul.
Zirkus
Hyatt Regency
Oper
Hauptpost
Sowjetskaja ul. (Baityka Baatyra ul.)
Tynystanowa ul.
Kunst-museum
Staats-bibliothek
Dzhibek Dzholu pr.
Abdumomunowa ul.
Eichen-park
Russ. Dramen-theater
Erkindik pr.
Sabyrbek's Bed & Breakfast
Dzhumbeka ul.
Razzakowa ul.
Park Hotel
National-museum
Alatoo-Platz
Tschuj pr.
Kiewskaja ul.
Navigator
Deutsche Botschaft
Bhf. Bischkek 2
Neo-med
Mitschurina ul.
russ.-orthodoxe Kathedrale
Panfilow-Park
Weißes Haus
Haus der Räte
Panfilowa ul.
Ambassador
Logwinenko ul.
Arzu
Rossija
Dshalal Abad
Navat
Nationales Krankenhaus
Yusa
Togolok Moldo ul.
Silk Road Lodge
Koschomkul-Denkmal
Beta Stores
Togolok Moldo Park
Kojenkoz ul.
Kojenkozowa ul.
Taschkentskaja ul.
Faiza
Kekol ul.
Isanowa ul.
Pur:Pur
Interhouse Bishkek
Buchara
La Vita
Sierra
pr. Mira (Manas pr.)
National-Universität
Philharmonie
Manas-Platz
Rat-haus
Geologie-museum
Metro
Engelsa ul. (Tschokmorowa)
Manas
Turusbekowa ul.
Grand Hotel
T. Abdumomunowa ul.
Soluxe
Ryskulowa ul.
Puschkina ul.
Zoologie-museum
Abdykerima Sadykowa ul.
Manastschi Sagymbaj ul.
Schewtschenko ul.
Swerdlowa ul.
Temirjazewa ul.
Lwa Tolstogo ul.
Kalyka Akijewa ul.
Molodaya Gwardiya (Dshasch Gwardija pr.)
Westlicher Busbahnhof
Manas, Flughafen
Ala Artschinskaja ul.
Taschkent (M 39)
Busabfahrt Osch-Bazar (400 m)
Osch-Basar
Bokonbajewa ul.
Schwimm-halle

natürlich muss man auch feilschen. Ist man vom Einkaufen müde oder hungrig, stärkt man sich geschwind in einer der zahllosen Kantinen auf dem Basar-Gelände, und weiter geht es. Die Zeit vergeht wie im Flug, und oft verlässt man den Ort des Geschehens schwer bepackt mit Nüssen, Trockenfrüchten und Souvenirs – ein Grund, zum Deponieren der Einkäufe ein Fahrzeug in der Nähe zu parken. Denn der Osch-Basar sollte am Anfang des Stadtspaziergangs liegen, morgens, wenn der Trubel hier erst beginnt und man selbst noch nicht pflastermüde ist.

Vom Osch-Basar bis zum Weißen Haus

Wir gehen vom Basar nach Osten, queren nach knapp 500 Metern den Boulevard der Jungen Garde (Molodaja Gwardija) und passieren das Kino ›Oktjabr‹; schräg gegenüber auf der anderen Straßenseite fristet das Zoologische Museum sein Schattendasein. Nach weiteren 500 Metern treten wir auf einen Platz, der von zwei Gebäuden aus den 1950ern geprägt wird: Das Gebäude mit dem Türmchen an der nordwestlichen Ecke wird von der **Internationalen Universität** genutzt, an der Südseite des Platzes prangt das **Bischkeker Rathaus**, flankiert von Nationalbank und Geologischem Museum. Gegenüber, auf dem Vorplatz der 1980 erbauten **Philharmonie** sieht man auf einer hohen Stele den **Nationalhelden Manas**, auf seinem Ross gleichsam über den Platz fliegend. Die Stele wird von vier Büsten der bekanntesten Manastschy (kirg: Erzähler des Manas-Epos) umringt, komplettiert wird das das Ensemble durch Manas' Frau Kanykej und seinen Berater Bakaj. Eine nach Manas benannte Straße führt als blumengeschmückte Fußgängerzone nach Norden zu den Gebäuden der Staatlichen Kirgisischen Universität.

Manas-Denkmal vor der Philharmonie

Von der Philharmonie bis zum Parlament

Nach abermals 500 Metern nimmt man die **Togolok-Moldoo-Straße** nach Norden. 200 Meter linkerhand erhebt sich das gigantische Denkmal eines Recken, der sein Pferd trägt. Das ist der legendäre **Kozhomkul** (gest. 1950), ein Ringer und Volksheld mit Riesenkräften aus der Suusamyr-Ebene. Der Sportpalast hinter ihm trägt seinen Namen. Gegenüber im ›Arzu‹ könnte man eine erste Pause einlegen.

Anschließend kehrt man zum Tschüj-Prospekt zurück, lässt das Kino ›Rossija‹

Das ehemalige Haus der Gewerkschaften

links liegen, passiert das **ehemalige Haus der Gewerkschaften** (Dom Sojuzow) mit seiner sowjetklassizistischen Fassade und historischem Portikus und erreicht dann das sogenannte **Weiße Haus**. 1985 als Zentrale der Kommunistischen Partei Sowjetkirgistans errichtet, beherbergt es heute Präsidentenpalast und Parlament. Das Gebäude, eine gelungene Mischung aus Sowjetklassizismus mit mittelasiatischer Ornamentik, umweht eine tragische Aura. Zweimal wurde es gestürmt, während der ›Tulpenrevolution‹ 2005 und beim Sturz von Bakijew 2010, als man wahllos in die Menge schoss. Am schmiedeeisernen Gitter vor dem Weißen Haus sind Steintafeln mit den Namen der Opfer angebracht. Ein Denkmal ca. 25 Meter weiter stellt drei Männer dar, die eine Mauer auseinanderschieben. Das dunkle Stück wird weggeschoben, um dem hellen Platz zu machen – der Sockel ist blutrot. Ein berührendes Symbol für die mühsam und unter großen Opfern errungene Freiheit.

Panfilow-Park

Nördlich ans Weiße Haus schließt sich der Panfilow-Park an, so benannt nach dem sowjetischen Generalmajor Iwan Panfilow, der im Zweiten Weltkrieg eine Kompanie aus überwiegend kirgisischen und kasachischen Soldaten befehligte, in der Schlacht um Moskau mit 27 seiner Leute heldenhaft fiel und dem Gegner dabei große Verluste zufügte. Trotz dieser tragisch-heroischen Geschichte ist das Gelände heute ein Vergnügungspark mit Riesenrad, Schaustellern und Imbissbuden.

Alatoo-Platz

Der riesige Alatoo-Platz östlich vom Weißen Haus ist das eigentliche Zentrum der Stadt. An bedeutenden Feiertagen finden hier Paraden statt. Die weißen Gebäude mit den vergoldeten Kuppeln an der Südseite beherbergen größtenteils Ministerien. Vor dem Landwirtschaftsministerium fällt eine Bronzestatue auf – sie zeigt den Dichter Tschingis Aitmatow (1928–2008). Der mächtige weiße Quader an der Nordseite gehört dem Staatlichen Historischen Museum, Baujahr 1984. 2019 soll es nach langer Renovierung wiedereröffnet werden. Seitlich vor dem Museum weht an einem langen F**ahnenmast** die kirgisische Flagge. Zu ihren Füßen wachen reglos zwei Soldaten in einem Glashaus, der beeindruckende Wachwechsel findet stündlich statt. Schräg dahinter, direkt

Das Nationalmuseum an der Nordseite des Alatoo-Platzes

▲ Karte S. 178

vor dem Museum, prangt ein **weiteres Manas-Denkmal**, genau an der Stelle, wo bis 2005 ein Lenin-Denkmal aufragte. Es steht jetzt an der Nordseite des Museums, immer noch relativ zentral. Bischkek ist damit die einzige postsowjetische Hauptstadt, die sich noch einen derart öffentlichen Lenin leistet. Unweit von ihm, am Nordwestende des Eichenparks, sitzen einträchtig seine Kollegen Marx und Engels.

Staatliches Historisches Museum (Nationalmuseum)

Seit einigen Jahren leider wegen Renovierung geschlossen. Die früher dominierenden Exponate zur Sowjetzeit sollen sich zukünftig in eine moderne Präsentation einzigartiger archäologischer, historischer, ethnographischer und kunsthandwerklicher Exponate einreihen, von denen das Museum 80 000 besitzt. Eine Jurtenhälfte mit Inventar soll eine Vorstellung von der Lebensweise der Nomaden vermitteln. Es ist zu hoffen, dass dann auch die Souvenirläden im Eingangsbereich wieder eine Fundstelle für Volkskunst, Bücher, Postkarten und allerlei Andenken werden.

Eichenpark

Östlich vom Historischen Museum gelangt man in den schattigen Eichenpark. An der dem Tschüj-Prospekt zugewandten Seite bieten kirgisische Gegenwartskünstler in einer **Freiluft-Galerie** ihre Werke zum Kauf an. Gleich nebenan fällt die Statue einer traditionell gewandeten Frau auf. Sie stellt **Kurmandzhan Datka** dar (1811–1907), die legendäre Fürstin der Alai-Kirgisen, die ihren Stamm lange im Kampf gegen die russische Besatzungsmacht führte (→ S. 62) Nach der Durchquerung des Eichenparks mit seinen zahlreichen Skulpturen (Resultate eines Plennairs aus längst vergangener Zeit) und seiner Brunnenanlage passiert man an seiner Ostseite das **Russische Dramentheater,** das den Namen Tschingis Aitmatows trägt. Es wird nur noch selten bespielt, da die meisten Schauspieler und große Teile des Publikums inzwischen ausgewandert sind.

Eine schöne Grünachse führt von hier nach Osten zum Museum der Bildenden Künste und zur Oper; rechts liegt die Nationalbibliothek. Die anmutige Skulptur für den Schauspieler Tscholponbek Bazarbajew auf der Allee zieht alle Blicke auf sich.

Museum der Bildenden Künste

Das nach Gapar Ajtiew benannte Museum befindet sich in einem marmorverkleideten Gebäudekomplex der Sowjet-Moderne aus dem Jahre 1974. Der Grundstock der Ausstellung wurde 1935 durch eine Schenkung der Moskauer Tretjakow-Galerie angelegt: Einige Dutzend Gemälde russischer Maler traten ihre Reise ins ferne Bischkek an. Komplettiert wurden sie im Laufe der Zeit von zahlreichen Gemälden und Skulpturen russischer und kirgisischer Künstler. Außerdem zeigt das Museum aus seinem reichen Fundus von 18 000 Exponaten Gegenstände des kirgisischen Kunsthandwerks und Wechselausstellungen von Fotografien und Malerei. (Sowjetskaja 196, Di–Fr 9–17).

Theater für Oper und Ballett

Bereits 1930 wurde im damals noch provinziellen Frunse die kirgisische Nationaloper gegründet. 1955 bekam sie eine würdige Spielstätte. Russische Architekten hatten das Opern- und Balletttheater ganz im heroischen Stil der Stalin-Ära geschaffen, mit mächtigem Säulenportikus und überlebensgroßen Figuren auf dem Dach. Das Haus wurde unlängst saniert und wird regelmäßig bespielt.

Platz des Sieges

Südlich der Oper steht das Denkmal für den Volkssänger und Manastschy Toktogul Satylganow (ein Museum für ihn befindet sich in der Toktogul 109, Mo–Fr 10–17, Mittagspause 12.30–13.30), nördlich versucht das Hyatt, mit der Oper zu konkurrieren. Nach Durchquerung des kleinen Parks zwischen Oper und Hotel erreicht man den Platz des Sieges mit dem sehr exponiert liegenden **Mahnmal des Großen Vaterländischen Krieges**. Die dominante Konstruktion in Form einer Jurtenkuppel mit der ewigen Flamme im Zentrum soll an die Gefallenen des Zweiten Weltkrieges erinnern. Dass nur drei Dachstangen anstelle der in Jurten üblichen 40 und mehr die Kuppel halten, verdeutlicht den großen Verlust der Kirgisischen Sowjetrepublik während des Krieges. Traditionsgemäß wird beim Tod eines Familienmitgliedes eine Stange aus der Jurtenkuppel entfernt. Von den 360 200 Männern, die die kriegsferne kleine Sowjetrepublik (mit ihren damals nur 1,7 Millionen Einwohnern!) an die Front schicken musste, kamen 90 000 nicht zurück. Sehr berührend sind auch die Skulpturen, welche die Jurte umgeben. An staatlichen Feiertagen werden am Mahnmal Blumen und Kränze niedergelegt, am 9. Mai (Tag des Sieges) endet hier eine Prozession. Nach wie vor kommen Hochzeitspaare zu diesem Ort, um die Gefallenen mit einem Strauß ehren.

Die Bischkeker Oper

Denkmal am Platz des Sieges

▸ Karte S. 178

Neue Moschee und russische Restposten

Nordöstlich vom Platz des Sieges entstand in den letzten Jahren mit türkischer Unterstützung die gigantische neue Borborduk-Moschee. In ihrer Umgebung findet man noch einige der russischen Häuschen aus der Zarenzeit, mit Schnitzwerk an Tor und Fensterläden. Die russisch-orthodoxen Gläubigen besuchen die Bischkeker Hauptkirche am Prospekt Dshibek Dsholu oder die Kirche des heiligen Großfürsten Wladimir.

Kaufhaus ZUM und Hauptpost

Südlich vom Platz des Sieges, wieder am Tschüj-Prospekt, wartet das Kaufhaus ›ZUM‹ auf Käufer. Ein solches ›Zentrales Universalmagazin‹ (Zentrales staatliches Kaufhaus) hatte jede sowjetische Großstadt. In der oberen Etage gibt es ein gutes Angebot an **Souvenirs und**

Kunsthandwerk. Den Spaziergang auf dem Tschüj-Prospekt schließen wir mit dem Besuch der Hauptpost schräg gegenüber dem ZUM ab. Der Quader mit dem Uhrturm hat sein Interieur aus den 1960er Jahren noch - sehenswert! Außerdem sind hier zuverlässig Briefmarken im Angebot - durchaus nicht selbstverständlich in Kirgistan.

Bahnhof

Das 1938 errichtete prächtige sowjetklassizistische Bahnhofsgebäude am Prospekt Erkindik 1a wird nur noch selten von Zügen angefahren, ist aber unbedingt sehenswert. Vorsicht: Fotografieren nicht erlaubt. Wenn man aber beim Aufsichtspersonal inständig darum bittet, die ›schönsten Wartesäle Mittelasiens‹ ablichten zu dürfen, kann es passieren, dass man nach Rückfrage beim Stationsvorsteher eine Ausnahmeerlaubnis erhält. Der bronzene Reiter gegenüber im Park stellt Michail Frunse (1885–1925) dar. Ein **Frunse-Museum** mit alten Fotos zur Stadtgeschichte befindet sich übrigens in der Frunse 364/Ecke Razzakow (Di–So 9–17).

Bischkek

Vorwahl: +996/312
Wechselkurs 2019: 1 Euro ca. 79 Som

Internationaler Flughafen Manas (FRU) ca. 30 km nordwestlich der Stadt, Inlands-Terminal daneben. Manas wird aus Istanbul und zahlreichen GUS-Städten angeflogen. Es gibt täglich mehrere Flüge nach Osch, außerdem Verbindungen nach Batken, Dzhalal Abad, Almaty, Astana, Taschkent und Duschanbe. www.airport.kg
Transfer Flughafen–Stadt: tagsüber Bus 380 (halbstündlich), sonst Taxi, 600–900 Som.

Zweimal wöchentlich Züge von/nach Moskau

Von 2 Busbahnhöfen sind fast alle Regionen des Landes zu erreichen.
Westlicher Busbahnhof, in der Dzhibek Dzholu/Tschimkentskaja, Busse Richtung Moskau u.a. russische Städte, Taschkent, Taraz, Almaty, Kaschgar. Busse und Marschrutki nach Talas, Naryn, Dzhalal Abad, Karakol und Bökönbaj.
Östlicher Busbahnhof, in der Dzhibek Dzholu 263/Osmonkul, Vorort-Verkehr ins Tschüj-Gebiet.

ÖPNV: Busnetz vorhanden, stauanfällig.

Taxiruf 976000, 976000, 667089, 434141. Im Stadtzentrum kostet die Fahrt mit einem Ruftaxi ca. 100–120 Som, mit ›Winktaxi‹ (viele Autofahrer arbeiten als Taxifahrer) 150–200 Som, nachts bis zu 50% teurer. Die Winktaxis sollte man nachts nicht alleine benutzen.

Hyatt Regency, Abdrachmanowa 191. DZ 250 US-Dollar. www.hyatt.com
Park Hotel, Orozbekowa 87. Ruhig und zentrumsnah. EZ/DZ ab 127/167 US-Dollar. www.parkhotel.kg
Silk Road Lodge, Abdumomunowa 229. Ruhig, zentrumsnah, DZ ab 100 US-Dollar. www.silkroad.com.kg
Smart Hotel, Abdrachmanowa 204. Modern, zentrumsnah. EZ/DZ ab 100/125 US-Dollar. www.smarthotel.kg
Grand Hotel, Frunze 428. Zentral, DZ 65 US-Dollar. www.grandhotel.kg
Asia Mountains, Linejnaja 1a. Zweckmäßig, nett. EZ/DZ 60/80 US-Dollar. www.asiamountains-hotels.com
Soluxe, Kalyka Akijewa 117, familiär, zentrumsnah. EZ/DZ 50/60 US-Dollar. www.soluxe.kg
Discovery, per. Orenburgskij 31. Neu, EZ/DZ 40/68 Euro. www.discoveryhotel.kg

Sakura Guesthouse, Mitschurina 38. Gepflegt. Bett ab 9 US-Dollar, DZ 25 US-Dollar.
http://sakuraguesthouse.web.fc2.com
USSR Hostel, Tschüj-Prospekt 127, Wohnung 132, ussr_hostel@mail.ru. Plattenbau im Zentrum, sauber und freundlich, guter Service, ab 15 US-Dollar.
Interhouse Bischkek, Manas Prospekt 91/2. Modern, im Zentrum. DZ ab 32 US-Dollar, Bett ab 12 US-Dollar.

▸ **Zentralasiatisch**

Dasmia, Gorkogo/Baityka Batyra. Südlich des Zentrums, kirgisisches Essen in der Jurte, stilvoll. www.dasmia.kg
Dzhalal Abad, Kiewskaja/Togolok Moldo, traditionelle Teestube, gutes Essen, kein Alkohol.
Faiza, Dzhibek-Dzholu 555 (Filiale an der Kreuzung Gorkogo/Tynystanowa/Mederowa). Kantinenatmosphäre, gute kirgisische Küche, preiswert, kein Alkohol.
www.faiza.kg
Navat, uliza Kiewskaja 114/1/Togolok-Moldo. Schönes Interieur, Livemusik, Touristengruppen, manchmal laut, gehobene Preise. www.navat.kg
Buchara, Tschüj 227/Isanowa. Usbekisches Interieur.
Arzu Style, Togolok Moldo 13, am Panfilow-Park. Reichhaltige Speisekarte, schöne Draußen-Sitzplätze, gehobene Preise, beliebt bei Reisegruppen. http://arzu.kg
Baraschek, Aaly-Tokombajewa 78, am südlichen Stadtrand, exzellente Fleischgerichte. www.barashek.kg

▸ **International**

Genatswale, Gorkogo 27/1, Einkaufszentrum ›Vefa‹, 4. Stock. Traditionelle, georgische Küche.
Pur:Pur, Abdumomunowa 259 A. Nett eingerichteter Künstlertreff, die georgische Besitzerin serviert persönlich gutes Essen und hausgemachten Wein.
Navigator, Moskowskaja/Razzakow. Schickes Ambiente, gute Küche, Garten, hochpreisig. www.navigator-cafe.kg
Steinbräu, uliza Gerzena 5. Eigene Bier- und Wurstherstellung, bayerische (!) Küche. www.steinbrau.com
Four Seasons, Tynystanowa 116a. Exzellente Küche im Grünen.

Coffeman, Togolok Moldo 40/1, verschiedene Kaffeesorten, grandiose Torten und Kuchen.
La Vita, Isanowa 80/Tschüj, beste Qualität zu annehmbaren Preisen.
Sierra Café, Manas 57/1, guter Kaffee, Imbiss, schnelles WiFi.

Staatliches Opern- und Ballett-Theater, Sowjetskaja 167. Aufführungen in russisch. www.operaballet.lg.kg
Philharmonie, Tschüj-Prospekt 253. Orchestermusik, ab und zu auch Folkloreaufführungen.
Bischkeker Dramentheater, Ogonbajewa 242. Ausländische und kirgisische Stücke
Staatliches Puppentheater, uliza Sowjetskaja 230a. Gute alte sowjetische Puppentheatertradition in russisch und kirgisisch. www.tk18.narod.ru

Auf dem **Osch**- und dem **Alamedin-Basar** gibt es alles, was das Herz begehrt, ebenso im **Einkaufstempel ZUM**, Tschüj-Prospekt 155, mit mehreren (allerdings nicht ganz preiswerten) Souvenirshops im Obergeschoss.
Einkaufszentrum Beta Stores 1, Tschüj 150a; tgl. 8–23 Uhr, mit großer Lebensmittelabteilung. www.betastores.kg
Tumar, Isanowa 80-2/Tschüj. Alles aus Filz, von traditionell bis originell.
www. tumar.com
Koldo Shop, Tschüj 136, Sozialprojekt: traditionelles Handwerk und Filzerzeugnisse.
Asia, Tschüj 134, Filzgegenstände und Schmuck
Buchladen Raritet, Puschkina 78, rechts neben dem Nationalmuseum im Untergeschoss, die beste Buchhandlung der Stadt.

▸ Karte S. 178

Kirgistans Norden

Von Bischkek aus lassen sich eine Reihe von Zielen im Norden des Landes mit einem Tagesausflug erreichen. Zahlreiche Reiseveranstalter in der Stadt (→ S. 448) bieten solche Touren an, ihre Flyer liegen in den Hotels aus. Ausflüge zum Wandern, Reiten oder Rafting sind möglich.

Nationalpark Ala-Artscha

Bischkeks schönster Schmuck sind die Berge des Kirgisischen Alatoo, die im Süden der Stadt aufragen. Die Berge in unmittelbarer Stadtnähe wurden 1976 als Nationalpark Ala-Artscha ausgewiesen. Ala Artscha bedeutet ›vielfarbiger Wacholder‹. Der bei den Völkern Zentralasiens heilige Wacholder ist zusammen mit der Schrenk-Fichte die am häufigsten anzutreffende Baumart am Nordhang des Gebirges. Der Nationalpark umfasst auf 194 Quadratkilometern Fläche die Schluchten des Flusses Ala-Artscha und seiner Zuflüsse sowie die umliegenden Berge mit rund 50 Gipfeln sowie etwa 20 Gletschern. Er reicht hinauf bis zum Peak Semjonow-Tien-Schanskij, mit 4895 Metern der höchste Gipfel des Kirgisischen Alatoo.

Der ganzjährig geöffnete Park ist ein beliebtes Ausflugsziel für Wanderer (Zelten ist erlaubt), Bergsteiger, Reiter, Skifahrer und Picknicker. Er ist mit dem Auto von Bischkek aus in einer knappen Stunde zu erreichen. Die Straße endet 12 Kilometer hinter dem Parkeingang am Hotel ›Ala-Artscha‹, unweit davon gibt es das Café ›V Alplagere‹, einen Campingplatz und Cottages.

Wanderwege im Ala-Artscha

Außer einem kurzen Spazierpfad am Fluss gibt es drei anspruchsvollere Wanderwege in die Berge. Die anstrengendste Route führt **nach Südosten** zur schlichten **Racek-Hütte** auf 3200 m, der einzigen Berghütte Mittelasiens. Viele Wanderer steigen nur das steile Stück bis zum Wasserfall (2 h), die wenigsten nehmen die ca. 5 Stunden Marsch zur Hütte auf sich. Man kann hier oben übernachten, Essen muss man mitbringen.

Von der Hütte gelangt man in etwa zwei Stunden zum **Tal des Aksaj-Gletschers,** das von den Gipfeln Korona (4860 m) und Swobodnaja Korea (Freies Korea!, 4778 m) mit seiner legendären, 1000 Meter hohen Nordwestwand flankiert wird. Acht weitere Viertausender und zahlreiche kleinere Gletscher schmücken diesen Teil des Parks.

Der beliebte **mittlere Weg** verläuft auf einem alten Fahrweg entlang des Flusses und erreicht nach ca. 10/22 Kilometern zwei nicht mehr genutzte Skigebiete.

Frühling im Ala-Artscha-Nationalpark

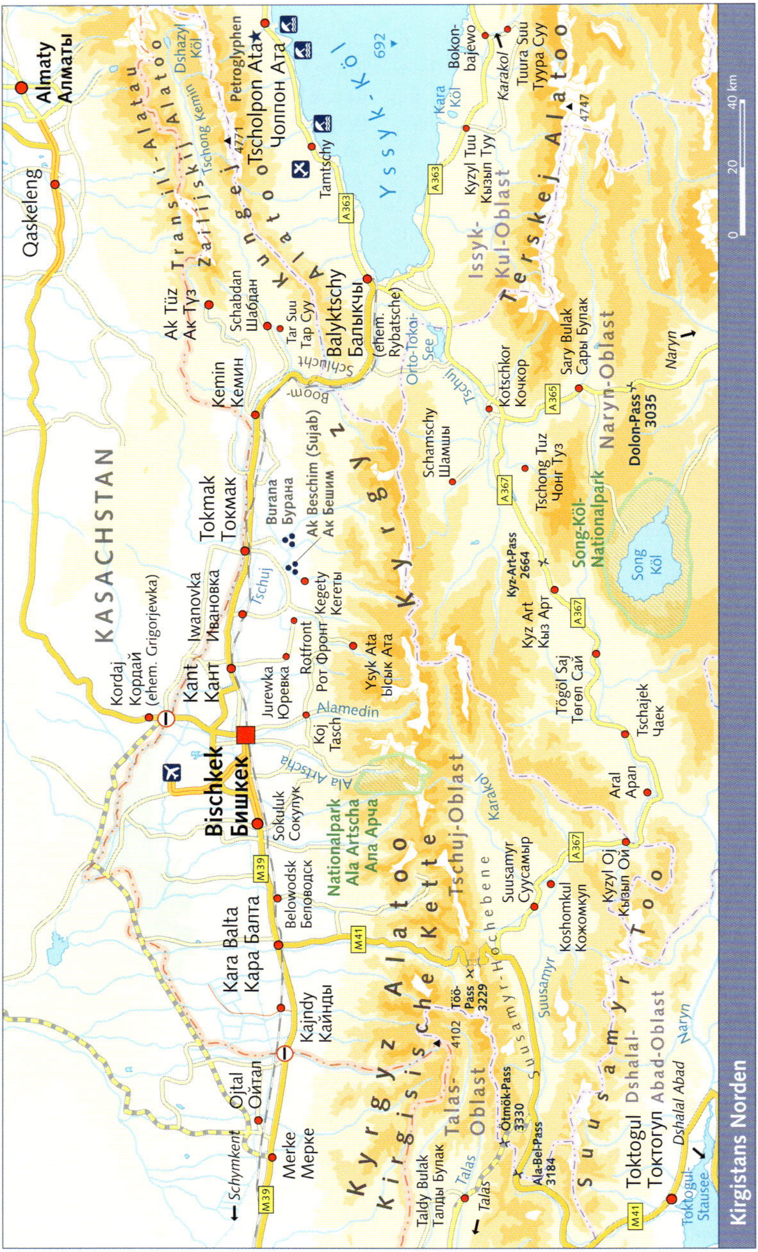
Kirgistans Norden
Almaty
Алматы
Qaskeleng
KASACHSTAN
Kordaj
Кордай
(ehem. Grigorjewka)
Kant
Кант
Iwanovka
Ивановка
Tokmak
Токмак
Kemin
Кемин
Ak Tüz
Ак Туз
Bischkek
Бишкек
Kara Balta
Кара Балта
Kajndy
Кайнды
Ojtal
Ойтал
Merke
Мерке
Schymkent
M39
M41
A363
A365
A367
Transili-Alatau
Zailijskij Alatoo
Kungej Alatoo
Dshazyl Köl
Tschong Kemin
4771
Petroglyphen
Tscholpon Ata
Чолпон Ата
Tamtschy
Yssyk-Köl
692
Schabdan
Шабдан
Tar Suu
Тар Суу
Boom-Schlucht
Balyktschy
Балыкчы
(ehem. Rybatsche)
Orto-Tokoi-See
Tschuj
Kara Köl
Kyzyl Tuu
Кызыл Туу
Bokonbajewo
Karakol
Tuura Suu
Туура Суу
4747
Issyk-Kul-Oblast
Terskej Alatoo
Kotschkor
Кочкор
Sary Bulak
Сары Булак
Naryn-Oblast
Naryn
Dolon-Pass
3035
Schamschy
Шамшы
Tschong Tuz
Чонг Туз
Song-Köl-Nationalpark
Song Köl
Kyz-Art-Pass
2664
Kyz Art
Кыз Арт
Tögöl Saj
Төгөл Сай
Tschajek
Чаек
Aral
Арал
Kyzyl Oj
Кызыл Ой
Koshomkul
Кожомкул
Suusamyr
Суусамыр
Suusamyr-Hochebene
Suusamyr-Too
Burana
Бурана
Ak Beschim (Sujab)
Ак Бешим
Kegety
Кегеты
Rotfront
Рот Фронт
Jurewka
Юревка
Ysyk Ata
Ысык Ата
Koj Tasch
Alamedin
Ala Artscha
Sokuluk
Сокулук
Belowodsk
Беловодск
Nationalpark Ala Artscha
Ала Арча
Kyrgyz Alatoo
Kirgisische Kette
Tschuj-Oblast
Karakol
Töö-Pass
3229
4102
Talas-Oblast
Ötmök-Pass
3330
Ala-Bel-Pass
3184
Taldy Bulak
Талды Булак
Talas
Toktogul
Токтогул
Toktogul-Stausee
Dshalal-Abad-Oblast
Dshalal Abad
0
20
40 km

Kenner und Freaks gehen, falls der Fluss passierbar ist, den Weg bis zur alten Skihütte im oberen Teil des Tales. Auch hier wird man mit dem Anblick imposanter Viertausender belohnt.
Nach **Südwesten** führt der dritte Weg, in das fast menschenleere, wunderschön bewaldete Tal des wasserfall- und fischreichen **Adygene-Flusses**, wo man nach ca. 8 Kilometern den Adygene-Gletscher unterhalb des gleichnamigen Gipfels (4393 m) erreicht. Unweit vom Beginn des Weges liegt, idyllisch in einem Lärchenwäldchen, ein kleiner, vom Bergsteigerverband gut gepflegter Friedhof für verunglückte Bergsteiger.

Täler bei Bischkek

■ Alamedin-Tal

Auch das Tal des Alamedin (Ala-Müdün) südöstlich von der City eignet sich für Tagesausflüge. Die Bischkeker kommen freilich meist nicht weiter als bis zur Forellenfarm in **Koj-Tasch**, zur Tawerna ›12 kaminow‹ oder zum Sanatorium bzw. den benachbarten Picknick-Plätzen. Im Sanatorium kann man Zimmer oder Bungalows zur Übernachtung mieten. Oberhalb der Einrichtung beginnt ein schöner Wanderweg ins Tal, der ca. fünf Kilometer gut begehbar ist. Wer weiter will, muss querfeldein.

■ Tschunkurtschak

Knapp vor der Straße ins Alamedin-Tal zweigt vom **Dorf Araschan** (ehemals Strelnikowo) eine Straße in ein Seitental ab, das bis vor kurzem als Geheimtipp galt. Es passierte das, was mit fast allen Geheimtipps passiert: Das Tal wurde berühmt und erschlossen. Im oberen Teil des Tales Tschunkurtschak ist es herrlich frisch, man kann wunderbar wandern und skifahren und genießt einen grandiosen Panoramablick auf Bischkek. Und so wurden fünf Sesselliftanlagen und ein Kinderschlepplift errichtet, ein paar Herbergen und ein Hotel, und ehe man sich versieht, ist es hier genauso turbulent wie anderswo (http://chunkurchak.kg).

■ Sokuluk-Tal

Ein beliebter Tagesausflug führt in die ca. 15 Kilometer westlich von Bischkek gelegene Kreisstadt Sokuluk und von hier ins gleichnamige Tal bis zum Dorf Tasch Bulak. In einer zweistündigen Wanderung erreicht man den etwa 100 Meter hohen Tauben-Wasserfall, mit Blick auf den Viertausender Pik Tschornyj Kreml (›Schwarzer Kreml‹). Eine dreitägige Trekking-Tour führt über den 3775 Meter hohen Sokuluk- Pass in die Suusamyr-Hochebene, bitte nur mit Guide!

Gedenkstätte Ata Bejit

Der Nationale Gedenkkomplex für die Opfer Stalinistischer Repression ›Ata Bejit‹ am Fuß der Berge westlich vom Dorf Tasch Döbö ist allen Kirgisen ein Begriff. Hier wurde am 5. November 1938 die Elite der jungen Kirgisischen Sowjetrepublik dahingemeuchelt: 137 Politiker, Künstler, Kulturschaffende wurden ohne Verurteilung heimlich erschossen. Unter ihnen war auch der Vater des Schriftstellers Tschingis Aitmatow. Die Stelle südlich von Bischkek wurde 1991 dank der Aussage einer Augenzeugin gefunden. Die Leichen wurden exhumiert und in einem Gemeinschaftsgrab beigesetzt. Auch Tschingis Aitmatow wurde hier 2008 beerdigt, gemäß seinem letzten Wunsch. Ein kleines Museum dokumentiert Stalins Terror gegen das eigene Volk und besonders gegen die nationalen Eliten.

Yssyk-Ata

An den Thermalquellen des Tales von Yssyk-Ata etwa 40 Kilometer südöstlich von Bischkek wurde bereits zu sowjetischer Zeit ein Sanatorium zur Heilung

Blick über Balasagun mit dem Minarett von Burana

von Erkrankungen des Bewegungsapparats, Hautproblemen und gynäkologische Beschwerden gebaut. Auch Wochenendgäste können hier oder im Mini-Hotel ›Ulaj‹ unterkommen und vor alpiner Kulisse schöne Tagestouren in die Seitentäler des Yssyk-Ata unternehmen. (Auch die östlich gelegenen Paralleltäler Kegety und Schamschy eignen sich gut zum Wandern.)

Im Hof des Sanatoriums steht ein in Stein gehauener Buddha mit tibetischer Inschrift aus dem 10. Jahrhundert, den man aus dem Tal geborgen hat. Überliefert ist, dass der Buddha noch im 19. Jahrhundert von den Einheimischen verehrt und mit Hammelfett eingerieben wurde. Möglicherweise stammt er aus einem der buddhistischen Tempel, die man bei Ak Beschim in der Nähe von Tokmak ausgegraben hatte und die mit dem frühmittelalterlichen Sujab, Hauptstadt der Völker des Siebenstromlandes, in Verbindung gebracht werden.

Bischkeker Reiseveranstalter bieten mehrtägige Aufenthalte an. (→ S. 448). Man kann auch mit Marschrutkas vom östlichen Busbahnhof in Bischkek anreisen.

▲ Karte S. 186

Tschüj-Ebene und Tokmak

Die breite, fruchtbare Tschüj-Ebene gehörte zu den bevorzugten Siedlungsgebieten der der durch den Zaren an der Wende vom 19. zum 20. Jahrhundert angesiedelten Slawen, deswegen gibt es auch heute noch relativ viele Russen und Ukrainer und sogar ein paar Deutsche in den Dörfern. Die ehemalige Garnisonsstadt Tokmak, 50 Kilometer östlich von Bischkek, bietet sich als Ausgangspunkt für Streifzüge durch diese historisch interessante Kulturlandschaft an.

■ Rotfront

Das Dorf mit dem merkwürdigen Namen wurde als ›Bergtal‹ von deutschen Mennoniten gegründet, die zum Ende des 19. Jahrhunderts aus dem Gebiet der mittleren Wolga kamen und sich in den fruchtbaren Ebenen von Talas und Tschüj ansiedelten. Angehörige dieser Religionsgemeinschaft waren im 18. Jahrhundert nach Russland ausgewandert, weil sie hier von der Wehrpflicht befreit waren. Als der russische Zar zum Ende des 19. Jahrhunderts die Wehrpflicht für die Mennoniten einführte, zogen die meisten weiter, einige auch nach Mittelasien. Rotfront heißt der Ort seit 1931, und immer noch lebt ca. ein Dutzend deutscher Familien hier. Auf dem Grundstück Podgornaja 24 befindet sich im Haus des Lehrers Wilhelm Lategahn ein sehenswertes Museum zur Geschichte der Deutschen in Kirgistan. Kontakt: Wilhelm.Lategahn@gmx.de

Man erreicht das Dorf über die Ausfallstraße von Bischkek zum Yssyk-Köl, in Kant nach rechts in Richtung Jurewka, in Jurewka der Hauptstraße nach links folgend bis Rotfront.

Burana und Balasagun

15 Kilometer südlich von Tokmak erhebt sich weithin sichtbar das wichtigste architektonische Denkmal des gesamten Landes: das berühmte Minarett von Burana. Es hatte ursprünglich eine Höhe von über 45 Metern. Bei einem Erdbeben brach der obere Teil ab und es blieben etwa 22 Meter erhalten. Dieser Stumpf wurde saniert und so kann man über eine enge, dunkle Wendeltreppe bis zur Aussichtsplattform klettern und hat einen herrlichen Panoramablick auf den Kirgisischen Alatoo und das Tschüj-Tal. Erkennbar ist außerdem ein Siedlungshügel. Die große, wohlhabende Handelsstadt, die sich hier viele Jahrhunderte lang unter den verschiedensten Dynastien gehalten hat, hieß Balasagun, Balasagyn, Kuz-Ordu, Ordukent, Kuz-Ulush, Go-Balyk. Unter den Qarachaniden erreichte sie als deren nördliche Hauptstadt Balasagun im 10. bis 12. Jahrhundert ihre Blüte, es wurden eigene Münzen geprägt, und man stand im Austausch mit China, Indien, Persien, Turkmenien und Afghanistan, wie die hier ausgegrabenen Münzen und andere Gegenstände beweisen. Der berühmteste Sohn der Stadt, der Poet und Gelehrte Jusup Balasaguni, wurde 1021 hier geboren. Sein Hauptwerk ›Kutadgu Bilig‹ (Gesegnetes Wissen) gilt als das erste turksprachige Buch. Es blieb vollständig erhalten und gibt heute Auskunft über Alltag und Gepflogenheiten der damaligen Epoche.

Ortsschild von Rotfront

Die Ära von Frieden und Handel ging im 12. Jahrhundert zu Ende, eine nicht aufhören wollende Reihe von Eroberungen und Belagerungen durch die Karakitaj, Chorezmien und abermals die Karakitaj führte dazu, dass die Mongolenheere Dschingis Khans im Jahre 1219 eine bereits zerstörte und fast komplett entvölkerte Stadt vorfanden. Erkennbar ist der Ort heute nur noch am Minarettstumpf. Dabei soll Balasagun mit 40 Freitagsmoscheen und 200 kleinen Moscheen, 10 Koranschulen und 20 Chanakas geglänzt haben.

Im Rahmen von sowjetischen archäologischen Expeditionen wurden mittelalterliche Wohn- und Badeanlagen, Mausoleen und Reste der Stadtmauer ausgegraben. Einige Artefakte sind in einem kleinen Museum (Eintritt: 80 Som) zu besichtigen. Das wenig spektakuläre Ausgrabungsfeld ist begehbar und zeigt wabenartig freigelegte Mauerreste, vermutlich die Zitadelle.

Auf dem Gelände zwischen dem Minarett und der Ausgrabung fallen einige

Dutzend berührende Steinfiguren auf. Diese sogenannten Balbals, die wahrscheinlich Grabwächter für verstorbene Herrscher darstellen, waren in ganz Zentralasien bis in die Mongolei verbreitet. Diese hier stammen aus dem Kirgisischen Alatoo und sind etwa 1500 Jahre alt.

i Burana

Anreise: Mit dem Auto von Bischkek/Tokmak, es gibt keinen öffentlichen Nahverkehr. 42.746067, 75.249910
Übernachtung: Privates Gasthaus in Burana von Anita Alijewna Shamenowa, Tel. +996/502/800588.

Talas-Gebiet

Das dünn besiedelte Gebiet ist aus dem kasachischen Taraz leichter zu erreichen als aus dem eigenen Land. Über die Pässe Tschöö bzw. den unter ihm hindurchführenden **Kusein-Kolbajew-Tunnel** (3000 m) und **Otmok** (3300 m) und die zwischen ihnen liegende die **Suusamyr-Hochebene** gelangt man aus Bischkek in das breite Tal des Flusses Talas, der zwischen Kirgisischem Alatoo im Norden und Talas Alatoo im Süden dahinfließt, durch Auwälder, Felder und beschauliche Dörfer, angestaut bei **Kyzyl-Adyr** zum Kirow-Stausee, um in Kasachstan in der Wüste Mojynqum zu versickern. An seinem Ufer fand 751 die entscheidende Schlacht zwischen den Chinesen und den arabischen Abbasiden statt. Letztere siegten und besiegelten damit die muslimisch geprägte Entwicklung Mittelasiens für die nächsten 1270 oder mehr Jahre. Fast unberührte Natur und zwei kulturell bedeutungsvolle Orte machen diesen Krähwinkel interessant.

Die Stadt Talas

▲ Karte S. 186

Das Verwaltungszentrum am gleichnamigen Fluss gleicht trotz seiner 35 000 Einwohner einem großen Dorf und ›tickt‹ auch so. Weiß getünchte eingeschossige Häuschen, eine farbenfrohe russisch-orthodoxe Kirche, Eselskarren und alte Sowjetkarossen auf dem Basar, ein Denkmal für Tschingis Aitmatow – alles wirkt sehr beschaulich. Von Talas gelangt man in kurzer Zeit zu allen Sehenswürdigkeiten des Gebiets.

Aus Bischkek erreicht man Talas mit dem Sammeltaxi (1000 Som) oder einer Marschrutka (600 Som, im Winter besser meiden) ab dem westlichen Busbahnhof nach Talas (300 km). Optimal: Allrad! Aus Kasachstan ist nur der Übergang ›Kyzyl Dzhyldyz‹ bei Taraz für Ausländer passierbar.

Nationalpark Besch Tasch

Zwölf Kilometer südlich von Talas beginnt im 42 Kilometer langen Tal des Flüsschens Besch Tasch der gleichnamige Nationalpark. Heiße Quellen, ein schöner Bergsee auf 2994 Metern und ein historischer Ritualplatz mit fünf steinernen Stelen (besch tasch), wilde Wandermöglichkeiten zu den Pässen It-Agar (3546 m) und Terek (3377 m) – ein Besuch lohnt sich. Bischkeker Reisebüros haben Reit- und Wandertouren im Angebot. *42.206269, 72.494831*

Kinder auf der Sommerweide

Leninporträt am Kirow-Stausee bei Kyzyl-Adyr

Aitmatows Geburtsort: Scheker

Tschingis Aitmatow darf mit Sicherheit als einer der bekanntesten sowjetischen Schriftsteller gelten, in Kirgistan wie im benachbarten Kasachstan ist er DER Schriftsteller (→ S. 60). Geboren wurde er 1928 im Dorf Scheker an der Grenze zu Kasachstan, mit Blick auf den Peak Manas (4448 m). Vielleicht hat bereits diese Aussicht ihn geprägt... An Aitmatows 50. Geburtstag wurde im Dorf ein **winziges Museum** für ihn eröffnet: ein Raum voller Manuskripte, Fotografien und Zeitungsausschnitte. Wenn man Glück hat, führt einer der hier lebenden Verwandten des Schriftstellers durchs Museum bzw. zeigt gar sein Geburtshaus. Öffnungszeiten: gelegentlich Mo–Fr 10–17, Schlüssel bei den Nachbarn.

Manas Ordo

Wenige Kilometer östlich von Talas findet man nördlich des Flusses den Gedenkkomplex Manas Ordo. 1976 als Museum zum Thema ›Manas‹ gegründet, wurde es 1995 anlässlich des tausendjährigen Bestehens des Manas-Epos zur Nationalen Kulturstätte erweitert. Der Komplex besteht aus einem Park mit Manas-Stele und Skulpturen seiner Mitstreiter sowie einem festungsähnlichen Museum. Das vermeintliche Grab des Helden befindet sich in einem Mausoleum aus dem 14. Jahrhundert mit wunderschöner Frontfassade aus kalligraphisch verzierten Schmuckziegeln und zeltförmiger Kuppel. Es verbirgt sich ca. 200 Meter schräg hinter dem Museum, am Fuße eines begehbaren Hügels. Jenseits dieses Hügels liegt sich ein Friedhof mit weiteren Mausoleen und einfachen Gräbern. *42.526994, 72.379174*

Leninpol – Bakaj Ata

Das Dorf Bakaj Ata 20 Kilometer westlich von Talas hieß bis 1995 Leninpol und und entstand aus der Zusammenlegung von Gnadenfeld, Gnadental, Köppental und Nikolajpol. Die Dörfer waren durch deutsche Mennoniten gegründet worden, die, um dem Wehrdienst in der zaristischen Armee zu entgehen, in den 1870er Jahren von der mittleren Wolga hierher übersiedelten. Hier wurden sie in Ruhe gelassen, zumal man tüchtige Siedler für die eben erst eroberten Gebiete brauchte. Die Mitglieder der angestammten nomadischen Bevölkerung galten im Zarenreich nicht als vollwertige Bürger. *42.490707, 71.924314*

Manas – großer Held und größtes Vers-Epos

Er ist wirklich, weil die Kirgisen an ihn glauben. Der Batyr (Held) Manas, der im 9. Jahrhundert alle kirgisischen Stämme hinter sich versammelte und an ihrer Spitze gegen die Eindringlinge aus dem Osten zu Felde zog, ist möglicherweise ein Sammelbild für die vielen verschiedenen Verteidiger der Kirgisen gegen die Kalmücken und Qara-Kitai, später dann auch gegen die Dzhungaren. Mit dieser Konsolidierung gegen den Feind gilt er als Begründer der kirgisischen Nation und stellt den zentralen Teil der nationalen Identität dar.

Vermutlich im 10. Jahrhundert entstand das Epos über den Manas. Im Laufe der Zeit wurde es ausgeschmückt, erweitert und mündlich weitergegeben und umfasst inzwischen drei Teile mit fast 500 000 Versen. Es ist damit unangefochten das längste Versepos der Welt, und als solches steht es auch im Guinnessbuch der Rekorde. 2013 nahm die UNESCO die Epos-Trilogie in die Liste des immateriellen Kulturerbes der Menschheit auf.

Erst Ende 1885 wurde der Text erstmals schriftlich aufgezeichnet. In seiner Heimat wird er nie vorgelesen, sondern deklamiert. Die Erzähler des Epos sind die sagenumwobenen ›Manastschy‹, die immer großes Ansehen im Volk genossen und auch heute noch verehrt werden. Jeder Kirgise kennt die berühmten Manastschy Togolok Moldo, Sagymbaj Orozbakow, Kaba Atabekow, Sajakbaj Karalajew. Letzterer ziert den 500-Som-Schein, und auf dem 20-Som-Schein ist das Mausoleum für Manas abgebildet. Tausende Werke der bildenden Kunst sind der Manas-Legende und ihrer Weiter- und Wiedergabe gewidmet.

Immer noch finden Wettbewerbe im Erzählen des Manas-Epos statt, und es ist schön, dass es sie noch bzw. wieder gibt: Die Erzähler, die das Manas-Epos mehrere Stunden frei rezitieren können. Ihr ›Mundwerk‹ schien zum Ende der Sowjetära fast ausgestorben... Hatten die alten Manastschy ihre Tradition in den abgelegenen Gebirgstälern des Talas-Alatoo bewahrt, kommt das jüngste Talent aus dem Gebiet Tschüj, heißt Ejdan Dubrowskij und ist erst 15 Jahre alt. Im August 2018 brach er den Rekord im Rezitieren des Epos ohne Pause: Er brachte es auf 7 Tage, 5 Stunden und 12 Minuten.

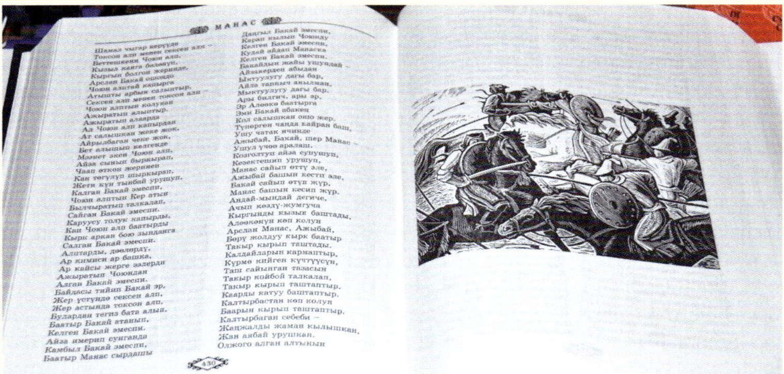

Das Manas-Epos

Yssyk-Köl und Zentraler Tien Shan

Er ist ›die Perle des Tien Shan‹ und gilt als Aushängeschild des Landes. Der ›heiße See‹, so die deutsche Entsprechung des kirgisischen Yssyk-Köl (russ. Issyk Kul), ist ein Gewässer der Superlative: 6236 Quadratkilometer, elfmal so groß wie der Bodensee, mit einer maximalen Tiefe von 692 Metern und einer mittleren Tiefe von immerhin 270 Metern einer der tiefsten Seen der Erde. Die Urlauber aber kommen wegen seiner Schönheit und seines glasklaren Wassers, gespeist von zahllosen Flüssen, die von den Gletschern der umliegenden Berge herabrauschen, der Aussicht auf die auch im Sommer schneebedeckten Vier- und Fünftausender des Küngej Alatoo und Terskej Alatoo, die den See malerisch umrahmen.
Man hat die Wahl zwischen den bei Russen und Kasachen beliebten Urlaubsorten am Nordufer, der Bergsteigermetropole Karakol im Osten und den verträumten Dörfern am Südufer, wo, wenn überhaupt, die Einheimischen ihren Urlaub verbringen. Der auf 1609 Meter Höhe gelegene See wird von der Ringstraße A 363 umgeben, deren löchrig-welliger Charakter mehr als wettgemacht wird durch die Blicke auf Wasserspiegel und Berge, die endlosen Reihen turmhoher, schlanker Pappeln entlang der Rumpelpiste und das beschauliche Leben in den Dörfern.
Der See lädt zwischen Juni und September zum Baden ein, das Wasser hat dann 17 bis 21 Grad. Die Sommer sind warm und die Winter mild, 2700 Sonnenstunden im Jahr lassen Äpfel, Kirschen und herrliche Aprikosen reifen.
Dieses günstige Mikroklima, verursacht durch die Wassermassen des vor ca. zwei Millionen Jahren durch einen Gebirgsbruch entstandenen Sees, ist es auch, was den Yssyk-Köl schon seit Jahrtausenden interessant für menschliche Besiedlung macht. Archäologisch ist nachgewiesen, dass hier seit mindestens 100 000 Jahren Menschen leben. Erste schriftliche Zeugnisse über den See datieren aus China, wo man ihn vor über 2000 Jahren als ›warmes Meer‹ bezeichnete. Für die Kirgisen ist der See heilig. Seit ihrem Erscheinen in den rauen Hochgebirgen des Tien Shan schätzen sie ihn als Lebensquelle für sich und ihr Vieh. Früher besiedelten sie mit ihren Herden vor allem die Gebirgstäler, inzwischen sind mehr als die Hälfte der 450 000 hier

Das einsame Südufer des Yssyk-Köl bei Tamga

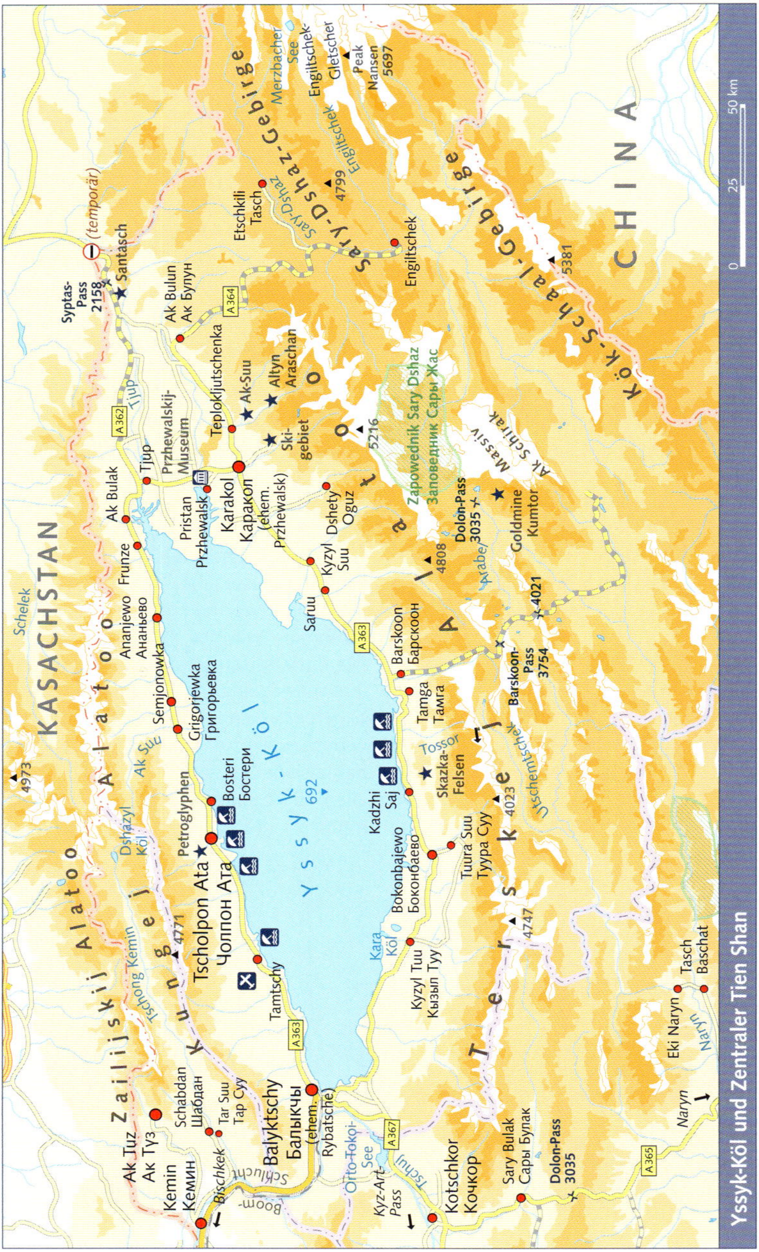
Yssyk-Köl und Zentraler Tien Shan
KASACHSTAN
CHINA
Zailijskij Alatoo
Kungej Alatoo
Terskej Alatoo
Sary-Dshaz-Gebirge
Kök-Schaal-Gebirge
Yssyk-Köl
692
Kemin
Кемин
Ak Tuz
Ак Туз
Bischkek
Boom-Schlucht
Schabdan
Шабдан
Tar Suu
Тар Суу
Balyktschy
Балыкчы
(ehem. Rybatsche)
Orto-Tokoi-See
Kyz-Art-Pass
Tschui
Kotschkor
Кочкор
Sary Bulak
Сары Булак
Dolon-Pass
3035
Naryn
Eki Naryn
Tasch Baschat
Tschong Kemin
4771
Tamtschy
Tscholpon Ata
Чолпон Ата
Dshazyl Köl
Petroglyphen
Bosteri
Бостери
Ak Suu
Grigorjewka
Григорьевка
Semjonowka
Ananjewo
Ананьево
Frunze
Ak Bulak
Tjup
Przhewalskij-Museum
Pristan Przhewalsk
Karakol
Каракол
(ehem. Przhewalsk)
Teploklijutschenka
Ak-Suu
Altyn Araschan
Ski-gebiet
Ak Bulun
Ак Булун
Syptas-Pass
2158
Santasch
(temporär)
Etschkili Tasch
Sary-Dshaz
Merzbacher See
Engiltschek-Gletscher
Engiltschek
Peak Nansen
5697
4799
5381
5216
Zapowednik Sary Dshaz
Заповедник Сары Жас
Massiv Ak Schirak
Goldmine Kumtor
Dolon-Pass 3035
Arabel
4808
4021
Dshety Oguz
Kyzyl Suu
Saruu
Barskoon
Барскоон
Barskoon-Pass
3754
Tamga
Тамга
Tossor
Skazka-Felsen
Kadzhi Saj
Bokonbajewo
Боконбаево
Tuura Suu
Туура Суу
4023
Utschemtschek
4747
Kara Köl
Kyzyl Tuu
Кызыл Туу
Schelek
4973
A362
A363
A364
A365
A367
0
25
50 km

lebenden Menschen im Tourismus und Obstbau direkt am Seeufer beschäftigt. Durch den schwachen Salzgehalt seines Wassers (5,9 Promille) und sein gewaltiges Volumen friert der See nie zu. Mit seiner großen, offenen Wasserfläche ist er im Herbst und Winter ein Anziehungspunkt für Hunderttausende Zugvögel. Das und die große landschaftliche Vielfalt sowie der Artenreichtum in den umliegenden Gebirgen waren ausschlaggebend dafür, den See und seine Umgebung seit 2003 als UNESCO-Biosphärenreservat auszuweisen. Dieser Naturschutzstatus soll das harmonische Zusammenleben von Mensch und Natur ermöglichen. Behutsame wirtschaftliche Nutzung ist erlaubt. Menschliche Eingriffe sind nur auf drei Prozent der Fläche untersagt; in diesen Kernzonen werden endemische Arten geschützt.

Die meisten Badegäste kommen von Bischkek oder den benachbarten Grenzübergängen aus Kasachstan – sie fahren durch die Tschüj-Ebene und die Boom-Schlucht hinauf. Die autobahnähnliche Straße ist gut, sie wurde mit chinesischer Hilfe gebaut. Auf den Yssyk-Köl trifft man dann an seiner trockenen, wüstenhaften Westseite, und der erste Ort am See ist Balyktschy.

Balyktschy

Sowohl das kirgisische Balyktschy als auch der alte russisch Name Rybatsche bedeutet Fischer, und als Fischerdorf begann der Ort auch vor ca. 150 Jahren seine Existenz. Damals gab es scheinbar unendlich viel Fisch im kirgischen Meer. Fischfang und Flößerei ernährten mehrere hundert Familien, bevor die sowjetische Industrialisierung dem Ort ein anderes Gepräge gab und der Fischreichtum einer der berühmten stalinistischen Verschlimmbesserungen zum Opfer fiel. In den 1930ern setzte man zur ›Ertragsverbesserung‹ Forellen aus dem armenischen Sewan-See in den Yssyk-Köl ein, in den 1950ern folgten dann Zander, Karpfen, Karauschen und andere fremde Arten. In der Folge wurden der hier heimische ›Tschebatschok‹ und andere Alteingesessene von den großen Neuen gefressen, jene wiederum in den Krisenjahren nach 1990 aus dem See geholt. Das, was aus den spärlichen Restbeständen nachwächst, wird durch Fischwilderer mit viel zu feinmaschigen chinesischen Netzen abgefischt.

Balaktschy hat heute 43 000 Einwohner. Wovon sie leben, ist nicht ganz klar, denn der große Industrie- und Transportknotenpunkt, wo Fisch, Wolle und andere landwirtschaftliche Güter verarbeitet wurden, wo Hafen und Bahnhof Hunderte Arbeiter beschäftigten, ist Geschichte. Übriggeblieben sind die Ruinen der Fabrikgebäude und andere sowjetische Denk- bzw. Mahnmäler. Auf dem Bahnhof kommen hin und wieder ein paar Touristen an – die schnell weiterreisen.

Urlaubsorte am Nordufer

22 Kilometer westlich von Balyktschy, fast auf halber Strecke zum Hauptbadeort Tscholpon Ata, liegt **Tamtschy** mit seinem kleinen, aber betriebsbereiten internationalen Flughafen ›Issyk Köl‹ (Kürzel TAM), der seit 2012 im Sommer aus Almaty und Bischkek angeflogen wird, seit 2014 auch mit Großflugzeugen. Start und Landung sind beeindruckend, südlich von Tamschty und zum Greifen nah erhebt sich mit 4771 Metern der Tschok-Tal, höchster Gipfel in der 280 Kilometer langen Kette des Küngej Alatoo. Ab Tamtschy und bis Ananjewo sprechen unzählige Erholungsheime, Urlaubersiedlungen und Hotels aller Preisklassen eine deutliche Sprache: Ruhesuchende haben hier keine Chance. Die meisten Dörfer leben vom Tourismus. Das, was man im

Strand bei Tscholpon Ata am Nordufer des Yssyk-Köl

Sommer verdient, muss für den Winter reichen. Viele Einwohner vermieten Zimmer oder Bungalows. Die Preise sind niedrig, der Komfort ist bescheiden. In den kirgisischen, kasachischen und russischen Ferienmonaten Juni, Juli und August findet man kaum ein freies Plätzchen, aber schon im September zieht Ruhe ein. Wer einen erholsamen Urlaub machen will, sollte dann kommen, es ist noch warm, Licht und Laubfärbung sind phantastisch, das Wasser hat noch Badetemperaturen und ist herrlich durchsichtig. Von Oktober bis April haben fast alle Urlauberheime und Standresorts geschlossen, nur wenige Hotels und ein paar Sanatorien nehmen Gäste auf. Ein Dokumentarfilm von Levin Hübner, ›Bosteri unterm Rad‹, zeigt anschaulich das Leben am See nach der Saison.

■ Westlich von Tscholpon Ata

Tamtschy hat die beste Strandlage von allen Orten am See uns ist trotzdem noch relativ ruhig und liebenswürdig. Der Sandstrand liegt teils im Schatten von alten Bäumen. Ein Geheimtipp für Taucher ist **Tschok-Tal** – unweit der Uferlinie sind Reste einer alten Stadt aus dem 12./15. Jahrhundert unter Wasser zu sehen.

▸ Karte S. 194

Etwa 15 Kilometer westlich vom Hauptort Tscholpon Ata liegt **Tschong Sary Oj** mit schönen Sandstränden und zahlreichen Cafés. Hier gibt es die längste Seebrücke des Yssyk-Köl, Obstgärten und Mischwald, ideal für Familienurlaub und Kurgäste. Gästezimmer und gute Hotels haben teilweise auch in der Neben- und Nachsaison geöffnet (www.raduga.kg, www.karven.kg, www.dolinkahotel.com).

■ Tscholpon Ata

Die heutige Touristenhochburg wurde 1922 als landwirtschaftliche Kooperative gegründet, doch schon 1938 wurde an der Bucht westlich der Halbinsel eines der ersten Sanatorien am Issyk-Köl eingerichtet – eine Lungenheilanstalt für Kinder. Von damals hat der Ort die schönen Alleen geerbt, fast alles andere ist neu: Eine regelrechte Beherbergungs-, Beköstigungs- und Vergnügungsindustrie ist entstanden, aber auch zwei interessante Orte für kulturell interessierte Reisende. Gutes Hotel: www.kapriz.kg

■ Kulturzentrum Ruch Ordo

An der östlichen Bucht lädt das parkartige Kulturzentrum Ruch Ordo zum Spazierengehen am Seeufer ein. Der Ideengeber und Sponsor Taschkul Kereksizow wollte einen Ort der Einigung der Weltreligionen schaffen. Fünf Pavillons symbolisieren Islam und Buddhismus, Judentum, katholisches und orthodoxes Christentum. Sie sollen die Botschaft vermitteln: Zu einem einzigen, gemeinsamen Gott beten die Menschen, er trägt nur verschiedene Namen. Zahlreiche Denkmäler sind an den zum Wasser führenden Wegen aufgereiht; sie zeigen Wissenschaftler, Dichter und Denker, Religionsstifter und Politiker, die dem Autor besonders deutliche Verkörperungen dieses Gedankens zu sein schienen: Tschingis Aitmatow und Boris Jelzin, der russische Dichter und Sänger Bulat Okudshawa und der kasachische Ex-Präsident Nazarbajew, Buddha, der Wolf als Totem der Turkvölker und andere.

Petroglyphen-Feld und Heimatkundemuseum

Am Nordwestrand des Ortes, ca. 1,5 Kilometer Fußweg von der Zentralen Moschee, ist ein mit einem schmiedeeisernen Zaun umgebenes Feld mit über 5000 Felsgravuren aus zwei Jahrtausenden zugänglich, Eintritt 80 Som (*42.658454, 77.056174*). Dieser Schatz wird vom Heimatkundemuseum verwaltet (Ortsmitte,

Ruch Ordo

Teilnehmerinnen an den World Nomad Games 2018

an der A 363), das in seinem Haus eine Ausstellung zu Geschichte und berühmten Persönlichkeiten der Region Yssyk-Köl, zur Kultur der Kirgisen und zum Manas-Epos zeigt.

World Nomad Games

Im Hippodrom Tscholpon Ata und in der Umgebung des Ortes finden seit 2014 alle zwei Jahre Anfang September die World Nomad Games statt, ein inzwischen gigantisches Volksfest zur Erhaltung nomadischer Traditionen, das von Mal zu Mal mehr Teilnehmer und Besucher anzieht. Ganze Jurtenstädte werden aufgebaut, es brutzelt in allen Kesseln, eine Woche lang werden Volksmusik-Konzerte gegeben und Wettkämpfe aller Art ausgetragen, viele von ihnen zu Pferd (http://worldnomadgames.com)

Östlich von Tscholpon Ata

Bosteri liegt fünf Kilometer östlich von Tscholpon Ata und bietet gepflegte Strände, zahlreiche Läden, Hotels, Pensionen, Erholungsheime. Großer Wochenendmarkt, einziges Riesenrad am See. Gute Hotels: www.talisman.kg, www.karven.kg

Grigorjewka ist der größte Urlaubsort nach Tscholpon Ata. Die beliebte Sommerfrische mit Jurten und Imbissbuden liegt ein paar Kilometer vom See entfernt. Von hier werden Wander- und Reittouren ins lange, waldreiche Tal Tschong Ak Suu angeboten (s.u.)

Der Küngej Alatoo

Durchaus nicht allen Reisenden zum Yssyk-Köl steht der Sinn nur nach Strand. Kenner wissen, dass der Gebirgszug in seinem zentralen und höchsten Teil, der sich zwischen den Tälern von Djure und Ak Suu über dem See erhebt, mit einer der schönsten Berglandschaften des nördlichen Tien Shan aufwartet: 40 Kilometer einer imposanten Kette von teilweise vergletscherten Viertausendern: Boztery (4323 m), Tschok-Tal (4771 m), Keminskij (4643 m), Pik Tschajkowskij (4687 m) und Aj Tjor (4343 m). Sollte es nicht möglich sein, ihnen etwas näherzukommen?

Noch vor 20, 30 Jahren kamen zwischen Tschong Sary Oj und Balbaj allsommerlich tausende Wanderer vom Gebirge herabgestiegen. Als Kirgistan und sein nördlicher Nachbar Kasachstan noch Sowjetrepubliken waren und die Grenzen zwischen jenen nur symbolischer Natur,

Am Oberlauf des Tschong Ak Suu

▲ Karte S. 194

verband ein Dutzend vielbegangener Trails Kasachstan mit dem Kirgisischen Meer. Die beliebtesten waren die Strecken von Almaty über den Trans-Ili-Alatau durch das Tal des Tschong Kemin und über den Kungej Alatoo nach Tschong Sary Oj oder Grigorjewka, außerdem zwei Strecken von Saty und den Kolsaj-Seen über den Kungej Alatoo nach Balbaj oder Kurmetty. Seit 2008 darf die Grenze nur noch an den dafür vorgesehenen Straßenkontrollpunkten überquert werden, ein Übertritt der ›grünen Grenze‹ ist bei Strafe verboten.

Eine wunderbare **Teilstrecke dieser Trekkingtour** ist aber von kirgisischer Seite möglich: Ausdauernde und trittsichere Personen können in zwei bis vier Tagen von Grigorjewka durch das Tal des Tschong Ak Suu über einen Pass und einen Gletscher zum Tal des Tschong Kemin gehen und von hier gemütlich zum Ort Schabdan absteigen. Man bleibt dabei in Kirgistan. Wegen der Gletscherquerung sollte man nicht ohne Guide aufbrechen (→ S. 448).

Der östliche Yssyk-Köl

Am Ostzipfel des Sees bilden die Flüsse Tjup und Dzhergalan eine weite, teilweise versumpfte Ebene mit Gehölzen von Sanddorn und Wildrosen. Auf dem fruchtbaren Boden gedeihen reiche Getreideernten, Kartoffeln, Gemüse und das legendäre Obst vom Yssyk-Köl: Äpfel, Birnen, Aprikosen, Pflaumen, Kirschen, Beeren aller Art. Ab Juli sieht man Unmengen von Heu auf hochbeladenen Anhängen, gezogen von Traktoren, Pferden oder Eseln, über die Straßen schwanken. Auf den Wiesen und Gebirgsmatten werden ungezählte Herden von Schafen, Pferden und Rindern satt.

Von der Ringstraße aus kann man am nördlichen Rand von **Frunze** auffällige Hügel sehen, die sich bis zu den Bergen

Im Tal des Tschong Kemin

hochziehen: **Kurgane, skythische Fürstengräber**. Sie zeugen davon, dass die Skythen hier nicht nur durchzogen, sondern offenbar lange siedelten. Mit Sicherheit wussten sie vom Gold in den Tälern über dem Yssyk-Köl und haben es für ihre berühmten Kunstwerke geschürft.

Weniger sichtbar sind die zahlreichen Ruinen und Katakomben auf den Halbinseln am Ostende des Sees. Früher, als das Wasser höher stand, waren das Inseln, und man ist sich inzwischen sicher, dass in den letzten 2000 Jahren insgesamt neun nestorianische und russisch-orthodoxe Klöster auf diesen Inseln und Halbinseln gestanden haben.

Vieles ist noch im Dunkeln und wird erforscht, aber eine Geschichte gilt als gesichert. Im **Weiler Swetlyj Mys** südlich vom Kilometer 177 der Straße Balyktschy–Karakol stand von 1888 bis 1916 das russisch-orthodoxe Kloster der Heiligen Dreifaltigkeit. Während des Aufstandes, der 1916 ganz Russisch-Turkestan erfasste, wurden fast alle der hier ansässigen 26 Mönche barbarisch umgebracht, man fand ihre sterblichen Überreste 1950. Nur drei konnten sich vor dem Pogrom retten. Zwei, Serafim und Feognost, flohen über die Berge bis nach Wernoje, heute Almaty, und gründeten dort ein winziges neues Kloster. Der Dritte, Iraklij, versteckte sich in Ananjewo. Er hatte die wichtigste Ikone des Klosters bei sich, die wundertätige Gottesmutter Maria. Sie hatte den Brand des Klosters so gut wie unversehrt überlebt. Augenzeugen wollen damals gesehen haben, wie aus den Einschusslöchern in der Ikone Blut tropfte. Heute ist sie in der orthodoxen Kirche von Karakol zu sehen. Ein Teil der Klostergebäude konnte restauriert werden und wird heute als Kinderheim genutzt.

Tjup – Link nach Kasachstan

In Tjup am Nordostende des Issyk Köl trifft eine kleine Straße von Osten auf die Ringstraße um den See. Sie verbindet Kirgistan mit Kasachstan, ist aber nur von Anfang Juni bis Ende September/Oktober geöffnet. Die Fahrzeit zwischen Tjup und dem kleinen **Grenzübergang Karkyra** beträgt je nach Fahrzeug ca. 4 bis 5 Stunden, die Piste A 362 ist nicht asphaltiert. Die Strecke ist landschaftlich schön, die Wartezeiten am Grenzübergang sind deutlich geringer als jene in Kordaj, aber vor Reiseantritt sollte man sich vergewissern, ob die Grenze auch wirklich geöffnet ist.

Steinernes Mahnmal: Santasch

Die russisch-orthodoxe Kirche in Karakol

Eine **Nebenverbindung von Kasachstan nach Karakol**, landschaftlich noch reizvoller, ist folgende: Ungefähr auf der Hälfte des Weges zwischen der Grenze und der Ringstraße quert man den Tjup auf einer der raren Brücken und biegt damit südlich auf die A 364 ab *42.736048, 78.936408*. Über einen Pass gelangt man auf die Straße von Engiltschek nach Karakol *42.654162, 78.876858*. Die Ringstraße um den Yssyk Köl erreicht man dann in Karakol.

Beide Varianten führen über den flachen **Pass Syptas** (2158 m), oft trifft man auch auf die falsche Bezeichnung Santasch. Etwa drei Kilometer hinter dem Pass (von Kasachstan kommend), auf Höhe eines kleinen Weilers, sollte man den auffälligen Steinhaufen ca. 800 südlich der Straße besuchen. Es ist kein Kurgan, obwohl auch er etwas mit dem Tod zu tun hat. Hier soll Tamerlan um das Jahr 1398 auf seinem Feldzug gegen die heidnischen Nomadenvölker in der Ebene nördlich des Tien Shan durchgekommen sein. Er befahl seinen Kriegern an diesem Ort, je einen Stein auf einen großen Haufen zu legen. Auf dem Rückweg sollten die Überlebenden je einen Stein von diesem Haufen nehmen und daneben ablegen. Der neue Haufen war viel kleiner als jener der liegengebliebenen Gedenksteine für all die, die den Feldzug nicht überlebt hatten. Der Ort heißt nun Santasch. San bedeutet ›zählen‹, tasch – ›Stein‹ *42.747375, 78.996334.*

Tamerlan soll dreimal – 1376, 1389, 1392 – versucht haben, die hier siedelnden Stämme zu unterwerfen, und er war dreimal erfolglos. Bei Tamerlans Nahen verschwanden die Nomaden mit Kind und Kegel, Hab und Herden unauffindbar in den Bergen, und sobald er unverrichteter Dinge abzog, kamen sie wieder hervor.

Karakol und Umgebung

Die Gebietshauptstadt ist mit 70 000 Einwohnern die viertgrößte Stadt Kirgistans. Von 1889 bis 1922 und von 1939 bis 1992 hieß sie Przhewalsk. Sie lebte von den hier aufbrechenden Zentralasien-Expeditionen, von ihrer Funktion als

▸ Karte S. 194

Verwaltungszentrum und von Handel und Pferdezucht. In der zweiten Hälfte des 20. Jahrhunderts hörte man nicht mehr viel von Przhewalsk. Es ist kein Märchen, dass das sowjetische Verteidigungsministerium in Zusammenarbeit mit Forschungsinstituten zwischen den 1950ern und 1970ern U-Boot-gestützte Unterwasserraketen hier testete. Diese Torpedos wurden in der Bucht bei Pokrowka einer gründlichen Unterwasser-Erprobung unterzogen. Insgesamt fanden etwa solcher 300 Tests im See statt, bevor man diese Waffensysteme in Serie zu produzieren begann und im Nördlichen Eismeer auf Atom-U-Booten installierte. Auch danach wurden die in Alma-Ata produzierten Torpedos weiter im See getestet.

Durch die günstige Lage zwischen Issyk Köl und den spektakulärsten Gebieten des Tien Shan ist Karakol heute ein idealer Startpunkt für Trekking- und Skitouren, und infolge der stabilen Nachfrage hat sich hier eine für Zentralasien vorbildliche touristische Infrastruktur etabliert: Gute Mittelklassehotels und B&B-Pensionen, Trekking-Agenturen, die Allradfahrzeuge, Pferde, Träger und Guides vermitteln sowie Ausrüstung verleihen, Restaurants, Geschäfte und zwei Märkte. Nur zwölf Kilometer südlich der Stadt liegt Kirgistans schönstes Skigebiet – Karakol wird rund um's Jahr frequentiert.

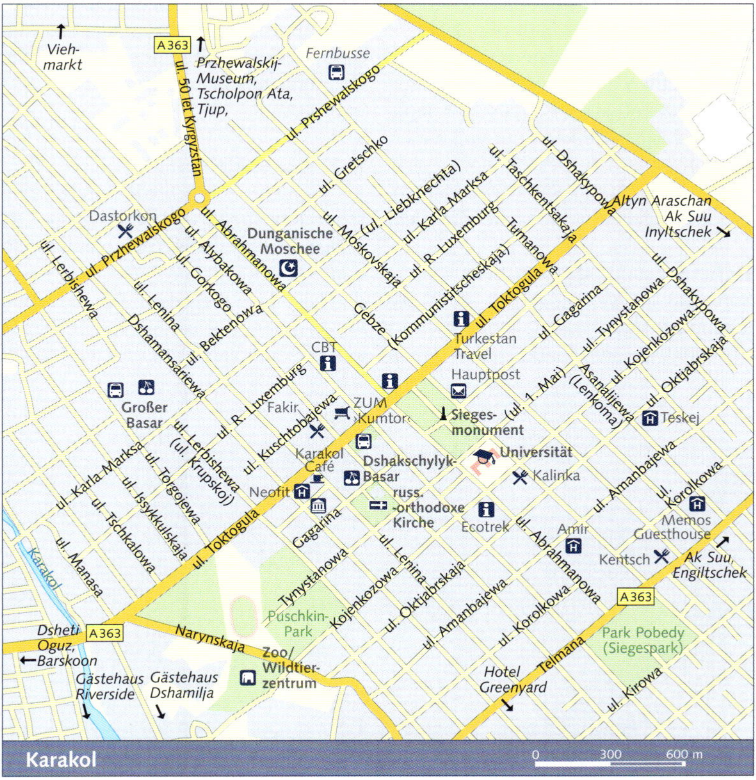

Russische Holzhäuser und Pagodenmoschee

Karakol wurde 1869 als russischer Außenposten an der Handelsstraße aus der Tschüj-Ebene nach Kaschgar gegründet und wurde schnell zu einer der schmucksten Städte des vorrevolutionären Kirgistan. Prächtige, teilweise zweigeschossige Blockhäuser mit reicher Schnitzerei an Fenstern, Veranden und Giebeln sind vor allem rund um die schöne russisch-orthodoxe **Kathedrale der Heiligen Dreifaltigkeit** zu finden, die zum Ende des 19. Jahrhunderts ebenfalls aus Holz erbaut wurde. In der Bektenow-Straße empfiehlt sich ein weiteres Gotteshaus als Sehenswürdigkeit: Die **dunganische Moschee**, 1910 in Form einer buddhistischen Pagode gebaut. Das farbenfrohe Bauwerk ist ausschließlich aus dem Holz der Tien-Schan-Fichten gefügt, das ebenfalls hölzerne Minarett steht etwas schief daneben. Die Moschee kann nur von außen besichtigt werden. Besucherinnen sind aufgefordert, sich in einen der bereithängenden bunten Kapuzenmäntel zu hüllen.

Tierisches für starke Nerven

Sonntags im Morgengrauen kann der legendäre Viehmarkt (skotskij rynok) besichtigt werden. Spätaufsteher haben schlechte Karten, um 10 Uhr ist schon fast alles vorbei. Die Abläufe hier sind so archaisch wie eh und je: das Prüfen, Abschätzen und Feilschen mag noch gehen, aber das Wegzerren oder Verladen der Tiere sind nichts für Zartbesaitete. Aber es ist das ungeschminkte Leben der Kirgisen – eines immer noch von Viehzucht lebenden, im Sommer auf die Bergweiden ziehenden Volkes.

Basare

Der **große Basar,** der sich nordwestlich der Torgow-Straße erstreckt, lohnt ebenfalls einen Besuch, denn hier wird mit allem gehandelt, was die Umgebung und das nahe China hergeben. Auf dem **Dzhakschylyk-Basar** im Zentrum südlich der Hauptstraße findet man Lebensmittel und Kleinigkeiten des täglichen Bedarfs. Von hier fahren auch Marschrutkas und Busse.

Przhewalskij-Museum

12 Kilometer nördlich von Karakol, zwischen Ringstraße und See liegt im Ort Pristan-Przhewalsk das Museum für den berühmten russischen Forschungsreisenden Nikolaj Przhewalskij. Das Gebäude im Stil eines griechischen Tempels steht in einem schönen Park und wird durch

Der Gletschersee Alaköl

▲ Karte S. 201

Denkmal für Nikolaj Przhewalskij auf dem Gelände des Museums

ein Denkmal ergänzt, das die Stattlichkeit des Generalmajors unterstreicht, der 1888 unweit von hier mit nur 49 Jahren an Bauchtyphus starb. Auf seine Bitte hin wurde er hier beerdigt, das schlichte Grab liegt hinter dem Denkmal.
Przhewalskij hatte im Laufe von 16 Jahren etwa 30 000 Kilometer im russischen Fernen Osten, in der Mongolei, in Zentral- und Westchina, Tibet und Zentralasien zurückgelegt und seine Expeditionen akribisch dokumentiert. Aufzeichnungen, Sammlungen und Studien brachten ihm Weltruhm und die Goldmedaille der russischen Geographischen Gesellschaft ein. Die benachbarte Stadt Karakol trug ihm zu Ehren von 1889 bis 1922 und von 1939 bis 1992 den Namen Przhewalsk, bevor sie wieder ihre ursprüngliche Bezeichnung erhielt.

Skigebiet Karakol

Das Skigebiet oberhalb der Stadt Karakol gilt wegen des milden, sonnenreichen Klimas, der langen Saison (November bis April) und des guten Preis-Leistungsverhältnisses als beliebtestes dieser Art in Zentralasien. Der höchste Punkt liegt bei 3040 Metern, Abfahrten sind 800 bis 4500 Meter lang, gehen über einen Höhenunterschied von 740 Metern, mit Neigungen von 7 bis 53 Prozent (www.karakol-ski.kg).

Täler Karakol und Altyn Araschan

Beide Täler eignen sich hervorragend für Ein- und Mehrtageswanderungen, über den wunderschönen See Alaköl können sie zu einer Schleife verbunden werden. Infrastruktur der einfachsten Art ist im mittleren Bereich des Tales Altyn Araschan vorhanden: Ein Laden, Hütten, eingehauste heiße Heilquellen, Plumpsklos und eine Art Campingplatz (www.viptravel.kg).
Von Karakol aus sind verschiedene Varianten buchbar, zum Beispiel folgende Viertagestour mit Übernachtung im Zelt für gut trainierte Wanderer:
Tag 1: Fahrt bis zum Platz kurz vor dem Zusammenfluss von Ujuk Tor und Köl Tor zum Karakol. Über die Brücke *42.317717, 78.470170* und dann kurzer Aufstieg nach Osten durch das Tal des Kurgak-Tor zur Schutzhütte. *42.319907, 78.480556*
Tag 2: Aufstieg zum See Alaköl (3500 m), dann zum Alaköl-Pass (3920m) *42.326316, 78.545251* mit gigantischer Aussicht auf die benachbarten

Gästehaus in Karakol

Vier -und Fünftausender, Abstieg durch das Keldike-Tal, Übernachtung unterhalb vom Pass. *42.335009, 78.583832*

Tag 3: Abstieg ins östliche Nachbartal Altyn Araschan zu den heißen Quellen. *42.372940, 78.611984*

Tag 4: Flussabwärts durch das Araschan-Tal bis zu den Resten eines Sanatoriums an den heißen Quellen von Ak Suu, an der Einmündung des gleichnamigen Flusses *42.473062, 78.530005*. Abholung hier, Rückkehr nach Karakol.

Karakol

Vorwahl: +996/3922

Tourist Information (TIC): Abdrachmanowa 130, Tel. 23425, 53775; täglich außer So, Stadt-Infos, leider nur auf Russisch: www.karakol.name

Auswahl Reiseveranstalter (Touren, Trekking, Hotelvermittlung):

Ecotrek, Abdrachmanowa 116/Kojenkozowa 48, tgl. 8–17. Guides, Träger, Köche, Fahrer, Pferdeführer, geländegängige Fahrzeuge, Hubschrauber. Ein Guide kostet ca. 30 US-Dollar/Tag. www.ecotrek.kg

CBT, Abdrachmanowa 123, Wohnung 20, cbtkarakol@rambler.ru; Privatpensionen und Touren. www.cbtkyrgyzstan.kg

Neofit, Dzhamansarijewa 166. Mit eigenem Gästehaus: s.u. www.neofit.kg

Turkestan Travel, Toktogula 273. Gästehaus, Jurten-Camp, geländegängige Großfahrzeuge für die Anfahrt in den Zentralen Tien Shan. www.karakol.kg

Fernbusbahnhof: Am nördlichen Stadtrand. Fahrt **Busbahnhof Bischkek-West–Karakol**: am Nordufer entlang 5–7 h (260 Som), am Südufer mit Umsteigen in Balyktschy (Minibusse, 350 Som).

Vorortbusse nach Pristan-Przhewalsk und Dzhety Ögüz fahren vom **Dzhakschylyk-Basar** in der Nähe der russischen Kirche, hier auch Minibusse und Taxis.

Hotel Amir, Amanbajewa 78, Tel. +996/556/100952; EZ/DZ 35/50 US-Dollar. Freundliches Mittelklassehotel. www.hotel amir.kg

Green Yard Hotel, Nowostrojka 14, Tel. 29801; EZ/DZ 45/60 US-Dollar. Mit schönem Garten. www.greenyard.kg

Gästehaus Neofit, Dzhamansarijewa 166, Tel. 55802; mit Restaurant. www.neofit.kg

Pension Dshamilja, Schopokowa 34b, Tel. 41718, kemelov@hotmail.com; 750 Som. Etwas abseits des Zentrums am Fluss, herrlicher Garten. http://hotelkarakol.kg/

Pension Riverside, uliza Schapak Baatyr 170, Tel. 72760; DZ ab 1400 Som. www.guesthousekarakol.com, eigene Reisefirma: www.alatoo-travel.com

Pension Nur, Orozbekowa 92, Tel. 57781, guesthouse.nur@gmail.com; ab 500 Som pro Person, Fahrräder vorhanden.

Gästehaus Teskey, uliza Asanalijewa 44, Tel. 57726; 800 Som pro Person. Touren können organisiert werden. http://teskey.webs.com

Memo's Guest House, ul. Korolkowa 96, Tel. +996/555/940559; 20 Dollar pro Person. Gemütliche, gut ausgestattete Pension mit schönem Garten und gutem Essen.

Karakol Coffee, Toktogula/Lenina, englischsprachig, WLAN, Karte, Lunchpakete.

Kentsch, Telmana. In der Nähe des Siegesparks, englische Speisekarte.

Fakir, Gorkogo, kirgisisch & koreanisch

Kalinka, Abdrachmanowa/Kojenkozowa, russisch

Ethno-Café Dastorkon, Przhewalskogo 107/zw. Gorkogo und Lenina; auch vegetarisch. https://dastorkon-cafe.kg/

OSOP, Toktogula/Ecke Gorkogo, neben dem Geschäft ›Karawan‹: Direktvermarktung von originellen Erzeugnissen aus einem Hilfsprojekt für die Dörfer am Yssyk-Köl (lustige Filzgegenstände, Kosmetika und Liköre aus Kräutern und Beeren, Honig).

▸ Karte S. 201

Der Zentrale Tien Shan

Ein guter Teil der Karakol-Besucher träumt von Höherem – und will dort auch hin. Eine der weltweit spektakulärsten alpinen Landschaften finden sie im äußersten östlichen Zipfel des Landes: den Zentralen Tien Shan. Die Bergketten des ›Himmelsgebirges‹, so die Übersetzung aus dem Chinesischen, türmen sich hier zu ihren höchsten Gipfeln auf, darunter (nein, darüber!) der nördlichste Siebentausender der Erde, der **Peak Pobeda** (kirg. Dzhengisch Tschokusu, 7439 m) und einer der weltweit schönsten Gipfel, der 6995 Meter hohe **Peak Khan Tengri**. Einige der **längsten Gletscher außerhalb der Polarregionen** sind hier zu finden: der Südliche Engiltschek-Gletscher (Inyltschek) mit 59 Kilometern Länge und der 38 Kilometer lange Nördliche Engiltschek, der Kajyndy-Gletscher (25 km), der Semjonow- und der Muschketow-Gletscher (je 20 km). Nicht nur Bergsteiger, sondern auch hartgesottene Trekking-Touristen belagern in den Base Camps auf dem Südlichen Engiltschek die himmelhohen Gipfel: die einen warten auf gutes Wetter für den Aufstieg, die anderen mit ihren Kameras auf das Erscheinen der Gipfel aus den Wolken oder das ultimative Licht.

Tschong Aschuu und Engiltschek

In den Zentralen Tien Shan gelangt man entweder mit rechtzeitiger Anmeldung und für viel Geld mit dem Hubschrauber aus den Base Camps Majda Adyr im Engiltschek-Tal oder Karkara an der Grenze zu Kasachstan oder per Auto – wenigstes bis zur **Stadt Engiltschek** oder dem, was davon übrig ist. An diesem unwirtlichen Ort an der Mündung des Engiltschek in den Sarydzhas wurde in den 1970ern mit dem Abbau von Zinn und Mangan begonnen – eine alte Serpentinenstraße führt noch hoch zur stillgelegten Mine auf fast 4000 Metern Höhe. Doch die Kosten waren höher als der Ertrag, und so wurde das Projekt beendet. Einige Dutzend Familien halten trotzdem noch hier aus, neben den Ruinen des Flughafens und der Plattenbauten. Die Anreise von Karakol über Dzhergalan (Jergalan) und Ak Bulun, das Tal des Tschong

Im Tal des Tschong Aschuu

Kirgistan

Blick auf die Merzbacher-Wiese

Aschuu und über den gleichnamigen Pass *42.398488, 79.052296* ist ein Erlebnis, und selbst wenn man nicht vorhat zu wandern, sollte man sich das nicht nehmen lassen. Bei einem sehr zeitigen Aufbruch ist die Hin- und Rückreise an einem Tag möglich.

Engiltschek-Gletscher und Merzbacher-See

1886 entsandte die Russische Akademie der Wissenschaften eine Expedition in den Zentralen Tien Shan, die erstmals in das Engiltschek-Tal vordrang und bis zum Ende der Zunge eines gewaltigen Gletschers gelangte. Doch der Erste, der diesen Gletscher wirklich erlaufen und erforscht hat, war 1902/1903 der deutsche Geograf, Asienforscher und Alpinist Gottfried Merzbacher (1843–1926). Der unternehmungslustige Franke war auf der Suche nach einem Zugang zum Khan Tengri, der damals als höchster Tien-Schan-Gipfel galt. Sein Plan, sich dem Berg auf dem nördlichen Engiltschek-Gletscher zu nähern, wurde von den Wassermassen eines Sees voller schwimmender Eisberge vereitelt, der den Gletscher auf der gesamten Breite zwischen den steil aufragenden Wänden bedeckte. Daraufhin stiegen Merzbacher und zwei Begleiter zwei Tage lang den Südlichen Engiltschek-Gletscher hinauf, bis sich ihnen endlich freie Sicht auf den Khan Tengri bot. Wir verdanken Merzbacher die ersten Fotografien vom Engiltschek-Gletscher und den ihn flankierenden Bergriesen; seine während der Expedition erstellte Karte des Zentralen Tien Shan gilt als die erste dieses Gebietes und gibt erstaunlich detailgetreu die wichtigsten Merkmale dieses Gebirgsknotens wieder.

Der von Merzbacher entdeckte See wurde nach seinem Tod ihm zu Ehren Merzbacher-See genannt *42.225721, 79.880390*. Hätte der der Forscher nur zwei bis drei Wochen länger gewartet, wäre der Weg möglicherweise frei gewesen. Er konnte nicht wissen, dass die aufgestauten Wassermassen des Sees jährlich Ende Juli, Anfang August wie auf ein geheimes Zeichen hin talwärts entschwinden. Die Eisberge des in den See hineinkalbenden Nördlichen Engiltschek-Gletschers verschließen den Ab-

▲ Karte S. 194

fluss des Sees. Bei einem bestimmten Wasserstand wird der Auftrieb so groß, dass die Eisberge sich heben und den Abfluss freilegen – das Wasser fließt ab wie aus einer überdimensionalen Badewanne und bricht sich unter dem Gletscher Bahn Richtung Westen, Schlamm und Steine mit sich reißend (2000 Kubikmeter pro Sekunde!), tritt am Gletschertor aus, lässt den Engiltschek-Fluss mächtig anschwellen – und der Spuk ist vorbei, um sich im nächsten Jahr zu wiederholen. (www.scinexx.de/dossier-detail-470-8.html)

Wanderung zum Engiltschek-Gletscher

Die Zehn-Tageswanderung beginnt an der kasachisch-kirgisischen Grenze am Posten Etschkili Tasch am Sary Dzhaz. Die Wasser dieses mächtigen Gebirgsflusses bahnen sich ihren Weg durch die engen Schluchten des Zentralen Tien Shan und münden in China in den Tarim, um im gleichnamigen Becken die zu Felder bewässern, bevor sie in der Wüste Taklamakan versickern.

Von der **Brücke über den Sary Dzhaz** *42.346873, 79.377594* geht man das breite, flache Tal des Flusses Tjup hinauf und erklimmt von hier die Bergkette Sary Dzhaz. Vom **Pass Tjuz** (4001 m) *42.246452, 79.628079* überblickt man bei guter Sicht das **Tal des Südlichen Engiltschek** mit dem gewaltigen Gletscher, den majestätischen Pik Nansen (5697 m), von ihm nach Osten eine schier endlose Reihe atemberaubender Gipfel, die weit hinten im Halbrund der Sechs- und Siebentausender enden. Nach einem Abstieg auf 2900 Meter wendet man sich zum **Gletschertor** und kämpft sich von hier talaufwärts, erst den Hauptgletscher, dann Moränen, Sturzbäche und Seitengletscher überquerend. Allein für die ca. 60 Kilometer vom Gletschertor bis zum Basislager zwischen Peak Pobeda und Khan Tengri sollte man als durchschnittlich trainierter Mensch vier Tage einplanen.

Auf halber Strecke zwischen dem Ende der Gletscherzunge und dem Basislager bietet die sogenannte **Merzbacher-Wiese** gegenüber dem Zusammenfluss von Nördlichem und Südlichem Engyltschek auf 3420 Metern einen letzten Grasflecken zum Zelten. Hier befindet sich auch die Gottfried-Merzbacher-Station, wo seit

Das Gletschersystem des Engiltschek

2009 Wissenschaftler in gut ausgerüsteten Containern mit glaziologischen, hydrologischen, meteorologischen und seismischen Forschungen beschäftigt sind. 42.153879, 79.840642

Merzbachers Erben

Herrscher des Himmels

Bis heute stammt die schönste Beschreibung dieses Berges von Gottfried Merzbacher: »Wenn überhaupt jeder viel missbrauchte Vergleich mit einem König und Herrscher auf einen Berggipfel angewendet werden darf, so ist er hier am Platze: Ohne jeglichen Rivalen strebt die eindrucksvolle Berggestalt, über tausenden von eisgepanzerten Gipfeln thronend, empor. [...] Reisende, welche bei ihrer Annäherung an das Gebirge von Norden her die letzten Vorketten überschritten und das Glück hatten, bei klarer Witterung – ein seltenes Vorkommen, denn brauende Nebel umwogen gewöhnlich den Herrscher – das wundervoll kühn gebaute Berggebilde im schimmernden Glanze der zentralasiatischen Sonne, einsam, rivalenlos, als Ausdruck einer ins Kühnste gesteigerten Schöpferkraft, über die Legionen mannigfaltiger, stolzer Gestalten der Gefährten hinweg, in den tiefblauen Himmelsdom hineinwachsen zu sehen, wissen für die Schönheit und Gewalt des Bildes kaum entsprechende Worte zu finden ... Wer aber jemals dieses unvergleichliche Denkmal von Schönheit und überwältigender Formengewalt am Firmamente sich profilieren sah, der wird auch begreifen, warum ihm die in seinem Bannkreise lebenden Völker den Namen ›Khan Tengri‹ (Herr des Himmels, mongolisch) verliehen haben.«

Der Khan Tengri, dessen Gipfel sich Kirgistan, Kasachstan und China friedlich teilen, misst 6995 Meter 42.209829, 80.174618. Zum ersten Mal bestiegen wurde er vom 1931 von den sowjetischen Bergsteigern Michail Pogrebetskij und Boris Tjurin sowie dem Österreicher Franz-Josef Sauberer. Bergsteiger nennen ihn einfach nur ›Khan‹ – Herrscher. Er galt lange Zeit, auch für Merzbacher, als höchster Berg des Massivs des Zentralen Tien Shan. Der höhere Peak Pobeda wurde neben ihm lange nicht bemerkt. Zwar hatten sich die Almatiner Bergsteiger Kolokolnikow, Kibardin und Tjutjunikow bei der Zweitbesteigung des Khan Tengri im Jahr 1936 gewundert, welcher hohe Nachbar das wohl sei, der da in der Nähe aus einem Nebelmeer herausgucke, aber der majestätische Khan hatte keine Zweifel aufkommen lassen, wer der wirkliche Herrscher sei. Wenn man von Norden (Kasachstan) auf das Gebirge blickt, ragt seine ebenmäßige Pyramide weithin sichtbar aus den umliegenden Bergen heraus. Seine Höhe wird hier gern mit 7010 Metern angegeben, damit man auch einen Siebentausender hat – man misst nicht den Fels, sondern die Gesamthöhe mitsamt der Eiskappe. Schließlich ist auch im Reigen der fünf Siebentausender vertreten, für deren Besteigung man als sowjetischer Bergsteiger den Titel ›Schneeleopard‹ (›Snezhnyi Bars‹) verliehen bekam.

▶ Karte S. 194

Gipfel des Sieges – Pik Pobeda

1895 hatte Sven Hedin diesen ›Brocken‹ von der chinesischen Seite aus entdeckt und auf 7320 Meter geschätzt. 1938 hatten die drei sowjetischen Erstbesteiger L. Gutman, J. Sidorenko und J. Iwanow seine Höhe mit 6930 Metern berechnet ihn ›Peak Zwanzig Jahre Komsomol‹ getauft. Aber erst im Jahr 1946 fand man heraus, dass er den Khan Tengri um 444 Meter überragt und mit seinen 7439 Metern der höchste Berg Kirgistans ist! Der Riese wurde ab sofort Peak Pobeda genannt, Gipfel des Sieges (kirg. Dzhengisch Tschokusu). Eben erst war der Zweite Weltkrieg beendet worden, die Soldaten der Roten Armee kehrten siegreich heim. Das mächtige Bergmassiv, in dem der schöne Gletscher Swjozdotschka (›Sternchen‹) seinen Anfang nimmt, hatte somit einen würdigen Namen erhalten. Mit dem neuen Namen gab es dann 1956 eine nochmalige Erstbesteigung durch eine Gruppe unter Witalij Abalakow.

Das Südufer des Issyk-Köl

Der 375 Kilometer lange Gebirgsrücken des **Terskej Alatoo** begrenzt den Issyk-Köl im Süden, mit dem 5281 Meter hohen Peak Karakol hat er seine höchste Erhebung hinter der gleichnamigen Stadt. Einige Orte am Südufer sind gut als Startpunkt für Wanderungen in die Vor- und Hochgebirgslandschaft geeignet, wo herrliche bewaldete Täler, weite Hochebenen mit traditioneller Weidenutzung und über 1000 Gletscher ein abwechslungsreiches Landschaftsmosaik schaffen.
Für Badeurlaub sind die meisten Orte direkt am Strand geeignet. Der Trubel hier hält sich im Vergleich zum Nordufer in Grenzen, aber die Erschließung schreitet auch hier voran, Hotels und Cottage-Siedlungen zwischen Barskoon und Bokonbajewo zeugen davon.

Dzhety Ögüz (›Sieben Stiere‹)

Weit entfernt vom Strand liegt dieses schöne Tal am gleichnamigen Fluss mit auffälligen roten Sandsteinformationen am Unterlauf, deren berühmteste ›Dzhety Ögüz‹ und ›Gebrochenes Herz‹ genannt werden. An den radon-, schwefelwasserstoff-, natrium- und kalziumchloridhaltigen Quellen wird seit 1910 gekurt. Eine Wand von Vier- und Fünftausendern mit großen Hanggletschern schließt des breite Tal nach Süden ab, darunter der Peak Karakol und der weithin sichtbare Doppelgipfel Öguz Baschi (›Stierkopf‹) mit 5168/5170 Metern.

Pferdeherde im Terskej Alatoo

Kirgistan

Tschong Kyzyl Suu (ehemals Pokrowka)

Hier gibt es naturbelassene, wilde Strände und heiße schwefelhaltige Quellen *42.383142, 77.880475* auf der verbuschten, vogelreichen Halbinsel Kara Bulun. Das reizvolle Tal mit roten Felsen im Unterlauf ist ideal für Pilz- und Beerensammler sowie für Reittouren. Am Talende erhebt sich der ansehnliche Peak Neil Armstrong (4909 m). Trekking ist auch in die Nachbartäler Dzhety Ögüz und Kitschi Kyzyl Suu (Wasserfälle Scharkyratma und Schatyly) möglich.

Saruu/Dzhuuku

Saruu ist kein Strandort, aber hier beginnt das malerische, 55 Kilometer lange Gebirgstal Dzhukuu, das von den Sommernomaden als Weideland genutzt wird. Am Mittel- und Oberlauf des Flusses bestehen ideale Möglichkeiten für Wander- und Reittrekking, verlängerbar über den Zufluss Dzhuukutschak, drei schöne Seen und den Dzhuuku-Pass bis zu den Arabel-Syrten oder über den Donguröme-Pass ins benachbarte Barskoon-Tal.

Barskoon

Am Ufer gibt es eine kleine Badebucht mit Kieselstrand. Ein schönes 35 Kilometer langes langes bewaldetes Tal führt hoch zum Barskoon-Pass. Bei den hohen Wasserfällen an der Westseite im mittleren Talbereich stehen sommers Schaschlyk-Buden und Kymyz-Stände in der Nähe der Juri-Gagarin-Büsten *42.012858, 77.613263*. Wegen der Zufahrt zur umstrittenen Goldmine Kumtor der kanadischen Firma Centerra Gold auf 4000 Meter Höhe ist die Straße gut ausgebaut. Am Talende vor der Auffahrt zum Pass stehen Kontrollposten, Weiterfahrt nur mit Genehmigung (über einen örtlichen Reiseveranstalter). Serpentinen schwingen sich hoch zum Barskoon-Pass (3754 m), von hier führt eine Piste nach Süden über die Syrten des zentralen Tien Shan zum Naryn-Tal, die aber nur für geländegängige Fahrzeuge geeignet ist.

Tamga

Das gemütliche Städtchen mit guten Gästehäusern liegt etwa zwei Kilometer oberhalb vom See. Es wurde für das **Militärsanatorium** bekannt, in dem Juri Ga-

Die ›Skazka‹-Felsen

▲ Karte S. 194

Handwerkerin in der Filzmanufaktur

garin und andere Kosmonauten sich von ihren Raumflügen erholten. Der Heilbetrieb ist öffentlich, es gibt einen schönen alten Kurpark mit Weg zum Strand. Ein Minibus-Shuttle fährt im Sommer vom Sanatorium zum eigenen **Strandbad am See** (ca. 4 km) und kann auch von Nichtgästen genutzt werden. Am Badestrand des Sanatoriums (in der Feriensaison geringes Eintrittsgeld) ist das Wasser wärmer als in der kleinen Bucht mit Kieselstrand direkt unterhalb von Tamga, es gibt einen Kiosk, der Getränke, Eis und kleine Gerichte im Angebot hat.

Im **Tamga-Tal** stehen etwa fünf Kilometer oberhalb des Ortes drei sogenannte Zeichensteine (kirg. tamga tasch), Findlinge mit eingeritzten buddhistischen Mantras. *42.111969, 77.521056* Ein ortskundiger Guide wird empfohlen. Tamga ist ein guter Startpunkt schöner Trekkingtouren ins Barskoon- und Dzhuuka-Tal (Anbieter → S. 448).

Zwischen **Tamga und Tosor** laden zahlreiche **wilde Kieselstrände** zum Baden ein. Südwestlich von Tosor liegen malerische **farbige Lehmcanyons**, ›Skazka‹ (= Märchen) genannt. Ein Schild an der Straße weist den Weg (›Fairytale‹), der Eintritt beträgt 50 Som. *42.156309, 77.355423*

Weiter westlich bei **Kadzhy Saj** erstrecken sich lange Strände mit zahlreichen Hotels, Bungalowsiedlungen, Privatpensionen und Cafés. Der gemäldegeschmückte Ruinenkomplex zwischen Kadzhy Saj und Tong sollte das Gegenstück zum Park der Einheit der Weltreligionen bei Tscholpon Ata werden, verharrt aber seit 2010 in diesem Zustand.

Tamga

Gästehaus Tamga, Ozjornaja 3, ÜN/F 25 US-Dollar, mit VP 35 US-Dollar. Professionell und großartig gemütlich, wunderschöner Garten! ÜN, Verpflegung, Transfers und Touren aller Art. tamgahouse@gmail.com

Gästehaus Askar & Tamara, Issyk Kulskaja 3, liyalandysh@yandex.ru.

Gästehaus Aist, Parkowaja, www.aist-isk.narod.ru.

Ökotourismus in und um Bokonbajewo

In Tong führt die Ringstraße vom See weg, ein Höhenzug zwischen ihr und dem Ufer ermöglicht weder Aussicht noch Zufahrt zum See. Doch zwischen Bokonbajewo (Bökönbaj) und Balyktschy gibt es andere, ebenso interessante Highlights. Hauptattraktion in Bokonbajewo ist weniger das kleine Museum, sondern die **Filzmanufaktur** (Felt Art Studio) von Zhyldyz und Kunduz in der Togolok Moldo 8; sie kann von 8 bis 18 Uhr täglich besichtigt werden. Rund um diese Kooperative entwickelten sich mit der Zeit Privatpensionen, Jurten-Camps und zahlreiche Anbieter von Touren in die Umgebung (felt_art@mail.ru, felt-artkg@gmail.com).

Hier feierte auch die gute alte Jurte ihre Auferstehung. Die fast vergessenen Handwerke der Filzherstellung und der Fertigung von hölzernen Jurten-Gestellen

Kirgistan

Im idyllischen Jurtencamp Almaluu

konnten in letzter Minute vor dem Aussterben gerettet werden. Mit Hilfe ausländischer Ideen- und Geldgeber wurde 2005 eine Kooperative zur Herstellung traditioneller Jurten gegründet. In Bokonbajewo arbeiten ca. 30 Personen in Heimarbeit und in einer **Filzwerkstatt**, die neben Jurten-Filz auch Schyrdaks, Wandbehänge, Kissen und Souvenirs fertigt. Dabei wird Schafswolle aus den benachbarten Dörfern verarbeitet. Die Holzgestelle werden von den Familien im 30 Kilometer entfernten Dorf **Kyzyl Tuu** hergestellt, ca. 100 Meister sind hier am Schneiden, Wässern und Biegen, ihre Frauen fertigen textiles Jurten-Interieur. Zahlreiche Arbeitsplätze wurden geschaffen, und mehr als das: eine traditionelle Lebensweise konnte bewahrt werden.

Der Multiplikationseffekt ist gigantisch: Eine wachsende Anzahl von Touristen kommt, um im traumhaft bei Tong gelegenen **Jurten-Dorf Almaluu** der Kooperative Urlaub zu machen (*42.163785, 77.028236*, www.jurtendorf.com). Begeisterte Urlauber lassen sich nach solch einem Aufenthalt ihr eigenes Filz-Zelt nach Hause liefern. Und so stehen Jurten aus Bokonbajewo mittlerweile nicht nur in Kirgistan, sondern auch in 15 europäischen Ländern und den USA. (www.original-jurte.de)

Zwischen Bokonbajewo und Tort Köl, hinter der Brücke über den Tong, biegt eine Piste ins Hinterland ab. Sie führt in Dörfer wie **Temir Kanat** und **Tuura Suu**, unberührt vom Massentourismus, hier erhält man einen Eindruck vom ursprünglichen Kirgistan. Ein lobenswertes Ökotourismus-Projekt unterhält zwei mit Solarstrom und Wasserkraft versorgte Jurten-Camps. Zwei weitere Camps findet man westwärts am See bei **Ak Saj** (Zufahrt durch den Wadi) und Kara Dalaa, in letzterem werden Kurse zur Herstellung von Schyrdaks angeboten (cbt.kyrgyzstan.bokonbajevo@gmail.com, www.ecotour.kg).

Unweit vom Issyk Köl liegt der kleine **Karaköl**, wegen seines starken Salzgehaltes ein beliebtes Ausflugsziel für Nichtschwimmer. An der Hauptstraße steht ein zweisprachiger Wegweiser. *42.252473, 76.749201*

▸ Karte S. 194

Tien Shan Highway

Den Süden Kirgistans erreicht man bequem und schnell durch die Luft, der Flughafen Osch wird mehrmals täglich aus Bischkek angeflogen. Interessanter (und für einige Gebiete auch alternativlos) ist freilich die Anreise auf dem sogenannten Tien Shan Highway, wie die M41 von Bischkek nach Osch genannt wird. Für diese Reise genügen theoretisch zehn bis zwölf Stunden. Doch dann rauschen die überaus abwechslungsreichen, beeindruckenden Gebirgslandschaften viel zu schnell an einem vorbei – besser also, sich etwas mehr Zeit zu nehmen. Highway heißt diese Straße nicht wegen ihrer Autobahn-Qualität. Die hat sie nicht, doch für mittelasiatische Verhältnisse ist sie gut. Es ist im wahrsten Wortsinne eine Hoch-Straße, denn sie führt hoch hinauf. Der spektakuläre Beginn des Highways ist die lange, schroffe **Kara-Balta-Schlucht** südwestlich von Bischkek mit dem sie abschließenden Töö-Pass (3229 m). Jenen muss man seit 1962 nicht mehr queren, die Straße verläuft fast 300 Meter unter ihm durch den 2,2 Kilometer langen Kusein-Kolbajew-Tunnel. Auf der anderen Seite ändert sich die Aussicht schlagartig.

Suusamyr

Die Straße führt in weit geschwungenen Serpentinen in die riesige, sommers grüne Suusamyr-Hochebene hinunter. Nach Südosten gibt es mit der A367 einen Link nach Osten (Kotschkor). Außer den Dörfern Suusamyr und Koshumkul an dieser Piste gibt es keine Ortschaften auf der Ebene, und doch zwischen Juni und Oktober Tausende Einwohner. Seit Urzeiten ist Suusamyr die wichtigste Sommerweide der kirgisischen Nomaden, und auch

Nördlicher Tien Shan Highway

heute noch kommen viele Hundert Familien mit ihren Herden und Jurten auf dieses landesweit größte Dzhajloo. Und nicht nur sie – inzwischen hat es sich herumgesprochen, dass man hier preiswert Stutenmilch-Kuren absolvieren kann, und so reisen die Städter aus Kirgistan und Kasachstan im Sommer in Scharen an, um sich einem der weit verstreuten Jurten-Camps wenigstens ein paar Wochen gesund zu ernähren und frische Bergluft zu schnuppern. Für durstige und hungrige Transitreisende empfiehlt sich die ›Paris‹ (Parizh) genannte **Ansammlung von Garküchen** an der M41 in der Mitte der Ebene. *42.193425, 73.521538*

Über den flachen **Ala-Bel-Pass** (3184 m, *42.255808, 73.031702*) verlässt die M41 die Hochebene in Richtung Südwesten.

Weiter südlich entwickelt sich die bewaldete **Schlucht des Wildbachs Tschytschkan** sich immer mehr zur Sommerfrische; es gibt zahlreiche nette Cafés, Restaurants und Resorts am wild schäumenden Gewässer. Fast überall wird fangfrische Forelle aus dem Fluss angeboten.

Toktogul-Stausee

Der Stausee Toktogul und die gleichnamige Stadt liegen ungefähr in der Mitte zwischen Bischkek und Osch. Benannt wurden sie nach dem in dieser Region geborenen Dichter und Volkssänger Toktogul Satylganow (1864–1933), dessen zur Komuz improvisierte Lieder bei den Kirgisen sowohl vor als auch nach der Zeitenwende der Oktoberrevolution außerordentlich beliebt waren. Dieser Name dürfte ein schwacher Trost für die wegen der Flutung der fruchtbaren Naryn-Ebene umgesiedelten Einwohner gewesen sein. 1974, nach der Fertigstellung des Staudamms, mussten die Bewohner von 26 Dörfern ihre Heimat verlassen – die meisten wurden in der neu gegründeten Stadt Toktogul angesiedelt. Die M41 umfährt den See in einer großen Ostschleife. Blickt man von Süden über das großen Gewässer mit seinem meist blassblauen Wasser, sieht man am gegenüberliegenden Ufer eine unirdisch schöne Landschaft aus bunten Lehmbergen und einem grünen Ufersaum.

Karaköl

Wo der Kara-Suu in den Naryn mündet, am höchsten Damm der Kaskade von fünf Naryn-Staudämmen, liegt Karaköl (russ. Karakul), gegründet 1962 für die Erbauer dieser Dämme. Tausende Geodäten, Geologen, Ingenieure, Lkw-Fahrer und Arbeiter aus der ganzen Sowjetunion folgten damals dem Aufruf der Kommunistischen Partei und reisten zum größten Bauprojekt Zentralasiens an, um Lenins Traum zu verwirklichen: ›Kommunismus – das ist Sowjetmacht

Garküchen an der M41 in der Suusamyr-Hochebene

▲ Karte S. 213

Alpine Flora am Pass Ala-Bel

plus Elektrifizierung des ganzen Landes.‹ Mit dem Strom aus dieser Kaskade sollten die geplanten Großbetriebe und Ballungsräume im (heute) usbekischen Teil des Fergana-Beckens versorgt werden. 1977 erhielt Karaköl den Rang einer Stadt. Heute leben hier knapp 19 000 Einwohner, größter Arbeitgeber ist das Wasserkraftwerk mit seinen nachgelagerten Bereichen. Ein versteckt liegendes Museum auf dem Gelände der Wasserbaufirma ›Kaskad TGES‹ erzählt von der Entstehung des Toktogul-Sees und den Erbauern der Staudämme.

Tasch Kömür

Tasch Kömür (Tasch Kumyr) liegt am Austritt des Naryn aus den langen, engen Schluchten, die er sich, ausgebremst und aufgestaut, auch noch mit der M41 teilen muss. Der Reisende profitiert davon und genießt die Blicke auf den ›zahmen‹ Fluss zwischen wild aufragenden Felswänden. Tasch Kömür ist der erste Ort im Fergana-Becken, eine junge Stadt, die 1930 für den Abbau der hier lagernden Kohleflöze errichtet wurde. Die 35 000 Einwohner versuchen immer noch, von der Steinkohle (›tasch kömür‹) zu leben, die meisten von ihnen illegal im Familienbetrieb. Unter Lebensgefahr graben die Männer mit Spitzhacke und Schaufel winzige Stollen, abgestützt wird nicht. Die Frauen verkaufen den Kohlebruch dann in Säcken entlang der Straße. Einzig das Konsortium, das legal und mit ›normaler‹ Technik im Abbau tätig ist, nutzt den Bahnhof Tasch Kömür für den Abtransport der Kohle in Richtung Usbekistan.

■ Seitensprung: Von Tasch Kömür nach Westen

In Tasch Kömür zweigt über die Naryn-Brücke eine anfangs passabel asphaltierte Straße ab, die einzige für ›normale‹ Autos befahrbare Verbindung, die in den entlegenen Westen des Landes führt. Über sie erreicht man den Zapowednik Sary Tschelek mit dem gleichnamigen See (Sackgasse!), das Heiligtum Safed Bulan und über Ala Buka die Gebirge Tschatkal und Tschandalasch mit dem Zapowednik Besch Aral und das Pskem-Gebirge. Aus der Tschatkal-Ebene gibt es nach Norden einen (freilich miserablen) Link über den Kara-Buura-Pass ins Talas-Tal (→ S. 190).

Der Tokogul-Stausee

Der Tschatkal

Schutzgebiet Sary Tschelek

Der bereits 1959 geschaffene Zapowednik, seit 1978 Biosphärenreservat, hat eine Fläche von 24 000 Hektar. Der wunderschöne, glasklare Sary-Tschelek-See auf 1874 Metern ist sieben Kilometer lang, er kann mit mit einem geländegängigen Fahrzeug vom Verwaltungsort **Arkyt** aus erreicht werden *41.800651, 71.957694*.

Die Genehmigung beantragt man in der Verwaltung des Zapowedniks. Vier weitere kleine Seen gibt es im Gebiet, aber der eigentliche Reichtum ist der einzigartige Mischwald aus Walnuss- und Wildobstbäumen sowie Tien-Schan-Fichten. Überhaupt ist Sary Tschelek eine botanische Schatztruhe, außerdem gibt es hier noch die selten gewordenen Isabell-Braunbären. Wie alle Schutzgebiete Mittelasiens leidet auch dieses hier stark unter dem Nutzungsdruck durch Anwohner und Touristen, und die Unterfinanzierung der Mitarbeiter macht es nicht besser.

▸ Karte S. 213

Tschatkal-Ebene

Die bis zum Eindringen moderner chinesischer Goldschürfer weitgehend unberührte Tschatkal-Ebene erreicht man von Norden mühselig per Allradfahrzeug über den Talas Alatoo (Kara-Buura-Pass, 3302 m); die Brücken auf der Südseite des Passes sind nicht immer befahrbar. Sicherer und etwas besser ist die Anfahrt von Tasch Kömür über Kerben und Ala Buka, weiter durch den beeindruckenden Canyon des Flusses Terek-Saj und das Tal des Kassan-Saj aufwärts zum Tschaptschyma-Pass (2841 m). Westlich davon und 1500 Meter tiefer donnert der wasserreiche Tschatkal durch eine enge Klamm, welche die Tschatkal-Ebene in zwei Abschnitte teilt. Der Nordteil wird malerisch eingerahmt vom 180 Kilometer langen Gebirgszug Tschatkal im Osten und dem kleineren, flacheren Tschandalasch-Gebirge im Westen, hier liegen auch die Kreis›stadt‹ Dzhany-Bazar und eine Handvoll Dörfer. Der Südteil erstreckt sich zwischen Tschandalasch

Im Schutzgebiet am Sary-Tschelek-See

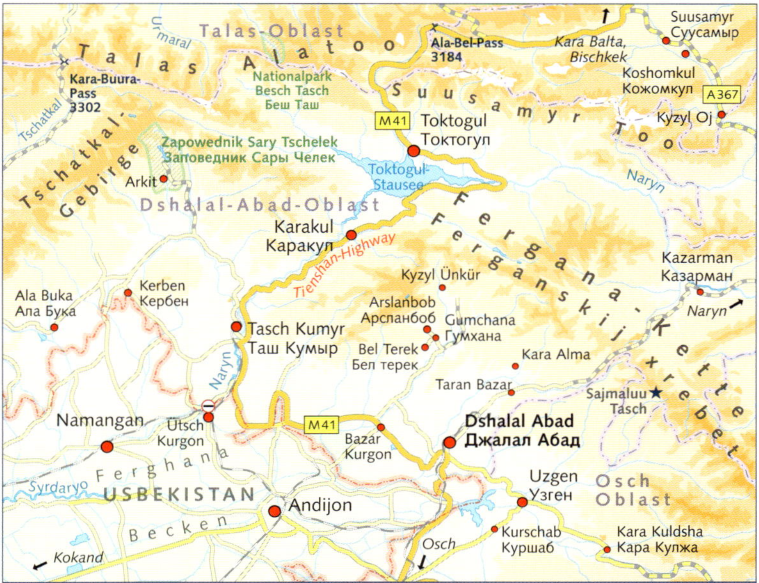

Südlicher Tien Shan Highway

und dem 120 Kilometer langen, teilweise vergletscherten Pskem-Gebirge, das die Grenze zu Usbekistan bildet, hier gibt es nur das Dörfchen Ak-Tasch und südlich davon den **Zapowednik Besch Aral**, ein Schutzgebiet, das nur in Begleitung eines Rangers betreten werden darf.

Dzhany-Bazar

Der kleine, gleichsam aus der Zeit gefallene Ort am Fluss Tschatkal eignet sich als Ausgangspunkt für Trekking-Touren und naturkundliche Exkursionen. Die Verwaltung des Zapowedniks Besch Aral erteilt Genehmigungen zum Betreten des Schutzgebietes, stellt den Besuchern Ranger zur Seite und hat auch ein Gästehaus. Weitere Übernachtungsmöglichkeiten gibt es im Ort. Am Dorfrand liegt ein Lehmmausoleum aus dem 19. Jahrhundert, das dem Heiligen Idris Pajgambar gewidmet ist.

Der Süden

Südkirgistan, d.h. die Gebiete Osch und Batken sowie der Süden des Gebietes Dzhalal-Abad, unterscheidet sich landschaftlich, landwirtschaftlich, ethnisch und kulturell stark vom Landesnorden. Diese Unterschiede sind vor allem im Fergana-Becken sichtbar, einer fruchtbaren Ebene, die zum größten Teil durch Usbekistan eingenommen wird. Nur die Randbereiche liegen auf kirgisischem und tadschikischem Territorium. Geschützt durch die hohen Gebirgszüge des Tschatkal im Nordwesten, der Fergana-Kette im Nordosten und Osten und der Alaj- und Turkestan-Kette im Süden, sind die Winter mild und die Sommer trocken und heiß. Dort, wo die Fergana-Ebene im Norden zu den Ausläufern des Tien Shan ansteigt, haben sich bis heute 30 000 Hektar Wildobst- und wilde Walnusswälder erhalten, ein weltweit einzigartiger Schatz. Überhaupt gedeiht hier fast alles: Es wachsen Feigen, Maulbeeren, Pistazien, Erdnüsse, Tabak, Mais und Wein, Pfirsiche, Aprikosen, Granatäpfel und Sharon-Früchte. Mit Hilfe von Bewässerungsfeldbau werden Baumwolle, Reis und Melonen angebaut.

In der Fergana-Ebene, der größten Oase Mittelasiens, ist die Bevölkerungsdichte traditionell sehr hoch, und auch die ethnische Mischung ist hier ungleich bunter als in den Bergen von Tien Shan und Pamir, wo nur die Kirgisen mit halbnomadischer Viehzucht überleben können. Auch im kirgisischen Teil der Fergana-Ebene sind ein Viertel der Bevölkerung Usbeken, in einigen Orten sogar weit mehr als die Hälfte, wie zum Beispiel in Özgon, Dzhalal-Abad und Arslanbob. Auch ethnische Tadschiken leben hier, im westlichen Teil des Gebietes Batken machen sie in einigen Kischlaks die Hälfte der Einwohner aus. Komplettiert wird der nicht immer ganz unproblematische Ethnienmix durch mehrere usbekische und tadschikische Enklaven auf kirgisischem Territorium, Erbe der voluntaristischen Grenzziehung zu Stalins Zeiten. Und schließlich ist auch der Islam hier präsenter als im Norden – man sieht es im Straßenbild an der Kleidung einer wachsenden Anzahl von Frauen und der

Südkirgistan und Pamir Highway

Arslanbob in den Walnusswäldern

Barttracht vieler Männer, auch am freitäglichen Gedränge vor den Moscheen. Die beste Reisezeit im Süden Kirgistans ist von Ende März bis Anfang Juni und von Mitte September bis Ende Oktober. Die heiße Zeit von Mitte Juni bis Mitte September ist nur im Gebirge auszuhalten und bietet sich aufgrund ihrer stabilen, niederschlagsamen Wetterlagen für Trekkingreisen ebendort an.

Die M41 stößt direkt an die Grenze zu Usbekistan (in Naryn/Ütschkurgan gibt es einen Übergang) und führt an jener entlang nach Osten, ca. 100 Kilometer immer am Nordrand des Fergana-Beckens. Es gibt zahlreiche Ortsdurchfahrten mit kleinen Straßenmärkten und einem großen in Bazar Korgon, etwa 30 Kilometer westlich von Dzhal-Alabad. An der Brücke westlich von Bazar Korgon, dort wo einige Teestuben gute kirgisisch-usbekische Küche im Angebot haben, zweigt eine Straße nach Norden ab, sie führt nach Gumchana/Arslanbob.

Die Walnusswälder von Arslanbob

Das Dorf Arslanbob (Arstanbap) liegt am Südrand des Fergana-Gebirges im sogenannten Walnussgürtel. In einem milden Klima wachsen hier die weit über die Landesgrenzen hinaus bekannten Walnusswälder, die eigentlich Walnuss- & Wildobstwälder heißen müssten, denn es gibt auch den Niedzwetzki-Wildapfel, die Sogdische Wildpflaume, Weißdorn und andere Arten. Die sogenannten Walnuss-Urwälder von Arslanbob sind leider kaum noch urig, denn sie werden von der ständig wachsen Bevölkerung übernutzt, durch illegale Viehweide und Fällung der Bäume zwecks Anlegung von Viehweiden und Verheizen/Verarbeitung des Holzes. Besser erhaltene Walnuss-Urwälder findet man noch in den Nachbartälern bei Kyzyl Ünkür und Bel Terek vor (10 km über Kyzyl Suu) oder in der Gegend von Kara Alma bei Taran Bazar (zwischen Dzhalal-Abad und Kazarman). In Bel Terek läuft zudem ein kleines Ökoprojekt einer kirgisischen Nichtregierungsorganisation zum Schutz der Walnusswälder: Die Schulkinder werden von einem Förster über die Bedeutung des Waldschutzes aufgeklärt. Reisende können den Unterricht unterstützen, indem sie (zahlend) bei den Dorflehrern übernachten.

Der Ort Arslanbob ist auch anderweitig interessant, denn er ist vornehmlich von Usbeken besiedelt und bietet einen gu-

Reisverkäuferin in Özgön

Junge Frau in Dzhalal-Abad

ten Einblick in deren Lebensweise und die hiesige ›Lehmbrot-Architektur‹ mit Fachwerk und schön geschnitzten Türen. Der kleine Basar, die Läden und die Moschee im Zentrum des Bergdorfes, der benachbarte Mazar für den Gründer des Ortes aus dem 16. Jahrhundert und die an den Hängen klebenden Lehmhäuser, ertrinkend im Grün der Gärten – alles das ist durchaus ein bis zwei Tage Aufenthalt wert. Dazu kommen der sogenannte Kleine Wasserfall am östlichen Ortsrand, eine regionale Pilgerstätte, an der

Qarachaniden-Mausoleum in Özgön

▸ Karte S. 217

Frauen um Kindersegen beten, und die kleine ›Grotte der 40 Engel‹ in der Nähe, in der mitunter ein Mullah sitzt und die Frauen mit Gebeten unterstützt, außerdem die beeindruckende Kaskade des 300 Meter hohen Großen Wasserfalls im Norden des Dorfes, den man zu Fuß von der Ortsmitte in ca. einer Stunde erreichen kann. 41.375714, 72.935915
In den Walnuss-Dörfern gibt es zahlreiche Gästehäuser (CBT Kyrgystan, → S. 448). Wander- und Reittrekking kann organisiert werden, zum Beispiel zum Heiligen See oder zum Babasch-Ata-Massiv. Bei Mehrtagestouren ist ein lokaler Guide unbedingt angeraten.

Dzhalal-Abad

Mit 115 000 Einwohnern ist die Hauptstadt des gleichnamigen Gebiets am Fluss Kugart die drittgrößte Stadt des Landes. Im Jahre 1860 als russische Garnison gegründet, machte sie 100 Jahre später Karriere als Kurort – unweit der Stadt werden in diversen Sanatorien warme Mineralwasserquellen für die Heilung von Magen- und Darm-Krankheiten sowie Erkrankungen des Stütz- und Bewegungsapparates genutzt.
Die usbekische Prägung der Stadt erkennt man auf dem Basar: Fast alle Stoff- und Seidenhändler sind Usbeken, die Handwerker im hinteren Teil des Basars sind an ihren Tjubetejkas auch als solche zu erkennen. Leider ist sind viele traditionelle usbekische Gewerke hier schon ausgestorben, aber man trifft noch auf einige Töpfer, auf Tischler, die Kinderwiegen und schön beschlagene Holztruhen fertigen, und auf Blechschmiede, die kunstvolle Dachrinnenverzierungen, Waschbecken, Gießkannen und mancherlei Hausrat herstellen.
Das Heimatkunde-Museum in der Lenin 1 ist eines dieser typischen leicht angestaubten sowjetischen Museen, und doch

bzw. gerade deshalb gibt es einen Einblick in die Entwicklung des Fergana-Beckes ab den 1920ern, als der Charakter des Gebietes sich mit der Forcierung des Baumwollanbaus drastisch änderte.

Özgön

Die Stadt (russ. Uzgen) am Steilufer des Karadarja ist die einzig ›richtig orientalische‹ Stadt auf kirgisischem Boden. Von den 60 000 Einwohnern sind 90 Prozent Usbeken. In seiner mehr als 2000-jährigen Geschichte war Özgon nicht nur immer bedeutender Handelsplatz, sondern neben Kaschgar, Balasagun und Samarkand auch ca. 200 Jahre lang eine der Hauptstädte im Riesenreich der Qarachaniden.

Das Wahrzeichen der Stadt ist ein 28 Meter hoher **historischer Minarett-Stumpf** mit 1923 aufgesetztem ›echt aussehenden‹ Dach – man sollte hinaufsteigen. Der Stumpf stammt wie die drei benachbarten **Mausoleen aus der Qarachaniden-Zeit**. Das mittlere, älteste Mausoleum ist dem Qarachaniden-Herrscher Nasr ibn Ali (1012– 1032) gewidmet, das nördliche Mausoleum wurde vermutlich im Jahr 1152 für Dzhalal al-Din al Hussein erbaut, und das 1186 erbaute südliche Mausoleum hat keinen erkennbaren ›Einlieger‹. Alle drei Mausoleen sind wunderschön mit Terrakottafliesen versehen, deren geometrische und Rankenmuster die Vorderfront schmücken. Leider hat man die Mausoleen 2018 mit einer hässlichen Überdachung versehen, die den Gesamteindruck etwas trübt. Eintritt für den gesamten Komplex: 50 Som.

Der quirlige **Zentrale Basar** mit seinen zahlreichen Teestuben befindet sich in an der Hauptstraße im Zentrum, zwei blaugekachelte Türme bilden unübersehbar das Eingangstor. Rechts von diesem Tor hat der ebenfalls sehenswerte Reis-Basar sein Domizil. Hier findet man neben

Mehlverkäufer in Özgön

Reissorten aus China und Usbekistan, neben Mais, Weizen, Hirse, Hafer und Hülsenfrüchten vor allem den legendären Özgön-Reis. Diese alte Reissorte wächst nur hier, im Osten des Fergana-Backens, und die Färbung rührt vom rotbraunen Wasser der Flüsse, mit dem die Felder bewässert werden. Selbstverständlich wird der beste Plow Mittelasiens daraus gekocht. Probieren kann (nein, muss!) man ihn in der Tschajchona Asch Borboru am Steilufer, mit schönem Blick auf das Tal des Karadarja.

Angebot auf dem Reisbasar in Özgön

Osch

Osch am Ostrand des Fergana-Beckens wird auch die südliche Hauptstadt genannt. Nicht nur kulturell und landschaftlich ist das Land in Nord und Süd geteilt, sondern auch politisch. Kurmanbek Bakijew, zweiter Präsident des unabhängigen Kirgistans, kam aus dem Süden. Er hatte seinen Clan sehr begünstigt, weshalb er auch aus dem Amt gejagt wurde.

Die zweitgrößte Stadt Kirgistans ist zwar mit ca. 250 000 Einwohnern deutlich kleiner als Bischkek, dafür aber knapp 3000 älter. Die Seidenstraße aus China und die Lapislazuli-Straße vom Pamir mündeten hier aus den Bergen des Alai ins Tiefland. Und so wundert es nicht, dass ausgerechnet da, wo sich heute der Dzhajma-Bazar am Ufer des Flusses Ak-Buura befindet, schon seit Urzeiten ein großer Markt den Kern der Stadt bildete, die durch den Handel zu Bedeutung und Reichtum gelangte. In den Aufzeichnungen arabischer Geographen des 9./10. Jahrhunderts ist von einer großen Zitadelle mit Stadtmauer und drei Toren die Rede. Von den Truppen Dschingis Khans wurde die Stadt im 13. Jahrhundert dem Erdboden gleichgemacht, erstand aber danach wieder auf und wurde im 16. Jahrhundert zu einem spirituellen Zentrum.

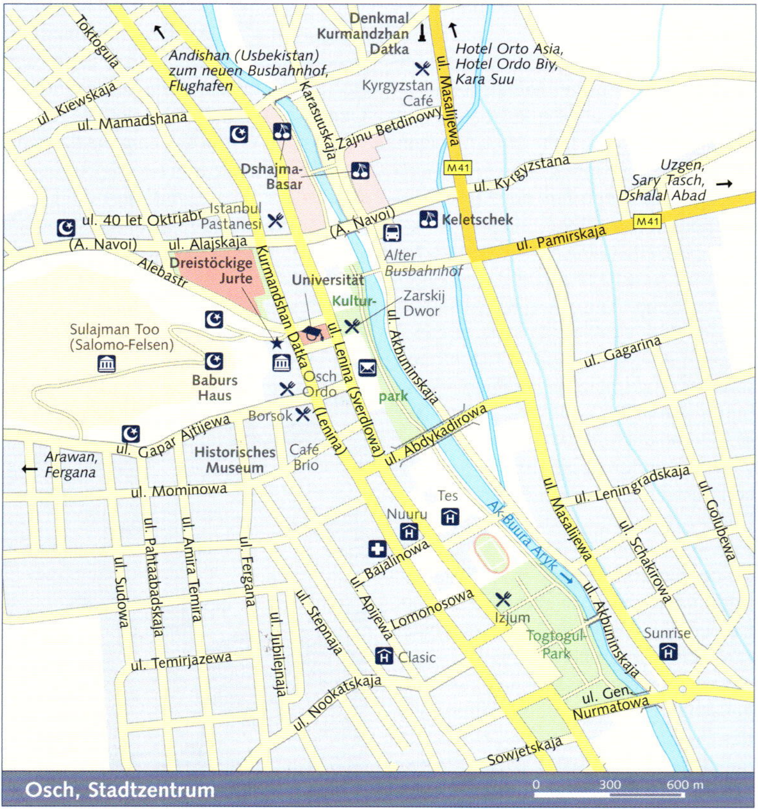

Osch, Stadtzentrum

Blick vom vom Sulajman Too auf Osch

Nach der Eroberung des Khanats von Kokand durch russische Truppen 1876 wurde Osch als Verwaltungszentrum in den neugebildeten Fergana-Oblast eingegliedert; ab sofort war sie militärische Aufmarschbasis und logistisches Zentrum für die Erschließung des Pamirs durch das zaristische Russland im Rahmen des sogenannten Great Game. Durch den Bau des hier beginnenden Pamir-Highways wurde Osch abermals Knotenpunkt von Handels- und Transportwegen.

Ab 1930 wurde die Stadt Verarbeitungsstandort für die im Umkreis erzeugten Güter: Es entstanden Seidenspinnereien und Betriebe zur Verarbeitung von Baumwolle, Leder, Milch und Fleisch. Osch war eng verflochten mit den anderen Orten des Fergana-Beckens, die heute fast alle in Usbekistan und Tadschikistan liegen. Mit der ›Entflechtung‹ in selbständige Länder 1991 kam es folgerichtig zum Kollaps der Wirtschaft, Osch verlor seine Industrie. Trotzdem macht die Stadt keineswegs einen armen Eindruck. Nach Einschätzung des Büros der Vereinten Nationen für Drogen- und Verbrechensbekämpfung (UNODC) von April 2008 gilt Osch als ein Hauptumschlagplatz für Heroin in Asien. Der Stoff kommt aus Afghanistan über Tadschikistan und wird von hier nach Russland gedealt.

Zu trauriger Berühmtheit gelangte Osch auch durch die Ereignisse nach der gewaltsamen Absetzung von Präsident Bakijew im Sommer 2010. Kirgisische Hooligans überfielen die Viertel ihrer usbekischen Mitbürger und legten Feuer. Weit über 100 Usbeken wurden ermordet, zehntausende flohen mit ihren Familien und kehrten nie zurück. Die Drahtzieher dieses Pogroms wurden offiziell nie gefunden.

Das südländische Flair von Osch lässt man am besten in einem der Parks entlang des Flusses auf sich wirken: Im belebten Navoi-Park im Zentrum mit seinen Karussells, Buden und dem wackeren alten Riesenrad, im Meerim-Park hinter dem riesigen Lenin-Denkmal gegenüber der Stadtverwaltung, oder im waldähnlichen Toktogul-Satylganow-Park südlich davon. Beliebt ist auch der Alymbek-Datka-Park am Fuße des Sulajman Too mit der einzigen dreigeschossigen Jurte der Welt.

Auf dem Weg zum Sulajman Too

UNESCO-Weltkulturerbe Sulajman Too

Oschs bekanntester Ort ist der Sulajman Too, ein markantes Felsmassiv inmitten der Stadt. Seine nachgewiesene historische und religiöse Bedeutung brachte Kirgistan 2009 den ersten Eintrag ins UNESCO-Weltkulturerbe der Menschheit.

Im Persischen wird der Pilgerberg ›Tacht-i Sulajman‹ (Thron des Salomon) genannt. Kirgisen und Usbeken bezeichnen ihn als ›Sulajman Tasch‹ (Fels des Sulajman) oder ›Sulajman Too‹ (Berg des Sulajman). Felsgravuren aus dem 2./1. Jahrtausend vor unserer Zeit und die Ausgrabung von Siedlungsresten und kultischen Artefakten aus dem 12. bis 8. Jahrhundert vor unserer Zeit legen die Vermutung nahe, dass sich hier bereits in vorchristlicher Zeit eine heilige Stätte befunden hat. Der Fund von nestorianischen Kreuzen belegt, dass der Berg im 5. Jahrhundert auch als christliche Stätte gedient haben muss.

Die Kreuze sind im **Historischen Museum** an der Nordostseite des Felsens zu sehen, unweit vom Beginn des steilen Treppenpfads auf den Berg, dessen Bewältigung ca. 30 Minuten dauert. Der zweite Aufstieg von der Südostseite unweit der neuen **großen Moschee** ist nicht so steil, dafür länger. Er tangiert das **Sulajman-Too-Museum**, wo in einer ausgebauten Höhle Ergebnisse der Ausgrabungen und andere regionalgeschichtlich relevante Gegenstände gezeigt werden. Beide Wege treffen sich oben auf einer flaggengeschmückten **Aussichtsplattform** mit wunderbarem Rundblick über die Stadt und die Umgebung: Das Zentrum erstreckt sich wie eine urbane Insel entlang der Hauptverkehrsadern Masalijew und Kurmandzhan Datka, dagegen anbrandend ein Meer kleiner, dorfähnlich angeordneter Häuser inmitten ihrer Gärten. Diese Mahallas mit ihren Moscheen sind stadtprägend. Für einen Aufstieg zum Berg sollte man den späten Nachmittag oder frühen Abend wählen, wenn es nicht mehr so heiß ist und die Sicht klarer wird. Möglicherweise fallen der Ruf der Muezzins und der Sonnenuntergang zusammen – ein eindrucksvolles Erlebnis. Neben dem Aussichtspunkt duckt sich eine unscheinbare Klause, Tacht-i Sulajman, die auch als **Baburs Haus** bekannt ist. Angeblich hat sie der letzte Timuriden-Herrscher Babur, der im benachbarten Andijon (Usbekistan) residierte, 1497

Die Wunschrinne

▸ Karte S. 222

Hut-Angebot auf dem Basar von Osch

errichten lassen, um hier, weltabgewandt, Allah preisen zu können. Er mochte Osch und erwähnte es in seinem Werk ›Babur-Nama‹, zog dann aber weiter und errichtete in Nordindien die berühmte Moguldynastie. Auch heute befindet sich in dem Häuschen eine winzige Gebetsstube, ein Mullah spricht Gebete für die Besucher. Unterhalb davon, direkt neben dem Weg in Richtung Sulajman-Too-Museum, fällt eine **glänzende Rinne** im Gestein auf. Hierher kommen Frauen mit unerfülltem Kinderwunsch und rutschen die kurze Bahn hinab, in der Hoffnung auf eine Schwangerschaft. Seit Jahrhunderten haben das schon so viele Frauen (und Männer) getan, dass das harte, raue Gestein von den vielen Hunderttausenden Körpern glattgeschliffen ist. Entlang des Weges erfreuen sich weitere Höhlungen im Fels großer Beliebtheit, in die man kriechen bzw. die Arme hineinstecken kann, um diverse Krankheiten und Probleme auf nichtmedikamentösem Weg zu heilen. Eintritt 20 Som.

■ Mausoleen und Moscheen

Die älteste erhaltene Moschee, **Rawat Abdulla Khan** unweit vom Historischen Museum, stammt aus dem 17. Jahrhundert, das **mittelalterliche Badehaus** in der Nähe aus dem 10. bis 16. Jahrhundert. Das **Mausoleum für Asaf-ibn-Burkhija** an der schmalen Ostseite des Sulajman Too wurde im 11. Jahrhundert gebaut und im 17. Jahrhundert erneuert.

Unter Denkmalschutz stehen die **Moschee Muchammed Jussuf Bajhodzha-Ogly** an der Kreuzung Alebastrowaja/Telman, die **Moschee Schachit-Töpe** an der Andizhanskaja 2 und die **Sadykbaj-Moschee** in der Dunkatsch 9. Die russisch-orthodoxe **Erzengel-Michael-Kirche** findet man im Park neben der Stadtverwaltung. Alle genannten Gotteshäuser wurden in der ersten Dekade des 20. Jahrhunderts errichtet.

■ Basar

Der Dzhajma-Basar an beiden Ufern des Flusses hat seine besten Tage hinter sich. Im Gewirr der Container am östlichen Ufer des Flusses kann man leicht einen Anfall von Platzangst erleiden; die Handwerker- und Souvenirreihen auf der Westseite sind erholsamer.

■ Denkmal für Kurmandzhan Datka

Von Oschs zahlreichen Denkmälern muss eines besonders erwähnt werden: Die Frauenfigur an der Kreuzung Lenin/Navoi. Es stellt die beliebteste Identifikationsfigur der Alai-Kirgisen dar, die Stammesführerin und Politikerin Kurmandzhan Datka (1811–1907), hochachtungsvoll ›Alai-Herrscherin‹ oder ›Königin des Südens‹ genannt (→ S. 62).

Kurmandzhans Mann Bek Alymbek, bis zu seinem gewaltsamen Tod 1862 Herrscher der Alaj-Kirgisen, wird mit einem Reiterstandbild geehrt, das den Mittelpunkt des Denkmalkomplexes ›Kirgisische Wanderung‹ an der Pamir-Straße bildet. Der Reiter steht vor einem monumentalen Triumphbogen, der von einem Tündük gekrönt wird.

Osch

Vorwahl: +996/3222

▸ **Reiseveranstalter**

Kyrgyz Concept, Bajalinowa 1, im Hotel Nuru, Tel. 59450, osh@concept.kg; Auskünfte und Buchung von ÜN und Flugtickets. www.concept.kg

CBT Alay & Visit Alay, Kurmandzhan Datka 80 (Hotel ›Alaj‹, 2. Etage), Tel. 20276, +996/555/077621, cbtgulcho@mail.ru; Touren, Buchung von Gästehäusern in Osch, Güldzhö und Umgebung und im Pamir-Alaj-Tal. www.visitalay.com

CBT Osh, Alibastrowa 31 (im Kunstmuseum am Sulajman Too), Tel. +996/772/574940, osh_cbt@ mail.ru; Touren, Buchung von Gästehäusern

Assoziation für Ökotourismus Kyrgyz Pamir Tour, Osmonowa 12, Tel. +996/555/770090, whats-App +996/776/770090; Touren, Buchung von Gästehäusern. www.kyrgyzpamirtours.com

Guide: Tschyngyz Ametow, Touren in und um Osch, spricht Englisch und Französisch. www.kyrgyzstannomad.jimdo.com.

Internationaler Flughafen Osch (Kürzel: OSS) 9 km nördlich der Stadt.

Täglich mehrere Flüge nach Bischkek, ein Flug nach Moskau, hin und wieder Flüge nach Batken und Isfana, ggf. bald wieder Verbindungen nach Istanbul.

Transfer Flughafen-Stadt: Taxi 300-500 Som.

Alle Busse von Norden und Osten kommen an am neuen Busbahnhof an der Lenina, 6 km nördlich vom Zentrum. Zwischen dem neuen und dem alten Busbahnhof im Zentrum pendeln die Marschrutkas 7 und 13. Die Marschrutka Nr. 7a fährt vom Neuen Busbahnhof zum Basar.

Marschrutkas nach Arawan und Nookat: An der Kreuzung Navoi/Kurmandzhan-Datka (diagonal zum Hotel Alaj).

Marschrutkas nach Batken (800 Som): Hinter dem Hotel Alaj.

Marschrutkas zum usbekischen Grenzübergang ›Dostlyk‹: Marschrutkas 7, 16 oder 36 bis Kara Suu, dann zu Fuß über die Grenze und mit usbekischer Marschrutka weiter nach nach Andijon/Taschkent.

ÖPNV: Marschrutka-Netz vorhanden

Taxi: Eine Stadtfahrt kostet 60 bis 100 Som.

Orto Azia, Razzakowa 23; EZ/DZ 83/138 US-Dollar. www.ortoasia.kg

Classic, Alijewa 143; EZ/DZ 80/100 US-Dollar. www.classichotel.kg

Osch Nuru, Bajalinowa 1; EZ/DZ 1900/2600 Som, plüschig und gemütlich. http://osh-nuru.kg

Biy Ordo, Saliewa 39; EZ/DZ 25/35 US-Dollar, mit angeschlossener Reiseagentur. www.biyordo.com

Sunrise Osch, Masalijewa 25 A; zentral, gutes Preis-Leistungsverhältnis, EZ/DZ 40/60 US-Dollar/zur Kette gehört auch ein zweites Sunrise, Masalijewa 105B (Bushaltestelle Grenzawod), DZ ab 50 US-Dollar. www.sunrise-osh.kg,

Gästehaus Tes, Saj Boyu 5; EZ/DZ 1800/2500 Som. www.oshtestravel.com

Restobar Izjum, Café und Gästehaus, Lenina 214, am Toktogul-Park. Etwas gehobene Preise für gemütliches Sitzen und gute Küche

Zarskij Dwor, Lenina, an der Südwestseite des Kulturparks, unweit vom Riesenrad. Russisch-asiatisch, rustikal. Sommergarten.

Osch Ordo, Ajtijewa 11, am Fuß des Sulajman Too, mit Dachterrasse.

Café Brio, Kurmandshan Datka 211, im Gebäude des Hochzeitshauses Baqyt Ui, gute Bäckerei, Limonaden, solides Frühstück.

Café Borsok, Kurmandzhan Datka 211 B, Ecke Ajtijewa, Fastfood, sehr lebendig.

Auf dem **Dzhajma-Basar** gibt es alles, auch Souvenirs. Zahlreiche **Supermärkte im Zentrum** haben ein gutes Angebot

▸ Karte S. 222

Pamir Highway

Ab Osch und bis ins tadschikische Duschanbe heißt die Fernstraße M41 Pamir Highway. Sie ist 1252 Kilometer lang und kann sich mit dem Prädikat zweithöchste befestigte Fernstraße der Welt schmücken.

Von Osch nach Gültschö (russ. Gultscha)

Durch das breite Tal des Taldyk führt die Straße zum **Tschyrtschyk-Pass** (2402 m) und quert hier, 60 Kilometer hinter Osch, den Kleinen Alai. Vom Frühjahr bis zum Herbst sind die Weiden auf und um den Tschyrtschyk-Pass von Jurten übersät, überall kann man essen bzw. Kymyz kaufen. 80 Kilometer geht es nun bergab bis Gültschö, der ehemaligen Residenz der Alai-Fürsten, nach dem Sieg der Russen über die Alai-Kirgisen russischer Militärstützpunkt, heute Verwaltungszentrum des Alai-Kreises. Ein kleines Museum für Kurmandzhan Datka erinnert an die Geschichte der Unterwerfung eines stolzen Volkes.

Von Gültschö nach Sary Tasch

Hinter Gültschö folgt man dem Lauf des Gültschö-Flusses. Die Asphaltdecke der den Großen Alai (Tschong Alai) bezwingenden Straße wurde erst 2013 fertiggestellt. Eine atemberaubend schöne, farbige Berglandschaft und beschauliche Dörfer laden zu zahlreichen Fotostopps ein; für die 100 Kilometer von Gültschö nach Sarytasch sollte man deswegen reichlich Zeit einplanen. Die Serpentinen hoch zum **Taldyk-Pass** (3589 m) sind eine technische Meisterleistung.

Sary Tasch

Sary Tasch existiert nur dank seiner enormen strategischen Bedeutung als Knotenpunkt von vier Fernstraßen nach/aus Osch, Kaschgar, Murgab und Duschanbe, andernfalls hätte man in dieser unwirtlichen Hochebene über 3000 Meter Höhe wohl kaum Siedlungen angelegt. Doch mit dem Bau des Pamir-Highways wurden in den 1930ern Ansiedlungen zur Wartung der Straße gebaut, später erlangte der Ort in der Nähe der Grenze zu China als Stationierungsort für Grenztruppen Bedeutung. Die hiesige Garnison war für die Betreuung der Grenzposten am Irkeschtam-Pass und am Kyzyl-Art-Pass verantwortlich. Heute lebt der Ort vom Transit der Touristen und LKW-Fahrer; von den ca. 1500 Einwohnern ziehen viele im Winter in wärmere Gebiete. An der ›Großen Kreuzung‹ in der Ortsmitte trennen sich die Straßen nach Osten (Irkeschtam-Pass, Kaschgar) und Westen

Straße durch das Gültschö-Tal

(Kara-Myk, Duschanbe), von letzterer zweigt hinter dem Ortsende der Pamir-Highway nach Süden ab (Kyzyl-Art-Pass, Murgab). Sehenswert ist der Friedhof des Ortes: An langen Stäben hängen Bündel mit Yak-Haaren – ein Brauch, der nur bei den Alaj-Kirgisen gepflegt wird.

Alai-Tal

Sommers sind das Alai-Tal und seine Seitentäler dicht besiedelt. Zahlreiche Familien der kirgisischen halbnomadischen Viehzüchter mit großen Schaf-, Pferde- und Yak-Herden kommen hierher, überall sieht man ihre Jurten. Das 20 Kilometer breite Hochtal des gletschergespeisten Flusses Kyzyl Suu (›Rotes Wasser‹) erstreckt sich von Ost nach West zwischen zwei mächtigen Gebirgsketten: Der Alai verläuft über 220 Kilometer von der chinesischen Grenze bis nach Tadschikistan hinein, wo er bis weit über 5000 Meter aufragt. Der Große Alai (kirg. Tschong Alaj) an der Grenze von Kirgistan und Tadschikistan erhebt sich parallel zum Alai auf ca. 250 Kilometer Länge, er bildet den Nordrand des Pamir. Vom Alai-Tal kann man seine majestätischen Eisriesen gut erkennen, herausragend der **Korumdu** (6614 m) und der **Peak Lenin** (7134 m). Das auf 3600 Metern gelegene **Bergsteiger-Basecamp** am Fuße dieses ›leichtesten Siebentausenders der Welt‹ ist in der Saison gut frequentiert *39.475240, 72.912760*. Auch für Nichtbergsteiger ist eine Wanderung um das Camp und ein Blick auf die Gletscher und Moränen interessant. Überhaupt ist die relativ unberührte Bergwelt von Alai und Großem Alai einen längeren Aufenthalt wert. Ein guter Ausgangspunkt für solche Touren ist **Sary Mogol** in der Mitte des Alai-Tals, es gibt einige Gästehäuser. Über Jahrhunderte war das Alai-Tal ein wichtiger Zweig der Seidenstraße, hier führten die Karawanenwege von Baktrien nach China entlang, nach Kaschgar waren es nur noch wenige Tagesreisen. Die Mauerreste einer Lehmfestung des Kokander Khanats aus dem 19. Jahrhundert in **Daroot Korgon** zeugen von der strategischen Bedeutung des Tales. Ausgrabungen legen den Schluss nahe, dass dieser Ort seit ca. 3000 Jahren besiedelt ist. Man vermutet sogar, dass der von Ptolemäus erwähnte Steinturm an der Straße zwischen China und Balch, an dem levantinische und chinesische Händler ihre Waren tauschten, hier gestanden haben könnte.

▶ Karte S. 218

Sarytasch vor der Kulisse des Pamir

Dung wird getrocknet und als Brennmaterial verwendet

Östliches Alai-Tal

Talaufwärts führt die gut ausgebaute A371 über einen flachen Pass und den Ort Nura zur kirgisisch-chinesischen Grenze auf dem **Irkeschtam-Pass** (3723 m), spektakuläre 80 Kilometer Fahrt mit Blick auf des gewaltige Massiv des Korumdu und die bizarre Schlucht des Flusses Nura. Die Grenze ist für Bürger aller Staaten geöffnet (→ S. 430, Anreise mit dem Auto).

Nach Westen

Westwärts erreicht man nach knapp 100 Kilometern **Daroot Korgon**, den Hauptort des Alai-Tals, und nach weiteren 50 Kilometern den für Ausländer bislang geschlossenen Grenzposten Kara-Myk an der kirgisisch-tadschikischen Grenze. Die längst überfällige Öffnung dieser Grenze auf der kürzesten Verbindungsstraße Duschanbe–Osch–Bischkek würde dem Tourismus in Zentralasien einen starken Impuls geben. Östlich von Daroot Korgon gibt es mit der Piste über den Tengiz-Baj-Pass (3665 m) einen ›short cut‹ für Wagemutige ins Fergana-Becken. Geeignet ist sie für Trekking-Touren, sehr gute Geländewagen haben sie auch schon bewältigt.

Kyzyl-Art-Pass

Zwei Kilometer hinter Sary Tasch zweigt der Pamir-Highway nach Süden ab, eine miserable Piste über löchrigen Asphalt, geschotterten Lehm, mit Straßenabbrüchen und grenzwertigen Brücken (Allrad dringend empfohlen). Sie erreicht nach ca. 20 Kilometern den kirgisischen Grenzposten Bor Döbe am Fuß der Berge und nach weiteren 30 Kilometern den tadschikischen Posten auf dem Kyzyl-Art-Pass (4280 m). Die Grenzübergänge sind bis 18 Uhr geöffnet, die Abfertigung kann etwas länger dauern, denn die Antidrogenbehörden beider Länder nehmen ihre Arbeit ernst. Der Pamir-Highway wird nun endlich seinem Namen gerecht – er führt ab hier über den Pamir, und das ziemlich ›high‹.

Kirgistans unterschätzter Südwesten

Der äußerste Südwesten des Landes um Batken und Isfana wird von Touristen kaum aufgesucht, und wenn doch, dann sind es vor allem Bergsteiger, die im sogenannten Patagonien Zentralasiens wandern und die Wände hochgehen wollen. Dabei lohnt es durchaus, hierherzukommen bzw. wenigstens auszustei-

Nomadenkinder im Pamir-Alai

Bunte Berge zwischen Batken und Isfana

gen, wenn man möglichweise auf dem Transitweg nach Nord-Tadschikistan ist. Die Fahrt verläuft auf einer neuen Straße zwischen Fergana-Becken im Norden und Turkestan-Kette im Süden, welche die usbekischen Enklaven Soch und Schachimardan umfährt.

In **Kyzyl Kija**, 150 Kilometer westlich von Osch und mit über 50000 Einwohnern größer als die Gebietshauptstadt Batken, sollte man dem quirligen Basar einen Besuch abstatten und hier das beste Obst von Kirgistan probieren.

Batken, 240 Kilometer westlich von Osch, trotz seiner nur 12000 Einwohner Verwaltungshauptstadt des gleichnamigen Gebiets, hat außer seiner spektakulären Lage inmitten weithin leuchtender roter Berge nicht viel zu bieten, ist aber als Ausgangspunkt für eine Tour zum **Naturpark Ajgul Tasch** geeignet. Hier, unweit vom Dorf Karabulak, wächst die seltene Kaiserkrone (kirg. Ajgul), berühmt, begehrt und bedroht durch ihre exotische Schönheit. Wenn sie blüht, kommen ihre Fans in Scharen, um sie zu bewundern und häufig leider auch zu pflücken oder gar auszugraben. Da weder der Status als Rote-Liste-Pflanze noch die Einrichtung eines Naturparks zu helfen scheint, haben Schüler der umliegenden Schulen eine ›grüne Patrouille‹ organisiert.

Das Städtchen **Isfana** im Südwestzipfel des Landes ist für Teppichliebhaber interessant. Auf dem lokalen Basar werden wunderschöne Kelims und Knüpfteppiche aus der Region verkauft. Und Aprikosenkenner werden bestätigen, dass die hiesigen Früchte, egal ob frisch oder getrocknet, nur schwer zu überbieten sind.

Den Süden des Gebietes Batken nimmt das **Turkestan-Gebirge** ein, dessen Hauptgrat sich über 350 Kilometer bis vor die Tore von Samarkand erstreckt. Die höchsten Gipfel der Kette liegen auf der kirgisisch-tadschikischen Grenze unweit der tadschikischen Enklave Woruch: die Peaks Skalistyj (5621 m), Piramidalnyj (5509 m), Taldy-Köl (5539 m), Ak-Suu (5355 m), Kara-Suu (5309 m) und Sabach (5282 m). Das Gebiet dieser Eisriesen, von Kennern als ›Patagonien Mittelasiens‹ bezeichnet, gehört zu den schönsten Bergregionen und interessantesten Trekkingoptionen des Landes. Man sollte jedoch die Hilfe eines kirgisischen Trekking-Veranstalters in Anspruch nehmen.

▸Karte S. 218

Zentralkirgistan

Transitreisende auf der A365 von Bischkek nach Kaschgar in China kommen unweigerlich durch Zentralkirgistan. Jenseits dieser Straße breitet sich ein größtenteils unwirtliches und dünn besiedeltes, aber landschaftlich großartiges Gebiet aus, ›komponiert‹ aus riesigen Hochebenen und den sie umschließenden Gebirgsketten, deren höchste, das fast 6000 Meter hohe Kök-Schaal-Gebirge, den Zentralen Tien Shan von den Wüstenwinden der Taklamakan abschottet. Hier leben fast ausschließlich Kirgisen, viele noch von halbnomadischer Viehzucht. Die Abgeschiedenheit hat dafür gesorgt, dass uralte nomadische Bräuche erhalten blieben. Fleisch und Milch von den hiesigen Weiden sind in ganz Kirgistan für ihre Qualität bekannt – und auch die Hochalmen am Song-Köl sind inzwischen ein Touristenmagnet.

Schönes Hoftor in Kotschkor

Kotschkor (Kochkor)

Egal, ob man vom Bischkek heraufkommt, auf der schönen Straße entlang des Orto-Tokoj-Stausees, oder vom Yssyk-Köl – man muss durch Kotschkor, ein großes Dorf mit ca. 12000 Einwohnern. Kotschkor ist der Geburtsort des Flusses Tschüj aus Kotschkor und Dzhuan Aryk, Zentrum der Filzherstellung und samstags Schauplatz eines turbulenten Viehmarkts. Wegen seiner idealen Lage an der Transitstraße nach China und in der Mitte zwischen Yssyk-Köll und Song-Köl hat sich der Ort auch zum touristischen Knotenpunkt mit privaten Gästehäusern und Tourenanbietern entwickelt. In den 1990ern haben zwei Fraueninitiativen in Kotschkor ein Handwerkerinnen-Netzwerk geschaffen, das seinesgleichen sucht. Hunderte von Frauen aus dem Oblast Naryn stellen in Heimarbeit Teppiche und andere Artikel aus Filz, Leder und Wolle her, Materialien, die es ausreichend gibt in einem Gebiet, wo mehr Schafe als Menschen leben. Die **Kooperative Kotschkor Kutu**, Abubakira 15, Tel. +996/3535/22422, an der Südseite des Zentralen Platzes bietet außerdem gute Hausmannskost in Jurten hinter dem Haus sowie Filzkurse an (beides nur nach Voranmeldung). Die Filzmanufaktur der **Kooperative Altyn Kol** (›Goldene Hand‹) Tel. +996/3535/22534, Pionerskaja 22a lohnt ebenfalls einen Besuch, CBT Kotschkor befindet sich im gleichen Haus (Tel. +996/777/265559, cbt_kochkor@rambler.ru, cbtinfokochkor@ gmail.com, www.cbtkyrgyzstan.kg.).

Handwerkliche Exponate älteren Datums, historische Fotos und aus dem Gebirge umgesiedelte Balbals zeigt das leicht verstaubte **Regionalmuseum** 250 Meter südlich des Zentralen Platzes, Alijew 8, Mo–Fr 9–17.

KASACHSTAN
Kordaj
Kant
Кант
Ivanovka
Ивановка
Tokmak
Токмак
Kemin
Кемин
Ak Tüz
Ак Түз
Bischkek
Бишкек
M39
Sokuluk
Сокулук
Jurewka
Юревка
Tschuj
Burana
Бурана
Rotfront
Рот Фронт
Kegety
Кегеты
Ak Beschim (Sujab)
Ак Бешим
Kara Balta
Koj Tasch
Ala Artscha
Boom-Schlucht
Balyktschy
Балыкчы
(ehem. Rybatsche)
Ysyk Ata
Ысык Ата
Nationalpark Ala Artscha
Tschuj-Oblast
Orto-Tokoi-See
Schamschy
Шамшы
A 367
Suusamyr-Hochebene
Karakol
Kotschkor
Кочкор
Kyz-Art-Pass 2664
Kyz Art
Tschong Tuz
Koshomkul
Кожомкул
Baschka-ingdy
Sary Bulak
Сары Булак
A 367
Zapowednik Song Köl
Заповедник Сонг Көл
Aral
Арал
Tögöl Saj
Төгөл Сай
Kyzyl Oj
Tschajek
Чаек
Dolon-Pass 3035
Song Köl
Moldo Too
Naryn-Oblast
A 365
Naryn
Нарын
Naryn-Hochebene
Naryn
Kazarman
Казарман
Dshalal Abad
Ak Tal
Ак Тал
Dostuk
Достук
Ak Muz
Baetowo
Баетово
Kara Suu
Кара Суу
At Baschy
Ат Башы
Koschoj Korgon
Кошой Коргон
Bajbitsche-Too
Tasch Rabat
Таш Рабат
At-Baschy-Gebirge
Ak Saj
Ak-Bejt-Pass 3282
Fergana-Kette
Ferganskij xrebet
Zapowednik Tschatyr Köl
Заповедник Чатыр Көл
Tschatyr Köl
Köl-Sun-See
Torugart-Pass 3752
Kaschgar
Zentralkirgistan
0 20 40 km

Über CBT Kotschkor können **Touren zu den Sommerweiden** der Umgebung mit Übernachtung in Jurten organisiert werden, ebenso Wander- und Reittrekking sowie Besuche des **Sanatoriums Tschong Tuz a**n einem stillgelegten Kalisalz-Stollen südwestlich von Kotschkor.

Hochgebirgssee Song-Köl

Song-Köl bedeutet ›Endlich der See‹. Man versteht es sofort, wenn man über einen der Pässe hier oben angekommen ist und plötzlich diesen großen Wasserspiegel auf 3016 Metern erblickt – den drittgrößten Seen in Kirgistan, 275 Quadratkilometer groß. Seit Jahrhunderten treiben die zentralkirgisischen Viehzüchter ihre Herden auf die saftigen Wiesen an seinen Ufern – von Juni bis zum ersten Schnee. Und auch die Skythen haben das vor drei Jahrtausenden offenbar getan, große Kurgane am Nordostufer und Petroglyphen auf den ›Hügeln‹ am Südufer lassen auf ihre damalige Anwesenheit schließen.
Am **Nordostufer** unterhalten zahlreiche Veranstalter **Jurten-Camps**, eine regelrechte Touristenstadt. Jedes dieser Camps hat eine Essjurte und einige einfach ausgestattete, beheizbare Schlafjurten mit Matten oder Betten, wo man (Anmeldung empfohlen!) für 500 bis 900 Som ein Nachtlager findet. Essen kann dazugebucht werden. In manchen Camps gibt es ›richtige‹ Toiletten und Solarduschen. Am Südufer geht es weniger gedrängt zu, aber auch hier gibt es inzwischen zahlreiche Angebote, auch in den Jurten der Hirtenfamilien. Ein Aufenthalt von ein bis zwei Tagen kann mit Wandern am See oder Reitausflügen verbracht werden. Im Juli sind die Buckelwiesen am See und die Matten auf den Pässen für Botaniker interessant, und der Zapowednik Karatal Dzhapyryk, der fast die gesamte Osthälfte des Sees einnimmt, ist bei Ornithologen beliebt. Warme Kleidung empfiehlt sich, nachts wird es empfindlich kalt.

Anreise

Busse fahren nicht hierher. Es gibt vier reizvolle An- und Abreisevarianten mit dem Auto/Rad. Auf einer buckeligen Ringpiste kann man den See vollständig umrunden. Allrad dringend empfohlen.

Anfahrt zum Song-Köl von Süden

Von Nordosten: Von Kotschkor (Taxis am zentralen Platz verfügbar), ca. 4 Stunden. Am Kilometer 41 der Straße nach Naryn kurz hinter Sary Bulak nach Westen abbiegen, über Keng Suu und das Tölök-Tal zum Kalmak-Pass (3447 m), Ankunft am Nordostufer.

Von Osten: Von der A365 südlich von Kara-Ünkür (*41.722084, 75.720295*, Ausschilderung Karatal-Japyryk Nature State Reserve 33/Song Kul 50 km) nach Westen abbiegen, über die Brücke, in zahlreichen Serpentinen auf den Teskej-Torpok-Pass, auch ›33 Papageien-Pass‹ genannt (3133 m), Ankunft am südöstlichen Ufer, am Fluss.

Von Süden: Aus der Naryn-Ebene über Ak-Tal und Dzhangy-Talap nach Norden (Moldo-Aschu-Trakt), ein breites Tal hinauf, dann auf kühnen Serpentinen zum Pass Moldo-Aschu (3346 m), Ankunft am Südwestufer.

Von Nordwesten: Aus der Suusamyr-Ebene über die A367, Abzweig in Baschkaingdy, über den Kara-Ketsche-Pass, Ankunft am Südwestufer unterhalb des Moldo-Aschu-Passes.

Naryn

Die Stadt Naryn, am wilden, gletschergespeisten Fluss Naryn gelegen, ist das Verwaltungszentrum des gleichnamigen Oblasts. Ein russisch-sowjetisches Überbleibsel mit teilweise leerstehenden Plattenbauten auf 2020 Metern, die 38 000 Einwohner trotzen würdevoll dem Niedergang und Wintertemperaturen bis minus 40 Grad. Gerade in den Platten-

Jurtenstadt am Song-Köl

Karte S. 232

Hinter dieser Fassade verbirgt sich ein gemütliches Gästehaus

bauten haben sich einige gute Privatpensionen und ein Informationszentrum etabliert – der Leerstand wird erfolgreich zu Erwerbszwecken genutzt, in einer Stadt, in der Arbeitsplätze rar sind.

150 Meter nördlich von der Brücke in der Razzakowa 4 bietet das von Enthusiasten geführte **Historisch-Ethnographische Museum** eine kleine, feine Regionalausstellung (Mo–Fr 9–17).

Die mehrere Kilometer lange **Lenin-Straße** parallel zum Fluss führt ein Stück durch die Vergangenheit: Man passiert die alte Bibliothek, die Kommandantur, das Standesamt und viele andere Gebäude aus der sowjetischen Ära, bevor sich auf dem Erkindik-Platz im Zentrum Vergangenheit und Gegenwart ein Stelldichein geben. Wo früher der übliche überlebensgroße Lenin die Richtung wies (er ist noch da, aber gen Westen umgezogen), verbreitet nun ein überlebensgroßes kirgisisches Paar in Festtracht ein wenig Optimismus. Auch der Campus der University of Central Asia, ein Projekt der Aga-Khan-Stiftung, gibt Anlass zur Hoffnung. Eine **Kunstgalerie** gegenüber der Gebiets-Verwaltung verkauft Gemälde lokaler Künstler, Keramik, Filzartikel und Ansichtskarten. Das **Dramentheater** in unmittelbarer Nähe ist tatsächlich noch am Leben: Schauspieler und Leitung akzeptieren Monatsgehälter von unter 100 Euro, um den Einwohnern von Naryn Theater bieten zu können.

Der Rückweg kann durch die Viertel am Fluss erfolgen, mit Querung der drei waghalsigen Fußgänger-Hängebrücken, vorbei an alten Block- und Lehmhäusern mit Schnitzwerk an Toren und Fensterläden, Industrie-Ruinen und neuen Einfamilienhäusern mit improvisiertem Kleingewerbe.

Touren im Naryn-Too

In der wunderbaren Bergwelt des Naryn-Too östlich der Stadt sind alle Arten von Tages- und Mehrtagestouren in nahezu unberührter Natur möglich: Vom gemütlichen Spaziergang Im kleinen Schutzgebiet Salkyn-Tör in unmittelbarer Nähe Naryns über Wanderungen in den Tälern der Naryn-Nebenflüsse Teke Sekrik, Alysch, Terek oder Kosch-Ünkür, bis zu Trekkingtouren vom Flecken Eki Naryn aus, wo ›Shepherd's Life‹ in der Nähe des Zusammenflusses von Naryn und Kitschi Naryn einige Jurten für Gäste unterhält.

Naryn hat eine gute Infrastruktur für Touristen

Naryn

Vorwahl: +996/3522

Informationen, Trekkingservice

CBT Naryn, Lenina 8, Wohnung 33, Tel. 50865, www.cbtkyrgyzstan.kg, naryn_tourism@rambler.ru.

KUBAT-Tour, Lenina 6, Wohnung 51, www.kubat-tour.from.kg

Vom Busbahnhof auf der Lenina, zwischen östlicher Brücke und Erkindik-Platz, fahren **Marschrutkas** nach Bischkek (307 km, 360 Som, nur bis mittags!), Balyktschy (181 km), Kotschkor (123 km), Bajetowo (126 km) und At Baschy (46 km) ab.

Nach Kazarman, Dzhalal-Abad und zum Song-Köl nur mit Taxi, ggf. Sammeltaxi, Abfahrt am Busbahnhof oder am Zentralen Basar.

Khan Tengri, Sowjetskaya, Tel. 54946, EZ/DZ 26/39 US-Dollar. Gilt als bestes Haus am Platz.

Celestial Mountains Guesthouse, Razzakowa 42, Tel. 50412, EZ/DZ 2000/2400 Som.

Gästehaus Baktygul, Razzakowa 15, janabilovabaktugyl@gmail.com, Tel. +996/553/953545. Gemütliche Zimmer und Apartments in zweigeschossigen Plattenbauten gegenüber dem Regionalmuseum. Gute Küche, Internet.

Salkyn-Tör Yurt Camp, Tel. 54401, am östlichen Stadtrand, in der Nähe des Schutzgebietes.

Die ›Restaurants‹ in Naryn sind alle mehr oder weniger nur Imbissmöglichkeiten

Café Corona, Kulumbajewa/Tschanatschewa, Testsieger.

Café Anarkul Apa, Sagymbaja Orozbakowa 21, nördlich vom Erkindik-Platz; kirgisisch & russisch.

Café Ajana, Sagymbaja Orozbakowa 8, am Hotel Alatoo.

Café Adek, Kulumbajewa 41. Kirgisisch, gute Manty

Zentraler Basar, **Läden** in der Nähe des Busbahnhofs – letzte Möglichkeit eines umfassenden Einkaufs!

Von Naryn nach Kazarman

Von der A365 ist es auf zwei anstrengenden, aber landschaftlich überwältigenden Pisten möglich, westwärts nach Kazarman und von hier über den **Urum-Basch-Pass** ins Fergana-Becken vorzudringen: Auf der linken Seite des Naryn und durch seine atemberaubend schöne, zerklüftete Hochebene über Bajetow und Kosch Döbö oder, etwas kürzer, auf der rechten Seite über Dshangy-Talap. Die verschlafene Siedlung Kazarman am Mittellauf des Naryn, ist durch das Fergana-Gebirge vom Landessüden abgeschnitten. Der etwas über 3000 Meter hohe Urum-Basch-Pass *41.293826, 73.632010*, der Kazarman mit Dshalal-Abad verbindet, ist im Winter oft wochenlang geschlossen und auch im Sommer gelegentlich wegen Erdrutschen gesperrt. Kazarman ist der beste Ausgangsort für eine Tour zu den Petroglyphen von Sajmaluu Tasch.

▶ Karte S. 232

Sajmaluu Tasch

Sajmaluu Tasch (kirg.: bestickter Stein) ist die größte Ansammlung von Petroglyphen in ganz Zentralasien. Sie befindet sich auf 3200 Metern Höhe in der Mitte der Fergana-Bergkette und wurde im Jahr 2001 von der kirgisischen Regierung als Nationalpark unter Schutz gestellt. Auf einer Fläche von 32 000 Hektar, gruppiert in zwei Feldern, sind auf verstreut liegenden Basaltsteinen ca. 10 0000 (!!!) Motive mit Jagd- und Kultszenen, Motiven aus Ackerbau und Viehzucht eingraviert *41.185889, 73.808899*. Entstanden sind diese Kunstwerke zwischen

2000 vor und 400 nach Christi Geburt. Ein Besuch dieser schwer zugänglichen Stätte ist nur im Hochsommer und nur zu Fuß oder Pferd und mit Guide möglich, wegen der Entfernung ist mindestens eine Übernachtung einzuplanen. Kirgisische Veranstalter können diese Tour organisieren (→ S. 448).

Von Naryn zum Torugart-Pass

Die 180 Kilometer von Naryn zur kirgisisch-chinesischen Grenze sind reich an farben- und formenreicher Landschaft und historischen Besonderheiten. Nach der Überquerung des Tschaar-Passes (2599 m) passiert man ca. 35 Kilometer südwestlich von Naryn die Kleinstadt **At-Baschy** am Ufer des gleichnamigen Flusses. Jener bildet eine breite Hochebene, die sich auf 120 Kilometer Länge von Nordosten nach Südwesten erstreckt, flankiert im Nordwesten vom Bajbitsche-Too-Gebirge (bis 4718 m) und im Südosten vom teilweise vergletscherten At-Baschy-Gebirge (bis 4789 m). Der Ort At-Baschy (kirg.: ›Pferdekopf‹) ist ideal für eine Übernachtung, wenn man die chinesische Grenze am nächsten Tag bis zur Mittagszeit erreichen muss (→ S. 238).

Ruinen von Koschoj Korgon

Südöstlich des Dorfes Kara-Suu, ca. 20 Kilometer hinter At Baschy, verwittern die ansehnlichen Reste einer Festungsanlage, die Koschoj Korgon (Koshoy Korgon) genannt wird, wahrscheinlich aber identisch ist mit Atbasch, der legendären Festung an der Seidenstraße, Hauptstadt der Turkstämme des Inneren Tienschan. In arabischen Quellen des 9.–12. Jahrhunderts erscheint Atbasch als eine der Städte auf dem Weg von Transoxanien nach Ost-Turkestan bzw. von Fergana zum Issyk-Köl. In einer chinesischen Karte von 1331 ist nordwestlich von Kaschgar ein Atebaschi eingezeichnet, ziemlich genau an diesem strategisch günstigen Ort.

Die mächtigen Ruinen wurden 1859 vom kasachischen Forschungsreisenden und Offizier im Dienst der russischen Armee Tschokan Walichanow auf einer seiner Erkundungsreisen durch Xinjang bemerkt. In einer Abhandlung des russischen Orientalisten Wassili Bartold von 1897 taucht die Festung ebenfalls auf, Bartold verwies auch auf die mögliche Identität als Atbaschi. Archäologen der Universität Bischkek organisierten in den 1980ern eine Ausgrabungskampagne. Freigelegt wurde eine gewaltige, 245 mal 250 Meter große und von einem Graben umgebene Festungsanlage mit 60 Türmen und drei Toren, davon das südliche 20 Meter breit. Die Mauerreste, an der Basis bis 9 Meter dick, sind vier bis acht Meter hoch. Innerhalb dieser Anlage befanden sich eine Zitadelle und zahlreiche Wohnhäuser. Die bei der Grabung geborgenen Artefakte lassen darauf schließen, dass die Festung vom 7. bis zum 13. Jahrhundert bewohnt wurde.

Ein kleines neues Museum wartet neben den Ruinen auf Gäste (Di–So, 9–13/14–17, 100 Som, Ausschilderung im Ort an der Hauptstraße: Koshoy Korgon 3).
41.123401, 75.698692

Im Juni auf dem Urum-Basch-Pass

Kirgistan

Die Ruinen von Koschoj Korgon

Karawanserei Tasch Rabat

Am Kilometer 450/89 *40.941401, 75.271979*, Ausschilderung: Tash-Rabat 15) verlässt eine ausgeschilderte Piste die A365 nach Süden in die felsige Tasch-Rabat-Schlucht, um bald in einem geschützten Tal anzukommen, das sommers von zahlreichen Jurten gesprenkelt ist, so dass man die eigentliche Attraktion fast übersehen könnte: Ein aus Felssteinen gefügtes, überkuppeltes Bauwerk mit einem zentralen Saal, 30 zellenartigen Räumen und Brunnen *40.821070, 75.289480*. Höchstwahrscheinlich diente es als Karawanserei. Archäologische Funde lassen vermuten, dass sich zuerst, im 7./8. Jahrhundert, ein nestorianisches Kloster an dieser Stelle befand. Das würde besser zur Abgeschiedenheit des Ortes passen, denn Karawansereien lagen üblicherweise direkt an der Handelsroute. In den 1980er Jahren wurde das Gebäude restauriert und vor ca. 15 Jahren als Touristenattraktion entdeckt. Mittlerweile hat sich in der Nähe eine Jurten-Stadt etabliert, der Rummel ist manchmal enorm. Wer hier übernachtet, bucht gern auch einen Ausritt (pro Stunde 300 Som) oder startet zu einer Trekkingtour talaufwärts in Richtung **Tasch-Rabat-Pass** (ca. 4000 m) mit Blick auf den großen, flachen Hochgebirgssee **Tschatyr Köl**. Ein Abstieg in Richtung See sollte unterbleiben, das Gebiet um den See ist Naturschutzgebiet und Grenzregion, für die man eine Sondergenehmigung braucht.

▶ Karte S. 232

Zum Torugart-Pass

Die meisten Reisenden haben diese Strecke als Transitroute nach Kaschgar in China gewählt und fahren weiter in Richtung Grenze, durch die größte Permafrost-Hochebene des Landes. Sie kommen an den wunderlich geformten Ausläufern des At-Baschy Gebirges vorbei, passieren die Pässe Ak-Bejit (3282 m) und Tuzbel (3568 m), umfahren dann halb den Tschatyr-Köl auf 3530 Metern Höhe. Sogar hier oben stehen im Sommer die Jurten der Viehzüchter. Ab Beginn des Grenzgebiets ist die Weiterfahrt nur mit einer Sondergenehmigung der kirgisischen Behörden möglich. Nach dem Passieren der kirgisischen Grenzstation mit Zoll, Grenzposten und Rauschgift-Dezernat überquert man den Torugart-Pass (3752 m), die Staatsgrenze zwischen China und Kirgistan. Die chinesische Grenzabfertigung erreicht man nach 80 Kilometern.

Drittstaatler dürfen die Grenze nur mit Sondergenehmigung der kirgisischen Behörden passierten und benötigen außer dem Visum für China einen Nachweis, dass sie auf chinesischer Seite von einem dortigen Reiseveranstalter in Empfang genommen werden. Die Bearbeitungszeit für das kirgisische Permit beträgt mindestens zwei Wochen. Die Grenze muss an einem festen Datum überquert werden. Am kirgisischen Grenzposten wird der chinesische Fahrer kontaktiert, der sich am Übergabepunkt sechs Kilometer hinter dem kirgisischen Grenzposten aufhalten muss. Nur wenn er samt Fahrzeug bereitsteht, wird man abgefertigt: Man wird bis zum Übergabepunkt gefahren und steigt in das chinesische Auto um, um damit zum ersten chinesischen Posten direkt an der Staatsgrenze zu fahren. Die Passkontrolle erfolgt 80 Kilometer weiter auf der Piste in Richtung Kaschgar. Faustregel: Spätestens um 12 Uhr an der kirgisischen Grenzabfertigung sein, also Abfahrt in Naryn um 6 Uhr.

Versteckte Perle: Köl-Suu

Im äußersten südöstlichen Winkel versteckt sich in einem weitverzweigten Canyon auf 3526 Metern Höhe am Oberlauf des Flusses Korumdu der glasklare See Köl-Suu (Kol'Su). Das Wasser ist bis zu zehn Meter tief, in manchen Jahren aber so flach, dass der See kurz vor der Austrocknung steht. Vom Schüttdamm, bei einem Felssturz entstanden, hat man einen umwerfenden Blick auf die steilabfallenden, teilweise überhängenden Felswände von mehreren Hundert Metern Höhe. Nur mit dem Schlauchboot kann man die Buchten, Höhlen und Wasserfälle erkunden. Auch im Sommer ist es hier kalt, die umliegenden Berge sind alle mit Schnee bedeckt. Ein Sommercamp aus Jurten befindet sich fünf Kilometer nördlich vom Schüttdamm (See: *40.700963, 76.390186*, Jurten- Camp: *40.751674, E76.398514*)

Anfahrt: Von Naryn über Ak-Muz nach Osten, über Bosogo, die Pässe Kynda und Kök-Kiya zu **Jyrgal's Yurt Camp**, ab hier besser zu Fuß und mit Guide. Grenzgebiets-Permit und Allrad notwendig.

Kirgistan

Tasch Rabat mit Jurtencamp

Auch wenn sich diese Bauern Touristen gegenüber gut organisiert haben, bleiben immer noch Schnee und Dürre, Wasserknappheit und Wildbäche ihre eigentlichen Gesetzgeber, denen sie sich mit Gelassenheit beugen.

Reinhold Messner über die Pamiri (Bergvölker, 2012)

TADSCHIKISTAN
ТОҶИКИСТОН – TODZHIKISTON

Besucher der Quelle Tschilutschor Tschaschma in Südtadschikistan

Berührende Gastfreundschaft erleben

Tadschikistan ist das kleinste und ärmste der fünf postsowjetischen mittelasiatischen Länder. Nicht allein in der Tatsache, dass mehr als die Hälfte des Landes auf einer Höhe von über 3000 Metern liegt und somit kaum zu bewirtschaften ist, liegt die Armut begründet. Auch der Umstand, dass Tadschikistan an der Nordgrenze von Afghanistan etwas abgehängt ist vom Rest der Welt, spielt eine Rolle. Fatal ist die Mischung aus dem verheerenden Bürgerkrieg, der das Land zwischen 1992 und 1997 lahmlegte und einer auch dadurch bedingten politischen Patt-Situation im Land, deren Kraftlosigkeit offenbar im Interesse der Machthaber und deren Ende nicht absehbar ist. Dazu kommt der Expertenmangel nach dem Zusammenbruch der Sowjetunion, in deren Rahmen die Hochgebirgsrepublik Nehmerland Nummer eins war. Tadschikistan hängt immer noch am Tropf, aber inzwischen sind es die Männer des Landes, die sich in Scharen als Gastarbeiter vor allem in Russland verdingt haben und Geld nach Hause schicken. Es sind aber auch neue ›Geber‹ wie China aktiv, die hier mit ›großzügigen Krediten‹ tätig werden und Ansprüche anmelden, wenn die Regierung nicht zurückzahlen kann. Problematisch ist auch, dass die bescheidene wirtschaftliche Entwicklung, die mit Sonderprogrammen angeschoben wurde, mit dem ungebremsten Bevölkerungswachstum nicht Schritt halten kann. Nichtsdestotrotz und gerade deswegen sollte man das Land bereisen. Tourismus, von der Regierung ausdrücklich erwünscht, ist ein entscheidender Impulsgeber für das kleine Land, zumal er in der Fläche stattfindet und die Erträge in den Gebirgsdörfern und kleineren Städten bleiben, in die es die meisten Reisenden zieht. Der Pamir Highway ist eine der grandiosesten Fernstraßen weltweit, auch das Fan-Gebirge und die historischen Stätten, die über das ganze Land verstreut sind, machen Tadschikistan zu einem attraktiven Reiseziel. Die uralte persische Kultur, die man überall spürt, ist eine sehr interessante Ergänzung zur Lebensweise der Turkvölker in den nördlichen Nachbarländern, und die sprichwörtliche Gastfreundschaft seiner Bewohner macht den mancherorts bescheidenen Komfort mehr als wett.

Tadschikistan, Übersicht

Duschanbe

Die tadschikische Hauptstadt war bis vor kurzem eine rein sowjetische Stadt. Holzhäuschen und andere Überbleibsel russischer Siedler aus dem 19. Jahrhundert sucht man vergeblich – die Stadt wurde erst 1924 aus der Taufe gehoben. Wegen der günstigen, geschützten Lange in einem Becken südlich des Hissar-Gebirges und am Fluss Varzob (Warsob)/Duschanbinka, der hier aus den Bergen sprudelt, setze man die Hauptstadt der eben erst gegründeten Tadschikischen Sowjetrepublik an den Ort, wo ein Marktflecken namens Duschanbe (tadsch.: ›Montag‹) an den Montagen für Trubel sorgte. 1929 wurde ›Montag‹ standesgemäß in ›Stalinstadt‹ unbenannt – Stalinabad. Bis 1961 war diese Name tragbar, dann nahm man wieder den alten.

Mit der Umbenennung in Stalinabad setzte eine Entwicklung ein, die man in Egon Erwin Kischs Buch ›Asien gründlich verändert‹ nachlesen kann. Hier wurde zielgerichtet damit begonnen, ein Land und sein Volk vom Mittelalter in die Neuzeit zu katapultieren. Ab 1935 wuchs Stalinabad nach einem Generalbebauungsplanplan, den der Leningrader Architekt Nikolaj Baranow ausgearbeitet hatte. Die Stadt wirkte wie aus einem Guss, sowjetklassizistisch mit mittelasiatischer Ornamentik, viel Platz zwischen den Häusern – für Grün. Die frisch gepflanzten Bäume an Alleen und in den Parks wuchsen schnell und spenden noch heute Schatten – falls sie nicht der tollwütigen Bauorgie der Neuzeit zum Opfer fallen. Das südliche, heitere Flair von Baranows Metropole war noch bis vor kurzem zu spüren, nun aber verschwindet es unter den Abrissbirnen. Geht es nach den Machthabern, so wird in Kürze vom alten Stalinabad nicht mehr übriggeblieben sein, als die Gebäude der Oper, der alten Staatsbibliothek und drei Hochschulen. Der neue, junge Bürgermeister der Stadt, Rustam Rahmon, Sohn des Staatspräsidenten, lässt keine Zweifel daran, dass er es ernst meint mit den Plänen zur Schaffung eines neuen Duschanbe.

Die demonstrative Abriss- und Modernisierungswelle seit dem Beginn des neuen Jahrtausends sucht in ganz Mittelasien ihresgleichen. Ganze Stadtviertel, besonders die traditionellen Mahallas mit ihren intakten sozialen Strukturen und

Blick über Duschanbe: Somoni-Denkmal, Präsidentenpalast und Rudaki-Park

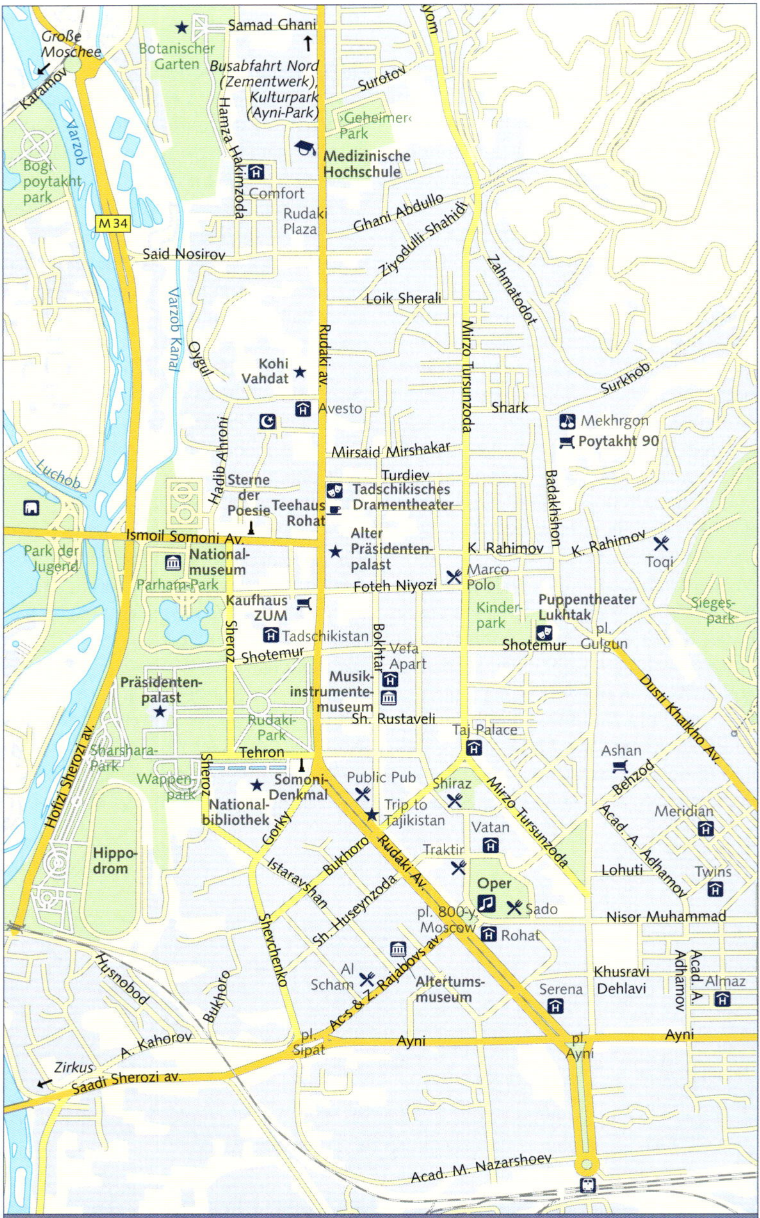

Duschanbe, Stadtzentrum

Protzbauten verdrängen das historische Duschanbe

ihrem gewachsenen Mix aus Wohnen und Kleingewerbe, mussten weichen. Der beliebte Basar Schohmansur wurde in wenigen Tagen von Bulldozern weggeschoben. Man entsorgt die sowjetische Vergangenheit und schafft eine gänzlich neue Hauptstadt, eine Mischung aus morgenländischem Garten und glamouröser Beliebigkeit à la Dubai oder Schanghai. Businesszentren, Einkaufstempel, neue Hotels, Verwaltungsgebäude schießen wie Pilze aus dem Boden, auch schicke Hochhäuser, in denen wohl kaum jemand der normalen Duschanbiner sich eine Wohnung leisten kann. Ob sie stolz sind auf die größte (fast leere) Bibliothek, das größte Teehaus Mittelasiens und den dritthöchsten Fahnenmast der Welt? Oder ob sie sich vielleicht eher Investitionen in Bildung und Gesundheitswesen gewünscht hätten? Der übergroße Anteil der rund 850 000 Hauptstädter wohnt in den Schlafstädten fernab vom Zentrum. Immerhin können sie vom nunmehr verbesserten Nahverkehrssystem profitieren und hin und wieder zum abendlichen Flanieren in die Parks ihrer Metropole kommen.

Spaziergang am Rudaki-Prospekt

Noch ist Duschanbes zwölf Kilometer lange, mit ihren riesigen alten Platanen zum Flanieren wie geschaffene Hauptstraße zu zwei Dritteln in der alten Bebauung erhalten. Vom Bahnhof bis zur Landwirtschaftshochschule kann man in Tagesfrist und langsam (Sommertemperaturen um 40 Grad sind keine Seltenheit) die sowjetischen Zeitalter an sich vorüberziehen lassen, beschirmt von hohen Bäumen, die durch Gräben beiderseits der Straße bewässert werden. Für den Rückweg bietet sich der Trolleybus an, mit Kontakt zu den freundlichen Hauptstädtern.

Startpunkt ist der **Bahnhofsvorplatz**, am 1937 aufgestellten Denkmal für den sowjetischen General **Valerian Kujbyschew** (1888–1935), der im Bürgerkrieg zwischen 1918 und 1921 die zentralasiatische Armee befehligte. Nur wenige Hundert Meter sind es bis zum Denkmal für den Schriftsteller **Sadriddin Ajni** (1878–1954), der das vorsowjetische Leben der Tadschiken und Usbeken sehr detailgetreu beschrieben hat und sich dann in den Dienst der Sowjetmacht stellte. Gern wird er gemeinsam mit Maxim Gorki abgebildet, mit dem er freundschaftlich verbunden war. Ein ausdrucksstarkes Denkmal für die beiden steht vor dem Haus des Tadschikischen Schriftstellerverbandes am Somoni-Prospekt 8, unweit der Einmündung in den Rudaki-Prospekt.

Man wechselt unterirdisch die Straßenseite und kommt an einem **Gebäude mit Uhren-Turm** wieder ans Tageslicht, dem ehemaligen Behzod-Nationalmuseum, geschaffen 1937 auf Anordnung des Zentralen Exekutivkomitees und des Rates der Volkskommissare der UdSSR, mit 530 Exponaten – heute beherbergt es die Hochschule für Kunst und Design. Den Spaziergang setzt man am besten auf dem schattigen Mittelstreifen fort. Dem Luxushotel Dushanbe Serena gegenüber steht das älteste noch erhaltene Kino der Stadt, das Watan. Es soll demnächst abgerissen werden, genau wie auch die nun auf beiden Seiten des Prospekts folgenden säulenverzierten Regierungsgebäude aus den 1930ern und 1950ern.

Der architektonisch harmonischste Platz entlang des Rudaki ist der **Platz namens**

Die Oper von Duschanbe

Das kommt weg…

800 Jahre Moskau vor der Oper. Am Springbrunnen, der abends beleuchtet und deswegen regelrecht umlagert ist, kann man gut eine Pause einlegen und sich ein bisschen umsehen. Der Bau des prächtigen **Opernhauses** wurde 1939 begonnen und erst 1946, nach dem Krieg, fertiggestellt. Das instige Hotel ›Stalinabad‹, heute Hotel ›Vakhsh‹/‹Rohat‹ an der Ecke Rudaki-Prospekt/Opernplatz, war bereits vor dem Krieg fertig und nahm als erste Gäste Verwundete auf: Von 1941 bis 1945 wurde der Hotelbetrieb eingestellt und ein Evakuierungs-Hospital für im Großen Vaterländischen Krieg verwundete Soldaten und Offiziere hier untergebracht.

An der Kreuzung Rudaki/Buchoro, direkt hinter dem abrissgeweihten Haus des Rundfunks mit seinem wunderschönen Wandmosaik, strebt der elitäre, überwiegend leerstehende **Bürokomplex Dushanbe Plaza** mit seinen beiden monströsen Türmen in den Himmel. Für 17 Somoni kann man eine ›Exkursija‹ buchen: Im linken Gebäudeteil (›Б‹) mit dem Lift

▲ Karte S. 244

hinauffahren und von der Dachterrasse eine Übersicht über die Stadt erhalten.
Von der Plaza sind es nur noch 300 Meter bis zum **Platz der Freundschaft** (tadsch. Maydoni Dusti), auf dem unübersehbar, 13 Meter hoch, die historische Zentralfigur des Landes prangt: Ismoil Somoni (Ismail Samani, 849–907), vor einem überdimensionalen Triumphbogen mit der Krone des Geschlechts der Samaniden, auf welches sich das moderne Tadschikistan zurückführt. Der volle Name des von Bronzelöwen bewachten Denkmals lautet ›Gedenkkomplex der nationalen Einheit Tadschikistans‹. Im Inneren der Plattform befindet sich ein **Pantheon** mit der Nachbildung des Mausoleums der Samaniden in Buchara aus dem 9./10. Jahrhundert.
Der Platz hat eine bewegte Geschichte: Bis 1991 hieß er Leninplatz – mit entsprechendem Denkmal, nach dessen Demontage war es der Platz der Freiheit, über die ein überlebensgroßer Firdausi (940–1020) wachte. Der Klassiker der tadschikisch-persischen Literatur und Verfasser des berühmten Schahname (Buch der Könige) musste 1997 umziehen in den Park der Völkerfreundschaft im Süden der Stadt, um dem politisch wichtigeren Denkmal für Ismoil Somoni Platz zu machen.
Das prunkvolle rotweiße Gebäude auf der Ostseite des Platzes ist das **Haus des Parlaments**, unverkennbar sowjetischer Herkunft mit dem breiten Relief über dem Portikus und den fünfzackigen Sternen an den schmiedeeisernen Toren. Ist das der Grund, warum es das Schicksal des Postamtes an der Südecke des Platzes teilen soll? Jenes, ein schönes Gebäude im Bauhausstil, wurde bereits vor Jahren abgerissen.
Auf der rechten Seite, gegenüber dem **Rudaki-Garten** (→ S. 250), folgt eine gewaltige Baustelle. Da, wo noch unlängst die schönsten Gebäude der Stadt, das Ensemble der ›Baranow-Häuser‹ aus den 1950ern, mit seiner Torbögen und Boutiquen die Blicke der Passanten auf sich zogen, entsteht nun mit chinesischer Hilfe ein neues Regierungsviertel. Am Ort des 2017 abgerissenen Majakowski-Theaters an der Kreuzung Rudaki/Majakowski erstreckt sich (vorerst) eine Rasenfläche. Schräg gegenüber darf das viergeschossige **ZUM** (Zentralnyj Universalnyi Magazin) weiter existieren – zu sowjetischen Zeiten war es das größte Kaufhaus der Stadt.

… und das kommt hin

Gerettet: das Teehaus Rohat

Vor dem finster anmutenden **alten Präsidentenpalast**, vorher Sitz des Zentralkomitees der Kommunistischen Partei Tadschikistans, an der Einmündung des Somoni-Prospekt in den Rudaki-Prospekt, begannen 1990 die Unruhen, die letztendlich in den Bürgerkrieg mündeten. Schahidon, **Platz der Märtyrer**, nennt das Volk den Ort. Das Volk, das trotz aller Furcht vor der Regierung auch Heldentaten vollbringen kann. Zum Beispiel die Rettung des benachbarten **Teehauses Rohat** vor der Abrissbirne. Einen

Das Denkmal für den Schriftsteller Lohuti

▶ Karte S. 244

Tee sollte man hier mindestens trinken, oben auf der schattigen Terrasse, wo immer ein kleines Lüftchen weht. Der mit prächtigen bemalten Holzdecken verzierte Saal im Innenhof ist unbedingt einen Blick wert – manchmal ist er geöffnet. Nebenan das schöne, säulengeschmückte **Lohuti-Dramentheater** (auch Lahuti-Theater) stammt wie das ›Rohat‹ aus den 1950ern und sollte auch verschwinden. Sein Schicksal sieht aber inzwischen etwas hoffnungsvoller aus. An der Nordseite des Gebäudes fällt unter Bäumen ein schönes Denkmal für den Schriftsteller **Abulqasim Lohuti** (1887–1957) auf, der, in Persien aufgewachsen und in Armenien mit den Ideen der Oktoberrevolution konfrontiert, sich anschließend als Schriftsteller und Dramaturg in Stalinabad in den Dienst derselben stellte. Von hier bis zum nördlichen Ende des Rudaki-Prospekts wird die Hälfte der Grundstücke schon durch Wohntürme eingenommen, die durch's Blätterdach der alten Platanen brechen. Alle zwei- und dreigeschossigen alten Wohnhäuser mussten weichen. Die Plattenbauten der 1970er stehen bisher unangetastet, auch das **Hotel Awesto** und der **Palast der Einheit** (Kohi Vahdat) aus den Sternstunden des sozialistischen Funktionalismus auf der linken (westlichen) Straßenseite können sich noch behaupten. Im schönen Park vor dem Hotel fällt das Denkmal für den persischen Universalgelehrten, Philosophen und **Dichter Omar Khayyam** (1048–1131) auf, dessen Verse in ganz Mittelasien beliebter sind als in seinem Heimatland, dessen Sonnenkalender, erstellt im Auftrag des Seldschuken-Herrschers Malik Schah I., genauer war als der 500 Jahre später entworfene Gregorianische Kalender.

Nördlich der Einmündung der Loiq Scheroli sind auf der linken Straßenseite die in den 1950ern und 1960ern erbauten

Hochschulen aufgereiht: Großzügige, säulenverzierte Gebäude in weitläufigen Parks: die pädagogische, medizinische und landwirtschaftliche Universität, zwischen ihnen ein neuer Park und ein Hotel.

Weitere Sehenswürdigkeiten

Mahalla

Will man wissen, wie Duschanbe noch vor 30 Jahren überwiegend aussah, so sollte man einen Spaziergang durch eine der noch erhaltenen Mahallas wagen. Jene hinter dem inzwischen abgeräumten Basar Schohmansur ist schon sehr vom Fortschritt beeinflusst, zwischen den Höfen entstehen immer mehr elitäre mehrgeschossige Bürohäuser, Boutique-Hotels und Villen. Die von Lehmmauern umfriedeten Einfamilienhäuser mit ihren winzigen Läden, Kantinen, Werkstätten und Lagerschuppen sind auf dem Rückzug. Das ursprüngliche Duschanbe, dörflich, selbstorganisiert, kunterbunt und lebendig, findet man noch am Hang des Hügels mit dem Park des Sieges, ferner kleine Reste südlich vom Botanischen Garten und an der schönen ›alten‹ Moschee westlich vom Prospekt Rudaki. Hier ist es freitags gegen Mittag sehr belebt – die Männer gehen zum Gebet, einzige Gelegenheit der öffentlichen Glaubensausübung. Eine seit Jahren im Bau befindliche **neue Moschee** am anderen Varzob-Ufer soll demnächst 115 000 Betende aufnehmen können.

Neuer Basar

2014 wurde Mehrgon fertiggestellt, kein Basar, sondern ein Shopping-Palast für 40 Millionen US-Dollar am Ostrand der City. Nur die wohlhabenderen Händler vom alten Basar Schohmansur konnten sich den Umzug hierher leisten. Wo die anderen jetzt ihr Dasein fristen, ist nicht bekannt. Der Besucher wird hier

In einer Mahalla von Duschanbe

fast alles finden, was er sucht: Obst und Trockenfrüchte, Nüsse, Gewürze, Tee, Fladenbrot, Souvenirs – nur das urige Einkaufserlebnis eines gewachsenen Basars nicht mehr.

Leben in den Parks

Die zahlreichen alten und neuen Parks der Stadt sind nicht einfach nur Parks – abends und zu Festen verwandeln sie sich in Flaniermeilen. Das ganze Volk ist auf den Beinen, besonders zu Nawruz vom 21. bis 24. März. Im Botanischen

Im neuen Basar-Palast

Garten und im Park des Sieges, aber auch am See der Jugend und im Zoo wimmelt es von Menschen. Viele Mädchen und Frauen tragen an den Feiertagen die schönsten Kleider ihrer Nationaltracht. Hier und da sieht und hört man Gruppen junger Männer, die zum Klang von Trommeln tanzen. Die üppigsten Parks der Stadt liegen unweit vom Varzob und werden mit seinem Wasser versorgt.

■ Parks um den Palast der Nationen

Der Präsidentenpalast, offiziell Palast der Nationen genannt, ist von neuen, gut gepflegten Parks und Wasserspielen umgeben, die sich großer Beliebtheit erfreuen. Zwischen dem Palast und dem Rudaki-Prospekt liegt der **Rudaki-Garten**, in der Mitte das schöne Denkmal für den jungen Abu Abdullah Dzhafar aus Rudak in Khorasan, genannt Rudaki (859–940), der als Begründer der neupersischen (und damit auch tadschikischen) Literatur gilt. Rudaki wirkte lange als Hofpoet, aber beliebt war und ist er vor allem im Volk, dem er durch viele Übersetzungen ins populäre Neupersische und durch volkstümliche Fabeln, Zwei- und Vierzeiler die Freude am Wort erschloss.

In den Straßen von Duschanbe

▸ Karte S. 244

Der **Parham-Park** mit einem großen Wasserbassin und dem hochverehrten ehemals höchsten Fahnenmast bildet die Verbindung zwischen Präsidentenpalest und Nationalmuseum. Südlich des goldüberkuppelten Palastes, am Ende der Springbrunnenkaskade hinter dem Somoni-Denkmal, schließt sich der bombastische, baumlose **Park des Wappens Tadschikistans** mit der wappengekrönten Säule an. Die Fortsetzung dieser Achse bildet der **Scharschara-Park**, mit einer Aussichtsplattform über einem künstlichen Wasserfall, von dem Treppen nach unten führen.

■ Alischer-Navoi-Park

Wendet man sich von hier nach Nordwesten und überquert den Varzob, ist es nicht mehr weit bis zum Alischer-Navoi-Park (vormals Park der Jugend/Bogi Dzhawonon) am künstlichen Komsomolskoje-See, einem Vergnügungspark mit Karussels, Imbissbuden und Bootverleih. Nebenan am Somoni-Prospekt prangt das nagelneue **größte Teehaus Zentralasiens**, gegenüber liegt der Eingang zum **Zoo**. Die Duschanbiner gehen am Wochenende gern mit ihren Kindern hierher, und mangels Vergleichsmöglichkeiten wundert sich keiner über die traurigen Umstände der Unterbringung der meisten Tiere.

■ Botanischer Garten

Der große Botanische Garten (›Bogi Iram‹) im Norden am Steilufer des Varzob wurde in den 1930ern geschaffen und zählt damit zu den ältesten botanischen Gärten der ehemaligen Sowjetunion. Seitdem er nicht mehr unter Verwaltung der Akademie der Wissenschaften steht, sondern zur Präsidialverwaltung gehört, ist ihm der wissenschaftliche Anspruch abhand-

Das Nationalmuseum

engekommen. Die wenigen schlechtbezahlten Mitarbeiter kümmern sich um die Orangerie, deren schöne Glaskuppel vom Eingang aus zu sehen ist. Bogi Iram ist nun ein beliebter Ort der Erholung und ein Ziel für Hochzeitspaare. Man lässt sich in den schönen Holzpavillons fotografieren, treibt Sport, besucht das Sommertheater oder sitzt auf einer der zahlreichen Bänke. Immerhin gibt es ihn noch und er wurde nicht für ein elitäres Wohnviertel privatisiert (Eingang vom Rudaki-Prospekt, Eintritt 5 Somoni).

■ Ajni-Park

Noch weiter nördlich erfüllt der modernisierte Zentrale Park für Kultur und Erholung den gleichen Zweck. Offiziell heißt er Ajni-Park, im Zentrum steht das marmorne **Mausoleum für den Dichter Sadriddin Ajni**. Im Park ist auch der Orientalist, Historiker und Staatsmann Bobodzhon Ghafurov (1908–1977) begraben; ein Denkmal erinnert an ihn. Erwähnenswert die **Allee der Freundschaft**, deren Bäume von Schriftstellern gepflanzt wurden, die 1958 an der Ersten Konferenz der Schriftsteller Asiens und Afrikas in Taschkent und Duschanbe teilgenommen hatten.

■ Siegespark

Auf dem Hügel im Osten der Stadt liegt der riesige Park des Sieges mit der ewigen Flamme zum Gedenken an die Gefallenen des Zweiten Weltkrieges (nicht zu verwechseln mit dem Panzer-Denkmal des Sieges am Ende der Ajni-Straße!). Alljährlich zum 9. Mai werden hier Berge von Kränzen und Blumen niedergelegt. In der Woche ist es still hier oben, zumal die Seilbahn schon seit 2009 keine Gäste mehr befördert. Doch eine Straße führt herauf, und so kommen an den Wochenenden gern Hochzeitspaare hierher. Der Blick über die Stadt lohnt einen Aufstieg.

Museen

■ Nationalmuseum

Das eigenwillige Gebäude ist bei den Einheimischen als Selfie-Hintergrund und zur Abkühlung an heißen Som-

Moderne Bushaltestelle in Duschanbe

mertagen beliebt, denn drinnen ist es wohltemperiert. Aber es gibt auch viel zu sehen in den 22 Sälen. Bevor das Haus 2013 eröffnet wurde, sind viele wertvolle Exponate aus alter und neuer Geschichte Tadschikistans, bildender und angewandter Kunst aus dem alten Behzod-Nationalmuseum und aus allen Landesteilen hierher umgezogen, und so nennt das Museum nun 50 000 Ausstellungsstücke sein eigen. Das wertvollste Exponat ist ein aus dem 9. Jahrhundert stammender hölzerner Mihrab aus dem Bergdorf Iskodar im Kreis Ajni, auf dem auch Elemente verschiedener vorislamischer Kulturen und Glaubensrichtungen kunstvoll verwoben sind. Die meisten Exponate sind in Englisch beschildert (Prospekt Somoni, Di–So 9–17 Uhr, Eintritt 25 Somoni).

Nationales Altertumsmuseum

Im sowjet-klassizistischen Gebäude von 1934 hat eine wertvolle Sammlung von Artefakten der Stein- und Bronzezeit bis zum Beginn des Mittelalters ihren Platz, darunter der echte Buddha im Nirwana, mit über zwölf Metern der längste Terrakotta-Buddha der Welt, ausgegraben 1961 im ehemaligen buddhistischen Kloster Adzhina Teppa unweit von Qurghonteppa. Auch die legendäre bronzezeitliche Prinzessin von Sarazm, gefunden unweit von Pandzhakent (→ S. 301) musste nicht ins Nationalmuseum umziehen (Rajabovho 7, Di–Fr 10–17, Sa 10–16, So 10–14, Eintritt 50 Somoni).

Ethnografisches Museum

Gegenüber dem Nationalmuseum am Prospekt Somoni 14 ist eine bunte Ausstellung von Gebrauchsgegenständen der Völker Tadschikistans zu besichtigen: Trachten, Schmuck, Teppiche, Suzanis, Tongeschirr, Möbel, Musikinstrumente. Im gleichen Haus lohnt das winzige **Museum Mukadarra Rustamowa** einen Besuch; die Dauerausstellung ›Berühmte Frauen Tadschikistans‹ über die Emanzipation in einem Land, in dem vor 100 Jahren nicht eine Frau lesen konnte, ist bemerkenswert (Di–So 10–17 Uhr, Eintritt 10 Somoni).

Ein paar Häuser weiter sollte man dem **Haus des tadschikischen Schriftstellerverbandes** (Prospekt Somoni 8) einen Blick schenken: Aus der Südwand treten elf Poeten und Schriftsteller heraus, die für das Selbstverständnis der Tadschiken eine wichtige Rolle spielen: Rudaki, Abu al-Qasim Firdausi, Abu Ali Ibn-Sino, Omar Khayyam, Abdurahmoni Dzhomi

▸ Karte S. 244

(Nur ad-Din Abdur Rahman Dschami), Hofiz Scherozi (Hafez/Hofis Shirazi) und Saadi Scherozi (Sa'di Shirazi), Sadriddin Ajni und Maxim Gorki, Mirzo Tursunzoda und Abulqasim Lohuti.

Gurmindzh-Musikinstrumente-Museum

Kleine, seit 1990 existierende private Sammlung des Schauspielers, Musikers und Komponisten Gurmindzh Zavkibekow (1929–2003), der im Pamir historische oder besonders wertvolle, originelle Musikinstrumente, Gebrauchsgegenstände und Nationalkleidung sammelte. Auch Konzerte können organisiert werden, bitte ein paar Tage vorher anmelden (Schota Rustaweli 8, fast täglich 9–17 Uhr, Eintritt 5 Somoni, Konzerte extra)

Geologisches Museum

Das zur Akademie der Wissenschaften gehörende Museum zeigt eine gute Ausstellung zu Tadschikistans geologischem Aufbau, seinen Bodenschätzen, zu Paläontologie und Paläobotanik (Behzod 13/83, Ecke Lohuti, Di–Fr 8–17, Sa/So 10–16, www.geoportal-tj.org).

Duschanbe

Vorwahl: +992/37

Reiseveranstalter → S. 449

Wechselkurs 2019: 1 Euro ca. 10,5 Somoni

Der moderne internationale Flughafen (Kürzel: DYU) am südöstlichen Stadtrand wird aus Frankfurt, Istanbul, Moskau, anderen russischen Städten, Almaty und Bischkek angeflogen. Es gibt innertadschikische Flüge nach Chudzhand, Kulob und Chorugh. http://dushanbeairport.com

Transfer Flughafen–Stadt: Trolleybus 4, Bus 1, Marschrutkas 1, 7, 8, 14, 16, 33. Taxi: tagsüber 20 Somoni, nachts 30.

Die Anreise mit der Bahn ist im Moment nicht möglich, da der Zug ein Stück durch Turkmenistan fährt und keine Transitvisa erteilt werden. Einzige Möglichkeit: Moskau–Chudzhand, dann umsteigen nach Duschanbe (russisches Transitvisum nötig).

Mit Bussen und Sammeltaxis sind alle Regionen zu erreichen.

Asia Express Terminal, Ibn Sino 110, in der Nähe des Marktes Korwon: Busse in alle Regionen (außer GBAO).

Terminal Mikrorajaon 46, rechte Seite des Varzob, im Süden: Marschrutkas und Sammeltaxis nach Süden, Westen und Osten: nach Qurghonteppa, Schahr-i Tuz (Shaartuz), Norak (Nurek), Kulob, Hissor, Tursunzoda und Ob-i Garm.

▸ **Startpunkte für Sammeltaxis, nach Richtungen**:

Startpunkt Nord (Varzob, Ajni, Pandzhakent, Chudzhand): am nördlichen Ende des Rudaki gegenüber dem Zementwerk.

Startpunkt West (Hissor, Tursunzoda, Usbekistan), Verlängerung des Prospekts Somoni hinter dem Basar ›f‹ am westlichen Stadtrand.

Startpunkt Süd (Qurghonteppa, Kulob, Schahr-i Tuz, Afghanistan): am Handelszentrum ›Sahovat‹ unweit vom Basar Korwon.

Startpunkt Ost (Vahdat, Gharm, Dzhirgatol): Am Ende der Ajni-Straße vor dem Supermarkt ›Nancy‹, in der Nähe des Einkaufszentrums ›Sitora‹, im Volkmund heißt der Ort ›DOK‹

Startpunkt Pamir (Chorugh, Ischkoschim, Murghob), nordwestlich des Flughafens, Akademik Nazarschojew), nach ›Pamirskaja Stojanka‹ fragen. Möglichst bis 7 Uhr abfahren, Jeep dringend empfohlen

Folgende **Preise** für einen Platz im voll besetzten Sammeltaxi (one way) sind Richtwerte von 2018! Die niedrigeren Preise gelten für Kleinbusse: Ayni 70, Chorugh 300, Chudzhand 60/120, Gharm 100, Kulob 40, Qurghonteppa 30, Pandzhakent 100

Mietwagen: www.rentacar.tj.

Manche Reiseveranstalter bieten Leihwagen mit und ohne Fahrer an.
ÖPNV: Gutes Netz von Bussen, Trolleybussen, Marschrutkas
Taxi: Allo-Taxi (Duschanbe und Umgebung), Tel. +992/37/2333333; 3 Somoni/km.
City-Taxi (landesweit), Tel. +992/90/4004444, www.citytaxi.tj.

Hyatt, Somoni 26/1; EZ/DZ ab 184/204 US-Dollar. www.hyatt.com
Serena Dushanbe, Rudaki 14; EZ/DZ ab 127/255 US-Dollar. Sehr zentral, gediegen. www.serenahotels.com/serenadushanbe
Tadschikistan (Best Eastern), Schohtemur 22; EZ/DZ ab 150/300 US-Dollar. Zentral am Rudaki-Park. www.hoteltojikiston.tj
Taj Palace, Tursunzoda 21b; EZ/DZ ab 61/122 US-Dollar, zentral. www.taj-palace.tj
Meridian, Repin 1, Einfahrt 28; EZ/DZ ab 80/100 US-Dollar. Boutique-Hotel in der Mahalla am Funkturm. http://meridian.tj
Almaz, Mirzo Rizo 6; EZ/DZ ab 50/90 US-Dollar. Boutique-Hotel in der Mahalla östlich des alten Marktviertels. www.almos.tj
Twins, Adchamowa 21; EZ/DZ ab 65/82 US-Dollar. Boutique-Hotel in der Mahalla nordöstlich des alten Marktviertels. http://hoteltwins.tj
Rohat, Rudaki 24; EZ/DZ 61/90 US-Dollar. Im historischen Gebäude gegenüber der Oper, renoviert.
Vatan, Khuseynzoda 36 A; EZ/DZ ab 60/80 US-Dollar. Neu und besonders freundlich. www.hotelvatan.ru
Avesto, Rudaki 105/1; EZ/DZ ab 50/80 US-Dollar. Trotz Renovierung ist noch viel Sowjetcharme übrig, schöner Park. Buchung: www.trip.tj/dushanbe/hotel-avesto
Gästehaus Comfort, Tolstoi 59; im tadschikischen Stil, ruhig gelegen. www.ghcomfort.tj
Atlas B&B Guesthouse, Mirzo Rizo 63; EZ/DZ ab 70/90 US-Dollar. www.atlasguesthouse.com
Green House Hostel, Khusravi Dekhlavi 98a. 2017 bestes Hostel in Tadschikistan. ÜN ab 7 US-Dollar, Abholservice. www.greenhousedushanbe.com
Vermietung von Zimmern und Apartments auf längere Zeit: www.trip.tj

Teehaus (Tschojchona) Rohat, Rudaki 84, Vorzeige-Lokal aus den 1950ern, Kult. Gute Aussicht, frisches Lüftchen, einfach und preiswert. Wurde 2017 vor der Abrissbirne gerettet, hoffentlich für immer.
Toqi, Kurbon Rakhimov 29, mitten in der Mahalla, beliebt bei den Einheimischen, sehr authentisch, halal.
Al Scham, Rajabovho 11a, arabisch, ruhig, nicht teuer.
Schiraz, Tursunzoda 16/1, persisch.
Marco Polo, Tursunzoda 80/Ecke Nijozi, Essen entlang der Seidenstraße.
Kebap house, Nosir Maksum 61/1, am Somoni-Prospekt unweit vom Kreisverkehr Somoni/ibn Sino, sehr gute Fleischgerichte, fröhlich.
28 Monkeys, Bochtar 2, in der Gasse hinter der Duschanbe Plaza, originelles Intérieur, hervorragende kreative Küche.

Segafredo, Rudaki 70, gegenüber dem ZUM.
Art-Café Madlen, Bochtar 37/1.

Staatliches Theater für Oper und Ballett, Rudaki 28. Sehr schönes Haus, Aufführungen Fr–So. www.operabalet.tj
Tadschikisches Akademisches Lohuti-Dramentheater, Rudaki 86, Tel. +992(8) 37/2213751, 2214536.

ZUM: Rudaki, Ecke Nijozi. Im modernisierten sowjetischen Kaufhaus gibt es fast alles.
Großmarkt Korwon im Süden (Mkr. 46 an der M384.): alles, preiswert.

▸Karte S. 244

Mehrgon, Surchob/Badachschan: neuer Basar, Ersatz für den einst beliebten Schohmansur, eine Nummer zu groß geraten.

▸ **Lebensmittel**:

Hypermarkt Aschan, Behzod, gegenüber dem Fernsehturm, außerdem guter kleiner **Supermarkt an der Oper**.

▸ **Souvenirs**:

Sharq (›Orient‹): Rudaki 30, unweit von der Oper: gutes Angebot aus Sozialprojekten (Adras-Weberei etc.).

Art Salon Ganjina, Rudaki 37. Schräg gegenüber der Duschanbe Plaza. Antiquarische und neue Volkskunst. damashon1986@mail.ru

Mir Samotswetow (World of Stones), Schohtemur 32, Ecke Bochtar; Edelsteine und Schmuck.

Aqiqay, Rudaki 37a: Juweliererzeugnisse

▸ **Bücher, Karten, Postkarten**:

Donisch, Rudaki 93, gegenüber von der Duschanbe Plaza.

Die Umgebung von Duschanbe

In Tages- und Wochenendausflügen kann man von Duschanbe aus zahlreiche Naturschönheiten und ein paar Orte von historischer Bedeutung erreichen. Für die Bergtouren empfiehlt sich ein ortskundiger Führer, da es keine Ausschilderungen gibt, in den stadtnahen Seitentälern der Varzob-Schlucht viel gebaut wird und sich ständig Änderungen ergeben können.

Festung Hissar

Der Ort Hissar (Hissor, Gissar) im dichtbesiedelten Hissar-Tal war vom 16. bis zum 19. Jahrhundert das politische und wirtschaftliche Zentrum von Ost-Buchara. Die gleichnamige Festung unweit des Ortes dienste als Residenz des Statthalters des Emirs von Buchara – bis das bucharische Emirat den Sowjets unterlag. Alim Khan, der letzte Emir von Buchara, floh von hier nach Duschanbe, versteckte sich dort ein Jahr lang und musste dann einsehen, dass seine Ära vorbei war. Er setzte sich nach Afghanistan ab. Die Festung aber wurde vom Zahn der Zeit heftig benagt. Lediglich das Portal war gut erhalten, denn bereits im 18. Jahrhundert war es an die Stelle des alten gesetzt und in den 1970ern nochmals ausgebessert worden. Von 2014 bis 2015 wurden Tor, Mauern und Vorplatz komplett restauriert, der

Die Festung Hissar

Staat wollte hier einen Glanzpunkt setzen. Hissar genügt nunmehr allen touristischen Anforderungen, aber der historische Charme ist verloren.

Vom Hügel rechts hinter dem Tor, dem Wall der Zitadelle aus dem Mittelalter, hat man den besten Blick auf die **Überreste der alten Stadt Hissar**, jetzt Kulturhistorisches Schutzgebiet. Die neue Medrese Nav aus dem 17. Jahrhundert und die alte Medrese Kuhna aus dem 16./17. Jahrhundert, seit 1982 Museum, außerdem die Mauern der Karawanserei Chischtin aus dem 17./18. Jahrhundert und das Mausoleum Mahdumi Azam aus dem 11./12. Jahrhundert, ferner die Reste zweier Moscheen.

Nach Norden in die Varzob-Schlucht

Der beliebteste Ausflugsort der Hauptstädter ist die ca. 70 Kilometer lange Schlucht des Gebirgsflusses Varzob. Sie ist schnell erreichbar mit einer gut ausgebauten Maut-Straße Richtung Anzob-Tunnel/Nord-Tadschikistan, und Hunderte Cafés und Restaurants mit Taptschanen am Fluss, Erholungsheime und Hotels wetteifern während der heißen Zeit um die Gunst der Besucher. Leider versperren immer mehr private Villen die ehemals frei zugänglichen Plätze im Haupttal und in den Seitentälern.

Bis Hushyori/Khoja ob-i Garm fahren Marschrutkas. Folgende Ziele sind zu empfehlen:

Kilometer 11: Varzob-Stausee, beliebter Badeort der Duschanbiner.

Kilometer 21: Wasserfall Ghuzgharf in einem Seitental. Tageswanderung von Fonfaroq aus zum 30 Meter hohen Wasserfall mit Badebecken, 16 km, reine Gehzeit ca. 5 h.

Kilometer 25: Tal des Ojuk. Anspruchsvolle Wanderung ins ›Tal der sieben Brücken‹ östlich des Hauptortes Varzob, Wasserfälle und Badebecken. Mehrtageswanderungen mit Übergang ins Takob-Tal oder Romit-Tal nur mit Guide!

Kilometer 31: **Kondara**. Botanischer Garten der Akademie der Wissenschaften, nur mit Anmeldung.

Kilometer 38: Tagob/Safed dara. Durch grüne Dörfer und das sichtbar unter den Folgen des Fluorid-Abbaus leidende Tagob (Takob) führt eine überwiegend gute

Zwischen Varzob-Schlucht und Anzob-Tunnel

▲ Karte S. 257

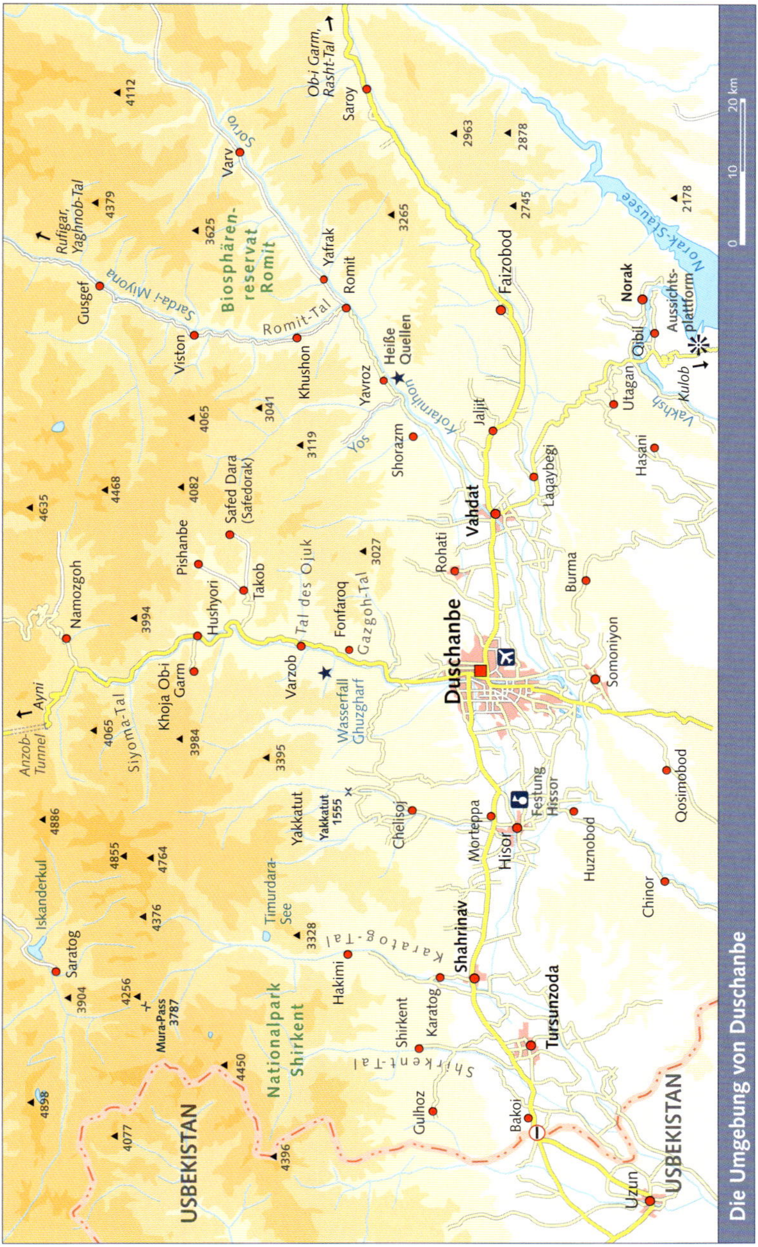
Die Umgebung von Duschanbe
USBEKISTAN
USBEKISTAN
Nationalpark Shirkent
Biosphären-reservat Romit
Duschanbe
Vahdat
Shahrinav
Tursunzoda
Norak
Norak-Stausee
Ob-i Garm, Rasht-Tal
Saroy
Sorvo
Varv
Rufigar, Yaghnob-Tal
Gusgef
Sardai-i Miyona
Viston
Romit-Tal
Khushon
Romit
Yafrak
Faizobod
Heiße Quellen
Yavroz
Kofarnihon
Jaljit
Shorazm
Yos
Laqaybegi
Utagan
Qibil
Aussichts-plattform
Kulob
Vakhsh
Hasani
Namozgoh
Pishanbe
Safed Dara (Safedorak)
Hushyori
Takob
Tal des Ojuk
Fonfaroq
Gazgoh-Tal
Rohati
Burma
Anzob-Tunnel
Ayni
Siyoma-Tal
Khoja Ob-i Garm
Varzob
Wasserfall Ghuzgharf
Somoniyon
Yakkatut
Yakkatut 1555
Chelisoi
Morteppa
Festung Hissor
Hisor
Huznobod
Qosimobod
Chinor
Iskanderkul
Timurdara-See
Saratog
Mura-Pass 3787
Hakimi
Karatog-Tal
Karatog
Shirkent
Shirkent-Tal
Gulhoz
Bakoi
Uzun
4112
2963
2878
4379
3625
3265
2745
2178
4065
3041
3119
4635
4468
4082
3027
3994
4065
3984
3395
4886
4855
4764
4376
3328
3904
4256
4450
4898
4077
4396
0
10
20 km

Straße nach Safed Dara (Safedorak), Tadschikistans einzigen Skiort, 2300 Meter hoch gelegen, 2014 rekonstruiert, 2015 privatisiert. Moderner Kabinenlift (1900 m), freundliches Hotel (DZF ab 440 Somoni, Tel. +992/44/6013030).

Kilometer 42: Khoja ob-i Garm, ältester Kurort Tadschikistans (seit 1935) auf einer Höhe von 1740 bis 1960 Metern an natürlichen heißen Quellen, Abzweig in Hushyori, von hier noch 6 km. Großes staatliches Kurheim in schönem Laubwald mit angenehmem Mikroklima, Kurzaufenthalte möglich.

Kilometer 54: Canyon des Gletscherflusses Sijoma, 21 Kilometer lang, 2000 Meter Höhenunterschied.

Nach Nordosten ins Romit-Tal

Das wald- und wasserreiche **Romit-Biosphärenreservat** liegt zwischen Sorvo und Sarda-i Mijona, den Quellflüssen des Kofirnihon. Auf 16139 Hektar soll die vielfältige Naturlandschaft aus Flussauen, ursprünglichem Berglaubwald, Wiesen und Trockenhängen geschützt werden, die Praxis sieht leider aus wie überall: Überweidung, illegaler Holzeinschlag und Pflanzenentnahme. Das **Informationszentrum** im Ort Romit gibt eine Einführung zum Gebiet. Touren sind entlang beider Flüsse möglich, es gibt Fahrwege. Auf Auf Mehrtageswanderungen ins Jaghnob-Tal oder über den Ojuk zur Varzob-Schlucht unbedingt Bergführer mitnehmen!

Nach Westen in die Täler von Karatog und Schirkent

Die fruchtbare Ebene zwischen Duschanbe und Tursunzoda ist schon seit Jahrtausenden besiedelt; hier wurden bei Ausgrabungen Überreste einer bedeutenden Stadt aus der Kuschan-Zeit (1.–3. Jhd.) gefunden. In den Tälern am Südhang des Hissar-Gebirges gedeihen wilde Feigen, Granatäpfel, Walnüsse, Brombeeren und Pflaumen. Die Vegetation und die Saurierfußspuren (nur mit Führer zu finden) machen den **Nationalpark Schirkent** interessant. Hierher gelangt man am besten über das Tal des Karatog (Qaratog), von Schahrinav (Shahrinau) über Karatog und Hakimi. Möglich ist ein langer Tagesausflug mit Jeep, auch Wochenendtouren mit Zelt sind reizvoll. Von **Hakimi** erreicht man in zwei Stunden Fußmarsch entlang des Baches Timur-dara den gleichnamigen Bergsee auf 1970 Metern. Baden ist wegen der Strömungen nicht angeraten. Auch Mehrtagestouren sind möglich: 2–4 Tage über den Mura-Pass (3787 m) bis zum Iskanderkul. Packesel sind in Hakimi verfügbar. Das benachbarte Tal von Schirkent unweit der Grenze zu Usbekistan (Abzweig bei Tursunzoda westlich von der weithin sichtbaren TALCO- Aluminiumfabrik) ist bis zum Grenzposten 22 Kilometer oberhalb des Abzweigs befahrbar.

▶ Karte S. 257

Nach Südosten zum Wasserkraftwerk Norak

Das ca. 80 Kilometer von Duschanbe entfernte Wasserkraftwerk Norak (Nurek) flussaufwärts von der gleichnamigen Kleinstadt ist nicht nur für Technikfans interessant. Die **sowjetische Musterstadt** ist nahezu unverfälscht erhalten, mit ihren Wohnblocks, dem zentralen Platz mit Lenindenkmal und dem Denkmal für die Erbauer des Kraftwerks aus allen Unionsrepubliken.

Um zum **Kraftwerk** zu gelangen, durchfährt man den Ort komplett. Der über 300 Meter hohe Schüttdamm oberhalb des Kraftwerks ist bisher noch der höchste der Welt. Das Kraftwerk mit der technischen Ausrüstung aus der Ukraine und aus Russland ging 1980 mit einer Leistung von ca. 3 Gigawatt ans Netz. Vom Parkplatz für die Mitarbeiter des Kraftwerkes kann man die Staumauer, das Umspannwerk und die Entlastungstunnel überblicken und sieht den Wachsch austreten, der hier, unterhalb des Stausees, zahm und himmelblau vor sich hinfließt. Wenn man Norak-›City‹ links liegen lässt und in Richtung Kulob aufwärts durch den Tunnel weiterfährt, erreicht man nach etwa 15 Minuten eine **Aussichtsplattform** mit Imbiss-Ständen und schönem Blick über den Stausee.

Rascht-Tal (Gharm-Tal)

Das Rascht-Tal in Zentral-Tadschikistan wird von Duschanbe aus verwaltet. Es umfasst den Mittellauf des wassereichen Flusses Wachsch, der oberhalb des künftigen **Stausees von Roghun** aus Khingob und Surkhob entsteht, erstreckt sich von hier nach Nordosten bis zur kirgisischen Grenze, flankiert vom **Karategin-Gebirge** und dem **Gebirgszug Peter der Große**. Obwohl das Tal wegen der für Ausländer geschlossenen Grenze noch eine Sackgasse ist, lohnt sich eine Reise hierher

Schnitzerei an der Teestube in Gharm

Tadschikin aus dem Rascht-Tal mit Söhnen auf der Sommerweide

vor allem für Liebhaber von Gipfelbesteigungen, Wander- und Pferdetrekking am Fuß der Kette Peter der Große.

Eine relativ gute Straße führt mal rechts, mal links vom Fluss entlang, durch schöne Dörfer fleißiger Kartoffel-, Weizen- und Obstbauern, die sich auf den Flussterrassen ausbreiten. Die löchrigen Straßenabschnitte oberhalb von Ob-i Garm werden spätestens nach der Fertigstellung des Roghun-Staudamms und der teilweisen Flutung des Tales ersetzt. Bis zum **Kurort Ob-i Garm** mit seinen heißen Quellen ist die Straße gut ausgebaut, es gibt zahlreiche Einkehrmöglichkeiten und ein paar schlichte Hotels. Oberhalb von Ob-i Garm kann man einen Blick auf Tadschikistans größte Baustelle werfen, wenn man etwa zehn Kilometer hinter dem Ort kurz vor der Linkskurve ins Wachsch-Tal hält und flussabwärts schaut: Dort entsteht der **Staudamm für das Wasserkraftwerk Roghun**. Schon in den 1970ern geplant, angefangen und wieder verworfen, ist es

Trekking am Fuße der Kette Peter der Große

heute ein umstrittenes, vier Milliarden US-Dollar teures Mammutvorhaben. Das angestaute Wasser soll ein Kraftwerk von 3600 Megawatt antreiben. Der künftig welthöchste Schüttdamm von 660 Metern Länge und 335 Metern Höhe ist im Bau, die Flutung des Tals wird lange dauern, die Umsiedlung von ca. 30 000 Familien nicht ohne Konflikte ablaufen. Fruchtbares Land ist rar im gebirgigen Tadschikistan.

Oberhalb des Zusammenflusses von Surchob und Chingob zweigt am Kilometer 138 die Straße in Richtung Tawildara und zum Pamir ab. Die Hauptstrecke verläuft weiter durch's Rascht-Tal in die **Kreisstadt Gharm** mit ihrer geschäftigen Hauptstraße. Eine Rast lohnt sich in der Ortsmitte im zweistöckigen **Teehaus Bolo-i ob** mit seiner schönen Schnitzerei. Am Basar schräg gegenüber fahren die Sammeltaxis nach Dzhirgatol und und Duschanbe ab. Es gibt einen neuen Stadtpark, zwei Hotels und am Ufer des Flusses eine große Moschee mit einem schönen Ausblick auf das Tal.

Dzhirgatol – Startpunkt für Bergtouren

87 Kilometer hinter Gharm wird Dzhirgatol (Jirgatol, seit 2017 offiziell Lachsch) erreicht, wo ethnische Kirgisen die Mehrheit der Einwohner stellen. Vor dem Basar Barakat liegt der Sammelplatz für Taxis und Marschrutkas – auch nach Kirgistan. Für Ausländer ist die Grenze vorerst noch gesperrt. Der winzige Flughafen des Ortes wird nur selten von kleinen Charterflugzeugen angeflogen. **Expeditionen zum Peak Somoni** können per Helikopter zum Basislager auf der 4100 Meter hoch gelegenen Moskwin-Wiese am Fuß des Gipfels geflogen werden. Will man weiter in Richtung höchste Pamir-Berge, so lässt man Dzhirgatol links liegen und fährt auf der A372 flussaufwärts den Surchob entlang. Bei Dombratschi quert man den Fluss und nimmt die Piste den Muksu aufwärts.

Die Dörfer hinter der Seitenmoräne des ehemaligen Muksu- Gletschers sind ein idealer Ausgangspunkt für Trekking am Fuße der Gebirgskette Peter der Große.

▲ Karte S. 257

Der Pamir – Das Dach der Welt

Die Kirgisen, die hier oben ihr Vieh hüten, nennen diese von gewaltigen Gebirgsketten umrahmte Hochebene ›pomir‹ – kalte Winterweide. Auf der Karte Asiens ist zu erkennen, dass von hier alle großen Gebirgssysteme auseinanderstreben: Tien Shan, Alai und Kunlun, Karakorum und Hindukusch. Am Scheitelpunkt liegt wie ein Knoten der Pamir, das ›Dach der Welt‹, wie er im Persischen genannt wird: ›Bam-i Dunya‹. Eine andere persische Namensdeutung ist ›po-i Mehr‹ – ›Zu Mithras Füßen‹. Mithra ist der Sonnengott, die zentrale Gottheit der Anhänger Zarathustras, der irgendwo hier mit der Errichtung seines Glaubensgebäudes begann. Geschichten, so magisch wie dieses Gebirge selbst.

Das **Autonome Gebiet Berg-Badachschan** (Gorno-Badachschan, Gorno-Badachschanskaja Awtonomnaja Oblast = GBAO), wie der tadschikische Teil des Pamir in der Verwaltungssprache heißt, ist extrem dünn besiedelt. In den Flusstälern, auf schmalen Terrassen, den Bergen mühsam abgerungen, drängeln sich die Häuser kleiner Dörfer, schmiegen sich schmale Felder an die Hänge. Auf der Hochebene jedoch, dem eigentlichen Pamir, kann man die Siedlungen an zwei Händen abzählen.

Bis vor 150 Jahren wusste man so gut wie nichts über dieses unwirtliche Land. Marco Polo hatte es an seinem südlichen Rand berührt, den Edelsteinberg Kuh-i Lal erwähnt, saftige Weiden und gigantische Wildschafe, aus deren Hörnern man Schüsseln schnitzte und Weidezäune baute. Dann stritten sich das Britische Empire und das Zarenreich um die letzten ›herrenlosen Ecken‹ des Planeten und Pamir samt Hindukusch gerieten in ihr Visier. Sie teilten das Gebiet kurzentschlossen am Wachan/Pandzh, südlich war britisches Einflussgebiet, nördlich russisches. Die Chinesen mussten aus dem Osten zuschauen.

Es begann die Erkundung und Erschließung. Expeditionen zogen los, Garnisonen wurden errichtet, eine Straße zu deren Verbindung gebaut, der ›Pamirskij Trakt‹, heute **Pamir Highway** genannt. Mit dem Bau und für die Versorgung der Straße entstanden Straßenmeistereien und Siedlungen, in einer lebensfeindlichen Umgebung auf fast 4000 Meter Höhe: **Karakul** (heute etwa 1000 Einwohner), **Murghob** (Verwaltungszentrum, etwa 6400 Einwohner) und **Alitschur** (etwa 1000 Einwohner) direkt auf dem Highway, und dann ist da noch eine Handvoll kleiner Weiler der kirgisi-

Bulunkul – eines der wenigen Dörfer auf dem Pamir

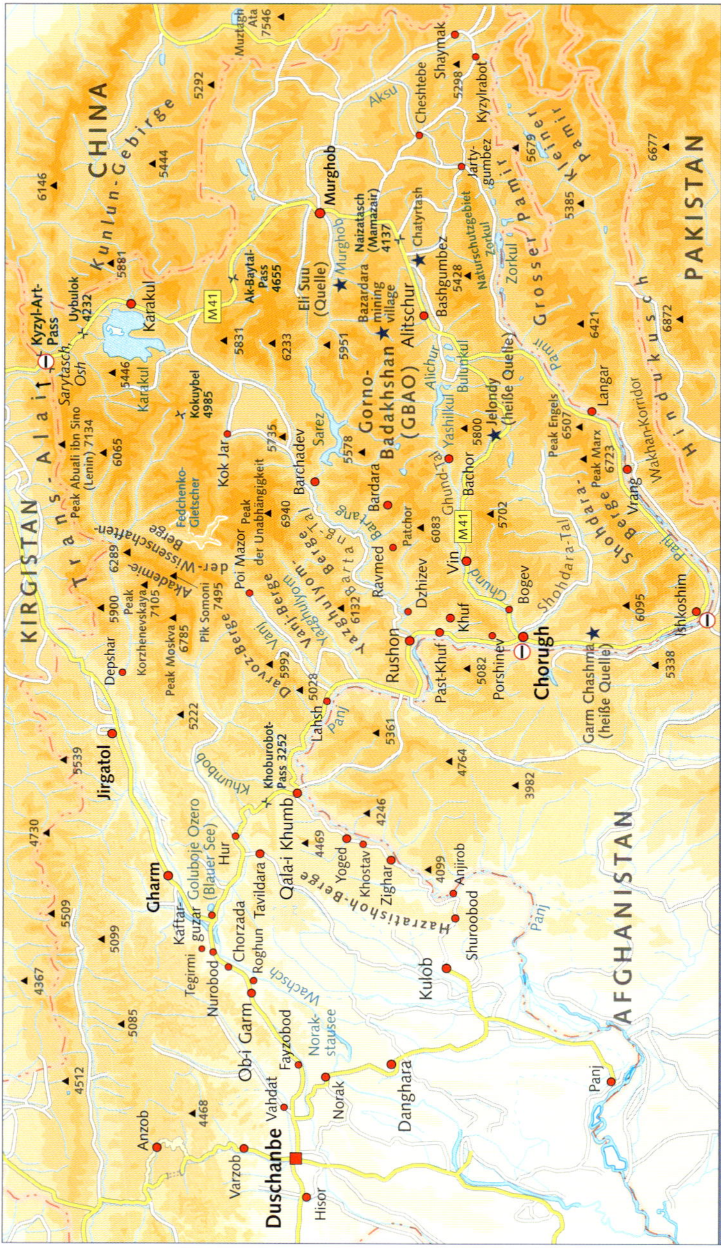

Der Pamir (Berg-Badachschan)

schen Viehzüchter in der Weite dieser endlosen Hochgebirgswüste.
Die Einsamkeit ist auf dem Rückzug. Jahr für Jahr kommen mehr Gäste auf den Pamir. Fahrradfahrer, die sich über eine der herausforderndsten und schönsten Strecken der Welt kämpfen, Abenteurer in Geländefahrzeugen und Neugierige in robusten Bussen, Trekkingtouristen in Begleitung von Eseln oder Yaks. Es kommen aber auch chinesische Trucks mit Waren aus dem Reich der Mitte und fahren mit Bodenschätzen aus Tadschikistan zurück, Schätzen auch vom Pamir. Die Farben der Berge zeigen es an: Hier gibt es etwas zu holen. Und mit jedem Kilometer neuen Asphalt, der auf die alte M41 aufgebracht wird, steigt die Wahrscheinlichkeit der gnadenlosen Ausbeutung der Berge als Rohstofflieferant. Der Status von großen Teilen des Pamir als Nationalpark und UNESCO-Welterbe kann ihn hoffentlich vor einem Raubbau an der Natur bewahren. Und vielleicht trägt auch der Tourismus das Seine dazu bei: Der Hohe Pamir, das Bartang-Tal und der Wachan-Korridor wurden 2014 in die Top 100 der Green Destinations aufgenommen. Dieses Votum für nachhaltigen Tourismus wird hoffentlich von den Reisenden und auch von den Tourismusverantwortlichen im Lande anerkannt. Es wäre großartig, wenn diese einmalig schöne Gebirgslandschaft so natürlich erhalten bleiben könnte und wenn die hier ansässige Bevölkerung einen Nutzen daraus ziehen könnte.

Die Menschen in Berg-Badachschan

Das Autonome Gebiet Berg-Badachschan mit der Hauptstadt Chorugh nimmt mit 63 700 Quadratkilometern fast die Hälfte der Fläche Tadschikistans ein, doch leben hier nur drei Prozent der Einwohner des Landes: ca. 250 000 Menschen.

Kinder in Rangkul

Etwa 90 Prozent von ihnen sind Pamir-Tadschiken (Pamiri) aus den verschiedenen Tälern, die sich zum Teil sprachlich und kulturell stark voneinander unterscheiden. Sie betreiben Ackerbau und Weidewirtschaft für die Selbstversorgung und sind schiitische Muslime, vornehmlich Nizari-Ismailiten. Viele Pamiri verdingen sind fern von ihrer Heimat als Arbeitsmigranten.
Im Kreis Murghob auf den Hochebenen des Ostpamirs, der größer ist als alle anderen Pamir-Kreise zusammen, lebt die Minderheit der Pamir-Kirgisen, die zu den Turkvölkern gehören und sunni-

Junger Yak-Hirte

tische Muslime sind. Ihr Haupterwerb ist die Viehzucht – vor allem von Yaks, Fettsteißschafen und Ziegen, vereinzelt auch noch von Kamelen.

Der Aga Khan und sein Netzwerk

So sehr sich beide Bevölkerungsgruppen unterscheiden, sie alle verehren den Aga Khan. Obwohl er als 49. Imam für die Ismailiten ein direkter Nachfolger Mohammeds und damit ihr religiöses Oberhaupt ist, hat er sich weltliche Autorität bei allen Menschen von Berg-Badachschan erworben, beginnend mit der Lebensmittelversorgung der Region während des Bürgerkrieges. Der in der Schweiz geborene Prinz Karim Aga Khan IV. hat in Harvard studiert und vereint die Moderne mit dem Islam. Als international agierender Großunternehmer (er besitzt unter anderem die Hotelkette Serena, Banken, Zeitungen und Fluggesellschaften) und einer der reichsten Männer der Welt hat er eines der größten Entwicklungshilfenetzwerke initiiert: das Aga Khan Development Network (AKDN), kurz Aga-Khan-Stiftung genannt. Ihre Projekttafeln fallen überall im Pamir auf, nicht nur im Siedlungsgebietet der Ismailiten. Brücken, Schulen und Hochschulen, Krankenhäuser und Straßen wurden und werden gebaut, Stromnetze unterhalten. Ein dicht gespanntes Netz von Kultur- und Entwicklungshilfeorganisationen fördert vor allem Bildung und Zusammengehörigkeitsgefühl der Menschen. Das Mountain Societies Development Support Programme (MSDSP) ist im nachhaltigen Tourismus äußerst aktiv (→ S. 268).

Der Weg ist das Ziel – Reisevarianten zum Pamir

Zum und über's Dach der Welt gibt es eine durchgehende Strecke mit vier Varianten. Eine beginnt in Osch in Kirgistan, zwei in Duschanbe, und seit 2017 darf man auch von China aus einreisen. Schön sind sie alle.

Von Osch über den Alai in den Pamir

Die Anreise aus dem kirgisischen Osch ist nur geeignet für Menschen mit stabilem Kreislauf oder viel Zeit. Die Etappe von Osch (870 m) über den Tschong Alai nach Sarytasch in der Alai-Ebene (3150 m) hat es in sich, weniger das

Am Kyzyl-Art-Pass

▲ Karte S. 262

nächste Stück von hier über den Kyzyl-Art-Pass (4336 m) zum Karakul (3920 m). Doch der (Schönwetter-)Blick vom Alai-Tal auf die mächtige Bergkette des Trans-Alai mit dem Peak Abuali ibn Sino (Peak Lenin) ist unvergleichlich.

Der Link zum Karakorum Highway

Seit Herbst 2017 ist die An-/Abreise vom/zum Karakorum Highway möglich, über den Gebirgszug Sarykol mit dem Kulma-Pass (4362 m) und den chinesischen Grenzort Taschkurgan. Ohne Zweifel ist das eine schöne Möglichkeit, nach den Pamiri und Kirgisen auch das Nachbarvolk der Hunza zu besuchen oder über die klassische Seidenstraße nach Kaschgar weiterzureisen. Die chinesische Initiative ›One Road – one Belt‹ wird ohne Zweifel dazu führen, dass der katastrophale Trassenabschnitt zwischen der Grenze und Murghob bald Geschichte ist.

Von Duschanbe auf den Pamir

Die tadschikischen Varianten der Anreise beginnen in Duschanbe auf 780 Metern Höhe und führen auf verschiedenen Trassen nach **Qala-i Chumb** (1295 m) und von hier nach **Chorugh** (2070 m). Hier trennen sie sich. Die kürzere, auch von den Trucks befahrene Straße (M41) führt das Ghund- und Toghuzbulak-Tal hinauf über Alitschur (3860 m) nach Murghob (3630 m), von dort nach Karakul (3920 m) und ins Alai-Tal. Die andere verläuft von Chorugh nach Süden, am Grenzfluss Pandzh entlang bis Langar (2800 m), zum Zusammenfluss von Wachan und Pamir. Ab Langar geht es im Tal des Pamir hinauf und von hier über den Chargusch-Pass auf das Dach der Welt – kurz vor Alitschur treffen sich beide Straßen wieder. Die Wachan-Straße ist deutlich weniger befahren. Bei den Anreisevarianten von Duschanbe gewinnt man allmählich an Höhe und überwindet die 3000 Meter Höhenunterschied zwischen Hauptstadt und Pamir-Hochebene in drei bis sieben Tagen; das ist besser verträglich.

Südliche Route

Die südliche Standardstrecke ist zwar 80 Kilometer länger als die Nordroute, ist aber bis auf das Teilstück Kulob–Schurobod gut ausgebaut. Die Marschrutkas und Taxis nehmen meistens diese Strecke, man braucht nur einen Tag bis Qala-i Chumb (Kalai Kumb) und kann es sogar bis Chorugh schaffen, wenn man nicht später als 6 Uhr losfährt. Sie führt am Stausee von Norak vorbei, über Hulbuk und Kulob (→ S. 308), dann hinauf zum GBAO-Posten vor Schurobod, wo man seine Dokumente vorzeigen muss. Durch schroffe Canyons geht es wieder abwärts zum Pandzh, vorbei am Dorf Andzhirob in einer geschützten Senke mit subtropischem Klima, dann durch beeindruckende Schluchten am Fluss aufwärts, immer an der Grenze zu Afghanistan entlang.

Nördliche Route

Die Strecke über Ob-i Garm, Tawildara und den Choburobot-Pass nach Qala-i Chumb ist wenig befahren und eignet sich für die gemächliche Anreise. Je nach Anzahl der Stopps braucht man ein bis zwei Tage, übernachten kann man in Tawildara. Es geht nach Nordosten, am Wachsch flussaufwärts, an der Baustelle von Roghun (→ S. 259) vorbei, bis Tegirmi, wo am Eingang ins Rascht-Tal ein Militärposten die Straße versperrt. Hier zeigt man seine Papiere, lässt das Rascht-Tal (→ S. 259) links liegen und nimmt rechts über den Fluss die Piste ins Tal des Chingob, der wasserreich von den westlichen Gletschern des Gebirgsmassivs Peak Somoni/Peak Garmo/Peak

Blick über den Pandzh nach Afghanistan

Moskwa herunterkommt. Wo er in einem Talkessel etwas in die Breite geht, liegt am anderen Ufer am Fuße einer bizarren Felsformation **Tawildara**, wo man im schlichten Gästehaus der Regionalverwaltung übernachten darf.

Von Tawildara folgt man dem Chingob noch reichlich zehn Kilometer bis zur Brücke vor dem Ort **Hur**. Auf dem anderen Ufer befindet sich der Grenzposten für den Eintritt ins Autonome Gebiet Gorno-Badachschan. Man braucht die Pässe mit den Visa und Sondergenehmigungen für GBAO, Fahrzeugpapiere, eine Liste der Teilnehmer und die geplante Strecke sowie ein bisschen Geduld. Sinnvoll ist es, ein Dutzend Kopien aller Dokumente dabei zu haben. Einen Satz davon lässt man bei den Beamten und spart Zeit, da das Abschreiben (!) der Daten ins Registrierungsbuch erst später erfolgen kann.

Die Straße zum Choburobot-Pass (3252 m, auch Sagirdascht-Pass genannt) wird jedes Jahr zum Beginn der Saison planiert. Nach ausgiebigen Regenfällen kann besonders der Anstieg vor Pastirog verschlammt sein, Allradantrieb ist sinnvoll.

Hinter dem Pass beginnt eine spektakuläre Abfahrt ins Tal des Flusses Chumbob. Jener begleitet die Reisenden durch das schöne Tal bis Qala-i Chumb, die ›Festung am Chumb‹, wo sein klarblaues Wasser buchstäblich vom betongrauen Pandzh verschluckt wird und die Straße auf die M41 trifft.

▸ Karte S. 262

Von Qala-i Chumb nach Chorugh

Die Straße führt ununterbrochen am Pandzh entlang - der von Mitte Mai bis Mitte September bedrohlich wasserreich durch die Schluchten gurgelt. Nur selten treten die Felswände, in die er sich eingefräst hat, etwas zurück - dort, wo andere Flüsse einmünden. Hier trifft man auf Schwemmkegel, auf denen die Pamiri ihre Dörfer gebaut und ihre Felder angelegt haben. Im Herbst führt der Fluss weniger Wasser, und im Winter könnte man hier und da sicher zu Fuß durchlaufen. Für die 240 Kilometer von Qala-i Chumb bis Chorugh sollte man mindestens acht Stunden einplanen, viel Zeit wird benötigt für Ausweichmanöver bei Gegenverkehr und Schlaglöchern, für Brückenposten und Fotostopps.

Ausführliche Seitensprünge sind möglich in die **Sackgassen-Seitentäler des**

Wandzh (Vanj), **Jazghuljom** (Yazghulyom) und **Bartang**, jedes auf seine Weise wunderschön:
Der **Wandzh** fließt fast schnurgerade durch ein breites Tal mit walnussbaumgeschmückten Dörfern. Sein Wasser kommt größtenteils aus den Gletschern der höchsten Bergkette Mittelasiens mit dem sperrigen Namen ›Akademie der Wissenschaften‹, unter anderem aus dem pulsierenden Bärengletscher.
Der **Jazghuljom** ist ein kurzer Gletscherfluss mit starkem Gefälle, extrem wasserreich von Juni bis September. Sein schroffes Tal bietet nur im Unterlauf Platz zum Siedeln: Die Einwohner der sechs kleinen Dörfer sind sunnitische Muslime und sprechen ihre eigene Sprache – Jazghuljomi.
Das Tal des **Bartang** ist eine Welt für sich, deswegen → S. 282.

Porschinew (Porshnev)

In Vozm, dem Oberdorf von Porschinew ca. zwölf Kilometer vor Chorugh, sprudelt die **heilige Quelle Pir Schoh Nosir Tschaschma** für den hochverehrten geistigen Lehrer der Ismailiten, Nosir Chusraw. Der Poet, Philosoph und Wahrsager hatte im 11. Jahrhundert das Ismailitentum

Apfelverkäuferinnen im Tal des Wandzh

Edelsteinbearbeitung in Porschinew

aus Persien in die Pamir-Täler gebracht. Oberhalb der Quelle gibt ein winziges **Museum** über seine missionarische Wanderung Auskunft.
Unweit vom Museum verarbeitet eine kleine **Juwelierwerkstatt** in einem Seitengebäude einer ehemaligen Fabrik Halbedelsteine aus den umliegenden Bergen: Lapislazuli, Bergkristall, Spinell u.a. Man kann den Frauen bei ihrer Arbeit zuschauen und deren Erzeugnisse günstig erwerben. Kontakt: Madnazar, +992/93/4500896.

Chorugh

Chorugh (Khorogh, Khorog, Chorog) zwischen den Mündungen des Schohdara in den Ghund und des Ghund in den Pandzh ist seit 1925 die Hautstadt des Autonomen Gebietes Gorno-Badachschan. Etwa 30 000 Einwohner leben hier, Tendenz steigend. Die Zentralregierung ist sichtbar bemüht, Chorugh ein modernes Image zu geben, was sich in reger Abriss- und Bautätigkeit und einer steigenden Anzahl von Präsidentenplakaten äußert. Man erhofft sich damit mehr Einfluss in einer nach tatsächlicher Autonomie strebenden Region sowie die

Relativierung der allgegenwärtigen Verehrung für den Aga Khan, dessen Stiftung mit ihrem Netzwerk von Universität, Organisationen und Initiativen größter Arbeitgeber in der nicht gerade vor Wohlstand strotzenden Stadt ist (www.akdn.org). Ausländer und Einheimische arbeiten gleichermaßen in den zahlreichen Entwicklungshilfe-Organisationen der Stadt, es wird viel Englisch gesprochen. Chorugh ist die Drehscheibe für Handel und Tourismus im Pamir. Die chinesischen Trucks, die vom Pamir Highway herunterkommen, laden den Großteil ihrer Fracht auf dem Basar ab, und auch aus Afghanistan kommt Ware. An manchen Wochenenden gibt es an der Brücke unweit vom Flughafen den sogenannten Cross-Border-Market, salopp Afghanen-Markt genannt.

Auch die Touristen, die zum jährlich Ende Juli stattfindenden Roof-of-the-World-Festival anreisen oder weiter in den Pamir wollen, kommen hier durch. Deswegen gibt es ausreichend Hotels, Gästehäuser und Restaurants. Ein Lichtblick ist das **Touristen-Informationszentrum** der Pamir Eco-Cultural Tourism Association (PECTA), finanziert vom Mountain Societies Development Support Programme (MSDSP) zur Unterstützung der ländlichen Entwicklung in entlegenen Bergregionen, ebenfalls im Aga-Khan-Netzwerk. Es hilft in jeder Lebenslage und befindet sich an der Ostseite des Stadtparks im dreigeschossigen Haus des **Pamir Tourism Welcome Centers**, das auch einen sehr guten Souvenirladen beherbergt.

Wohnhaus in Chorugh

Chorugh von oben

Sehenswertes

Am Ostrand, auf 2320 Meter Höhe, liegt der **zweithöchste Botanische Garten der Welt**. Er wurde 1940 gegründet und nennt eine Sammlung von 3200 Arten von Bäumen, Sträuchern und Heilpflanzen sein Eigen. Auch wenn er sich immer mehr in einen Privatpark für die mitten in ihm gelegene Villa eines hohen Würdenträgers verwandelt, sind die wenigen Mitarbeiter doch sichtbar um die Wohl der Bäume und Sträucher bemüht, und die Sicht auf Chorugh und die umgebenden Fünftausender ist sehr schön. (Anfahrt: Richtung Schohdara-Tal, hinter der ersten Brücke über den Schohdara links die Serpentinen hoch, Eintritt 15 Somoni).

Begehenswert ist der schattige, gepflegte und beliebte **Pappel-Park** im Zentrum am Flussufer. Zwischen Park und Hauptstraße fristet das alte **Theater** sein Schatten-

▲ Karte S. 262

dasein, im Ballettsaal in der oberen Etage kann (vorerst) die zusammengepferchte Sammlung des **Heimatkundemuseums** besichtigt werden, dessen denkmalgeschütztes Domizil für einen bombastischen Theaterneubau abgerissen wurde. Der **Markt** ist ein Muss, vom chaotischen Umfeld sollte man sich nicht abschrecken lassen. Außerdem: Besser wird die Versorgungslage oben auf dem Pamir nicht.

Chorugh

Vorwahl: +992/3522

Tourist Information Center (TIC), Dawronow 10e; Mai–Sept. tägl. 8–18 Uhr. In der ersten Etage eines dreistöckigen neuen Hauses am Ostende des Stadtparks. Hier gibt es alles, sogar Waschservice! Liste von über 100 Gästehäusern (Pensionen) in Chorugh und im Pamir hier! Organisation von Aufenthalten und Touren. www.visitpamirs.com

Der Flughafen Chorugh hat eine gute Start- und Landebahn, aber keinen Flugplan. Geflogen wird nur bei eindeutig klarer Sicht und stabilem Wetter, die Gepäckmitnahme ist sehr begrenzt.

Die meisten kommen mit dem Auto.
Die Marschrutkas fahren dezentral in vier verschiedene Richtungen ab, Information im TIC.

Khorug Serena Inn, Imomberdijew 14, am Fluss zwischen Flughafen und Brücke; EZ/DZ 70/140 US-Dollar, stylish.
www.serenahotels.com/serenakhorog

LaL Inn, Azizbek 5/1; ÜNF ab 15 US-Dollar, für fast alle Geldbeutel, eigenes Café und Souvenir-Shop. www.lalhotel.tj

Pamir Alibaba, Immatsho 42, Tel. +992/93/5882284, ÜNF ab 35 US-Dollar.

Zarya, Milikbek Dodikhudo 80; ÜNF ab 15 US-Dollar. Neu, mit Flussblick.
zarya.khorog@gmail.com

Pamir Lodge (Hostel), Gagarin 46; B&B ab 13 US-Dollar, ÜN auf dem Taptschan und Aufstellen von Zelten gegen Gebühr erlaubt. Gemeinschaftsdusche und WC. Originell und turbulent.
www.pamirlodge.com

Chars Café, Lenin 36/a, 7–19 Uhr. Einziges Frühaufsteher-Café.

Chor Bogh, Dawronow 10, am rechten Ufer, im Stadtpark, 11–2 Uhr. Sommerterrasse, tadschikisch & Fusion. Reservierung empfohlen.

Delhi Darbar, Azizbek 2, im gleichnamigen Hotel, 11–22 Uhr. Indisch, Reservierung empfohlen.

Shughnan, Lenin 34, 8–21 Uhr. Unscheinbarer Kellereingang neben der Post. Gehobene einheimische Küche.

Varqa, Gagarin 54, 10–22 Uhr. Bar & Restaurant mit gutem Essen à la carte.

Einkaufs-Tipp: Basar im Zentrum, diverse Läden gegenüber.

Souvenirs: Dawronow 10e, im TIC.

Weiterfahrt von Chorugh

Von Chorugh gibt es drei Varianten der Weiterfahrt: Die schnellste Route führt über die M41. Die schwierigste Piste schwingt sich durch das wilde Schohdara-Tal zum Majsara-Pass hoch und quält sich von hier zur M41 hinab, die zwischen Dzhelondy (Jelondy) und dem Kojtezek-Pass erreicht wird. Der Klassiker ist die Südroute über den Wachan-Korridor.

Von Chorugh auf der M41 nach Alitschur

Die Express-Variante des Pamir Highways führt über die M41 den Ghund flussaufwärts, durch ein spektakuläres, am Unterlauf recht dicht besiedeltes Tal, dessen Bewohner von Landwirtschaft und vom Pamir Highway leben. M41 und Ghund trennen sich 70 Kilometer hinter Chorugh. Folgt man dem Ghund (Abzweig und

Tadschikistan

Ausfahrt aus Chorugh über die M41

Brücke östlich von Pisch), rumpelt man nach **Batschor** und kann von hier aus schöne Trekkingtouren mit Pamir Horse Adventure unternehmen (www.pamirhorseadventure.com).

Folgt man der M41 und dem **Fluss Toghuzbulak**, gelangt man aus dem geschützten Tal allmählich in eine windige, unwirtliche Hochebene. Rund um das letzte Dorf **Dzhelondy** gibt es **radonhaltige heiße Quellen**, die davon zeugen, dass gewaltige tektonische Brüche den Pamir durchziehen. Das aus dem Erdinneren zutage tretende heiße Wasser wird in privaten Badeanstalten und einem bescheidenen Kurheim zu balneologischen Zwecken genutzt.

Nach der Überquerung des unspektakulären **Kojtezek-Passes** (4271 m) hat man das **Hochtal von Alitschur** und damit das ›Dach der Welt‹, erreicht. Etwa 35 Kilometer östlich vom Pass, kurz bevor die Piste aus dem Wachan auf die M41 trifft, wird man durch ein Schild nach **Bulunkul** eingeladen. Der Einladung folgend, findet man sich nach 16 Kilometern am einem einzigartigen Ort. Das 400-Seelendorf Bulunkul, mit minus 63 Grad Wintertemperatur Kälterekordhalter Mittelasiens, liegt auf 3740 Meter Höhe am gleichnamigen und wasservogelreichen **Hohen See** und ist umgeben von in allen Farben schillernden Bergen. Lohnenswert ist ein Abstecher zum Pass über dem benachbarten großen See **Jashilkul** (›Grüner See‹, 3734 m), den man über eine kurze, gut befahrbare Piste erreicht. Zum See selbst und zu seinem westlichen Ende, wo der Ghund entspringt, darf man nur mit Sondergenehmigung der Verwaltung für Schutzgebiete in Duschanbe fahren.

Zurück auf der M41, erreicht man nach reichlich 20 Kilometern grenzwertiger ›Asphalt‹straße das Dorf Alitschur (→ S. 275).

▶ Karte S. 262

Durch's Tal des Schohdara

Wer sich hier hochtraut (Allrad Bedingung!), sollte auch die Zeit mitbringen, das Seitental des **Bodomdara** mit Blick zum Peak Majakowski (6095 m) zu erkunden, im Tal des Durumdara zum türkisfarbenen **Durumkul** (3345 m) hochzusteigen sowie unweit vom Majsara-Pass (4228 m) mal kurz zum See **Turumtajkul** (4202 m) abzubiegen – ein Programm von drei Tagen. Den Blick auf die steilen Nordflanken der Gipfel von **Peak Marx** (6723 m) und **Peak Engels** (6507 m)

Tadschikin mit ihrem Kind

Blick zu Marx und Engels aus dem Schohdara-Tal

gibt es gratis dazu. Die beiden anspruchsvollen Riesen sind bei Bergsteigern beliebt und werden üblicherweise von Süden bezwungen.

Durch den Wachan-Korridor nach Alitschur

Der ›Umweg‹ ist 140 Kilometer und mindestens einen Tag länger, aber das ist es wert. Der Genießerweg führt von Chorugh reichlich 100 Kilometer nach Süden zum Pandzh-Knick nach Ischkoschim, und von hier ebenso weit nach Osten, mit Blick auf Pamir im Norden und Hindukusch im Süden, vorbei an legendären Festungen, buddhistischen Stätten, durch Dörfer mit Feldern und Pappelreihen, zum Zusammenfluss der Flüsse Pamir und Wachandarja bei Langar. Dieses breite Tal wurde 1895 als Pufferzone mit der Bezeichnung Wachan-Korridor zwischen Russland und Britisch-Indien festgelegt. Links und rechts der tadschikisch-afghanischen Grenze lebt dasselbe Volk: die Wachani.

Chorugh–Ischkoschim

Etwa 35 Kilometer südlich von Chorugh zweigt in **Andarob** die Straße zu den **heißen Quellen von Garm Tschaschma** (Chashma) ab. Das stark mineralisierte Wasser, das die Felsenterrasse mit einer bräunlich-weißen Sinter-Kruste überzogen hat, ist in ein großes und ein kleines Bassin gefasst. Frauen und Männer baden abwechselnd je eine knappe Stunde.

Bei der Weiterfahrt nach Ischkoshim passiert man Dorf und Berg **Kuh-i Lal**. Am Lal-Berg wurde im Mittelalter der begehrte tiefrote Edelstein ›Lal‹ (Spinell, Karfunkelstein) gefördert. Marco Polo hatte in seinem Reisebericht diese roten Steine und die unsagbar schwere Fronarbeit der Bergleute erwähnt. Die Förderarbeiten wurden offiziell Ende der 1980er Jahre eingestellt. Kurz vorher hatte man noch einen Kristall mit einem Rekordgewicht von fast sechs Kilogramm gefunden. Im Schohdara-Tal an der Rückseite dieses Bergmassivs wurde auch Lapislazuli abgebaut.

Bei gutem Wetter kommen ab Qozideh/Yakhshvod die Eisriesen des Hindukusch in Sicht – für die nächsten 150 Kilometer werden sie die Blicke immer wieder nach Süden ziehen.

Kurz vor **Ischkoschim** passiert man eine der fünf Brücken über den Pandzh, die, mit Mitteln der Aga-Khan-Stiftung finanziert, in den letzten beiden Jahrzenten gebaut wurden. Diese hier ist für Fahrzeuge bis 30 Tonnen zugelassen und verbindet das tadschikische mit dem afghanischen Ischkoschim.

Abstecher nach Afghanistan: Wenn die Sicherheitslage es erlaubt, können von Chorugh oder Ischkoschim aus der afghanische Pamir und der Wachan-Korridor besucht werden. Einige Veranstalter bieten solche Touren an, das Procedere ist allerdings kompliziert und nicht billig. Außer dem afghanischen Visum braucht man ein Wiedereinreise-Visum für Tadschikistan, und die strengen muslimischen Kleidervorschriften sollte man strikt einhalten.

Ischkoschim, das Tor zum Wachan-Korridor, hat einen nicht mehr benutzten Flughafen, ca. 6500 Einwohner und diesen faszinierenden Blick zum Hindukusch. Irgendwann einmal wird es hoffentlich auch wieder eine normale Situation in ganz Afghanistan geben, und die uralte Handelsstraße von Faizabad nach Kaschgar wird auferstehen, mit Trucks und Touristen statt mit Kamelkarawanen. Am südöstlichen Ortsrand baut man schon mal eine Sonderwirtschaftszone ...

Ab Ischkoshim und auf dem gesamten Pamir östlich von hier gilt übrigens inoffiziell die **kirgisische Zeit** (+1 Std.). Bitte beachten Sie das bei Verabredungen, Fahrplänen usw.

Ischkoschim–Jamtschun–Bibi Fotima

Die Straße wendet sich nun nach Osten in den **Wachan**, dessen Eingang die alte **Festung Qahka** (Khahkala, Qahqa-Qala) hinter dem Ort **Namadgut-i Poyon** bildet. Es ist die westlichste der mächtigen Festungsanlagen im Tal. Sie alle wurden zur gleichen Zeit angelegt, vor ca. 2500 Jahren, als der Handel zwischen Ost und West Größenordnungen erreichte, die Überfälle lohnend machten. An der Flussseite sind einige der ehemals 56 Wehrtürme zu erkennen, auch Reste der Festungsmauer stehen noch. Ein Stützpunkt der Grenztruppen befindet sich mitten im Gelände, die Soldaten sind an Touristen gewöhnt. Am Fuß der Festung werden oft Souvenirs angeboten; der Familie gehört auch das Gästehaus Intizor nebenan.

Auf der anderen Straßenseite kann der schön verzierte **Mazar** des für die Ismai-

Im Wachan-Korridor

Karte S. 262

Eckturm der Festung Qahka

liten bedeutenden **Schoh-i Mardon** (Hazrati Ali, Mohammeds Schwiegersohn) besichtigt werden. Auch in **Schitcharv**, etwa 45 Kilometer ostwärts, gibt es auf der linken Straßenseite einen großen Mazar, kleinere hat fast jedes Dorf. Diese Heiligtümer sind immer mit den Gehörnen von Steinböcken oder Marco-Polo-Schafen dekoriert, die meistens auf einem Torbogen über dem Eingang angebracht sind.

Bei klarer Sicht sind auf der Weiterfahrt die beiden Sechstausender zu erkennen, die den Höhenzug des Schohdara auf der linken Seite krönen – **Peak Marx** und **Peak Engels**. Auf der afghanischen Seite blicken ebenso hohe Eisriesen auf die Reisenden herab – sie sind gut zu sehen, wenn ein Zufluss in den Pandzh einmündet und sein Tal den Blick nach Süden freigibt.

Etwa 30 Kilometer hinter Ischkoschim verweist eine Tafel bei Darshay auf das kommunale **Naturschutz- und Jagdgebiet Darshaydara** entlang des Darshay-Flusses bis zum Peak Majakowski (6095 m). Steinböcke, Bartgeier, Braunbären und sogar Schneeleoparden gibt es hier. Tageswanderungen und Trekkingtouren bis ins Schohdara-Tal können organisiert werden. Verwaltet wird das Schutzgebiet von der lokalen Organisation ›Yoquti Darshay‹, einer von mehreren derartigen Initiativen einheimischer traditioneller Jäger, die sich im Rahmen des sogenannten tadschikischen Berghuftierprojektes das Ziel gesetzt haben, nachhaltig bewirtschaftete Schutz- und Jagdgebiete zu schaffen. Reisende können in einem traditionellen Pamirhaus unterkommen und verpflegt werden, Guides und Packtiere stehen zur Verfügung (www.tajwildlife.com)

In **Witschkut** (Vichkut) zweigt eine anspruchsvolle Serpentinentrasse zur **heißen Quelle Bibi Fotima** ab. Am Wegesrand, hoch über dem Tal, thront eine weitere uralte Festung, **Jamtschun** (Yamchun). Die auf einem steilen und schmalen Vorsprung uneinnehmbar errichtete, aus Felssteinen gefügte Zitadelle ist umgeben von drei Ringen doppelter Steinmauern und 40 Wehrtürmen. Unvergesslich ist der Blick von hier auf das breite Pandzh-Tal und den majestätischen Hindukusch gegenüber!

Oberhalb von Jamtschun befindet sich in einem Felskanal die etwa 40 Grad warme Quelle Bibi Fotima, benannt nach

Die Festung Jamtschun

Mohammeds Tochter Fatima. Bei den Frauen der Umgebung für ihre fruchtbarkeitsfördernde Wundertätigkeit bekannt, wird sie stark frequentiert. Viele bleiben mehrere Tage oder gar Wochen hier und kommen im Kurheim unterhalb der Quelle oder in einem der kleinen neuen Hotels nebenan unter. Man hat einen Stufenweg in den Felsen gehauen und ein Badehaus mit zwei Räumen über den Sturzbach gebaut. Die Badebereiche wechseln zwischen Frauen und Männern.

Bibi Fotima–Yamg–Vrang–Langar

Unterhalb von Jamtschun, wieder an der Hauptstraße, wartet das grüne Dorf **Yamg** mit seinen weiß gekalkten Mäuerchen, Aprikosenbäumen und Wasserläufen auf Gäste. Haidar, der auch ein schönes Gästehaus hinter der Bushaltestelle besitzt, verwaltet und erklärt das **Museum** für den Sufi, Astronomen und Gelehrten Muborak Wachoni (1842–1902) im ältesten Pamir-Haus des Ortes, eine Sammlung von Handschriften und außergewöhnlichen Musikinstrumenten des Gelehrten sowie Gebrauchsgegenständen aus dem Wachan. Mit Hilfe des steinernen Sonnenkalenders oberhalb des Hauses bestimmte Muborok unter anderem den Frühlingsbeginn und damit den Zeitpunkt des Nawruz-Festes.

Das große Dorf **Vrang** wartet mit einem kleinen **Museum für den Sufi-Poeten Abdullo Ansori** (11. Jhd.) auf. Bekannt ist Vrang außerdem für die **Überreste eines buddhistischen Klosters** aus dem 4. bis 7. Jahrhundert: Wohnhöhlen in den Felsen und eine aus Steinplatten geschichtete, (zu) gründlich restaurierte fünfstufige Stupa, die auf der oberen Stufe so etwas wie einen Fußabdruck erkennen lässt – dieser soll vom Buddha stammen. Aus chinesischen Berichten ist bekannt, dass es mehrere buddhistische Klöster im Tal gegeben hat und es deswegen ›Große Buddha-Straße‹ genannt wurde. Am östlichen Ende des Tales liegt **Zong**. Gegenüber am afghanischen Ufer sind die Reste der alten **Festung Qala-i Panj** fast vollständig unter einer neuen Grenzschutzkaserne begraben. Die alte Festung Zengibar im benachbarten Hissor hat ein ähnliches Schicksal ereilt. Auch in Zong gibt es ein **kommunales Wildschutzgebiet**, es heißt Yuz Palang und wird betreut von der gleichnamigen lokalen Organisation.

▶ Karte S. 262

Oberhalb des Dorfes **Dirch** (Laufzeit von Zong anderthalb Stunden, Einstieg am Gästehaus Takhir) findet man am Hang Überreste der mittelalterlichen **Festung Vishim Qala**.

Langar

In Langar, dem letzten Dorf auf der tadschikischen Seite des Wachan, sammelten sich vor Urzeiten die Karawanen, um gemeinsam weiterzuziehen zum Dach der Welt. Die Reisenden von heute machen es genauso. Das Schönste an Langar ist der Blick auf den **Zusammenfluss von Pamir und Wachan** zum Panj, am besten sichtbar vom Friedhof im Oberdorf bzw. von den **Petroglyphen**, die noch höher über dem Tal auf großen Steinplatten versammelt sind. Der Weg dorthin ist steil und führt über Geröll, knöchelhohe Wanderschuhe sind empfehlenswert. Mit etwa 6000 Motiven ist die hiesige Ansammlung eine der größten in ganz Zentralasien. Es sind sehr ausdrucksvolle Motive dabei, die Bogenschützen und Steinböcke zeigen, aber leider auch Zerkratzungen neueren Datums.

Sehenswert im Unterdorf sind das hörnergeschmückte **Heiligtum Schoh Kambari Oftob** unter uralten Bäumen und das kleine **Heimatkunde-Museum** gegenüber, außerdem eine von Handwerkern des Dorfes kunstvoll neugestaltete Dzhamoatchona.

Langar–Chargusch-Pass–Alitschur

Marschrutkas fahren hier nicht, man sollte sich spätestens in Ischkoschim ein gutes Auto mit sicherem Fahrer gemietet haben. Ab dem ersten Schneefall ist der Chargusch-Pass bis zum Frühjahr de facto unpassierbar, es sei denn, man fährt einen russischen LKW oder Panzer. Und bitte ab hier warme Sachen bereitlegen, auch im Sommer. Fünf Kilometer hinter Langar ist auf der rechten Straßenseite die zerstörte **Festung Ratm** aus dem 3./2. Jhd. vor unserer Zeit zu sehen. Ab hier ist der Blick zurück atemberaubend: Wachan-Korridor und Hindukusch, später nur noch Hindukusch als Fototapetenmotiv. Sobald es nicht mehr zu sehen ist, wechselt vorn die Landschaft, der Pamir schlängelt sich artig durch ein flaches, immer weiter werdendes Tal. Die Grenzstation Chargusch lässt man rechts liegen. Nur wer weiter zum **Zorkul** und zum gleichnamigen Schutzgebiet will, muss sie passieren und hier seine in Duschanbe erworbene Sondergenehmigung zeigen, deren Beschaffung man am besten einem lokalen Veranstalter überlässt. Den flachen **Chargusch- Pass** mit dem schönen Rückblick zum Koh-i Pamir (6320 m) im afghanischen Wachan-Gebirge erreicht man bei 4344 Metern. Nun ist man oben, und es gibt keine schroffen Bergriesen mehr, die 3000 bis 4000 Meter aus dem Tal emporwachsen. Doch die bunten ›Hügelberge‹, die hier nur ein paar hundert Meter aus der Hochebene ragen, sind in Wirklichkeit fast 5000 Meter hoch.

108 Kilometer von Langar entfernt mündet die geisterhaft leere Piste auf die (bisher noch) unwesentlich stärker befahrene Trasse Chorugh–Murghob; sie führt in östlicher Richtung nach Alitschur, an ein paar Salzseen vorbei, in denen sich farbenfroh die kahlen Berge spiegeln.

Alitschur

Alitschur (Ali Chor) ist ein baum- und zaunloses Dorf auf der kahlen Hochebene, trotz zahlreicher Strommasten gibt es Strom nur aus dem Dieselgenerator oder vom Solarkollektor. Abgehärtet und mit Würde ertragen es die 1000 Einwohner, für die Unterbringung und Bewirtung der Durchreisenden ein gutes Zubrot zur Yak-, Schaf und Ziegenzucht sind. Zahlreiche **Gästehäuser**, **Kantine**, **Tankstelle**, **Autowerkstatt** und ein paar **Geschäfte** sind für hier oben eine ordentliche Infrastruktur. Das saubere Dorf verfügt ferner über Schule mit Internat, Kulturhaus und Krankenstation sowie eine liebevoll gepflegte Moschee mit gedrungenen Türmchen.

Blick von den Petroglyphen in Langar auf den Zusammenfluss von Pamir und Wachan

Ringkampf zu Pferde in Murghob

Ein **gemeindebasiertes Wildschutzgebiet** wird von der lokalen Organisation ›Burgut‹ betreut; es können Trekkingtouren mit und ohne Yaks sowie Tierbeobachtungen organisiert werden – Schwerpunkt sind die Marco-Polo-Schafe. Auch Steinböcke, Bären, Luchse, Wölfe und die extrem schwer zu beobachtenden Schneeleoparden kommen hier vor: www.tajwildlife.com.

Mittelalterlicher Bergbau in Bazardara

Etwa 30 Kilometer nördlich von Alitschur, im Tal des Flusses Bazardara, haben sowjetische Archäologen an mehreren Stellen Spuren von Bergbautätigkeit und Besiedlung vom 10./11. bis zum 18. Jahrhundert nachgewiesen, deren bedeutendste die mittelalterliche Stadt Bazardara auf 3980 Metern Höhe (!) ist: 85 aus großen Steinen gefügte Wohnhäuser mit Feuerstätten und Sitzpodesten, zahlreiche Bergbauschächte, Karawanserei und Verwaltungsgebäude, öffentliche Badehäuser mit Fußbodenheizung! Das Erz (Silber, Kupfer, Zinn, Blei und möglicherweise auch Wolfram und Gold) wurde nicht nur gefördert, sondern an Ort und Stelle aus dem Gestein geschmolzen und dann zu Tal befördert. Die höchste Förderstätte im weiteren Umkreis liegt auf fast 5000 Metern. Weitere Siedlungsreste und Grabstätten aus der Eisenzeit sowie Petroglyphen aus der Bronzezeit lassen vermuten, dass mit der Erzförderung schon viel früher begonnen wurde.

▸ Karte S. 262

Alitschur – Murghob

Die M41 führt durch die sommers grüne Ebene des mäandernden Flusses Alitschur, auf den Uferwiesen sieht man Jurten und weidende Herden, ab Ende August wird Heu gemacht. Hinter dem flachen **Pass Naizatasch** (4137 m) wird die Landschaft kahl, die Berge höher, felsiger und bunter und rücken näher an die Straße heran. Dort, wo jene den Murghob-Fluss erreicht, bietet sich ein Stopp mit Blick auf das breite Tal an.

Murghob (Murgab, Murgob)

Murghob, gegründet 1892 als ›Pamirskij Post‹ im Auftrag der russischen Krone, heute Verwaltungszentrum des riesigen, extrem dünn besiedelten Kreises Murghob, liegt auf 3630 Metern Höhe am gleichnamigen Fluss. Die Jahresdurchschnittstemperatur in der höchstgelegenen Stadt der ehemaligen Sowjetunion beträgt minus drei Grad Celsius, die Amplitude reicht von plus 40 bis minus 50 Grad. Das und eine Jahresniederschlagsmenge von nur 72 Millimetern erklärt, dass lediglich ein schmales grünes Band entlang des Flusses dem Auge Trost und den Tieren Nahrung spendet, von Mai bis September. In dieser Zeit haben auch das **Hotel** samt Kantine und Laden und die zahlreichen **Gästehäuser** geöffnet, im Winter ist hier alles dicht.

Murghob hat eine winzige Moschee auf der Uferwiese des Flusses, außerdem einen ärmlichen Basar. Im **Murghob-House** am östlichen Ortsrand gibt es ein kleines Verkaufs- und Ausstellungszentrum, wo man Erzeugnisse des lokalen Handwerks erwerben kann, etwas Besonderes sind Erzeugnisse aus Yak-Wolle. Sehenswert außerdem bei klarem Wetter der Muztagh Ata (7546 m) auf chinesischer Seite sowie der Viehaus- und -eintrieb am Morgen und am Abend.

Teppichklopffeld in Alitschur

Am Rangkul nördlich von Murghob

Die 6400 Einwohner werden hoffentlich bald wieder zentral mit Strom versorgt, das Wasserkraftwerk wird zum wiederholten Mal mit deutschen Geldern saniert, ein Erdrutsch hatte den Zulauf zerstört.

In Murghobs weiterer **Umgebung** gibt es genügend Reiseziele für Abenteurer mit guten Fahrzeugen: Den See **Rangkul** mit dem legendenumwittern ›Lichtfelsen‹ Tschyrak-Tasch, den See **Zorkul** im gleichnamigen Naturschutzgebiet an der afghanischen Grenze, das **Jagdcamp Dzharty Gumbez**, das im Sommer auch für Nichtjäger öffnet, die 10 000 Jahre alten **Höhlenmalereien von Schachty** im Kurteke-Tal, das grandiose **Hochtal des Aksu** (Oqsu) mit den entlegenen Dörfern Schajmak und Kyzylrobot mit Blick nach China, Pakistan und Afghanistan, außerdem zahlreiche Hochweiden der Yak-, Kamel- und Ziegenhirten, wo Übernachtungen in Jurten möglich sind.

Murghob

Vorwahl: +992/3554

Tourist Information und Service (TIC), ca. 100 m westlich vorm Markt, mit ›i‹ ausgeschildert, Tel. +992/550/850034; Mo–Fr 10–13/15–18, Sa/So 14–17 Uhr.

Lokale Reiseveranstalter:

Pamir Central Asia, Kudaibergen Mamadiev, 70 Solagi Murghob 34. Auskünfte, Transfers, Übernachtungen, Touren, Verleih von Ausrüstung. Gut vernetzt mit anderen Veranstaltern.
www.pamirhighwayadventure.com

Pamir Guides, www.pamirguides.org.

Pamir Offroad Adventure Tours, http://pamirorat.com.

Sammeltaxis und Marschrutkas fahren vom Basar aus ab, neben der Fleisch- und Milchjurte.

Marschrutkas nach Chorugh: morgens, 130–150 Somoni.

Marschrutkas nach Karakul-Sarytasch-Osch (Kirgistan): nicht täglich! Ggf. am Basar einen Platz für den nächsten Morgen reservieren. Preis: 200 Somoni.

Taxi in den Wachan-Korridor (Langar, Vrang, Ischkoschim): Auskunft und Buchung im Hotel Pamir, Preis: 80–90 cent/km.

Hotel Pamir, Somoni 2, +992/700/754836 (Whatsapp). Sauber, Gemeinschafts-WC und warme Dusche, Touren & Transfers. Gute Kantine, Lebensmittelladen.
www. pamirhotel.com

Gästehaus Ibrahim & Anara, unterhalb vom Hotel.

Gästehaus Gulnara, Osch 2/91, östlich vom Basar, schräg gegenüber dem Krankenhaus, . Internet, Touren, Transfers. fazoipamir@gmail.com (englisch)

Weitere Gästehäuser findet man auf: www.visitpamirs.com

Kantine des Hotels ›Pamir‹, Imbissbuden auf dem Basar

Murghob-Karakul

90 Kilometer sind es von Murghob bis zum höchsten Straßenpass der ehemaligen Sowjetunion, dem Ak-Bajtal (4655 m). Sie führen auf einer leidlich erhaltenen Asphaltpiste am gleichnamigen Flüsschen entlang; der außerordentliche Farben- und Formenreichtum der Berge entschädigt für den spärlichen Bewuchs der Hochebene. Unterwegs passiert man ca. 20 Kilometer vor und hinter dem Pass am östlichen Straßenrand die Überreste zweier russischer Militärstationen. Die dicken, solide gefügten Mauern und Gewölbe wurden in den 1890ern aus Naturstein errichtet. Hinter dem Pass, der für seine Wetterumschwünge berüchtigt ist, geht es hinunter zum breiten Tal des Flusses Muzkul, der in den größten natürlichen See Tadschikistans mündet: den Karakul.

▸ Karte S. 262

See und Ort Karakul

Er ist 380 Quadratkilometer groß und füllt mit dem Gletscherwasser der umliegenden Eisriesen den Teil einer Senke von 52 Kilometern Durchmesser, die auffällig rund ist – es ist der Einschlagskrater eines Meteoriten, der vor etwa fünf Millionen Jahren auf die Erde gefallen sein könnte. Wissenschaftler äußerten die Vermutung, dass das Wasser früher, als die Gletscher noch mächtiger waren und die Abschmelzmenge bedeutend größer, viel höher reichte – möglichweise so hoch, dass es nach Süden in die Kokujbel-Ebene und von dort in Richtung Bartang-Tal abfloss. Heute hat der Karakul keinen Abfluss (mehr), sein Wasserspiegel wird allein durch Verdunstung reguliert. Von November bis April friert das leicht salzige Wasser über einen Meter dick zu.

Der einzige Ort am See, das Dorf Karakul, liegt am östlichen Ufer direkt an der Straße. Karakul hat außer zahlreichen Gästehäusern eine Schule, eine Moschee, eine desolate Grenzgarnison, eine Krankenstation und einen schwer auffindbaren, nicht ausgeschilderten Laden. Die Einwohner sind Kirgisen und leben von der Viehhaltung und den Durchreisenden. Die meisten ziehen im Winter in wärmere Gefilde um, Strom und Heizmaterial sind Mangelware. Im Sommer aber haben der ständig die Farbe wechselnde See und die umliegenden Fünf-, Sechs- und Siebentausender einen unwiderstehlichen Charme.

Den besten Blick hat man vom technisch einfachen 5000er Gipfel südlich des Sees: Da sind der Muzkol im Süden (6128 m), der Peak Korumdu im Norden (6613 m), das Trapez (6048 m) und ein Stück vom Peak Abuali ibn Sino (Peak Lenin, 7134 m) im Nordwesten. Auch die ›Hügel‹ auf der Halbinsel, die den See von Süden her in zwei Buchten teilt, bieten einen guten Rundblick. Auf dem Weg dorthin passiert man die Grenze zum Tadschikischen Nationalpark, der fast den gesamten Pamir einnimmt.

Westlich vom Karakul gibt es eine verzweigte Piste, auf der man mit einem ro-

Blick von Sarytasch auf den Pamir

Das Dorf Karakul am gleichnamigen See

busten Fahrzeug und guter Orientierung einen neuen **Meteoritenkrater** aus dem Jahre 2013 und einen ca. 2500 Jahre alten **Sonnenkalender** (›Shorolu Lunar Calendar 26 m‹) erreichen kann, außerdem den flachen P**ass Kök Dzhar**, über den man von oben ins Bartang-Tal (→ S. 282) gelangt, entlang der Zuflüsse Tanimas und Ghudara, am besten zu Fuß.

Vom Karakul nach Sarytasch

Über den Pass Ujbulok (4232 m) führt eine letzte farbenfrohe Etappe entlang des Sicherheitszonenzauns und auf maroder Piste zur Landesgrenze am Kyzyl-Art-Pass (4336 m). Der tadschikische Zoll und der dazugehörige Grenzposten liegen direkt auf dem zugigen Pass, der Posten Kirgistans folgt etwa 25 atemberaubend schöne Kilometer abwärts am Fuße des Gebirges. Die Kontrollen sind gründlich, man beruft sich auf die Tatsache, dass Tadschikistan Drogen-Transitland ist.

Nur noch ein bisschen Schlagloch-Slalom, dann quert man den Fluss Kyzyl-Suu (›Rotes Wasser‹, der Oberlauf des Surchob) und erreicht die traumhafte Asphaltstraße A372 bei Sary Tasch im kirgisischen Alai-Tal (→ S. 227).

EXTRA

Das Pamir-Haus

Das Pamir-Haus ist auf den ersten Blick ein unscheinbarer Quader aus Naturstein und/oder Lehm. In steilen Tälern ist es teilweise in den Hang hineingebaut und bildet mit den Nachbarhäusern stufenförmige Terrassen. Das flache Dach, gut geeignet zum Trocknen von Aprikosen und Maulbeeren, zur Lagerung von Brennmaterial, Heu und allerlei Krempel, hat eine kleine Erhebung mit Oberlicht. Fenster, sofern vorhanden, sind aus Gründen der Isolierung klein. Die Konstruktion aus einem separaten Holzgerüst mit fünf Innensäulen und Lehmwänden ist relativ erdbebensicher.

Das Pamir-Haus ist aber nicht nur ein Dach über dem Kopf, es ist auch eine Behausung für die Seele. Ein Blick ins Innere offenbart eine uralte Kultur und die komplexe und pragmatische Philosophie des Zoroastrismus, die bei Bedarf den Islam gleich mit integriert. Der Legende nach hat Dzhamsched, König des Stammes der Arier, dieses Haus für seine Leute entworfen.

In jedem Pamir-Haus gibt es fünf tragende Säulen. Im Zoroastrismus stehen sie für die Gottheiten Soroush, Mehr (Mithra), Anahita, Zamyod und Azar. Doch die zoroastrischen Prinzipien kennt fast niemand mehr, und so wird oft erklärt, dass die Säulen Mohammed, Ali und Fatima sowie deren Söhnen Hassan und Hussein gewidmet sind. Letztgenannte bilden eine Doppelsäule, oben durch einen Querbalken verbunden, meist mit geschnitzten Symbolen in Form von Hörnern der Marco-Polo-Schafe. Die Säulen tragen die beiden Hauptbalken, welche die materielle und die spirituelle Welt symbolisieren. Die Anzahl und Bedeutung der Zwischen- und Dachbalken ist genau festgelegt. Die umlaufenden Podeste, auf denen man sitzt, isst, arbeitet und schläft, sind erhöht, unter ihnen ist Platz zum Aufbewahren von Gegenständen. Die Erhöhung gewährt eine gute Isolation gegen Bodenkälte. In alten Häusern ist der Herd in diese umlaufenden Plattformen integriert. Das Oberlicht besteht aus vier konzentrischen, ineinander verschachtelten Holzquadraten, die für die Elemente Erde, Wasser, Luft und Feuer stehen. Ein perfektes Pamir-Haus hat neben dem Speicher für Lebensmittel auch ein Reservoir für Wasser, wenn möglich sogar mit eigenem Zulauf.

Pamirhäuser in Zong mit Blick auf den Hindukusch

Die äußerlich schlichten Behausungen haben also ein reiches Innenleben, sie sind kleine Trutzburgen gegen Kälte und Wind im Winter, Hitze und Staub im Sommer. Wer einmal in einem Pamir-Haus gesessen und Tee mit seinen freundlichen Bewohnern getrunken hat, wird jene besser verstehen und dieses Erlebnis nie vergessen.

Der Pamir-Knoten

Von allen Tadschikistan- und Pamir-Reisenden werden nur wenige hierherkommen, und doch muss dieser Höhe-Punkt Erwähnung finden. Im Zentralen Pamir ragt der wuchtigste Gebirgsknoten von ganz Zentralasien auf, mit zwei Siebentausendern – dem **Peak Somoni** (7495 m) und dem **Peak Korzhenewskaja** (7105 m) und 24 Sechstausendern allein in der **Kette ›Akademie der Wissenschaften‹**, in der Nachbarschaft noch der **Peak Moskwa** (6785 m), der **Peak Istiqlol** (6940 m) und der dritte Siebentausender Tadschikistans, der **Peak Abuali ibn Sino** (Peak Lenin, 7134 m) an der Grenze zu Kirgistan.

Der Peak Somoni als höchster Gipfel des Landes ist mit seiner Lage an der Kreuzung der Bergketten ›Akademie der Wissenschaften‹ und ›Peter I.‹ sozusagen das Dach vom Dach der Welt. Unter Bergsteigern ist er eher unter seinem spätsowjetischen Namen Peak Kommunismus bekannt, vorher hieß er Peak Stalin. Zum ersten Mal bezwungen wurde er 1933 von Jewgenij Abalakow. Zum ersten Mal vermessen und kartographiert wurde das gesamte Massiv mitsamt seiner Gletscher 1928 von der legendären fünfmonatigen russisch-deutschen Pamir-Alai-Expedition unter organisatorischer Leitung des Hamburgers Willi Rickmers – nachzulesen in Rickmers' kurzweiligem Buch ›Alai, Alai!‹.

Der Pamirknoten ist für seine zahlreichen großen Gletscher bekannt, ihre Gesamtfläche beträgt 1500 Quadratkilometer. Das Wasser dieser Gletscher fließt in den Amudarja: ein Teil über Jazghuljom und Vandzh in den Pandzh, der andere über den Muksu und Surchob in den Wachsch. Auch der längste außerpolare Gletscher der Erde befindet sich hier: der **Fedtschenko-Gletscher**. Seine Vermessung im Rahmen der russisch-deutschen Expedition ergab eine Länge von 77 Kilometern und ein Volumen von 46 Kubikkilometern. Doch auch die Pamir-Gletscher sind vom globalen Gletscherrückgang betroffen. Der Fedtschenko-Gletscher hat seit seiner Vermessung mindestens zwei Kubikkilometer Volumen und mehr als einen Kilometer seiner Länge eingebüßt; doch ist er heute in seinem Mittelteil immer noch etwa 1000 Meter stark.

Pamir-Knoten für Bergsteiger

Es gibt ein professionell organisiertes Basislager auf der sogenannten Moskwin-Wiese am Fuß der Gipfel Somoni und Korzhenewskaja, an einem kleinen Quellsee auf 4200 Metern. Es ist geöffnet von Juli bis Mitte September und besteht aus Zelten für die Leitung des Camps, Hütten aus Holz/Alu und Armeezelten für die Bergsteiger, Sauna und Kantine mit Dieselgenerator. Hubschrauber können direkt neben dem Camp landen. Für eine Besteigung der beiden Siebentausender mit Anreise, Akklimatisation, Gipfel-

Auch der mächtige Fedtschenko-Gletscher verliert an Länge und Masse

sturm und Abreise sollte man 30 Tage einkalkulieren. Das Camp wird von der erfahrenen Firma Navruz in Duschanbe betreut. Anreise: Anderthalb Stunden mit dem Hubschrauber aus Duschanbe oder 350 Kilometer auf der Straße am Wachsch, Surchob und Muksu entlang, bis zum Dorf Depschar bei Dzhirgatol. Von hier geht es mit Trägern sieben Tage zu Fuß zum Camp.

Das Herz des Pamir: Bartang-Tal

Im schroffen Tal des Bartang, Hauptzufluss des Pandzh, konzentrieren sich alle Schönheiten und alle Probleme des Pamir auf ca. 160 Kilometern Länge: Dramatische Landschaft, authentische Alltagskultur mit fast unverfälscht erhaltenen Traditionen und Handwerken (Schmiede, Wassermühlen, Hakenpflug usw.), rührende Gastfreundschaft, aber auch gefährliche Pisten, fehlende Brücken, Bedrohung durch Überschwemmung, Erdbeben und Erdrutsche, eisige Winter, Versorgungsengpässe, Platzmangel, extreme Brennstoffknappheit, fehlende Stromversorgung und bittere Armut.

Wer hierherkommt, sollte sich auf intensive Erlebnisse einstellen, zu Komfortverzicht bereit sein und möglichst auch zu tätiger Hilfe.

Die **Dörfer am Unterlauf** sind relativ leicht erreichbar, und es gibt Strom – zwei gute Gründe für die Existenz von mittlerweile über einem Dutzend **Gästehäuser**. Im kommunalen **Wildschutzgebiet Ravmed** können Steinböcke beobachtet werden. Sehenswert außerdem: Das autofreie **Dzhizev**, nur zu Fuß von der spektakulären Hängebrücke zwischen Red und Chidzhez zu erreichen, sowie die **Wassermühlen** und **Seilzug-Flussüberquerungen** im Ravmed-Tal.

▶ Karte S. 262

Eine fast normale Straße und einigermaßen verlässlichen Strom gibt es nur bis zum Dorf **Bardara** im gleichnamigen Seitental am Mittellauf des Bartang. Von hier starten die herausfordernden **Trekkingtouren** über die Ruschon-Kette ins Ghund-Tal (Batschor, Jashilkul) und jene zum Sarez-See (→ S. 283)

Im **oberen Bartang-Tal** ist alles anders. Ein starkes Erdbeben im Dezember 2015 zerstörte vieles in diesen Dörfern. Nach dem Wiederaufbau sieht es hier und da nicht mehr so traditionell aus – aber die Menschen haben ein Dach über dem Kopf.

Im Sommer ist es hier überwältigend. Aber im Winter macht sich der fehlende Strom mehr als bemerkbar. Eine baldige Elektrifizierung wäre der einzige Weg, die Dörfer am oberen Bartang vor der schleichenden Entvölkerung zu retten. Leider verfügt der einheimische Energiekonzern ›Pamir Energy‹ bisher nicht über die Mittel zur Umsetzung der Pläne. Allein der Bau eines ausreichend dimensionierten Kraftwerks für Roshorv würde etwa drei Millionen US-Dollar kosten. Durch die Spendenkampagne ›Bartang has a future‹ (https://www.bartang-has-future.com) möchte eine Gruppe um die Ethnologin Stefanie Kicherer und den Verein Pamir-Hilfe e.V. (http://pamir-hilfe.de) der Elektrifizierung Roshorvs Unterstützung zukommen lassen.

Sehenswert sind die aufregenden **Hängebrücken** und andere **Flussüberquerungsarten** (Seilzug, Esel) am Oberlauf, die **Burgruine**, ein **Sonnenkalender** und **Petroglyphen** in Savnob, das **Dorfmuseum in Nisur**, die traditionelle **Schmiede in Pasor** (nach Besichtigung bitte Geldschein auf den Amboss legen).

Spektakuläre Blicke hat man überall, aber vor allem von Roshorv auf den **Peak Labnazar** (5990 m, ›Matterhorn des Pamirs‹), hinter Ruchtsch auf vielfarbige Felswände mit aufregenden Schichtungen oder von Bartschidev auf den himmelblauen Murghob kurz von dem

Nach dem langen Anstieg nach Dzhizev tut Rast gut

Zusammenfluss mit dem Ghudara. Auf Tageswanderungen zwischen den Dörfern lernt man eine andere Welt kennen. Trekkingtouren sind wegen der Höhe und des Reliefs anspruchsvoll. Empfehlenswert: Von Pasor in Richtung Grum-Grzimailo-Gletscher (6 Tage) oder im Ruch-Tal zum Peak Istiqlol (früher Peak Revolution, 6940 m) oder von Roshorv zum Heiligtum Bor Chadsidzh.

Der geheimnisvolle Sarez-See

Tadschikistans bestgehütetes Geheimnis ist der vom oberen Bartang-Tal (theoretisch) erreichbare Sarez-See (3260 m). Doch die von steilen, teilweise schneebedeckten Fünftausendern umgebene Perle des Pamir, die bei Sonne von Türkisblau bis Aquamarin funkelt, ist gut gehütet und nur mit Sondergenehmigung zu besuchen.

Ein gewaltiger Erdrutsch von zwei Kubikkilometern Gesteinsschutt, der 1911 infolge eines verheerenden Erdbebens der Stärke 8 bis 9 zu Tal ging, begrub das kleine Dorf Uzoy vollständig unter sich und schuf den mit fast 600 Metern weltweit höchsten natürlichen Staudamm, nach dem verschütteten Dorf Uzoy-Damm genannt. In den darauffolgenden Jahrzehnten staute sich dahinter der See auf, 55 Kilometer lang, 500 Meter tief, mit 17 Kubikkilometern (!) Füllmenge. Das hinter dem Damm gelegene kleine Dorf Sarez wurde auch von den Wassermassen verschluckt – der See wurde nach ihm benannt. Die Bewohner von Sarez, einstmals eines der klimatisch mildesten und reichsten Dörfer im Bartang-Tal, siedelten sich am Oberlauf von Ghund und Bartang an.

Entdeckt hat man den neuen See erst 1932. Man begriff die Gefahr: Ob der Damm trotz seiner Dicke (an der Basis bis zu 3 km!) ein weiteres schweres Erdbeben oder einen Bergsturz mit plötzlicher Anhebung des Wasserspiegels aushalten würde, kann niemand voraussagen. Wenn er brechen oder reißen würde, wäre das eine unvorstellbare Katastrophe für alle Bewohner des Bartang- und des Pandzh-Tals. Eine gigantische Flutwelle würde alles mit sich fortreißen, fünf Millionen Menschen bis zum Amudarja und sogar bis zum Aralsee wären betroffen. Deswegen bewachen Einheiten des Katastrophenschutzes den Damm rund um die Uhr, Seismologen führen ein ständiges Monitoring durch, und Hydrologen sowie Ingenieure grübeln über eine Lösung für das Problem. In den Dörfern flussabwärts sind solar- und akkuversorgte Sirenen installiert. Damm und See dürfen nur mit Genehmigung besucht werden; die Firma Sarez Travel ist befugt, diese Touren zu führen. www.sarez.travel/en/

Sughd – der Norden

Noch vor 30 Jahren war Tadschikistans Norden, der heute vom Verwaltungsbezirk Sughd (Reminiszenz an das historische Sogdien) eingenommen wird, das Einzige, was man von der kleinen Gebirgsrepublik in den 14 anderen Sowjetrepubliken kannte. Der Pamir und der äußerste Süden des Landes waren wegen ihrer Grenzlage für den normalen Publikumsverkehr gesperrt, aber das Tal des Serafschan (Zerafshan, Zarafshon) und vor allem die Fan-Berge waren allen ein Begriff. Die meisten kannten auch das Lied des sowjetischen Barden Jurij Vizbor ›Ich hab mein Herz in den Fan-Bergen verloren‹. Hier gab es damals schon eine Infrastruktur für Wanderer und Bergsteiger. Auch ein Stückchen Fergana-Becken um die Provinzhauptstadt Chudzhand (Khujand, Chudschand, Chodschent, früher Leninabad) gehört zu Tadschikistan, weit mehr als nur Transitgebiet, wenn man von Kirgistan (Gebiet Batken) in die usbekischen Städte Samarkand und Buchara oder in die Gegenrichtung reisen möchte. Seit 2018 ist diese Strecke, ein touristisches Highlight auf der alten Seidenstraße, durchgängig befahrbar. Die Kombination aus den Höhepunkten der Timuriden-Zeit in Buchara und Samarkand, vorchristlichem Altertum und sogdischer Hochkultur um Pandzhakent (Panjakent, Penjikent, Pandschakent) und großartigen Gebirgslandschaften im Serafschan-Tal, im Fan-Gebirge und im kirgisischen Tien Shan ist ein Geheimtipp für Mittelasien-Reisende.

Hinter und zwischen den sieben Bergen

▲ Karte S. 285

Drei mächtige Bergketten schwingen sich zwischen Duschanbe und Chudzhand im Fergana-Becken in den Himmel: Die **Hissar-Kette** (bis 4643 m), die **Serafschan-Kette** mit ihrem berühmten zentralen Teil, den **Fan-Bergen** (bis 5489 m), und die **Turkestan-Kette** (bis 5621 m). Seit 2012 lassen sie sich rund um's Jahr auf dem Landweg überqueren.

Die Verbindung zwischen Baktrien und Sogdien, gefahr- und mühevoll über 3000 Meter hohe Pässe, war noch vor 100 Jahren nur zu Fuß und mit Eseln zu bewältigen, und auch das nur im Sommer. Per Auto dauert sie inzwischen nur einen halben Tag, aber was sieht man nicht alles auf diesen etwa 320 Kilometern über die mächtigen Gebirgsrücken! Als es die von Iran und China gebauten Dusti-, Anzob- und Schahriston- Tunnel noch nicht gab, war die Straßenvariante eine Strapaze und vom Spätherbst bis in den Frühling hinein überhaupt nicht befahrbar. Heute ist die Straße von Duschanbe in den Norden zwar gebührenpflichtig, dafür ist sie aber auch gut und wird ständig gewartet.

Die M34 führt durch die **Varzob-Schlucht** bis zum **Dusti-Tunnel** (1047 Meter lang). Die alte Straße zum Anzob-Pass (3373 m) zweigt hier ab. Für den regulären Autoverkehr ist sie inzwischen gesperrt – doch trainierten Fahrradfahrer bietet sie eine perfekte sommerliche Herausforderung. Die neue Straße aber schraubt sich nun zum **Anzob-Tunnel** hoch (offizieller Name Istiqlol-Tunnel, 5040 Meter lang), dessen Bau samt Nachbesserungen sich von 1988 bis 2015 hinzog.

Auf der nördlichen Seite des Anzob-Tunnels erinnern die **verlassenen Dörfer der Jaghnobi** an ein finsteres Kapitel sowjetischer Geschichte – Zwangsumsiedlungen ganzer Täler im Namen des Fortschritts, sprich: der Baumwolle. Das **Tal des Flusses Jaghnob** (Yaghnob), in dem die meisten der Jaghnobi lebten und wohin seit den 1990ern ein paar Hundert Familien

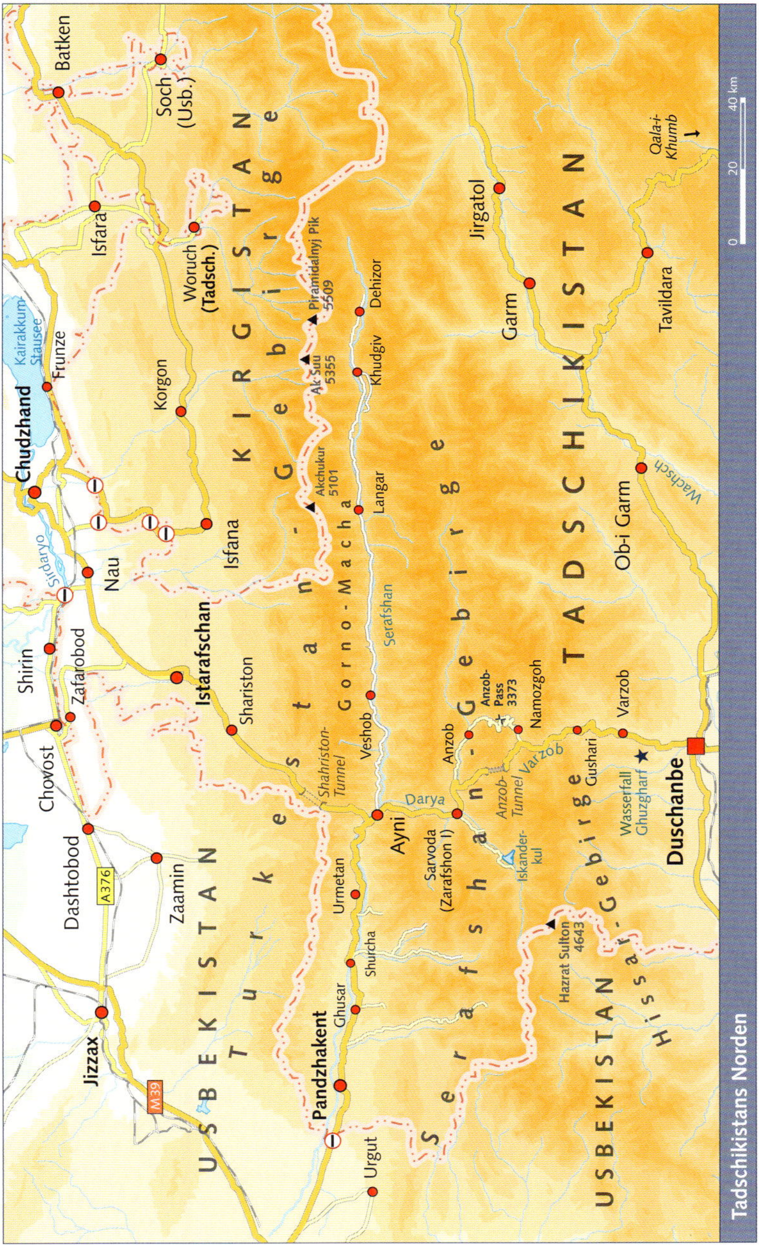
Tadschikistans Norden
Batken
Soch (Usb.)
Isfara
Woruch (Tadsch.)
Kairakkum-Stausee
Frunze
Chudzhand
Korgon
Sirdaryo
Nau
Isfana
Shirin
Zafarobod
Istarafschan
Shariston
Chovost
Dashtobod
A376
Zaamin
Jizzax
M39
Pandzhakent
Urgut
Ghusar
Shurcha
Urmetan
Ayni
Darya
Shahriston-Tunnel
Veshob
Serafshan
Langar
Khudgiv
Dehizor
Akchukur 5101
Ak Suu 5355
Piramidalnyj Pik 5509
Anzob
Anzob-Pass 3373
Namozgoh
Anzob-Tunnel
Varzob
Gushari
Varzob
Sarvoda (Zarafshon I)
Iskander-kul
Wasserfall Ghuzgharf
Duschanbe
Hazrat Sulton 4643
Ob-i Garm
Wachsch
Garm
Jirgatol
Tavildara
Qala-i-Khumb
K I R G I S T A N
U S B E K I S T A N
T A D S C H I K I S T A N
T u r k e s t a n - G e b i r g e
G o r n o - M a c h a
S e r a f s h a n - G e b i r g e
H i s s a r - G e b i r g e
0 20 40 km

zurückgekehrt sind, zweigt nach Osten ab. Kurz vor **Takfon** in der Talsohle kann man einen Blick in diese steile Klamm werfen. Sie ist bis Bedef auch mit Geländewagen befahrbar (eine Verlängerung ist geplant), und wer Lust auf ein grandioses Tal mit einzigartig authentischer Hochgebirgs-Alltagskultur hat, dabei zu Komfortverzicht bereit ist, der sollte es wagen. In **Margeb**, einem Dorf hinter einer gewaltigen Moräne am Fuß der spektakulären Wand des Zemin Karor, gibt es einige bescheidene Gästehäuser. Der Fluss Jaghnob vereinigt sich am **Bergarbeiterstädtchen Sarvoda** mit dem Iskanderdarja zum wasserreichen Fan (Fon, Fondarja). Jener hat eine Schlucht mit senkrecht abfallenden Wänden ins Massiv gefräst, in dem auch noch die Straße Platz hat. Und so quert man die Serafschan-Kette weder durch einen Tunnel noch über einen Pass, sondern in einer dramatischen Felsklamm.

Der Fan mündet in den Serafschan, die Straße ins gleichnamige Tal. Nach der Ortsdurchfahrt **Ajni** mit dreimaliger Flussquerung (→ S. 296) bleibt die A377 nach Pandzhakent (→ S. 299) links liegen, und die M34 nimmt inmitten unwirklich rot gefärbter Berge über dem Dorf Chuschekat den schwungvollen Anstieg in Angriff. Mindestens einen Blick wird man sich auf die schroffen Gipfel der Fan-Berge gönnen, bevor man in den längsten Straßentunnel der GUS-Staaten, den **Schahriston-Tunnel** (5223 Meter lang) eintaucht. Hoch über dem Fergana-Becken kommt man ans Tageslicht: Die Nordhänge des Turkestan-Rückens sind von Wacholderwald bedeckt, sie laufen in flachen Wellen aus, zwischen denen sich Siedlungen in Pappelhainen ausbreiten.

Joghurtherstellung

Gegenverkehr im Jaghnob-Tal

Die Ebene des Syrdarja

Zwischen dem Nordhang der Turkestan-Kette und den Kuramin-Bergen an der Grenze zu Usbekistan hat der Syrdarja eine breite Ebene geschaffen, vor langer Zeit bekannt als Hungersteppe. In den 1940ern und 1950ern sollte die Region einen Entwicklungsschub durch Baumwollanbau und Bergbau erhalten. Man siedelte die Bewohner entlegener Gebirgstäler hierher um, auch Deutsche und Tataren, nicht ganz freiwillig. Russen, Ukrainer und Vertreter anderer Ethnien kamen etwas später im Rahmen des Neu-

▲ Karte S. 285

landprogramms. 1951 begann man mit dem Bau des **Qayroqqum-Stausees**, der ab 1954 gefüllt wurde und bald für die Bewässerung der Baumwolle und Energieerzeugung für das eigens errichtete Teppichkombinat in der neuen Stadt Qayroqqum zur Verfügung stand. 6000 Menschen waren hier beschäftigt.

In den **Kuramin-Bergen** wurden seit den 1940ern Silber-, Schwermetall- und Uranlagerstätten erschlossen, die Förderung oblag anfangs GULag-Häftlingen, die Anreicherung des geförderten Urans im Rahmen des sowjetischen Atomwaffenprogramms erfolgte streng geheim in der Region. Die bereits vorhandene Eisenbahnstrecke Samarkand–Kokand quer durch die Fergana-Ebene leistete gute Dienste beim Abtransport von Baumwolle, Teppichen und strategisch wichtigen Bodenschätzen.

Aus der Hungersteppe war ein Ballungsgebiet geworden. Ein Großteil der etwa zweieinhalb Millionen Einwohner der Provinz Sughd lebt hier. Noch heute liegt der Norden mit über 95 Einwohnern pro Quadratkilometer weit über dem tadschikischen Durchschnitt.

Istarafschan

Eine der ältesten Städte Zentralasiens ist Istarafschan (Istaravshan), 75 Kilometer südwestlich von Chudzhand, ideal gelegen am Kreuzungspunkt der alten Handelsstraßen von West nach Ost (Samarkand–Istarafschan–Chudzhand–Osch–Kaschgar) und von Süd nach Nord (Baktrien–Sogdien). Die meisten Historiker sind sich einig darin, dass hier das antike Kyropolis lag, gegründet vom achämenidischen Herrscher Kyros II., zwischen 545 und 540 v.u.Z, zerstört von Alexander 329 v.u.z. – ein Ort, der wegen der idealen Lage immer wieder aufgebaut wurde. Auch nach der Zerstörung durch Dschingis Khan 1220 wurde sie im 15. Jahrhundert unter den Timuriden wiederbelebt, ihr neuer Name war Uro-Teppa, so hieß die Stadt bis zum Jahre 2000. Zum Zeitpunkt der Einnahme des Emirats von Buchara durch die russische Krone zählte man 68 Moscheen in der Stadt. Nur wenige sakrale Bauwerke in der Altstadt südlich des Basars haben die sowjetische antireligiöse Zerstörungswut überlebt.

Direkt an der Hauptstraße liegt der **Medresen-Komplex Hazrati Schoh** mit der

Melonentransport in Istarafschan

Kök-Gumbaz erhebt sich über die Altstadt von Istarafshan

kunstvoll verzierten Moschee Namozgoh aus dem 19. Jahrhundert, einem schlanken, freistehende Ziegelminarett, zwei Mausoleen aus dem 15./16. Jahrhundert und altem Wasserbassin.

In der Altstadt Schahr-i Kuhna ist die **Medrese Abd al-Latif Sultan** aus dem 15. Jahrhundert, bekannter als Kök-Gumbaz, einen Besuch wert, ein harmonisches Ensemble mit schönem Portal und weit sichtbarer türkisfarbener Kuppel. Im Gewirr der Gassen braucht man sich nur durchzufragen: ›Kök Gumbaz?‹.

Die wunderschöne kleine **Gedenkmoschee Tschor Gumbaz** aus dem 19. Jahrhundert mit vier Kuppeln und zentraler Holzsäule liegt am nordwestlichen Stadtrand. Im Schatten eines alten Baumes hat sich auch hier das Wasserbecken erhalten.

Gegenüber von den **Markthallen** direkt an der Hauptstraße gibt es eine Reihe von **Schmiedewerkstätten**, man kann beim Schmieden von Messern, Äxten, Werkzeugen und Armaturen zusehen.

Auf dem **Festungshügel Mugteppa** mitten in der Stadt befand sich früher eine mächtige Zitadelle mit dem Herrschersitz. Ein Teil der Stadtbefestigung aus dem 16. Jahrhundert wurde zum 2500-jährigen Stadtjubiläum 2002 mehr nachgebaut als restauriert. Aber der Blick von hier zum Altstadthügel ist recht lohnenswert.

Chudzhand

Die Hauptstadt der Provinz Sughd, mit 400 000 Einwohnern zweitgrößte Stadt des Landes, liegt an beiden Ufern des Syrdarja, durch vier Brücken miteinander verbunden. Der Großraum Chudzhand ist das industrielle Zentrum des Landes. Über die Hälfte des Bruttoinlandsprodukts wird hier erwirtschaftet. Bergbau, Verarbeitung von Erzen und Naturstein, Textil- und Lebensmittelindustrie – der Norden hat mehr Arbeitsplätze zu bieten als der Rest des Landes. Nördlich von Chudzhand entsteht mit Sayhun seit 2015 eine völlig neue Stadt für 250 000 Einwohner.

Geschichte

Das heutige Chudzhand darf als nordöstlichster Außenposten des griechischen Reiches gelten. Alexander der Große erreichte im Jahr 329 vor unserer Zeit auf seinem Feldzug den bereits besiedelten Ort mit der strategisch günstigen Lage am linken Ufer des Jaxartes (Ceyhun, Sayhun) und ließ ihn befestigen. Diese befestigte Stadt wurde Alexandria Eschata genannt, das ›entfernte Alexandria‹ oder ›Alexandria am Rand‹. Mit ihrer Lage zwischen Samarkand (damals Marakanda) und Osch gewann sie für die Seidenstraße zunehmend an Bedeutung und wurde zu einer der wichtigsten Städte im Zwischenstromland. Von den Arabern im 8. Jahrhundert erobert, von Dschingis Khan 1219/1220 trotz heldenhaften Widerstands durch Timur Melik zerstört, wurde sie immer wieder aufgebaut.

Unter der Herrschaft des Emirats von Buchara, als Chudzhand vor allem dank der Seidenherstellung in Wachstum und Wohlstand glänzte, wurde die alte Zitadelle am Syrdarja teilweise wiederaufgebaut, um gegen Überfälle der Nachbarn gewappnet zu sein. Gegen die Russen half sie nicht, 1866 wurde des Fergana-Tal ins Zarenreich eingegliedert, in die Zitadelle zogen russische Soldaten ein. Die neuen Herrscher fanden eine blühende morgenländische Stadt mit 5000 Häusern, 37 Karawansereien und zahlreichen Koranschulen vor, strukturiert in weit über 100 Handwerkerviertel – einzelne Mahallas mit jeweils einer Moschee, Wasserbecken und Teehaus. Rund um den zentralen Basar kann man

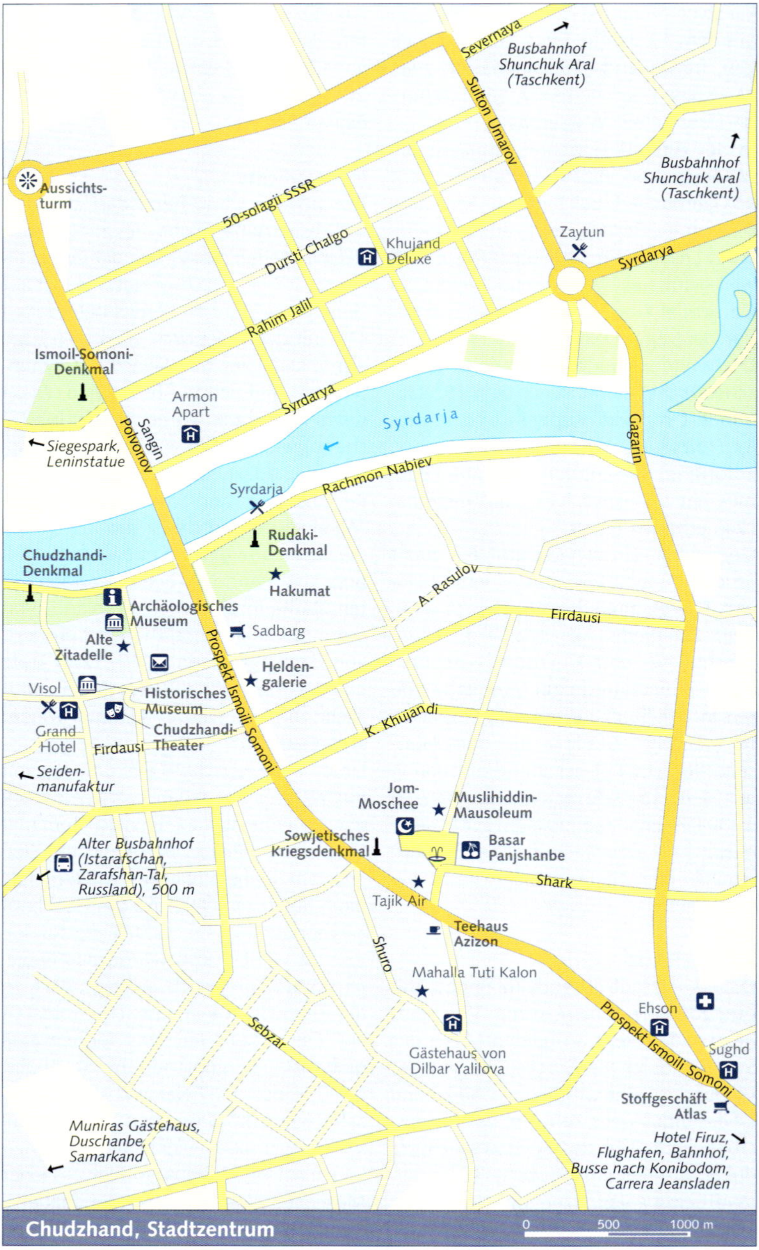
Severnaya
Busbahnhof Shunchuk Aral (Taschkent)
Sulton Umarov
Busbahnhof Shunchuk Aral (Taschkent)
Aussichts-turm
50-solagii SSSR
Dursti Chalgo
Khujand Deluxe
Zaytun
Syrdarya
Rahim Jalil
Ismoil-Somoni-Denkmal
Armon Apart
Syrdarya
Syrdarja
Sangin
Polvonov
Gagarin
Siegespark, Leninstatue
Syrdarja
Rachmon Nabiev
Rudaki-Denkmal
Chudzhandi-Denkmal
Hakumat
A. Rasulov
Archäologisches Museum
Firdausi
Sadbarg
Alte Zitadelle
Prospekt Ismoili Somoni
Helden-galerie
Visol
Historisches Museum
Chudzhandi-Theater
K. Khujandi
Grand Hotel
Firdausi
Seiden-manufaktur
Jom-Moschee
Muslihiddin-Mausoleum
Sowjetisches Kriegsdenkmal
Basar Panjshanbe
Alter Busbahnhof (Istarafschan, Zarafshan-Tal, Russland), 500 m
Shark
Tajik Air
Teehaus Azizon
Shuro
Mahalla Tuti Kalon
Ehson
Sebzar
Prospekt Ismoili Somoni
Gästehaus von Dilbar Yalilova
Sughd
Stoffgeschäft Atlas
Muniras Gästehaus, Duschanbe, Samarkand
Hotel Firuz, Flughafen, Bahnhof, Busse nach Konibodom, Carrera Jeansladen
Chudzhand, Stadtzentrum
0
500
1000 m

diese Viertel noch deutlich erkennen. Die Stadt wuchs weiter, erstmals auch jenseits des Flusses am Fuße der Mogoltau-Berge. Man baute die erste Brücke, und 1897/1898 wurde eine Eisenbahn durch das Fergana-Tal verlegt.

Dichter und Funktionäre, Seide und Uran

Hunderte Gelehrte, Dichter und Musiker hatte Chudzhand seit dem Mittelalter hervorgebracht. Als Leninabad (tadsch. Leninobod) war sie Kaderschmiede für die Kommunistische Partei, fast alle tadschikischen Funktionäre kamen von hier. Berühmt war Chudzhand auch für die Kunstfertigkeit seiner Handwerksmeister, vor allem in der Seidenherstellung. Die Industrialisierung jedoch führte zum Verlust des Spezialwissens der Herstellung unterschiedlichster Seidenstoffe. Massenware wurde zwar schon hergestellt in der Seidenfabrik, die der russische Ingenieur Khludov 1872 gegründet hatte, aber bis in die 1920er waren noch ca. 3500 Meister und Arbeiterinnen in diversen Werkstätten mit verschiedenen Stufen der Seidenherstellung beschäftigt. Die Eröffnung der Fabrik ›Krasnyj Tkatsch‹ (Roter Weber) 1932 beendete dieses Zeitalter. Alte Handwerke galten nunmehr als reaktionäre Überbleibsel, die Fabrik jedoch hatte zu ihren besten Zeiten 6000 Arbeiterinnen.
Das Atomprogramm der Sowjetunion machte Leninabad mit den Nachbarorten Tschkalov und Taboschar zu ›geschlossenen Städten‹ mit hochbezahlten Spezialisten und großzügiger Sonderversorgung. Ausländer durften sie nicht besuchen, und selbst den Einwohnern war es verboten, Fotos aus den oberen Etagen ihrer Häuser zu machen. – Die üppigen Zeiten sind zwar vorbei, aber heute ist Chudzhand eine offene Stadt, die sich rasant verändert.

Am Marktplatz von Chudzhand

Um den Pandzhschanbe-Basar

Der zentrale Basar und der ihn umgebende weite Platz heißen nach dem historischen Markttag Pandzhschanbe, ›Donnerstag‹. Heute ist täglich Markttag, alles dreht sich um frischen Fisch, Gemüse, Obst, getrocknete Früchte, Reis – und um Non, das Fladenbrot, das im Viertel südlich vom Markt gebacken wird. Von der Empore im Inneren der Markthalle kann man alles gut überblicken. Das prächtige Gebäude stammt aus den 1950ern und gilt als die größte historische Markthalle Mittelasiens.

In der Markthalle

Das Denkmal für Kamoli Chudzhandi am Ufer des Syrdarja

Das **Mausoleum des Scheichs Muslihiddin** aus dem 12. Jahrhundert jenseits des Platzes ist durch Umbauten und Renovierung nicht mehr ursprünglich, doch immer noch ansehnlich. Unweit davon fallen die geräumige **Jom-Moschee** mit wunderschön bemalten Holzdecken und das einzelnstehende, über 20 Meter hohe **Minarett** aus dem 19. Jahrhundert auf.

Mahalla und ältester Maulbeerbaum

Gegenüber dem sowjetischen **Denkmal für die Gefallenen des Zweiten Weltkrieges** liegt das reich verzierte **Teehaus Azizon** (Blick in den Speisesaal lohnt sich!). Hinter ihm im Labyrinth der **Mahalla Tuti Kalon** findet man mit Hilfe der Bewohner den ältesten und größten **Maulbeerbaum** (›tuti kalon‹) Tadschikistans. Der mächtige, weit ausladende Baum, der auf einem erhöhten Platz thront, ist über 1000 Jahre alt und wird von einer Seite von einem Mäuerchen gestützt, auf der anderen Seite halten Stahlseile einen Teil der Krone zusammen.

▸ Karte S. 290

Theaterplatz und Zitadelle

Das **Kamoli-Chudzhandi-Theater**, ein großer säulengeschmückter Bau mit einem Giebelrelief aus den 1950ern in der Mitte eines gut gepflegten Platzes, wird regelmäßig bespielt und gern besucht. Gegenüber erhebt sich unübersehbar die mittelalterliche **Zitadelle**, die auf den Grundmauern jener berühmten Zitadelle steht, mit der Alexander der Große den Ort befestigte. Ihr südöstlicher Teil wurde restauriert; durch den Eckturm gelangt man in das **Historische Museum der Region Sughd**, eines der besten Museen in Tadschikistan (Di–So 9–16 Uhr, Eintritt 10 Somoni). Auch das benachbarte kleine **Museum für Archäologie und Fortifikation** (unregelmäßig geöffnet, Eintritt 3 Somoni) lohnt einen Besuch. Durch den Torbogen gelangt man von hinten auf die Mauer und zwei der dicken Wachtürme, es bietet sich ein guter Ausblick über den Park und auf das jenseitige Flussufer.

Die alten Mauerreste schließen sich nach Norden an, umgeben vom weitläufigen, gepflegten **Chudzhandi-Park** mit großen holzgeschnitzte Aiwans und einem Denkmal für den persischen Dichter Kamoli Chudzhandi, der aus Chudzhand stammte. Das ihm gewidmete Mausoleum enthält Erde von seinem Grab im Iran.

Neue Seide auf alten Maschinen

Die Zitadelle von Chudzhand

An der Nordseite des Parks, unweit vom Fluss, gibt es mit dem **Touristen-Informationspunkt** ›Zarafshon‹ eine Oase mit professionellem und freundlichem Service in Englisch.

Links und rechts des Syrdarja

Eine richtige Uferpromenade gibt es nicht, aber ein paar nette Orte, zum Beispiel das **Denkmal für berühmte Söhne und Töchter der Stadt** und den **Park vor dem Hukumat** mit Rudaki-Denkmal, Springbrunnen und der obligatorischen Wappensäule. Bei Sonnenuntergang hat man einen schönen Blick auf den Fluss mit Brücke und Neustadt am Fuß der Mogoltau-Berge, wo sich am nördlichen Ende der Somoni-Avenue seit 2017 ein bombastischer **Aussichtsturm** erhebt. Er hat Ismoil Somoni vom Platz nach Westen verdrängt. Lenin, der viel länger von hier oben auf die Stadt geblickt hatte, durfte in den **Park des Sieges** am rechten Flussufer umziehen, neben das Hammer- und Sichel-Denkmal. Mit zwölf Metern Höhe ist er der **größte Lenin Tadschikistans**, er erinnert an Chudzhands Vergangenheit als Leninabad von 1939 bis 1991.

Jeansfabrik und Seidenwerkstätten

Noch ca. 4000 Frauen arbeiten in Chudzhands Textilbetrieben, 2200 allein bei ›Carrera‹. Die italienische Jeansfirma kam im Jahr 2000 in die Stadt, um die lokale hochwertige Baumwolle, ca. 4000 Tonnen Fasern pro Jahr, zu Export-Jeans, Hemden, T-Shirts und Haushaltswäsche zu verarbeiten. In der Ismoilov 177 und 238 hat die Fabrik zwei **Werksläden**. Eine Jeans kostet ab zwölf Euro! Die Arbeiterinnen erhalten einen Monatslohn von 60 bis 80 Euro – das erklärt den Preis.

Eine kleine **Werkstatt**, in der nach traditioneller Art **Atlas-Seide** und Baumwoll-Adras gefärbt und gewebt werden, kann in der Ismoili Somoni 126 besichtigt werden. Jedes Stück ist ein Unikat! Kauf ausdrücklich erwünscht (Zulfiya Bahriddinovna: +992/92/8424537).

In der **alten Seidenfabrik** arbeiten noch 60 Frauen an musealen Webmaschinen. Es ist ein Arbeitsbeschaffungsprojekt, das keinen Gewinn abwirft. Eine Besichtigung (mit Kaufmöglichkeit) kann unter Tel. 7730001 (Gulnora) vereinbart werden.

Chudzhand

Vorwahl: +992/3422

Tourist Information Center (TIC) ›Zarafshon‹, Akademikho Rajabovho 59, im Chudzhandi-Park, neben der Festung, www.ztda-tourism.tj. Allumfassender Service in Englisch: Touren, Transfers, Übernachtungen für den gesamten Landesnorden, Karten, hochwertige Souvenirs aus lokalen Handwerksprojekten der eigenen Genossenschaft ›Armugon‹, ein Mini-Café und Internet. www.ztda-tourism.tj

Flughafen (Kürzel LBD) und Bahnstation im Vorort Ghafurow.
Flüge aus/nach Russland und Duschanbe.

Züge aus/nach Russland und Taschkent.
Busse aus/nach Duschanbe und Russland.

Sammeltaxis nach Duschanbe, Istarafschan, Pandzhakent, Isfara, zur kirgisischen und usbekischen Grenze.

Firuz, Somoni 223; EZ/DZ ab 400/500 Somoni. Unweit von Bahnhof und Flughafen. www.firuz-hotel.tj

Grand Hotel, Tanburi 20; EZ/DZ mit HP ab 550/650 Somoni. Am Theaterplatz, freundlich, gutes Restaurant. http://grand-hotel.tj

Khujand deluxe, Rahim Dzhalil 63a; EZ/DZ 300/380 Somoni. Nördlich des Syrdarja. www.khujand-deluxe.tj

Armon Apart Hotel, Sirdaryinskaya 7/6; EZ/DZ ab 40/45 US-Dollar. Wohnungen mit Gartenblick, am Fluss. www.armon-hotels.tj

Parkhotel Apart, Tanburi 1, ÜN ab 20 US-Dollar.

Zaytun, Ecke Gagarin/Sulton Umarov; Am Kreisverkehr nördlich des Syrdarja, traditionell tadschikisch, kein Alkohol.

Visol, Chudzhandi-Platz. Gegenüber dem Historischen Museum, gemütlich.

Sadbarg, Rasulow 1a; Bier und Schaschlyk usw. im urigen Keller oder draußen.

Tamburi, neben dem Grand Hotel ›Khujand‹, im Hof. Tadschikisch und russisch.

Syrdarja, am Fluss in der Nähe vom Hukumat.

Ein Muss sind der Basar Pandzhschanbe und der Laden von ›Armughon‹ im Chudzhandi-Park an der Festung (im TIC).

Die Umgebung von Chudzhand

Palast von Arbob

Am südöstlichen Stadtrand schwebt ein Palast auf einer Anhöhe, mit Hammer-und-Sichel-Ornament am Giebel und imperialem Blick auf Stadt und Fluss, liebevoll renoviert. Auf Anregung des Vorsitzenden einer Baumwollkolchose wurde er 1956 nach dem Vorbild der Sommerresidenz der russischen Zaren in Peterhof für die Baumwollbauern erbaut – mit deren tatkräftiger Beteiligung und Kolchosgeld. Er ist zur Besichtigung geöffnet, und man sollte sich dieses Erlebnis nicht entgehen lassen. Der Palast beeindruckt durch seine harmonischen Proportionen, die Säulenhalle und den wunderschön ausgestatteten Theater- und Konzertsaal mit den bemalten Holzdecken. Die Farben wurden von vier alten Meistern nach uralten Rezepten gemischt und aufgetragen und sehen heute noch so aus wie 1956. Diese bemalten Holzdecken, an denen sich kein Motiv wiederholt, gehören zum Schönsten, was Tadschikistan an Kunsthandwerk zu bieten hat. Ein kleines lohnenswertes **Museum** (Eintritt 5 Somoni) berichtet über die Region, den Gründer des Palasts, die Errungenschaften der Kolchose und den Baumwollanbau.

▲ Karte S. 285

Qayroqqum-Stausee

Das tadschikische Meer 22 Kilometer östlich von Chudzhand ist das Naherholungsgebiet der Einwohner von Nord-Tadschikistan, und in den Sommerferien kommen auch die ›Südländer‹ gern an 65 Kilometer langen Stausee. Am Nordufer gibt es Erholungsheime, Strände, Cafés und Restaurants. Bestes Resort ist das ehemalige sowjetische Vorzeigesanatorium Bahoriston, jetzt Eigentum einer Tochter des Präsidenten, allgemein zugänglich und sehr gepflegt (www.bahoriston.com).

Anreise: Marschrutka von der zentralen Bushaltestelle am Pandzhschanbe, 3 Somoni.

Taboschar – Istiqlol

Die Kleinstadt Istiqlol 37 Kilometer nördlich von Chudzhand ist bekannter unter dem Namen, den sie bis 2012 trug: Taboschar. Stalins Geheimdienstchef Berija hatte 1936 persönlich den Befehl zum Bau des Ortes gegeben, zwecks Abbau des Urans, dessen Vorkommen am Rand der Kuramin-Berge bereits 1926 nachgewiesen worden war. Strafgefangene und deportierte Russlanddeutsche bauten in der ersten Hälfte der 1940er den wunderlichen, mit seinen akkuraten Häuschen an die Bretagne erinnernden Ort Taboschar für die Arbeitskräfte des sowjetischen Atomprogramms; sie förderten auch den strahlenden Stoff, der ab 1945 unweit von hier manuell für militärische Zwecke aufbereitet wurde. Nachdem das tadschikische Uran vor Ort waffenfähig gemacht worden war, wurden die Sprengköpfe bei Semipalatinsk in der Kasachischen Sowjetrepublik getestet.

Nach Stalins Tod schwenkte man um auf humanere Arbeitsanreize: Hohe Löhne und eine gute Versorgung. In seinen besten Zeiten hatte Taboschar 24000 Einwohner. Heute sind es 16000. Die Grube nordöstlich vom Hauptort, direkt neben einer Schule, liegt seit den 1970ern verlassen. Ein See hat sich in ihr gebildet, radioaktiv verseucht, wie auch die ungeschützten Schutthalden mit 55 Millionen Tonnen Abraum.

Isfara und Umgebung

Die Oase Isfara liegt gut geschützt in einem fruchtbaren Flusstal inmitten roter Lehmberge und ertrinkt förmlich in Aprikosengärten. Die hiesigen Aprikosen erfreuen sich frisch und getrocknet großer Beliebtheit auf allen Basaran Mittelasiens. Verkostung und Kauf: Golden Fruits, Chayrullo, mob. +992/92/9005553, hairulloh_1990_9@mail.ru.

Bemalte Holzdecke im Palast von Arbob

Aprikosen aus Isfara werden in Mittelasien, Russland und sogar Europa verkauft

In **Tschorkuh** südlich von Isfara ist ein Schatz versteckt: Ein **Holzmausoleum für Hazrati Schoh** aus dem 10./11. Jahrhundert, wie die Perle in der Muschel in einer später hinzugefügten Ummauerung aus Lehm und jene wiederum im Hof der Moschee Charati Schoh. Das einzige erhaltene Holzmausoleum aus dieser fernen Zeit hat sieben Säulen und eine umlaufende arabische Inschrift auf einem Fries, aufwändiges ornamentales Schnitzwerk verziert die Deckenplatten. Im östlichen Vorort **Navgiljom** ist die schöne **Moschee-Medrese Abdullachana** aus dem 16. Jahrhundert erhalten.

Das Serafschan-Tal

Das lange Tal des Flusses Serafschan (tadsch.: Zarafschon) zwischen der Turkestan-Kette im Norden und der Serafschan-Kette mit ihren vielen Seitentälern im Süden wird auch Kuhistan genannt: Land der Berge. Das beliebte Fan-Gebirge bildet den zentralen Teil davon. Zahlreiche Fünftausender flankieren das Tal. Der 877 Kilometer lange Serafschan hat seinen Ursprung im 25 Kilometer langen Serafschan-Gletscher in der Region Gorno-Matscha, sein Tal verbreitert sich nach Westen bis in die Ebene von Pandzhakent und Samarkand. Auf dem fruchtbaren Schwemmland am Unterlauf werden Gemüse, Sonnenblumen, Melonen, Aprikosen und Wein, Weizen, Reis und Baumwolle angebaut. Serafschan bedeutet ›goldtragend‹. Im Tal wird noch heute Gold abgebaut, in Gorno-Matscha in der Nähe des Ortes Langar und unterhalb der Sieben Seen bei Pandzhakent. Anreisen kann man auf guten Straßen von Duschanbe oder Chudzhand bis Ajni, von hier flussaufwärts nach Gorno Matscha oder -abwärts nach Pandzhakent. Vom usbekischen Samarkand aus kann das Serafschan-Tal auch befahren werden.

▲ Karte S. 285

■ Von Ajni nach Osten: Gorno Matscha

Ajni, so benannt nach dem Schriftsteller Sadriddin Ajni, hieß früher Varzi Manor. Etwa 12 000 Einwohner leben in dem hübschen Ort im Zentrum des Serafschan-Tals, dessen Hauptsehenswürdigkeit außer der spektakulären Lage das etwa acht Meter hohe **Lehmminarett** aus dem 12. Jahrhundert direkt an der Hauptstraße ist. Man erkennt es an der auffälligen Schutzüberdachung. Ein Spaziergang durch die Mahalla mit den schmalen Gässchen lohnt sich.

Gorno-Matscha, das ca. 200 Kilometer lange obere Serafschan-Tal, erstreckt sich von Ajni bis zum Serafschan-Gletscher. Ein motorisierter Besuch sollte nur mit Geländewagen erfolgen, bis zum Ende der befahrbaren Piste schafft man es in 10–12 Stunden, vorausgesetzt, man gönnt sich keine Stopps. Eben das aber ist unmöglich.

Die bunten Faltenstrukturen der Berge im schluchtartigen Tal, die übereinander›gestapelten‹ Häuser in Veshab, die

Straße unweit von Bundzhikat im Serafshan-Tal

mit kilometerlangen Kanälen aus dem 18. Jahrhundert bewässerten Flurterrassen mit Kartoffelstreifen und Gemüseparzellen, die im Spätsommer überall zum Trocknen ausgebreiteten Aprikosen – daran kann man einfach nicht ungerührt vorbeifahren. Ein paar Tage könnte man schon bleiben. Offizielle Homestays (→ S. 449, ZTDA) gibt es in Veshab und Langar, unterkommen kann man praktisch überall. Ein paar Miniwasserkraftwerke geben hier und da etwas Strom, in Langar gibt es einen Funkmast.

In **Veshab**, zwei Fahrstunden von Ajni entfernt, sollte man sich das Mausoleum von Schams al-Din Muhammad (Schams-i Täbrizi, 1185–1248), einem bekannten islamischen Wissenschaftler, Philosophen und spirituellen Lehrer von Mavlavi Rumi nicht entgehen lassen. Ein schönes Teehaus an der Straße lädt zu einer Pause ein.

Talaufwärts nach etwa fünf Kilometern wird ein Abstecher ins **Seitental von Darg** durch grandiose tektonische Strukturen und andere landschaftliche Glanzlichter sowie ein freundliches Dorf gerechtfertigt. Ein Wohlfühl-Flecken, von dem aus man **Tageswanderungen** in mehrere Richtungen machen kann. Über den **Darg-Pass** kommt man – wenn man fit und gut trittsicher ist – in zwei Tagen im benachbarten und ebenso authentischen Jaghnob-Tal an. Eine weitere spektakuläre **Querung des Serafschan-Rückens** von Gorno-Matscha ins Jaghnob-Tal kann man am Oberlauf über den Tabaspin-Pass versuchen, beide Touren bitte nur mit Guide!

Für eine **Wanderung zum Serafschan-Gletscher** sollte man von **Dehizor**, dem letzten Dorf im Haupttal, zwei Tage einplanen. Ein Fahrweg führt vom Dorf noch sieben Kilometer das Tal hinauf, ab hier bis zum Gletscher sind es ca. 15 Kilometer Fußmarsch.

Von Ajni nach Westen ins Fan-Gebirge

Als Fan-Gebirge wird der durch den Fluss Fan begrenzte westliche Teil des Serafschan-Rückens, übergehend in das Hissar-Gebirge, bezeichnet. Elf Fünftausender und zahlreiche klare Bergseen sind eine traumhafte Wanderkulisse. Das Gebiet um die Gipfel Tschimtarga (5490 m),

Ganza (5306 m), Bodchona (5300 m) und Tschapdara (5050 m) mit den Tälern des Iskanderkul, der Kul-i Kalon-Seen, der Alaudin-Seen und der benachbarten Sieben Seen (Haftkul, Marguzor-Seen) ist mit einer Wanderherberge und einem Basecamp, diversen Homestays und einem Netz von Wanderpfaden relativ gut erschlossen, in den Dörfern gibt es Guides und Packesel.

Vier **Varianten der Anreise** sind möglich, Geländewagen sind überall Bedingung.

Zufahrt von Sarvoda (Serafschan 1) an der Mündung des Iskanderdarja in den Fan: Die 24 Kilometer lange Piste durch eine atemberaubende Schlucht bringt den Reisenden bis zur Perle des Fan-Gebirges: dem fünf Kilometer langen **Iskanderkul** (2255 m). Der See ist Nationalpark, man entrichtet 18 Somoni Gebühr. Von der Schranke ca. 1000 Meter flussabwärts sorgt ein ›Fan-Niagara‹ genannter Wasserfall für gute Vibrationen. Zwei kleine Urlaubersiedlungen unweit vom Eingang und einige Pensionen entlang der Uferpiste bieten ihre Dienste an. Wer wandern will, ist jedoch neun Kilometer oberhalb vom See besser aufgehoben – man umfährt den Iskanderkul halb, lässt den markanten Berg Tschulbui (russ. Dozhdemernaja, 3342 m) links liegen und sucht sich am Berg der 40 Teufel (Kyrk-Schaitan, 3904 m) in **Saratog** (2380 m) eine ruhigere Übernachtungsvariante aus.

Zufahrt über Pasrud zu den Alaudin-Seen: Ein Schotterweg biegt von der M37 zwischen Sarvoda und Ajni nach links ab, führt in Serpentinen durch ein enges Tal und mehrere Dörfer. In den beiden letzten, Pasrud und Marguzor sowie sechs Kilometer vor dem ersten See gibt es Homestays. Direkt unterhalb der Seen bietet die Turbaza Vertikal-Marguzor im Sommer günstige Übernachtungsmöglichkeiten in Bungalows, Verpflegung,

Am Iskanderkul

Kochmöglichkeiten und sanitäre Anlagen. Ausrüstung kann ausgeliehen werden, Guides sollte man vorbestellen (www.fanyvertical.ru). Von hier geht es nur zu Fuß weiter – die Alaudin-Seen liegen 20 Minuten von der Turbaza entfernt.

Zufahrt über Pandzhrud zum Lager Artutsch (Artuch) unterhalb der Kul-i Kalon-Seen: In Schurtscha (Shurcha) auf der A377 zweigt eine Seitenstraße nach Panjrud und Artutsch ab, etwa zehn Kilometer oberhalb des Dorfs Artuch liegt auf 2200 Metern das Bergsteigercamp und Kinderferienlager Artutsch (www.artuch.tj, artuch@bk.ru). Von Zeltmöglichkeiten über Matratzenlager bis Zweibettzimmer in Bungalows wird alles geboten. Die Saison beginnt am 1. Mai und endet Anfang Oktober. Von Juni bis August kann man Vollverpflegung, Sauna, ein kleines Schwimmbecken und einen winzigen Laden nutzen, in dieser Zeit fährt sogar ein Bus aus/nach Pandzhakent.

Zufahrt über das Tal der Sieben Seen (Haftkul): Eine anfangs passable Piste, dann ein rumpeliger Fahrweg führt von der A377 ca. 15 Kilometer östlich von Pandzhakent (Abzweig Sudzhina bzw.

▶ Karte S. 285

Sujina) nach Sching und von hier zu den Seen Midzhgon (1598 m), Soya, Chuscher, Nofin, Churdak, Marguzor und Hazor-tschaschma (2400 m). Auf dieser kaum frequentierten Strecke lässt sich auch gut wandern. Die Bewohner der kleinen Dörfer werden von Entwicklungshilfeorganisationen bei der Anpflanzung von Bäumen und Terrassenbildung an den Hängen zur Vorsorge gegen Erdrutsche und Schlammlawinen unterstützt, auch gemeindebasierter Tourismus wird gefördert und trägt zur Verbesserung der Lage bei. Homestays gibt es in Sching, Nofin und Padrud, außerdem Bungalows am Marguzor-See.

Zwischen den Seen der Fan-Berge sind folgende **Trekkingtouren** möglich, zu denen es auch Karten in den Camps und Homestays und bei ZTDA gibt:

- Vom Iskanderkul (Saratog) zu den Alaudin-Seen (2–3 Tage)
- Von den Alaudin-Seen zu den Kul-i-Kalon Seen (1–2 Tage)
- Von den Sieben Seen (vom sechsten See) zu den Kul-i-Kalon-Seen (5–6 Tage) oder zu den Alaudin-Seen (6–7 Tage)
- Von den Sieben Seen (vom sechsten See) zum Iskanderkul (5–6 Tage)

Pandzhakent

Die größte Stadt im Serafschan-Tal ist mit ca. 42000 Einwohnern Pandzhakent (Pendschikent). Das Tal ist hier schon fünf Kilometer breit, der Fluss schickt sich an, in die Ebene zu fließen, nach Samarkand. Die usbekische Traumstadt ist nur 65 Kilometer entfernt. Spätestens seit der Zeit des Sogden-Reiches sind beide Orte eng miteinander verbunden, und auch heute ist Pandzhakent eine interessante Station für Reisende von Buchara/Samarkand in die Fan-Berge oder zum Pamir.

Sehenswertes an der Rudaki-Straße

Der **Basar** mit seinem schönen Tor und dem runden Pavillon lohnt einen Besuch, gegenüber die **Medrese Alim Dodcho** aus dem 18./19. Jahrhundert und die **Moschee** wenigstens einen Blick. Der Platz zwischen beiden ist der belebteste Ort in Pandzhakent. Vom **Teehaus Muhiddin** in der Rudaki 189 neben dem Eingang zum Basar (gute Küche, schnelle Bedienung!) oder vom **Teehaus Zarafshon**, Rudaki 197, 50 Meter weiter, lässt sich der Trubel gut beobachten, auch gibt es schöne Ausblicke ins Tal.

Das Oberdorf von Marguzor am gleichnamigen See klebt förmlich am Hang

Das Historische Museum von Pandzhakent

Das **Historische Museum** hinter dem Rudaki-Denkmal anderthalb Kilometer westlich zeigt eine sehr gute Sammlung zur 5000-jährigen Geschichte der Region, eine Führung ist zu empfehlen. Danach ist man in der Lage, die Alte Stadt Pandzhakent und die Ausgrabungen von Sarazm besser einzuordnen. Und nirgendwo sonst in ganz Tadschikistan bekommt man das sogdische Alphabet gezeigt, das eine entscheidende Rolle bei der Entschlüsselung von Pandzhakents Geschichte gespielt hat (Rudaki 33, tgl. 9–17 Uhr, Eintritt 10 Somoni, eine deutschsprachige Führung kostet 35 Somoni).

■ Teetrinken am Fluss

Etwas abseits am Serafschan gelegen (Eingang durch das Gelände des Krankenhauses), lädt das große Teehaus Obod mit guter Küche, herrlicher Terrasse sowie gemütlichen Taptschanen zum Verweilen ein. Die Holzdecken und Säulen wurden von Künstlern aus dem Dorf Zebon geschnitzt.

■ Die Alte Stadt Pandzhakent

Pandzhakents Kleinod, die ›Alte Stadt‹, erstreckt sich zwei Kilometer südlich vom Zentrum auf einem weithin sichtbaren Hügel. Von ihrer Existenz erfuhr man aus 70 alten sogdischen Dokumenten, die man mit Hilfe der letzten Sogdisch-Sprecher aus dem Jaghnob-Tal entziffern konnte. Sie geben Kunde über die Eroberung Pandzhakents durch die Araber 721, einen Aufstand unter Fürst Devaschtitsch, seine Niederschlagung, die Zerstörung der Stadt und die Flucht von Devaschtitsch in die Festung auf dem Berg Mug. Im Jahr 722 wurde er gefangengenommen und getötet. In den Ruinen der Festung fand man eben jene Dokumente (→ S. 61).

1946 begann man mit den Ausgrabungen. Die Überreste des komplett zerstörten kleinen, aber hochentwickelten Sogdischen Fürstentums stammen aus dem 5. und 6. Jahrhundert: ein erstaunliches Kanalsystem aus Keramik, zweigeschossige Wohnhäuser mit sensationellen Fresken, zu bewundern in der Petersburger Eremitage, in den Museen von Duschanbe und im Rudaki-Museum Pandzhakent. Eine halbverkohle, immer noch anmutige ›Tänzerin‹ im Museum für Antike in Duschanbe ist Zeugin der frühmittelalterlichen Holzschnitzkunst

Die Ruinen des Alten Pandzhakent

▸ Karte S. 285

des Serafschan-Tales, und ihr verbrannter Körper steht gleichzeitig für den Untergang des Sogdischen Reichs und der zoroastrischen Zivilisation. Heute ist die Stadt unter Archäologen weltweit als ›Pompeji Zentralasiens‹ bekannt. Für Laien sind die Überreste nur schwer zu differenzieren, zumal sie Wind und Wetter ungeschützt ausgesetzt sind. Historisch interessierte Besucher können versuchen, über das Rudaki-Museum eine Führung zu buchen.

Pandzhakent

Vorwahl: +992/3475

Touristen-Information, Filiale der ZTDA, Rudaki 108, Tourismus- und Handwerkerzentrum ›Armugon‹. www.ztda-tourism.tj

Busse und Sammeltaxis aus/nach Duschanbe und Chudzhand, Taxi aus/nach Samarkand. Busbahnhof am östlichen Ortsausgang.

Sogdiana (Gästehaus Elina), Rudaki 24, am gestreiften Turm erkennbar; EZ/DZ 25/30 US-Dollar, Hostel-Teil, eigenes Café, Terrasse, abschließbarer Stellplatz für Motor- und Fahrräder. Informationen, Transfers, Touren, Verleih von Ausrüstung. sogdianahotel@mail.ru (engl.)

Gästehaus Zurmich, Bakkoli 24; ÜNF 15 US-Dollar. Hauseigenes Reisebüro, Verleih von Ausrüstung. n.sukhrob.zurmich@gmail.com (engl., deutsch)

Sughd, Murodilloi Sherolizod 2, Tel. +992/92/7711210. Zentral, mit schönem Apfelgarten.

Salom Hostel, Rofiev 6, Tel. +992/92/7807716. Relativ neu und sehr nett. ÜNF ab 6 US-Dollar, Parkplatz. Informationen, Transfers und Touren. zafarnorov@gmail.com (engl.).

Safina, Scheroli, Ecke Rudaki, tägl. außer Sa. Russisch.

Dusti, Rudaki 160. Gegenüber der Post, sehenswerter Speisesaal.

Imbiss Devaschtitsch, Rudaki 67, gegenüber dem Rudaki-Museum, netter Innenhof.

Sogdion, Rudaki 87, mit Terrasse. Schaschlik, Plow.

Teehaus Muhiddin, Rudaki 189, direkt am Eingang des Basars rechts. Vielfältig, frisch, schnell.

Teehaus Sayochat, Barbadi Marvazi, neben dem Hotel ›Panjakent‹, guter Plow.

Die Umgebung von Pandzhakent

Die Ausgrabungen von Sarazm

Ebenso sensationell wie unscheinbar ist eine frühgeschichtliche Lehmsiedlung auf ca. 100 Hektar, ca. 15 Kilometer westlich von Pandzhakent rechter Hand der Straße nach Usbekistan. Die überdachten Ausgrabungen, benannt nach dem benachbarten Dorf Sarazm, sind von der Straße aus gut zu sehen. Die alten Sarazmer lebten von Acker- und Viehwirtschaft, von Metallurgie und Fernhandel. Viele der Funde deuten auf eine Verbindung nach Indien und Afghanistan, in die Margiana und zum Iran hin – ganz offenbar war man schon mit Kamelen und Karren unterwegs. Der Schweizer Forscher Christoph Baumer datiert die Siedlung ins vierte Jahrtausend vor unserer Zeitrechnung, somit ist sie eine der ersten Städte Asiens. 2010 wurde Sarazm in die Liste des UNESCO-Weltkulturerbes aufgenommen.

Zahlreiche Artefakte aus der Bronzezeit wurden gefunden, Brennöfen für Keramik und die Bestattung einer jungen Frau, genannt ›Prinzessin von Sarazm‹ (ca. 3000 vor unserer Zeit). Das Skelett der jungen Dame war von hunderten Lapislazuli-Perlen umgeben – offenbar waren sie auf die Kleidung aufgenäht,

Reiche Verzierung am Portal des Muhammad-Baschoro-Mausoleums

die jedoch im Laufe der Jahrtausende zerfallen ist. Die Prinzessin, ihr Schmuck und die Perlen liegen in Duschanbe im Museum für Antike; Fotos und Skizzen sind auch im Rudaki-Museum in Pandzhakent zu sehen.

Mausoleum von Muhammad Baschoro

Das schöne Mausoleum von Hodzha Muhammad Baschoro steht ca. 35 Kilometer östlich von Pandzhakent im Ort Mazar-i Scharif, eingebettet in Aprikosenhaine und Wacholdergehölze. Das Mausoleum ist eines der ältesten im Land: Das reich verzierte Portal stammt aus dem 14. Jahrhundert, andere Teile möglicherweise gar aus dem 11./12. Jahrhundert. Man beachte die ungewohnt multikulturelle Mischung muslimischer, christlicher und zoroastrischer Motive in der Ornamentik an Portal, Holztür und Mihrab.

▶ Karte S. 285

Mausoleum von Rudaki in Pandzhrud

Pandzhrud, ca. 60 Kilometer östlich von Pandzhakent in einem Seitental, ist der Sterbeort des Poeten und Begründers der modernen persischen Sprache Abu Abdullah Rudaki (858–941). Sein Mausoleum wurde 2008 restauriert. Rudaki starb erblindet. Als man 1956 das Grab öffnete, um die Gebeine zu identifizieren, konnte man an der Haltung des Kopfes und der sich daraus ergebenden Verformung der Knochen das Skelett eines blinden Mannes erkennen und somit die Gebeine dem Poeten zuordnen (→ S. 64).

Nebenan gibt es eine **Bibliothek** und ein kleines **Museum** mit historischen Bildern vom Mausoleum und einem Bericht zur Rekonstruktion des Gesichtes von Rudaki, ferner ein reich verziertes **Teehaus** und ein kleines **Hotel**. Verwalter von allem ist Cholikul Dzhurajew (+992/927037492).

Chatlon – der Süden

Berge prägen auch im südlichen Verwaltungsbezirk Chatlon das Bild. Von Norden nach Süden ziehen sich die Höhenzüge des Tujuntau, Aruktoj, Tereklitau und Karatau, sie sind selten höher als 1500 Meter und laufen in sanften Hügeln aus. Die Ketten des Wachsch und Hazratischoh im Osten ragen bis über 3000 Meter auf.

Die Fluss-Oasen zwischen den Bergketten sind seit Jahrtausenden besiedelt. Doch erst im 20. Jahrhundert wurden mit dem Bau des Großen Wachsch-Kanals (1933), der Etablierung von Baumwoll-Staatsfarmen und Kolchosen und der Umsiedlung von 130 000 Haushalten aus den Bergen (v.a. dem Rascht-Tal) in die Ebene die Grundlagen für die heutige Bevölkerungsdichte geschaffen. In Chatlon lebt heute mehr als ein Drittel der Bevölkerung Tadschikistans. Ein dichtes Siedlungsmosaik überzieht vor allem das etwa 100 Kilometer lange Tal am Unterlauf des Wachsch, der sein Wasser in Kraftwerken und Kanälen gleichsam zum Wohl des Landes spendet, bevor er sich mit dem tadschikisch-afghanischen Pandzh zu einem der beiden zentralasiatischen Ströme vereinigt: dem Amudarja.

Das ›Tal des weißen Goldes‹ ist Tadschikistans Hauptlieferant für Baumwolle. Aber auch Getreide, Kartoffeln, Melonen und Kürbisse, Obst und Gemüse, Nüsse und Zitrusfrüchte werden in den Tälern des Wachsch, Kofarnihon, Kizilsu und Jachsu angebaut. Ausladende Pistazienbäume klammern sich an die Hänge der Vorgebirge, und lange Alleen knorriger Maulbeerbäume säumen die Straßen.

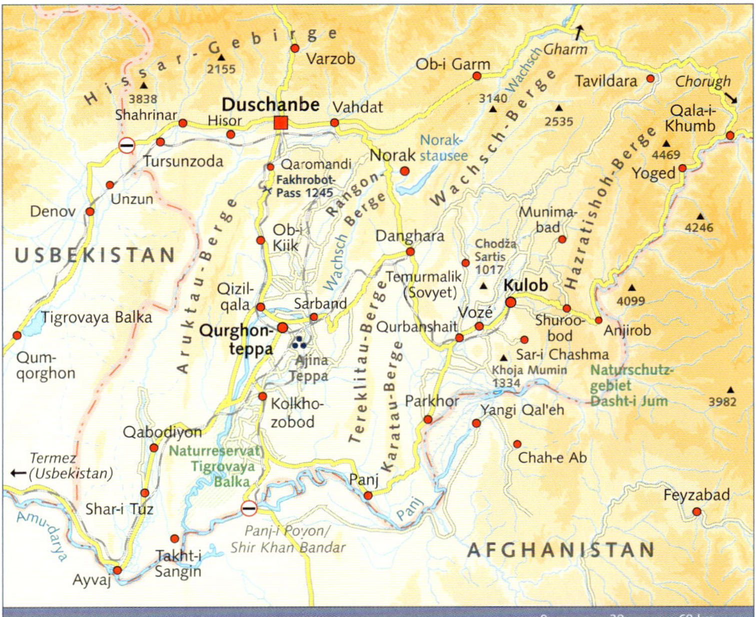

Tadschikistans Süden

Fahrt ins Unbekannte

Selbst für die meisten Einheimischen ist der Süden ein Buch mit sieben Siegeln. Viele wissen gerade mal von der Festung Hulbuk bei Kulob und Tschilutschor Tschaschma, den 44 Quellen bei Shar-i Tuz. Touristisch nicht erschlossen, aber auf überwiegend guten Straßen und sogar mit der Bahn erreichbar - das ist Chatlon, der Nordrand des alten Baktrien. Die meisten der vorgestellten Orte sind von Duschanbe in langen Tagesausflügen erreichbar - aber der Atem des Morgenlandes wird den hektischen Reisenden nicht streifen, also lassen Sie sich Zeit. Für eine Rundreise Duschanbe–Qurghonteppa–Kulob–Duschanbe mit Seitensprüngen sollten fünf bis sieben Tage eingeplant werden. Beste Reisezeit ist der Herbst und das zeitige Frühjahr, im Sommer ist es extrem heiß.

Die 100 Kilometer von Duschanbe nach Qurghonteppa über den flachen Bergrücken Rangon sind in zwei Stunden zu schaffen; hinter dem Pass empfiehlt sich eine Pause auf einem Taptschan der zahlreichen Garküchen.

Baumwolldenkmal im Wachsch-Tal

▲ Karte S. 303

Qurghonteppa

Qurghonteppa (Kurgan-Tjube, Kurgan Tepe, Qurghon Teppa), im Mittelalter Levakand, heute Hauptstadt des Verwaltungsbezirkes Chatlon, liegt in einer Oase des Wachsch an der Bahnstrecke nach Termez in Usbekistan.

Außer dem quirligen, aber wohlsortierten **Basar** im Zentrum, gut zu erkennen am stilisierten Torbogen mit zwei überkuppelten Türmchen hat die Stadt wenig Interessantes zu bieten. Das Heimatkundemuseum Bibichanum mit seinem auffälligen Turm lohnt nur einen Blick von außen.

Qurghonteppa

Hotel Ramz, Ajni 51a, am Kanal neben dem Museumshügel; ÜNF ab 280 Somoni. Eigenes Restaurant, Terrasse. ramz-hotel.tj@mail.ru

Adzhinateppa (Ajinateppa, Adschina-Tepa)

Zwölf Kilometer östlich von Qurghonteppa wurden von 1960 bis 1975 zahlreiche Tonfiguren, Wandmalereien und Reliefs, sogdische Kupfermünzen sowie eine 13 Meter lange Buddha-Statue aus den **Resten eines buddhistischen Klosters** aus dem 7./8. Jahrhundert geborgen. Ajinateppa ist (nach den von den Taliban gesprengten Buddhas von Bamiyan) das bedeutendste buddhistische Denkmal, das bisher in Zentralasien entdeckt worden ist. Viele der Schätze wurden in die Eremitage nach St. Petersburg gebracht, der fünf Tonnen schwere ›Buddha im Nirwana‹ wurde in mehr als 60 Teile zerlegt und nach Duschanbe transportiert. Dort ist er, säuberlich wieder zusammengesetzt, eine Hauptattraktion des Museums für Antike.

Die Ausgrabungsstätte selbst ist wenig spektakulär. Die mehr als zwei Meter dicken Lehm- ziegelmauern verfallen, Kühe klettern zwischen ihnen herum, Ausschilderungen gibt es nicht.

Schahr-i Tuz

Die quirlige Kreisstadt Schahr-i Tuz (Shahrituz, Shaartuz) im äußersten Süden kann als Ausgangspunkt für Ausflüge nach Tschilutschor Tschaschma, Hodzha Maschchad und Tacht-i Sangin dienen. Auf einem Taptschan vor der beliebten **Teestube Tojikiston** am Basar bekommt man nicht nur ein gutes Essen, sondern auch einen Einblick in den liebenswerten Mikrokosmos des Ortes. Empfehlenswert auch die Kurutob-chona in der nächsten Seitenstraße, preiswert übernachten kann man im einfachen Hotel Umed am Stadtrand, hinter dem Krankenhaus.

Tschilutschor Tschaschma

Über die Grenzen von Chatlon bekannt sind die 44 Quellen Tschilutschor Tschaschma ca. zwölf Kilometer westlich von Schahr-i Tuz in Richtung Bischkent. Der Ort ist gut besucht, denn die heiligen Quellen helfen gegen alle Krankheiten, und ein betender Besuch des Mausoleums von Kambar Bobo, einem der ersten Verbreiter des Islam, hilft beim Erfüllen aller Wünsche. Die aus einem Felsen entspringenden Quellen bilden einen sauberen Tümpel, unterhalb darf gebadet werden. Familien kommen gern zum Schwatzen und Essen auf den Taptschanen im Schatten alter Bäume und zum Füttern der Fische und Würfelnattern (Abb. → S. 241).
37.294048, 68.037966

Mausoleum Hodzha Maschchad

Links von der Straße nach Termez liegt im Dorf Sayod eines der ältesten erhaltenen Mausoleen Zentralasiens: Hodzha Maschchad (Khoja Mashhad) aus dem 9./10. Jahrhundert, ansprechend restauriert. Zwei zwölf Meter hohe Kuppeln sind mit einem prächtigen Torbogen und Gewölbegang verbunden. Das Heiligtum mit den perfekten Proportionen und den schönen Ziegelornamenten dient als Grabmal für den aus dem Iran stammenden muslimischen Missionar Hodzha Maschchad und seine Familie. Im 10./11. Jahrhundert wurde eine Medrese hinzugefügt, deren Ruinen hinter dem Mausoleum liegen. Ein kleines **Museum im Torhaus** zeigt Fotos vom Zustand des Komplexes vor der Restauration.

Kellnerin und Köchinnen im Teehaus in Schahr-i Tuz

Die Ruinen von Tacht-i Sangin

Oxus-Tempel Tacht-i Sangin

Tacht-i Sangin (Taxt-i Sangin, Takht-i Sangin = ›steinerner Thron‹) ist ein historisch-archäologisches Highlight ca. 40 Kilometer südlich von Schar-i Tuz: Überreste eines 160 mal 235 Meter großen Tempels, laut einer griechischen Inschrift dem Gott des Flusses Oxus geweiht, offenbar kurz nach der Eroberung Baktriens durch Alexander den Großen. Der Ort ist verlassen, Bruchstücke von Säulen liegen zwischen den Überresten mächtiger, aus gewaltigen Quadern kunstfertig gefügter Mauern, steinernen Altären und Postamenten *37.026946, 68.201644*. Die Stelle für den Tempel wurde perfekt gewählt: Der Amudarja, im Altertum von den Griechen Oxus genannt, entsteht ein paar Kilometer östlich von hier aus den Wassern von Pandzh und Wachsch. Das Heiligtum auf einer Terrasse unweit vom Fluss gilt als einziger Kultbau Baktriens bis in die Kuschan-Zeit. Es wird vermutet, dass es bis ins 4. Jahrhundert von Pilgern besucht wurde, die zahlreiche Schätze als Opfer brachten. Bei den Ausgrabungen 1976 bis 1991, die von den sowjetischen Archäologen Boris Litwinskij und Igor Pichikijan geleitet wurden, hat man zwischen den Mauerresten Säulenfragmente sowie über 5000 Artefakte aus Gold, Silber, Bronze, Eisen, Elfenbein, Knochen, Alabaster, Stein, Lehm und Glas gefunden. Duschanbes Museen zeigen einiges davon.

Noch wertvoller sind die Reichtümer, die als **Oxus-Schatz** in die Geschichte eingegangen sind. Eine sensationelle Sammlung aus 180 exquisiten Gold- und Silbergegenständen, die von 1877 bis 1899 auf abenteuerlichsten Wegen von hier nach London gelangt und seit 1900 im Britischen Museum zu sehen ist: Eine 19,5 Zentimeter lange Komposition aus zweirädriger Kutsche mit vier Pferden samt Kutscher und Fahrgast aus schierem Gold, ein massiver goldener Armreif, dessen Enden in Greifenköpfen auslaufen, diverse Tierfiguren und Miniaturbüsten, Schmuckketten, Siegel, ein zierlicher Vogelanhänger u.v.a.m. (www.britishmuseum.org, Abb. → S. 94). All das stammt aus verschiedenen Großräumen Eurasiens und aus unterschiedlichen

▸ Karte S. 303

Epochen, manche Gegenstände sind älter als der Tempel selbst. Griechische, indische und skythische Einflüsse sind erkennbar – offenbar war der Tempel ein universelles kulturell-religiöses Zentrum, und seine Besucher kamen aus allen Himmelsrichtungen.

i Tacht-i Sangin

Anreise nur mit Allradfahrzeug. Da die Ruinen im Grenzgebiet liegen, sind folgende Schritte notwendig:

- Aufenthaltserlaubnis für das Grenzgebiet vom OVIR Duschanbe einholen (lassen).
- Erlaubnis in Schahr-i Tuz in der Grenztruppen-Garnison (Ortseingang links, am Fluss) vorlegen; ein Begleiter wird gestellt. Ein Platz im Fahrzeug muss für jenen frei sein.
- Mit Begleiter nach Tacht-i Sangin fahren und sich beim vorgelagerten Grenzposten Tacht-i Kuwad anmelden. Hier wird ein weiterer Begleiter gestellt, der auch noch mit ins Auto muss und den Weg weist.

Tipp: Der Marschrutka-Fahrer Hakim in Qurghonteppa kennt den Weg und das Procedere. Für 100 US-Dollar fährt er die Runde Qurghonteppa – Tacht-i Sangin – Tschilutschor Tschaschma – Hodzha Maschchad (+992/93/5855680).

Schutzgebiet Tigrowaja Balka

Am Unterlauf des Wachsch vor dem Zusammenfluss mit dem Pandzh liegt der älteste Zapowednik Tadschikistans. Das 50 000 Hektar große Schutzgebiet Tigrowaja Balka umfasst das letzte zusammenhängende Flussauenwaldgebiet des Landes, Wüste, Hügelland und Seen. Es ist gut geeignet für Vogel- und Wildtierbeobachtungen. Tiger gibt es in der ›Tigerschlucht‹ seit den 1950ern nicht mehr, aber Schakale, Buchara-Hirsche, Uriale, Kropfgazellen, Rohrkatzen und Stachelschweine, angeblich sogar Hyänen. Zutritt nur mit Genehmigung der State Agency for Natural Protected Areas, Duschanbe, Druzhba Narodow 64, Tel. +992/(8)722/261243; 5 US-Dollar/Person + 5 US-Dollar/Fahrzeug je Aufenthaltstag.

Verkäuferin in Danghara

Über Danghara nach Kulob

Kulob im Osten von Chatlon ist auf der gut ausgebauten A385 von Duschanbe über Vahdat, Norak und Danghara zu erreichen, die 200 Kilometer schafft man in drei Stunden auf der sogenannten Präsidentenstraße. Eine nicht so befahrene und landschaftlich schönere Strecke führt von Qurghonteppa nach Kulob. Beide treffen sich südlich von Danghara, dem ehemals unbedeutenden, jetzt boomenden Geburtsort des Präsidenten, mit neuem Flughafen und wachsender Sonderwirtschaftszone. Insider wollen wissen, dass **Danghara**, künstlich bewässert aus dem Stausee von Norak, irgendwann die neue Hauptstadt Tadschikistans sein wird. Damit wäre die Heimat des gegenwärtigen Führungsclans, früher ländlich und staubig, dann durch die Machtkämpfe im Bürgerkrieg besonders in Mitleidenschaft gezogen, maximal aufgewertet.

Das Hügelland zwischen Danghara und Kulob ist entlang der Wasserläufe dicht besiedelt, weiter oben sieht man nur Hirten mit ihren bunten Herden aus Kühen, Schafen, Ziegen und Pferden. In der Pferde- und Schafzucht sind seit Jahrhunderten die usbekischen Gruppen der Laqai und Qarluq beschäftigt, die hier ein Drittel der Bevölkerung stellen. Die vornehmlich Regenfeldbau betreibenden Tadschiken kamen später dazu, sie wurden zu sowjetischer Zeit aus den angrenzenden Bergregionen hierher umgesiedelt, um auf den Baumwollfeldern des Tieflands zu arbeiten.

Hulbuk

In der Mitte der Ortsdurchfahrt Qurbonschait (jetzt Hulbuk) fällt direkt an der A385 eine rekonstruierte **Zitadelle** auf – es ist die Residenz der Herrscher von Hulbuk aus dem 9./11. Jahrhundert. Das neue **Museum** gegenüber gibt einen anschaulichen Abriss über die Geschichte von Hulbuk, Hauptstadt des relativ selbständigen Fürstentums Chuttal (Chuttalon, Vorläufer von Chatlon) innerhalb des Großreichs der Samaniden. Der Direktor des Komplexes, der als Archäologe sein ganzes Berufsleben mit der Erforschung von Hulbuk verbracht hat, führt mit ansteckender Begeisterung durch die Räume (Dr. Abdullo Radzhabo Chodzhajew +992/90/6667766). Viele der Artefakte, die bei den Ausgrabungen in Hulbuk geborgen wurden, sind in den Museen von Duschanbe ausgestellt.

Salzberge

Südlich und nördlich von Hulbuk ragen zwei Berge ziemlich abrupt aus der Ebene auf. Sie bestehen aus ca. 50 Milliarden Tonnen schierem Steinsalz und heißen Chodzha Sartez und Chodzha Mumin. Die Männer der Umgebung kommen mit Eseln hierher und graben das Salz mit Meißeln und Schaufeln aus den Steilhängen, wie zu Marco Polos Zeiten, der bei der Erwähnung dieser Berge meinte, dieses Salz reiche wohl für die ganze Menschheit.

Kulob

Etwa 100 000 Menschen leben in Kulob (Kuljab, Kulyab). Seine besten Zeiten hatte der Ort vom Mittelalter bis zum 19. Jahrhundert. Die Handels- und Handwerkerstadt war auch ein geistiges und geistliches Zentrum mit zahlreichen Koranschulen, Literatur- und Wissenschaftszirkeln. Allein vom 17. bis zum 19. Jahrhundert hat Kulob 40 Poeten

Das Hamadoni-Mausoleum in Kulob

▲ Karte S. 303

hervorgebracht. Das **Literaturmuseum Mir Said Ali Hamadoni** vor dem gleichnamigen **Mausoleum** am Rand des Stadtparks legt Zeugnis davon ab. Das schöne goldüberkuppelte Mausoleum für den persischen Denker, der im 14. Jahrhundert sechs Jahre in Kulob verbrachte, ist neben dem Transit zum Pamir der Hauptgrund für Besuche in der Stadt.
Seitlich vom zentralen Platz befindet sich in einem sowjetklassizistischen Bau mit säulenverzierter Freitreppe das **Museum für Regionalgeschichte**, das mit seiner historisch-ethnografischen Abteilung einen Besuch wert ist (5 Somoni).

i Kulob

Kulob hat einen Flughafen und einen Bahnhof. Es gibt Züge aus/nach Duschanbe und Qurghonteppa, der Anschluss ans internationale Netz ist in Sicht.

Hotel Kulob, Tomin 7/Ecke Somoni, Tel. +992/95/1419725; ÜN 150 Somoni. Bestes Preis-Leistungsverhältnis in der Stadt.
Hotel Pomir, am Ostrand der Stadt in Richtung Ausfahrt zum Pamir, Tel. + 992/98/7494444; ÜN ab 150 Somoni. Selbstbedienungs-Kantine im Erdgeschoss, hier gibt es auch Frühstück.

Tschilduchtaron

Als Tagesausflug von Kulob aus eignet sich die Fahrt nach Norden durch Muminobod und Ghesch (ab hier kein Asphalt mehr) in das Sackgassental von Tschilduchtaron, ein Ort wie eine Filmkulisse. Die hoch aufragenden zahnartig gezackten Berge hinter dem Ort heißen ›40 Töchter‹ – Tschil Duchtaron. Es sollen versteinerte Landestöchter sein, die beim Herannahen eines Feindes erstarrten, um nicht in dessen Hände zu fallen. Unzählige solcher Geschichten gibt es in Zentralasien...

Gemeindebasierte Naturschutzgebiete

Im Landessüden gibt es drei (z.B. südöstlich von Sar-i Tschaschma), im Pamir fünf weitere: Dorfgemeinschaften, in denen sich ehemalige Wilderer unter Anleitung von Experten zu Wildhütergruppen zusammengeschlossen haben, um seltene Berghuftiere (Urial, Schraubenziege, Steinbock, Marco-Polo-Schaf), und damit auch ihre Beutegreifer wie Schneeleoparden) vor der Ausrottung zu schützen. Sobald die Bestände stabilisiert sind, werden einzelne Exemplare für den Abschuss an gut zahlende Trophäenjäger freigegeben. Der Ertrag wird zwischen Staat und Gemeinden geteilt und hilft bei deren Entwicklung. Der Erfolg gibt den Vätern des Projekts recht: Die Zahl der Schraubenziegen wuchs zum Beispiel in wenigen Jahren von 50 auf 500! Weil es wieder etwas zu sehen gibt, bieten die Gemeinden nun auch außerhalb der Jagdzeit Beobachtungstouren für ausgewiesene Naturfreunde an. Eine ganz besondere Rarität ist Schneeleoparden-Watching im Spätwinter für kleine Gruppen. In den Dörfern wurden Gästehäuser eingerichtet, die Wildhüter begleiten die Gruppen, es gibt Reit- und Packtiere (www.tajwildlife.com).

Schraubenziege in Südtadschikistan

Wenn ich in den milden Frühling hinaustrete,
vernehme ich Deinen eindringlichen Ruf, o Wüste!
Dann verlasse ich mein düsteres Heim in den Hügeln.
Wie trostlos sind andere Landschaften im Vergleich zu Dir, o Wüste.

*Seid-Nazar Seidi, turkmenischer Dichter und Kriegsfürst
des 18./19. Jahrhunderts*

TURKMENISTAN
TÜRKMENISTAN

Die Felsen von Jangi Qala im Nordwesten des Landes

Versunkene Hochkulturen in der Wüste

Landschaft und Natur Turkmenistans sind von der Karakum-Wüste, vom Gebirge Köpet-Dag im Süden und vom Kaspischen Meer im Westen geprägt. Große Teile der Wüste werden künstlich durch den Karakum-Kanal bewässert, die Landwirtschaft spielt eine große Rolle. Als Teil der Sowjetunion wurde Turkmenistan einseitig auf die Baumwollproduktion ausgerichtet und galt als eine der ärmste Republiken. Nach der Selbständigkeit begann man, die reichen Vorkommen an Erdgas und Erdöl in Eigenregie zu nutzen und baute einen demonstrativen Wohlstand auf, der sich jedoch nach Rohstoffpreisverfall und Verschlechterung der Beziehungen zum ehemaligen Seniorpartner Russland nicht halten lässt. Städte und Infrastruktur zeigen auf den ersten Blick ein modernes Antlitz, das Stadt-Landgefälle jedoch ist sehr groß.
Vom dritten Jahrtausend vor unserer Zeit bis ins Frühmittelalter war das Gebiet des heutigen Turkmenistan Zentrum von Hochkulturen an den Handelswegen zwischen China, Indien, dem Iran und dem Vorderen Orient. Perser und Griechen wollten dieses Gebiet besitzen. Unter Kyros I. waren Parthien und Margiana Satrapien des persischen Reiches. Alexander der Große eroberte das Gebiet im 4. Jahrhundert vor unserer Zeit Im 2. Jahrhundert errichteten die Parther ihre Hauptstadt in Nisa am Nordrand des Köpet-Dag, nahe der heutigen Hauptstadt Aschgabat (Aşgabat). Hochentwickelt war auch die Oase Merw am Fluss Murgab (Murghob). Beide Stätten sowie die alte Hauptstadt von Chorezmien, Gurgandzh (heute Konya Urgentsch) wurden von der UNESCO ins Weltkulturerbe aufgenommen.
Turkmenistan ist ein abgeschotteter Staat unter autokratischer Führung. Die letzten 30 Jahre wurden von zwei Männern geprägt: der Zentralfigur des Präsidenten Sapyrmurat Nijazow, dem selbsternannten Führer aller Turkmenen (Turkmenbaschi) sowie seinem Nachfolger Gurbanguly Berdymuchamedow. Tourismus wird toleriert, die Visabestimmungen sind streng, die Sicherheitslage gut.

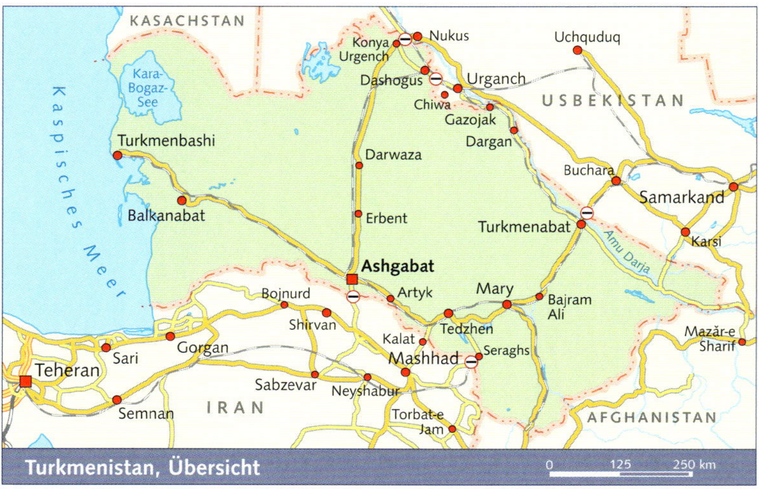

Turkmenistan, Übersicht

Aschgabat – die Visitenkarte

Der schönste Flughafen und die üppigsten Parks Zentralasiens, prächtige Regierungspaläste und verschwenderische Wasserspiele – und allgegenwärtige Polizisten, die verhindern, dass man das alles fotografiert. Schade eigentlich...

Bei der Anreise in Turkmenistans Hauptstadt verschlägt es einem den Atem. Ohne Übertreibung darf behauptet werden, dass der neue Flughafen Aschgabats der mit Abstand schönste und größte seiner Art in Zentralasien ist und zu den prächtigsten Flughäfen weltweit zählt. Abgesehen davon, dass er (noch) einige Nummern zu groß für den aktuellen Flugverkehr ist, ist es den Architekten gelungen, einen Glanzpunkt zu setzen. Das ausladende Gebäude hat die stilisierte Form eines Vogels. Ähnlichkeiten mit den eleganten, tollkühnen Mauerseglern der kaspischen Cliffs sind unverkennbar. Auch im Inneren ist das Gebäude, das 2017 anlässlich der Internationalen Wettbewerbe im Kampfsport eröffnet wurde, überaus gelungen. An heißen Sommertagen möchte man es eigentlich gar nicht verlassen. Und doch – es lohnt sich, den Fuß vor die Tür zu setzen. Aschgabat wartet. Eine Stadt wie eine Schöne aus dem Morgenlande, modern gekleidet, und doch mit halbdurchsichtigem Schleier vor dem Gesicht, die sich scheu abwendet, wenn man sie zu lange anstarrt. Alle Gäste sind ungläubig fasziniert von der Pracht dieser Stadt, die, in üppiges Grün eingebettet, am Fuße der kahlen Berge des Köpet-Dag und am Südrand der riesigen Karakum ausgebreitet ist. Goldene Kuppeln, weiße Fassaden, geschmackvoll mit Ornamenten durchbrochen, Wasserspiele, gepflegte Blumenbeete, alte und neue Denkmäler. Doch kaum zückt man den Fotoapparat, um ein Beweisbild für die Daheimgebliebenen zu machen, kommt garantiert ein Polizist aus dem Schatten des nächsten Baumes, der nächsten Säule hervorgetreten, droht mit dem Finger und sagt: ›Tudá nelzjá!‹ Im besten Fall bekommt man die Richtung gewiesen, in die man fotografieren darf. Das sind dann meistens Theater, Shopping-Malls und neue Wohnhäuser. Die Regierungs-

Der Flughafen in Aschgabat

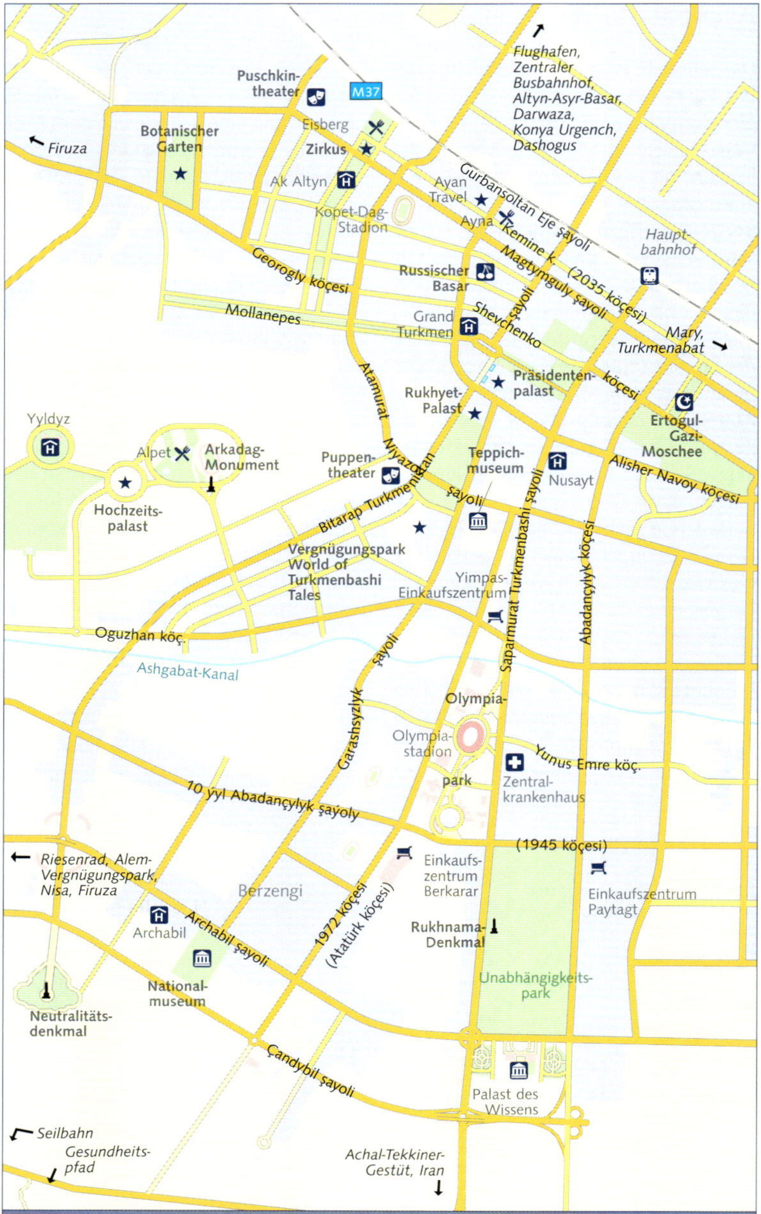

Aschgabat, Stadtzentrum 0 750 1500 m

▸ Karte S.

Aschgabat bei Nacht

paläste im Zentrum fotografiert man am besten aus den oberen Etagen des Hotels Grand Turkmen – wer auf Nummer sicher gehen will, tut es ungesehen im Schutz der Nacht. Die üppige Beleuchtung lässt die Bilder durchaus gelingen. Vielen Besuchern von Aschgabat fällt auf, dass kaum Menschen zu sehen sind. Die Stadt samt ihren jüngst eingemeindeten Vororten hat eine Million Einwohner – aber wo sind sie? Es gibt diverse Theorien, die fast alle mit der Präsenz der Polizei zu tun haben, aber näher an der Wahrheit ist eine andere Erklärung: Es ist zu heiß. Die meisten ›normalen‹ Menschen leben in den einfachen, zentrumsfernen Vierteln, wo es keine erfrischenden Springbrunnen und kaum schattige Parks gibt. Zwischen Mai und September ist die Hitze tagsüber einfach unerträglich. Die Hauptstädter kommen abends aus ihren Häusern. Kaum ist die Sonne untergangen, beginnt das Leben in den Höfen – intensiver als in Mitteleuropa, denn das schlechte Internetangebot auf den Mobiltelefonen lässt sich gut durch direkte Kommunikation kompensieren.

Sehenswürdigkeiten

Auch Aschgabat hat ein paar Viertel, wo die Stadt eine Stadt ist und kein Freilichtmuseum.

Freilich gibt es kaum Historisches zu sehen, denn das furchtbare Erdbeben vom 6. Dezember 1948 hatte die Hauptstadt der Turkmenischen Sowjetrepublik de facto ausgelöscht. Alles, was man heute in der Stadt sieht, ist somit jünger als 70 Jahre.

Historisches zwischen Bahnhof und Basar

Relativ zentral und im Schatten alter Alleen und Parks spaziert man vom Bahnhof nach Westen zum **Sapyrmurat-Turkmenbaschi-Dramentheater** und wählt vis-a-vis die schattige Puschkin-Straße östlich vom neuen Park.

An der Ecke zur Azadi-Straße erblickt man den sowjetischen Plattenbau des ehemaligen Archivs der KPdSU mit einem sehr ausdrucksstarkem **Wandrelief der Künstlers Ernst Neizwestnyi**.

Der Platz gegenüber heißt doch tatsächlich noch **Leninplatz**, und ein in seiner

Größe bescheiden anmutendes Denkmal mit schönen stilisierten Teppichen auf dem Sockel rührt mit seiner Aufschrift: Dem Führer von den Arbeitern und Bauern Turkmenistans.

Dahinter prangt das pompöse **Theater Magtymguly**, aber wir halten uns seitwärts gen Westen und bummeln auf der Azadi im Schatten alter Bäume zwei Quartale bis zum sogenannten **Russenmarkt** in der Azadi 52. Dieser großzügig überdachte Marktplatz hat sich etwas von mittelasiatischen Basar-Charme erhalten. Es lohnt sich, den gleichen Weg zur Puschkin-Straße zurück zu schlendern und von hier, mit einem kleinen Schlenker zum **Park mit Puschkin-Denkmal** auf der anderen Straßenseite, nach Süden in Richtung Konservatorium zu gehen. Hier trifft man auf die Tschary-Nurymow-Straße und den Park vor dem Regierungsviertel. Das sogenannte Theaterviertel ist zu Ende, es beginnt die Stadt der Unberührbaren.

Regierungsviertel oder Fata Morgana?

Wer im Zentrum unterwegs ist, wird entweder mit dem Bus an den unwirklichen Fassaden vorbeirauschen oder, falls doch zu Fuß, sich im Schatten der Parks und Unterführungen halten. Auf Stadtplänen und sogar bei Google Maps ist die politische Mitte der Stadt – leer. Die Satellitenaufnahmen von Google Maps allerdings sind brilliant und verraten, dass der Präsidentenpalast den Namen von Oghuz Khan trägt – und das in unmittelbarer Nachbarschaft der Karl-Marx-Straße!

Alles top secret? Macht nichts. Falls Sie etwas gesehen haben, weiße Marmorpaläste mit goldenen Kuppeln zum Beispiel – tun Sie es als Fata Morgana ab. Wirklich besichtigen darf man hier sowieso nur die paradiesischen Grünanla-

Denkmal für die Achal-Tekkiner-Pferde

gen, Denkmäler wie das Monument für die Achal-Tekkiner am Azadi-Platz nordwestlich vom Regierungsviertel sowie unweit davon das Museum für Bildende Künste, welches den Namen Saparmyrat Turkmenbaschi der Große trägt.

Museum für Bildende Künste

Die perfekte Form des von Robert Bellon konzipierten Gebäudes im Stile eines italienischen Renaissance-Palazzo stellt den Inhalt durchaus nicht in den Schatten. In den Sälen des Prunkbaus erfährt man mehr über das Land, als der Saal der Unabhängigkeit suggeriert. Es gibt zahlreiche Gemälde mit dem gemeinsamen Thema ›Schöne Menschen sitzen auf bunten Teppichen im Gras, speisen, musizieren und tanzen‹, auch die europäischen Gemälde wird der Besucher aus Europa wahrscheinlich nur flüchtig betrachten. Aber die lokale bildende und angewandte Kunst aus fünf Jahrtausenden sind etwas Besonderes. Im Saal für alte Kunst sind es vor allem die Artefakte aus den Ausgrabungen von Gonur Depe, die durch ihre Kunstfertigkeit und Originalität bestechen. Sehenswert auch der Gobelin-Saal (Navoi 88, Tel. 927225, Mi–Mo 9–18, Sa 9–15, Pause 13–14 Uhr).

▶ Karte S. 314

Teppichmuseum

Am Zentrumsrand in der südöstlichen Nachbarschaft des Parks ›10 Jahre Unabhängigkeit‹, befindet sich ein weiterer neuer, prächtiger Museumsbau, der das Turkmenische Teppichmuseum beherbergt. Die Ornamente auf der Fassade des überdimensionalen Quaders stimmen auf die Ausstellungstücke ein. Die hier präsentierten Zeugnisse einer jahrtausendealten, zur Perfektion gebrachten Handwerkskunst werden ergänzt durch anschauliche Informationen zur Herstellung der Teppiche und durch Artefakte der Lebensweise der Wüstennomaden: eine Filzjurte und diverse Gebrauchsgegenstände. Gern wird auf den größten Teppich der Welt verwiesen, er misst 14 mal 21,5 Meter. Auch der mit mit 1,355 Millionen Knoten pro Quadratmeter dichteste Teppich der Welt kann bestaunt werden. (Nijazow 58, Tel. 446809, Mo–Fr 9–18, Sa 9–15, Pause 13–14 Uhr).

Park der Unabhängigkeit

Stadtflaneure mit viel Zeit sollten den Weg aus dem Zentrum zum Park der Unabhängigkeit per pedes in Angriff nehmen. Unterwegs bekommt man einen guten Eindruck vom Architekturmix des Stadtteils Berzengi am Fuß der Berge. Das **Olympiastadion** mit dem überdimensionalen Pferdekopf über dem Eingang und die Silhouette der nie gebrauchten Magnetschwebebahn können schon in Erstaunen versetzen. Mit Kunststoff-Fassaden kaschierte sowjetische Plattenbauten, gut konserviert im trockenen Wüstenklima, können nicht wirklich mit den mächtigen Hotel- und Geschäftsbauten auf der gegenüberliegenden Straßenseite konkurrieren.

Im Unabhängigkeitspark

Der Park selbst ist bekannt für das **Unabhängigkeitsdenkmal** im oberen (südlichen) Teil, einen Komplex von überwiegend vergoldeten Figuren der turkmenischen Geschichte, im Zentrum natürlich Turkmenbaschi. Im Westen, direkt an der nach ihm benannten Straße, fällt vor einem Amphitheater das **Monument Ruhnama** auf, das Turkmenistan glorifizierende Hauptwerk des Turkmenbaschi darstellend, das ›Buch der Seele‹, Pflichtlektüre in allen Schulen und Universitäten zu Lebzeiten des Diktators. – Im Übrigen handelt es sich um eine prächtige große Grünanalage, deren nach Norden abfallendes Relief einigen schönen, nachts beleuchteten **Wasserspielen** Raum gibt. Hat man ihn von unten nach oben vollständig durchquert, sieht man sich einem raumgreifenden architektonischen Ensemble gegenüber. Das Staatliche Kulturzentrum, auch **Palast des Wissens** genannt, besteht aus einer Bibliothek, einer Konzerthalle und dem Turkmenbaschi-Museum.

Nationalmuseum

Der bombastische Bau des Nationalmuseums im Süden der Stadt, am Fuße der Berge und des 133 Meter hohen Fahnenmastes, beherbergt drei Ausstellungen: das Präsidentenmuseum im Erdgeschoss, das Historische Museum sowie das Museum für Heimatkunde und Ethnographie

im ersten und zweiten Stock. Unbedingt sehenswert sind Sammlungen der Schätze von Nisa, Merw, Gonur Depe und den anderen Ausgrabungsorten des Landes im historischen Teil des Museums, aber auch Teppiche, Kleidung und Schmuck im ethnographischen Teil.
(Arçabil 30, Tel. 482590, Mi–Mo 10–17, Pause 13–14 Uhr)

Das Neutralitätsdenkmal

Früher wurde dieser Ort bei Stadtbesichtigungen zuerst angefahren. Das Neutralitätsdenkmal, ein 95 Meter hohes turmartiges Gebilde auf drei Beinen, trägt eine vergoldete Statue des Turkmenbaschi. 1998, noch zu Lebzeiten desselben wurde sie aufgestellt, und die 12 Meter hohe Statue drehte sich so, dass der Hochverehrte immer der Sonne ins Gesicht sah – oder sie ihm. Dieses mit einem Lift befahrbare Huldigungsmonument ist inzwischen ein ungewöhnliches Denkmal unter vielen. Es ist 2011 vom Zentrum an den südlichen Stadtrand nach Berzengi umgezogen – eine überaus vorsichtige Distanzierung des neuen Präsidenten von der Politik des Vorgängers. Auch dreht sich die goldene Statue nicht mehr, sondern ist fixiert. Man hat den Turkmenbaschi auf den Platz verwiesen ...

Das Arkadag-Denkmal

Eine neue Führerfigur hat die alte ersetzt, hoch zu Ross auf einem weißen Hügel unweit vom Hochzeitspalast. Kein anderer als Präsident Berdymuchamedow in seiner liebsten Pose wird durch die 21 Meter hohe vergoldete Reiterstatue dargestellt. Arkadag, der Beschützer des turkmenischen Volkes, ließ das erste Denkmal für seine Wenigkeit 2015 hier errichten, es steht für die glorreiche Zukunft des turkmenischen Volkes unter seiner Führung.

Weitere Superlative

Eine Standard-Stadtrundfahrt durch Aschgabat wird sicher noch das **größte Indoor-Riesenrad der Welt** und das 185 Meter hohe **Verfassungsdenkmal** tangieren sowie den **Alem-Vergnügungspark** zwischen beiden. Gern gezeigt werden auch der gigantische **Hochzeitspalast** mit der von vier achteckigen Sternen eingefassten goldenen Kugel als Aufbau, die **Fernsehstation** mit rotierendem Restaurant in der 28. Etage, das tropfenförmige **Fünfsterne-Hotel Yuldyz** auf einem Hügel westlich der Stadt und der parkartige **Gedenkkomplex** mit den Monumenten für die Opfer des Krieges und des Erdbebens von 1948 auf dem Hügel gegenüber.

Blick von Ashgabat zum Köpet-Dag-Gebirge

▲ Karte S. 314

Das größte Indoor-Riesenrad der Welt

Die nähere Umgebung der Stadt

Mal kurz in die Berge

Die Berge des Köpet-Dag südlich von Aschgabat sind gut erreichbar. Da gibt es zum einen die 3500 Meter lange **Turkmenbaschi-Seilbahn** ca. zwei Kilometer südlich vom neuen Standort des Neutralitätsdenkmals, mit der man in zehn Minuten auf 1293 Meter Höhe geschaukelt wird – der Blick von hier oben ist phantastisch, es gibt auch Restaurants, Souvenirläden und einen künstlichen Wasserfall (!).

Wem das zu billig ist, darf selbst schwitzen und auf einem der **Gesundheitspfade** des Turkmenbaschi ca. 500 Meter östlich davon in die Berge einsteigen. Der Landesvater ließ sie zu Beginn des 21. Jahrhunderts anlegen, um mit jährlichem gemeinsamem ›Schaulaufen‹ seine Minister und Regierungsangestellten auf Trab zu bringen und damit Vorbild für's Volk zu sein. Man glaubt es erst, wenn man hier entlanggeht: Die Wege, es gibt deren drei zu 8, 15 und 35 Kilometern Länge, sind betoniert, mit Ruheplätzen und mit Tausenden Leuchten versehen, und so kann man auch nachts bei angenehmen Temperaturen hier entlangjoggen.

Gedenkmoschee und Fort Gök Depe

Unbedingt ins Programm gehören zwei große Sakralbauten vor den Toren der Stadt. Beide sind eigentlich Monumente, die weltlichen Ereignissen voller Tragik gewidmet sind.

In der Mitte der **Kleinstadt Gök Depe** (Gökdepe), ca. 40 Kilometer nordwestlich von Aschgabats Zentrum sind neben der Bahnlinie und der M37 die Reste eines Forts zu erkennen. Für jeden Turkmenen ist dieser Platz ein Begriff: Der ›Blaue Hügel‹ Gök Depe (andere Schreibweise Geok Depe). 23 Tage lang verteidigten 25 000 Turkmenen diese ehemals gewaltige Festung (knapp 3 km Durchmesser, 6 m hohe und bis zu 10 m dicke Mauern), in den Wintertagen der Jahre 1880/81 gegen 6000 Soldaten und Offiziere der russischen Armee unter dem berüchtigten General Skobeljew. Letztendlich konnten die Angreifer die Festung nur einnehmen, indem sie einen Tunnel unter die Festungsmauer gruben, in dem sie zwei Tonnen Sprengstoff detonieren ließen. Am 12. Januar 1881 fiel die Festung, 6500 Verteidiger starben während der Kämpfe. 8000 Turkmenen, unter ihnen zahlreiche der Zivilisten, die sich in das Fort zurückgezogen hatten, wurden

Die Gedenkmoschee Gök Depe

Die Gyptschak-Moschee mahnt an das Erdbeben von 1948

auf der Flucht in die Wüste von der sie verfolgenden Kavallerie dahingemeuchelt. Die Russen verloren 398 Männer. An diesem Ort der nationalen Demütigung, direkt neben den Ruinen des Forts, ließ Turkmenbaschi eine Moschee mit gigantischen Ausmaßen errichten, die 1996 eingeweiht wurde. Sie wurde Saparmyrat Hadzhi genannt und ist frei zugänglich. Nebenan gibt es ein Museum.

■ Gyptschak-Moschee

Über ein halbes Jahrhundert später ereignete sich im Großraum Aschgabat eine weitere Tragödie, die weitaus mehr Menschenleben forderte. Das gewaltige Erdbeben von 6.10.1948 wurde unter Stalin heruntergespielt, um keine internationalen Hilfstruppen anfordern zu müssen. Man sprach damals von 10 000 Toten, nach später korrigierten Angaben starben in den Trümmern Aschgabats und der umliegenden Orte ca. 110 000 bis 176 000 Menschen. Saparmyrat Nijazow, Halbwaise nach dem Tod des Vaters im Zweiten Weltkrieg, verlor seine Mutter und seine zwei Brüder bei dem Beben, er selbst, acht Jahre alt, kam ins Kinderheim. Den Verlust seiner Familie hat er nie verwunden, und so widmete er seiner Mutter und den Brüdern 2004 nach einer Bauzeit von nur zwei Jahren die prächtige goldüberkuppelte Moschee in seinem Heimatort Gyptschak, 15 Kilometer nordwestlich von Aschgabat, direkt an der M37. Angeblich handelt es sich um die größte Einkuppelmoschee weltweit. Sie trägt den Namen Turkmenbaschi Ruhy und ist die Zentralmoschee von Turkmenistan. Neben dem Sakralbau befindet sich das Mausoleum der Familie Nijazow, hier sind Turkmenbaschis Mutter, Vater, die beiden Brüder und in der Mitte, seit 2006, auch er selbst bestattet.

▶ Karte S. 314

Aschgabat

Vorwahl: +993/12

Wechselkurs 2019: 1 Euro ca. 3,8 Manat

Internationaler Flughafen 6 km nördlich vor der Stadt. Lufthansa-Büro im 2. Stock Regionale Flugverbindungen sind preiswert, unbedingt rechtzeitig buchen. Taxi vom Flughafen in die Stadt kosten 2–3 US-Dollar. www.turkmenistanairlines.com

Komfortabel, preiswert und langsam. Tgl. Züge nach Turkmenbaschi, Mary, Daschoguz, Turkmenabat, zweimal wöchentlich nach Seraghs an der Grenze zum Iran. Bahnhof im Zentrum, Tel. 940438, Ticketschalter auf dem Bahnsteig.

Busverbindungen gibt es in alle Landesteile. Der moderne Busbahnhof in Form eines Lenkrades liegt im Nordteil der Stadt, in der Nähe des neuen Alty-Asyr-Basars Tel. 443535.

ÖPNV Busse, 50 Manat, teilweise klimatisierte Haltstellen.

Taxi 1–2 US-Dollar innerhalb der Stadt, fast jedes Auto ist ein ›Taxi‹.

Grand Turkmen, Görogly 50; EZ/DZ 85/125 US-Dollar, zentral. grandhtl@online.tm

Nusay, Galkynysh (Straße 1995) 70; EZ/DZ 140/165 US-Dollar, zentral. nusay-hotel@online.tm

Ak Altyn, Magtymguly 141/1; EZ/DZ 80/120 US-Dollar, Randlage, Sitz der Deutschen Botschaft, eigene Wechselstube. akaltyn@online.tm

Archabil, Archabil 54; EZ/DZ 180/200 US-Dollar, Randlage. archabilhotel@online.tm

Yyldyz, Bagtyyarlyk 17; EZ/DZ 200/240 US-Dollar, außerhalb. www.yyldyzhotel.com

Außerdem ca. 20 kleinere, preiswertere Hotels gut sichtbar im Stadtteil Berzengi.

Asuda Nusay, Navoi 54a: Stör und mehr, teuer

Eisberg, Bayryjev, unweit vom Zirkus, Biergarten mit Schaschlyk.

Kopetdag, Magtymguly 10, Restaurantkomplex mit Garten und Jurten.

Zip (Günes), Navoi/Azadi, Barbeque und preiswertestes Bier in der Stadt.

Food Court im Berkarar Shopping Center, Atatürk 80.

Maral, am Eingang zur Firuza-Schlucht, 20 Autominuten südwestlich vom Zentrum, Treffpunkt der expats, Schaschlyk. Bier vom Fass, Reservierung empfohlen: Tel. 375462.

Mollanepes-Theater, Magtymguly 78: turkmenische Dramen.

Magtymguly-Theater, Görogly 65: turkmenische Musik.

Puschkin-Theater, Magtymguly 142: russisches Theater.

Puppentheater, Bitaraplyk 73.

Zirkus, Magtymguly 134 a.

Russischer Basar, Azadi: Lebensmittel, Kleidung usw.

Tekke-Basar, westlich vom Zentrum: Obst und Gemüse.

Köpet-Dag-Basar, östlich vom Zentrum: Obst und Gemüse.

Altyn-Asyr-Basar, nördlicher Stadtrand: buchstäblich alles, vom Tier bis zum Souvenir. Möglichst am Sonntag besuchen, Bauernmarkt!

Shopping-Center Altyn Asyr, gegenüber dem Hotel Grand Turkmen: Kleidung, Teppiche incl. Ausfuhrlizenzen.

Shopping-Center Berkarar, Atatürk 80: Kleidung, Haushalt.

Supermarkt-Kette Halk Market, Geschäfte in der ganzen Stadt.

Ruinenstädte entlang des Köpet-Dag

Ganz Turkmenistan ist voller Ruinenstädte, besonders dort, wo es früher reichlich Wasser gab: Im alten Delta des Murgab, in der Großoase Chorezmien südlich des ehemaligen Aralsees und am Fuße des Gebirges Köpet-Dag. Nicht immer sind jene Orte, welche die Archäologen lobpreisen, auch die von touristischem Interesse. Archäologische Grabungsstätten sind für den ›normalen‹ Besucher oft langweilig, man sieht nichts außer Grundmauern und gebeugten Wissenschaftlerrücken sowie diverses Werkzeug – und manchmal nicht einmal das. Namazga Depe zum Beispiel, 70 Kilometer südöstlich von Aschgabat, direkt an der Straße nach Mary, lohnt eine Besichtigung nicht, dabei wurden hier unter einem 70 Hektar großen Hügel überaus interessante Entdeckungen zur Lebensweise der Menschen vor ca. 7000 Jahren gemacht, die schon Bewässerungskultur kannten, zweirädrige Wagen nutzten, Bronze herstellten und bedeutende Fernkontakte hatten. Ähnliches lässt sich über die Grabungsstätten Altyn Depe, Kara Depe, Ulug Depe und andere sagen.

Abiverd (Arbeitsbegriff Peschtak) hingegen in unmittelbarer Nachbarschaft ist sehenswert, obwohl man hier kaum etwas von Bedeutung gefunden hat. Aber die gut sichtbaren Gebäudereste und Scherbenfunde einer bedeutenden Handelsstadt von vor ca. 2200 Jahren regen die Vorstellungskraft an und locken Reisende in die Ruinen.

Falls man also mit dem Auto nach Merw oder von dort nach Aschgabat zurück fährt, lohnt sich ein kleiner Abstecher zur den Ruinen von Abiverd, einer befestigten Handelsstadt der Sassaniden-Zeit, bekannt für ihre feinen Töpferwaren, Schmiede- und Juwelierkunst. Es liegt in der Nähe der M37 unweit des des Ortes Kaka.

Köpet-Dag-Region

Die Ruinen der Stadtmauer von Nisa

Anau (Änew)

Gern bringt man Touristen nach Anau (Änew) ca. 15 Kilometer südöstlich von Aschgabat, man zeigt ihnen die Ruinen der beim Erdbeben von 1948 eingestürzten Moschee. Was meistens völlig außer acht gelassen wird, ist die Tatsache, dass Anau eine zentrale Bedeutung für die archäologische Erforschung Zentralasiens hat. 1904 durften mit Raphael Pumpelly und Hubert Schmidt erstmals Ausländer auf den Gebiet von Russisch-Turkestan graben – und in den beiden Siedlungshügeln von Anau fanden sie zahlreiche vor allem keramische Zeugnisse der frühen Besiedlung des Gebiets im 6./5. Jahrtausend vor unserer Zeit durch Angehörige der neolithischen Dzejtun-Kultur.

Weltkulturerbe Nisa

In der Nähe des Dorfes Bagir, 12 Kilometer westlich von Aschgabat, liegen auf einem großen, flachen Hügel die Ruinen der alten Stadt Nisa ausgebreitet. Seit 1925 wurden und werden auf ca. 14 Hektar Fläche Ausgrabungs- und Restaurationsarbeiten durchgeführt, mit Erfolg: Ans Tageslicht gebracht wurde eine königliche Residenz der Parther, mit einer fünfeckigen Stadtmauer, die von 43 Türmen gekrönt wurde und deren Mauern bis zu neun Metern dick waren. Säulengestützte Repräsentationsbauten für weltliche und geistliche Zwecke bargen bemalte Tonstatuen aus dem 2. Jhd. vor unserer Zeit und zahlreiche Gegenstände des parthischen Kunsthandwerks, die starken griechischen Einfluss erkennen lassen. Als sensationeller Fund gelten die in den 1950ern in den Schatzkammern entdeckten 50 Rhyta (einhenklige Trinkgefäße, meist für Opferhandlungen) aus Elfenbein aus dem 2. Jhd. vor unserer Zeit im hellenistischen Stil, die nunmehr im Nationalmuseum von Aschgabat, in der Sankt Petersburger Eremitage, im Puschkin-Museum sowie dem Museum für die Kunst des Orients in Moskau zu bewundern sind. In den Vorratskammern wurden riesige, in den Boden eingelassene Amphoren gefunden, die offenbar der Lagerung von Wein gedient haben. Große Sammelbecken speicherten Wasser von den Bergen des Köpet-Dag. Die

Pilgerinnen in Paraw Bibi

Residenz wurde im 3. Jhd. aufgegeben, am Fuße des Hügels entstand eine neue, ebenfalls mit Festungsmauern umfriedete Stadt, Neu-Nisa, die bis ins 17. Jahrhundert existierte.

Nokhur

Nicht alle Reisegruppen werden nach Nokhur gebracht, aber man sollte versuchen, diesen Ausflug zu machen. In dem relativ intakten Bergdorf in einem gut erreichbaren Tal des Köpet-Dag lässt sich noch ein Hauch davon erahnen, wie das Leben in Turkmenistan einmal gewesen sein könnte, vor der Eroberung durch die Russen und der Unterwerfung des Landes unter eine ihm fremde Lebensweise. Einige Häuser in der Nähe der riesigen Platane in der Ortsmitte, die Verkaufsstände von Honig, Kräutern usw. an der Straße, das Heiligtum Dzhagyl dzhugul (Jagyl jugul) am Berghang und vor allem der Friedhof mit den Ziegenhörnern auf den interessanten Gräbern – das alles ist ›echt‹ und wird es hoffentlich lange bleiben.

In vielen Haushalten wird noch Seide auf dem Handwebstuhl gewebt, man darf zuschauen und kann die Stoffe bzw. die hübschen Taschen, welche die Frauen daraus nähen, auch erwerben. Die Männer waren früher Jäger, versichern jetzt aber glaubhaft, dass sie sich wegen der hohen Strafen an das Jagdmoratorium der Regierung halten.

Die Anreise erfolgt von der M37 im Kurort Artschman (Arçman), wo seit sowjetischer Zeit Schwefelquellen genutzt werden, das Kurheim wurde modernisiert. Im Ortsteil Imeni Kirowa biegt man nach Süden ab; Verfahren unmöglich, es gibt nur eine Straße.

▸ Karte S. 322

Heiligtümer und Höhlenseen

Schrein Paraw Bibi

Die Turkmenen sind ein sehr gläubiges Volk, aber nicht immer ist es der Islam der reinen Lehre, dem sie anhängen. Sie mischen ihn unbekümmert mit den uralten animistischen Bräuchen und der Anbetung der lokalen Heiligen. Diese sind allgegenwärtig. Zum Beispiel in Paraw Bibi, ca. 15 Kilometer westlich von Serdar in den Vorbergen des Köpet-Dag. Zwei Schilder an der M37 beim Dorf Paraw (Parou) verweisen gut sichtbar auf die Ausfahrt. Hierher kommen vor allem Frauen, denn Paraw Bibi ist ihre Schutzheilige. Sie kann Kinderwünsche erfüllen und vom Wahnsinn heilen, sagt man. Ein Besuch kann nicht schaden. Die Besucherinnen legen ihre Hände in die Vertiefungen am Fuß des Heiligtums oder knien sich hinein – es sind angeblich die Hand- und Knieabdrücke von Paraw Bibi, einer schönen jungen Frau, die hier im Berg verschwunden sein soll, als Feinde angriffen und sie ihre Ehre bedroht sah. Eine ca. 200 Meter lange Treppe führt nach oben zum Schrein aus dem 11./12. Jahrhundert, die älteren unter den Besucherinnen müssen unterwegs verschnaufen. Kleine Pfeifhasen huschen zutraulich herum. Oben bekommt man einen weiten Blick über die dunstige Ebene geschenkt und die Gnade von Paraw Bibi – vielleicht, wenn man lange genug hier gesessen und mit ihr stille Zwiesprache gehalten oder ein Bändchen an den Wunschbaum geknotet hat.

Höhlensee Köw Ata

An Wochenenden und Feiertagen ist oberhalb des Ortes Bacharly am Fuß des Köpet-Dag viel los. Eine tief in den Berg hineinführende Höhle zieht Heerscharen von einheimischen Ausflüglern an. Unten ist ein kleiner warmer See, dessen intensive Schwefeldämpfe man schon am Eingang der Höhle spürt. Man steigt auf großen steinernen Stufen hinab bis zu einer Plattform mit improvisierten Umkleidekabinen und von hier in Badekleidung zum Höhlensee. Vorsicht: Bei starkem Besucherandrang sind die Stufen sehr glitschig, man sollte das Geländer benutzen. Die ganze Szenerie ist schwach beleuchtet, und so erkennt man undeutlich Frauen, die in ihren Kleidern baden und rigoros ihre Kinder durchs Wasser ziehen, alte Männer, die würdevoll am Rand hocken, junge Männer und Halbwüchsige, die übermütig spritzen. Leider darf man nicht in den hinteren Bereich schwimmen. Da die meisten Turkmenen nicht schwimmen können, ist er frei von Gedränge. Personen mit Klaustrophobie und Scheu vor Körperkontakt sollten diese Stätte an Wochenenden meiden. Wochentags ist man hingegen oft allein hier. **Anfahrt**: Autobahn Richtung Turkmenbaschi, ca. 100 Kilometer; 500 Meter hinter Akdepe nach Süden in Richtung Berge abbiegen, Köw Ata ist ausgeschildert. Vom Abzweig sind es sieben Kilometer.

Auf dem Friedhof von Nokhur

EXTRA

Achal-Tekkiner - die himmlischen Rösser

Auf dem Staatswappen Turkmenistans prangt ein Ross. Die Bezeichnung Pferd scheint unangemessen, weil zu trivial. Das ist nicht irgendein Pferd, es ist ein Achal-Tekkiner.

Der amtierende Präsident hat gleich zwei Bücher über sie verfasst und thront am liebsten auf einem schneeweißen Exemplar - in hochherrschaftlicher Würde.

Bereits die chinesischen Kaiser träumten vom Besitz dieser kostbaren Tiere. Lange war es ein Rätsel - möglichweise waren sie wirklich nur ein Traum? Aber dann brachte ein Gesandter sie mit von einer eigens dafür in die Wege geleiteten ›Dienstreise‹ hinter die Himmelsberge des Tien Shan. Die Rösser, von denen man gemunkelt hatte, dass sie schneller seien als der Wind, stärker als ein Drache, schöner als die Vorstellungskraft und — dass sie statt Wasser Blut schwitzten. Der chinesische Kaiser war hochzufrieden mit der Mission des Gesandten und erkannte neben der Anmut und Eleganz schnell den wahren Wert dieser Tiere: Sie sind extrem zäh und widerstandsfähig und erlauben das Zurücklegen großer Distanzen, selbst in Wüstengebieten, in für damalige Verhältnisse kurzer Zeit. Er wollte mehr von diesen Rössern, und so zettelte er eigens dafür, so sagt man, Krieg mit Baktrien an.

Die chinesischen Kaiser waren nicht die einzigen, die diese edlen und teuren Rösser zu schätzen wussten. Die Perser lobten ihren goldenen Glanz und weihten diese edlen Wesen dem Sonnengott. Ihr Ruhm war auch nach Griechenland vorgedrungen, denn Herodot schrieb von gelbgoldenen Rössern im parthischen Nisa und erwähnte auch, dass Alexander der Große auf seinem Eroberungszug in dieser Weltgegend Rösser mit Regenbogenschimmer bzw. der Farbe der Morgenröte vorfand.

Achal-Tekkiner mit traditionellem Zaumzeug und Sattel

Pferderennen sind eine Leidenschaft der Turkmenen

Der Achal-Tekkiner ist neben dem Araber wohl das bekannteste Zuchtpferd überhaupt. Doch der Araber (und auch andere Pferderassen) wäre nie gezüchtet worden ohne den Achal-Tekkiner. Jener ist eine der ältesten Pferderassen der Welt. Schon seit mindestens 3000 Jahren, andere sprechen von 5000, züchtet der Stamm der Teke am Nordhang der Berge Köpet-Dag, in den Achal (Ahal)-Oasen, diese Tiere. Ahal Teke – daher der turkmenische Name. Durch das wasserarme, stark kontinentale Klima der turkmenischen Wüste sind diese Pferde auf extrem harte Bedingungen ausgerichtet und können daher besser als andere Rassen lange, schwierige Distanzen zurücklegen. Pass- und Töltgänger kommen häufig vor. Achal-Tekkiner gelten als sehr trittsicher, gewandt und ruhig. Ihre raumgreifenden, elastischen Bewegungen und ihr exzellentes Galoppiervermögen sind die Ursache dafür, dass sie gern bei den unterschiedlichsten Reitsportarten eingesetzt werden, in Turkmenistan selbst hauptsächlich bei Pferderennen bis 60 Kilometer! Nicht wenige Olympiasieger waren Achal-Tekkiner.

Achal-Tekkiner haben ein Stockmaß von 150–160 Zentimetern. Ihr edles Erscheinungsbild rührt von ihrem hoch getragenen Kopf auf einem schmalen hohen Hals her, von ihrem geraden Profil und den schönen, mandelförmig erscheinenden Augen in einer oft schwarzen Umrandung. Die Pferde sind hochbeinig und schmal und haben einen langen, geraden Rücken. Die Mähne glänzt seidig, das Fell hat oft einen metallenen Glanz, der Schweif ist vergleichsweise spärlich. Die relativ langen, leicht sichelförmigen, auseinanderstehenden Ohren geben den Tieren einen aufmerksamen Gesichtsausdruck.

In Turkmenistan werden die Achal-Tekkiner in freilaufenden Herden (tabun) gehalten, in schier endlosen Steppengebieten, gehütet von berittenen Hirten. Da jene nicht immer zu sehen sind, entsteht oft der Eindruck von freien Herden wilder Pferde. Das Zuchtbuch der Achal-Tekkiner wird – zum großen Leidwesen turkmenischer Pferdezüchter, -liebhaber und Politiker – in Russland geführt. Nichtdestotrotz ist man zu Recht stolz auf diese Rösser und ehrt sie jährlich am letzten April-Sonntag mit zahlreichen Festivitäten im Rahmen des Tages des turkmenischen Pferdes, organisiert vom Staatskomitee für Sport und dem Nationalzentrum für Pferdesport. Der Höhepunkt der Feierlichkeiten, Pferderennen über verschiedene Distanzen, findet im prächtigen Hippodrom von Aschgabat statt. Die Sieger der Wettbewerbe werden vom Präsidenten persönlich ausgezeichnet.

Besuch des Staatsgestüts: Beim Dorf Perwomajskij, etwa fünf Kilometer südöstlich von Aschgabat, befindet sich das Staatsgestüt für Achal-Tekkiner mit Hippodrom. Im April/Mai und September/Oktober finden hier sonntags Pferderennen statt.

Auch in Deutschland haben die edlen Tiere ihre Liebhaber, nähere Informationen gibt es hier: www.achal-tekkiner.de

Merw und die Margiana

Es darf angenommen werden, dass die meisten Reisenden nach Turkmenistan kommen, um diesen Ort zu sehen, der zum Weltkulturerbe der UNESCO zählt. Das 1200 Hektar große Ruinenfeld der alten Stadt Merw liegt am Binnendelta des Flusses Murgab unmittelbar neben der Kleinstadt Bajram Ali, in der Nähe des Verwaltungszentrums Mary im gleichnamigen Welajat. Es gilt, zusammen mit den Überresten des noch älteren Gonur Depe und von ca. 200 benachbarten weiteren Oasen-Siedlungen wie Togolok, Kelleli und Adzhi-Kuj als herausragendes Zeugnis einer antiken Hochkultur, die denen von Mesopotamien, Ägypten, China und der Indus-Kultur gleichwertig ist. Diese Hochkultur wird heute Margiana genannt, nach der alten griechischen Bezeichnung für die Region. Artefakte, die man hier bei Ausgrabungen gefunden hat, belegen einen Fernhandel bis ins Indus-Tal, nach Mesopotamien, Syrien, in den Oman und bis in die Steppen des Uralgebiets.

Die Fundstücke – z.B. ein Siegel aus dem Indus-Gebiet – fügen der Bedeutung von Margiana als Zentrum von Ackerbau und hochentwickeltem Handwerk noch einen weiteren Aspekt hinzu: Die Städte der Margiana waren Handelszentren. Nicht irgendwelche Handelsstädte, sondern Knotenpunkte der Zivilisationen! Margiana liegt genau im Kreuzungspunkt der uralten Handelswege von Ägypten/Mesopotamien (später Rom und Griechenland) nach China einerseits und von Indien in Richtung Ural andererseits. Dieser Umstand und das günstige Klima im fruchtbaren Flussdelta des Murgab machten die Margiana zu einem ›hotspot‹ in Asiens Mitte, von dem im Weiteren zahlreiche Impulse auf die Entwicklung der ganzen Region ausgegangen sein müssen. Viele Spuren sind verloren, anderes liegt (noch) im Dunkeln, manches wird noch gefunden und erklärt werden.

▶ Karte S. 329

Margiana – Margusch

Der ursprüngliche Name war Margusch (persisch für ›Grasland‹). So hieß die gleichnamige persische Satrapie, welche seit ca. 550 vor unserer Zeit einen Teil des heutigen Turkmenistans umfasste und bis ins heutige Afghanistan und Usbekistan hineinreichte. Die persische Provinz wiederum hat ihre Bezeichnung vom Fluss Murgab (alte Bezeichnung Marg), der, aus Zentral-Afghanistan kommend, damals noch wasserreicher war und ein großes, fruchtbares Delta bildete – ideale Bedingungen für Besiedlung und Bewässerungsfeldbau bietend. Die hier entstehende bronzezeitliche Hochkultur von Margusch-Margiana wird in manchen Publikationen auch als Oasen-Kultur oder Oxus-Kultur bezeichnet. Die Entwicklung des Ackerbaus und die Entstehung der ersten Städte in Margiana beschrieb in den 1950ern und 1960 schon der sowjetische Archäologe und Historiker Vadim Masson. Schon er sprach damals von einer der ersten Zivilisationen. Systematisch archäologisch untersucht wurde die Region in den 1970ern von seinem Kollegen und Nachfolger Viktor Sarianidi, der ihrer Erforschung im Rahmen des von ihm bezeichneten Baktrisch-Margianischen Archäologischen Komplexes (BMAC) in der Folgezeit sein gesamtes Leben widmete. Er fand heraus, dass die ältesten Siedlungsreste in Margiana aus dem 7. Jahrtausend vor unserer Zeit stammen. Die Menschen der Oasen-Kultur wurden von ihm als Proto-Indo-Iraner eingestuft. Sie versorgten mit Bewässerungsanlagen große Felder, auf denen sie Gerste,

Weizen und Hülsenfrüchte anbauten. Es wurden Kamele domestiziert, Schafe, Ziegen und Esel gehalten. Das Handwerk spielte eine große Rolle, man fand außergewöhnlich fein gearbeitete Keramik- und Schmuckarbeiten.
Das Alter der Ausgrabungen der verschiedenen Siedlungen zeigt, dass es eine allmähliche Verlagerung der Siedlungen von Osten/Nordosten nach Westen/Südwesten gegeben hat. Die östlichen Gebiete wurden verlassen. Um 1700 vor unserer Zeit, lange vor der persischen Epoche, endet zum Beispiel die Geschichte von Gonur Depe. Es wird angenommen, dass dieser Prozess mit der Veränderung der

Margiana

Wasserführung des Murgab zu tun hat, er suchte sich ein neues Bett weiter westlich, reichte möglicherweise nicht mehr so weit in die Wüste hinein.

Die Ruinen von Merw

Wohl kaum eine andere Ruinenstadt der Welt kann den Besuchern ihre Geschichte aus vier Jahrtausenden so aufgefächert zeigen wie Merw. Normalerweise liegen die Kulturschichten übereinander und können nicht begangen werden – hier liegen dem Reisenden auf fast zehn Quadratkilometern die steinernen Zeugnisse zahlreicher Dynastien nebeneinander buchstäblich zu Füßen.

Faszinierend an Merw ist die schiere Größe des Ruinenfeldes, das die Überreste von Festungen und Sakralbauten aus mehreren Jahrtausenden präsentiert, und das Schweigen der mächtigen Mauern, falls man das Glück hat, allein hier zu sein. Zahlreiche Besucher kommen nach Merw, aber wenn man zu Fuß in den Ruinen unterwegs ist und sich seitab von den Reisebussen hält, die auf den asphaltierten Wegen zwischen den einzelnen Sehenswürdigkeiten kreuzen, kann man durchaus noch einen Hauch der Geschichte spüren. Die steilen, goffrierten Mauern der Kleinen und Großen Kyz-Qala und die gewaltigen Wälle der

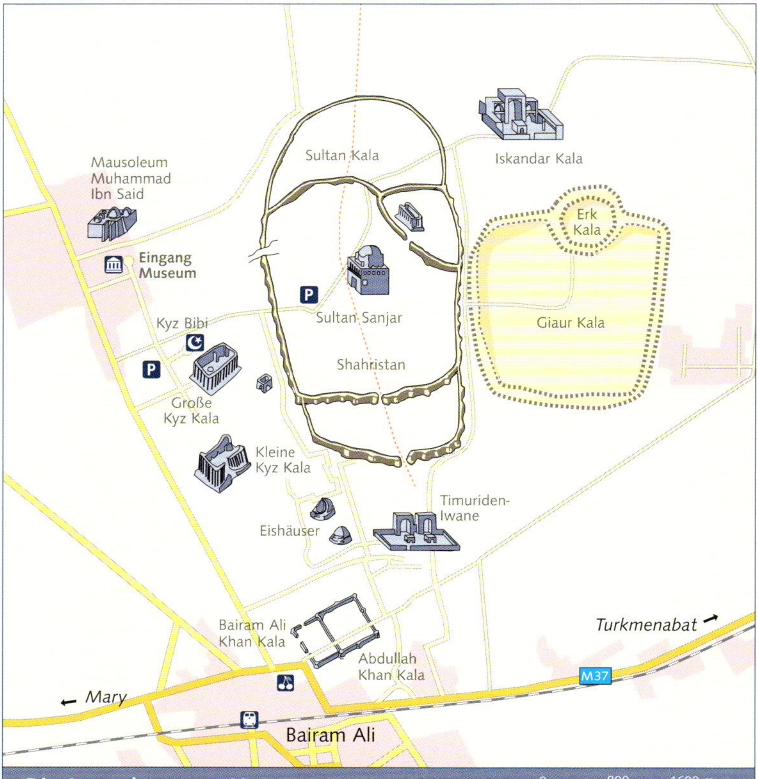

Die Ausgrabung von Merw

Merw: Mausoleum von Sultan Sandzhar

Giaur Qala (Kala, Kale) mit den gut sichtbaren Resten der Wachtürme würden unnahbar wirken, wären da nicht die Spatzen in den Mauerritzen und all das andere Getier. Kamele weiden innerhalb des Ringes der uralten Festungsstadt Erk Qala und die Zikaden übertönen das entfernte Lärmen der Selfie-Touristen.

Erk Qala

Einen Gang durch Merws Ruinen baut man am besten chronologisch auf und beginnt in grauer Vorzeit mit der leicht erhöht gelegenen Erk Qala im Nordosten. Auf dem breiten, vom Zahn der Zeit abgerundeten Wall der kreisförmigen Stadtbefestigung (qala) aus der Zeit der Achämeniden lässt es sich gut gehen, die Aussicht über die benachbarten Festungen und Bauwerke aus den nächsten Epochen ist gut. Die Festung Erk Qala, für damalige Verhältnisse stattliche 16 Hektar groß, wurde von den Griechen im 4. Jhd. vor unserer Zeit erobert und zur Polis Alexandria Margiane ausgebaut. Wenig später wurde die Stadt von den Seleukiden übernommen. Die Mauern von Erk Qala wurden auf eine Dicke von 40 Metern verstärkt.

Giaur Qala

Die Größe der Stadt genügt dem Seleukiden-König Antiochos I. nicht mehr, er ließ anbauen. An die Zitadelle Erk Qala wurde südlich eine imposante, rechteckige Stadtbefestigung mit 100 Türmen angeschlossen, die nach dem König Antiocha Margiane genannt wurde. In der Folgezeit herrschten hier erst die Parther, dann die Sassaniden. Von den Arabern, die 651 kampflos – gegen die Zahlung eines hohen Tributs – einmarschierten, wurde die Stadt Giaur Qala genannt – Stadt der Ungläubigen. So heißt das Geviert aus alten Festungsmauern im Süden von Erk Qala noch heute. Der Sinn dieses Namens erschließt sich, wenn man weiß, dass die flachen Hügel im Südosten der Giaur Qala die Überreste eines großen buddhistischen Stupa und eines dazugehörigen Klosters sind, übrigens das westlichste bekannte buddhistische Heiligtum. Schriftliche Überlieferungen und archäologische Funde belegen, dass Vertreter aller Glaubensrichtungen ihren Platz in der Stadt hatten. In der quirligen, gut frequentierten Handelsmetropole herrschte Glaubenstoleranz – zur Blüte der Seidenstraße zwischen 7. und 10. Jahrhundert ein Gebot der Zeit.

Große und Kleine Kyz-Qala

Von den Arabern bekam die Stadt schließlich den Namen Merw (Marw). Zu ihrer Zeit wurden die wohl heute bekanntesten Bauwerke der Metropole errichtet: die Große und Kleine Kyz-Qala, einstmals mächtige und luxuriöse Wohnburgen, heute westlich vor den Stadtmauern als relativ gut erhaltene Ruinen mit imposant durch Halbrund- säulen gegliederten Wänden zu bewundern.
Zahlreiche andere Bauwerke aus dieser Zeit, wie Garnisonen, Regierungsgebäude, Moscheen und ein Gefängnis, sind nur noch an den Resten ihrer Grundmau-

ern westlich von Giaur Qala auszumachen. Sie bilden das Zentrum der damals schon 350 Hektar großen sogenannten Sultan Qala, die im 11. Jahrhundert unter dem Seldschuken-Sultan Malik Schah endlich mit einer (neun Kilometer langen!) Mauer umgeben wurde.

Mausoleum Muhammad ibn Zaid

Die Seldschuken, die man gut als Vorläufer der heutigen Turkmenen bezeichnen kann, hatten die Stadt 1037 erobert und anschließend zu ihrer Hauptstadt gemacht, was ihr einen weiteren Wachstumsimpuls verlieh. Eine Episode nur im großen Bauboom, aber bis heute als Pilgerstätte erhalten: Das schöne Mausoleum Muhammad ibn Zaid in der westlichen Vorstadt, errichtet für einen berühmten Lehrer und direkten Nachfahren des Propheten Mohammed, der den Islam nach Zentralasien gebracht haben soll.

Mausoleum Sultan Achmad Sandzhar

Sultan Sandzhar lässt im 12. Jahrhundert weitere 200 Hektar des wuchernden Stadtgebildes ummauern und fügt im Nordosten (unweit von der heutigen Moschee Hodzha Jussup Baba) die Zitadelle Schahriyar Ark mit seiner Residenz ein. Außer einigen Mauern und der Kepter-Chana, dem relativ gut erhaltenen Pracht›stall‹ für die die damals immens wichtigen Brieftauben, ist nichts mehr zu erkennen – Merw hat seine größte Ausdehnung erreicht. Sandzhar hinterlässt der Stadt das bis heute herausragende Bauwerk: das Mausoleum Sultan Achmad Sandzhar im Zentrum von Sultan Qala. Nach seinem Tod 1157 wird er hier begraben, nach Merws Zerstörung durch die Mongolen an einen bis heute unbekannten Ort umgelegt. Das ehemals blaue Dach des 38 Meter hohen Bauwerks soll Reisenden bereits eine Tagesreise von Merw entfernt den Weg gewiesen haben. Auch heute überragt die schöne zweischalige Kuppel die Ruinen deutlich. Nach einer umfangreichen Restaurierung 2004 kann das Mausoleum in neuem Glanz besichtigt werden.

Die Mauern der Großen Kyz-Qala

▲ Karte S. 330

Niedergang Merws

Nach Sandzhars Tod kam es zum Niedergang der Seldschuken-Dynastie, doch die Metropole blieb und wurde ein wichtiges Zentrum der Schahs von Chorezmien. Wachstum und Entwicklung der Stadt wurden mit der Eroberung und Zerstörung durch die Mongolen 1221 jäh beendet. Man geht davon aus, dass damals mehr als eine Million Menschen massakriert wurden, viele von ihnen hatten Schutz in den Mauern der mächtigen Festung gesucht. Der Vernichtung von Merw und seiner Bevölkerung war eine der größten Tragödien in der Menschheitsgeschichte.

Trotz partieller Wiederaufbauversuche nach dem Mongolensturm erreichte Merw seinen alten Glanz nie wieder. Zwar entstand zur Zeit der Timuriden (14./15. Jhd.) noch die Abdulla-Chan-Qala, gut zu erkennen zwischen den

Ruinen des alten Merw und dem heutigen Bajram Ali, zwar wurden die beiden Aschchab-Mausoleen südlich der Sultan Qala und die Eisspeicher vor den Toren der Stadt gebaut, aber bald darauf versank die einstige Metropole endgültig in der Bedeutungslosigkeit. Die großen Geschäfte mit Seide, Gewürzen, Tee und anderen ›Kolonialwaren‹ wurden nunmehr über den Seeweg abgewickelt.

Die Ruinen von Gonur Depe

Nicht Merw, sondern ein anderer Ort hat den Ausschlag dafür gegeben, dass von der Margiana als fünfter Hochkultur der Menschheitsgeschichte gesprochen wird. 60 Kilometer nördlich von Mary liegt ein Ruinenfeld mit der Arbeitsbezeichnung Gonur Depe, ›grauer Hügel‹. Die schlechte Straße hierher sollte niemanden abschrecken. Die archäologischen Forschungen in dieser frühen bronzezeitlichen Metropole, deren mächtige, von einem gewaltigen Mauerring umfriedete Überreste erst 1972 unter einem ausgestreckten Sandhügel entdeckt wurden, brachten Sensationelles zutage. Die freigelegten Fundamente lassen auf 28 Hektar eine beeindruckende Meisterleistung früher Stadtplanung aus dem 3./2. Jahrtausend vor unserer Zeit erkennen.

Das Herzstück der Stadt bildete ein quadratisches Palastareal, der Schachristan, der durch mit 21 Türmen bewehrte Mauern befestigt war. Die Stadt war in verschiedene Gebiete eingeteilt, darunter Wohnareale, Handwerkerviertel für Töpfer, Schmiede und andere Meister, Tempel und Friedhöfe. Es gab eine Wasserleitung aus Tonröhren. Besonders faszinieren die ›Königsgräber‹ – mit feinsten Mosaiken ausgeschmückte Grabhäuser, in denen die verstorbenen Herrscher prunkvoll zur letzten Ruhe gebettet wurden. Alle Gebäude sind aus genormten Lehmziegeln errichtet.

Von April 2018 bis Juni 2019 fand in Berlin, Hamburg und Mannheim eine viel beachtete Ausstellung über Gonur Depe statt (›Margiana. Ein Königreich der Bronzezeit in Turkmenistan‹, mit umfangreichem Katalog: ISBN 9 783731 906629). In der Ausstellungsbeschreibung hieß es zu den Königsgräbern: ›Reich verzierte, mitsamt den Zugtieren beigegebene Prunkwagen, Schmuck, Waffen, Ritualgeräte sowie prachtvolle Gefäße aus Silber und Gold stellen einzigartige Meisterwerke bronzezeitlicher Handwerks- und Goldschmiedekunst dar.‹

An den Grab- und Kultstätten konnten die erfahrenen Archäologen unter Sarianidis Leitung ablesen, dass die hier lebenden Menschen einem polytheistischen Glauben anhingen, Feuerkult betrieben und Haoma tranken – ein berauschendes Getränk aus Ephedra, Mohn und Cannabis. Margiana wird mit den Anfängen des Zoroastrismus in Verbindung gebracht, man findet es im Heiligen Buch Awesta als ›Mourv‹ erwähnt. Der Ort ist frei zugänglich, mit etwas Glück wird man ab Mitte April Zeuge der Grabungen unter Nadezhda Dubowa, Nachfolgerin Viktor Sarianidis, Autorin zahlreicher archäologisch-anth-

Tongefäß in Gonur Depe

ropologischer Werke. Ohne sie oder einen guten Guide sehen die meisten Besucher hier nichts außer schweigenden Mauerresten...

Mary

Die Stadt Mary, Hauptstadt des gleichnamigen Welajats, eignet sich gut als Ausgangspunkt für die oben beschriebenen Touren, da die An- und Rückreise aus/nach Aschgabat und die Besichtigung von Merw und ggf. Gonur Depe an einem Tag nicht zu bewältigen sind. In Mary lohnt sich ein Besuch im Museum für Geschichte und Heimatkunde des Welajats Mary. Das Museum befand sich bis 2010 in einem charmanten alten Haus, zog aber um in ein neues, palastartiges Gebäude mit hochherrschaftlichem Treppenhaus und Sälen, in denen sich die Ausstellungsstücke eine Nummer zu klein zu fühlen scheinen. Das haben sie nicht nötig, denn sie sind allesamt sehenswert – sie stammen aus den bedeutenden Ausgrabungsstätten der Margiana: schmucklose, aber außerordentlich formschöne Keramikgefäße, Tonröhren für Wasser- und Abwasserleitungen, Siegel und Amulette mit detailgetreuen Miniaturabbildungen, rätselhafte Ritualgegenstände, Statuetten. Auch die ethnographische Abteilung mit ihren schönen Schaubilden, Teppichen und Trachten ist einen Blick wert.

Das Museum befindet sich im Stadtzentrum direkt an der Hauptstraße (Di–So 10–17, Pause 13–14 Uhr, Eintritt 10 US-Dollar).

Mary

Vorwahl: +993/522

Flughafen 5 km vor der Stadt. Täglich drei Flüge von/nach Aschgabat, einer von/nach Turkmenbaschi. Turkmenistan Airlines: Magtymguly 11, Tel. 32777.

Taxi in die Stadt: 2 US-Dollar.

Tgl. Züge nach Aschgabat, Turkmenbaschi, Turkmenabat, Daschoguz. Bahnhof im Zentrum, hinter dem Hotel Sultan Sandjar.

Busverbindungen in alle Landesteile, der Busbahnhof liegt neben dem Bahnhof.

Taxifahrten kosten 1–2 US-Dollar innerhalb der Stadt, fast jedes Auto ist ein ›Taxi‹, der Preis zu den Ruinen ist Verhandlungssache.

Mary, Mollanepes, Tel. 67591, 70–120 US-Dollar, neu.

Margush, Gowshuthan 20, Tel. 32328, 50–70 US-Dollar.

Motel Rajhat, Serkhetabat 15, Tel. 34970, ab 40 US-Dollar, Randlage.

Yrsgal, Ata Köpek Margana 2, Te. 53976, 60–80 US-Dollar, neu, Zentrum.

Dayanch, im Dorf Sakarchage 15 km westlich der Stadt, neu.

Sachra, Magtymguly 40, Schaschlyk, russisch & turkmenisch.

Ak Bürgüt, Ashgabat k., türkisch, kein Alkohol, schöner Garten.

Altyn Ay, Turkmenistan k., geöffnet bis 24 Uhr.

Carlak Kafe, Mollanepes 64, turkmenisch und russisch, gut!

Gyzylkum Kafe, Garassyzlyk k., am Fluss, große Auswahl, kaltes Bier.

Altyn Asyr Café Bar, Gulistan k., unweit vom Hotel Sultan Sanjar, Fassbier, gute Auswahl, freundlich.

Basar in der Mollanepes Straße, an blauer Kuppel zu erkennen.

Tekke Basar, 4 km außerhalb: alles, auch Teppiche, sonntags großer Markttag.

▸ Karte S. 329

Karakum – mehr als Wüste

Der britische Reisende und Diplomat Alexander Burnes schrieb im 19. Jahrhundert: ›Alle anderen Wüsten sind verschwindend klein im Vergleich zu diesem endlosen Sandmeer. Ich kann mir keinen schlimmeren Anblick vorstellen.‹
Für die Nomaden jedoch, die Tekke, Jomud, Salyr, Karandaschli und Ersar, ist es ihre Heimat, deren Sonnenuntergänge und Sandstürme sie gegen nichts eintauschen möchten. Kümli, Sand- oder Wüstenvolk, nennen sie sich, und der Telpek, die schwere Mütze aus Ziegenfell, schützt sie gegen Sonne wie Kälte. Inzwischen leben die wenigsten von ihnen ständig draußen in der Wüste.

Das Tor zur Hölle

Kamelzüchterdorf Yerbent

Östlich der Straße auf der Höhe einer TNÖ-Tankstelle liegt das große Dorf Yerbent, gegründet im 1881 von Verteidigern der Festung Gök Depe (Geok Depe), die sich nach der blutigen Schlacht unter General Skobeljew retten konnten und ihren Verfolgern erst hier entkamen. Im und um das Dorf kann man sehr gut die Folgen menschlicher Besiedlung für die Wüste sehen: Während im Dorf neben jedem Haus große Stapel von Saxaul liegen und sogar die Pferche der Tiere daraus gebaut sind, ist die Wüste im Umkreis von mehreren Kilometern leer und bietet das ›klassische‹ Bild einer Sandwüste. Die ›richtige‹ Karakum jedoch ist durchaus nicht kahl, sondern bewachsen mit zahlreichen Sträuchern, Stauden, Zwiebelpflanzen. In Yerbent kann man sich im Laden verproviantieren und den Falkenjägern einen Besuch abstatten, deren Häuser man unschwer an den bildschönen Sakerfalken erkennt, die vor einigen Häusern auf diversen Sitzhilfen hocken. Auch traditionelle Kelims werden hier noch gewebt.

Das Tor zur Hölle

In den letzten Jahren ist östlich von der Straße Yerbent – Daschoguz unweit des ehemaligen Ortes Darwaza (Derweze) ein regelrechtes touristisches Mekka entstanden:
Hier befinden sich drei Krater von je ca. 200 Metern Durchmesser und ca. 50 Metern Tiefe. Die beiden Krater westlich neben der Straße enthalten mit Tausenden Plastikflaschen ›gesättigtes‹ Wasser, aus dem Schwefelblasen aufsteigen bzw. kleine blubbernde Schlammtöpfe mit Feuer an den Rändern. Wahrhaft spektakulär ist der dritte, östlich von der Straße auf der Höhe des Kontrollpostens an der Grenze zum Welojat Daschoguz, und ca. fünf Kilometer Luftlinie von ihr entfernt, in dem seit 1971 ein wahrhaftiges Höllenfeuer brennt. Der Krater entstand bei Erkundungsarbeiten, Gas strömte aus und wurde von den Geologen angezündet, weil man glaubte, es sei eine Blase und sonst nichts. Die Blase erwies sich als gut ›vernetzt‹. Der Präsident gab 2010 die Anordnung, den Krater zu schließen, aus Umwelt- und Sicher-

Sandstürme, eine echte Gefahr: Denkmal in Balkanabat

heitsgründen. Getan wurde nichts – und inzwischen hat sich Darwaza zu einem der touristischen Highlights entwickelt. Kleine und große Gruppen umlagern die Krater, und am ›Höllentor‹ hat sich sogar ein Camp aus Jurten und Zelten gebildet, denn im Dunkeln ist das Schauspiel besonders lohnenswert. Wild zelten ist erlaubt, aber man sollte einen gehörigen Sicherheitsabstand zwischen sich und den Feuerherd bringen, der Wind kann auffrischen und drehen, und die Funken fliegen weit. *40.254208, 58.442554*

Wüste und Wüstungen

Karakum, fälschlicherweise als ›Schwarzer Sand‹ übersetzt, bedeutet in Wirklichkeit ›große Wüste‹. Und so fährt man stundenlang auf überwiegend schlechten Straßen durch die einförmige Landschaft, deren karge Schönheit sich von der Straße aus nicht erschließt. Will man den Zauber der Wüste erahnen, muss man hineinfahren und wenigstens einen Abend und eine Nacht hier inmitten von Saxaul und anderen merkwürdigen Gewächsen verbringen, unter einem Himmelszelt, auf dem bei klarem Himmel die Milchstraße prächtig ausgebreitet ist. Dromedare ziehen scheinbar herrenlos durch die Dünen, hin und wieder begegnet man kleinen Herden von Ziegen und Schafen. Erstaunt nimmt man zur Kenntnis, dass hier, je näher man der usbekischen Grenze kommt, zahlreiche Ruinenstädte im Sand vor sich hindämmern. Nicht immer war es hier so wüst. Der Amudarja hat sein Flussbett mehrmals dramatisch verändert, das letzte Mal im 16. Jahrhundert, als er seine Wasser plötzlich nicht mehr ins Kaspische Meer, sondern in den Aralsee zu tragen beliebte. Zahlreiche Orte an seinem nunmehr ehemaligen Unterlauf waren plötzlich von der Wasserversorgung abgeschnitten und wurden zu Wüstungen.

Hunderte von solchen Ruinenstädten gibt es im ›Maverannahr‹, dem Zwischenstromland zwischen den Flüssen Amudarja und Syrdarja und deren größtenteils ausgetrockneten Altarmen. Menschengemachte Katastrophen wie Kriege, aber auch die Launen des Wassers bestimmten ihre Geschicke. Auf turkmenischer Seite können die Wüstungen Devkesken und Izmukshir, Suguruy und Diyarbekir besichtigt werden, allesamt von gewaltigen Ausmaßen und mit zum Teil gut erhaltenen baulichen Details. Zufahrtsstraßen gibt es nicht, Geländewagen sind vonnöten. Einzig Suguruy erreicht man von der Straße aus zu Fuß.

▸ Karte siehe Faltkarte

Lebensader oder Krampfader? Der Karakum-Kanal

Vom Flugzeug aus kann man es gut erkennen – breite grüne Bänder ziehen sich durch die Wüste und bringen sie hier und da gar zum Verschwinden. Endlose Felder in einer ursprünglich wasserlosen Landschaft. Wasser, das eigentlich woanders hingehört. Geborgter Reichtum mit fatalen Folgen...

400 Kubikmeter Wasser pro Sekunde werden dem wasserreichen Amudarja bei Atamyrat im Osten Turkmenistans abgezapft. Sie strömen durch einen 1400 Kilometer langen Kanal und seine Seitenkanäle durch die Wüste Karakum. Die Kanäle sind größtenteils offen und nicht nach unten abgedichtet. Die Hälfte des Wassers verdunstet und versickert nutzlos. Die übrige Hälfte besprengt Aschgabats üppige Grünanlagen, lässt Springbrunnen sprudeln und künstliche Wasserfälle rauschen und bringt Wasser zu den riesigen Baumwollplantagen, den Melonen- und Reisfeldern.

Das kostbare Nass ist ein Segen, aber es ist auch ein Fluch. Dem Amudarja wird seit den 1960ern allein durch diesen Kanal jährlich etwa die Hälfte des Wassers entzogen – 12 bis 13 Kubikkilometer. Das sind 40 Prozent des Zuflusses für den Aralsee. Da auch der zweite Zufluss, der Syrdarja, bei weitem nicht seine gesamte Wassermenge zum See trägt, ist der Aral inzwischen so gut wie verschwunden und kann seine niederschlagsbildende Funktion nicht mehr erfüllen, was zur Verwüstung ganz Zentralasiens beiträgt → S. 152. Zudem führt das Versickern der Wassermassen in der Wüste zu deren Versalzung – das macht den Boden auf Dauer völlig unfruchtbar und führt somit zum Gegenteil dessen, was ursprünglich geplant war.

Der durch die Bewässerung möglich gemachte Übergang zur Baumwolle als Monokultur hat gravierende soziale und ökonomische Folgen für die Baumwollproduzenten wider Willen gehabt. Die Bewohner der mittelasiatischen Oasenstädte in vorsowjetischer Zeit waren Selbstversorger. Sie bauten neben Obst und Gemüse vor allem Getreide an. 1913 waren es 212 000 Tonnen Weizen. 75 Jahre später wurden nur noch 21 000 Tonnen geerntet, zehn Mal weniger! Mittelasien war von Getreideimporten abhängig geworden. Die Ersetzung lebensnotwendiger, bewährter Anbaukulturen durch die ewigdurstige Baumwolle erfolgte auf Weisung Moskaus. Ziel der sowjetischen Wirtschaftspolitik war die Nutzung des Gletscherwassers aus Pamir und Tien Shan bis zum letzten Tropfen. Die Monokultur der Baumwolle wurde auf ein Maximum ausgedehnt. Dem lagen unterschiedliche Überlegungen zugrunde. In den Anfangsjahren der Sowjetmacht spielten militärische Erwägungen eine Rolle – aus Baumwollsamen lässt sie Schießpulver herstellen. In späteren Jahren stand der Devisen-Aspekt im Vordergrund: Baumwolle brachte harte Währung auf dem Weltmarkt.

Mühselig per Hand gepflückt: Baumwolle

Der letzte Gruß des Wassers von den Pamir-Gletschern geht an die Zuckermelonenfelder bei Bereket. Dann ist Schluss mit Grün. Es triumphiert die Wüste.

UNESCO-Weltkulturerbe Konya Urgentsch

Neben Merw und Nisa ist Konya Urgentsch (Kunya Urgench, ausgesprochen: Köne-Ürgentsch) sicher das wichtigste Ziel für die meisten Turkmenistan-Reisenden. Es braucht ein bisschen Phantasie, um sich zu den weit verstreuten Ruinen auf dem riesigen Territorium am Südrand des Ortes die bedeutende Stadt dazu zu denken, die sich hier einmal befand. Ihre Glanzzeit hatte die Stadt als Gurgandzh, Metropole von Chorezmien, bis ins frühe 13. Jahrhundert. Aus dieser Epoche stammen das Mausoleum für Il-Arslan und das Mausoleum des Sultan Tekesch (Gök Gumbaz) aus dem 12. Jahrhundert. 1210 wurde die Hauptstadt von Chorezmien nach Samarkand verlegt, 1220/21 folgte mit der Zerstörung durch das Mongolenheer eine Tragödie. Das trotz langer Belagerung nicht einnehmbare Gurgandzh wurde geflutet, indem der Staudamm am Amudarja von den Mongolen durchstochen wurde.

Die Stadt wurde ob ihrer strategisch günstigen Lange wiederaufgebaut. Nun hieß sie Kunya (Konya, Kohne) Urgentsch, das ›Neue Urgentsch‹, war als Handelsstadt und geistiges Zentrum des Sufismus weit über die Grenzen Chorezmiens bekannt. Zeugnisse aus dieser Zeit sind das Mausoleum für Tura-Beg Hanum, das Mausoleum für Nadzhmeddin Kubra, das Minarett Qutlugh Timur und das rekonstruierte Portal der Karawanserei Dasch Kala.

1388 ereilte Kunya Urgentsch ein neues Unglück. Tamerlan ließ sie dem Erdboden gleichmachen, weil ihm die Konkurrenz zu seiner Metropole Samarkand ein Dorn im Auge war. Der Ort verfiel in der Bedeutungslosigkeit, zumal seine Lebensader, der Amudarja, sich im 16. Jahrhundert ein neues Bett suchte und Kunya Urgentsch auf dem Trockenen blieb. Erst durch den Bau eines Kanals im 19. Jahrhundert gelang es, den Siedlungen der Umgebung wieder zu bescheidenem Wohlstand zu verhelfen.

Nicht nur die architektonischen Zeugnisse der Geschichte machen Kunya Urgentsch interessant. Es ist vielmehr auch eine sehr authentische Atmosphäre, die von den zahlreichen Pilgern ausgeht, die den Ort besuchen. Besonders beliebt bei den Pilgern ist das Mausoleum für Nadzhmeddin Kubra (Nadzhm al-Din Kubra, 1145–1221), den Begründer eines Sufi-Ordens der Kubraisten, der auf dem

Blick über Konya Urgentsch

▲ Karte S. 340

Mauerdetail am Minarett Qutlugh Timur

Gebiet von Karakalpakistan und Turkmenistan viele Anhänger hatte. Zu seiner Rolle als Poet, Lehrer, Scheich kommt noch der Ruhm des Märtyrers, den er sich 1321 erwarb, als er den freien Abzug, den ihm die Mongolen zu gewähren bereit waren, ausschlug. Er verteidigte gemeinsam mit seinen 360 Schülern seine Stadt und wurde im Kampf enthauptet. Da man Kopf und Körper nicht mehr zuordnen konnte, errichtete man zwei Kenotaphe am Ort seines Todes, einen für sein Haupt, und einen für den Körper. Den Ort, wo Nadzhmeddin und alle seine Schüler im Kampf ihr Leben ließen, nennt man heute im Volksmund den ›Platz der 360 Heiligen‹. Hier befindet sich das Mausoleum.

Mausoleum für Nadzhmeddin Kubra

Möglichweise kommen zu dieser Pilgerstätte mehr Besucher als zu den Überresten des alten Gurgandzh. Während jene vor allem von Ausländern aufgesucht werden, ist das Mausoleum für den hochverehrten Scheich ein beliebtes Ziel der Einheimischen. Es befindet sich in der Mitte des Ortes Konya Urgentsch, der gleichsam um das Mausoleum herum gewachsen ist wie eine Muschel um eine besonders wertvolle Perle.

Man betritt den Komplex, der inmitten eines historisch gewachsenen Friedhofs liegt, vom Parkplatz aus. Links vom Eingang fällt ein kahler, geneigter Baumstamm auf, unter dem Frauen sich hindurchzwängen – einer der vielen Bräuche zur Ehrung der Ahnen und Heiligen, von deren Einhaltung man sich Gesundheit, Glück und Kindersegen verspricht.

Das Mausoleum für Nadzhmeddin liegt linkerhand. Der Peschtak ist leicht nach vorn geneigt, seine vier Kuppeln sind zurückhaltend verziert. Der harmonisch wirkende Bau wurde im 14. Jahrhundert auf Geheiß des Statthalters Qutlugh Timur errichtet und stellt eine beträchtliche Erweiterung des alten Mausoleums aus dem 13. Jahrhundert dar, welches nur aus einer einzigen überkuppelten Kammer bestand. Den wunderschön restaurierten zentralen Innenraum mit zwei den geschmückten Kenotaphen für Haupt und Körper des Scheichs Nadzhmeddin sollte man ohne Schuhe, mit bedecktem Haupt und in gebührender Stille betreten.

Pilgerinnen am Kubra-Mausoleum

Das mit blauen, grünen und weißen Majolika-Fliesen verzierte Portal gilt als besondere Perle mittelasiatischer Kunst am Bau und als Meisterstück turkmenischer Restaurationsarbeiten. Man muss wissen, dass sich der gesamte Gedenkkomplex in der Mitte des 20.Jahrhunderts in einem überaus traurigen Zustand befand, in den 1980ern restauriert, aber erst unlängst im jetzigen Gewand fertiggestellt wurde. Finanziert hat die Arbeiten der Fonds des US-Botschafters in Turkmenistan.

Gegenüber der Grabmoschee, ihr leicht zugeneigt mit einem etwas schiefen

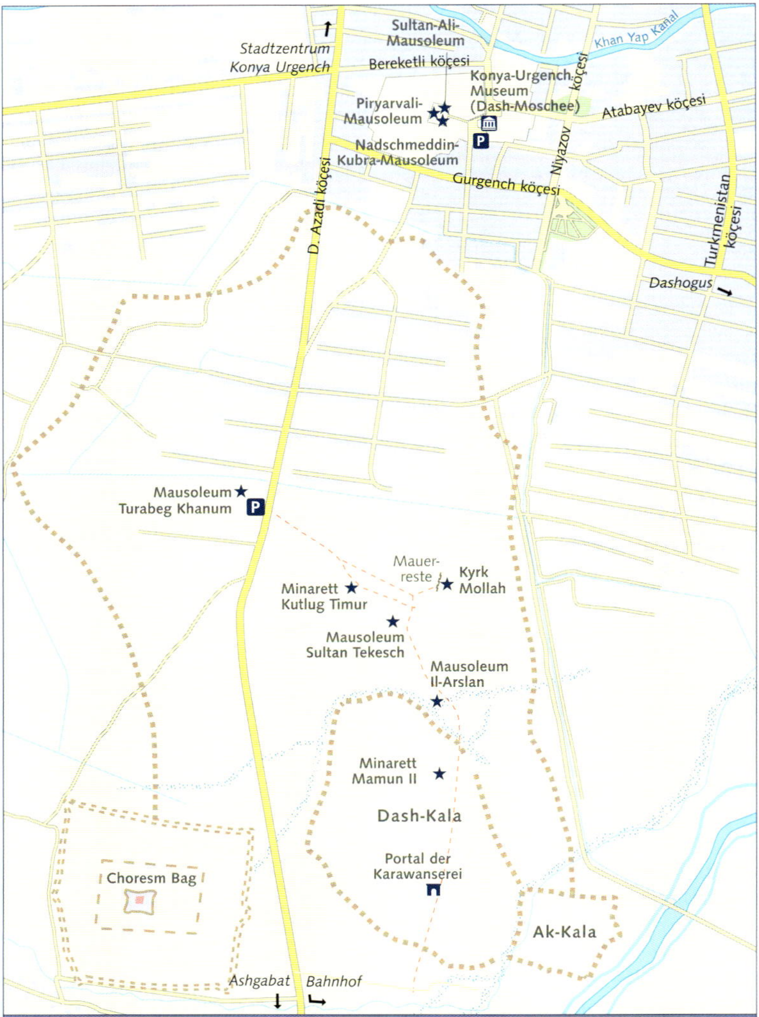

Die Ausgrabung Konya Urgench

Peschtak, steht ein relativ schmuckloser unvollendeter Kuppelbau aus dem 15. oder 16. Jh., das Sultan-Ali-Mausoleum. Komplettiert wird die Anlage vom kleineren Mausoleum Piryarvali.

Gegenüber dem Gesamtkomplex liegt neben dem Parkplatz das Mausoleum Matkerim Ischan und das Museum der Dash-Moschee.

Spaziergang über das Ruinenfeld von Gurgandzh

Die meisten Besucher wählen den nördlichen Zugang am Stadtrand als Startpunkt. Empfohlen, weil dramaturgisch günstiger (›Das Beste zum Schluss!‹) sei jedoch ein umgekehrtes Vorgehen.

Man beginnt südlich vom Ruinenfeld, knapp 500 Meter westlich von einem kahlen Hügel, der die alte Festung Aq Kala bedeckt, und schreitet auf dem ausgebauten Hauptweg auf das gut sichtbare, einsam auf weiter Flur stehende Tor zu. Laut Beschilderung handelt es sich um das teilweise wiederhergestellte Tor der Karawanserei aus dem 12./13. Jahrhundert, aber dafür ist das Bauwerk eigentlich zu prächtig. Man beachte die wundervollen Mosaiken innen am Torbogen, mit ihren geometrischen und floralen Ornamenten. Bis zum nächsten Bauwerk links vom Hauptweg, dem Stumpf des 1010/11 unter Mamun II. errichteten Minaretts läuft man ca. 500 m. Die Grundmauern der dazugehörigen Moschee sind kaum noch zu erahnen. Weitere 250 Meter werden zurückgelegt, um zum hübschen, aber für eine Herrschergrabstätte erstaunlich kleinen Mausoleum Il Arslan aus dem 12. Jahrhundert zu gelangen. Nach 300 weiteren Metern auf dem sich jetzt leicht nach links wendenden Weg hat man einen der Glanzpunkte erreicht: das gern fotografierte Mausoleum für Sultan Tekesch, den machtbewussten und erfolgreichen Chorezmien-Schah. Das markante Bauwerk mit seiner hohen, türkisblauen konischen Kuppel wurde nach Tekeschs Tod im Jahre 1200 errichtet. Erstaunlicherweise hatte dieses imposante Grabmal den Mongolensturm fast unversehrt überstanden.

Der Weg gabelt sich hier – rechts führt er auf den teilweise ummauerten großen Hügel Kyrk Molla (›Hügel der der 40 Mullahs‹), zu den Resten einer Festung, die wahrscheinlich den ältesten Siedlungskern von Gurgandzh bilden.

Mosaiken am Torbogen der Karawanserei

Das Mausoleum Il Arslan

Nach links zieht es die meisten Besucher fast wie mit magnetischer Gewalt - hier ragt das mit 62 Metern höchste Minarett Zentralasiens in den Himmel: das imposante Timur-Qutlugh-Minarett. Seinen Namen trägt es nach Qutlugh Timur, dem chorezmischen Statthalter aus dem 14. Jahrhundert. Er hat wohl das von den Mongolen zerstörte alte Minarett wiederaufbauen und möglichweise dabei erhöhen lassen. Wunderschöne Zierleisten mit Inschriften und wohldosiert eingefügte türkisfarbene Majolika-Kacheln schmücken das Bauwerk. Die Stabilität des Turmes wird durch eine starke Verjüngung von 12 Metern an der Basis auf zwei Meter an der Spitze erreicht. 143 hohe Stufen führen nach oben auf eine Höhe von 51 Metern, manchmal ist die Aussichtsplattform geöffnet.

Etwa 200 Meter westlich davon passiert man das hübsche Mausoleum Seyit Ahmet, um dann einem weiteren Magneten zuzustreben: der imposanten Grabmoschee Tura-Beg Hanum jenseits von Straße und Parkplatz. Der mit einem gewaltigen Portal und wundervollen Muqarnas versehene Bau wurde im 14. Jahrhundert errichtet. Ob wirklich Qutlugh-Timurs Frau Tura-Beg-Hanum hier bestattet wurde, gilt als nicht sicher. Eine Besichtigung von innen empfiehlt sich unbedingt, die Kuppel über dem für damalige Verhältnisse immensen Innenraum ist wunderschön. Man wähnt sich unter einem geometrisch perfekt geordneten Sternenhimmel.

Anreise über Daschoguz

Die meisten Besucher wählen für die Anreise nach Kunya Urgentsch den Flughafen Daschoguz, der Hauptstadt des gleichnamigen Welajats. Es geht täglich mindestens ein Flug von/nach Aschgabat. Daschoguz kommt auch als Übernachtungsort in Frage, es gibt einige gute Hotels. Eine der Strecken empfiehlt es sich mit dem Auto zu fahren - so kann unterwegs der brennende Gaskrater von Darwaza besichtigt werden.

Daschoguz (Daşoguz)

Vorwahl: +993/322

Provinzieller Flughafen 5 km vor der Stadt. Täglich Flüge von/nach Aschgabat. Turkmenistan Airlines: Ruhnama 100, Tel. 990058. Transfer Flughafen–Stadt: Taxi, 1–2 US-Dollar

Züge nach Aschgabat, Turkmenabat und Mary. Bahnhof in der Wokzal k.

Busse nach Aschgabat, Turkmenabat und Konya Urgentsch. Busbahnhof im Norden der Stadt in der Nähe des Bai-Basars. Fast jedes Auto ist ein ›**Taxi**‹, Preis 1–2 US-Dollar innerhalb der Stadt, zu den Ruinen Verhandlungssache.

Dashoguz, Turkmenistan (Azatlyk) 88, Tel. 18000; 70–90 US-Dollar, neu, gut, WLAN!

Diyarbekir, Turkmenbaschi 7, Tel. 59047; EZ/DZ 50/60 US-Dollar, neu, eigenes Restaurant.

Uzboy, Turkmenbaschi 19/1, Tel. 26014, 40–70 US-Dollar, Restaurant.

Shatugi, al Khorezmi 6, große Auswahl, beliebt, laut.

Bagtyyarlyk, Alisher k., halal, internationale Karte.

Cafe Bereket, Atamurad Nijazov, unweit vom Bahnhof, mit Garten.

Bai-Basar nördlich vom Zentrum, hier kann man auch gut zu Mittag essen (Schaschlyk!).

Um den Großen Balkan

Zwischen Kaspischem Meer und Karakum erhebt sich schroff ein felsiges Inselgebirge, der Große Balkan, bis zu 1880 Meter hoch. Seine Täler und der Windschatten des Gebirges boten Schutz vor Überfällen und den hier häufigen Sandstürmen, und so war der Balkan ein bevorzugtes Siedlungsgebiet für die ersten turkmenischen Stämme, die sich in der Gegend niederließen. Vom Reichtum unter den Hufen ihrer Pferde ahnten sie nichts.

Freunden sowjetischer Kultfilme mag die Gegend irgendwie bekannt vorkommen. ›Weiße Wüstensonne‹, der legendäre ›Eastern‹ von Wladimir Motyl (1969) über den Bürgerkrieg in Mittelasien wurde zwischen Nebit-Dag und Kaspischem Meer gedreht. Auch der Drehort für die mutig-originelle sowjetische Filmsatire ›Kin-dsa-dsa‹ von Giorgi Danelia (1986) lag in der Wüste bei Nebit-Dag, dem heutigen Balkanabat. Und schließlich wurde auch ›Das goldene Kalb‹ nach dem berühmten Roman von Ilf/Petrov unweit von hier gedreht: im Örtchen Mollakara (Mollagara), seit 1908 bekannt als Heilschlamm-Kurort und als solcher 2012 komplett rekonstruiert.

Musterstadt Balkanabat

Manch einem wird diese junge Stadt unter ihrem ehemaligen Namen Nefte-Dag oder Nebit-Dag ein Begriff sein – ›Erdölberg‹. 1933 als Station an der Transkaspischen Eisenbahn gegründet, wuchs sie nach dem Zweiten Weltkrieg schnell. Bereits vor dem Krieg waren hier bedeutende Erdölvorkommen gefunden worden, die man nun auszubeuten begann. Nebit-Dag kann als Muster sowjetischer Siedlungspolitik gelten, noch heute sieht man es der Stadt an. Da sind die endlosen Reihen der zweigeschossigen Ziegelhäuser der 1950er, meist von Kriegsgefangenen oder anderen Zugezogenen gebaut – in diesem Falle waren es Bulgaren. Daneben die Dreigeschosser der 1960er, immer noch aus Ziegeln, aber nicht mehr so solide gebaut. Diese Viertel sind relativ grün und regelrecht liebenswürdig. Nun kommen die Plattenbauten der 1970er ins Spiel, teilweise noch mit liebevollen ›Ethno‹-Details der entsprechenden Region, maximal fünfgeschossig. Und in den 1980ern dann die ›reine Platte‹, ohne Schnickschnack, meist vier bis sechs, selten bis zu zehn Etagen hoch – diese Häuser machen heute oft

Denkmal für Turkmenbaschi als Staatsführer im Zentrum vom Balkanabat

▸ Karte S. 345

Balkanabat und Umgebung

einen verwahrlosten Eindruck. Es folgten 10–15 Jahre Baupause – das Land musste den postsowjetischen Auflösungsschock verdauen und war mit Bestandssicherung beschäftigt. Dann jedoch setzte eine neue Bauwelle ein – ein Meer von Privathäusern brandet gegen die Steilufer der sowjetischen Betonklötze. Und – in dieser Intensität eine Spezialität von Turkmenistan – futuristische Bauten zu Repräsentationszwecken setzen den Kontrapunkt. Einen Zweck haben sie oft nur verbal, häufig sind es leere Prunkhüllen, eingerahmt in betonierte Plätze riesigen Ausmaßes mit Denkmälern und Wasserspielen. Zu oft müssen für diese verordneten Stadtzentren ältere Privathäuser, Datschen und Gärten weichen – ein ökologischer und sozialer Verlust für die jeweilige Stadt.

Stadtspaziergänge

In Balkanabat alias Nebit-Dag kann man diese Stadtgeschichte in zwei kleinen Spaziergängen erlaufen, als deren Ausgangpunkt sich das Hotel Nebitchi gut eignet. Ein Spaziergang führt hinter das Hotel in die ›Altstadt‹, man sollte mindestens zwei, besser drei bis vier Quartale weit gehen und einfach die Fassaden, Läden, Begrünung und das Leben in den Höfen auf sich wirken lassen.

Denkmal für Turkmenbaschi als Kind mit seiner Mutter in Balkanabat

Schlusspunkt dieser Runde kann das nette Straßencafé Viktoria zwei Quartale hinter dem Hotel sein.

Der andere Spaziergang geht in die entgegengesetzte Richtung, vom Hotel über die Straße und den riesigen Platz zum Denkmal des Turkmenbaschi, von hier nach links am neuen Standesamt (›Haus des Glücks‹) vorbei, zur gigantomanischen, aber nutzlosen Bibliothek. Hier überquert man wieder die Straße, geht ein Stück zurück und passiert das gewaltige neue Theater. Wieder befindet man sich auf einem betonierten Platz. Man strebt nun der Skulptur in der Mitte desselben zu und sieht eine Frau mit gütigem Gesicht und einen ernsten, mageren Jungen. Zwischen beiden liegt ein merkwürdiger Abstand. Eine weitere Skulptur zeigt zwei Jungen. Diese beiden Denkmäler sollen offenbar den Turkmenbaschi als Kind darstellen, in dem Alter, als er seine Mutter und seine beiden Brüder durch das Erdbeben von 1948 verlor. Wer weiß, was dem Land erspart geblieben wäre, wenn der Junge Saparmyrat in einer intakten Familie aufgewachsen wäre.

Balkanabat

Vorwahl: +993/222

Kleiner Flughafen 2 km vor der Stadt, drei Flüge wöchentlich von/nach Aschgabat, Turkmenistan Airlines: Magtymguly, Tel. 33525. Taxi ins Zentrum 1–2 US-Dollar.

Täglich 2 Züge nach Aschgabat (einer fährt nach Daschoguz weiter), einer nach Turkmenbaschi. Bahnhof in der Wokzal k.

Busse nach Aschgabat und Turkmenbaschi, Busbahnhof auf dem Bahnhofsvorplatz.

Nebitchi, Kvartal 198, Tel. 707031; EZ/DZ 70/190 US-Dollar, Restaurants, Internet.
Balkan, Kvartal 225, Tel. 43293; EZ/DZ 30/60 US-Dollar, etwas finster, aber sauber, mit Garten.

Café Viktoria, Kvartal 197, russisch, mit Garten.

Jennet-Basar in der Nähe vom Hotel Nebitchi.
Wochenendbasar am nordwestlichen Stadtrand am Fuß der Berge, hier auch Imbissmöglichkeiten ab mittags.

Maschchat und Dekhistan

Nur wenige Einwohner Balkanabats wissen, dass ihre Umgebung noch andere Höhepunkte hat, als den Gesundheitspfad, der auf Geheiß des Turkmenbaschi in die felsigen Vorberge des schroffen Balkan-Gebirges geschlagen wurde. In den Halbwüsten der Umgebung gibt es durchaus mehr als Kamele und Pferde, Schildkröten, Agamen, Ziesel und Wüstenfüchse. Und so eignet sich Balkanabat als Zwischenstopp für Ausflüge nach Dekhistan, Jangi Qala, Gözli Ata und zur Kara-Bogas-See.

Dekhistan

Für viele heißt der bekannteste Ort im Balkan-Welojat Dekhistan. Ein abgelegener, unwirklicher Ort mitten in der Wüste, bestehend aus zwei Minarettstümpfen, einem kaputten, wunderschön mit Majolika-Fliesen dekorierten Stadttor, kaum erkennbaren Ruinen von Mausoleen und Karawansereien sowie zahlreichen Säulen-Fundamenten, die einmal eine gigantische Moschee oder einen Palast getragen haben müssen. Die Überreste einer riesigen mittelalterlichen Stadt, halb verweht vom Sand. Man nimmt

Die Pilgerstätte Gözli Ata

an, dass es sich um das alte Misrian (Misr, Messorian) handelt, das, günstig gelegen zwischen Chorezmien und dem persischen Hyrkanien, zwischen dem 8. und 15. Jahrhundert eine große Rolle als Handelsstadt gespielt hat. Firdausi hat sie in seinem ›Schahname‹ erwähnt. Mit Sicherheit gab es damals Wasser in der Nähe, sonst hätte eine solche Stadt nicht überleben können. Das benachbarte Flüsschen, das sein Wasser von den Bergen im Osten zur heute wüsten Ebene trägt, könnte in grauer Vorzeit wasserreicher und verzweigter gewesen sein.

Maschchat

Etwa sieben Kilometer von Dekhistan entfernt liegt Turkmenistans berühmteste Nekropole, Maschchat (Meshkhed), so genannt nach dem zentral und leicht erhöht gelegenen Mausoleum für den hier bestatteten Maschchat-Ata. Die ungewöhnliche, helmartige Kuppel ist weithin zu sehen. Das Mausoleum, eigentlich eine Grabmoschee, wird fälschlicherweise auch Shir Kabir genannt. Seine Bedeutung entspringt nicht nur seiner Schönheit, sondern vor allem seinem Alter: es wurde im 10. Jahrhundert errichtet, der prächtige Mihrab möglichweise schon im 9. Jahrhundert. Damit es ist die älteste erhaltene Grabmoschee in Turkmenistan! Anreise: Möglichst nur mit ortskundigem Guide! Ca. 25 Kilometer Luftlinie östlich von der P16, auf halber Strecke von Bugdayry nach Okarem, 25 Kilometer nördlich vom Dorf Madav (Madau).
38.270000, 54.624444

Gözli Ata

In diesem an Pilgerstätten reichen Land zeichnet sich Gözli Ata, ca. vier Fahrstunden von Balkanabat entfernt, durch seine Nachbarschaft zu einer besonderen Nekropole aus. Die ältesten der hier versammelten Grabsteine sind gewiss an die 800 Jahre alt. Es sind vor allem ›Qoj-tas‹ stilisierte Schafsrücken, die, dem islamischen Abbildungsverbot folgend, trotzdem anschaulich darstellen, womit sich der Verstorbene zu Lebzeiten beschäftigt hat. Außerdem fallen einige Steine auf, die abweichend davon, eine Art Kreuz zeigen. Das sind stilisierte Krieger in Drohgebärde (in die Seiten gestemmte Arme), eine im wehrhaften Stamm der Salor sehr verbreitete Grabsteinform.

Begegnung auf dem Weg nach Gözli Ata

▸ Karte S. 345

Atemberaubend: die Felswände von Jangi Qala

Die Einheimischen kommen wegen des Heiligen Gözli Ata hierher, eines Sufi-Lehrers aus dem 12. Jahrhundert, der noch über seinen gewaltsamen Tod hinaus die Gebete um Gesundheit erhören soll – hier besonders Augenleiden betreffend. Gözli Ata bedeutet ›Augenvater‹. Dem Pilgerkomplex ist es anzusehen, dass es viele Menschen gibt, deren letzte Hoffnung der Heilige ist. Die alte Pilgerherberge wurde erweitert um ein neues Gebäude und um überdachte Stellflächen für rituell-kulinarische Massenabfertigungen. Viele der Gäste streben darüber hinaus eine letzte Ruhestätte in der Nähe des Heiligen an – die ständig wachsende Zahl der neuen Gräber neben der alten Nekropole zeugt davon. *40.334183, 54.487483*

Jangi Qala

Anderthalb Fahrstunden weiter ostwärts ist man fast allein mit sich und einer grandiosen Landschaft aus kilometerlangen, steil abfallenden, zerklüfteten Felswänden in rot-weiß-grau. Das sind die südlichen Ausläufer des grandiosen Ustjurt-Plateaus, die hier den Namen Jangi Qala, ›neue Festung‹ tragen. Sie ragen 100 bis 200 Meter aus der mit spärlichen Wermutbüscheln bewachsenen Ebene auf und erinnern an eine Steilküste. Dieser Eindruck ist gar nicht so falsch. Die mächtigen Cliffs sind tatsächlich die Küstenränder eines Meeres, des alten Binnenmeeres Paratethys, das vor ca. 15 Millionen Jahren bis hierher reichte und sich dann langsam zurückzog. Die roten und weißen Schichten sind die Unterwasser-Ablagerungen von Jahrmillionen – und so verwundert es nicht, wenn man hier Meeresfossilien in großer Zahl findet. Die bizarren Formen aber sind der Erosion durch Wind und Wasser geschuldet. An einigen Stellen kann man auf das Plateau fahren und diese wundersame Landschaft von oben betrachten – besonders effektvoll ist das in den Abendstunden. Einige Reiseveranstalter bieten diese Tour mit Zeltübernachtung an, es kann also vorkommen, dass man hier oben nicht ganz allein ist. Die Weite und Stille sind trotzdem atemberaubend. *40.472920, 54.637393*

Kaspisches Meer und Küstenregion

Im August 2018 einigten sich die Staats- und Regierungschefs der fünf Anrainerstaaten des Kaspischen Meeres, Russland, Iran, Kasachstan, Aserbeidschan und Turkmenistan, endlich auf die Nutzung des größten Binnensees der Erde unter einem eigenen Rechtsstatus - weder als See noch als Meer. Die Ausbeutung der gigantischen Vorkommen an Erdöl und Erdgas durch die selbständigen Sowjetrepubliken Kasachstan, Aserbeidschan und Turkmenistan ist nunmehr rechtlich klar geregelt. Die Vereinbarung muss noch von den Parlamenten ratifiziert, die Aufteilung des Meeresbodens noch konkretisiert werden.

Damit hat auch Turkmenistan gegenüber seinem ehemaligen ›Vormund‹ Russland eine klare Position erlangt.

Turkmenbaschi (Krasnowodsk)

Der günstigste Platz für eine Küstenfestung war hier - und die Russen wussten ihn zu nutzen. Bereits im Jahre 1717 wurde an diesem Ort eine Siedlung errichtet, die sich jedoch nicht lange halten konnte - Überfälle, hartes Klima und Krankheiten schlugen die Siedler in die Flucht.

1869 erfolgte mit der Gründung von Krasnowodsk der zweite Anlauf. Der Ort sollte in der Folgezeit eine entscheidende Rolle bei der Eroberung des südlichen Mittelasiens für die russische Krone spielen. Ein Hafen für militärischen Nachschub wurde gebaut, die berühmte Transkaspische Eisenbahnlinie in Rekordzeit von elf Jahren von 1880 bis 1891 von hier bis Samarkand verlegt. Ohne diese Bahn wäre die Schlacht von Gök Depe mit Sicherheit anders ausgegangen. 1896 bekam Krasnowodsk (›Rotes Wasser‹ - so genannt nach dem rötlichen, planktonhaltigen Wasser in der Lagune) das Stadtrecht. Von 1939 bis 1991 war sie Hauptstadt des gleichnamigen Oblast, 1991 übernahm Balkanabat diese Rolle, die Provinz heißt nun Balkan. Zu ›guter‹ Letzt bekam die Hafenstadt 1993 den Namen des selbsterwählten Ehrentitels des ersten Präsidenten des unabhängigen Turkmenistan verliehen. Viele Einwohner nennen ihre Stadt jedoch nach wie vor Krasnowodsk.

Im **Museum für Regionale Geschichte** in der Garajew-Straße sind ein paar interessante Exponate aus der Region zu besichtigen, auch Kartenmaterial über das Kaspische Meer. Leider sind die Öffnungszeiten nicht voraussagbar.

■ Turkmeinstans einzige Hafenstadt

Eine riesige Bucht, geschützt durch eine langgezogene Nehrung, umkränzt von mächtigen Felsenzinnen - in den letzten 300 Jahren wurde alles dafür getan, diese natürlichen Voraussetzungen auszuschöpfen. Das heutige Turkmenbaschi mit der größten Ölraffinerie Turkmenistans und seinem neuen, 2018 eröffneten Hafen von 3,6 Kilometer Kailänge und dem Vorort Dzhanga erstreckt sich entlang der gesamten Nordseite der Bucht und zieht sich bis zu den steilen Felsen hoch. Es überwiegen zwei- bis fünfgeschossige Häuser aus den 1950 bis 1970er Jahren, die beiden neuen Hotels Turkmenbaschi und Çarlak ragen aus der zurückhaltenden Skyline, neu sind auch einige Verwaltungsgebäude, Kultur- und Sportstätten in Ufernähe. Durch einen natürlichen Durchgang, der ein ausgetrockneter Arm des Uzboy (alter Verlauf des Amudarja) ist, führt die Autobahn M37 sechsspurig in die 580 Kilometer entfernt gelegene Hauptstadt. Ein zweiter Durchgang wurde für die Straße zum Flughafen in das Felsmassiv gesprengt. Die Stadt ist

▸ Karte S. 345

Auf dem Bahnhof von Turkmenbaschi

per Auto, Flugzeug, Zug und manchmal per Fähre zu erreichen, letztere pendelt zwischen hier und Baku sowie Astrachan in einem unregelmäßigen, sich keiner Planung unterwerfenden Rhythmus.

Sehenswürdigkeiten

Neben Turkmenen leben in der 80 000-Einwohner-Stadt viele Azeris, Armenier, Kasachen und Russen, dazu gehen immer wieder zahlreiche Ausländer an Land – Turkmenbaschi ist die bunteste Stadt Turkmenistans. Dieses Gefühl kann man am besten auf dem **Basar Dayhan** erhaschen, wo in den Obst-/Gemüse-, Fleisch- und Fischhallen und zwischen den zahlreichen Buden und Garküchen ein farbenfrohes Gewimmel herrscht. Besonders interessant ist die **Fischhalle**. Wer Kefal oder Stör probieren möchte – hier findet man ihn. An die alte russische Hafenstadt erinnern noch das hübsche, restaurierte **Bahnhofsgebäude** von 1895, die **russisch-orthodoxe Kirche** ca. 200 Meter östlich davon sowie die ein- bis zweistöckigen, mit **Holzveranden geschmückten Häuser** im Bahnhofs- und Hafenviertel, ihre Tage dürften allerdings gezählt sein. Das Wissen darum verstärkt die Melancholie, die einen in dieser Stadt befallen kann. Ein Verlorenheitsgefühl, hervorgerufen durch das Verschmelzen von Meer und Himmel in einem schier ewigen Dunst. Auch die neuen, ambitionierten Gebäude, die seit der Umbenennung hier und da in die Bucht gesetzt worden, können diesen Eindruck nicht wegwischen.

Der neue moderne Hafen von Turkmenbaschi

Turkmenbaschi

Vorwahl: +993/243

Flughafen 8 km vor der Stadt; täglich Flüge von/nach Aschgabat, viermal wöchentlich nach Daschoguz.
Turkmenistan Airlines im Hotal Hazar: Azadi, Tel. 4350052.
Transfer Flughafen–Stadt: Taxi 2–3 US-Dollar.

Bahnhof im alten Zentrum, an der Bucht. Täglich mehrere Züge nach Balkanabat und Aschgabat.

Busse nach Balkanabat und Aschgabat, Minibusse nach Kasachstan. Abfahrt vor dem Bahnhof

Taxi: 1–2 US-Dollar innerhalb der Stadt.

Regelmäßiger, aber nicht planbarer Frachtfährverkehr nach Baku, unregelmäßige Verbindung nach Astrachan; Personen und Pkws werden nach Möglichkeit mitgenommen. Man muss sich in eine Warteliste eintragen lassen und bis 2 Tage warten. Überfahrt 12–14 h, keine Imbissmöglichkeit auf dem Schiff. Kabinenpreis um 100 US-Dollar. Information direkt im Fährhafen.

Turkmenbaschi, Bahri-Hazar, Tel. 7174-3293; 50–75 US-Dollar, im Sommer teurer. Gutes Restaurant.
Hazar, Azadi, Tel. 71724633; 20–40 US-Dollar, zentral, sowjetisch-renoviert.
Çarlag, Sagadam 8, Tel. 71721362; 50–100 US-Dollar. Internet, Restaurant, Wechselstube, schick, den Geruch von der Fischfabrik gibt's gratis dazu.

Denis Garlagy, Magtymguly 50, in Einrichtung und Speisen, laut.
Turkmenbaschi, Bahri-Hazar, neben dem Türkischen Park, im zweiten Stock, russisch & turkmenisch.
Zemin, Magtymguly 49, mehrstöckig, mit Dachterrasse und Bick auf Hafen und Meer, Fisch, Schaschlyk und gutes Bier.

Dayhan-Basar (Tscherjómuschki): Magtymguly,westlich des Zentrums. Lebensmittel, auch Stör. Gute Imbissmöglichkeiten

Nationales Erholungszentrum Awaza

Von Turkmenbaschi aus sieht man sie: Im Westen, einer Fata Morgana gleichend, schauen einige weiße Hochhäuser über den Horizont. Sehr vereinzelt, ein Gesamtbild ist nicht zu erkennen. Setzt man sich am Basar in den Stadtbus Nummer 6 und fährt, am Heizwerk und der übelriechenden Lagune vorbei in Richtung dieser Erscheinung, so entpuppt sie sich als riesiges Erholungsgebiet jenseits der Bucht von Turkmenbaschi, am offenen Meer.

Konzipiert als Internationales Erholungszentrum und mit großem Bombast 2009 eingeweiht, erfüllten sich jedoch die Ambitionen nicht. Awaza, so heißt der gigantische Komplex, besteht aus zwei Dutzend Hotels, einem Komplex von Sportstätten, zwei Yachtclubs, etlichen Vergnügungsparks sowie ein paar Ferienhaussiedlungen für den dicken und sehr dicken Geldbeutel. Über allem weht an einem sehr langen Mast die turkmenische Flagge, bewacht von zwei Soldaten mit versteinerten Gesichtern. Eingebettet ist diese Pracht in mühselig dem Salzboden abgerungene, aber teilweise erfolgreich begrünte Parks mit einem künstlichen, von Promenaden flankierten Kanal. Das alles lockt inzwischen einheimische

▶ Karte S. 345

Touristen an, aber auch das nur im Hochsommer. Ausländer kommen nur sehr vereinzelt, offenbar stört sie die Nähe zum Hafen und der großen Ölraffinerie, möglichweise aber auch das künstliche Ambiente der ganzen Anlage.
Man hat das Erholungszentrum deshalb kurzerhand in ein nationales umdeklariert. Als solches funktioniert es auch wie am Schnürchen. Für die Anreise der gut betuchten Zielgruppe hat man riesige bewachte Parkdecks geschaffen, von wo es mit Taxis oder Shuttlebussen in die weitgehend autofreie Zone weitergeht. Die Straßen sind schnurgerade und exzellent geteert, wie riesige schwarze Förderbänder bringen sie die Erholungssuchenden an den Ort ihrer Bestimmung. Dabei ist alles ganz modern, die Bushaltestellen können sich sogar digitaler Temperaturanzeigen rühmen.
Die großen Fünfsterne-Hotels in der ersten Reihe (Watançi, Nebitçi, Hazar, Gämi, Samekan, Bagtyyar, Seyrana, Täjir, Merdana, Deňiz, Berkarar, Bereket, Hasyr, Arzuw, Hazyna, Kerwen, Kuwwat) haben alle ihren eigenen Strand, die etwas bescheideneren Hotels (Sapak, Dashoguz, Lebab, Mary, Ahal, Balkan)

Im Erholungsresort Awaza

und Ferienhausanlagen in der zweiten Reihe können die zwischen den großen Hotels liegenden Gemeinschaftsstrände benutzen. Das Wasser ist meist sauber, die Qualität des Strandes durch den vorherrschenden Kies nicht umwerfend, aber akzeptabel.

Kara-Bogas-Gol

Zwischen der Bucht von Krasnowodsk und der Grenze zu Kasachstan erstreckt sich eine Lagune von gewaltigen Ausmaßen. Sie wird von zwei schmalen Landzungen zum Kaspischen Meer hin abgetrennt, nur ein schmaler Durchlass ermöglicht Wasseraustausch. Das Wasser ist nur vier bis sieben Meter tief und war in der Vergangenheit vollständig ausgetrocknet, nachdem man den Golf 1980 durch einen Damm geschlossen hatte. Diese Maßnahme schien sinnvoll, um ein weiteres Absinken des Wasserspiegels im Kaspischen Meer aufzuhalten. Man nahm fälschlicherweise an, dass das Einströmen von Wasser aus dem Kaspi in diese Senke mit am jahrzehntelangen Sinken des Wasserspiegels des größten Binnenmeeres schuld sei. Seit 1978 stieg der Wasserspiegel jedoch wieder an und der Damm wurde überflüssig. Man baute Schleusen ein und beseitigte ihn 1992 ganz. Seitdem strömt wieder Wasser in den 18400 Quadratkilometer großen Golf, der extreme Salzgehalt von zeitweise 34 Prozent verringert sich allmählich. Der Kara-Bogas-Gol hat auch eine wirtschaftliche Bedeutung, hier befinden sich große Vorkommen an Natriumsulfat (Glaubersalz), Kochsalz, Magnesium-, Bor- und Kalisalzen. Aufgrund des hohen Salzgehaltes könnte man das Wasser der Lagune auch für ein Osmose-Kraftwerk verwenden. Forscher der Universität Heidelberg glauben, dass man damit eine Leistung von mindestens fünf Gigawatt erreichen könnte.

Die Baumwollstauden auf den sorgsam gehackten
und gehäufelten Feldern standen in Blüte.
(...) Die zahlreichen Dörfer besaßen üppige Gärten
mit den schönsten Obstbäumen, alles bewässert
und vor Blattwerk strotzend. Aprikosen und kleine rote
Frühpfirsiche wurden auf den Stationen angeboten.

Graf Konstantin von der Pahlen,
Reise nach Taschkent, 1908

USBEKISTAN
O'ZBEKISTON

Der Registan in Samarkand

Das Herz der Seidenstraße

Usbekistan ist, obwohl eigentlich ein Wüstenland, das mit Abstand bevölkerungsreichste Land Zentralasiens, 32 Millionen Menschen leben hier, Tendenz steigend. In den letzten 120 Jahren ist die Anzahl der Usbeken von 1,8 Millionen auf das Achtzehnfache angewachsen. Wie auch in den Nachbarländern Turkmenistan und im Flachland Tadschikistans wurde durch die gigantischen sowjetischen Baumwollprojekte tief in die Bevölkerungsentwicklung eingegriffen, was die Länder heute vor gewaltige Herausforderungen stellt.

Lange Jahre hatte es eine heimliche Konkurrenz zwischen dem größten Land der Region – Kasachstan – und Usbekistan um die Führungsrolle in Zentralasien gegeben. Auf die Äußerung des kasachischen Präsidenten Nursultan Nazarbajev, sein Land sei die Lokomotive der zentralasiatischen Staaten, gab es eine ausdauernde Verstimmung als Antwort. Nun kann man konstatieren, dass Usbekistan die Führungsrolle übernommen hat. Nach dem Tod des autokratischen Präsidenten Islam Karimow, der sein Land immer mehr abgeschottet hatte, setzt sein Nachfolger Schawkat Mirzijojev seit 2016 demonstrativ auf Öffnung nach außen und innen. Das hat wirtschaftliche Konsequenzen – die Investoren stehen Schlange. Und auch die gesellschaftlichen Folgen sind nicht zu übersehen – die neu eingerichteten Bürgersprechstunden sind voller Menschen, die ihre Sorgen loswerden und sich einbringen wollen. Sie tun das ohne Angst vor Diskriminierung, und das darf als riesiger Fortschritt gelten. Ein Aufschwung in allen Bereichen ist zu erwarten. Selbst über früher verbotene Themen wie Kinderarbeit in der Baumwolle darf man inzwischen reden – auch wenn nicht gleich eine hundertprozentige Realisierung des jüngst erfolgten Verbots derselben zu erwarten ist. Das Land hängt immer noch stark von der Baumwolle ab, und die billigen Arbeitskräfte waren ein Garant für den Absatz unter Bedingungen eines gadenlosen Konkurrenzdrucks.

Usbekistan, Übersicht

Begegnung am Straßenrand

In einem Bereich hatte Usbekistan schon länger die Führung in Zentralasien inne: Im Tourismus. Trotz aller gesellschaftlichen Umbrüche reißt der Strom der Reisenden seit den 1970ern nicht ab. Bereits zu sowjetischen Zeiten hatte man erkannt, welchen Schatz man hier verwaltete. In einer Zeit, als harte Währung für die vom Weltmarkt abgeschotteten Ostblock-Länder immens wichtig war, war der Ausbau des Tourismus auf der Strecke Taschkent–Samarkand–Buchara–Chiwa eine wahre Goldgrube. Man sanierte die bedeutenden Ruinen aus der Zeit der Timuriden, modernisierte die Altstädte (was in Wirklichkeit den Abriss der alten Mahallas bedeutete), schuf Platz für zeitgemäße Infrastruktur. Bereits in den 1970ern hatte beispielsweise Samarkand über eine Million Besucher jährlich. Sie wurden von Intourist betreut, einer Organisation, die ausschließlich für die internationalen Touristen verantwortlich war. Für diese errichtete man Hotels, die für damalige Verhältnisse Paläste waren, in denen man heute hoch residieren kann. Freilich sind sie jetzt saniert und ergänzt um Dutzende neuer Hotels aller Komfort- und Preisklassen. Selbst als ExPräsident Karimov seine eigenen Bürger vom Ausland abgeschottet hatte, flossen die Touristenströme weiter. Eifrige Aufpasser wachten darüber, dass es nicht zu intensiven Kontakten kam, als Fremdenführer waren nur ›zuverlässige‹ Personen eingesetzt, aber es wurde gereist. Man investierte in Straßen und Schnellbahnen, welche die Zentren Samarkand, Buchara und Chiwa mit der Hauptstadt verbinden. Neben der Infrastruktur wurde eine ganze Folklore-Industrie aufgebaut, und so steht man staunend auf dem Registan in Samarkand und nimmt zur Kenntnis, dass alle Winkel und Wohnnischen der Koranschüler in den drei historischen Medresen von Handwerker- und Souvenirständen belegt sind. Das war und ist eine recht praktische Methode, um dem Islam, dessen eruptiver Wiederausbreitung in der nachsowjetischen Ära man misstraut, mit Tourismus in die Schranken zu weisen. An manchen Orten hat man das Kind mit dem Bade ausgeschüttet und historische Orte so saniert, dass sie ihr Gesicht verloren haben. Doch wer die alten charmanten Orte nicht kannte, wird auch heute noch den Zauber der Großen Seidenstraße entdecken.

Taschkent

Oh was für ein Reich! Und eine kleine Wiese des Paradieses kann nicht standhalten dem Vergleich mit dem antiken Schasch!

Zain ad-Din Vasifi (1485–1556)
Aufschrift auf der alten Majolika-Verkleidung der Medrese Barak Khan

Taschkent, mit 2,5 Millionen Einwohnern bevölkerungsreichste Stadt Zentralasiens, liegt in einer Oase des kurzen, aber wasserreichen Flusses Tschirtschik (Chirchik) in den westlichen Ausläufern des Tien Shan. Die Stadt ist über 2200 Jahre alt, und es gab Zeiten, da hat man mit Ehrfurcht vom reichen und mächtigen Schasch (Tschatsch) gesprochen. Mit seiner idealen Lage am Südrand der großen Steppen war es prädestiniert als Handelsstadt; hier fand der Austausch zwischen den Nomadenvölkern des Nordens und den Sesshaften des Südens statt, später dann auch zwischen Russland und den zentralasiatischen Khanaten. Als reiche Stadt an der Grenze zweier Zivilisationen war sie aber auch oft das Streitobjekt rivalisierender Herrscher. Dass Taschkent trotz dieser Bedeutung immer hinter Samarkand und Buchara zurückstand und auch heute eher Transitstation als Ziel der Reisenden ist, hat sowohl historische Ursachen als auch einen wesentlichen seismischen Grund: Die Stadt wurde 1966 von einem gewaltigen Erdbeben zerstört. Im Unterschied zu Aschgabat, wo bei einem Erdbeben 1948 fast die gesamte Bevölkerung umkam, hatte Taschkent Glück im Unglück. Das Beben, bestehend aus mehr als 1000 Erdstößen, zerbröselte zwar förmlich die schöne orientalische Altstadt, forderte aber kaum Menschenleben. 75 000 Familien wurden obdachlos. Das Beben von Aschgabat hatte man verschwiegen, jenes von Taschkent wurde sofort publik gemacht und löste eine Welle von Hilfe aus. Tausende Bauarbeiter aus allen Ecken der Sowjetunion kamen her und zogen in Rekordzeit neue Wohnblöcke im Zentrum und in neuen Satellitenstädten rings um die Hauptstadt hoch. Diese Häuser werden noch heute von den Taschkentern stolz vorgezeigt. Mehr noch: Taschkent kann mit Fug und Recht als respektables Museum sowjetischer Plattenbau-Architektur gelten. Große Teile der Stadtmitte sind also nicht viel älter als 50 Jahre, es gibt kein einheitliches historisches Zentrum, und das ist gewiss der Grund dafür, dass Taschkent von den Touristen wenig beachtet wird. Doch die meisten Reisegruppen landen hier und verbringen ein bis zwei Tage in der Stadt, und diese kann man gut mit Erlebnissen füllen.

▸ Karte S. 359

Unterwegs in Taschkent

In der weitläufigen Stadt lassen sich entferntere Orte gut mit der **Metro** erreichen, es gibt drei einander kreuzende Linien, deren Stationen zweckmäßig über die Stadt verteilt sind. Die zentralen Stationen sind in ihrer thematisch-künstlerischen Gestaltung sehenswert: Paxtakor (Pachtakor), Alischer Navoi, Kosmonavtlar. Für Erkundungstouren im Zentrum (wo sich alle großen Hotels befinden) kann man sich aber auf seine Füße verlassen, man nimmt so viel besser die Atmosphäre der Metropole wahr. Die Mitte der Stadt ist ein einziger großer Garten, unter den schattigen Bäumen lässt es sich gut schlendern.

Überblick

Der **Fernsehturm** im Norden der Stadt unweit vom Aquapark ist nicht zu übersehen mit seinen 375 Metern Höhe. Er ist der höchste Fernsehturm Zentralasiens und der zwölfthöchste der Welt. Fer-

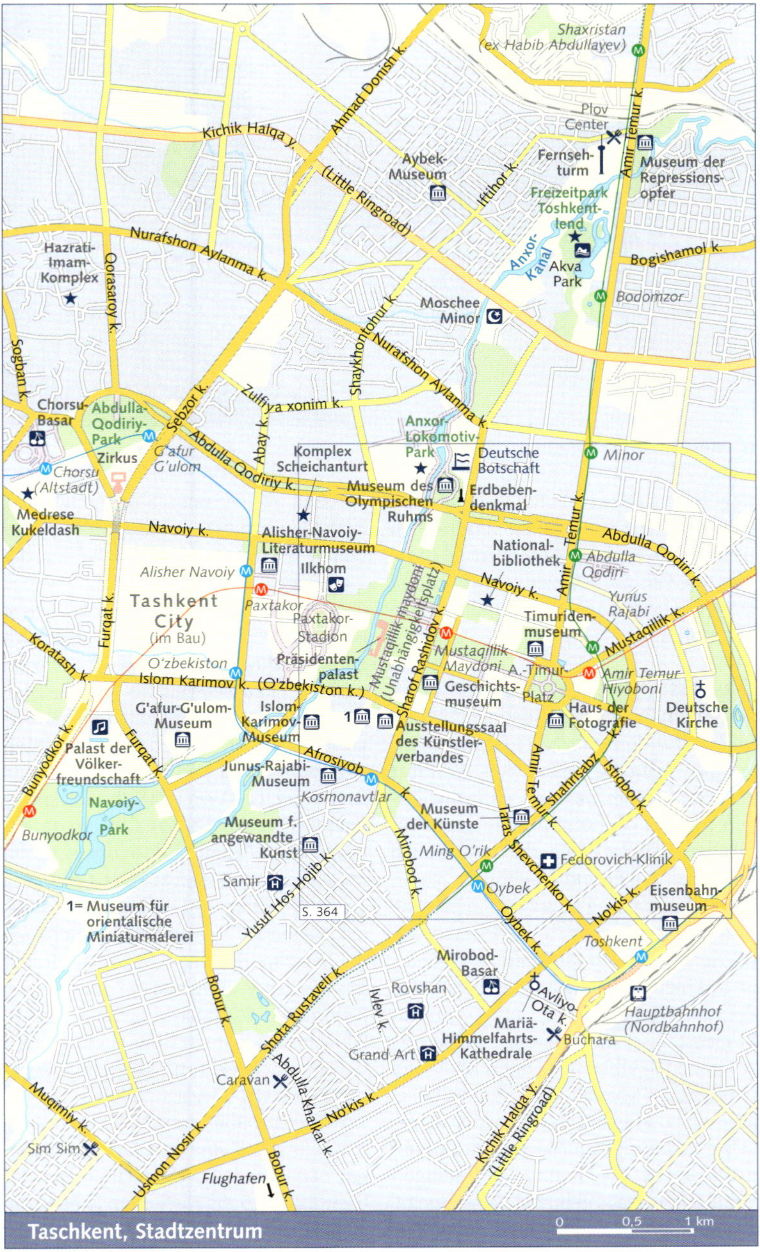
Shaxristan (ex Habib Abdullayev)
Plov Center
Fernseh-turm
Museum der Repressions-opfer
Amir Temur k.
Kichik Halqa y.
(Little Ringroad)
Ahmad Donish k.
Aybek-Museum
Iftihor k.
Freizeitpark Toshkent-lend
Anxor-Kanal
Akva Park
Bogishamol k.
Bodomzor
Nurafshon Aylanma k.
Hazrati-Imam-Komplex
Qorasaroy k.
Moschee Minor
Shaykhontohur k.
Sogban k.
Zulfiya xonim k.
Sebzor k.
Chorsu-Basar
Abdulla-Qodiriy-Park
Zirkus
G'afur G'ulom
Chorsu (Altstadt)
Abay k.
Abdulla Qodiriy k.
Komplex Scheichanturt
Anxor-Lokomotiv-Park
Deutsche Botschaft
Minor
Museum des Olympischen Ruhms
Erdbeben-denkmal
Medrese Kukeldash
Navoiy k.
Alisher-Navoiy-Literaturmuseum
National-bibliothek
Abdulla Qodiri
Ilkhom
Alisher Navoiy
Tashkent City (im Bau)
Paxtakor
Paxtakor-Stadion
Mustaqillik maydoni (Unabhängigkeitsplatz)
Sharof Rashidov k.
Yunus Rajabi
Timuriden-museum
Mustaqillik k.
Mustaqillik Maydoni
A.-Timur-Platz
Amir Temur Hiyoboni
Furqat k.
Koratash k.
O'zbekiston
Präsidenten-palast
Islom Karimov k. (O'zbekiston k.)
Geschichts-museum
Deutsche Kirche
Haus der Fotografie
G'afur-G'ulom-Museum
Islom-Karimov-Museum
1
Ausstellungssaal des Künstler-verbandes
Bunyodkor k.
Palast der Völker-freundschaft
Afrosiyob k.
Shahrisabz k.
Istiqbol k.
Junus-Rajabi-Museum
Kosmonavtlar
Navoiy-Park
Bunyodkor
Museum f. angewandte Kunst
Museum der Künste
Taras Shevchenko k.
Mirobod k.
Ming O'rik
Fedorovich-Klinik
Samir
Yusuf Hos Hojib k.
Oybek
Oybek k.
Eisenbahn-museum
No'kis k.
S. 364
1= Museum für orientalische Miniaturmalerei
Toshkent
Mirobod-Basar
Rovshan
Avliyo Ota k.
Hauptbahnhof (Nordbahnhof)
Bobur k.
Shota Rustaveli k.
Ivlev k.
Mariä-Himmelfahrts-Kathedrale
Buchara
Grand Art
Caravan
Abdulla Khalkar k.
No'kis k.
Kichik Halqa y. (Little Ringroad)
Muqimiy k.
Sim Sim
Usmon Nosir k.
Flughafen
Taschkent, Stadtzentrum
0 0,5 1 km

Grünes Taschkent am Anchor-Kanal

tiggestellt wurde er 1885. Es lohnt, sich einen ersten Überblick zu verschaffen, denn beim An- und Abflug ist es meistens dunkel; die Flugzeuge aus Europa landen nachts und starten in aller Herrgottsfrühe.

Das russische Taschkent

Nach dem Zusammenbruch der Sowjetunion standen alle Nachfolgestaaten vor der Aufgabe, eine neue Identität zu finden. Lenin war out, seine unzähligen Statuen durften von den zentralen Plätzen in kleine Parks und stille Winkel umziehen. Marx und Engels (wie hier in Taschkent) wurden abgebaut. In Tadschikistan berief man sich stattdessen auf die Samaniden, in Kirgistan auf Manas, in Turkmenistan schwang sich der Präsident zur vorbildhaften Leitfigur auf, in Kasachstan schwankt man bis heute zwischen den Skythen, Dzhinghis Khan und den eigenen Khanen. Die Usbeken bekamen einen kriegerischen Urvater vorgesetzt: Timur, dessen Machtbesessenheit ihn weit über die Grenzen des heutigen Usbekistan hinaus gebracht hatte. Kriegerisch und grausam, aber auch ein großer Förderer von Wissenschaft, Architektur, Kultur und Kunst – eine ganze Epoche wurde nach ihm benannt: die Ära der Timuriden.

Das **Denkmal für Amir Timur** (auf dem Postament steht Temur), auf dem er hoch zu Ross thront, steht nun im Zentrum von Taschkent, auf einem weiten, nach ihm benannten Platz zwischen dem **Hotel Uzbekistan**, dem neuen **Palast für Internationale Foren** und dem sogenannten **Broadway**. Er ist ein beliebtes Fotomotiv für Selfisten aller Länder. Ob ihm das gefallen hätte? Das neue, blau überkuppelte **Museum der Geschichte der Timuriden** an der Nordseite des Parks hätte er zweifellos gebilligt. Das prachtvolle Gebäude im neo-timuridischen Stil beeindruckt mit riesigen Wandgemälden, die Motive historischer Miniaturen aufleben lassen. Eine Kostbarkeit sind die Handschiften ›Safar-name‹, die Timurs Feldzüge dokumentieren (Di–Do 10–18 Uhr).

Timur wacht über den ehemaligen russischen Stadtteil von Taschkent. Hier bauten nach der friedlichen Übergabe der Festung 1865 die russischen Kolonisten ihre Häuser, wie gewohnt schachbrettar-

▶ Karte S. 359

tig angelegt. Viel ist davon nicht mehr übrig, man hat großzügig abgerissen, um Platz für neue Straßen und Plätze zu gewinnen.
Südöstlich von Timur das schöne alte Backstein-Gebäude an der Istiqbol beherbergt heute die **Usbekisch-britische Westminster-Universität**. Zehn Spazierminuten weiter gibt es an der Metrostation Mustaqiliq Maydoni auch noch den kleinen **Romanow-Palast**, in dem ein russischer Großfürst seine Verbannung verbringen durfte. Nicht die schlechteste Gegend, um eine Strafe wegen Diebstahls an der eigenen Mutter abzusitzen, wenn man Das Klima in Petersburg und Taschkent vergleicht ... Leider ist das Anwesen nicht zugänglich, das usbekische Außenministerium nutzt den Palast als Festsaal für Empfänge.
Mit dem Einzug der Russen änderte sich das Gewicht von Taschkent in der Region. Taschkent wurde Hauptstadt von Russisch-Turkestan. Noch im 19. Jahrhundert erhielt die Stadt Anschluss an das westliche Europa: Der **Bahnhof Taschkent** wurde 1899 zusammen mit der Transkaspischen Eisenbahnlinie Krasnowodsk (heute Turkmenbaschi am Kaspischen Meer) eingeweiht. Von 1919

Der Romanow-Palast stammt aus der Zarenzeit

Amir Timur wacht über Taschkent

bis 1924 war Taschkent Hauptstadt der Turkestanischen Autonomen Sozialistischen Sowjetrepublik und wurde nach der Umstrukturierung der UdSSR 1930 Hauptstadt der Usbekischen Sozialistischen Sowjetrepublik.

Die orientalische Stadt

Taschkent war bis ins 19./20. Jahrhundert eine orientalische Metropole von beeindruckenden Ausmaßen. Als die Russen die Stadt einnahmen, hatte sie eine Außenmauer von 25 Kilometern Länge, innerhalb derer ca. 80 000 Menschen lebten. Die Mauer war bis zu fünf Meter hoch, hatte 12 Tore und zwei Durchgänge. Umgeben war sie von einem tiefen Burggraben, jener wiederum von Obsthainen und Gärten. Die Bevölkerung lebte von Handwerk und vor allem vom Handel.

■ Rund um die Medrese Kukeldash

Verstreut über die Stadtfläche liegen einige Zeitzeugnisse aus der Blütezeit Taschkents im 15./16. Jahrhundert. Das älteste und bekannteste Bauwerk der Stadt ist zweifellos die **Medrese**

Kukeldasch (Kokaldosh) aus dem Jahr 1420, etwas kleiner als die berühmten Koranschulen von Buchara und Samarkand, das Majolika-Dekor an der Frontseite mit seinem Sternenmuster sehr an die Medrese Ulugh Beg in Samarkand erinnernd.

Die große **Freitagsmoschee** (Dzhuma Moschee) aus dem 16. Jahrhundert in der Nachbarschaft ist komplett saniert und trägt nun den Namen des Sufi-Scheichs Hodzha Ahror.

Unweit vom Kukeldasch-Komplex kann der bunte, modern überkuppelte und an den Rändern noch ungezähmte **Basar Tschorsu** (Chorsu) besucht werden, ein lebendiges Freilichtmuseum der besonderen Art (Metro-Station Chorsu). Leider ist die benachbarte Mahalla unentwegt auf dem Rückzug vor Parkplätzen und Supermärkten.

Hazrati-Imam-Komplex

Nach der Restauration bzw. der Umgestaltung 2007 kaum noch als historisch zu erkennen ist der Komplex Hazrati Imam (Hazrati Khast) auf einem überdimensionalen freien Platz, die Mahalla wurde auch hier zurückgedrängt. Der Staat selbst hatte, in seinem Bestreben, alles Religiöse zu kontrollieren, den Aufbau der **modernen Hallenmoschee** für 2500 Gläubige übernommen, die mit zwei Kuppeln und zwei 52 Meter hohen, einzelnstehenden Minaretten ein Blickfang ist. Ein paar Verwaltungsgebäude im traditionellen Stil umrahmen das Ganze.

Wirklich historisch sind die **Medrese Barak Khan**, bei deren Bau im 16. Jahrhundert zwei bereits bestehende **Mausoleen** für Sujundzh Khan und Unbekannt in ein größeres Gebäude integriert wurden, und die benachbarte **Bibliothek** mit einer bedeutenden Sammlung wertvoller Meisterwerke islamischer Kalligraphie. Ein sensationelles Ausstellungsstück ist der Koran des dritten Kalifen Osman (Uthman) aus dem 7. Jahrhundert, den Timur selbst hierhergebracht haben soll. Zum Komplex gehören ferner das **Mausoleum Kaffal Schaschi** mit einem prächtig geschmückten, großen Iwan. Es wurde im 16. Jahrhundert über dem Grab von Abu Bakr Muhammad Kaffal Schaschi errichtet, einem Sohn der Stadt aus dem 10. Jahrhundert, der als Koran-Gelehrter, Philosoph und Imam in Bagdad wirkte und dann in seine Heimat zurückkehrte. Manchen gilt er nach wie vor als Schutzheiliger von Taschkent.

Brotstempel auf dem Tschorsu-Basar

▲ Karte S. 359, 364

Langer Spaziergang im Grünen

Die moderne Stadt hat alles integriert und mit breiten, schnurgeraden Straßen verbunden. Taschkents Bürger haben in den letzten beiden Jahrzehnten zusehen müssen, wie große Teile des alten Baumbestandes für neue Straßen und Plätze weichen mussten, wehren konnten sie sich nicht. Als Gast der Stadt kann man alte und neue Grünanlagen zu einem ausführlichen Spaziergang komponieren. Dieser führt von der **Metrostation Amir Temur** über den sogenannten **Broadway** mit seinen Restaurants und Cafés zum **Platz der Unabhängigkeit** (Mustaqiliq

Der Hazrati-Immam-Komplex

Maydoni) an der Sharof Rashidov-Allee. Hier sind ansehnliche öffentliche Gebäude von der Blütezeit der Sowjetunion vor ca. 50 Jahren bis heute versammelt, außerdem das monumentale **Denkmal für die Unabhängigkeit Usbekistans**.

Im **Museum für moderne Kunst** (Art Gallery of Uzbekistan), können Wechselausstellungen von Gemälden usbekischer Maler besucht werden (Buyuk Turon 2, Di–Fr 11–17, Sa 11–16 Uhr). Wendet man sich jetzt nach Süden, passiert man das neue quaderförmige Gebäude des **Staatlichen Museums der Geschichte Usbekistans**, dessen bereits 1886 gegründete Sammlung durchaus sehenswert ist. Das Vorgängermuseum für Geschichte der Völker Usbekistans war die erste derartige Einrichtung in Zentralasien, eröffnet nur 11 Jahre nach der Eroberung Taschkents. Es darf als bemerkenswerte Reflexion der neuen Machthaber gelten, den eroberten Gebieten ein Museum zu widmen (Sharof Rashidow 3, Di–So 10–17 Uhr)

Am **Lotte City Hotel Tashkent Palace** sollte man nach links (Osten) abbiegen und dem springbrunnengeschmückten **Opernplatz** einen Besuch abstatten. Das **Theater für Oper und Ballett**, fertiggestellt 1947, ist außen wie innen prächtig. Die Wände und Decken in den sechs Foyers sind mit wundervollen Alabaster- und Holzschnitzereien verziert, im Stil vom Taschkent, Samarkand, Buchara, Chiwa, Kokand und Termez. Der kleine Park hinter der Oper zeigt eine Dauerausstellung von internationaler Gartenkeramik.

Im Park südlich der Oper ist eine **Open Air Galerie** zu besichtigen, in der **Teestube Golubye Kupola** dahinter kann man sich etwas ausruhen, dann zurückschlendern und die Sharof-Rashidov-Allee an der Kreuzung mit dem Ozbekiston-Prospekt überqueren. Hier fällt das **Ausstellungsgebäude des Künstlerverbandes auf**, in dessen Umgebung hin und wieder Kunstfestivals stattfinden.

Wer nicht ermattet ist, kann gegenüber in einen längeren Parkspaziergang entlang des **Wasserlaufs Anchor** einsteigen. Der Kanal, der Taschkent von Nord nach Süd durchfließt, wird im Zentrum von einigen schönen, miteinander verbundenen Parks gesäumt. Die meisten Regierungsgebäude liegen hier. Sie sind gut abgeschottet, doch es ist noch genügend Platz zum Flanieren bis zur **Konzerthalle Turkestan-Palast**. Einen halben Kilometer nördlich befindet sich am **Epizentrum des Erdebens von 1966** ein ausdrucksstarkes Denkmal für die Opfer desselben, außerdem ein Denkmal für die Wieder-

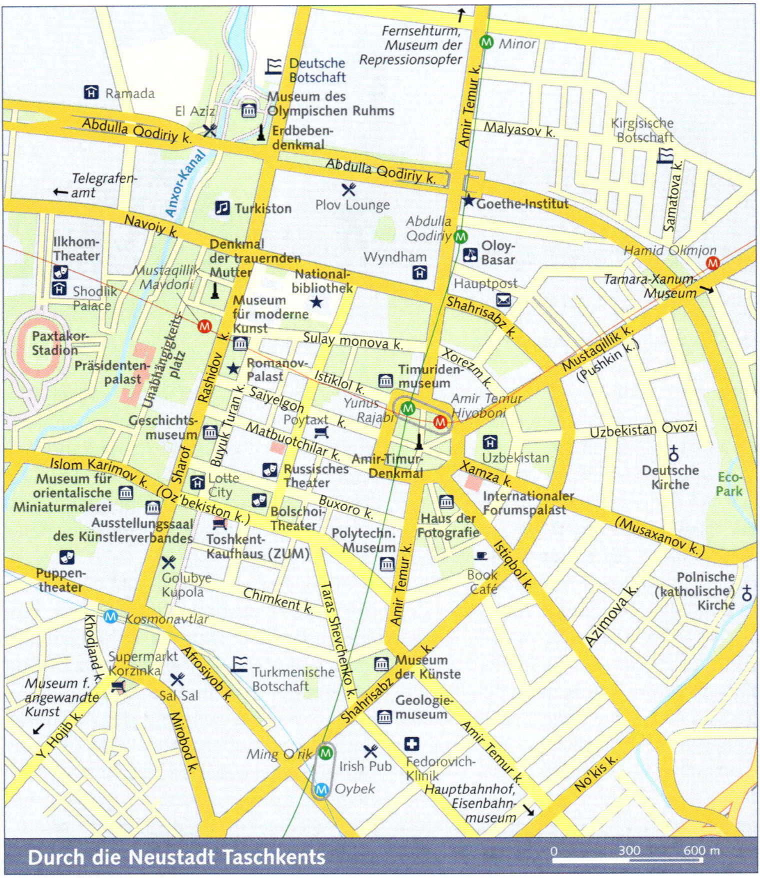

Durch die Neustadt Taschkents

erbauer. In der Nachbarschaft lädt das beliebte **Freiluft-Restaurant Al-Aziz** zum Essen ein. Unweit vom Restaurant liegt das Gebäude der Deutschen Botschaft, deren Mitarbeiter zu den Stammgästen gehören.

Museum für angewandte Kunst

Eine der schönsten, vielfältigsten und aussagekräftigsten Sammlungen in Zentralasien beherbergt das **Museum für dekorative und angewandte Kunst** südlich der Metro-Station Kosmonavtlar in einem stillen grünen Stadtviertel. Schon das Gebäude selbst, als Residenz für den in Ungnade gefallenen und nach Taschkent verbannten russischen Diplomaten Alexander Polowtsew in feinster usbekischer Tradition errichtet, ist eine Augenweide, ebenso wie der kleine Vorgarten. Polowtsew überschrieb sein Anwesen noch vor seinem Tod der Stadt Taschkent. Das Gebäude mit seinen bemalten Stuckwänden, dem säulengeschmückten Empfangssaal mit der prächtigen Laternendecke sowie die Sammlung von 4500

Stücken ausgesuchter und geschmackvoll drapierter zentralasiatischer Handwerkskunst aus dem 19. und 20. Jahrhundert lohnt einen ausführlichen Besuch (Rakatboshi 15, tgl. 9–18 Uhr, Führungen auch auf Deutsch. www.muzeyart.uz). Auch das **Staatliche Museum der Bildenden Kunst** zeigt einige sehr schöne Exemplare alten usbekischen Kunsthandwerks: geschnitzte Türen und Keramik aus Samarkand und Chiwa, auch andere orientalische Länder sind vertreten. Vorrevolutionäre russische Kunst sowie sowjetische Gemälde bilden einen weiteren Schwerpunkt des 1928 auf der Grundlage einer Privatsammlung geschaffenen Museums (Timur/Schahrisabz Di–So 10-17 Uhr).

Orte der Spiritualität

Komplex Scheichantur

Mitten in der Stadt, nördlich der Navoi auf der Höhe des Stadions, fällt ein historisches Gebäude auf, das von jungen Leuten frequentiert wird. Es handelt sich um die **Taschkenter Islamische Universität**, untergebracht im Komplex Scheichantur aus dem 15. Jahrhundert. Ubaidulla Hodzha Ahror, späteres Oberhaupt des Sufi-Ordens Naqschbandi, hatte an diesem Ort einen Gedenkkomplex für seinen Onkel gesegnet – und folgerichtig wurden

Das Museum für angewandte Kunst

Wohngebäude in Taschkent

hier später auch andere Persönlichkeiten bestattet. In der Nachbarschaft befindet sich die **Grabmoschee von Dzhunus Khan**, Onkel des Begründers der Mogul-Dynastie Zahir ad-Din Babur, Eroberer von Taschkent 1485, gestorben als einfacher Derwisch hier an diesem Ort, ferner ein **Mausoleum für den kasachischen Rechtsgelehrten Töle-Bi**. Vier Moscheen, zwei Medresen, ein Minarett und ein Fastenraum an diesem Ort wurden vom Erdbeben 1966 zerstört und nicht wieder aufgebaut.

Mausoleum Zain ad-Din Bobo

Versteckt auf dem Friedhof Kuktscha im Westen der Stadt liegt das Mausoleum Zain ad-Din Bobo, eines der bekannten Sufi-Denkmäler des Landes. Der hier bestattete Scheich Zain ad-Din Kui Arifani, Sohn von Scheich ad-Din Suchrawardi, dem Bagdader Sufi-Oberhaupt, kam im 13. Jahrhundert auf Geheiß seines Vaters nach Schasch und gründete hier die erste Gemeinde des Sufi-Ordens Suchrawardin. Amir Timur hatte eine besondere Beziehung zum Sufismus, sein Beichtvater Schams ad-Din Kulal war ein Anhänger dieser Sufi-Schule. Das erklärt, warum auf Anweisung Timurs im 14. Jahrhundert einige heute noch existierende Gedenkkomplexe für Sufis errichtet wurden und damit ihr Ruhm über die Zeit gerettet wurde. Außer dem weltberühmten Mausoleum Hodzha Achmed Jassawi in Turkestan gehören dazu auch ebenjenes Mausoleum Zain ad-Din Bobo, ebenso eine weitere Anlage ca. acht Kilometer südwestlich vom Stadtzentrum, an der M34, auf dem Weg nach Samarkand.

Zangiota

Man würde es inmitten der neuen Stadtviertel nicht vermuten, aber hier an der M34 findet der interessierte Besucher die klosterähnliche Anlage Zanghi Ata (Zangiota), wo Scheich Ai-Hodzha bestattet ist, der den Beinamen Zanghi Ata (Schwarzer Vater) trug. Mehrfach umgebaut, haben sich bis in die heutige Zeit die beiden überkuppelten Räume mit dem Grabstein des Heiligen sowie eine fühlbare spirituelle Atmosphäre erhalten, die nur selten von Fremden gestört wird. Moschee und Minarett sowie die Wohnzellen für Pilger wurden viel später hinzugefügt, und doch bilden sie mit dem Mausoleum und dem schönen Peschtak ein harmonisches Ganzes. *41.197554, 69.157395*

Taschkent

Vorwahl aus dem Ausland + 998/71, aus dem Inland 8/371.
Stadtrundfahrten: Die Taschkent City Touren in roten Doppeldeckerbussen nach dem Prinzip ›Hop-on-hop-off beginnen am Amir-Timur-Platz vor dem Hotel Uzbekistan, Abfahrt normalerweise 9, 10, 12, 13, 15, 16 Uhr. Dauer ca. 2,5 h, Preis 20 US-Dollar, Tickets im Hotel Uzbekistan (Reisebüro Aznur).
Eine empfehlenswerte **deutschsprachige Stadtführerin** ist Nuria Alieva: nuria.m.alieva@gmail.com.

Internationaler Flughafen (Kürzel: TAS) 7 km südlich der Stadt, Infotelefon: 140280-1, 2, 3. Tickets gibt es in den großen Hotels oder bei Uzbekistan Airways, Timur 51, Ausländer müssen in US-Dollar bezahlen www.uzairways.com Wegen der zahlreichen Kontrollen unbedingt 2 Stunden vorher erscheinen!
Internationale Flüge von Terminal 2: von/nach Frankfurt, Istanbul, Dubai, Moskau und andere russische sowie GUS-Städte.
Inlandsflüge von Terminal 3 (10 Autominuten von 1 entfernt): Von/nach Andijon, Buchara, Fergana, Nukus, Samarkand, Termiz, Urgentsch, Karschi, Navoi
Transfer Flughafen-Stadt: Taxi. 3 US-Dollar

Hauptbahnhof: Metro Toshkent.
Züge in alle großen Städte des Landes, nach Kasachstan und Russland.
Tickets: im Bahnhof (Ostseite, Kassengebäude). http://railway.uz/en/
Täglich:
Afrosiyob, über Samarkand nach Buchara (8h): 8:00, 20 US-Dollar
Shark, über Samarkand nach Buchara (7h): 8.30, 12 US-Dollar
Registan, nach Samarkand (3h): 7:00
Taschkent-Samarkand-Buchara-Express (10h): 20:25 Uhr
Taschkent-Termez (14h): 18:10, 25 US-Dollar
Taschkent-Nukus: 9.30
Mehrmals wöchentlich:
Taschkent-Urgentsch: Di, Mi, Fr, So 19.30 (18h), 30 US-Dollar
Taschkent-Saratow, über Nukus (21h): Mo, Mi 16:50
Fahrplanauskunft: www.uzrailpass.uz (engl.)

Die Busverbindungen im Land sind äußerst preiswert, aber man sitzt sehr lange.
Fernbusse nach Samarkand, Buchara, Nukus: **Busbahnhof** (Awtowokzal) südlich der Metrostation Olmazor. Von hier gibt es Marschrutkas zum Busbahnhof.

▶ Karte S. 359, 364

Taxis in die Fergana-Ebene: Haltestelle Qo'ylik an der Straße nach Fergana im Südosten der Stadt (60 US-Dollar pro Auto, 15 p.P.)
ÖPNV: 3 Metro-Linien, gutes Busnetz

Taxiruf 2006677, 2003330, Preis für Ruftaxi und ›Winktaxi‹ max. 2 US-Dollar innerhalb der Stadt.

Wyndham, Amir Timur C4, 7/8; DZ ab 200 US-Dollar. Edel.
www.wyndhamhotels.com
Lotte City Hotel Tashkent Palace, Buyuk Turon 56, gegenüber der Oper; DZ ab 170 US-Dollar. Gepflegt.
www.lottehotel.com
Ramada Tashkent, Abdulla Kadiry 1; DZ ab 130 US-Dollar. Geräumig.
www.ramadatashkent.com
Uzbekistan, Musakhanov, am Timur-Platz; DZ ab 80 US-Dollar, modernisiertes sowjetisches Intourist-Hotel.
www.hoteluzbekistan.uz
Shodlik Palace, Pakhtakor; DZ ab 70 US-Dollar. Stabiles WLAN. Zentral, ruhig.
www.shodlikpalace.com
Rovshan, Mirabad 118. DZ 50 US-Dollar. Einfach, sauber und ruhig in einer Mahalla.
www.rovshanhotel.com
Hotel Grand Art, Kichik Mirabad 11, 2. Passage, Tel. 1204477; DZ ab 35 US-Dollar. http://grandarthotel.uz
Hotel Samir, Rakatboshi 73; DZF 70 US-Dollar. Ruhig. www.samirhotel.uz
Art Hostel, Zanzhirbog 3; ÜN ab 13 US-Dollar, DZ ab 25 US-Dollar.
www.arthosteltashkent.wordpress.com
Topchan Hostel, 8-Marta 104; ÜNF ab 15 US-Dollar. www.topchan-hostel.com

Caravan, Abdulla Khalkar ko'chasi 22a. Usbekisch, edel, mit Live-Musik und Art-Gallery. Reservierung ratsam, gehobene Preisklasse. www.caravangroup.uz
El Aziz, Qodiriy, am Kanal Anchor, unter der Brücke unweit vom Erdbebendenkmal. Frische Biergarten-Atmosphäre, usbekisch & russisch.
Choyxona Buchara, Avliyoata, unweit vom Mirabodskij-Basar. Einfache, gute Teestube, abends Tanz.
Sim Sim kafe, Muqimiy 15. Großes usbekisches Restaurant mit Tanzmöglichkeit. Große Auswahl, gute Preise, in der 2. Etage ist es etwas ruhiger.
Choyxona in der Rakatboshi, schräg gegenüber dem Museum für Angewandte Kunst. Nur mittags geöffnet, exzellenter Plow, Schaschlik, Lagman, Manti. Preiswert.
Plow-Zentrum am Fernsehturm, Metro Habib Abdullayev. Verschiedenste Plow-Varianten direkt aus dem Kazan, nur tagsüber geöffnet.
In der **Kichik-Straße**, einer Seitenstraße der Rustaveli, gibt es viele gemütliche Restaurants und Teestuben.
▸ **SB-Restaurants**
Bistro Bek, am Babur-Park. Gute Auswahl, geöffnet ab 7 Uhr!
Auch in den SB-Restaurants der **Ketten Bistroff** (usbekisch) und **Yolki Palki** (russisch) kann man sehr gut und preiswert essen.

Book Café, Istiqbol, Höhe Amir Timur-Platz. Kaffee, Kuchen, Bücher, WLAN
Café Bon, Shota Rustaveli/Chekhova.

Alisher-Navoi-Opern- und Balletttheater, Ataturk 28, Kartenvorverkauf im Säulengang vor dem Eingang oder auf www.gabt.uz.
Ilkhom, Paxtakor 5, Metro Paxtakor. Studiotheater mit avantgardistischem Programm (russisch), hin und wieder Kino mit internationalen Klassikern in der Originalsprache. www.ilkhom.com

Chorsu-Basar in der Altstadt: Einfach nur ein Erlebnis.
Bazar Yangiobod im Südosten der Stadt (nur Sa/So). Tiere, Waren aller Art, viele

gebraucht, auch Antiquitäten aus sowjetischen Zeiten und davor. Am besten fährt man mit dem Taxi hin.

Shopping Mall à la überall: Samarqand Darvoza an der Kreuzung Samarqand/ Asadulla Khodjaev, nordwestlich des Navoi-Parks). Auf 5 Etagen gibt es alles, auch zahlreiche SB-Restaurants.

Lebensmittel: In den Supermärkten der Ketten Kontinent und Korzinka sind eher westliche Waren vertreten.

Toshkent Univermagi (ZUM), Ozbekiston, Metro Kosmonavtlar: Stoffe, Keramik und übliches Kaufhausangebot

Abdul-Qosim-Medrese, Metro Bunyodkor: Kunsthandwerk, u.a. Lackmalereien mit orientalischen Motiven

Caravan Art Gallery, A. Khalkar 22a. Hochwertiges Kunsthandwerk. www.caravan.uz

Taschkents Umgebung

Nur 80 Kilometer bzw. anderthalb Stunden Fahrzeit von der Hauptstadt entfernt lockt der 37 Quadratkilometer große **Stausee von Chorvoq** (Tscharwak) in den Vorbergen des Westlichen Tien Shan (863 m) an den Wochenenden und in den Ferien die Mittelschicht in die Sommerfrische. Doch auch Winterurlaub ist hier möglich, am **Massiv des Großen Tschimgan** (Katta Chimyon) gibt es schöne Hänge, in Beldersaj einen Skilift. Das Gebiet soll sowohl für Sommer- als auch für Winterurlaub stark ausgebaut werden. Bereits jetzt gibt es am See zahlreiche Herbergen, Ferienlager und Hotels. Das Wasser ist sauber und kühl – die Flüsse Pskem und Tschatkal kommen direkt aus dem teilweise noch vergletscherten Hochgebirge. Der Westliche Tien Shan wird seit 2016 als UNESCO-Weltnaturerbe geführt, in Usbekistan gehört das **Biosphärenreservat Tschatkal** nordöstlich des Stausees dazu. Einige Veranstalter bieten wunderschöne mehrtägige Wandertouren hier an.

Botaniker im Tschimgan-Gebirge

▲ siehe Faltkarte

Chorvoq-Stausee

Hotel Charos, Tel. +99/895/1963939; DZ ab 80 Euro. Auf der Halbinsel am Südufer des Stausees. charoshotel@mail.ru, www.charos.uz

Weiterreise von Taschkent

Die meisten Reisenden begeben sich von Taschkent aus mit dem bequemen Schnellzug auf die Reise nach Samarkand, Buchara oder Chiwa. Die Straße Buchara–Chiwa ist auf den ersten 100 Kilometern eine Zumutung, den Rückweg kann man vom benachbarten Flughafen Urgentsch nach Taschkent oder gleich nach Frankfurt antreten. Karawanen hätten einen ganzen Monat für diesen Abschnitt gebraucht. Es kann nicht schaden, sich diesen Umstand hin und wieder ins Gedächtnis zu rufen, wenn man von Moschee und Medrese zum nächsten Museum hastet und dabei das Wesentliche zu vergessen droht: Man ist im Orient, und hier nimmt man sich für alles so viel Zeit, wie man braucht. Für jede Pause findet sich die passende Tschajchona (usb. Chayxona), und hier heißt es: Abwarten und Tee trinken.

Samarkand

Was haben Lenin und die UNESCO gemeinsam? Sie haben die unsterbliche Bedeutung von Samarkand (Samarqand) erkannt. Die UNESCO setzte das architektonische Ensemble 2001 auf die Liste des Weltkulturerbes der Menschheit. Aber Lenin? Noch in den Wirren des sowjetischen Bürgerkrieges erließ er die Anweisung, einen weiteren Verfall der fünfhundert Jahre alten Medrese Ulugh Beg auf dem Registan zu verhindern und vor allem das bedrohlich geneigte nördliche Minarett vor dem Umstürzen zu bewahren. Wer weiß, vielleicht hat gerade diese Aktion das Ansehen der Sowjetmacht bei den Muslimen der Region mehr gefestigt als alle anderen Verkündungen, Versprechungen und Handlungen.

Usbekistans Identifikationsfigur Amir Timur wurde 1336 als Temür ibn Taraghaj Barlas (›der Eiserne, Sohn des Taraghaj vom Stamme der Barlas‹) in Kesch geboren, einem Ort am Fuße der Serafschan-Berge, der heute Schahrisabz heißt. Seine atemberaubende, taktisch brilliante, aber von zahlreichen Opfern gesäumte Karriere vom Sohn eines lokalen Machthabers vom Stamme der Tschagataj zum Emir, also Fürsten, führte ihn nach Samarkand. Timur machte die Stadt 1369 zu seiner Hauptstadt. Samarkand profitierte am meisten von den Beutezügen des Herrschers und von den Tributzahlungen der Unterworfenen. Die Stadt erlebte eine nie gekannte Blüte unter Timur und seinen Nachfahren – den Timuriden. Seine Heimatstadt Schahrisabz (→ S. 381) vergaß Timur dennoch nicht, dort ließ er einen Palast erbauen, der an Größe und Pracht seinesgleichen suchte. Schahrisabz und Samarkand sind über den Lebenslauf von Amur Timur miteinander verbunden. Man sollte sich beide Stätten ansehen.

Samarkand ist voller Poesie. Die Schöne aus dem Morgenlande hat viele Beinamen, aber ›die Seele der Welt‹ dürfte der poetischste und aussagekräftigste sein. Und was hat diese Seele alles durchgemacht...

Wenn man die Ruinenstadt von Afrasiab als Vorläuferin des mittelalterlichen und heutigen Samarkand nimmt, hat man es zweifellos mit einer der ältesten Städte unseres Planeten zu tun. Mit seinen fast 2800 Jahren, durch archäologische Un-

Blick auf die Medrese Scherdor am Registan

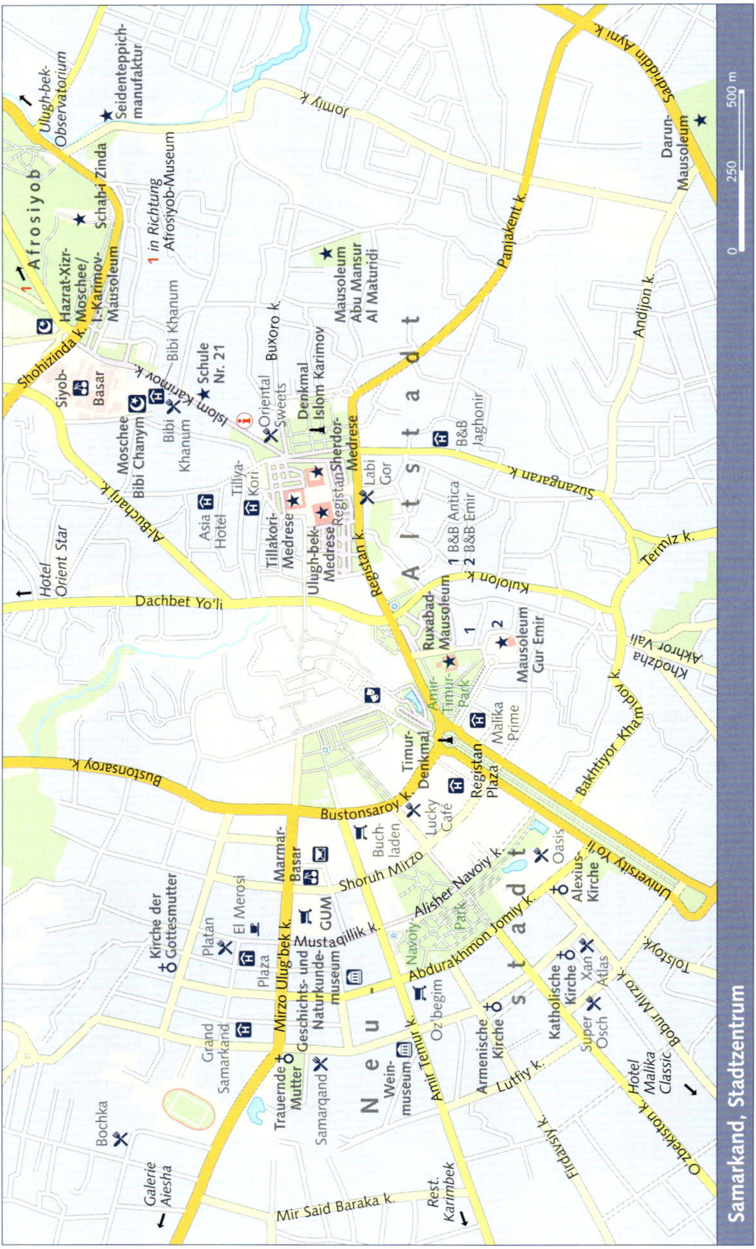
Samarkand, Stadtzentrum
0
250
500 m
Afrosiyob
Ulugh-bek-Observatorium
Seidenteppichmanufaktur
Schah-i Zinda
in Richtung Afrosiyob-Museum
Hazrat-Xizr-Moschee/
I.-Karimov-Mausoleum
Shohizinda k.
Siyob-Basar
Bibi Khanum
Islom Karimov k.
Schule Nr. 21
Moschee Bibi Chanym
Bibi Khanum
Oriental Sweets
Buxoro k.
Denkmal Islom Karimov
Mausoleum Abu Mansur Al Maturidi
Jomiy k.
Panjakent k.
Sadriddin Ayni k.
Darun-Mausoleum
Andijon k.
Hotel Orient Star
Al-Buchariy k.
Asia Hotel
Tillya-Kori
Tillakori-Medrese
Sherdor-Medrese
Registan
Ulugh-bek-Medrese
Labi Gor
B&B Jaghonir
Suzangaran k.
Altstadt
1 B&B Antica
2 B&B Emir
Termiz k.
Dachbet Yo'li
Registan k.
Kulolon k.
Ruxabad-Mausoleum
Mausoleum Gur Emir
Khodzha Akhror Vali
Amir-Timur-Park
Malika Prime
Timur-Denkmal
Bakhtiyor Khamidov k.
Bustonsaroy k.
Registan Plaza
Lucky Café
Buch-laden
Shoruh Mirzo
Oasis
Alisher Navoiy k.
University Yo'li
Alexius-Kirche
Marmar-Basar
GUM
Mustaqillik k.
Navoiy-Park
Abdurakhmon Jomiy k.
Kirche der Gottesmutter
Platan
El Merosi
Plaza
Geschichts- und Naturkunde-museum
Mirzo Ulug'bek k.
Oz'begim
Neustadt
Katholische Kirche
Xan Atlas
Tolstoy k.
Grand Samarkand
Trauernde Mutter
Samarqand
Wein-museum
Amir Temur k.
Armenische Kirche
Super Osch
Lutfiy k.
Bobur Mirzo k.
Hotel Malika Classic
Bochka
Galerie Aiesha
Mir Said Baraka k.
Rest. Karimbek
Firdavsiy k.
O'zbekiston k.

tersuchungen verifiziert, ist Samarkand so alt wie Rom. Es taucht in persischen Quellen auf und wird in Zusammenhang mit der Übergabe der Heiligen Schrift der Zoroastrier, der Awesta, gebracht. Zarathustra könnte die 1200 Kapitel auf goldenen Täfelchen hier übergeben haben. In der uralten Sprache Sanskrit wie auch im Persischen gibt es das Wort ›Samara‹ – in beiden Sprachen bedeutet es ›Treffpunkt‹. Die antike jüdische Hauptstadt, ähnlich alt, hieß Samaria. Samarkand – die Stadt der Treffen von Ost und West, Nord und Süd, von Nomaden und Sesshaften, Handwerkern und Händlern, Zoroastriern, Buddhisten, Christen, Juden und Moslems. Und von Angreifern und Verteidigern: Oft wurde sie zerstört und wiederaufgebaut. Heute lebt fast eine halbe Million Menschen hier, die Stadt prosperiert.

Afrosiyob

Das fruchtbare Schwemmland am Serafschan war schon seit der Steinzeit besiedelt, zahlreiche Artefakte wurden gefunden. Im 8./7.Jahrhundert vor unserer Zeit wurde hier aus zahlreichen Siedlungen allmählich eine Stadt geboren, zwischen den Flüssen Serafschan und Siyob auf einem ca. zwei Quadratkilometer großen Plateau, das den Namen des legendären Königs von Turan trägt: Afrosiyob (Afrasiab). Die Achämeniden machten aus dem Ort die Hauptstadt Sogdiens. In griechischen Quellen taucht die Stadt als Marakanda auf – und wird von Alexander im 4. Jahrhundert vor unserer Zeit zerstört, der Tempel der Zoroastrier und die heiligen Schriften werden vernichtet. Diese Kulturschichten liegen heute unter 10 bis 15 Meter dicken Ablagerungen verborgen, denn hier wurde bis zum Einfall der Mongolen ununterbrochen gesiedelt. Die Stadt lebte weiter, Ausgrabungsstücke lassen einen starken griechischen Einfluss und einen hohen Entwicklungsstand erkennen. So gab es zum Beispiel ein vorbildliches Bewässerungssystem.

Einige hundert Jahre nach Alexander dem Großen kommt es zu einem erneuten Aufschwung, als die Große Seidenstraße an Bedeutung gewinnt. Samarkand, bzw. das Königreich Kang, wie es in Quellen der chinesischen Tang-Dynastie genannt wird, ist wieder das stärkste Fürstentum Sogdiens, groß und wohlhabend, geschützt von vier ringförmigen Mauern und doch tolerant zu Gästen aus allen Himmelsrichtungen. Man hat bei Ausgrabungen Reste zoroastrischer, buddhistischer und christlicher Tempel gefunden. Das Nebeneinander von Religionen hat ein Ende, als die Araber unter ihrem berüchtigten Feldherrn Qutaiba die Stadt 712 zur Kapitulation zwingen. Die Abbasiden bauen Samarkand zur gigantischen Festung aus, eine Außenmauer mit 360 (!) Türmen umschließt ein Siedlungskonglomerat von 12 000 befestigten Landgütern.

Vom 9. bis 13. Jahrhundert ist Samarkand das Zentrum des islamischen Ostens. Es ist die erste Hauptstadt der iranisch geprägten Samaniden-Dynastie, dann wechseln die Herrscher, und die turkstämmigen Qarachaniden machen Samarkand zur westlichen Hauptstadt ihres Reiches. Diese 200-jährige Epoche wird beendet, als der Schah von Chorezmien beschließt, seinen unbotmäßigen qarachanidischen Schwiegersohn zu bestrafen, dessen Clan wird vernichtet. Wenig später fallen die Mongolen ein. Nach kurzer Belagerung ergibt sich die Stadt, trotzdem lässt Dschingis Khan den Großteil der Bevölkerung massakrieren. Die folgenden fortwährenden Kriege der Dschingisiden führen zur völligen Verwüstung von Afrasiab. Die Stadt wird an diesem Ort nie wieder aufgebaut.

Das sehenswerte **Museum für Stadtgeschichte** auf dem Gelände des riesigen Ruinenhügels von Afrasiab zeigt Artefakte aus vielen Jahrhunderten. Sensationell sind die prachtvollen, mit feinsten Pinselstrichen ausgeführten Wandmalereien, die von einem Bauwerk im Südteil der Ruinenstadt geborgen werden konnten, sie zeigen schlaglichtartig das Leben in Sogdien im 6./7. Jahrhundert. Laut Inschrift ist auf einer Wand die Ankunft einer Gesandtschaft aus der Gegend von Termez abgebildet, die eine Braut als Geschenk an den Herrscherhof von Samarkand bringt. Die Braut und ihre Dienerinnen reiten in einer Sänfte auf dem Rücken eines Elefanten, Würdenträger und weitere Begleiter auf Kamelen und Pferden. Die anderen Wände zeigen den Empfang der Gesandtschaft, Reitermotive, badende Kinder und chinesische Motive.

Der Registan

Ab dem 14. Jahrhundert wuchs ein neues Samarkand an einem neuen Ort, südwestlich von Afrasiab. Das Herz der Stadt wurde der Sandplatz – so die Entsprechung des Namens Registan (Registon). Unter der Herrschaft Timurs wurden die hier lebenden Bauern enteignet und für den im Aufschwung befindlichen Handel ein großer zentraler Kuppelbasar (Tim) angelegt. Der Sand auf dem Sandplatz war insofern von entscheidender Bedeutung, als die zahlreichen Karawanenkamele hier problemlos niederknien konnten.

50 Jahre später widmete Timurs Enkel Ulugh Beg den Ort zum Versammlungsplatz für Paraden, Verkündungen, Hinrichtungen und Feierlichkeiten um. 1417 begann man mit der Errichtung der den Platz umrahmenden Bauwerke, die wir noch heute bewundern können: Die Medresen Ulugh Beg, erbaut in sensationellen drei Jahren von 1417 bis 1420, Scherdor (1619–1636) und Tillya Kari (1647–1660). Lange war die Mitte des Platzes verbaut und verschönert mit Bänken, Mäuerchen und Beeten, aber vor einigen Jahren hat man ihn wieder in einen fast ursprünglichen Zustand versetzt – er ist leer, freilich nicht mit Sand bedeckt, sondern gepflastert. So wirken die drei kolossalen Bauwerke mit ihren riesigen Spitzbogenportalen noch erhabener.

Der Registan kommt tagsüber nie zur Ruhe. Die Besucher werden Busladung um Busladung hier abgesetzt und von engagierten Stadtführern durch die Medresen geführt. Ein babylonisches Sprachengewirr erfüllt die Höfe der alten Hochschulen, die zahllosen Handwerker und Händler machen einen guten Umsatz. Will man den Platz in Ruhe erleben, muss man morgens kurz nach Sonnenaufgang kommen oder abends kurz nach Sonnenuntergang, wenn eine märchenhafte Beleuchtung jedes Detail der Fassaden plastisch hervortreten lässt. Vom Registan aus lassen sich fast alle anderen Sehenswürdigkeiten Samarkands bequem zu Fuß erreichen. Zur nahe gelegenen Moschee Bibi Chanym führt ein breiter Fußweg.

Im Hof der Medrese Ulugh Beg

▶ Karte S. 370

Prächtige Kuppel in der Medrese Tillya Kari

Ulugh-Beg-Medrese

Die Medrese Ulugh Beg hatte ursprünglich 50 offene, zweigeschossige Chudzhras, in denen 100 Studenten wohnten, die in der Weisheit des Islam und der Wissenschaften unterwiesen wurden. Berühmte Persönlichkeiten haben hier studiert: Der Dichter Abdurachman Dzhami und der Begründer des Naqschbandi-Ordens Scheich Ubaidulla Hodzha Ahror.

Der damalige Regent und berühmte Universalgelehrte Ulugh Beg (Ulugbek), der diese Medrese errichten ließ, unterrichtete hier höchstselbst Mathematik. Man muss unterstreichen, dass der Islam im frühen Mittelalter tatsächlich ein Fortschrittsträger war, und Gelehrte wie Ulugh Beg machten ihn dazu. Wie man aus der nachfolgenden Geschichte weiß, hat damals schon der Klerus versucht, die Freigeister in die Schranken zu weisen – aber gelungen ist es ihm erst später, und auch das nur mit faulen Tricks. Ulugh Beg wurde auf Betreiben der Geistlichkeit abgesetzt und auf eine Pilgerreise geschickt, sein eigener Sohn organisierte seine Ermordung.

Scherdor-Medrese

Die Medrese Scherdor (Shirdor) gegenüber der Medrese Ulugh Beg ist auf den ersten Blick deren spiegelbildliche architektonische Wiederholung, doch hat sie außerdem noch zwei kannelierte Kuppeln über den Gebetsräumen, und auch das Dekor ist komplett anders. Was vor allem auffällt, sind die beiden namensgebenden Tiger über dem Portal. Jeder der beiden einander zugewandten Aral-Tiger trägt eine Sonne mit menschlichem Antlitz auf dem Rücken und ist im Begriff, sich auf eine Hirschkuh zu stürzen. Verbreitet ist die Deutung, dass die Tiger Studenten auf der Jagd nach Wissen symbolisieren, die Gesichter werden dem Bauherrn Zhalangtusch (Jalangtush) zugeordnet. Die Dekoration war Mitte des 20. Jahrhunderts praktisch nicht mehr existent und wurde nach alten Bildern sorgsam restauriert. Im Inneren der Medrese dauern die Arbeiten an.

Tillya-Kari-Medrese

Die Medrese Tillya Kari (Tillakori) zwischen den beiden anderen, an der Rückseite des Registan, ist an Pracht nicht zu

Der Komplex um die Moschee Bibi Chanym

überbieten. Ihr Name lässt sich mit ›die von Gold Bedeckte‹ übersetzen. Das verschwenderische Ausmaß und die ornamentale Pracht der Vergoldung von Kuppel-Innenseite, Wänden und Mihrab übertrifft alle Bauten Zentralasiens, sogar Timurs Grabmoschee Gur Emir. Die Pracht erklärt sich mit der Doppelfunktion des Gebäudes. Nach dem Einsturz der Hauptmoschee der Stadt, Bibi Chanym, wurde eine neue zentrale Gebetsstätte benötigt, und es wurde angeordnet, eine Moschee mit Medresen-Funktion auf dem Registan zu errichten. Die Moschee befindet sich auf der linken (westlichen) Hofseite der Medrese.

Moschee Bibi Chanym

Diese Moschee war die Hauptmoschee zu Timurs Zeiten, heute ist sie als Bibi Chanym (Bibi Xanim, Bibi Khanum) bekannt. Timur hatte sie zu Ehren seiner Schwiegermutter errichten lassen, sicher auch im Bewusstsein dessen, dass nicht nur seine Willenskraft, seine taktische Schläue und strategische Beharrlichkeit, sondern vor allem die Heirat mit einer Frau aus dem Clan der Dschingisiden ihm den Aufstieg ermöglichst hatte.

In einer Bauzeit von knapp fünf Jahren wurde nach der Grundsteinlegung 1399 ein Bauwerk geschaffen, das alles Dagewesene in den Schatten stellte. Bibi Khanum, fertiggestellt kurz vor Timurs Tod, galt lange als die größte und schönste Moschee des Orients. Allerdings konnte man sich nicht lange an ihrer Pracht erfreuen, denn diverse gigantomanische Veränderungen des Anfangsbauplans führten dazu, dass die Größe und Schwere des Bauwerks die damaligen technischen Möglichkeiten überschritt – ein Jahr nach der Fertigstellung begann die Moschee einzustürzen. Der Bauherr musste es nicht mehr mit ansehen, er war im gleichen Jahr an einer Überdosis Alkohol gestorben. Eine Legende, die gern von Stadtführern erzählt wird, berichtet von einem Kuss, den einer der indischen Baumeister der betörend schönen Gattin Timurs gestohlen habe. Timur habe das bemerkt und den Baumeister entlassen, weswegen das Bauwerk nicht fertiggestellt wurde.

Der Zahn der Zeit und diverse Erdbeben haben jedenfalls ganze Arbeit geleistet – zu Beginn des 20. Jahrhunderts ragten Minarettstümpfe und gigantische Portale neben eingestürzten Wänden und den kleinen Kuppeln der Seitenmoscheen in den Himmel.

Der gesamte Komplex wird seit vielen Jahren sorgfältig saniert, man kann den Hof betreten und erhält hier eine Vor-

▶ Karte S. 370

stellung von den gewaltigen Dimensionen des Bauwerks. Das 45 Meter hohe **Portal der Hauptmoschee** wirkt wie ein riesiger Mihrab, das war sicher auch so beabsichtigt. Der Hof war früher mit Marmorplatten ausgelegt, war also als Verlängerung des Gebetsraumes gedacht. Die hier Knieenden müssen beim Anblick dieses gewaltigen Mihrab-Portals vor Gottesfurcht fast erstarrt sein. In der Mitte des schattigen Hofes fällt ein riesiges Marmorpult auf. Hier lag, so heißt es, während der Freitagsgebete der überdimensionale Koran von Uthman (→ S. 362). Dieses legendäre Buch war angeblich von Timur persönlich nach Samarkand gebracht worden. Es wurde nach der Eroberung der Stadt durch die Russen nach Petersburg in die Eremitage geschafft, vor einigen Jahren jedoch an Usbekistan zurückgegeben. Man kann es in Taschkent in der Bibliothek des Komplexes Hazrati Imam besichtigen.

Östlich von der Moschee-Ruine liegt das **Mausoleum Bibi Chanym**, das möglicherweise eine Begräbnisstätte der Frauen der Timuriden-Dynastie darstellt. Nördlich von Bibi Chanym wartet der **Bazar Siyob** auf die Reisenden, bei weitem nicht so vielfältig und prächtig wie andere morgenländische Märkte, aber eine kleine Erinnerung an die Karawanen der Großen Seidenstraße. Obst, Gemüse, Brot, Trockenfrüchte und Nüsse sowie Gewürze finden ihren Weg in die Rucksäcke der Reisenden und nach Europa.

Mausoleum Gur Emir

Als Timur 1403 das Mausoleum für seinen Enkel Muhammad-Sultan anlegen ließ, den er eigentlich als seinen Nachfolger und Erben auserkoren hatte, der dann aber mit 27 Jahren starb, ahnte er sicher nicht, dass er bald danebenliegen würde. Doch der Herrscher starb an den Folgen eines Gelages am Beginn seines geplanten China-Feldzuges und wurde schon 1405 hier beigesetzt.

In Gur Emir (eigentlich Gur-i Mir, Grab des Schülers) sind außer Timur und seinem Enkel Muhammad-Sultan auch sein als Herrscher von Samarkand glückloser Enkel Ulugh Beg, ferner Timurs Söhne Miranschah und Schahruch sowie Timurs geistiger Lehrer Said Berke bestattet. Noch zu Lebzeiten hatte Timur geäußert, dass er zu Füßen seines geistigen Lehrers beigesetzt werden möge, als sein dankbarer Schüler. Nun ist **Timurs Kenotaph** aus schwarzem Nephrit ›zu Füßen‹ des Grabsteins von Said Berke aufgestellt. Die Bestattungen selbst befinden sich unter dem Mausoleum in einer Gruft. Amir Timur ist in einem Marmorsarkophag beigesetzt. Angeblich soll ›der Eiserne‹ gesagt haben, dass die Welt untergehen würde, sollte man seinen Leichnam anrühren. Sowjetische Wissenschaftler exhumierten und untersuchten ihn 1941. Am Tag der Öffnung des Grabes begann der Angriff Nazideutschlands auf die Sowjetunion. Bis heute reißen Gerüchte

Das Mausoleum Gur Emir

Ein Traum in Blau: die Gräberstadt Schah-i Zinda

nicht ab, dass Timurs sterbliche Überreste sich nicht hier, sondern an einem geheimen Platz in den Bergen befinden. Wie dem auch sei: Das Mausoleum gehört zum Prächtigsten, was die islamische Architekturkunst hervorgebracht hat. Das **Hauptportal** wurde von einem Meister aus Isfahan gestaltet, der sich anschließende **Hof mit den beiden Scheinminaretten** erst unter Ulugh Beg fertiggestellt. Das eigentliche **Mausoleum** mit seiner gewaltigen gerippten Melonenkuppel war früher sicher eine Tagesreise weit zu sehen, zumal es auf einem Hügel steht und damit auch den Registan überragt. Der reich geschmückte **Innenraum** mit seinen vergoldeten Muqarna-Variationen, dem Jaspis-Schriftband, das Timurs Geschichte erzählt, dem reflektierenden Sockelfries aus Alabaster und dem ornamentalen Reichtum verschlägt so manchem Besucher die Sprache. Nachdenklich liest man den Spruch über dem Eingang: ›Glücklich ist, wer die Welt verlässt, bevor die Welt auf ihn verzichtet.‹ Draußen, beim Durchatmen nach so viel Staunen, sollte man auf die **Reste der Mahalla** achten, die sich von Süden und Osten ans Gelände des Mausoleums drängen. Hier fällt auch noch das wesentlich bescheidenere **Mausoleum Aq Saraj** von 1476 auf, in dem die letzten Timuriden von Samarkand bestattet sind.

Gräberstadt Schah-i Zinda

Für viele Besucher von Samarkand steht ganz oben auf der persönlichen Hitliste eine Totenstadt: Schah-i Zinda (Shohizinda). Es handelt sich um eine dichtgedrängte Ansammlung märchenhaft schöner Mausoleen aus dem 12. bis 15. Jahrhundert am Südrand des Hügels von Afrasiab, von Bibi Chanym aus in zehn Minuten zu Fuß zu erreichen. Schah-i Zinda ist ein Ort, dessen Beschreibung mit Worten scheitern muss. Diese Pracht kann man nur dann annähernd verstehen, wenn man sich dem Thema Tod aus einer Glaubensrichtung zu nähern versucht, die nicht viel mit dem klassischen Islam zu tun hat. Für die gewaltsam islamisierten Völker Zentralasiens haben nach wie vor ihre Ahnen eine Bedeutung, die der Rolle von Allah mindestens gleichzusetzen ist. In dieser Totenstadt versuchte man beides zu verbinden. Die zahlreichen Sprüche auf den Mausoleen drücken den Schmerz über den Tod aus, aber auch die Hoffnung, dass man sich ein ewiges Leben erwerben kann, wenn man in seiner aktiven islamischen Glaubensausübung aus dem Leben gerissen wurde. Tod und Verderben, Kriege und Krankheiten waren allgegenwärtig im Mittelalter, es wurde mitten im Leben gestorben.

Auch die Herrscherhäuser waren davon nicht verschont. Bestattet sind hier keine armen Leute, sondern vornehmlich Angehörige von Dynastien und Personen, die den Herrschenden nahe waren: Amir Burunduk, Amir Zadeh, die Amme von Amir Timur, eine Nichte und eine Schwägerin des Amirs, seine jüngere Schwester Schirin Bek Aga, die das wohl schönste Mausoleum in Schah-i Zinda bekam. ›Fürwahr, die Menschen erfreuen sich an dieser Welt ähnlich den Vögeln ... und diese Welt ist ähnlich einer Fangschlinge, an der ein Köder angebracht ist‹, kann man auf ihrem Mausoleum lesen – Sokrates in Samarkand.

Das Ensemble Schah-i Zinda entwickelte sich chronologisch von Norden nach Süden. Das erste, namensgebende Mausoleum ist Qussam ibn-Abbas gewidmet, einem Cousin des Propheten Mohammad, der an den ersten Feldzügen der Araber nach Transoxanien teilnahm und dabei offenbar hier gefallen ist. Als Märtyrer des Islam wurde ihm das ewige Leben zuteil – und so heißt sein Grab ›Der le-

Das Gelände mit den Resten des Observatoriums

bende Schah‹ – Schah-i Zinda. Wie so oft in Zentralasien wurde das Grab eines Heiligen zur bevorzugten Nachbarschaft zahlreicher anderer Gräber. Heute unterscheidet man die Nord-, Zentral- und Südgruppe, die einzelnen Mausoleen sind ausgeschildert. Sie sind von Restauratoren in einen Zustand versetzt worden, dass man sich wie im größten und schönsten Majolika-Museum der Welt fühlt.

Für die Einheimischen ist Schah-i Zinda eine Wallfahrstätte. Noch zu Anfang des 20. Jahrhunderts war der Zutritt für Ungläubige verboten.

Das Observatorium des Ulugh Beg

Dieser Ort, zwei Kilometer vom Stadtzentrum entfernt, ist ein Monument außergewöhnlicher Geistesgröße und Beharrlichkeit sowie gewöhnlicher Engstirnigkeit.

Hier hatte Samarkands Herrscher Ulugh Beg, im Hauptberuf Wissenschaftler, von 1424 bis 1428 nach dem Vorbild einer Sternwarte in Persien ein für die damalige Zeit einzigartiges Observatorium aufgebaut. Es hatte im Volk den Namen Gurqani Zidzh und wurde für die Beobachtungen der Astronomen der Medrese Ulugh Beg genutzt. Der dreistöckige Rundbau von 46 Metern Durchmesser und 30 Metern Höhe enthielt das damalige Standardinstrument für Sternenbeobachtungen – einen Sextanten. Für möglichst genaue Messungen war dieser hier über das übliche Maß verlängert worden: Er hatte einen Radius von 36 Metern.

Durch langjährige Beobachtungen der Sonne mit dem Sextanten bestimmten Ulugh Beg und seine Astronomen al-Kaschi und Qadi Zada die Schiefe der Ekliptik und das Sternenjahr mit einer für sie damaligen Zeit sensationellen Genauigkeit. Die mathematischen und astronomischen Arbeiten wurden im Zidzh-i Sultani zusammengefasst, einem astronomischen Kompendium mit mathematischen Grundlagen, Beobachtungsmethoden, Tabellen der Planetenbewegungen, astrologischen Kapiteln und einem neuen Sternenkatalog mit den Positionsangaben von 992 in Samarkand vermessenen Sternen – dem ersten Katalog seit Ptolemäus! Die Genauigkeit der Positionen war überwältigend und wurde erst 150 Jahre später von Tycho Brahe übertroffen.

Miniaturmalerei auf Seidenpapier

▶ Karte S. 370

Sternentagebuch des Ulugh Beg

Die Geistlichkeit jedoch hat Ulugh Beg mit seinen Arbeiten nicht beeindruckt, sondern alarmiert. Nach der Entthronung und Ermordung des Herrschers und Wissenschaftlers in Personalunion ließ man sein Observatorium zerstören. Einzig der Astronom Ali al-Quschtschi konnte mit einer Kopie der Sterntafeln nach Täbris entkommen. An der Istanbuler Medrese Hagia Sophia gab er das in Samarkand gesammelte Wissen weiter, von hier nahm es seinen Weg nach Westeuropa und Indien. Noch 300 Jahre nach Ulugh Begs Tod funktionierten die Observatorien der Maharadschas in Indien nach den Methoden von Ulugh Beg.

Der unterirdische Teil des Sextanten wurde erst 1908 vom Archäologen Wassilij Wjatkin entdeckt und ausgegraben. Man hat ihm einen würdigen Rahmen gegeben: Zusammen mit dem 1970 eröffneten ansprechenden Museum erzählt er nun die tragische Geschichte des Observatoriums (tgl. 9–18).

Seidenpapiermühle Konigil-Meros

Im Dorf Konigil am nordwestlichen Stadtrand von Samarkand kommt ein uraltes, edles Handwerk zu neuen Ehren: die Seidenpapierherstellung. Seitdem im 8. Jahrhundert chinesische Kriegsgefangene der verlorenen Schlacht am Talas (→ S. 43) die Geheimnisse des Handwerks preisgeben mussten, um ihr Leben zu retten, war Samarkand (Afrosiyob) dafür berühmt, das beste Papier im mittleren Osten herzustellen. Dutzende Papiermühlen am Fluss Siyob hatte es bis in die timuridische Zeit gegeben, die Seidenpapierherstellung war einer der wichtigsten Wirtschaftszweige von Samarkand. In den Wirren der Auflösung des Timuriden-Reiches zog das Handwerk um ins Fergana-Becken, 1930 wurde die Seidenpapierzeit von den Sowjets beendet. Seit einigen Jahren gibt es am Siyob wieder eine Papiermühle, man kann sie besuchen und dem Meister Zarif Muchtorow bei der Herstellung zusehen. Zehn Jahre haben die Brüder Muchtorow gebraucht, um die technologischen Abläufe zu rekonstruieren und wieder das echte, gelbliche Samarkander Seidenpapier herstellen zu können. Dank ihrer akribischen Arbeit kann heute auch die Miniaturmalerei wieder klassisch auf Seidenpapier erfolgen, und alte Gemälde können originalgetreu restauriert werden.

Samarkand

Vorwahl aus dem Ausland + 998/66, aus dem Inland 8/366.

Der Flughafen liegt 6 km nördlich des Zentrums am Ende der Akademik Abdullaev. Flüge nach/von Taschkent fünfmal pro Woche, außerdem Flüge nach Moskau, Petersburg und Kazan.

Transfer Flughafen-Stadt: Taxi für 2 US-Dollar.

Der Bahnhof liegt im Norden der Stadt. Täglich **Expresszüge Afrosiyob** und **Sharq** nach Taschkent und Buchara sowie **Registan** nach Taschkent (3h).

Weitere Züge nach Taschkent (4h), Termez, Navoi, Utschkuduk, Urgentsch, Chiwa, Nukus.

Busstation in der Nähe des Observatoriums Ulugh Beg an der Straße nach Taschkent. Alle 1–2 h Busse nach Taschkent (5 US-Dollar) und Buchara (6 US-Dollar), einmal tgl. Bus nach Urgentsch. Außerdem **Sammeltaxis**.

ÖPNV: Busnetz vorhanden.

Registan Plaza, Shohruh Mirzo 53; DZ ab 190 US-Dollar. http://registan-plaza.com

Orient Star, Dagbitskaya 33; DZ ab 80 US-Dollar, Geldwechsel möglich. Nördlich des Zentrums.

Asia, Kosh-Havuz 50; DZ 70–100 US-Dollar, in der Mahalla nördlich des Registan. www.asiahotels.uz

Malika Classic, Abdullah Khamraev 37, Tel. 2330197, DZ ab 60 US-Dollar. Ruhige Lage.

Malika Prime, neben dem Gur Emir; EZ/DZ 50/80 US-Dollar. www.malika-samarkand.com

Tillya-Kori, Gallaobod 22, Tel. +998/90 6063635, DZ 45 USD, traumhafte Lage.

B&B Bahodir, Mulokandov 132, Tel. 2358529; DZ 20 US-Dollar. Nähe Registan, familiär, Internet.

B&B Antica, Iskandarov 58; DZF ab 40 US-Dollar. Nähe Gur Emir, gemütlich, mit Garten und eigenem Tour-Angebot. anticasamarkand@hotmail.com

B&B Emir, Aksarai 142. Tel. 2357461; DZ ab 35 US-Dollar. Nähe Gur Emir, gemütlich.

B&B Jahongir, Chirokchi 4; DZ ab US-Dollar. Nähe Registan, sehr freundlich. www.jahongirbandb.com

Labi Gor, Registan 7, Schaschlik und andere usbekische Gerichte auf Taptschanen gegenüber dem Registan.

Platan, Pushkin 2. Drinnen und draußen schön, 10–23 Uhr

Karimbek, Gagarin 194, Ecke Amir Timur, etwas außerhalb westlich des Zentrums. Europäische und usbekische Küche auf überdachter Terrasse

Lucky Café, Bostonsaroy k., SB-Restaurant, große Auswahl.

Blues Café & Bar Botschka, Ozod Sharq, Nähe Pivzavod (Bierbrauerei), nordwestlich des Stadions. Guter Schaschlyk, Bier & sündhaft gute Salzmandeln, bis zum letzten Gast.

Opern- und Balletttheater, Mustaqillik Maydoni 3, Spielplan im benachbarten Hotel Afrosiyob.

Puppentheater in der Mustaqillik k.

Siyob-Basar an der Moschee Bibi Khanum: Erlebnis!

Alle Arten von **Kunst und Souvenirs**: auf dem Registan.

Die meisten **Läden** befinden sich im russischen Teil der Stadt, in der Fußgängerzone (Mustaqillik k.).

In der Amir-Timur 6 kann alter und neuer Goldschmuck erworben werden.

▸ Karte S. 370

Schahrisabz

Timurs Heimatstadt Schahrisabz (eigentlich Schahr-i Sabz, Stadt im Grünen), vormals Kesch, liegt klimatisch begünstigt in schützender Umarmung der westlichen Ausläufer von Hissar- und Serafschan-Gebirge. Um die ca. 80 Kilometer von Samarkand auf dem kürzesten Wege hierher zu kommen, muss man über den Tachta-Karatscha-Pass, heute mit einer guten Asphaltstraße ein Kinderspiel. Aussteigen auf dem Pass lohnt sich: Auf einem kleinen Bauernmarkt bieten die Dörfler der Umgebung ihre Erzeugnisse an, im April blühen wilde Tulpen und Iris auf den Wiesen über dem Pass.

Das Familiennest

Timur in seiner neuen Funktion als Amir muss davon geträumt haben, seinen Geburtstort als erste Stadt im Reich zu sehen. Aber als Realpolitiker konzentrierte er sich auf Samarkand und unternahm alles, um Kesch wenigstens zur zweiten Stadt zu machen und Buchara in den Schatten zu stellen. Ab 1380 verwandelte er Schahrisabz in eine prachtvolle Festungsstadt. Ein riesiges Fünfeck mit einer Kantenlänge von bis zu 2000 Metern wurde mit einer Mauer umgeben, wie sie Bucharas Ark und Chiwa haben, 11 Meter hoch, alle 50 Meter mit halbrunden Türmen verstärkt. Als Sitz seines Stammes ließ er im Nordosten dieses Fünfecks den **Aq Saraj** (Oq Saray), errichten – ein ›Weißes Schloss‹ der Superlative, mit einem Portal von 50 Metern Höhe und einer Spannweite von 22 Metern. Noch heute ragen die Pylone dieses Tores 38 Meter hoch auf. Die Minarette waren anderthalbmal so hoch wie das Minarett Kaljan in Buchara. Eine nicht erhaltene Inschrift über dem Portal lautete: ›Wenn Du zweifelst an unserer Größe, so schaue unsere Bauten an.‹ Im Tagebuch des Spaniers Clavijo, der Samar-

Die gewaltigen Pylonen des Tores von Aq Saraj

Eingang zur Gruft der Timuriden

kand und Schahrisabz ein Jahr vor Timurs Tod besuchte, finden sich sehr ausführliche und anerkennende Beschreibungen der Anlage.

Nach Timurs Tod setzte Ulugh Beg den Ausbau des Familiennestes fort. Er ließ die 1434/36 große **Moschee Gök Gumbaz** hinzufügen, direkt neben den Mausoleen von Timurs Vater Muhammad Taragaj und Dar us Saadat, einem hohen Bau, in dem noch zu Timurs Lebzeiten seine Söhne Dzhahongir (der mit 12 Jahren vom Pferd stürzte und dessen Tod Timur verhärmte) und Omar Scheich bestattet wurden. Die Moschee diente der geistlichen Aufwertung dieser letzten Ruhestätten, aber auch praktischen Zwecken – man wollte einen Gebetsplatz in der Nähe der verehrten Vorfahren haben. Auch Scheich Schams ad-Din Kulal aus der Sufi-Schule Suchrawardi war bereits 1373 hier in der Nähe der Familie zur Ruhe gebettet worden – Freund von Timurs Vater, geistiger und geistlicher Wegbereiter von Timur, Beistand über den Tod hinaus. Sein Mausoleum hat bis heute eine beeindruckende Aura. Direkt daneben befindet sich das **Mausoleum Gumbaz Zajneddin**, erbaut 1438, in ihm wurden bedeutende religiöse Personen beigesetzt.

▸ siehe Faltkarte

Upcycling eines Reichen-Ghettos

In der zweiten Hälfte des 16. Jahrhunderts zerstörten die Schaibaniden die herrliche Anlage. Aq Saraj, kaputt und herrenlos, erfuhr mit der Zeit ein Upcycling: Die Anwohner bedienten sich und verwendeten die hochwertigen Ziegel für ihre Häuser. Schätzungsweise die Hälfte der Altstadt von Schahrisabz wurde aus diesen Ziegeln errichtet. Nur das Portal und die seitlichen Turmpfeiler haben dieser Wiederverwertung standgehalten, wie ein riesiger Zahn steht diese immer noch beeindruckende Ruine einsam auf weiter Flur.

In den letzten Jahren wurden umfangreiche Sicherungsarbeiten durchgeführt, Mausoleen und Moscheen im Süden von Aq Saraj rekonstruiert, Phantasiegebäude, Denkmäler und ein Hotel hinzugebaut, eine riesige Parkanlage mit Bänken, Pavillons und Springbrunnen errichtet. Es entstand ein Sammelsurium, das die UNESCO, auf deren Welterbe-Liste Schahrisabz seit 2016 geführt wird, als übermäßig bezeichnete, welches den meisten Einheimischen jedoch gefällt – sie kommen gern hierher, besuchen die Pilgerstätten und lassen sich anschließend mit kleinen Anhängerbussen über das riesige Gelände fahren. Auch hier kann man am besten Zwiesprache mit der Geschichte halten, wenn man zeitig am Morgen durch's Gelände schlendert.

Schahrisabz

Anreise: Mit dem Taxi von Samarkand. Hin und zurück ca. 50 US-Dollar/Auto.
Hotel Shahrisabz, Ipak Yoli, Tel. +998/7552/20638; EZ/DZ 40/60 US-Dollar.
Hotel Kesh Palace, östlich der Altstadt Tel. +998/91/2168111; DZ 50 US-Dollar.

Die Höhle des heiligen David

Hazrat-i Daud (Hazrati Dawod) wird er hier genannt, heiliger Daud. Gemeint ist jener David, der auch gegen Goliath gekämpft hat. Als Missionar im Auftrag des Propheten hier unterwegs, soll er sich in den westlichsten Ausläufern der Serafschan-Kette in einer Höhle vor ihn verfolgenden Ungläubigen versteckt haben. Eine der zahllosen Legenden um diesen Ort erzählt, David habe sich verzweifelt hingekniet, um zu Gott zu beten. Jener gab ihm die Kraft, mit bloßen Händen die Berge auseinanderschieben, so konnte er entkommen. Vertiefungen vor der Höhle werden als Davids Knieabdrücke gedeutet, in der Höhle könne man seine Fingerabdrücke erkennen. Dieses Wunder geschah ca. 30 Kilometer südwestlich von Samarkand, südlich von der A378 Samarkand–Qarschi, zwischen

Pilgerinnen in Schahrizabz

den Dörfen Aqsaj (Aksay) und Mechnatkasch (Mekhnatkash).
1303 unterschiedlich große, unbequeme Stufen führen vom Parkplatz *39.498757, 66.613366* nach oben zu einer winzigen Moschee, und 200 Stufen nach unten zur schmalen, 60 Meter tiefen Höhle, und das alles inmitten Hunderter Pilger aller Glaubensrichtungen und Altersgruppen, vorbei an gefühlten Tausend Buden mit Essen und Devotionalien sowie Picknick-Podesten. Man muss dieses schweißtreibende Erlebnis, das Anstehen an der Höhle und die Platzangst in diesem schwach beleuchteten Tunnel mitgemacht haben, um die Volksgläubigkeit der Menschen in Zentralasien einschätzen zu können.
In den Ausläufern der Serafschan-Kette, lässt es sich gut wandern. Es gibt hier noch weitere Höhlen, die größte von ihnen ist die Amir-Timur-Höhle, ein ganzes Höhlensystem, deren erster Saal 350 Meter lang ist. Vorsicht beim Betreten, nichts ist gesichert!

Buchara

Wer auch immer und wann auch immer seinen Fuß in diese Stadt setzte und hernach darüber berichtete: Er war begeistert. Das heilige Buchara, das edle Buchara – so hieß es über die Jahrhunderte. Aus Sicht von Handelsreisenden auf der Seidenstraße mag diese Haltung verständlich sein, denn Buchara (Bukhara, usb. Buxoro) war eine der Drehscheiben auf dem alten Handelsweg. Edle Waren, reiche Kaufleute, große Umsätze ... Auch die Perspektive von Anhängern der Gelehrsamkeit ist gewiss eine wohlwollende: In der unausgesprochenen Arbeitsteilung zwischen Buchara und Samarakand war letzteres immer das Zentrum der weltlichen Macht, Buchara jedoch das geistige Zentrum, das Heilige. Doch da gibt es noch eine andere Sicht auf Buchara. Jene wird im äußerst spannenden Buch ›Man nannte mich Reshid Efendi‹ (anderer Titel: ›Mohammed in Asien‹) von Hermann Vambery beschrieben, das im Gepäck jedes Buchara-Reisenden ganz oben liegen sollte. Buchara und auch Chiwa waren vom 17. bis weit ins 19. Jahrhundert abgeschottete Emirate, in die Ungläubige keinen Fuß setzen durften – bei Strafe ihrer Hinrichtung. Es war lebensgefährlich, hier zu reisen und fast keiner kehrte zurück. Turkmenische Wüstenstämme machen die Gegend unsicher, raubten Karawanen aus und verkauften die Ausgeraubten auf den Sklavenmärkten von Chiwa und Buchara. Jede (auch vermeintliche) Missetat wurde mit Verstümmelung, Tod oder Verfaulen im Kerker bestraft. Kleinste Abweichungen vom Wertekanon hatten dramatische Folgen. Fortschritt und Reichtum, die bis ins 16. Jahrhundert aus dieser Weltgegend nach Ost und West ausstrahlten, hatten sich selbst aufgefressen. Kleinstaaterei, Überfälle und parasitäre Abgaberegeln hatten den Handel auf der Seidenstraße zum Erliegen gebracht; nun war der Seeweg sicherer, schneller, preiswerter. Hochgebildete, feinsinnige Khane und Emire hielten ihre Völker mit despotischsten, grausamsten Mitteln in Schach. Krankheiten grassierten. Vamberys Beschreibung der ›Wasser-Hygiene in Buchara lässt empfindlichen Lesern die Haare zu Berge stehen.

▸ Karte S. 387

Geschichte

Archäologen haben nachgewiesen, dass die Stadt fast so alt ist wie Samarkand. Bereits im 7. Jahrhundert vor unserer Zeit befand sich hier eine baktrische Siedlung. Urkundlich erwähnt wurde Buchara zum ersten Mal im 6. Jahrhundert, und kurz darauf, 674, war sie auch schon von den Arabern erobert worden. Buchara wurde Hauptstadt eines Emirats in der Provinz Chorasan. Qutaiba ließ den zoroastrischen Tempel abreißen und 712 durch eine Moschee ersetzen. Wassilij Bartold berichtet über eine Methode, die Armen für den Islam zu gewinnen: Für jeden Moscheebesuch bekam man zwei Dirham.

Blüte und Stagnation

Unter der persischen Dynastie der Samaniden erlebte die Stadt ihre erste Blüte, Ismail Samani machte sie 892 zur Residenz und Hauptstadt des Samaniden-Reiches. Das Wirken zahlreicher berühmter Persönlichkeiten ist mit Buchara und dieser Epoche verbunden: die Dichter Rudaki und Firdausi, der Mediziner ibn-Sina (Avicenna), der Universalgelehrte Al-Farabi und viele andere kamen aus der Region und wirkten hier. Die alte Redewendung ›Ex Oriente Lux‹ passt auf Buchara mindestens ebenso, wie auf Bagdad oder Damaskus. Auch während der Herrschaft der turkstämmigen Qarachaniden ab 999 konnte sich diese Entwicklung noch fortsetzen. Doch 1220 wurde die Stadt von der Strafe Gottes ereilt: Dschingis Khan ließ sie dem Erdboden gleichmachen; 30 000 Einwohner wurden enthauptet. Kaum wieder von dieser Katastrophe genesen, wurde Buchara 1273 erneut zerstört, dieses Mal von den Ilkhanen. Erst unter Amir Timur erlangte die Stadt ihre Unabhängigkeit wieder, Ruhe zog ein. 1417 gründete Ulugh Beg die erste Medrese Zentralasiens in Buchara.

Die Timuriden hatten Samarkand und Schahrizabz bevorzugt, doch nun holte die edle Stadt auf: Unter den Schaibaniden hatte man sie wieder zur Hauptstadt auserkoren, und so erlebte sie im 16. Jahrhundert, als der Karawanenhandel seinen letzten Aufschwung hatte, ihre zweite große Blütezeit. Heute noch erhaltene Marktkuppelbauten aus dieser Zeit sind beredte Zeugen einer regen Handelstätigkeit und eines hochentwickelten Handwerks. Buchara war weit über die Grenzen hinaus berühmt für seine Gold- und Seidensticker, Miniaturmaler, Kupferziselierer, Messerschleifer und Keramiker. Die erzeugte Töpferware konnte sich mit chinesischem Porzellan messen. Zahlreiche Bauten entstanden unter dem Usbeken(Schaibaniden)-Khan Abdullah. Er vermochte es, die pausenlos rivalisierenden Stämme zu einen, das Chaos von Stammesfehden, Meuchelmorden, machtpolitischer Taktiererei und dadurch bedingtem wirtschaftlichen Niedergang durch die Etablierung einer Zentralgewalt in den Griff zu bekommen. Seine straffe Regierungsform erreichte er vor allem mit der Durchsetzung einheitlicher, strenger muslimischer Regeln.

Doch die Kehrseite der dringend notwendigen Stabilität war geistige Stagnation. Buchara verwandelte sich unmerklich vom fortschrittlichen Zentrum muslimischer Gelehrsamkeit in einen Hort der Buchstabengelehrtheit und Intoleranz. Der geistliche Dogmatismus lähmte das gesamte Leben. Derwisch-Orden gewannen großen Einfluss auf das Alltagsleben. Bis in die Neuzeit lässt sich ihr Einfluss verfolgen, gerade hier im Raum Buchara.

Reitkamel auf dem Platz vor dem Ark

Fußball am Fuß des Minaretts Kaljan

Die Abschottung Bucharas hatte sicher auch einen positiven Aspekt, sie konservierte die Stadt für die Nachwelt. Es gab keinerlei Abrisse für Wachstum und Fortschritt – das Zentrum der heiligen Stadt war in seiner mittelalterlichen Ganzheit und Schönheit erstarrt. Die UNESCO nahm die Stadt 1993 ins Weltkulturerbe der Menschheit auf.

Seidenhändlerin in Buchara

▶ Karte S. 387

Neuer Impuls für eine alte Stadt

Bei genauer Betrachtung hat die Eroberung Mittelasiens durch die russischen Truppen Buchara aus einem mehr als zweihundertjährigen Dornröschenschlaf gerissen. Die neuen Herrscher sahen von der Rolle des Elefanten im Porzellanladen ab und ließen dem Emirat von Buchara seine formelle Selbständigkeit. Es kam zur Öffnung, zur Handelstätigkeit mit Russland, zum diplomatischen Austausch mit dem Rest der Welt. Die rigiden muslimischen Regeln wurden teilweise durch bürgerliche Gesetze ersetzt. Das Ende des Emirats von Buchara kam erst 1920. Ein Volksaufstand brach aus, die Sowjets halfen nach Kräften, Bucharas Festung Ark wurde bombardiert. Emir Alim Khan floh über seine Residenz Hissar und Duschanbe nach Kabul. Sogar die neuen sowjetischen Machthaber ließen Buchara ein Stückchen Eigenständigkeit – vier Jahre lang, von 1920 bis 1924, war die Stadt Hauptstadt der Sowjetischen Volksrepublik Buchara, bevor sie in die Usbekische Sozialistische Sowjetrepublik eingegliedert wurde. Diesen Einschnitt haben viele Einwohner der Stadt als dramatisch erlebt, weil sie ihrer Existenzgrundlage beraubt wurden. Noch heute kann man in Gesprächen mit Kunsthandwerkern erfahren, wie rigide man mit den Handwerker-Familiendynastien umging. Sie passten nichts ins sowjetische Konzept der Vergesellschaftung und wurden als reaktionär verboten.

Geht man durch die Stadt mit dem Wissen um die zahlreichen Kriege, Eroberungen und Zerstörungen, welche Buchara in zwei Jahrtausenden heimgesucht haben, so ist man dankbar über das harmonische Ganze, das sich heute den Augen darbietet. Der alte Stadtkern, eine Melange aus Festung, Medresen, Moscheen, Märkten, Bädern, Wohnhäusern und Wasserbecken aus elf Jahrhunderten ist

Buchara, Altstadt
Cafés und Restaurants:
1 Rest. Dolon
2 Café Wishbone
3 Rest.Silk Road Teahouse
Hotels:
1 Hotel Malika
2 Hotel Navruz
3 Hotel Komil
4 Hotel Lyabi House
5 Hotel Emir
6 Hotel Rustam-Zuxro
7 Hotel Sasha & Son
8 Hotel Amelia
Islom Karimov k.
Abu Ali ibn Sino shox k.
Sommerpalast des Emirs
Alisher Navoiy k.
Samarqand k.
Xo'ja Nurobod k.
Chor Menor
Bella Italia
Mekhtar Ambar k.
Naqshbandi k.
Busstopp Sharq
Amulet
Hodscha-Nasreddin-Denkmal
Medrese Nodir Diwan Begi
Chanaka Nodir Diwan Begi
Medrese Kukeldash
Labi Chauz
Hotel Buchara Grand
Otaboy Eshonov k.
Hotel Minzifa
Eshoni Pir k.
Basar der Geldwechsler
Moschee Magoki Attori
Basar der Mützenmacher
Tim Abdulla Khan
Haqiqat k.
Medrese Abdulasiz Khan
Medrese Ulug'bek
Basar der Juweliere
Mir-i-Arab-Medrese
Alim-Khan-Medrese
Moschee Gaukushon
Khojaew House Museum
Xo'ja Gulrez k.
Zindan
Mirzo Gofur ko'chasi
Moschee und Minarett Kaljan
Komplex Xo'ja Zayniddin
Naqshbandi k.
Ark (Festung)
Registan
Abu Hayz Kabir k.
Wasserturm
Bolo-Hauz-Moschee
Choyxana
Modari-Khan-Medrese
Abdulla-Khan-Medrese
Masjidi Bolyand k.
Baland-Moschee
Tinchlik k.
Havzi Nav k.
Mirdo'stim k.
Al-Bucharij Gedenkstätte
Mausoleum Chasma Ayub (Hiobsquelle)
Suleyman Muradov k.
Kolchozniy-Basar
Samanidenmausoleum
Samanidenpark
0 100 200 m

vollständig erhalten, der Geist von Buchara weht gemeinsam mit Touristenscharen durch die alten überkuppelten Handelsreihen. Die zahlreichen Hotels und Restaurants in der Innenstadt nutzen die alte Bausubstanz oder wurden behutsam dazwischen gesetzt und fügen sich ein. Das Stadtzentrum ist autofrei, man kann sich ganz dem Bummel durch die Geschichte hingeben.

Seit 2017 müssen leider ganze Wohnviertel am Rand der historischen Altstadt weichen – der Massentourismus fordert seinen Tribut, es entstehen neue Boutique-Hotels und Restaurants.

Mausoleum der Samaniden

Stadtführungen beginnen normalerweise hier, weil dieses Kleinod eines der wenigen erhaltenen Bauwerke aus vormongolischer Zeit ist: Das Mausoleum der Samaniden, oft auch Grab von Ismail Samani genannt, den die Tadschiken Somoni nennen und als Begründer der tadschikischen Staatlichkeit für ihre Geschichte in Anspruch nehmen. Die konfliktgeladene Situation erklärt sich damit, dass heutige und damalige Staatsgrenzen nicht übereinstimmen. Das Samaniden-Reich war persisch, und ein Großteil der Gebiete, die es umfasste, wurde wenig später von Turkvölkern erobert und besiedelt und ist es bis jetzt. Dabei ist Buchara jene Stadt, die bis heute den größten persischen (tadschikischen) Bevölkerungsanteil hat, man schätzt ihn auf über die Hälfte der hier lebenden Menschen. Das Emirat von Buchara umfasste bis 1920 einen großen Teil der Gebiete des heutigen Tadschikistan, und erst die unter Stalin vorgenommene Grenzziehung schuf die Probleme, die heute unterschwellig existieren.

Das Mausoleum, einzelnstehend in einem gepflegten Park, ist das älteste bedeutende Bauwerk Zentralasiens! Es wurde einige Zeit vor Ismail Samanis Tod um Jahre 907 erbaut und lässt den Besucher etwas von der uralten sodgischen Bauweise erahnen, als Holz und Lehmziegel die einzigen Baumaterialien waren. Die sorgsam symmetrische Ausrichtung nach allen vier Seiten erinnert an einen zoroastrischen Feuertempel. Der kompakte würfelförmige Bau ist klein im Vergleich mit allem anderen, was Buchara zu bieten hat, mit einer Seitenlänge von zehn Metern und seinen lehmfarbenen Wänden fällt er kaum auf, zumal er in einer Vertiefung steht. Man fand das Mausoleum auf einem alten Friedhof und musste es ausgraben, es war zu einem Drittel in den späteren Kulturschichten verborgen. Diese Linie kann man heute noch erkennen. Die Außenwände sind mit Ornamenten aus Backstein verkleidet, die an Holzschnitzerei oder Flechtwerk erinnern. Die ganze Erscheinung macht den Eindruck vollendeter Harmonie. Edgar Knobloch schreibt in seinem Meisterwerk ›Turkestan‹: ›In Form und Nachdruck atmet dieser Bau eine der Zeit trotzende Unerschütterlichkeit, wie sie einem Denkmal gebührt.‹

Vom Samaniden-Mausoleum zum Ark

Ein kleiner Spaziergang führt nordöstlich zu einem Platz mit einer uralten Quelle, dem sogenannten **Hiobsbrunnen**, Tschaschma Ajub. Hiob selbst soll ihn mit einem Stab aus dem Felsen geschlagen haben – ein Motiv, das sich mit den verschiedensten Heiligen überall im wasserarmen Zentralasien wiederholt. Über dem Brunnen wurde ein Mazar errichtet, an dem von 12. bis 16. Jahrhundert herumgebaut wurde, aber auch er zählt zu den ältesten Zeitzeugnissen der Stadt. Die konische Kuppel verweist auf die chorezmische Architektur des 12./14. Jahrhunderts. Der Hiobsbrun-

▲ Karte S. 387

Das Samaniden-Mausoleum

nen als heiliger Ort ist möglicherweise auch ein Grund dafür, dass im 6./7. Jahrhundert zahlreiche Juden aus Persien nach Zentralasien kamen und sich um Buchara niederließen – später sollten sie als Buchara-Juden bezeichnet werden.

Gegenüber von Tschaschma Ajub befindet sich eine sehr schöne, erst 1998 errichtete **Gedenkstätte mit Museum** für den Korangelehrten **Muhammad Ismail al Buchari**. Buchari (810–870) dürfte der ungewollte Begründer von Bucharas Ruf als Stätte der islamischen Gelehrsamkeit gewesen sein. Bekannt ist er für seine Einschätzung der Sunna, dass nicht einmal ein Hundertstel der in ihr enthaltenen Hadithen wirklich auf Mohammed zurückgehen kann. Diese Kritik dürfte ihm nicht nur Freunde eingebracht haben.

Der Markt nördlich vom Platz ist ein von Touristen relativ unbeachtetes Gelände, hier kaufen die Einwohner Bucharas ein.

Wendet man sich von Tschaschma Ajub nach Osten, gelangt man, an Souvenirständen vorbei, zur **Freitagsmoschee Bolo Chauz**, erbaut 1712. Dieses Bauwerk ist nicht wegen seines Alters erwähnenswert, sondern aus Gründen der Ästhetik. Vermutlich wurde es auch deswegen so demonstrativ gegenüber von der Festung platziert. Die prächtige Kassettendecke des offenen sogenannten Sommer-Iwans wird von 20 hölzernen Säulen getragen, die in wunderschön bemalten pilz- und stalaktitenförmigen Kapitellen auslaufen. Die Länge der Säulen erklärt sich aus der technisch raffinierten Verbindung zweier Teile. Einige der alten, von 1917 stammenden Säulen mussten 2017 wegen Holzwurmbefall ersetzt werden.

Vor Bolo Chauz trifft man häufig den bekannten Maler Ulughbeg mit seinen wunderschönen **Aquarellen** und **Tuschzeichnungen** vom alten Buchara. Er verkauft seine Werke erschwinglich vom Postkartenformat aufwärts, und auch daheim an der Wand begeistern sie noch mit der magischen Leuchtkraft des alten Morgenlandes.

Ein Stück weiter erhebt sich der **Buchara-Tower**, das stählerne Gerüst des Wasserturms, der 1927 nach Plänen des russischen Architekten Wladimir Schuchow errichet wurde und jahrzehntelang die unhygienischen Wasserbecken ersetzte. Seit 2019 bringt ein Fahrstuhl ausländische Besucher für ca. 4 Euro nach oben

Männer vor der Freitagsmoschee Bolo Chauz

Usbekistan

Der Eingang zum Ark

– der Blick auf die Altstadt ist besonders am späten Nachmittag lohnenswert. Östlich von Bolo Chauz und Buchara Tower liegt der **Registan von Buchara**, heute ein leerer Platz, bis ins 19. Jahrhundert für sein Marktgewimmel bekannt, und jenseits desselben der berühmte Ark.

Die Zitadelle Ark

Die beeindruckenden Mauern der Zitadelle Ark in ihrer heutigen Form sind ein Ergebnis der Rekonstruktion. Doch das Innenleben, bestehend aus Eingangstunnel, Verlies, Kasernen, Münzhof, Vorratshäusern, Stallungen und Werkstätten sowie dem Palast des Herrschers, der heute ein Landeskunde-Museum beherbergt, stammt original aus dem 18. Jahrhundert und ist durchaus einen Blick wert, zumal man von hier oben eine gute Aussicht auf die Altstadt hat. Der erste Ark an diesem künstlich aufgeschütteten, fast vier Hektar großen Hügel wurde bereits an der Zeitenwende errichtet – man schreibt den Bau dem berühmten Sijawusch aus Firdausis ›Schachname‹ zu. In der Zitadelle befanden sich, immer wieder zerstört und in neuer Form aufgebaut, der Palast des Herrschers, Wache, Schatzkammer, Kanzlei und ein Tempel/eine Moschee. Jenseits der Mauern schließt sich im Nordosten der Kerker (Zindan) an.

Erhöht über der Stadt residierten hier die Fürsten, Khane und Emire, auf dem Registan trafen sie hin und wieder auf ihr Volk – bei Bekanntmachungen und Vorführungen von Gefangenen aus dem Zindan, die in Hinrichtungen und Begnadigungen ihren Abschluss fanden. Die gegenwärtige Gestalt erhielt der Ark ab 1747 unter den Mangiten, deren letzter Vertreter, Emir Alim Khan, 1920 vor den erschlagenden Argumenten der Sowjetmacht nach Afghanistan floh: Seine Zitadelle wurde bombardiert. Noch heute liegt ein Teil in Trümmern.

Rund um das Minarett Kaljan

Das architektonisch prächtigste und historisch wertvollste Ensemble von Buchara ist zweifellos das Minarett Kaljan (Po-i Kaljan, Baujahr 1127) und die es flankierenden Prachtbauten der Moschee Kaljan und der Medrese Mir-i Arab.

Kaljan bedeutet groß, und mit seiner Höhe von 45 Metern war es für die Zeit seiner Erbauung im vormongolischen

▸ Karte S. 387

Jahr 1127 auch wirklich außerordentlich groß. Wenn man sich vorstellt, wie die Karawanen sich durch die Wüste kämpften, deren Dünen von allem Seiten gegen Buchara brandeten, in denen es von Räubern, Schlangen, Skorpionen und Taranteln wimmelte, wenn man sich ausmalt, wie erleichtert die Karawanenführer waren, wann sie plötzlich in der Ferne diesen ›Leuchtturm‹ sahen, dann begreift man den Symbolcharakter des Minaretts. Ein Leuchtturm war Kaljan tatsächlich, denn oben in der sogenannten Laterne wurde nachts ein Feuer angezündet. (Ein ähnliches, etwas kleineres Minarett leuchtete 30 Kilometer nordöstlich von hier in Wobkent an der heutigen M37. Es wurde 70 Jahre nach Kaljan gebaut und steht auch heute noch am Ort.)

Die Hauptfunktion des Minaretts war freilich eine andere – von hier oben ließ der Muezzin seinen Ruf zum Gebet über die ganze Stadt erschallen. Eine dritte Funktion sei hier nur am Rande erwähnt: Delinquenten wurden vom Turm in die Tiefe gestürzt ...

›Po-i Kaljan‹ bedeutet ›am Fuß des Großen‹ – so heißt der beeindruckende Platz am Fuße des Minaretts.

Seitengasse in der Altstadt mit Minarett Kaljan

Moschee Kaljan

Die Moschee Kaljan, erbaut im 15./16. Jahrhunderts an der Stelle einer Freitagsmoschee aus dem 12. Jahrhundert, gehört zum Minarett dazu. Sie ist bis zum heutigen Tag die Hauptmoschee von Buchara, in den enormen Hof mit den schönen Iwanen passen gut und gern Zehntausend Gläubige. Bei den großen Freitagsgebeten wird die Rotunde im Hof als Minbar benutzt. Man beachte die zum Hof geöffnete Gewölbegalerie: 208 in Reihen angeordnete Säulen tragen 288 Kuppeln – die Licht und Schattenspiele in diesen Arkaden haben eine ganz eigene Magie.

Der alte Hammam

Auf der Rückseite der Moschee Kaljan, am südwestlichen Eck der Außenmauer, kann man regelrecht eintauchen ins mittelalterliche Buchara, aber nur, wenn man eine Frau ist. Hier liegen die Bäder Hammomi Kunjak aus dem 16. Jahrhundert, in der die Haremsdamen des Emirs gebadet haben bzw. gepflegt wurden. Die gleiche Prozedur aus Einweichen, abgeschrubbt werden, sich auf warmen Fliesenböden entspannen und kräftiger Massage kann man sich noch heute gönnen – nach Voranmeldung, denn es gibt viele Interessentinnen. Das Erlebnis ist bewusstseinserweiternd, und wenn man die Sprache der Masseurinnen spricht, erfährt man ungeahnte Geschichten aus dem Alltagsleben der Usbekinnen (tgl. 10–20 Uhr, 16 Euro).

Medrese Mir-i Arab

Die große Medrese Mir-i Arab auf einer hohen Plattform gegenüber der Moschee Kaljan ist etwas ganz Besonderes: Sie ist die einzige islamische theologische Einrichtung Zentralasiens, die seit ihrer Gründung 1535/36 ununterbrochen in Betrieb ist und sogar während der gesamten sowjetischen Zeit ausbilden durfte. Auch heute befindet sich in ihren altehrwürdigen Mauern mit den 111 Chudzhras die gleiche traditionelle Ausbildungseinrichtung. Ihren Namen trägt sie nach dem jemenitischen Missionar und Korangelehrten Schams ad-Din Abdallah al-Arabi, der in den 1480ern nach Buchara kam und hier lehrte. Er war der Lehrmeister des berühmten Sufi-Scheichs Hodzha Ahror, dem es mit seiner Nähe zum Hof der Schaibaniden möglich war, Mittel für den Bau der Medrese locker zu machen, angeblich aus dem Verkauf von 2000 Personen schiitischen Glaubens in die Sklaverei. Mir-i Arab sollte man im Abendlicht besuchen. Die traumhaft schöne mosaikgeschmückte Fassade des großen Prunk-Iwans glüht dann im waagerecht einfallenden Sonnenlicht.

Stadt der Medresen

Das außerordentlich harmonische Gebäude der **Medrese Ulugh Beg** befindet sich östlich des Platzes, benannt ist sie nach ihrem Stifter, der sie zur selben Zeit wie die gleichnamige Medrese in Samarkand erbauen ließ (1417–1420). Die heutige Fassade stammt allerdings von 1586; die ursprünglichen vier Minarette und vier Kuppeln sind leider nicht mehr vorhanden. Auf der Eingangstür steht geschrieben: ›Das Streben nach Wissen ist die Pflicht eines jeden Muslim und einer jeden Muslima.‹ (!!!)

Direkt gegenüber der Medrese Ulugh Beg zieht die mit zur Sonne emporfliegenden Vögeln dekorierte Straßenfassade einer weiteren Medrese die Blicke auf sich: Sie trägt den Namen des Erbauers **Abd Al-Aziz Khan** und wurde 1651/52 errichtet, eine letzte Blüte dieser reichen Epoche. Die Innenausstattung mit herrlichen holzgeschnitzten Muqarnas und farbenfrohen Mosaiken wirkt etwas überladen und ist doch wunderbar. Auch eine gut erhaltene Wohnzelle eines Koranschülers kann in der hinteren rechten Hofecke besichtigt werden.

Es gibt **zahlreiche weitere Medresen** etwas weiter weg vom Zentrum, der Durchschnittsbesucher wird sie nicht alle besuchen. Wichtiger als Vollständigkeit ist sicher für die meisten, die Atmosphäre der Stadt einzufangen. Wer jedoch ein spezielles Interesse hat, dem seien hier empfohlen: die Medrese Gaukoschan mit Moschee und Minarett (17. Jahrhundert, heute Werkstatt), die einander gegen-

Die Kuppeln der alten Basare

Karte S. 387

Hier wollen alle hin: Ljabi Chauz

überliegenden Medresen Abdullah Khan (1590) und Madar-i Khan (1567, gewidmet der Mutter von Abdullah Khan), die Medrese Dzhujbari Kalan.

Tim und Toqs

Aus dem musealen Teil der Stadt kann man in südlicher Richtung gemütlich ins touristische Zentrum schlendern und dabei die alten **Kuppelbasare** (Toq) aus dem 16. Jahrhundert benutzen. Sie alle werden nach wie vor im Sinne ihres Erbauers Abdullah Khan II. genutzt und beherbergen hämmernde, schleifende, stickende, malende, töpfernde und webende Handwerker sowie fröhlich rufende und heranwinkende Händlerinnen, die keinen Reisenden ungeschoren davonkommen lassen.

Durch den **Toq-i Zargaron** (Kuppel der Juweliere) gelangt man in den **Tim Abdullah Khan**, wo seit jeher Seide verkauft wird, und von hier in den **Toq-i Telpek Foruscho**n (Kuppel der Fellmützenverkäufer).

Westlich davon liegt die kleine **Moschee Magoq-i Kurpe** (1637).

Sich nach Südosten wendend, erreicht man nach wenigen Metern die bescheiden und fast undekoriert in einer Senke stehende **Moschee Magoq-i Attari** aus dem 12. Jahrhundert, die auf einem noch älteren Fundament aus dem 9./10. Jahrhundert steht – eine der ältesten Moscheen Zentralasiens, errichtet am Ort eines vorislamischen Tempels. Die fünf Meter unter der Erdoberfläche versunkene Fassade hat man erst 1930 gefunden und restauriert.

Unweit von hier wird man vom dritten noch existierenden Toq verschluckt, dem **Toq-i Saraffan** (Kuppel der Geldwechsler).

Touristenmeile Ljabi Chauz

Ljabi Chauz (Lyabi Khauz) ist eines der wenigen erhaltenen Wasserbecken der Stadt. Schon immer war es ein bekannter Treffpunkt, denn hier nahm die Handelsmeile durch die Toqs und Tims ihren Anfang.

Ende der 1920er existierten noch 97 solcher Becken in Buchara, deren Wasser von den Einwohnern zum Trinken und Waschen verwendet wurde. Sie waren mit dem Serafschan verbunden, bei ausreichendem Wasserstand wurde frisches Nass aus dem Fluss zugeführt. Vambery hatte noch im 19. Jahrhundert gesehen, dass auch Haustiere in den Becken bade-

Echte Handarbeit:Puppen aus Buchara

ten und sich labten. Wurmkrankheiten, zum Beispiel Befall mit der Rischte, über dieses Wasser verbreitet, waren typisch für Buchara. Aus hygienischen Gründen wurden in den 1930ern die meisten Becken zugeschüttet, gleichzeitig wurden die Sümpfe um Buchara trockengelegt. Die Störche, die auf den Kuppeln und Mauern genistet hatten, verschwanden. Vögel des Glücks nennt man sie hier, nun gibt es – vor allem in Taschkent – Storchenskulpturen en masse.

Am Ljabi Chauz ist immer etwas los. Komischerweise scheinen viele Gäste der Stadt zu glauben, dass hier ihr schönster Ort sei. Fast alle kommen zum Ljabi Chauz oder werden hierher gekarrt, um am berühmtesten Wasserbecken der Stadt in einem Restaurant mit überhöhten Preisen bei ohrenbetäubender Musik zu essen. Ein typischer Hype.

Die Kulisse ist allerdings attraktiv: Auf der einen Seite vom Becken die zum Souvenirmarkt umgebaute **Medrese Nadir Diwan Begi** aus dem Jahre 1623, mit poetischem Dekor fliegender Reiher auf dem Portal, auf der anderen die **Chanaka Nadir Diwan Begi** von 1620, heute **Museum** mit historischen Fotos der Stadt. Beide Gebäude sind sehr gelungen restauriert, was auch ihrem Spiegelbild im Wasser gut bekommt. Hinter dem Rücken der am Ljabi Chauz Sitzenden steht die **Medrese Kukeldasch**, Baujahr 1569, mit 160 Wohnzellen für die Studierenden die größte Medrese von Buchara und eine der größten in Zentralasien.

Überall Stände mit Souvenirs, Gedrängel, Geschiebe. Der berühmte Narr **Hodzha Nasreddin** (→ S. 62) sitzt verschmitzt lächelnd auf seinem Denkmal-Esel und denkt sich sein Teil. Recht hat er: Es gibt noch andere schöne Orte.

Zum Beispiel das oft übersehene **Handpuppen-Museum** gleich am Platz. Die hier in der Werkstatt hergestellten Puppen mit den Charaktergesichtern können an Ort und Stelle ausprobiert und gekauft werden. Dann taucht man ein in die nächstbeste Gasse und steht vor dem bescheidenen einstöckigen Gebäude der **letzten Synagoge von Buchara**. Man darf sie betreten, die wenigen noch hier lebenden Juden (schätzungsweise sind es noch 50 Familien) freuen sich über Gäste. Das jüdische Viertel war hier, in den engen Gassen sind einige Häuser zu Pensionen und Restaurants umgebaut worden. Schlendert man noch etwas weiter, kommt man bald in Gefilde, die nur

Mädchen in der Altstadt

▶ Karte S. 387

Wanddekor im Sommerpalast des Emirs

selten von Touristen betreten werden. Verwinkelte Gänge, Lehmmauern, offene Türen, grüne Höfe – die Mahalla, im Zentrum von Buchara darf sie noch leben.

Weitere Sehenswürdigkeiten

Tschor Minor

Ein Stück Mahalla durchquert man auch, wenn man zu einer beliebten kleinen Sehenswürdigkeit im Osten der Altstadt geht. Tschor Minor (Chor Menor) heißt vier Minarette. Diese Miniaturmoschee aus dem Jahre 1807 ist eigentlich das Torhaus einer großen Medrese, von der nichts erhalten blieb als dieses putzige Bauwerk mit den vier dicken Türmchen. Es beherbergt ein nettes Souvenirgeschäft, und gegen einen kleinen Obolus kann man sich in einem der Türme die Wendeltreppe nach oben quetschen und vom Dach aus das Treiben in der grünen Mahalla beobachten.

Sommerpalast des Emirs

Hinter dem poetischen Namen ›Der Ort, wo Mond und Sterne einander begegnen‹ (Sitora-i mokh-i Khoza) verbirgt sich die Sommerresidenz des letzten Emirs von Buchara ca. vier Kilometer nördlich vom Zentrum. Eine Anlage zum Lustwandeln, hell und leicht, und die Pfauen sind ein perfektes lebendiges Dekor. Wunderschön die Stuckarbeiten auf Spiegelglas im Weißen Saal und die Wandmalereien im Empfangssaal, interessant ein Blick auf Möblierung und Einrichtung eines schwerreichen Mannes aus dem Morgenlande an der Wende vom 19. zum 20. Jahrhundert. Im Palais am großen Chauz befindet sich ein **Museum für angewandte Kunst**, wo man vor allem historische Kleidung und Suzani, Teppiche und Schmuck bewundern kann. Vor dem Palast kann man oft Suzani-Künstlerinnen beim Sticken zusehen, näher zum Haupteingang haben Miniaturmaler ihre Stände.

Haus des Kaufmanns Chodzhajew

Der zweitreichste Mann von Buchara war Ubaidulla Chodzhajew (Khojaev), seinen Reichtum hatte er mit dem Verkauf von Karakul-Fellen erworben. Seinem Sohn Fayzullo konnte er eine exzellente Ausbildung in Buchara und Moskau finanzieren – Fayzullo Chodzhajew wurde später zum Führer der Volksrepublik Buchara und erklomm Stufe um Stufe der sowjetischen Karriereleiter bis zum bitteren Ende (→ S. 61). Das geschmackvolle, wenn auch vernachlässigte Anwesen der Chodzhajevs kann besichtigt werden, hier wurde unlängst das **Fayzulla Khojaew House Museum** eröffnet.

Jenseits vom Trubel

Buchara hat die große Bühne, wo man nie allein ist, die Standardplätze für die Zweitagestouristen. Und es hat auch historische Ecken, die selten besucht werden, aber deswegen nicht weniger schön sind. Eine dieser Perlen ist die südwestlich von der Kaljan-Moschee, neben dem alten Badehaus gelegene **Chanaka Hodzha Sain id-Din** aus der ersten Hälfte des 16. Jahrhunderts, die gleichzeitig

Im Komplex Naqschbandi

auch als Stadtteil-Moschee diente, und auch das Grab des Hodzha ist in den Komplex integriert. Filigrane Holzsäulen tragen ein leichtes Dach, und die himmlische Ausmalung der Innenräume, vor allem der Kuppelschale ist ein echter Blickfang. Eine ähnliche Funktion, aber einen ganz anderen, wuchtigen Baustil hatte die Klosteranlage und Chanaka Faizabad von 1598/99, ca. einen Kilometer nordöstlich von Tschor Minor.

Die äußerlich unscheinbare **Baland-Moschee** aus dem 16. Jahrhundert unweit der ›Zwillings‹-Medresen Madar-i Khan und Abdullah Khan ist im Innenraum eine Offenbarung. Der traumhaft schön mit gravierten Mosaiken verzierte Mihrab, die liebevoll geschnitzten und bemalten Holzdecken, das still-idyllische Pflanzendekor – alles deutet darauf hin, dass diese Moschee nicht für die großen Freitagsgebete vorgesehen war, sondern eher für die persönliche Zwiesprache mit Allah. Und dann ist da schließlich die **Namazgah-Moschee** im Süden der Stadt – sie stammt noch aus der Zeit der Qarachaniden, zumindest hat sich der mit geritzter Terrakotta verzierte Mihrab bis heute erhalten. Der ›Rest‹ wurde im 16. Jahrhundert hinzugefügt.

Stadt der Mausoleen

Wo so viele berühmte Persönlichkeiten lebten und wirkten, konnte es nicht ausbleiben, dass viele berühmte Persönlichkeiten starben und würdevoll und für die Ewigkeit bestattet werden mussten. Das erklärt das Vorhandensein von zahlreichen Mausoleen und Gedenkstätten in Buchara und Umgebung.

Bocharsi-Mausoleum

Im Osten der Stadt, ca. zweieinhalb Kilometer vom Zentrum entfernt, befindet sich das beeindruckende Mausoleum für den 1262 gestorbenen Mystiker und Scheich Saif ad-Din Bocharsi mit großem Peschtak, kleinem Minarett und sensationell schön geschnitztem Kenotaph. Bocharsi war Schüler des legendären Scheichs Nadzhmeddin Kubra (→ S. 338, Kunya Urgentsch). In der Nachbarschaft finden wir das Mausoleum seines Schülers Bujan Quli Khan. Die Verzierungen aus geschnittenen und glasierten Terrakotten sind ein Traum in in blau und weiß.

Gedenkkomplex für Baha ad-Din Naqschband

Die aufwendig renovierte, gut gepflegte Anlage im Nordosten der Stadt zieht

▲ Karte S. 387

täglich Hunderte, an den Wochenenden Tausende Pilger an, ein lebendiges Treiben herrscht auf den Wegen, Höfen, in den Säulengängen, am Wasserbecken. »Unser Weg zu Gott ist Kommunikation und nicht Einsiedelei«, soll Scheich Baha ad-Din Naqschband gesagt haben, der Begründer des Sufi-Ordens Naqschbandi. Der 1398 gestorbene einflussreiche Scheich, wahrscheinlich Schüler von Hodzha Gizhduwan (s.u.) und Amir Kulal, ist hier begraben. Neben seiner Bestattung befindet sich die Gruft der Schaibaniden. Drei Gedenkmoscheen aus dem 19. Jahrhundert und eine Chanaka aus dem 16. Jahrhundert (die während der Sowjetzeit als Museum für Atheismus diametral zweckentfremdet war!) mit einem außergewöhnlichen, von weitem sichtbaren Kuppeldach in Form einer Blütenknospe komplettieren das weitläufige Ensemble.

■ Nekropole Tschor Bakr (Chor Bakr)

Am Nordrand des Dorfes Kalaya (Sumitan) acht Kilometer westlich von Buchara an der M37 kann eine riesige Totenstadt besichtigt werden, wo rund um das alte Grab des einflussreichen Abu Bakr Saada, Nachkomme des Propheten Mohammed, im 16./17. Jahrhundert die Scheichs des

Teeschale aus Gizhduwan, die Tropfen am Rand sollen Glück bringen

Seidenstickerin

Dzhuibari-Clans beigesetzt wurden. Eine mächtige Chanaka mit Moschee überragt das Meer von Mausoleen und Gräbern aus dem 17. bis 20. Jahrhundert.

■ Gedenkstätte für Gizhduwani

Im Dorf Gizhduwan (G'ijduvon) 30 Kilometer nordöstlich von Buchara an der M37 fällt eine hübsche kleine Medrese mit niedrigem Minarett auf. Sie wurde 1432/33 gebaut, zum Gedenken an den Sufi Abd al-Halik Gizhduwan (1103–1179), Schüler von Scheich Jusuf al-Hamadani, Anhänger der asketischen Sufi-Schule Chadzhagan. Das Grab des Scheichs befindet sich unter einem erst im 21. Jahrhundert aufgestellten hölzernen Iwan mit blauer Kuppel gegenüber von der der Medrese.

Gizhduwan ist außerdem für seine außergewöhnliche **Keramik-Schule** bekannt. Die Glasur der hier hergestellten Erzeugnisse unterscheidet sich von den üblichen blauweiß dominierten Mustern durch warme erdige Farben und Farbverläufe. Im privaten **Keramikmuseum der Familie Narzullajew** unweit von der Medrese in der Navoi 45 bekommt man beim Tee alles Wissenswerte erzählt und gezeigt (www.ceramicsuz.narod.ru).

Buchara

Vorwahl: aus dem Ausland + 998/65, aus dem Inland 8/365.

Touristen-Information (TIC) am Ljabi Chauz, Tel. 2242246. Zimmervermittlung, Ausflüge, Stadtführungen. bicc@bukhara.net

Flughafen 5 km östlich der Altstadt.

1–2 Flüge pro Woche nach Taschkent (45 US-Dollar), außerdem wöchentlich nach Moskau und St. Petersburg.

Transfer Flughafen–Stadt: Taxi für 3 US-Dollar.

Bahnhof in Kagan, 10 km östlich von Buchara (Marschrutka 68 vom Ljabi Chauz 50 Cent, Taxi 5–6 US-Dollar).

Täglich Expresszug Afrosiyob 8:40, 7h, 15 US-Dollar und ein Nachtzug (25 US-Dollar) über Samarkand nach Taschkent, weitere Züge nach Termez, Navoi, Utschkuduk, Urgentsch, Chiwa, Nukus.

Avtovokzal: 3 km nördlich vom Zentrum, vormittags Busse nach **Taschkent** (10 US-Dollar).

Busse nach Osten vom Ostbahnhof (Shark), von hier auch Taxis nach Termez (7h, 40 US-Dollar).

Sammeltaxis nach Urgentsch (7 h, 30 US-Dollar p.P.), Nukus (9 h, 50 US-Dollar) vom Karavan-Basar im Norden.

Sammeltaxis nach Taschkent (7h, 35 US-Dollar), Samarkand (4h, 17 US-Dollar) und Navoi (45 min, 10 US-Dollar) fahren vor dem Avtovokzal Buchara ab.

Buchara Grand, Ibrohim Mominov 8, in der Nähe des Stadions, südlich des Zentrums; DZ 120 US-Dollar.

▸ **In der Altstadt**:

Malika, Gavkushon 25; DZ 65 US-Dollar. www.malika-bukhara.com

Sasha & Son, Eshoni Pir 3, in einem Haus jüdischer Händler aus dem 16. Jhd.; DZ 70 US-Dollar. Wunderschön, Reservierung empfohlen. Das B&B Sasha & Lena in der Buxoro 13 gehört auch dazu. www.sashasonhotels.com

Emir, Husainov k.; DZ 50 US-Dollar, im bucharischen Stil. www.emirtravel.com

Lyabi House, Husainov 7: DZ 60–70 US-Dollar, traditionelles Gebäude. www.lyabihouse.com

Amelia, Bozor Hoja 1; DZ 70 Euro. Freundlich, modern. www.hotelamelia.com

Amulet Madrassah, Naqshbandi 73; DZ 80 US-Dollar. 8 Zimmer in einer renovierten Medrese. Gutes Frühstück, Vermittlung von Fahrern und Fremdenführern. www.amulet-hotel.com

Minzifa, Eshoni-Pir 65; DZ 85 US-Dollar, in einem schönen Hof. Sehr guter Service. www.minzifa.com

B&B Nasriddin Navruz, Babahanova 37; DZ 40 US-Dollar. Familiäres Hof-Hotel. umka_83@mail.ru

B&B Hostel Rustam-Zuxro, Naqshbandi 116B; DZ ab 35 US-Dollar. hotelrz@mail.ru

B&B Komil, Barakiyon 40, Tel. 2238780 (deutsch); DZ 60 US-Dollar. Internet, Wäscheservice, Organisation von Ausflügen. www.komiltravel.com

Nicht nur am Ljabi Chauz gibt es Restaurants! Viele Hotels haben gute Küche, und in den Seitenstraßen wird man auch fündig. Das TIC hilft bei der Vermittlung von privaten Kocherlebnissen.

Café Wishbone, Khakikat k. 1a, nördlich des Mützenmachergewölbes. Hausgemachter Kuchen und Informationen für Reisende im deutschen Café von Gertrud Schrenk. www.cafe-wishbone-bukhara.uz

Dolon, Khakikat 27, gute einheimische Küche, Dachterasse.

Silkroad Teahouse, Khalim Ibodov 5, klassisches Teehaus mit Laden.

Die ganze Stadt ist ein einziger Basar.

▸ Karte S. 387

Die Umgebung von Buchara

Die große Oase von Buchara ist von der Wüste Kizilkum (Kyzylkum) umgeben, aber im Nordosten liegt das Gebirge Nuratau, und wenn man etwas Abwechslung braucht, sollte man den Weg in diese Richtung nehmen. Zehn Kilometer bevor die M37 die Industriestadt Navoi passiert, kommt man am Eingangstor und den Mauerresten der alten **Karawanserei Rabat-i Malik** aus dem 11. Jahrhundert vorbei, auf der anderen Straßenseite fällt die große flache Ziegelkuppel einer historischen Sardoba (Zisterne) auf *40.121389, 65.146944*. Solche Karawanen-Stationen mit überdachten Brunnen gab es entlang der Handelswege ca. alle 40 Kilometer. Das ist eine normale Tagesetappe für ein Kamel. In den Karawansereien war für Mensch und Tier gesorgt, es gab Ställe und Futter, Übernachtungs-, Ess- und sicher auch Vergnügungsmöglichkeiten für die Händler und Treiber sowie einen Warenumschlagplatz in der Mitte des Ganzen.

Navoi

In der jungen Hauptstadt des gleichnamigen Wilojats leben ca. 220 000 Menschen. Die Stadt wurde ab 1958 als Standort für Bergbau, Chemieindustrie und Maschinenbau errichtet, und es scheint, hier gibt es nichts zu sehen außer Plattenbauten.

Wie durch ein Wunder haben sich in der benachbarten Kleinstadt **Karmana** ca.

Das Tor der Karawanserei Rabat-i Malik

Die Festung Nurota

zehn Kilometer nördlich von Navoi das sehr alte Mausoleum Mir Said Bachram aus dem vormongolischen 10./11. Jahrhundert und das Mausoleum für Qasym Scheich Azizon aus dem späten 16. Jahrhundert erhalten. Die dazugehörige Gedenkmoschee aus dem 17. Jahrhundert fällt durch einen ungewöhnlich hohen, reich verzierten Tambour auf, auf welchem die Kuppel sich erhebt – die Bauweise erinnert damit an Gur Emir in Samarkand. Es gibt ein kleines **Museum**. Kasym Scheich war als mutiger Friedensstifter in einer Zeit unentwegter Stammesfehden verehrt.

Die Petroglyphen von Sarmyschsaj (Sarmischsoy)

Knapp 40 Kilometer nordöstlich von Navoi befindet sich am Südhang des Nuratau-Gebirges die bedeutendste Fundstelle von Petroglyphen in Usbekistan, man geht von 5000–10 000 Steingravuren aus. Auch Siedlungsreste mit Feuersteinwerkstätten, Gräber und Kurgane sind in der Umgebung gefunden worden – ein typischer Wohn- und Kultplatz aus der Bronzezeit ca. 3000 bis 900 Jahre vor unserer Zeit, wobei es auch deutlich ältere Motive aus dem Mesolithikum (ca. 9000 Jahre vor unserer Zeit) gibt! Im ca. 2,5 Kilometer langen Tal sind, besonders im mittleren Teil, buchstäblich an jeder senkrechen Felswand Petroglyphen zu sehen. Der Fundort ist bei der UNESCO als Weltkulturerbe eingereicht worden.
40.299942, 65.613711

Nurota

Die Ausläufer des Nuratau-Gebirges überquert man auf dem Qara-Qargha-Pass, im April ist hier alles voller wilder Tulpen. In der Stadt Nurota am Nordwesthang des Nuratau sind die **Reste der nördlichsten Grenzfestung Alexanders** zu besichtigen. Alexander wird die Gründung der Stadt 327 vor unserer Zeit zugeschrieben. Am Fuße der Festung liegt eine stark frequentierte **Wallfahrtsstätte** mit der Gedenkmoschee Tschil Ustun aus dem 10. Jahrhundert und einer heiligen Quelle. Auch hier gibt es eine Legende der ›Stock-Entstehung‹ – Mohammeds Vetter und Schwiegersohn Ali soll die Quelle geschaffen haben, als er hier seinen Stab in die Erde schlug.

Nuratau-Berge

Das kleine Nuratau-Gebirge erstreckt sich auf 170 Kilometern in Nordwest-Südost-Richtung und hat seinen höchsten Punkt mit dem Hayatbaschi (2169 m) in der

▸ siehe Faltkarte

Nähe des Dorfes Hayat. Fährt man von der Stadt Nurota die Straße am Nordrand des Nuratau entlang, erreicht man dort, wo das Gebirge am höchsten ist, die Abzweigung Uchum (Uhum) nach Süden. Zehn holperige Pistenkilometer weiter im Gebirge gibt es im vornehmlich von ethnischen Tadschiken bewohnten **Dorf Hayat** ein freundliches CBT-Projekt, wo man Unterkunft und gutes Essen in Privatpensionen sowie interessante Einblicke ins Alltagsleben erhält. Von Hayat aus lassen sich zwei Täler in schönen Tageswanderungen durch die geschützten Nuss- und Wildobstwälder erschließen. Auch Mehrtagestouren mit Pferden und Zelt sind möglich. In Hayat gibt es ein großes **Wildgehege** mit ca. 60 Sewerzow-Wildschafen, einer endemischen und vom Aussterben bedrohten Unterart des Argali. Privatpensionen gibt es auch in Uchum und Sentob.

Nuratau-Berge

Nuratau Ecotourism, Sherzod Norbekov. ÜNF 24 US-Dollar. nuratau.ecotourism@gmail.com (engl., deutsch) www.nuratau.com.

Kleine Tadschikin in den Nuratau-Bergen

Kamelreiten in der Kizilkum

Aidarkul-See

Der riesige Aidarkul entstand 1969 bei einem Hochwasser des Syrdarja – die Wassermassen wurden aus dem neuen Schardara-Stausee durch den Notüberlauf abgelassen, um den Staudamm und die Unteranlieger nicht zu gefährden. Über sieben Kubikkilometer Wasser flossen in die große Arnasay-Senke ab, die bis dahin eine große Salzpfanne gewesen war. Seitdem wird so ›reguliert‹ und es gibt mitten in der Wüste einen See, der mal mehr und mal weniger Wasser hat. Die Usbeken nennen ihn ›unser Meer‹ – er inzwischen ist mit ca. 3000 Quadratkilometern größer als die kläglichen Reste des Aralsees.

Am Nordufer, östlich von Baymurat, haben geschäftstüchtige kasachische Kamelzüchterfamilien inmitten der Saxaul-Büsche der Kizilkum **Jurten für Gäste** aufgebaut. Von April bis Oktober kann man hier campieren und sich sich bekochen lassen, abends am Feuer den alten Liedern der Nomaden lauschen, tagsüber die Wüste erkunden und auf Kamelen reiten.

Blick über die märchenhafte Altstadt von Chiwa

Chiwa

Auch diese Wüstenperle gehört mit ihrer Altstadt zum UNESCO-Weltkulturerbe, sie bekam diesen Status als erste usbekische Stadt im Jahre 1990. Wahrscheinlich im 6. Jahrhundert gegründet, ist sie längst nicht so alt wie Samarkand und Buchara, doch präsentiert das architektonische Ensemble der Itschan Qala mit seinen Moscheen und Medresen, Minaretten und Mausoleen sowie den prächtigen Palastbauten der Khane anschaulich die ganzheitliche Welt einer orientalischen Stadt im Mittelalter. Zwar wurde Chiwa 1740 von den Persern unter Nadir Schah fast vollständig zerstört, zum ersten Mal in Zentralasien kam Infanterie zum Einsatz. Die meisten Gebäude sind deswegen nicht älter als 280 Jahre, aber das stört niemanden der Besucher. Chiwa ist ein Stein (bzw. Lehm) gewordenes Märchen aus 1001 Nacht. Wenn man bedenkt, das die Altstadt nur 420 mal 720 Meter groß ist und dass man es trotzdem nicht schafft, an einem Tag alle Highlights anzuschauen, so kann man sich vorstellen, welche Dichte an Kulturdenkmälern hier vorliegt.

Chorezmien

Die graue Vorzeit Chorezmiens war grün. Die Großoase von Chozesmien im alten Delta des Amudarja im Süden des Aralsees gehört zu den ältesten Siedlungsräumen Zentralasiens, die Anwesenheit des Menschen ist seit dem 6. Jahrtausend vor unserer Zeit nachgewiesen. Ab dem 6. Jahrhundert vor unserer Zeit hat es hier stadtartige Siedlungen und staatliche Strukturen gegeben. Als der Amudarja noch mehr Wasser führte, hatte die Oase Ausmaße, die über die Größe des Fergana-Beckes hinausgingen.
Auch die Geschicke von Chiwa (Khiva, usb. Xiva) bestimmte der Amudarja. Chiwa wurde erst dann wirklich bedeutsam, als es dem Strom beliebte, sein Bett hier entlang zu nehmen: 1592. Kunya Urgentsch verlor die Rolle der wichtigsten Stadt der Oase Chorezmien – Chiwa gewann sie. Heute ist der Amudarja nicht mehr der tollwütige Strom, der sich mitsamt seinem Bett hin- und herwirft. Den Großteil seiner von den Gletschern des Pamir und Hindukusch kommenden Wasser verliert er im Mittellauf an den Karakum-Kanal und weitere Kanäle für die Bewässerung der gigantischen Baumwollfelder. Auf der Höhe von Urgentsch zweigt ein weiterer Kanal in die Wüste ab.
Wenn man nicht mit dem Flugzeug über Urgentsch anreist (→ S. 412), sondern über Land, auf der Straße von Buchara oder Nukus, muss man die Brücke bei Urgentsch überqueren und kann von hier trotzdem noch einen relativ breiten Fluss sehen. Aber er ist flach und schwach. Seine Seitenarme sind ausgetrocknet, auch jener, der einst Chiwa zur Hauptstadt von Chorezmien machte. Chiwa liegt nicht mehr am Fluss, sondern 40 Kilometer südwestlich von ihm. Launen der Natur und Geschichte(n), geschaffen vom Menschen...

Geschichte

An der Tür der Wüstenfestung Chiwa hing lange ein unsichtbares Schild: ›Bitte nicht stören‹. Wer es missachtete, wurde hingerichtet, wie fast alle Mitglieder der von Peter dem Großen gesandten russischen Expedition unter Alexander Bekowitsch im Jahre 1715. Auch andere bezahlten ihre Neugier mit ihrem Leben oder ihrer Freiheit. Der Sklavenmarkt von Chiwa war bis 1873 in Betrieb. ›Lieferanten‹ waren vor allem die Turkomanen, wie die kriegerischen turkmenischen Wüstennomaden bis ins 19. Jahrhundert genannt wurden. Die Oase von Chorezmien und besonders Chiwa an ihrem Südrand grenzen an ihr Stammesgebiet. Hauptberuf der Turkomanen waren Überfälle auf Karawanen.

»Das Usbeken-Chanat von Chiwa war bis ins späte 18. Jahrhundert hinein nicht viel mehr als ein Nest von Karawanen-Räubern, das unbehelligt hinter den gewaltigen Sperren der Wüste versteckt lag. Zu dieser Zeit jedoch und möglichweise im Zusammenhang mit den Raubüberfall des persischen Eroberers Nadir Schah auf Zentralasien kam es zu einem plötzlichen Wiederaufleben der künstlerischen und kulturellen Betätigung in Chiwa. Es scheint fast, als habe der schöpferische Genius Persiens, der in seiner Heimat nicht zum Ausdruck kommen konnte, in der abgelegenen kleinen Welt hinter der Karakum-Sandwüste eine Zuflucht gesucht und gefunden. Denn Chiwa, das sich bisher erstaunlicherweise unbeschädigt erhalten hat, ist eine echte Oase der Kunst, ein Überbleibsel der Vergangenheit in einer anderen Welt und ein einziges Kleinod der Städtebaukunst.« (Edgar Knobloch, Turkestan) – Dem ist nichts hinzuzufügen.

Eine kleine Weile, ein Wimpernschlag der Geschichte – zwischen dem persischen Überfall 1740 und der Anerkennung der russischen Oberhoheit 1873 und noch ein paar Jahre darüber hinaus, hat Chiwa alles gegeben, was wir heute an ihm so bewundern.

Altstadt und Zitadelle

Itschan Qala, die innere Festung, ist das, was Reisende sehen wollen, wenn sie hierherkommen. Die meisten der 84 000 Einwohner von Chiwa leben in ländlich anmutenden Vorstädten außerhalb dieses Mauerrings, der fast ausschließlich den Touristen gehört. Innerhalb gibt es 60 Baudenkmäler und zwei Dutzend Beherbergungsstätten, teilweise in den historischen Gebäuden – zum Beispiel ist in den 99 Wohnzellen der größten Medrese Amin Khan (1851/52) am westlichen Tor heute ein Hotel untergebracht. Nur ca. 4000 Einheimische leben ständig in diesem riesigen Freilichtmuseum.

Die Anordnung der **Tore** ist klassisch – eins in jede Himmelsrichtung. Das westliche heißt ›Tor des Vaters‹ – Ata Darwaza, das östliche, nach dem Volkshelden Pahlawon Mahmud benannte ›Palwan-Tor‹ – Palwon Darwaza mit ei-

Fototermin in der Altstadt von Chiwa

▸ Karte S. 405

Chiwa, Altstadt

nem überkuppelten Handelsgang von 50 Meter Länge, das südliche ›Steppentor‹ – Dascht Darwaza und das nördliche ›Gartentor‹ – Boghtscha Darwaza. Die Straßen zwischen ihnen teilen die Stadt in vier annähernd gleichgroße Viertel. Der mächtige **Wall** um die Qala stammt aus dem 18. Jahrhundert, ist 2200 Meter lang, sieben bis acht Meter hoch und ist mit all seinen Schießschartenmauern und Bastionen fast vollständig erhalten. Ein schönes Erlebnis ist seine Umrundung im Morgengrauen, wenn nur wenige Menschen unterwegs sind.

Chiwa ist an den Wochenenden auch von einheimischen Touristen gut besucht

Zitadelle

Nordöstlich von der Zitadelle kann man den Wall erklimmen und sich einen ersten Überblick verschaffen. Direkt an der Stadtmauer, unmittelbar am westlichen Tor, ›klebt‹ die alte Zitadelle Kohna Ark aus dem 18. Jahrhundert, eine 130 mal 90 Meter große Stadt in der Stadt, Verwaltungszentrum und Residenz in einem. Hier sollte man auf jeden Fall einen Blick auf die Innenausstattung der Sommermoschee werfen, ihr Interieur ist typisch für Chiwa. Die Pflanzenranken und Blumenornamente unterscheiden sich von jenen in anderen Landesteilen. Die sich mal linear, mal konzentrisch ausbreitenden Sternenmuster (arab. Girih, ›Knoten‹) und andere geometrische Verzierungen sind typisch für Chorezmien. Ein aufwendig gekachelter Minbar und die meisterhaft geschnitzten Säulenkapitelle sind sehenswert.

Kalta Minor

▲ Karte S. 405

Der Dicke und der Lange

Wenn man, wie die meisten Besucher, die Altstadt durch das wuchtige westliche Tor Ata Darwaza betritt, bleibt der Blick sofort an einem auffallend dicken Minarettstumpf hängen, der mit leuchtenden Majolika-Musterbändern verziert ist. Das ist **Kalta Minor**, das kurze Minarett, Baujahr 1855. Eigentlich sollte es das höchste Minarett von ganz Zentralasien werden, und die Stadtführer übertreffen sich gegenseitig mit Anekdoten über die vermeintlichen Gründe des Baustopps. Tatsächliche Gründe gab es genug: Der frühe Tod des Bauherrn Amin Khan 1855, außerdem klamme Kassen, Unruhen im Inneren und die unaufhaltsam näher rückenden Russen. So blieb es bei 28 Metern, und das bei einem Durchmesser von 14 Metern. Man muss nicht lange suchen, um nach dem Dicken auch noch den Langen zu finden - man hebt einfach den Blick. Das **Minarett der Medrese Islam Hodzha** ist einfach überragend. Mit seinen 57 Metern ist es sage und schreibe 12 Meter höher als der Kaljan in Buchara. Technisch keine Kunst - denn es wurde 783 Jahre nach jenem fertiggestellt: 1910! Trotzdem ist es erhaben und erhebend - man sollte die Anstrengung nicht scheuen und sich die 45 Meter bis zur **Plattform** nach oben schrauben. Dieser Blick ist ein buchstäblicher Höhepunkt. Die lehmfarbenen Dächer und Mauern von Itschan Qala verschmelzen mit dem Gelbbraun der Wüste, und die glasierten Kuppeln leuchten so blau wie der Himmel, der nur hier, im kontinentalen Zentralasien, so endlos hoch und so türkisfarben sein kann.

Komplex Islam Hodzha

Die Medrese zu Füßen des Riesen beherbergt das **Museum für Stadtgeschichte und Angewandte Kunst**, die hier gezeigten Stücke sind typisch für Chorezmien und verraten viel über die hiesige Lebensweise in den sommers heißen, winters kalten Wüsten. Eine Moschee mit gedrungener Kuppel vollendet das Ensemble. Über den Namensgeber des Komplexes, Said Islam Hodzha (1872–1913), sollte man wissen, dass er ein islamischer Reformer war. Als Wesir von Chiwa plante er die Eröffnung reformierter Schulen, sprach sich gegen Behördenwillkür aus, wollte einige strenge Regeln der Scharia abmildern, baute eine Baumwollfabrik, Post und Telegrafenstation. Sein Einfluss auf den Khan gefiel der konservativen Geistlichkeit nicht, und nachdem eine Intrige gegen ihn im Sande verlief, ließ man ihn von einem gedungenen Mörder umbringen.

Geheimnisvolle Dzhuma-Moschee

Wenn man sich nur einen Tag in der Stadt aufhalten kann, sollte man nicht versuchen, alles zu sehen. Ein geruhsamer Spaziergang zwischen West- und Osttor wird dem Charakter des Ortes am ehesten gerecht - mit kleinen Schlenkern nach links und rechts, zur Dzhuma-Moschee, zum Palast Tasch Hauli und möglichst auch zum Mausoleum Pahlawon Mahmud.

Die Dzhuma-Moschee (Freitagsmoschee) liegt an einem idealen Platz direkt im Zentrum. Man erkennt sie an einem großen Minarett. Dieses, mit 32 Metern nicht das höchste der Stadt, steht gleichwohl in ihrer Mitte.

Vergeblich sucht man eine überragende Kuppel oder einen prächtigen Hof und ist um so mehr erstaunt, wenn man den Gebetsraum betritt: Halbdunkel, schmucklose Wände, ein niedriges Dach, fast wie in einem Stall. Ein unübersehbarer, ja unendlicher Säulenwald, nur zwei Lichtöffnungen von oben. Man wähnt sich in eine Moschee aus den Anfangstagen des Islam versetzt, staunende Ehrfurcht macht sich breit. So viele Holzsäulen, in

Das Minarett Islam Hodzha

In der Dzhuma-Moschee

der Wüste – wo kommen die alle her? Sie sind verschieden! Einige von ihnen sind sehr dunkel und uralt.

Die Dzhuma-Moschee von Chiwa hat keine Analogien in Zentralasien. Die 212 (!) schlanken, geschnitzten Pfeiler kommen aus verschiedenen Orten und Jahrhunderten. Die ältesten stammen wahrscheinlich aus der vom Amudarja zerstörten zweiten chorezmischen Hauptstadt Kath (heute Biruni). 21 Pfeiler aus dem 10./12. Jahrhundert sind mit Kufi-Schrift verziert. Vier haben Inschriften in Nashi. Nur einige der Pfeiler sind aus Chiwa, aus dem 18./19. Jahrhundert, der Bauzeit der Moschee. Die meisten Hölzer wurden im 13./14. Jahrhundert gefällt. Rätsel über Rätsel...

Palast Tasch Hauli

Das verspielte Gegenstück zum Alten Palast Kohna Ark ist Tasch Hauli, der Palast, der um 1830 als neue Residenz für Alla-Kuli Khan, seine vier gesetzlichen Ehefrauen und seine Konkubinen gebaut wurde – auch topographisch entgegengesetzt am östlichen Tor. Der Architekt Usto Tadzhi Khan, der das Ansinnen ablehnte, diesen Komplex in zwei Jahren zu bauen, wurde gepfählt. Sein Nachfolger Usto Kalandar Tschiwak brauchte neun Jahre. Tasch Hauli, ein riesiger, dicht bebauter Komplex, mit hohen Mauern und Zinnen umgeben, hat drei Höfe: Harem, Festsaal und Gerichtshof – in dieser Reihenfolge, dem üppigen, prächtigen bzw. angemessenen Dekor nach zu urteilen. Die Nordseite der Höfe wird größtenteils von Iwans eingenommen, die über zwei Etagen reichen – sehr praktisch, um im Sommer etwas Kühle über den Tag zu retten. Wunderschön geschnitzte Holzpfeiler auf üppig mit Sprüchen und Ornamenten verzierten Steinbasen stützen die Decken der Iwane ab. Die Decken der offenen Räume wurden verschwenderisch mit satten Farben ausgemalt. Die Gemächer im oben Stockwerk sind in umlaufenden Galerien angeordnet, mit Blick auf die Höfe. Nur hier in Chiwa trifft man auf runde, gemauerte Podeste in den Höfen – darauf wurden die Filzjurten aufgebaut. Diese alte nomadische Tradition hatte nichts mit Nostalgie zu tun. Die Filzjurten ließen sich im Winter leichter, schneller und sparsamer beheizen – in den Palästen gab es keine

Hof im Palast Tasch Hauli

▶ Karte S. 405

Karakalpakistan

Der überwiegend wüste Westen Usbekistans heißt Karakalpakistan (Qaraqalpaqstan) und ist eine Autonome Republik. Die Hauptstadt ist Nukus (karakalpakisch: Nökis). Die Karakalpaken sind ein mit den Kasachen verwandtes Volk von ehemaligen Wüstennomaden. Knapp zwei Millionen Menschen leben auf 164 900 Quadratkilometern.

Nukus

Nukus wird trotz des passablen Flughafens und seiner Größe (312 000 Einwohner) selten besucht und gilt als Geheimtipp. Nicht die Stadt selbst, jene hat in den letzten Jahren fast ihre gesamte ›Alt‹stadt (Nukus wurde 1932 gegründet) eingebüßt. Mit dem noch unter Präsident Karimow angeschobenen staatlichen Wohnungsbauprogramm wurden die im Zentrum komplett abgetragenen alten Straßenzüge durch neue Reihenhäuser in gelb-weiß ersetzt. Die Bürger kaufen ›freiwillig‹ und sind ein Leben lang Schuldner des Staates – auch eine Form der staatlichen Lenkung.

Sawitzki-Museum

Doch das Museum inmitten dieser Neustadt ist eine Sensation. Offiziell heißt es Staatliches Karakalpak-Museum, inoffiziell hat es sich als Sawitzki-Museum und ›MOMA Zentralasiens‹ einen Namen gemacht.

Der russische Maler Igor Sawitzki (1915–1984), als Archäologe im sowjetischen Usbekistan tätig, sammelte über 30 Jahre lang Gemälde, Grafiken, Plastiken, Volkskunst und archäologische Kostbarkeiten, um sie der Bedeutungslosigkeit zu entreißen. Mit feinem Gespür für wahre Größe trug er 40 000 Werke zusammen, die Künstler und deren Hinterbliebene entweder bewusst versteckten oder in Unkenntnis ihres Wertes in Winkeln ihrer Wohnungen verstauben ließen. Die meisten dieser Werke galten als dekadent und unerwünscht oder wurden nicht verstanden, weil sie vom verordneten sozialistischen Realismus abwichen. Das war auch der Grund, warum so viele Künstler sich hierher in die Wüste zurückgezogen hatten oder auch abgeschoben wurden.

Das Sawitzki-Museum (rechts) ist eine Sensation

Die Bilder und Plastiken zeigen in teilweise großartiger künstlerischer Ausführung das sowjetische Zentralasien von seiner inoffiziellen Seite – eine große Bereicherung auch für jeden historisch interessierten Besucher.
1966 bekam Sawitzki ein Museum für seine avantgardistischen Schätze, später wurde es erweitert, 2017 ein weiterer Flügel eröffnet. 9000 Exponate werden in den pompösen Sälen am zentralen Platz gezeigt, ein Zehntel des Fonds, der inzwischen auf 90 000 Objekte angewachsen ist. Neben seiner Sammlung und Gemälden von Sawitzki selbst sind auch zahllose Artefakte zu sehen, die, teilweise unter Sawitzkis Leitung, in den Ruinen der Wüstenstädte ausgegraben wurden, außerdem schöne alte Fotos vom Leben der Karakalpaken (Doslyk Guzari 127, www.savitskycollection.org, www. museum.kr.uz/eng, Eintritt 8 US-Dollar, Führung 5 US-Dollar).
Im Dokumentarfilm ›The Desert of forbidden Art‹ (2010) wird Sawitzkis Arbeit gewürdigt.
Wenn man Glück hat, trifft man im **Museum und Institut für Archäologie**, eines der wenigen alten Gebäude in der Gorki-Straße, unweit vom Kanal, jemanden an, der die aktuellen Ausgrabungsprojekte erläutern kann.

Nukus

Guides für Nukus und Karakalpakistan:
Oktyabr Dospanov, englisch, Tel. +998/90/5753228. oktyabrd@gmail.com
Tazabay Uteuliev (Bes Qala), englisch. Tel. +998/91/3777729. bqn-travel2006@rambler.ru.
Rashid (Sihaya Tours), englisch, Tel. +998/95/6051122. uzguides@gmail.com
Guides und Fahrer können auch im **Hotel Jipek Joly** vermittelt werden.

2 Flüge von/nach Taschkent tgl. (ca. 150 US-Dollar), 4 Züge wöchtenlich (ca. 40 US-Dollar)

Jipek Joly, Nähe Museum; DZ 60 US-Dollar. jipek_hotel@rambler.ru, www.ayimtour.com
ARZ, Doslyk Guzari, Flughafennähe; DZ 60 US-Dollar.hotel.arz@mail.ru

Wüstenstädte

Das gesamte Gebiet von Karakalpakistan ist voller archäologischer Kostbarkeiten aus mindestens drei Jahrtausenden. Im alten Delta des Amudarja liegen Dutzende Hügel, unter denen große, mittlere und kleine alte Städte und Siedlungen verborgen sind. Dem normalen Besucher zugänglich sind nur wenige Orte.

Topraq Kala

Die Wüstenstadt Topraq Qala aus dem 3./4. Jahrhundert, der Zeit der Kuschan, war möglicherweise die erste Hauptstadt Chorezmiens. Die Mauerreste der ehemals 500 mal 300 Meter großen Festung liegen zwischen Chiwa und Nukus auf der rechten Seite des Amudarja, 32 Kilometer Luftlinie von ihm entfernt, in der Nähe des Ortes Biruni. *41.927208, 60.823483* Die Stadt war von bis zu 15 Meter hohen Mauern aus sonnengetrockneten Ziegeln mit zahlreichen Türmen umgeben, die Reste des großen Königspalastes mit drei mächtigen Türmen und einem riesigen Empfangssaal ragen weithin sichtbar daraus hervor. Die Fundstücke aus dem Palast dokumentieren die außerordentlich hochstehende Kultur des frühen Chorezmien, sowohl griechisch, als auch buddhistisch beeinflusst. Aus fein gezeichneten Wandfriesen und zahlreichen Lehmstatuen konnte man viel über das Leben während der Kuschan-Zeit zum Anfang unserer Zeitrechnung erfahren. Die Wohnhäuser waren riesig

▸ siehe Faltkarte

und bestanden aus mehreren Hundert Räumen, sie standen eng beisammen um einen Tempel herum – alles deutet auf ein Leben in Großfamilien und eine starke Zentralgewalt hin.

Weitere Festungen

Das unweit davon gelegene beindruckende **Ajaz Qala** besteht aus drei Anlagen, die zu verschiedenen Zeiten genutzt wurden, offenbar vor allem als Fluchtburgen beim Herannahen von Feinden. Ein Jurten-Camp am Fuße des Felsens bietet Essen und Übernachtung an. *42.012483, 61.027861*

Weitere gut erhaltene Wüstenstädte sind **Dzhambas Qala**, Guldursun Qala und Qyzyl Qala *41.930100, 60.784189*.

In den Festungen der Zeit nach Toprak Qala ist die Wohnstruktur bereits in Einzelhäuser zerfallen – Spiegelbild der Erosion des alten Sippensystems, die sich weniger später fortsetzte im Zerfall der Zentralgewalt und der Zersplitterung in kleine Reiche.

Die meisten Wüstenstädte wurden nach dem Einfall der Mongolen, den Massakern und Brandschatzungen und vor allem nach der Zerstörung des großen Dammes von Gurgandzh nie wieder aufgebaut.

Der Turm des Schweigens Shilpig

Die Gräberstadt Mizdachan

Totenstädte und Türme des Schweigens

Die riesige **Nekropole von Mizdachan** (Mizdach Khan) 20 Kilometer westlich von Nukus, in der Nähe des Ortes Chodzhajli (Xojayli) neben der **alten Festung Gjaur Qala** (4.–2. Jhd. v.u.Z.) ist eigentlich der Ruinenhügel der ehemals bedeutenden Stadt Mizdachan, die vom 4. Jahrhundert vor unserer Zeit bis zu ihrer Zerstörung durch Timur im 15. Jahrhundert bewohnt war. Mit ihren bis zu 2000 Jahre alten Gruften, Gräbern und Mausoleen ist sie nicht nur zur Kult- und Pilgerstätte, sondern leider auch zur Spielwiese von staatlich bezahlten Stümpern geworden, die alte Mausoleen durch ›Renovierung‹ für immer zerstören.

Das Mausoleum für Muslum-Chan Sulu (erbaut 1320–1330) hat wunderschöne Majoliken auf dem Kenotaph, unbedingt ansehen! *42.400331, 59.386856*

Südöstlich von Nukus kann in der Wüste auf einem Hügel unweit der A380 ein sogenannter **Turm des Schweigens** besichtigt werden, eine zoroastrische Himmels- oder Sonnenbestattungsstätte (Dachma) mit dem Namen Shilpiq (Tschilpik). Die Toten wurden auf einer eigens dafür errichteten erhöhten Plattform oder einem Turm in der Wüste abgelegt, den Rest besorgten Geier, Raben, Krähen und Käfer. Die Gebeine wurden eingesammelt und in Ossuarien aufbewahrt – eine ökologische, hygienische und platzsparende Methode. Von diesen Türmen hat es viele gegeben, aber dieser hier ist besonders gut erhalten. Diese Bestattungsmethode wurde bis zum Eintreffen der Araber im 7. Jahrhundert praktiziert. Abfahrt von der A380 bei *42.284350, 60.082528* auf einer Piste nach Südwest, ca. 2,5 Kilometer, der Turm ist bereits von der Straße zu sehen.

Moinaq und das Aral-Drama

Zwar hatte bereits Alexander von Humboldt im 19. Jahrhundert den Aralsee als Anschwellung des Oxus bezeichnet, um damit seinen wankelmütigen Charakter zu beschreiben. Doch das, was dem See im 20. Jahrhundert zustoßen würde, das menschengemachte Verschwinden, hatte er wohl nicht vorausgesehen.

Moinaq war einstmals eine blühende sowjetische Fischerstadt auf einer Halbinsel am südlichen Ufer des riesigen Aralsees. Der See ist schon lange weg, um mehr als 80 Kilometer hat er sich zurückgezogen, weil ihm das Wasser des Amudarja fehlt. Moinaq aber ist noch da, mit 13500 Einwohnern und den Bauten einer Ära, als noch alles gut war. Ein rührend trauriges Bild. Im **Heimatkunde-Museum** am Zentralen Platz wird Strom gespart, im Halbdunkel erkennt man undeutlich die Bilder aus einer lichten Vergangenheit. Auf dem trockengefallenen Grund unterhalb der Steilküste der ehemaligen Halbinsel liegen ca. 10 Fischtrawler, die man gesammelt und hierhergebracht hat, als Mahnmal für Größenwahn, Verblendung und Ignoranz.

Links nach Kasachstan und Turkmenistan

Von Karakalpakistan erreicht man nordwestwärts den gleichnamigen Grenzübergang nach Kasachstan, der gut ausgebaut ist und ausländische Reisende ohne Probleme passieren lässt.

Der Übergang westlich von Nukus nach Kunya Urgentsch in Turkmenistan ist ebenfalls geöffnet, so kann man sich einen allumfassenden Überblick über das gesamte Gebiet der legendären Großoase Chorezmien verschaffen.

Alte Fischkutter auf dem trockengefallenen Seegrund bei Moinaq

Karte S. 156

Das Fergana-Becken

Die fruchtbarste Oase Zentralasiens wird oft als Fergana-Tal (Ferghana-Tal) bezeichnet. Doch es handelt sich um ein riesiges Becken, 300 Kilometer lang und bis 150 Kilometer breit, geschützt gelegen zwischen den Ausläufern des Tien Shan auf der Nordseite und dem Großen Alai, übergehend in den Turkistan-Rücken, auf der Südseite. Kuramin- und Mogoltau-Gebirge, auch Fergana-Tor genannt, schließen das Becken fast komplett nach Westen zur Hungersteppe ab. Geschaffen hat diese fruchtbare Ebene der wasserreiche Syrdarja mit seinen zahlreichen von den Bergen kommen Zuflüssen. Wegen der günstigen geografisch-klimatischen Bedingungen siedelten sich hier schon vor Ewigkeiten Menschen an. An den Rändern des Fergana-Beckens, wo nicht eine Stadt in die andere übergeht, gibt es noch heute große Hügel, unter denen Ruinen alter Städte verborgen sind. Sie künden davon, dass die Fergana-Oase tausende Jahre Siedlungsgeschichte hinter sich hat.

Das Fergana-Becken ist am Kreuzweg der Kulturen gelegen, in der Mitte zwischen Persien und China, Mittlerem und Fernem Osten. Zwischen himmelhohen Bergen verlief hier der kürzeste Verbindungsweg zwischen diesen Handelspartnern und Rivalen. Ob Händler oder Eroberer – alle mussten durch dieses Nadelöhr. Alexander der Große wollte es besitzen, die Chinesen strebten hierher wegen der begehrten Himmelsrösser, die Hauptstrecke der Seidenstraße führte hier hindurch – über Osch, Guldzha, den Irkeschtam-Pass nach Kaschgar. Das intensiv bewässerte, dicht besiedelte Fergana-Becken gilt seit Jahrtausenden als Garten Eden: Maulbeerbaum-Alleen und Granatapfel-Haine, Weinlauben und Pistazienhänge, Melonenfelder, Walnusswälder, Kirschplantagen, Reis, Mais und Baumwolle – alles wächst hier, und die Märkte quellen über. Dieses fruchtbare ›Anhängsel‹ von Usbekistan ist weniger wegen der historischen Bauten zu empfehlen, die hinter Samarkand, Buchara und Chiwa zurückbleiben, sondern wegen seiner Handwerkstraditionen und der fast unverfälscht erhaltenen mittelasiatischen Alltagskultur.

Maulbeerbäume im Fergana-Becken: Futter für Seidenraupen

Fergana kommt übrigens vom persischen farghoneh und das bedeutet ›Vielfalt‹ – und dieser Name ist Programm.

Anreise

Den zentralen, usbekischen, weitaus größten Teil des Fergana-Beckens erreicht man aus der Luft (Flughäfen Fergana und Andijon), mit der Bahn (von Taschkent Juzhnyi über Kokand und Margilon nach Andijon) oder mit dem Auto. Die Annäherung zu Lande ist zu bevorzugen, weil man vom Zug oder Auto aus bedeutend mehr von Land- und Ortschaften sieht. Straße und Bahnstrecke führen von Taschkent über Angren, die dortige, im Wachstum begriffene Sonderwirt-

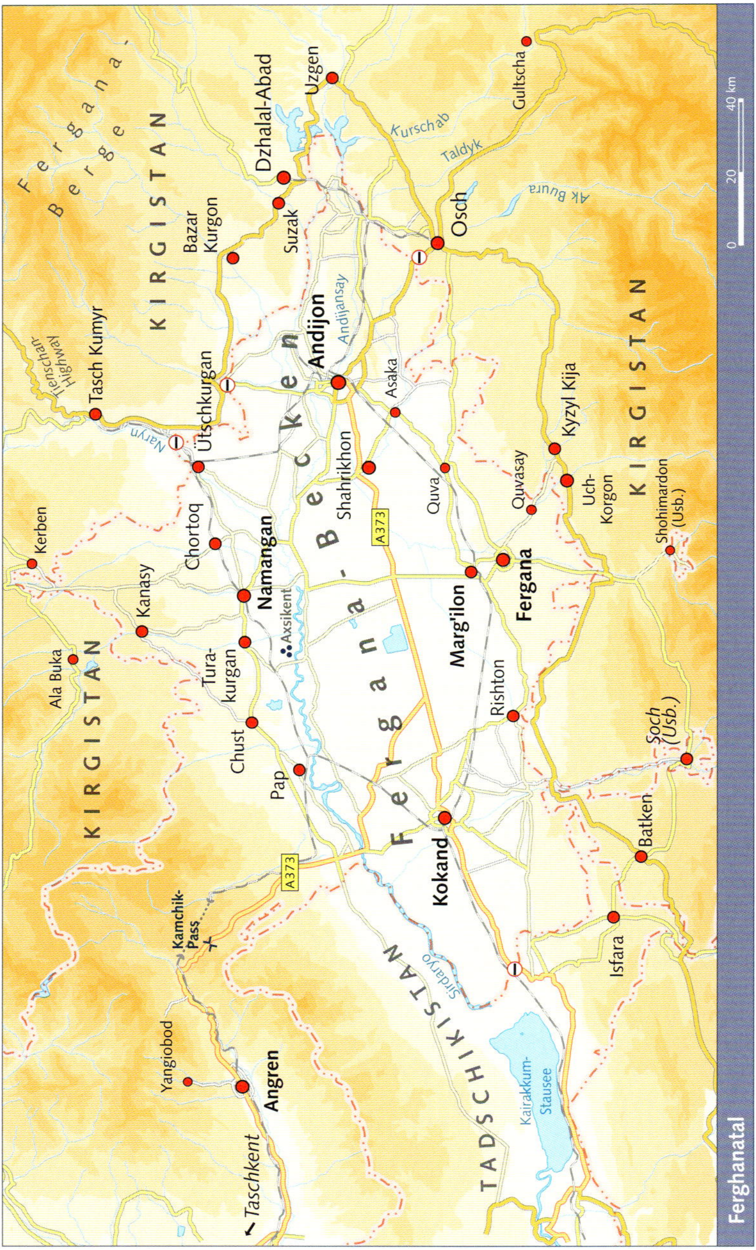

Ferghanatal

schaftszone und dann über die malerische, anfangs rumpelige Strecke zum Kamtschik-Pass (2267 m) bzw. durch einen 17 Kilometer langen Tunnel nach Kokand (reine Fahrzeit 5–6 Stunden).

Kokand

Das historische Zentrum des Fergana-Beckens ist Kokand (Qoqon), urkundlich zum ersten Mal erwähnt im 10. Jahrhundert, von 1710 bis 1876 Sitz der Khane von Kokand. Jene waren in der ersten Hälfte des 19. Jahrhunderts außenpolitisch sehr aktiv und eigneten sich Taschkent, Bischkek, Taraz, Turkestan und Qyzylorda an. Als Zeichen der gewachsenen Macht wurde ein großer, ansehnlicher Palast im Muqimi-Park errichtet, welcher auch heute noch in voller Pracht zu besichtigen ist. Nach dem letzten Khan von Kokand, Chudojor, nennt man ihn auch **Chudojor-Khan-Palast**. Khan Chudojor hatte nur fünf Jahre Zeit, sich an ihm zu erfreuen. Der Palast wurde 1871 fertiggestellt – 1876 marschierte General Kaufmann ein, der Khan wurde gestürzt, er, seine Familie und seine zahlreichen Konkubinen mussten den Palast räumen, sein Machtgebiet wurde russisch. Die 70 Meter breite Fassade des Palastes hinter dem verstümmelten Park wirkt wie eine Galerie aller nur möglichen Fergana-Ornamente – jeder der Bögen präsentiert ein anderes Motiv, die Zwischenräume und das oben abschließende Band zeigen wiederum andere Arabesken. Im Gebäude wartet das **Museum für Landeskunde** mit einer Ausstellung zur Geschichte, aber vor allem auch mit Einblicken ins prächtige Palast-Innenleben mit seinen herrlichen Kassettendecken. Der Thronsaal ist überwältigend (tgl. 9–17 Uhr, 15 000 Sum).

Die **Medrese Kamal Qasi (**1830) mit einem schönen Portal und die Dzhuma-Sommermoschee von 1812 mit 99 höl-

Der Chudojor-Khan-Palast in Kokand

zernen Säulen und einem riesigen Hof für 10 000 Gläubige ca. 600 Meter südöstlich vom Park in der Hamza-Straße können mit einem kleinen Spaziergang erreicht werden.
Südlich schließt sich die kleine, gepflegte **Altstadt** an. Nach Norden geht es, vorbei am **Hamza-Theater** und **Hamza-Museum** für den Begründer der sowjet-usbekischen Literatur Hamza Niyazi (1899–1929) zur **Medrese Narbutabek**. Sie wurde 1799 fertiggestellt und ist damit das älteste repräsentative Gebäude von Kokand. Heute ist sie wieder theologische Lehrstätte. Östlich davon (ein Gang führt links an der Medrese vorbei) sollte man unbedingt der **Nekropole der Kokander Khane** seine Aufwartung machen. Die unzähligen, teilweise üppig verzierten Mausoleen und Grabplatten für die Herrscher und ihre Familienmitglieder, Künstler und verdiente Bürger von Kokand werden von der schönen Grabmoschee Dachma-e Schahon (1825) überragt, sehenswert auch das Mausoleum Madar-i Khan für die Mutter von Khan Umar. Oft warten Heilerinnen vor dem Mausoleum auf Kundschaft, die Behandlung erfolgt an Ort und Stelle vor aller Augen.

Kokand

Hotel Khan, Istiklol 31. DZ ab 50 US-Dollar, zentral. www.khan.uz

Töpferstadt Rishton

Auf dem Weg nach Fergana ist der Ort Rishton (Rischtan) einen Besuch wert. Rishton ist schon seit Jahrhunderten für seine Keramikwerkstätten berühmt. Rohstoff gibt es ohne Ende: Hier, an der usbekisch-kirgisischen Grenze sind die Tonerden besonders geeignet für hochwertige Keramik, man braucht dem Material nur Wasser beimischen, sonst nichts. Zahlreiche Töpfer-Dynastien verarbeiten

▶ Karte S. 418

In der Werkstadt von Rustam Usmanow

dieses Material zu Tellern aller Größen, Teeschalen, Schatullen, Krügen, durchbrochenen Obstschalen, Vasen, Figuren, Dekorfliesen. Das Design variiert, jede Familie hat ihren eigenen Stil. Bemalt wird fast ausschließlich von Männern, jeder von ihnen hat seine eigene Handschrift. Viele der Werkstätten sind geöffnet, in einigen wird man sogar verköstigt. In dem umkämpften Markt versucht jeder, etwas Besonderes zu bieten. Der bekannte Designer und **Töpfermeister Rustam Usmanow** zum Beispiel hat neben seiner Werkstatt ein **Kunsthandwerksmuseum** eingerichtet (Ar-Roshidoni 230 B, Tel. +998/373/4521585, usmanovd4@gmail.com). Bachtijar Achmetow tut etwas für den Nachwuchs und hat eine **Töpferschule für Kinder** der Umgebung geschaffen. Auch seine Werkstatt kann besichtigt werden: Amir Timur 8, Tel. +998/903030039 oder 373/4523130; said_akhmedov@mail.ru).

Manchmal wird man darauf hingewiesen, dass gute usbekische Keramik wie chinesisches Porzellan ›klingt‹. Ein leichter Schnips mit dem Fingernagel gegen eine Schale – und am Vibrieren kann man es hören. Wenn es nur ›plopp‹ macht, ist es Durchschnittsware. Schön kann auch diese sein.

Fergana

Die ehemals grüne, im Zuge einer Modernisierung jedoch fast all ihrer alten Bäume beraubte Stadt hat etwa 200 000 Einwohner. Mit dem größten Flughafen des usbekischen Fergana-Beckens und ein paar Hotels ist sie Drehkreuz für den noch recht bescheidenen Tourismus. Von Fergana hier kann man in Tagesausflügen jede beliebige Stadt des Fergana-Beckens ansteuern. Von den überwiegend einheitlichen Gebäuden jüngerer Bauart längs der breiten Hauptstraßen sollte man sich nicht täuschen lassen. Hinter dieser Fassaden-Modernität verbergen sich, wie auch in den anderen Städten des Fergana-Beckens, die traditionellen Mahallas, in denen das Leben seinen bewährten Gang geht.

Es gibt ein Denkmal für den von hier stammenden Astronomen Ahmed al-Farghoni, geb. 778, einen netten Markt und ein bemerkenswertes Puppentheater in der Murabbijlar 28, Tel. +998/90/4054774.

Fergana

Vorwahl aus dem Ausland +998/73, aus dem Inland 8/373.

Ein guter **deutschsprachiger Guide** ist Kamol Abdullaev, er weiß alles über das gesamte Fergana-Becken. ferganatravel@gmail.com

3 Flüge/Woche aus/nach Taschkent, außerdem Verbindungen nach Buchara, Moskau, Sankt Petersburg und Kazan.

Anreise- und Weiterreise mit dem Sammeltaxi: vom Qoylik-Parkplatz im Südosten Taschkents bis zum Busbahnhof Fergana: 5h, 10 US-Dollar.

Asia Fergana, Alisher Navoi 26, Tel. 2441329. DZ ab 40 US-Dollar .

Taj Mahal, Marifat 38, Tel. 2441086, DZ ab 60 US-Dollar.

Rohat, Mustaqilik 11, am Stadtpark. Exzellente usbekische und internationale Küche, ab 20 Uhr DJ-Musik.

Ostrov Sokrowischtsch, schräg gegenüber vom Hotel Taj Mahal.

Seidenhauptstadt Margilon

Vor ungefähr 2000 Jahren kam das Know how der Seidenherstellung aus China ins Fergana-Becken, in Gestalt einer chinesischen Prinzessin, die man zwecks Festigung der politischen Bande hierher verheiratet hatte. Sie schmuggelte Kokons in ihrem Haarknoten, vielleicht auch in einem hohlen Stab. Das Motiv des bei Todesstrafe verbotenen Technologietransfers ist unklar: Sei es nun aus Rache an den Verwandten für die Verschickung zu den ›Barbaren‹, als Geschenk für den künftigen Ehemann, um sein Herz zu erweichen oder einfach nur, um in ihrer neuen Heimat ihre geliebte Handarbeit fortsetzen zu können . Wichtig ist das Resultat: Margilon (Margilan), von 999 bis 1213 Hauptstadt der Fergana-Region unter den Qarachaniden, ist heute Seidenhauptstadt Usbekistans. Die hier produzierten Gewebe Atlas (reine Seide) und Adras (Seiden-Baumwollstoff) wurden früher in viele Länder exportiert und erfreuen sich auch heute großer Beliebtheit bei Touristen und Modefirmen. Die größte **Seidenmanufaktur** der Stadt ist Yodgorlik. Sie kann besichtigt werden, man bekommt den gesamten urtümlichen Produktionszyklus vorgeführt: Die Aufzucht der Seidenraupen und die Herstellung der Fäden, das Färben und Weben. Die Technologie ist uralt, der Prozess bis ins Kleinste durchdacht - wir sind im Herzen der Seidenstraße angekommen (ul. Zuhro, yodgorlik-factory@mail.ru).

Die renovierte **Medrese Said Ahmad Hodzh**a südlich vom Basar steht heute ebenfalls ganz im Zeichen der Seide: In den Chudzhras sind kleine Werkstätten untergebracht, wo Frauen unter den Augen der Passanten Seidenteppiche weben oder knüpfen. Im Verkaufsraum in der ehemaligen Moschee gibt es Stoffe als Meterware, Teppiche, Suzanis und Souvenirs.

Auch das neue **Hotel Atlas** beherbergt im Souterrain eine **Manufaktur**, wo Seide, Adras und Samt-Adras hergestellt werden (adrassilk@inbox.ru). Hier wie in den anderen Manufakturen gibt es einen Verkaufsraum, wo die Stoffe als Meterware und fertige Textilien und Taschen erworben werden können.

Auch alle anderen Familien-Manufakturen freuen sich über einen Besuch und über Unterstützung in Form von Kauf ihrer charmanten und preiswerten Erzeugnisse.

Weitere Sehenswürdigkeiten: **Regionalmuseum** neben dem Basar. **Kuntepa-Bazar**, ein großer Markt mit viel Lokalkolorit, fünf Kilometer westlich vom Zentrum im Ort Kuntepa, sommers ab 4–12 Uhr, winters 6–12 Uhr.

Andijon

Im 9. Jahrhundert erstmals erwähnt, Heimat von Babur (Bobur), dem letzten Timuriden und ersten Mogul. Bis 1902 war Andijon (Andizhon, Andizhan) im Osten ein kulturelles Zentrum des Fergana-Beckens, doch ein Erdbeben zerstörte die gesamte historische Bausubstanz bis auf die **Dzhuma-Moschee** aus dem 19. Jahrhundert und einen Seitenflügel der Medrese. Beide wurden in den letzten Jahren so renoviert, dass man sie nicht mehr als

Verkaufsraum in der Seidenmanufaktur Yodgorlik

Karte S. 418

Usbekinnen in Andijon

alt erkennt. Recht authentisch hingegen sind der **große Markt** gegenüber und das Handwerkerviertel.

Am Stadtrand gibt es einen neuen **Babur-Gedächtnispark** mit Mausoleum, Moschee und einem kleinen Babur-Gedenkmuseum. Nebenan sorgen Restaurants mit lauter Beschallung für gute Stimmung, eine begehbare Teekanne sowie eine museale Seilbahn ergänzen das beliebte Ausflugziel.

Von den 350 000 Einwohnern arbeiten viele bei Daewoo/Chevrolet und in den Textilfabriken. Arbeit wird hier dringend gebraucht, um die soziale und politische Lage stabil zu halten. Seit einem Massaker in Andijon 2005, als die Armee ein machtvolles Protest-Meeting zusammenschoss und Hunderte Menschen umkamen, sind die Augen der Machthaber besorgt auf das Fergana-Becken gerichtet. Entlegen, durch Grenzziehungen teilweise benachteiligt (→ S. 424) religiös-traditionell, ethnisch stark gemischt – dieses Konfliktpotential möchte man gern entschärfen.

Namangan

Die größte Stadt im Fergana-Becken hat eine halbe Million Einwohner. Das wichtige Industriezentrum lebt von Gold, Erdöl, Antimon, Quarz und Kuper, es erhält Strom vom Naryn-Kraftwerk an der usbekisch-kirgisischen Grenze flussaufwärts. Auch hier hat ein Erdbeben 1926 die historische Bausubstanz zerstört, übrig geblieben sind das **Mausoleum Hodzha Amin Kabri** (17./18. Jhd.) mit schöner Freitagsmoschee in einer der noch erhaltenen Mahallas und die fünfeckige **Medrese Mulla-Kirgiz** (1910). Vom gleichen Architekten stammt eine große Moschee, die heute als Kunstgalerie genutzt wird. Namangan gilt als informelles religiöses Zentrum des Fergana-Beckens und wird aus Taschkent aufmerksam beobachtet.

EXTRA

Usbekische Störche auf kirgisischem Grund

Ein Storch schwebt über die Straße und verschwindet hinter der Pappelreihe, die auch gleichzeitig die Grenze bildet. Ich folge ihm mit den Augen und sehe ihn auf einem Hochspannungsmast landen, auf der mittleren von drei Querstreben. Dort ist ein großes Nest, ein Storchennest, eins von dreien, denn die beiden anderen Streben tragen auch Nester. Zwei fast flügge Storchenjunge freuen sich über die Beute, die der Altvogel mitgebracht hat. Von oben schauen vier Nachbarskinder futterneidisch herab, in der unteren Etage gibt es auch zwei hungrige Schnäbel.

Der Storch ist ein Grenzgänger. Seine Beute hat er eben auf der kirgisischen Seite gefangen, sein Nest aber befindet sich auf einem usbekischen Strommast. Früher war der Strommast sowjetisch, und das bewässerte Zuckermelonenfeld auf der kirgisischen Seite auch.

Drei Staaten teilen sich das Fergana-Becken, die größte Oase Zentralasiens. Kirgistan hat den Nordrand und das östliche Ende um Dzhalal-Abad, Özgön und Osch, Tadschikistan besitzt seit 1929 den südwestlichen Abschnitt mit Chudzhand und dem Stausee von Qayroqqum, und der Löwenanteil mit dem namensgebenden Fergana, den berühmten Städten Kokand, Margilon, Namangan und Andijon ist usbekisch. Dazu kommen zwei tadschikische (Voruch, namenlos) und vier usbekische Enklaven (Soch, Schachimardon, Tschong-Kara und Dzhangail) in Kirgistan, eine kirgisische (Barak) und eine tadschikische Enklave (Sarvan) in Usbekistan. Einfach ist das nicht. Hunderte Kilometer Umgehungsstraßen mussten nach dem Ende der Sowjetunion neu gebaut werden, um der Grenzziehung Rechnung zu tragen, ein teurer Spaß für die nicht gerade wohlhabenden Länder. Schuld an dieser absurden Zersplitterung hat teilweise Stalin mit seiner berüchtigten ›Teile und herrsche‹-Politik. Der Historiker Andreas Kappeler schreibt: »In Mittelasien verfolgte man mit der sprachnationalen ›Abgrenzung‹ auch das Ziel, die alte religiös-zivilisatorische Einheit Turkestans zu zerschlagen, doch erwies es sich als unmöglich, die ethnisch gemischte, oft mehrsprachige Bevölkerung auf sprachnational einheitliche Territorien aufzuteilen.« Aber auch lokale Machtansprüche spielten eine Rolle und angeblich sogar ein Kartenspiel zwischen sowjetischen Funktionären, im Laufe dessen Schachimardon, einst beliebter Urlaubsort für Funktionäre, den ›Besitzer‹ wechselte. Wild East ...

Grenzgänger-Störche im Fergana-Becken

Ausländische Reisende haben bisher de facto keinen Zutritt, die Grenzen zwischen den Enklaven und den sie umschließenden Ländern sind nur für die Anrainer geöffnet. Jetzt aber, wo nach Kirgistan auch Usbekistan seine Visaregelungen liberalisiert hat, kann man darauf hoffen, dass dieser Schritt auch eine Öffnung der Enklaven nach sich zieht.

Der Kanal, an dem der Storch seine Beute fängt, heißt übrigens Dostuk, Freundschaft. Das ist schon mal ein gutes Omen.

Der unbekannte Süden

Jenseits der großen Touristenströme, südlich von Schahrisabz, gibt es viel Sehenswertes, hat es doch hier in den Oasen am Oberlauf des Amudarja vor über 2000 schon bedeutende Siedlungen und gar Städte gegeben. Das historische Baktrien hatte sein Zentrum zwar im heutigen Afghanistan, erstreckte sich aber bis weit über den großen Strom, der unweit von hier durch den Zusammenfluss von Pandzh und Wachsch entsteht. Das heutige usbekische Wilojat Surchondarja (Surxondaryo) kann größtenteils zum baktrischen Kulturraum gezählt werden. Ein touristischer Ausbau dieser Gegend erfolgte bisher nicht – die Grenzlage, der sowjetische Afghanistankrieg, militärische Nachschub-Operationen über Termez bis 2015 mögen der Hauptgrund gewesen sein. Zu manchen Zeiten waren bis 100 000 Soldaten hier stationiert.

Inzwischen passiert jedoch einiges; der Staat will touristische Projekte im Süden fördern. Zum Beispiel den CBT in der Region von Zarautsay und Boysun im Wilojat Surchondarja, wo in den Kuhitang-Bergen **mesolithische Petroglyphen** auf Besichtigung warten und in den verzweigten Ausläufern des Hissar-Gebirges **Dinosaurierspuren** und **Stätten der neolithischen Hissar-Kultur** gefunden wurden. Das Vorhaben wird sicher von Erfolg gekrönt sein, denn die Kuhitang- und Boysun-Berge warten mit einer Mischung von farbenfrohen Hügeln, Schluchten und spektakulären Felswänden auf, und in den Dörfern wird noch ein sehr ursprüngliches Leben mit bemerkenswerter Alltagskultur geführt – der Kulturraum von Boysun ist seit 2008 im immateriellen Weltnaturerbe der UNESCO gelistet.

Termez (Termes, Termiz)

Die südlichste Stadt Usbekistans liegt 490 Kilometer von Taschkent entfernt und hat ca. 140 000 Einwohner. Termez ist die Hauptstadt des Wilojats Surchondarja. Dort, wo heute die 1979 in Betrieb genommene, 800 Meter lange ›Brücke der Freundschaft‹ über den Amudarja Usbekistan mit Afghanistan verbindet, gab es schon vor 2500 Jahren eine Siedlung, die ganz offenbar schon damals an der Kreuzung von Handelswegen lag. Termez, 329 vor unserer Zeit von Alexander erobert, in der gräko-baktrischen Zeit Termidh genannt, kam zur Zeit der Kuschan im 1./3. Jahrhundert

Die Ausgrabung Kyrk-Kyz bei Termiz

Die Mausoleums-Anlage für Hakim at-Tirmidhi

eine zentrale Bedeutung bei der Verbreitung des Buddhismus zu. Mit Kara-Tepe *37.279028, 67.183450* und Fajaz-Tepe gibt es bedeutende buddhistische Höhlenklosteranlagen aus dem 1.–3. Jahrhundert im Nordwesten der heutigen Stadt. **Fajaz-Tepe** ist inzwischen renoviert, es gibt ein Museum zur Geschichte des Buddhismus in der Region, der Komplex kann besichtigt werden, Eintritt 2 US-Dollar. *37.286233, 67.187944*

Auch der sogenannte **Zurmala-Turm** aus dem 1./2. Jahrhundert zwischen Innenstadt und Vorstadt ist buddhistischen Ursprungs: Es handelt sich um einen riesigen Stupa von 15 Metern Durchmesser und 13 Metern Höhe.

Auch einige interessante Stätten aus frühislamischer Zeit gibt es in und um Termez. Eine attraktive **Mausoleums-Anlage** hat man dem im Mittelalter hochverehrten muslimischen Schriftgelehrten und Dichter Abu Abdallah Muhammed ibn Ali at-Tirmidhi, genannt **al-Hakim at-Tirmidhi**, gewidmet, der über 80 Werke hinterlassen hat, darunter auch eine aufschlussreiche Autobiographie. Der Zentralbegriff seiner Lehre ist die Gottesliebe bzw. Gottesfreundschaft. Die ursprüngliche Grabstätte stammt aus dem 10. Jahrhundert, wurde 1151 mit dem schönen Mausoleum überkuppelt und bis ins 15. Jahrhundert mit diversen Gebäuden aus Marmor und Kalkstein ergänzt. Sie befindet sich direkt am Fluss, sechs Kilometer nordwestlich vom Stadtzentrum. *37.266222, 67.189419*

Frühislamische Sehenswürdigkeiten sind der festungsartige **Palast Kyrk-Kyz** aus dem 9./10. Jahrhundert außerhalb der Stadt und der zerstörte Palast der Herrscher von Termez aus dem 11./12. Jahrhundert. Mehr darüber erfahren kann man im **Archäologie-Museum** der Stadt, welches einen umfassenden Überblick über die sensationellen Funde der näheren und weiteren Umgebung gibt (Al-Termizi k., Di–So 10–17, Eintritt 3 US-Dollar).

Sehr interessant ist die in sich geschlossene **Nekropole Sultan-Saadat** etwa acht Kilometer nordöstlich vom Zentrum, östlich der Straße Termez–Schirobod, mit einer beeindruckenden Sammlung von Mausoleen vom 10. bis zum 18. Jahrhundert, darunter ein prächtiger dreigliedriger Zentralbau, bestehend aus Moschee und zwei Mausoleen. Unweit davon befindet sich das Kokildora-Mausoleum mit Chanaka aus dem 16. Jahrhundert.

Termiz

Täglich 2 Flüge (130 US-Dollar), alle 2 Tage ein Zug (40 US-Dollar) von/nach Taschkent.

TAXI

Sammeltaxis fahren am Avtovokzal ab: nach Samarkand (20 US-Dollar) und Taschkent (ca. 40 US-Dollar, 10h)

Asson, Hakim al Termizi 27; DZ 60 US-Dollar. www.asson-hotel.com

Silk Road Hotel, Navoi 43a; EZ ab 90 US-Dollar. www.uzsrh.com

▸ siehe Faltkarte

Das archäologische Museum von Termiz

Rätsel der Kuschan

1932 wurde oberhalb von Termez am Amudarja ein sensationeller Fund gemacht. Der sogenannte **Musikantenfries von Ajrtam**, ca. 2000 Jahre alt. Auf einer Mergelkalksteinplatte von 7 Metern mal 50 Zentimetern sind, umrahmt von Akanthusblättern, Büsten von männlichen und weiblichen Musikanten und Gabenbringern dargestellt. Die Funktion ist nicht restlos geklärt, ebenso wenig wie jene des Gebäudes, das eine Gruppe von sowjetischen Forschern unter der Leitung der bekannten Archäologin und Kunsthistorikerin Galina Pugatschenkowa (1915–2002) beim Dorf Chaltschajan in der Nähe der Mündung des Surchandarja in den Amudarja gefunden hat. Dieses kleine, sehr gut erhaltene Bauwerk aus der gleichen Ära (1./2 Jahrhundert) ist von der Struktur her eine Mischung aus Wohnhaus und Kultstätte, die zahlreichen gefundenen Büsten, Statuen und Reliefs lassen eher auf letzteres schließen. Ähnlichkeiten mit dem Feuertempel der Zoroastrier in Yazd (Iran) sind nicht von der Hand zu weisen. Archäologen bezeichnen den Fund als einen der wichtigsten aus der Epoche der Kuschan. Das gesamte Tal des Surchandarja ist voll von solchen Schätzen, am Oberlauf bei Denau hat man mit **Dalversin-Tepe** und **Haiderabad-Tepe** zwei weitere Städte aus der Kuschan-Zeit ausgegraben. Allen diesen Ausgrabungen ist gemeinsam, dass sie eine erstaunliche Reichweite der Kontakte der Menschen von damals zeigen. Da gibt es griechisch-baktrische Einflüsse, altindische Motive und Inschriften, Parallelen zu den Parthern und sogar Abbildungen im Tierstil der Saken/Sarmaten. Unsere Vorfahren vor 2000 Jahren waren bereits erstaunlich gut vernetzt.

Qarschi

Qarschi, die Hauptstadt des Wilojats Qaschqadarja, mit 250 000 Einwohnern, liegt in einer Oase am Qaschqadarja und ist berühmt für seine 122 Meter lange und acht Meter breite Steinbrücke aus dem 16. Jahrhundert, die, inzwischen rekonstruiert, immer noch gute Dienste leistet. Das **Mausoleum Abu Ubayda al-Dzharra** enthält angeblich Erde aus dem Tal des Jordan, die Timur persönlich hierhergebracht haben soll. Es wurde 2016 restauriert und sieht nicht mehr sehr historisch aus. Die ebenfalls generalüberholten **Moscheen Gök Gumbaz** und **Bekmir** stammen aus dem 16. Jahr-

hundert, so wie auch eine große **Sardoba** unweit von Gök Gumbaz.
Das Gebiet von Qarschi am Südrand von Sogdien, an der Grenze zu Baktrien, war in der Antike und im ersten Jahrtausend eine wichtige Drehscheibe, was man noch heute an den zahlreichen Siedlungsreisten und Ruinen aus antiken und mittelalterlichen Zeiten erkennen kann. Man nimmt an, dass Qarschi, ähnlich wie Samarkand, 2700 Jahre alt ist.

Qarschi

Täglich mehrere **Busse** aus/nach Buchara (3 h).
Hotel Afsona, Sherkulov k., Tel. +998/75/2250301; DZ 60 US-Dollar. afsona_AMB@mail.ru

Erkurgan

Erkurgan ist turksprachig und heißt Erdfestung. Der Name dürfte eine Untertreibung sein, denn dieser Ort ca. zehn Kilometer nordwestlich von Qarschi, direkt an der A380 nach Buchara , ist eine Überraschung. Nicht mehr und nicht weniger als die größte Stadt des alten Sogdien hat man hier identifiziert! Erkurgan stellt ein riesiges, mit gewaltigen Mauern befestigtes Quadrat von 150 Hektar dar, eine innere, ebenfalls ummauerte Stadt in Form eines Fünfecks misst ca. 40 Hektar. Man fand Reste einer Zitadelle, eines Tempels, von Handwerkervierteln, Mausoleen. Ein Turm des Schweigens für die Himmelsbestattung der Toten hinter der Stadtmauer half den Archäologen auf die Spur – die Sogder waren strenggläubige Zoroastrier. Die Ursprünge der Stadt liegen im 8. Jahrhundert vor unserer Zeit, im 6. Jahrhundert, noch vor dem Erscheinen der Araber, wurde sie von ihren Bewohnern verlassen – über die Ursachen ist nichts bekannt. *38.948800, 65.713675*

Alte und neue Brücke in Qarschi

▸ siehe Faltkarte

Reisetipps von A bis Z

Alkohol

Die russisch-sowjetische Vergangenheit der Länder hatte auch den Alkohol salonfähig gemacht, allerdings geht sein Verbrauch wieder deutlich zurück. Grund dafür ist das Erstarken des Islam. In den Supermärkten, vielen kleinen Läden und den meisten Restaurants wird er nach wie vor angeboten, auch bei Familienfeiern wird gern ausgiebig bis symbolisch getrunken. Es gibt ein merkliches Nord-Süd-Gefälle. Harte Getränke sind nach wie vor die Nummer 1, gefolgt von Bier und (meist lieblichem) Wein. Achtung: Alkohol im öffentlichen Raum zu trinken (dazu gehört auch das Zugabteil!) ist in allen Ländern tabu bzw. gesetzlich untersagt. Für ein Bier auf der Parkbank kann man empfindliche Strafen auferlegt bekommen.

Anreise

■ Mit dem Flugzeug

Die Hauptstädte Aschgabat, Astana (Nur-Sultan), Bischkek, Duschanbe und Taschkent haben gute bis sehr gute Flughäfen, ein Drehkreuz ist außerdem Almaty.

▸ **Direktflüge**: Lufthansa fliegt aus Frankfurt nach Nur-Sultan (Astana), Almaty und Atyrau in Kasachstan sowie nach Aschgabat in Turkmenistan.

Folgende nationale Airlines fliegen direkt:

Kasachstan, Air Astana: Frankfurt–Almaty (ALA), Frankfurt–Nur-Sultan (Astana) (TSE)

Kirgistan: keine Direktflüge, am besten über Istanbul (Pegasus, Turkish Airlines), Moskau (Aeroflot) oder Nur-Sultan (Astana)/Almaty (Air Astana)

Tadschikistan, Somon Air: Frankfurt–Duschanbe (DYU)

Turkmenistan, Turkmenistan Airlines: Frankfurt–Aschgabat (ASB)

Usbekistan, Uzbekistan Airways: Frankfurt–Taschkent (TAS), Frankfurt–Urgentsch (UGC)

▸ **Umsteigeflüge**: Turkish Airlines fliegt alle fünf Länder aus Istanbul an; Pegasus Airlines fliegt nach Almaty und Bischkek.

Im Airport von Ashgabat

Die russischen Fluglinien Aeroflot, Rossija und S7, Ural Airlines und UT Airlines haben zahlreiche Flüge nach Zentralasien im Angebot.

Emirates fliegt nach Almaty, Nur-Sultan (Astana), Aschgabat und Dushanbe, Flydubai fliegt zusätzlich nach Bischkek.

KLM fliegt Nur-Sultan (Astana) an.

Preislich lohnenswert können auch Umsteigeflüge über Riga (Air Baltic, Bestpreis nach Almaty ab 220 €), Kiew (UIA), Minsk (Belavia) und Warschau (LOT) sein.

Weitere Flughäfen für Umsteigeflüge sind Aktau und Atyrau in Kasachstan sowie Chudzhand in Tadschikistan.

▸ **Preise**: Bei rechtzeitiger Buchung ist es möglich, einen Hin- und Rückflug ab ca. 220 € zu ergattern, ein guter Durchschnittspreis ist 500–700 €.

■ Mit der Bahn

Die Anreise mit der Bahn hat Vorteile: Der ökologische Fußabdruck ist deutlich geringer, man sieht mehr und kann sich langsam auf eine völlig andere Lebensart einstellen. Kasachstan, Usbekistan und Kirgistan sind ›gut‹ erreichbar, Tadschikistan schwierig, Turkmenistan im Moment gar nicht.

Einen preislichen Vorteil gibt es im Vergleich mit den preiswertesten Airlines nicht, ein **One-way-Ticket** im Vierer-Abteil von Ber-

Klare Ansage

lin über Moskau nach Zentralasien ist unter 370 Euro kaum zu haben, im Sommer wird es noch teurer.

Für die Bahnreise braucht man je nach Ziel **drei bis fünf Tage**, man muss ein- bis dreimal umsteigen, Moskau ist immer dabei. Die Strecken kann man über www.bahn.de abrufen.

Bei der Auswahl der Route und Ausstellung der Tickets helfen die **Bahnagentur Schöneberg** (www.bahnagentur-schoeneberg.de) und **Gleisnost** (www.gleisnost.de).

Zu beachten ist, dass man für den Transit durch Belarus und Russland unbedingt **Transit-Visa** benötigt.

Folgende **Strecken** sind möglich: Moskau–Nur-Sultan (Astana), Moskau–Bischkek, Moskau–Taschkent (über Aktöbe–Turkestan oder über Atyrau–Nukus–Buchara–Samarkand, Moskau–Andijon und Moskau–Chudzhand.

Mit dem Bus

Davon ist dringend abzuraten. Es gibt solche Anbieter, aber es wird eine unglaubliche Leidensfähigkeit verlangt, denn man ist 3–5 Tage zusammengefaltet unterwegs.

Mit dem eigenen Fahrzeug

Diese Anreisevariante über Russland (die Variante Türkei/Iran ist im Moment nicht so gefragt) wird immer mal wieder erfolgreich versucht, es gibt genügend Blogs darüber. Mit robustem Fahrzeug, den entsprechenden Papieren (internationaler Führerschein und wirklich alle Fahrzeugpapiere, Versicherungen für alle möglichen Fälle, das Fahrzeug muss im Visum aufgeführt sein) genügend Ersatzteilen, Improvisationstalent und starken Nerven kann man es durchaus versuchen.

Für die Fahrt durch Belarus, Russland, ggf. auch Usbekistan und Kasachstan (> 30 Tage) werden je nach Aufenthaltsdauer Transit-Visa oder normale Visa benötigt. Bitte unbedingt aktuelle nationale Bestimmungen auf den Websites der Auswärtigen Ämter bzw. Botschaften beachten!

Bei Pannen: Es gibt keinen ADAC in diesen Ländern, aber viel Hilfsbereitschaft. Die Werkstätten sind zum Teil urtümlich, aber die hier arbeitenden Männer sind meistens improvisationsfähige Meister aller Klassen.

Internationale Grenzübergänge

Nur wenige Übergänge sind rund um die Uhr geöffnet. ›Tagsüber geöffnet‹ bedeutet in der Regel von 9 bis 18 Uhr, es kann aber auch vorkommen, dass erst gegen 10 geöffnet wird.

Die Grenzübergänge Kirgistan–China haben an den Wochenenden geschlossen!

Achtung: Die Öffnungszeiten können kurzfristigen Änderungen unterworfen sein. Relativ aktuelle Informationen findet man eher hier als auf den Seiten der Botschaften:

www.advantour.com/kazakhstan/border-crossing.htm
www.advantour.com/kyrgyzstan/border-crossing.htm
www.advantour.com/tajikistan/border-crossing.htm
www.advantour.com/turkmenistan/border-crossing.htm
www.advantour.com/uzbekistan/border-crossing.htm

Folgende Grenzübergänge hatten zur Zeit der Drucklegung des Buches folgende Öffnungszeiten:

- **Russland–Kasachstan**

Kurmangazy (Astrachan)–Karaözek (Atyrau): täglich, tagsüber
Ozinki (Saratow)–Taskala (Uralsk): täglich, tagsüber
Iletsk (Orenburg)–Aksaj (Aktöbe): täglich, tagsüber
Orsk (Orenburg)–Alimbet (Aktöbe): täglich, tagsüber
Sagarchin (Orenburg)–Dzhajsan (Aktöbe): täglich, tagsüber
Bugristoje (Tscheljabinsk)–Kajrak (KostanaJ): täglich, tagsüber
Woskresenskoje (Kurgan)–Akbalschyk (Kostanaj): täglich, tagsüber
Petuchowo (Kurgan)–Zhanazhol (Petropawlowsk): täglich, tagsüber
Isilkul (Omsk)–Karakoga (Petropawlowsk): täglich, tagsüber

Nicht überall gibt es Brücken

Am Bahnhof in Samarkand

Tscherlak (Omsk)–Urlytobe (Pawlodar): täglich, tagsüber
Karasuk (Nowosibirsk)–Sulu-Aghasch (Pawlodar): täglich, tagsüber
Kulunda (Altai-Region)–Scharbaqty (Pawlodar): täglich, tagsüber
Weselojarsk (Altai-Region)–Auyl (Semey): täglich, tagsüber
Gornjak (Altai-Region)–Zhezkent (Semey): täglich, tagsüber
Michajlowka (Altai-Region)–Ube (A10, Schemonaicha): täglich, rund um die Uhr

- **Kasachstan–Kirgistan**

Kordaj–Ak-Zhol (Bischkek): täglich, rund um die Uhr, zwischen 1.6. und 31.8. regelmäßig lange Wartezeiten.
Karasu–Ak-Tilek: täglich, tagsüber
Zhibek Zholy–Tschong-Kapka: täglich, tagsüber
Sypataj Batyr (Zhambyl)–Merke: täglich, tagsüber
Aischa-Bibi–Tschaldabar: täglich, tagsüber
Kegen–Karkyra: Nur von Mai bis Ende September, ggf. Mitte Oktober geöffnet, tagsüber

- **Kasachstan–Usbekistan**

Tazhen (Tajen)–Karakalpakiya (zwischen Kaspischem Meer und Aralsee): täglich, rund um die Uhr
Zhibek Zholy (Sary Aghasch)–Gischt-Kuprik (Taschkent): täglich, tagsüber
B. Konusbajewa (Südkasachstan)–Jallama (Taschkent): täglich, tagsüber

Autofahren am Haftkul

▸ **Kasachstan–Turkmenistan**
Der einzige Übergang Temirbaba–Karabogas (Mangystau) ist im Moment nur für Frachtverkehr geöffnet, das kann sich aber jederzeit ändern.
▸ **Kasachstan–China**
Chorgos (Zharkent, Region Almaty)–Chorgos: täglich, tagsüber
Dostyk (Alakol, Region Almaty)–Alaschankou: täglich, tagsüber
Kolzhat (Schonzhy, Region Almaty)–Dulata: täglich, tagsüber
Baqty (Ostkasachstan)–Baqty (Tschuguttschak): täglich, tagsüber
▸ **Kirgistan–Usbekistan**
Dostlik (Osch)–Dostlik (Andijon): täglich, tagsüber
Madanijat (Nooken)–Ütschkurgan (Namangan): täglich, tagsüber
▸ **Kirgistan–Tadschikistan**
Kyzyl-Bel (Batken)–Guliston (Isfara): täglich, tagsüber
Bor-Döbo (Sarytasch)–Pass Kyzylart: täglich, tagsüber
▸ **Kirgistan–China**
Torugart-Pass (Naryn–Kaschgar): Mo–Fr 10–16, Mittagspause 12–14 Uhr
Irkeschtam-Pass (Sarytasch–Kaschgar): Mi–Fr 10–16, Mittagspause 12–14 Uhr
▸ **Tadschikistan–Usbekistan**
Bratstwo (Tursunzade)–Sariasija (Uzun, Surchondarja): täglich, rund um die Uhr
Fotehobod (Sughd)–Oybek (Bekabad, Taschkent)/Buston: täglich, rund um die Uhr
Patar (Sughd, Konibodom)–Andarchon (Bescharyk, Ferghana-Gebiet): täglich, rund um die Uhr
Aiwadzh (Aivaj, Chatlon, Gebiet Schahr-i Tuz)–Gulbachor (Termez): täglich, rund um die Uhr
Sarazm (Pandzhakent)–Dzhartepa (Samarkand): täglich, rund um die Uhr
▸ **Tadschikistan–China**
Kulma-Pass (Murgab–Karasu, Taschkurgan): Mo–Fr 12–19 Uhr
▸ **Usbekistan–Turkmenistan**
Alat (Buchara)–Farap (Wilajat Lebap, Farap): täglich, tagsüber
Schawat (Chorezm)–Daschoguz (Nijazov): täglich, tagsüber
Hodzheyli (Karakalpakische ASSR)–Kunya-Urgentsch: 9–18 Uhr

Ausrüstung

Neben bequemer, nicht allzu freizügiger Kleidung sowie robustem Schuhwerk sollte man folgendes im Gepäck haben:

- Ohrstöpsel – Großstädte dröhnen auch bei Nacht, Hunde auf den Dörfern bellen unentwegt, gefeiert wird auch gern
- Taschenmesser – im Flugzeug nicht im Handgepäck!

Guter Sonnenschutz

Auf Pässen kann bis in den Sommer hinein Schnee liegen

- Badelatschen oder andere Schlappen – praktisch für Zugfahrten und Unterkünfte unter 4 Sternen
- Taschenlampe für nächtliche Toiletten- oder Spaziergänge – offene Kanalisationsschächte und Schlaglöcher sind die Regel, Stromausfälle kommen vor
- ggf. Schlafsack – in den Unterkünften kann es in der Übergangszeit empfindlich kalt sein/ggf. Inlet aus hygienischen Gründen
- Sonnenschutz (Hut bzw. Kopftuch, Creme mit mindestens LSF 30)
- ggf. Regenjacke

In die Handtasche bzw. den Tagesrucksack sollte man folgendes packen:

- Reisepass oder Kopie – vor Kontrollen kann man nie sicher sein
- ein bisschen Geld in kleinen Scheinen
- Toilettenpapier – auf den Abtritten in der Provinz fehlt es fast immer
- Durchfallmittel (Reiseapotheke → S. 442)
- gute Literatur zur Überbrückung von Wartezeiten – hier läuft alles sehr geruhsam ab

Autofahren

Es herrscht Rechtsverkehr (auch wenn man oft aus Japan und Korea importierte Rechtslenker sieht), die Regeln und die Verkehrszeichen ähneln denen in Mitteleuropa. Die zugelassene **Höchstgeschwindigkeit** beträgt in Kasachstan und Kirgistan 110 km/h, in Usbekistan und Turkmenistan 100 und im gebirgigen Tadschikistan 90 km/h, innerhalb von Ortschaften allgemein 60, in Tadschikistan und Turkmenistan 50 km/h.
Gewindigkeitsbegrenzungen (auch sinnlose) kommen oft vor. Es empfiehlt sich, diese einzuhalten, Die Radarkontrollendichte ist v.a. in Kasachstan erheblich.
Alkohol am Steuer ist kategorisch untersagt. Es besteht **Anschnallpflicht**, **Beleuchtungspflicht** sowie das (theoretische) Verbot, am Steuer zu telefonieren. Verstöße gegen Verkehrsregeln sind unverhältnismäßig teuer. Man sollte immer daran denken, dass die Straßenpolizisten nach Anlässen suchen, ihr schmales Monatsgehalt aufzubessern. Routinekontrollen sollte man ruhig und freundlich über sich ergehen lassen, Papiere möglichst nicht aus der Hand geben.
Falls keine Polizisten in der Nähe sind, gilt auf der Straße das Gesetz des Stärkeren. Viele Fahrer sind mit gekauftem Führerschein unterwegs, die Dunkelziffer ist hoch.
Weitere Besonderheiten: Hupen ersetzt Blinken. Plötzliche Bewegungen der anderen Verkehrsteilnehmer sind die Regel – ein Schlagloch kann die Ursache sein oder einfach Unvermögen, ein Auto zu lenken. Ampeln befinden sich oft auf der anderen Seite der Kreuzung. Die Schaltungen haben kaum Pufferzeiten, man sollte also auf Fußgänger und andere Verkehrssteilnehmer achten, wenn man losfährt.
Tanken: Im Angebot sind A 98, A 95, A 92 (entspricht ungefähr unserem Super verbleit) sowie A 80 (Normalbenzin) und Diesel. Benzin und Diesel kosten ein Drittel bis die Hälfte des deutschen Preises. Auf langen Strecken sollte man einen gefüllten Reservekanister mitführen. Wenn möglich, sollte man an Markentankstellen tanken.

Autovermietung

Unterentwickelt bis nicht vorhanden. Es gibt leider noch keine klassischen Autovermietungen mit landesweiten oder gar überregionalen Netzen. Das bedeutet: Man muss das Auto dort zurückgeben, wo man es abgeholt hat oder eine hohe Rückführungsgebühr bezahlen. Die Mietpreise für Überlandfahrten sind hoch, das erklärt sich mit schlechten Straßen, hohem Verschleiß und einem unterentwickelten Versicherungssystem.

Baden

Die besten Badegewässer sind der Yssyk-Köl in Kirgistan, der Alaköl, der östliche Balchasch-See in Kasachstan - hier gibt es auch Strände und Resorts. An schönen Badestellen liegt leider oft Müll, auch Glasscherben - deswegen möglichst mit Trekkingsandalen o.ä. ins Wasser gehen. Vorsicht vor Strömungen in Fließgewässern, auch ruhig dahinfließende Flüsse können tückisch sein.
An vielen Stellen gibt es warme Quellen, auch Einheimische baden hier gern. Sind die Quellen eingehaust, baden Männer und Frauen getrennt und unbekleidet.
Egal, ob jemand in der Nähe ist oder nicht - beim Baden in Gewässern sollte man **immer Badebekleidung** tragen. Nackt baden gilt als verpönt, und das sollte respektiert werden.

Begrüßung und Verabschiedung

Üblicherweise mit Handschlag. Ein Zeichen von Achtung ist es, wenn die Hand des Begrüßten/Verabschiedeten von beiden Händen des Gegenübers gedrückt wird. Bei Bekannten und Freunden oder demonstrativ eng verbundenen Geschäftspartnern gibt es auch die Variante Umarmung und angedeuteter Kuss auf jede Wange.
Frauen werden bei der Begrüßung meist nur mit einem Kopfnicken bedacht, als Frau sollte man warten, ob/bis man die Hand gereicht bekommt; als Mann sollte man nicht zuerst einer Frau die Hand reichen.
Eine besonders berührende Form der Begrüßung/Verabschiedung kann man im Pamir erleben. Hier wird die rechte Hand auf's Herz gelegt und dabei mit dem Kopf eine kleine Verbeugung angedeutet.

Glasklares Wasser lockt zum Baden

Behinderungen

Alle fünf Länder sind nicht behindertenfreundlich. Nur in Gebäuden neueren Datums (Hotels, Shopping Malls, Flughäfen und Bahnhöfe) trifft man auf Rampen, aber jene sind oft schmal, steil oder/und glatt. An manchen Unter- und Überführungen gibt es Hebevorrichtungen, für deren Bedienung man jedoch Hilfe durch Personal benötigt. Allerdings kann man überall mit der Hilfsbereitschaft der Menschen rechnen - einfach ansprechen!

Beste Reisezeit

Für die tiefer liegenden Gebiete in den **Wüsten und Halbwüsten** sind April und Mai die beste Reisezeit, auch September und Oktober sind angenehm. In der Steppe Kasachstans sind auch Juni und September erträglich.
Für **Gebirgstouren** empfehlen sich die niederschlagsarmen Monate Juni, besser noch Juli und August sowie die erste Septemberhälfte. Im Hochgebirge sind die Temperaturunterschiede zwischen Tag und Nacht beträchtlich, ein guter Schlafsack ist für Zelttouren ein Muss. Gebirgstouren mit Fahrzeug, wie zum Beispiel über den Pamir-Highway, kann man durchaus bis zum ersten Schneefall (Mitte, Ende Oktober) wagen.

Bergsteigen

An schönen Gipfeln ist kein Mangel, über die Infrastruktur sollte man sich vorher genau informieren.

Basislager für Bergsteiger gibt es zwischen Peak Pobeda und Khan Tengri auf dem Engiltschek-Gletscher (https://ak-sai.com/en/ak-sai-travel-camps/tent-camps/south-inylchek/), am Peak Lenin (https://ak-sai.com/en/ak-sai-travel-camps/tent-camps/achik-tash/), an der Moskwin-Wiese unterhalb des Peak Somoni und Peak Korzhenewskaja (rano@navruz.tajik.net).

Außerdem gibt es **Hütten bzw. Camps** im Ala-Artscha südlich von Bischkek (https://ak-sai.com/en/ak-sai-travel-camps/tent-camps/ak-sai-mountain-hut/) und im tadschikischen Fan-Gebirge (www.fanyvertical.ru). Der Tadschikische Bergsteigerverein hat eine gute Seite: http://alp.tj, hier kann auch Ausrüstung ausgeliehen werden. Die Seite des kirgisischen Bergsteigervereins ist ebenfalls hilfreich: https://kac.centralasia.kg/ru/about/.

Von Almaty aus lassen sich einige schöne Viertausender besteigen, auch der Fünftausender Peak-Talgar kann in Angriff genommen werden (www.trekkingclub.kz). Einige Firmen bieten geführte Touren an, in Kirgistan gibt es zertifizierte Bergführer.

Botschaften und diplomatische Vertretungen

In Deutschland

Botschaft der Republik Kasachstan
Nordendstr. 14–17, 13156 Berlin,
Tel. +49/30/47001-60, Konsularabteilung -161; berlin@mfa.kz
www.botschaft-kasachstan.de
Es gibt eine Außenstelle in Bonn, ein Generalkonsulat in Frankfurt am Main sowie Honorarkonsulate in Stuttgart, Hannover, München, Bremen, Hamburg und Dresden.

Botschaft der Kirgisischen Republik
Otto-Suhr-Allee 146, 10585 Berlin,
Tel. +49/30/36411860,
Die Botschaft hat eine Außenstelle in Bonn, es gibt ein Konsulat in Frankfurt
www.botschaft-kirgisien.de

Botschaft der Republik Tadschikistan
Perleberger Str. 43, 10559 Berlin,
Tel. +49/30/3479300
www.botschaft-tadschikistan.de

Botschaft von Turkmenistan
Königin-Luise-Straße 31, 14195 Berlin,
Tel. +49/30/30102451,
konsulat@botschaft-turkmenistan.de
https://germany.tmembassy.gov.tm/de
Es gibt ein Konsulat in Frankfurt.

Botschaft der Republik Usbekistan
Perleberger Str. 62, 10559 Berlin

Der einfachste Viertausender Kasachstans: Peak 28 Panfilowtsew

Tel. +49/30/3940980,
www.uzbekistan.de

In Österreich

Botschaft der Republik Kasachstan
Prinz-Eugen-Str. 32, 1040 Wien
Tel. +43/01/8908008-10,
Konsularabteilung +43/01/8908008-14
embassy@kazakhstan.at
vienna@mfa.kz

Botschaft der Kirgisischen Republik
Invalidenstraße 3/8, 1030 Wien
Tel. +43/1/5350379, kyremb@inode.at

Botschaft der Republik Tadschikistan
Universitätsstr. 8/1a, 1090 Wien
Tel. +43/1/4098266, www.tajikembassy.at

Botschaft von Turkmenistan
Argentinierstraße 22, 1040 Wien
Tel. +43/1/5036470
https://austria.tmembassy.gov.tm/en

Botschaft der Republik Usbekistan
Pötzleinsdorfer Str. 49, 1180 Wien
Tel. +43/1/3153994
www.usbekistan.at/de

In der Schweiz

Botschaft der Republik Kasachstan
Melchenbühlweg 79, CH-3006 Bern
Tel. +41/31/35179-69
http://mfa.gov.kz/en/bern

Botschaft der Kirgisischen Republik
Avenue Blanc 51, 1202 Geneva
Tel. +41/22/7079220
www.kyrgyzmission.net

Botschaft der Republik Tadschikistan
Chemin William Barbey 37
1292 Chambésy, Tel. +41/22/7341140
www.tajikistanmission.ch

Botschaft von Turkmenistan
Avenue de France 23, 1202 Genf
Tel. +41/22/7491000
https://switzerland.tmembassy.gov.tm/en

Botschaft der Republik Usbekistan
wird von Berlin aus vertreten

In Kasachstan

Botschaft der Bundesrepublik Deutschland
Nur-Sultan (Astana), Kosmonawtow 62,
3. Etage, Tel. +7/7172/7912-00
Notfalltelefon +7/701/7680662.

Generalkonsulat der Bundesrepublik Deutschland
Almaty, Iwanilowa 2,
Tel. +7/727/26283-41.
https://kasachstan.diplo.de

Botschaft von Österreich
Nur-Sultan (Astana), Kosmonawtow 62,
9. Etage, Tel. +7/7172/977869
nur-sultan-ob@bmeia.gv.at
www.bmeia.gv.at/oeb-nur-sultan

Schweizerische Botschaft
Nur-Sultan (Astana), Kosmonawtow 62,
8. Etage, Tel. +7/7172/97989-2
ast-astana@eda.admin.ch,
www.eda.admin.ch/astana

Schweizerisches Generalkonsulat
Almaty, EATC LLP Swiss-Centre
Tabatschno-Zawodskaja 20
Tel. +7/727/2980841,
almaty@honrep.ch

In Kirgistan

Botschaft der Bundesrepublik Deutschland
Bischkek, Razzakowa 28
Tel. +996/312/905000
info@bischkek.diplo.de
www.bischkek.diplo.de

Österreichisches Honorarkonsulat
Bischkek, Moskowskaja 187, Office 4
Tel. +996/312/900627
austria@konsul.kg, www.konsul.kg

Schweizerische konsularische Vertretung
Bischkek, Erkindik 21
Tel. +996/312/301036
bishkek@eda.admin.ch
www.eda.admin.ch/bishkek

In Tadschikistan

Botschaft der Bundesrepublik Deutschland
Duschanbe, Somoni 59/1
Tel. +992/4337730-00
Notfalltelefon: +992/907/727583
www.duschanbe.diplo.de

Österreichische Botschaft
wird von Nur-Sultan (Astana) aus vertreten

Schweizerisches Konsulat
Tolstoi 3, 734003 Duschanbe
Tel. +992/37/2247316,

+992/44/6005455
dushanbe@sdc.net
https://www.eda.admin.ch/tajikistan
Alle anderen Fragen werden von der Schweizerischen Botschaft Nur-Sultan (Astana) aus verwaltet

■ In Turkmenistan

Botschaft der Bundesrepublik Deutschland
Hotel Ak Altyn, 744000 Aschgabat
Tel. +993/12/363515, 36351721
info@aschgabat.diplo.de
https://aschgabat.diplo.de
Österreichische Botschaft
wird von Nur-Sultan (Astana) aus vertreten
Schweizerische Botschaft
Turkmenistan wird von Azerbaidzhan aus betreut. www.eda.admin.ch

■ In Usbekistan

Botschaft der Bundesrepublik Deutschland
Sharaf Rashidov 15
Taschkent 100017
Tel. +998/78/1208440
https://taschkent.diplo.de/uz-de
Österreichische Botschaft
Keine Postadresse, zu erreichen nur über: www.bmeia.gv.at/oeb-usbekistan
Schweizerische Botschaft
Shota Rustaveli, Impass1, House 4
100070 Tashkent, Tel. +998/71/1206738
www.eda.admin.ch

Camping im Zentralen Tien Shan

Informationszentren vermitteln lokale Guides

Camping und Caravaning

Es gibt bis jetzt keine betreuten Camping- und Caravaningplätze. Wildes Zelten ist grundsätzlich erlaubt, man sollte aber vorher unbedingt fragen, bevor man sein Zelt auf jemandes Feld oder Weideland aufstellt. Campen in Straßennähe oder in der Nachbarschaft von freilaufenden Kuh- oder Yak-Herden empfiehlt sich nicht.

An Flüssen, besonders im Gebirge, sollte man immer daran denken, dass der Wasserstand nach heftigen Niederschlägen (auch am scheinbar weit entfernten Oberlauf des Flusses) sehr schnell steigen kann. Ist man mit einem Campingmobil unterwegs, wird man viel Neugier und Offenheit erleben und sollte sich auf zahlreiche Besucher einstellen.

Elektrizität

Überall 220 Volt, 50 Hertz. Vorsicht: Schwankungen und Abschaltungen, besonders im Winter. Der **Euroflachstecker** (Typ C) geht überall.
Kasachstan und Kirgistan: C
Tadschikistan: überwiegend C, teilweise auch I (einige Hotels)

Turkmenistan: C, auch F (Schuko) und A
Usbekistan: C, auch F, selten I
Mit dem steigenden chinesischen Einfluss könnte sich das sukzessive ändern.

Einreise-, Ausreise- und Zollbestimmungen

In den letzten Jahren hat es gravierende Erleichterungen gegeben, siehe auch Visa (→ S. 456)

In **Kasachstan** müssen Zollerklärungen von Touristen nur noch im Ausnahmefall ausgefüllt werden, es gibt Stichproben bei der Gepäckkontrolle, manchmal werden die mitgeführten Geldbeträge überprüft. Summen unter 10 000 US-Dollar müssen in Kasachstan nicht deklariert werden. Beamte auf Provinzflughäfen und bei der Einreise auf dem Landweg sind oft penibler, nach dem Motto ›Jeder ist König auf seinem Posten.‹ Bei der Ausfuhr von Honig direkt vom Erzeuger aus Kasachstan wird oft ein Zertifikat des Verkäufers verlangt. Auf dem Basar wird man so etwas auf Nachfrage meistens erhalten.

In **Kirgistan** muss theoretisch alles deklariert werden, praktisch liegen oft keine Zollerklärungen aus. Wenn es welche gibt, sollte man sie wahrheitsgemäß ausfüllen.

In **Tadschikistan** werden zwei Zollerklärungen ausgefüllt, eine wird bei der Einreise einbehalten, die zweite muss bei der Ausreise wieder abgegeben werden. In der Regel werden die Papiere ›abgenickt‹.

Elektrizität bis ins vorletzte Dorf

In **Usbekistan** sind die Zollprozeduren seit 2019 vereinfacht, Touristen brauchen keine Deklaration, es gibt nur noch Stichproben. Gepäckkontrollen (meist freundlich und korrekt) sind alltäglich (z.B. an Bahnhöfen oder in der Metro).

In **Turkmenistan** ist das ganze Procedere am gründlichsten, aber man hat nichts zu befürchten, wenn man sich an die Ein- und Ausreisebestimmungen hält.

Zu beachten ist in **Tadschikistan**, dass hier unlängst die Einfuhr von fremdsprachigen Büchern und anderen Druckerzeugnissen verboten wurde. Erkennbare Reiselektüre wird aber oft ›durchgewunken‹. Außerdem ist seit einigen Jahren das scharfe Beäugen junger Männer mit Bart üblich. Nachdem es vermehrt zu Zwangsrasuren einheimischer junger Bartträger kam, sollte man darin eher etwas Landesübliches sehen und sich den Gesichtsbewuchs vor der Reise ggf. etwas kürzen.

Generell gilt, dass die Beamten ihre Arbeit machen und darin ernstgenommen werden sollten. Im Zuge der internationalen Entwicklung und der erhöhten Terrorgefahr weltweit darf es nicht verwundern, wenn auch in diesen Ländern die Sicherheitsvorschriften angepasst werden.

Alles, was **erkennbar für den persönlichen Bedarf** vorgesehen ist (außer Drogen, Waffen, pornografischer ›Literatur‹), wird widerspruchslos akzeptiert. Bei überdimensionalen Foto-Ausrüstungen wird bisweilen nachgefragt. Es gelten die internationalen Bestimmungen des Verbots der Ein- und Ausfuhr geschützter Arten.

Bei der **Ausfuhr von Kunstgegenständen** sollte man eine Quittung vorweisen können, und, handelt es sich um bildende Kunst, einen Nachweis eines anerkannten Museums, dass man keine Kunstschätze von nationaler Bedeutung ausführt.

Alles ist im Fluss, deswegen im Zweifelsfalle bitte noch einmal auf den Internet-Seiten der Botschaften nachlesen (→ S. 435.)

Erdbeben

Zentralasien liegt an der ›Knautschzone‹, die durch den Druck des indischen Subkontinents gegen die eurasische Platte entsteht. Die alpidische Faltung der Gebirge ist eine Folge dieses Druckes und hält noch an, die Berge wachsen. Erdbeben gehören zum Leben in den Gebirgsregionen und im Vorland. Die letzten großen Beben von Wernyj (heute Almaty, 1911, zentralasienweit zu spüren), Aschgabat (1948) und Taschkent (1966) richteten verheerende Schäden an.

Feste, Feiertage und Ferien

Arbeitsfreie Feiertage gibt es reichlich in Zentralasien, aber sie sind ungleichmäßig verteilt – die meisten haben Tadschikistan (17) und Kasachstan (16), die wenigsten Usbekistan und Turkmenistan (je 10).

Nawruz (Nooruz, Nauryz) wird am 21. März gefeiert, in Turkmenistan auch am 22.3., in Kasachstan bis 23.3. und in Tadschikistan sogar bis 24.3.

Neujahr (in Kasachstan bis 2.1.) und das **orthodoxe Weihnachten** (Kasachstan, Kirgistan) am 7.1. sind ebenfalls Feiertage.

Weitere gemeinsame Feiertage sind der **8. März** (Internationaler Frauentag), der **1. Mai** (Tag der Arbeit bzw. Tag der Einheit – außer Turkmenistan) und der **9. Mai** (Tag des Sieges bzw. der Erinnerung – außer Turkmenistan).

Die **Nationalfeiertage** sind jeweils die Tage der Erlangung der staatlichen Unabhängigkeit: Kasachstan: 16.12., Kirgistan 31.8., Tadschikistan 9.9., Turkmenistan 27.9., Usbekistan 1.9. Außerdem hat jedes Land einen Tag der Verfassung und Tadschikistan einen Tag der Staatsflagge und sogar der Staatssprache.

Weitere Feiertage: Der sowjetische **Tag der Streitkräfte bzw. der Verteidiger des Vaterlandes** am 23. Februar wird noch in Kirgistan und Tadschikistan begangen, Usbekistan hat diesen Feiertag auf den 14. Januar verlegt, Kasachstan auf den 7. Mai. **Kirgistan** feiert außerdem am 7.4. den Tag der Aprilrevolution und erinnert sich am 7. und 8.11. an seine Vorfahren. **Turkmenistan** begeht am 6.10. den Gedenktag an die Opfer des Erdbebens von 1948, am 12.12. den Tag der Neutralität und am 21.12. den Tag der Erinnerung an den ersten Präsidenten Nijazow. **Usbekistan** ehrt seine Lehrkräfte am 1. Oktober. **Kasachstan** hat den 6. Juli zum Tag der Hauptstadt erkoren und den 1. Dezember zum Tag des Ersten Präsidenten. **Tadschikistan** hat zwei besondere Feiertage, den Tag der Einheit des Volkes zu Ehren der Beendigung des Bürgerkrieges am 27. Juni und den zoroastrischen Feiertag Idi Mehrgon am 2. Oktober.

Nach dem **islamischen Kalender** und damit an beweglichen Daten werden außerdem begangen: das **Opferfest Kurban Bajram** (Kurman Ajt) und das **Fastenbrechen Uraza Bajram** (Orozo Ajt).

In allen zentralasiatischen Ländern haben Schulkinder **drei Monate Sommerferien**; in den heißen Monaten Juni, Juli und August sind die Kinder zu Hause.

Festivals

Kirgistan

Juli, Dzhalal-Abad: Festival der Nationalgerichte

Juli, Sary-Mogol (Pamir-Alai-Ebene), Song-Köl (2019: 25.7.), Kyzyloj (Gebiet Naryn): Festivals der nationalen Reiterspiele

Pamir-Teens in Festtagskleidung

Fotografiert werden ist ein Erlebnis

August, Festival der Beizjagd (mit Greifvögeln) in Bokonbajewo am Yssyk-Köl
September, alle zwei Jahre Weltnomadenfestspiele (2020 wahrscheinlich in der Türkei)

■ Usbekistan

Mai, Buchara: Festival der Seide und Gewürze
August, Samarkand: Musikfestival ›Melodien des Orients‹

Fotografieren

Die meisten Menschen in Zentralasien lassen sich gern fotografieren, fragen sollte man trotzdem. Das russische ›mózhno?‹ und ein freundlich fragender Blick hilft hier schon weiter. Das Fotografieren von Kindern wird manchmal von Eltern nicht gestattet, sie haben Angst vor dem ›bösen Blick‹. Kommt extreme Armut vor die Linse, sollte man auf demonstratives Ablichten verzichten. Nicht fotografiert werden sollten Uniformierte, Flughäfen, Bahnhöfe, militärische Einrichtungen und Objekte in Grenzgebieten, v.a. Brücken, Kasernen, Grenzübergänge.

Frauen allein unterwegs

Alleinreisende Frauen sind sicher, wenn sie sich an ein paar einfache Regeln halten. Zu freizügige Kleidung (Minis, enganliegende, tief ausgeschnittene Shirts und Kleider, in ländlichen Gegenden auch Tops) sollten vermieden werden, auf Koketterie sollte man verzichten. Eine angenommene Einladung zum Essen oder ins Kino etc. wird oft schon als Einverständnis zu einer näheren Begegnung verstanden. In Ruhe gelassen wird, wer auf einen ggf. fiktiven Ehemann und sogar Kinder verweist, auch ein Foto von jenen oder ein Ring am rechten Finger leisten gute Dienste.

Geldwechsel

Geldwechsel in Kasachstan und Kirgistan ist problemlos in Banken und Wechselstuben möglich. Letztere sind in den Hauptstädten und Touristenzentren zahlreich. In Usbekistan, Tadschikistan und Turkmenistan hat der Staat das Monopol auf den Geldwechsel, also ist es nur in staatlichen Banken möglich und dort, wo diese ihre Schalter haben (Flughäfen, große Hotels),teils zu ungünstigen Wechselkursen. Wer schwarz tauscht, riskiert empfindliche Strafen. Zurücktauschen darf man nur dort, wo man getauscht hat – gegen Vorlage des Belegs. Generell gilt, dass man sich vor Fahrten in die Provinz mit genügend Landeswährung eindecken sollte, in Kleinstädten und Dörfern ist Wechseln nicht möglich. Auch große Scheine in der Landeswährung sind in der Provinz oft nur schwer einzutauschen. (→ S. 457, Zahlungsmittel)

▸ Wechselkurse im Sommer 2019

	1 Euro	1 US-Dollar
Kasachstan (Tenge, KZT)	425	379
Kirgistan (Som, KGS)	78	69,8
Tadschikistan (Somoni, TJS)	10,5	9,3
Turkmenistan (Manat, TMT)	3,8	3,4
In Usbekistan (Sum, UZS)	9450	8415

Geld aus Usbekistan, Kasachstan und Turkmenistan (von links)

Gesundheit

Impfungen

Vorgeschrieben sind keine, empfohlen werden je nach Grad der Aktivität, Urlaubszeit und -art Immunisierungen gegen Tetanus, ggf. auch Hepatitis, Typhus, Tollwut und Zeckenschutzimpfung. Von Malaria im äußersten Süden Tadschikistans und Usbekistans wird hin und wieder geschrieben, diese Fälle sind höchst selten und treten punktuell auf.

Vorsichtsmaßnahmen

- möglichst nur abgekochtes Wasser oder Wasser aus Industrieverpackungen trinken
- Obst und Gemüse vor dem Verzehr waschen
- häufiges Händewaschen
- Leitungswasser ist zum Zähneputzen und zum Abwaschen von Obst und Gemüse geeignet
- fettreiche Speisen meiden bzw. nicht mit kalten Getränken ›nachspülen‹
- bei großer Hitze auf undefinierbare Fleischgerichte verzichten (v.a. Hackfleisch und Hühnchen)
- Tiere nicht streicheln
- starke Sonneneinstrahlung vermeiden: Sonnenschutz LSF 50 und eine Kopfbedeckung, für die Berge und Aufenthalte am Wasser sowie eine Sonnenbrille gehören ins Gepäck.
- bei Outdoor-Aktivitäten langärmelige Kleidung, lange Hosen und Kopfbedeckung tragen und anschließend auf Zecken absuchen
- gegen Insektenstiche Vorsorge treffen (lange Kleidung gegen Zecken, Hüttenschlafsack gegen Flöhe etc.)

Ärztliche Versorgung

In allen zentralasiatischen Ländern entspricht die ärztliche Versorgung nicht dem europäischen Standard, das betrifft sowohl die Diagnosefähigkeit der Ärzte als auch die technische Ausstattung. Verschreibungsgepflogenheiten sind anders als in Europa, Medikamente nicht unbedingt mit den unseren vergleichbar.

Im Falle einer ernsthaften Verletzung oder Erkrankung sollte man, wenn möglich, einen sofortigen Heimflug einer Behandlung oder gar einem Krankenhausaufenthalt vorziehen. Eine **Auslandskrankenversicherung** muss abgeschlossen werden und nicht nur bei Aktivurlaub sollte eine Rückhol-Option enthalten sein.

Wenn sich eine Arztbehandlung nicht vermeiden lässt, versuchen Sie, Interteach oder die **internationalen SOS-Kliniken** zu finden. In allen Hauptstädten und in manchen größeren Städten gibt es solche Kliniken für Ausländer und Gutbetuchte. Die Deutschen Botschaften vor Ort halten auf

Ihren Internetseiten Listen von geeigneten Ärzten und Krankenhäusern bereit. Die Arztleistung muss vor Ort bezahlt werden. Die deutsche Auslands-KV zahlt die Beträge gegen Vorlage der Belege zurück.

Reiseapotheke

In der Reiseapotheke sollte alles enthalten sein, was man brauchen könnte, auf jeden Fall aber

- Wasserdesinfektionsmittel bei Trekkingtouren
- Durchfallmittel
- Elektrolyte, Mittel zur Wiederherstellung der Darmflora
- Schmerzmittel, fiebersenkendes und entzündungshemmendes Mittel
- Breitband-Antibiotikum
- Verbandsmaterial, Blasenpflaster, Desinfektionsmittel
- abschwellende, schmerzstillende Salbe
- Augen-, Ohren-, Nasentropfen
- Hustenmittel, Antiallergikum
- für Hochgebirgstouren ein Mittel gegen Höhenkrankheit
- für Hochgebirgs- und Wüstentouren Mittel gegen Austrocknung der Nasenschleimhaut und trockene Augen

Individualreisen

Alle fünf ›Stans‹ lassen sich mit unterschiedlichen Schwierigkeitsgrad individuell bereisen. Generell gilt, dass alle Unzulänglichkeiten durch die Hilfsbereitschaft der Menschen vor Ort wettgemacht werden. Auch wenn vielerorts kaum jemand Englisch spricht, kann man sich mit Pantomime, Papier und Stift sowie Erfindungsreichtum und gutem Willen irgendwie verständigen.

Kirgistan

Relativ unproblematisch, da Visum und Registrierung nicht nötig, beste Ausschilderung der Sehenswürdigkeiten (Englisch), gutes Netz von CBT-Gästehäusern und Veranstaltern, nachvollziehbare Preise bei Reiseveranstaltern und Fahrern, relativ gut entwickeltes Netz von Fernbussen bzw. Marschrutkas.

Kasachstan

Etwas schwieriger wegen objektiver Gründe (Entfernungen!), Visum und Registrierung nicht nötig, keine durchgehende Ausschilderung der Sehenswürdigkeiten, Netz von CBT-Gästehäusern nicht vorhanden, gute

Vor der Krankenstation in Alichur am Pamir Highway

Autofahren mit Hindernissen

Veranstalter nur in Almaty, hohe Preise bei vielen Reiseveranstaltern und Fahrern, gut entwickeltes Netz von Inlandsflügen, Eisenbahn, Fernbussen bzw. Marschrutkas.

Tadschikistan

Problemlose Beantragung des Visums und der GBAO-Genehmigung, keine Registrierung nötig, keine durchgehende Ausschilderung der Sehenswürdigkeiten, Netz von CBT-Gästehäusern und Veranstaltern in den touristisch attraktiven Regionen, relativ hohe Preise bei Reiseveranstaltern und Fahrern, entwickeltes, aber schwer durchschaubares Netz von Marschrutkas.

Usbekistan

Touristisches Visum für EU-Bürger bis 30 Tage wurde Anfang 2019 abgeschafft. Lückenlose Registrierung notwendig, deswegen Planung der Übernachtungsstätten unumgänglich. Keine durchgehende Ausschilderung der Sehenswürdigkeiten, kein Netz von CBT-Gästehäusern. Zahllose Veranstalter, die auch maßgeschneiderte Touren anbieten können. Nachvollziehbare Preise bei Reiseveranstaltern und Fahrern, gut entwickeltes Netz von Eisenbahn und Bussen.

Turkmenistan

Individualreisen sind de facto nicht möglich, da man von einer autorisierten Person begleitet werden muss. Maximale Individualität kann man hier nur mit einer auf die eigenen Bedürfnisse maßgeschneiderten Reise erzielen, die man (teuer) bei einem lokalen Veranstalter bucht.

Fortbewegung

In allen Ländern ist zu beachten, dass **Zugtickets samt Platzkarten** unbedingt ein paar Tage, wenn nicht gar Wochen vor Reiseantritt gekauft werden sollten, vor allem in der Ferienzeit Juni–August. Dabei muss der Reisepass vorgelegt werden, weil die Passnummer ins Ticket eingetragen wird. Das Fortbewegungstempo der Züge (außer in Usbekistan) ist langsam. Auch Busse fahren wegen des Straßenzustandes eher gemächlich.

Nahverkehrsnetze sind in den großen Städten vorhanden. Bezahlt wird in Almaty, Nur-Sultan (Astana), Bischkek und Taschkent bereits größtenteils elektronisch, die Bezahlvarianten Automat, Schaffner oder Busfahrer überwiegen in den anderen Städten. Ein beträchtlicher Teil des Nahverkehrs wird durch **Taxis** bewältigt, die vergleichsweise preiswert sind. Es gibt Ruftaxis (vor allem abends und alleine die bessere Variante) und private ›Winktaxis‹ (meist so gut wie jedes Fahrzeug).

In allen Ländern gibt es ein dichtes Netz an **Sammeltaxis** (Kleinbusse, sogenannte ›Marschrutkas‹), mit denen man für wenig Geld nahezu überall hinkommt. Es gibt keine festen Fahrpläne (aber festgelegte Routen), die Busse fahren ab, wenn Sie voll sind, wobei die Definition von ›voll‹ je nach Gegebenheiten und Andrang flexibel sein kann. Der Zustand der Fahrzeuge ist ebenfalls variabel – von sehr gut bis bedenklich. Man sollte also darauf achten, in welches Fahrzeug man einsteigt.

Für Reisen mit dem **(Miet-) Auto** (vergleichsweise selten und teuer) sollte man sich für ein robustes Fahrzeug, möglichst mit Vierradantrieb entscheiden. Wenn man keine Fahrerfahrung in vergleichbaren Ländern hat, ist ein **Auto mit Fahrer** eine stressarme Variante (wird von allen Reiseveranstaltern und größeren Hotels vermittelt).

Internet

Internet ist Standard in den meisten Hotels ab drei Sterne aufwärts, auch in vielen Privatpensionen in Kirgistan gehört es schon dazu. Restaurants in großen Städten haben es, auf Flughäfen und in Zügen ist es teilweise schon vorhanden.

Ausnahme: Turkmenistan, hier ist es nur in einem knappen Dutzend Hotel auf Anfrage nutzbar und aufgrund starker Zensur auch nur eingeschränkt.

Mobiles Internet: → S. 452

Kleidungsvorschriften

Für Ausländer gibt es keine Kleidungsvorschriften, trotzdem sollte man die kulturell-religiösen Hintergründe im Hinterkopf behalten. In großen Städten und im Norden Kasachstans ist europäische Kleidung nichts Besonderes, doch je weiter man nach Süden kommt, desto mehr ist Zurückhaltung angebracht.

In der Provinz sind kurze Hosen (auch bei Männern) außergewöhnlich, Minis und Tops grenzen schon an Provokation.

In Moscheen, Medresen, Mausoleen sollten Frauen, falls sie eingelassen werden, knöchellange Kleidung tragen und unbedingt Kopf, Dekolleté und Arme bedecken.

Kriminalität

Durch die prekäre soziale Lage großer Bevölkerungsschichten kann man Kriminalität vor allem in Großstädten nicht ausschließen (Betrug, Diebstähle, Überfälle). Bei Einhaltung der üblichen Vorsichtsmaßregeln ist man jedoch keinen größeren Gefahren ausgesetzt als in Mitteleuropa.

Landkarten und Stadtpläne

Google Earth weiß fast alles! Stadtpläne gibt es an einigen Flughäfen (Almaty, Bischkek) und in vielen Hotels.

■ Landkarten

Wegen der groben Maßstäbe sind Karten für ganz Zentralasien wirklich nur für die allgemeine Übersicht tauglich.

Zentralasien (1:1 500 000), freytag&berndt. Nicht alle hier eingezeichneten Straßen sind wirklich befahrbar.

Central Asia (1:1 750 000), Nelles Map. Turkmenistan, Uzbekistan, Tajikistan, Kyrgyzstan, North Eastern Iran.

Zentral-Asien (1:1 700 000), Reise Know-How. Turkmenistan, Kirgistan, Tadschikistan, Usbekistan.

Gute Karten von **Kasachstan** (1:3 000 000) und **Kirgistan** (1:1 750 000) hat Gizi Map im Angebot, außerdem eine Straßenkarte und eine geographische Karte von ganz **Zentralasien** (1:1 750 000)

Für **Tadschikistan** gibt es drei sehr gute Karten (Norden, Süden, Pamir, alle 1:500 000) von Marcus Hauser, Vertrieb über www.geckomaps.com.

■ Wanderkarten

Für folgende Gebiete sind Wanderkarten im Angebot:

Kirgistan: Alpenvereinskarte Inylchek (Engiltschek 1:100 000)
ISBN 978-3-937530-02-4

Tadschikistan: Fan-Gebirge (1:100 000), Serafschan-Tal (1:400 000), Jaghnob-Tal (1:100 000), erhältlich bei ZTDA in Chudzhand und in den Privatpensionen in den jeweiligen Gebieten.

Für **Kirgistan** gibt es (theoretisch) Trekking-Karten im Maßstab 1:100 000 für die Issyk-Köl-Region und das Ala-Artscha-Gebirge, sie sind aber oft nicht erhältlich oder nicht für das Gebiet, das man braucht, vorrätig.

LGBT unterwegs

In allen zentralasiatischen Ländern herrscht trotz anderslautender (teilweise auch nicht vorhandener) Gesetze geringe oder null Toleranz, selbst bei vielen Menschen mit hohem Bildungsstandard. Man sollte sich entsprechend dezent verhalten. Gemeinsame Zimmerbelegung ist kein Problem. Eine problemlos auffindbare Szene gibt es auch in Almaty und Bischkek nicht mehr, man hat Angst vor Aggression im Rahmen des wiedererstarkenden Islam.

Maße und Gewichte

Wie auf dem europäischen Festland wird des metrische System angewandt.

Mitbringsel nach Zentralasien

Kleine, symbolische Gastgeschenke sind sehr beliebt. Das können Süßigkeiten oder andere Spezialitäten von daheim sein, aber auch kleine praktische Dinge wie Taschen- oder Stirnlampen. Auch ein paar Fotos von der Familie, dem Zuhause, dem Heimatort können Wunder wirken und Kommunikation in Gang bringen. Was man unbedingt dabeihaben sollte, sind ein paar Lieder. In geselliger Runde wird oft gesungen, und irgendwann ist man auch ›dran‹. Deutsche gelten als Singmuffel und sollten dringend etwas zur Verbesserung ihres Rufs tun.

Polizei

Bei den Einheimischen ist die Polizei als Schmiergeldeintreiber bekannt und resigniert akzeptiert. Jeder weiß, dass Polizisten erstens sehr wenig Lohn bekommen und auf Zusatzeinkommen angewiesen sind und zweitens unterer Teil einer systemtragenden Korruptionspyramide sind und einen Teil des Bakschischs nach oben durchreichen müssen.

Sehr viel mehr gute Karten gibt es nicht

Kasachischer Polizist

Das Erpressen von **Bestechungsgeldern** von ausländischen Reisenden ist jedoch in den letzten Jahren zurückgegangen, weil der Tourismus von den Regierungen immer wieder als wichtiger Wirtschaftszweig hervorgehoben wird und über die Medien verstärkt Mäßigungsforderungen gestellt werden, teilweise unter Androhung von Entlassung im Fall der versuchten Schmiergelderpressung. Das wirkt.

Man sollte nie von sich aus Bestechung in jedweder Form anbieten, um eventuelle Kontrollprozeduren zu beschleunigen oder eigene Fehler zu beschönigen. Auch auf eindeutige Aufforderungen nach Bakschisch sollte man nicht eingehen. Die richtige Reaktion ist: Keine Nervosität oder gar Aggression, ruhig und freundlich bleiben, im eindeutigen Schuldfall zahlen und die Zahlung quittieren lassen, andernfalls mit Anruf bei der Botschaft oder der Beschwerdestelle des Innenministeriums drohen und ggf. auch wirklich anrufen.

Öffnungszeiten

Zahlreiche Geschäfte haben täglich geöffnet, und zwar bis spätabends. Zwischen 8 und 22 Uhr kann man in vielen großen Städten einkaufen gehen. Manche Läden und Kioske arbeiten rund um die Uhr, Kiosk- oder Tankstellenbetreiber übernachten oft in ihren Buden. Man klopft einfach an und bekommt das Gewünschte durch ein Fensterchen herausgereicht.

Post

Postkarten gibt es in meist nur in Souvenirgeschäften, Briefmarken in der Regel nur auf der Post. Hier sollte man auch seine Sendung am Schalter abgeben und freundlich lächelnd abwarten, bis sie abgestempelt ist. Vergessen Sie nicht das Empfängerland groß auf den unteren Rand zu schreiben. Es kann zwei bis vier Wochen dauern, bis die Sendung angekommen ist, bisweilen dauert es auch drei Monate.

Geöffnet, wenn die Verkäuferin anwesend ist

Radfahren

In den Städten kommt es zunehmend zur Akzeptanz des Radfahrens und zur Anlegung von Radwegen, Vorreiter ist Almaty. Überland-Radfahrer werden trotz ihrer langsam steigenden Anzahl immer noch als Exoten beäugt, freundlich aufgenommen und oft unterstützt. Generell ist man als Radfahrer das schwächste Glied auf der Straße und sollte dementsprechend umsichtig fahren. Oft gibt es breite Randsteifen, auf denen man den Rasern und Dränglern ausweichen kann, aber ganz sicher ist man auch hier nicht. Sehr auffällige Kleidung und Beleuchtung sollte die Risiken minimieren.

Angesagt und mühsam: Radeln über den Pamir

Im August 2018 gab es in Tadschikistan einen tödlichen Anschlag auf eine Radfahrergruppe. Das darf als extreme Ausnahme gelten. Der Staat hat sofort reagiert und Sicherheitsvorkehrungen ergriffen. Man kann sich auf Wunsch von einem Tourismuspolizisten des Innenministeriums begleiten lassen.

Registrierung (polizeiliche Anmeldung)

In **Kasachstan**, **Kirgistan**, **Tadschikistan** ist eine polizeiliche Anmeldung für Touristen nicht mehr notwendig, das ist eine spürbare Erleichterung.

In **Usbekistan** müssen sich Reisende mit Touristenvisum an jedem Aufenthaltsort binnen drei Tagen registrieren (lassen) – in der Regel wird das vom Hotel bzw. der Unterkunft übernommen. Man bekommt die ›Registratsija‹ in Papierform, d.h., ein Zettelchen, das unbedingt zu den anderen Zettelchen aus den vorherigen Unterkünften geheftet werden muss – diese lückenlose Sammlung muss in der nächsten Unterkunft auf Anfrage wieder vorgelegt werden können, und bei der Ausreise braucht man dann die gesammelten Werke vollständig. Geht leichter, als es sich liest!

In **Turkmenistan** muss das auch erfolgen, hier übernimmt es die Begleitperson des Veranstalters.

Reiseveranstalter

Hier werden vor allem Veranstalter vorgestellt, die in mehreren oder allen zentralasiatischen Ländern arbeiten, also grenzüberschreitend. Weitere Veranstalter, die auf ein Land spezialisiert sind, findet man in den Reiseführern zu den einzelnen Ländern bzw. unter www.trescher-verlag.de.

■ Veranstalter im deutschsprachigen Raum

Chili Reisen
Pappelstr. 81–83, 28199 Bremen
Tel. +49/421/52080663
www.chili-reisen.de
Trekking und Seidenstraßenrundreisen

Diamir Erlebnisreisen
Berthold-Haupt-Str. 2, 01257 Dresden
Tel. +49/351/312077
www.diamir.de
Kulturrundreisen, Trekking und Bergsteigen, Eseltrekking mit Kindern.

Evaneos
www.evaneos.de
Internetreisebüro, das außergewöhnliche Touren durch Kirgistan, Usbekistan und Turkmenistan in Kooperation mit lokalen Anbietern zusammenstellt.

Go East Reisen
Bahrenfelder Chaussee 53, 22761 Hamburg
Tel. +49/40/8969090, www.go-east.de
Trekkingreisen, Rundreisen

Geoplan
Geisbergstraße 39, 10777 Berlin
Tel. +49/30/3464981-0
www.geoplan-reisen.de
Exklusive Privatreisen durch Usbekistan

Haase Touristik
Dickhardtstr. 56, 12159 Berlin
Tel. +49/30/8418322-6, Fax -7
www.haase-touristik.de
Seidenstraßenreisen, Tour von Kasachstan zum Song Köl und Issyk Kul.

Indy Guide Ltd.
Humbelrain 9, CH 8824 Schönenberg
Tel. +41/79/1005500
https://indy-guide.com.
Atahan und Alexandra Tosun haben während ihres langen Aufenthalts ein gutes Netzwerk von unabhängigen, individuell buchbaren Guides mit eigenen Touren in allen zentralasiatischen Ländern aufgebaut – eine tolle Idee, die wunderbar funktioniert.

Kalpak Travel GmbH
Ringstraße 13, CH 5415 Nussbaumen
Tel. +41/78/6572701
https://kalpak-travel.com
Luca und Aijan Lässer haben selbst alles bereist und bieten Touren aus erster Hand an. Hier ist alles unter einem Hut (kalpak).

KasachstanReisen
Dr.-Külz-Str. 229, 06528 Edersleben
Tel. +49/173/6265136
sh.dagmar@gmail.com
www.kasachstanreisen.de
Individuelle Reiseberatung der Autorin dieses Buches. Pro Jahr 4–5 Touren zur Aktualisierung der vier Reiseführer – wer mag, kann mitkommen!

Lernidee Reisen
Kurfürstenstraße 112, 10787 Berlin
Tel. +49/30/7860000
www.lernidee-reisen.de
Sonderzugreisen auf der Seidenstraße

Manas Travel
Ulmenstr.1, 3085 Langenhagen
Tel. +49/511/97816727
www.manas-travel.com
Persönliche Beratung durch die kirgisische Inhaberin. Individual- und Gruppenreisen auch Trekking und Reittouren.

Oriental Tours
August-Schanz-Straße 8b
60433 Frankfurt am Main
Tel. +49/69/5483708
www.orientaltours.de
Individuelle Reisebausteine in Kirgistan, Tadschikistan, Turkmenistan, Usbekistan

Studiosus Reisen
Riessstraße 25, 80992 München
Tel. +49/89/500600, www.studiosus.de
Studienreisen

TSA-Travel Service Asia
Riedäckerweg 4, 90765 Fürth
Tel. +49/911/9795990, www.tsa-reisen.de
Naturnahe Individualreisen für Einzelne, Gruppen und Paare in allen Ländern Zentralasiens.

Ventus Reisen
Krefelder Str. 8, 10555 Berlin
Tel. 030/3910033-2, -3
www.ventus.com
Individuell organisierte Wander- und/oder Kulturreisen für Gruppen ab zwei Personen.

Wigwam Tours
Lerchenweg 2, 87448 Waltenhofen
Tel. 08379/9206-0, Fax -16
www.wigwam-tours.de
Natur- und Expeditionsreisen.

■ Veranstalter in Kasachstan

AkZhol
Zheltoksan 78/66, 050012 Almaty
Tel. +7/727/3560377, +7/777/2353979
akzhol@akzhol.net (deutsch)
www.akzhol.com
Zuverlässiger Veranstalter für individuelle und Gruppenreisen, 30 Jahre Erfahrung.

Almaty City Tours
Baitursynowa 113 (Astana InterHotel)
050022 Almaty,
Tel. +7/727/3131867
Filiale in Nur-Sultan (Astana).
https://eng.city-tour.kz
Weit mehr als City Tour und auch mehr als Almaty. Junges flexibles Team mit großem Radius in ganz Kasachstan.

Nomadic Travel
Office 209a, ›Kazakhstan‹ Business Center
Bukhar Zhyrau 49/6, 100000 Karaganda
Tel. +7/7212/996165, +7/7212/412165
www.nomadic.kz
Individuell zugeschnittene Touren in die interessanten Steppengebiete in einem Radius von ca. 1000 Kilometer um Karaganda, historischer Fokus, CBT-Projekt in Schabanbai Bi.

Silk Road Adventures
Adi Sharipowa 117/44
050012 Almaty
Tel. +7/727/2682743, +7/702/3403319,
moldirsra@silkadv.com, petrovsra@mail.ru
http://silkadv.com/en
30 Jahre Erfahrung in ganz Zentralasien, enzyklopädisches Wissen, schon auf der Website sichtbar, und expeditionsartige Reisen – empfehlenswert!

Stantours
Zharokowa 282/21b, Almaty,
Tel. +7/727/2476129
info@stantours.com, www.stantours.com
Visa-Guru, Reiseberatung und Problemspezialist für ganz Zentralasien, Kaukasus und Russland. Fokus: Reisende mit eigenem Fahrzeug. Präzise und zuverlässig.

Tour Asia
Baikadamowa 30–1, 050060 Almaty
Tel. +7/727/3765713
www.tourasia.kz
Vor allem auf Outdoor und alpine Touren spezialisiert.

Trekking Club
Mkr. Svezhest 217, Almaty
Tel. +7/727/2293104, +7/701/7449636
http://trekkingclub.kz
Einziger Campingplatz Zentralasiens, ausgezeichnete Trekking- und Bergsteigertouren

■ Veranstalter in Kirgistan

Advantour
Kiewskaja 131/2
720001 Bischkek
Tel. +996/772/152139
bishkek@advantour.com
www.advantour.com
Einer der größten und erfahrensten Veranstalter auf der Seidenstraße, professionell.

Aksai
Ibraimowa 113/2, Bischkek
Tel. +996/312/901616
info@ak-sai.com, https://ak-sai.com/de/
Größter Veranstalter in Kirgistan, landesweit gute Infrastruktur (Jurten-Camps, Basislager an den 7000ern), vielseitig und zuverlässig.

CBT Kyrgyzstan
Kirgisische Assoziation des gemeindebasierten Tourismus (KATO), Stützpunkte in Bischkek und allen größeren Orte
www.cbtkyrgyzstan.kg.
Gemeinnützige Organisation, Information, Vermittlung von Aufenthalten in Privatpensionen sowie Touren.

Kyrgyzland
Bischkek
Tel. +996/312/678444,
+996/778/789717

Spaß auf dem Altybaqan, einer traditionellen Schaukel

travel@kyrgyzland.com
www.kyrgyzland.com
Freundliche und zuverlässige Familienfirma, Touren in Kirgistan, Kasachstan, Usbekistan, Tadschikistan, Schwerpunkt Aktivtouren (Trekking, Bergsteigen, Rad- und Reittouren, Skitouren), eigenes Gästehaus in Tamga am Südufer des Yssyk-Köl.

Nomad's Land
Shukurov 39, Bishkek
Tel. +996/312/964666
info@nomadsland.ch
www.nomadsland.ch/en/

NoviNomad
Bischkek, Togolok Moldo 28, Ap. 10
Tel. +996/312/622381
info@novinomad.com
www.novinomad.com
www.agrotourism.kg
Kirgistan und Seidenstraße, gute Projekte in CBT und Agrotourismus

Veranstalter in Tadschikistan

Pamir Central Asia
GBAO, Murgab, 70 Solagi Murghob 34.
Tel. +996/55/3459393
tours@pamirhighwayadventure.com
www.pamirhighwayadventure.com
http://pamircentralasia.itap-world.com
Erfahrener Veranstalter auf dem Pamir, in ganz Tadschikistan und in den Nachbarländern.

Pamir & Mountain Travel
Duschanbe, Somoni 14 I
Filiale in Pandzhakent, Rudaki 24,
Tel: +992/37/2240213
pamirtourservice@mail.ru
www.pamir-travel.com
www.pamirtourservice.com
Erfahrene Firma, Touren in Tadschikistan und Usbekistan.

PECTA
(Pamir Eco-Cultural Tourism Association)
Chorugh, Dawronow 10e
www.visitpamirs.com.
Netzwerk von über 100 Privatpensionen auf dem Pamir, Beratung und Hilfe in allen Fragen.

ZTDA
(Zerafschan Tourism Development Association)
Chudschand, Akademikho Rajabovho 59
Tel. +992/92/7703995 (engl.)

Enjoy your trip

ztda_zarafshon@yahoo.com
http://ztda-tourism.tj
Gemeinnütziges Netzwerk zur Beförderung des CBT in Nord-Tadschikistan, Netzwerk von Privatpensionen, Informationszentrum, Touren, Handwerksprojekte.

Veranstalter in Turkmenistan

Owadan Tourism
Oguzkhan Street 207, office 335
744027 Aschgabat
Tel. +993/12/9576-73, Fax -81
marketing@owadan.net
www.owadan.net
Perfekte Landeskenntnis in Turkmenistan, Touren in ganz Zentralasien.

Stantours Aschgabat
antonina@stantours.com
www.stantours.com
Stantours Aschgabat verbindet seine Turkmenistan-Kompetenz mit dem Netzwerk in ganz Zentralasien.

Zehin Travel Company
Aschgabat, Magtymkuli ave. 29/1
Tel. +993/12/270829
www.zehin-travel.com, zehin@online.tm
Touren in ganz Turkmenistan, auch in die Naturschutzgebiete.

Veranstalter in Usbekistan

Advantour
Mirobod-1 Street 47A, 100015 Taschkent
Tel. +998/71/1503020
www.advantour.com
Universalist auf der Seidenstraße, informative Website, immer aktuell.

C.A.T.I.A.
Samarkand, Kuk Saray Square 1
Tel. +998/91/5582505
fuzuliy@silkroaddestinations.com
https://silkroaddestinations.com
Erfahrene Firma, die außer Usbekistan auch Kirgistan, Kasachstan und Turkmenistan anbietet.

Doca-Tours
Ali Kushchi Street 35, Samarkand
Tel. +998/93/3502020
info@doca-tours.com
www.doca-tours.com/de
Der multitalentierte Oybek Ostanov (www.oybekostanov.com) übersetzt, schreibt, fotografiert, reist und spricht dabei deutsch. Seine Reisen durch seine Heimat Usbekistan und durch Zentralasien haben Charme.

Marco Polo
Central Asia Travel & ASIA hotels
Schota Rustaweli street 20
100070 Taschkent
Tel. +998/71/25276-41, Fax -40
de-1@marcopolo.uz, www.marcopolo.uz
Der Gigant auf der Seidenstraße.

Orexca
Mukimiy Street 142/1, Taschkent.
Tel. +998/71/20096-00, Fax 55
https://orexca.com
Erfahrener Universalist auf der Seidenstraße, gute Website für den Überblick.

Peopletravel
Bunyodkor street 4, Taschkent
Tel. +998/71/23223-33, Fax -32
info@peopletravel.uz
www.people-travels.com
skype: peopletravel
Interessante und preiswerte Zugreisen u.a., auch Zubuchung möglich, deutsche Reiseleitung.

Sharq-Intour
Buyuk Ipaq Yuli 115, 100077 Taschkent
Tel. +998/71/268466, 2677565
ooosharkintour@gmail.com
www.sharqintour.com

Eseltrekking in Tadschikistan

Pferde gibt es genug

Zuverlässiger, flexibler und freundlicher Veranstalter für alle Usbekistan-Reisen mit Ausflügen in die Nachbarländer, Spezialgebiet: Kulinarische Touren.

Reiten

Auch wenn Kasachstan die meisten Pferde hat und für sich in Anspruch nimmt, das Land zu sein, wo zuerst Pferde domestiziert wurden und die Dorfkinder schon mit drei Jahren reiten lernen, sind Reittouren hier immer noch schwer buchbar. In Kirgistan wird man eher fündig. Wanderreiten oder Trekking mit Packpferden wird von einigen Veranstaltern angeboten.

Schmiergelder

Siehe Polizei (→ S. 445) – gilt auch in allen anderen Fällen. Tipp: Verlangen Sie eine Quittung (›kwitantsija‹), das kann sehr heilsam sein.

Einzige Ausnahme ist Gefahr für Leben oder Gesundheit und dementsprechende Beschleunigung oder Verbesserung der Arztleistung u.ä. – selbst hier ist man leider vor Erpressungsversuchen nicht sicher.

Sicherheit

Im Kontext der weltweiten Situation sind die Länder Zentralasiens relativ sichere Reiseländer (Stand Sommer 2019.) Trotz vereinzelter und punktueller Anschläge im Jahr 2016/2018 besteht für Reisende keine signifikante Gefahr. Bergwanderungen in entlegene Gebiete sollten auch aus Sicherheitsgründen nur in Begleitung von Bergführern unternommen werden.

Unter www.auswaertiges-amt.de kann man jederzeit die aktuelle Sicherheitslage abrufen.

Souvenirs aus Zentralasien

In allen Ländern wird inzwischen darauf gesetzt, dass die Reisenden etwas mitnehmen wollen. Diese Hoffnung hat das Kunsthandwerk belebt. Und so kann man in Kirgistan sehr schöne, farbenfrohe oder naturfarbige **Filzerzeugnisse** erwerben (Teppiche, Kissen, Wandbehänge, Taschen, Hausschuhe, Spielzeug und Schmuck), in Usbekistan wunderschön **bemalte Keramik** in allen Formen.

In Usbkistan, Tadschikistan, und auch an einigen Orten in Turkmenistan, wird **Seide** (Atlas) und **Baumwoll-Seide** (Adras) mit phantastischen farbenfrohen Mustern auf klassische Weise hergestellt. Man kann sie als Meterware kaufen, aber auch Tücher, Kleider, Taschen und Täschchen aus Seide, in Seide eingeschlagene Notizbücher u.a.m.

Auf dem Pamir werden aus echter Wolle **Überziehsocken** in Naturfarben oder in bunt gestrickt, diese Dzhurabi sind robust und herrlich warm.

Dzhurabi sind ein schönes Souvenir

In Kasachstan gibt es schöne **Weißsilberarbeiten**, **Filz- und Ledererzeugnisse** werden ebenfalls hergestellt. Halbedelsteine werden in Tadschikistan zu sehr schönem Schmuck und sogar zu Bechern verarbeitet. Turkmenische **Web- und Knüpfteppiche** sind weltbekannt, auch in Usbekistan und Süd-Kirgistan wird geknüpft.
Gute Messer und fein ziselierte **Metallgegenstände** kann man in Usbekistan und Tadschikistan erwerben, aufwendig **bestickte Baumwolldecken** (Suzani) und sehr **schönes Schnitzwerk** (Hocker, Tischchen, Teller) usw. sind auch eine Spezialität beider Länder.
Bei nationalen **Musikinstrumenten** kann man fündig werden, und die verschiedenen **Kopfbedeckungen** vom Kalpak der Kasachen und Kirgisen über die Tjubeteika der Usbeken und Tadschiken bis hin zum Telpek der Turkmenen werden auch gern mit nach Hause genommen.
Und schließlich sind die **Miniaturmalereien von Buchara** zu nennen und **Werke der bildenden Künstler**, die in den Galerien und auch auf der Straße angeboten werden.
Gute Mitbringsel sind ferner Honig, diverse Kräuterschnäpse, Gewürze und Tee, Trockenfrüchte und Nüsse vom Basar.

Tabus

Außer den Fotografier-Tabus (→ S. 440) und dem Nacktbade-Tabu (→ S.434) sollte man folgendes beachten: In armen Regionen (v.a. auf dem Pamir) gilt es als Sünde, Brot und andere Lebensmittel wegzuschmeißen. Das Betreten des Tischtuchs, welches den Tisch ersetzt, ist sehr unhöflich. Auf die Schwelle einer Jurte oder eines Hauses tritt man nicht, das bringt Unglück. Auch das Begrüßen oder Verabschieden über die Schwelle hinweg gilt als schlechtes Omen. Lautes Naseputzen wird verabscheut, Schniefen, Schmatzen, Schlürfen und Spucken (letzteres nur mancherorts) hingegen nicht. Pfeifen, besonders im Haus, gilt ebenfalls als Tabu – es führt angeblich dazu, dass man kein Geld hat. Pfeift man draußen, beschwört man Sturm herauf.
Es schickt sich nicht, mit der Tür ins Haus zu fallen, bei Gesprächen lässt man sich Zeit und tauscht sich zuerst lange über Familie, Gesundheit usw. aus, bevor man zum Kern des Gesprächs kommt. Überhaupt gilt Hast als Unbedachtheit und somit als schlechte Eigenschaft.
Älteren Menschen gegenüber ist man niemals vorlaut oder geringschätzig.

Taxi

Es gibt offizielle und nicht offizielle – in ärmeren Gegenden ist fast jedes Auto ein Taxi. Der Preis liegt immer deutlich unter dem vergleichbaren Preis in Europa, sollte aber unbedingt vor dem Einsteigen ausgehandelt werden, auch, wenn ein Taxometer vorhanden ist. (Trampen, → S. 453)

Telefon und Internet

Große Gebiete sind inzwischen von mobilen Netzen abgedeckt, Internet ist in den Städten überwiegend in guter Qualität vorhanden. (Ausnahme: Turkmenistan, das Land ist abgeschnitten von der Welt.) Wer plant, für länger in Zentralasien zu sein, sollte erwägen, eine hiesige Mobilfunk- bzw. 3G oder 4G-Simcard zu erwerben. So kann man günstig Internet nutzen, angerufen werden und anrufen. Leider hat

man ›aus Sicherheitsgründen‹ den Kauf derselben überall erschwert, entweder man muss einen Vertrag abschließen oder einen lokalen Strohmann bitten, das zu tun. Man sollte sich vorher erkundigen, ob das entsprechende Netz auch die Region abdeckt, in die man zu reisen plant. In Tadschikistan auf dem Pamir hat zum Beispiel Megafon die beste Reichweite.
Die Anbieter sind Beeline (alle Länder), außerdem Activ, KCell, Tele2, Altel und Telia in Kasachstan, O! und Megacom in Kirgistan, TCell, Megefon und Babilon in Tadschikistan, UCell, Perfectum, UMC und UzMobile in Usbekistan, die unkomplizierte 30-Tage-Pakete für Touristen im Angebot haben.

Tischsitten

Das Verhalten am Tisch richtet sich nach dem ältesten oder angesehensten Mitglied der Tafelrunde. Gegessen wird immer ohne Hast. Das Mahl wird gemeinsam begonnen und gemeinsam abgeschlossen, oft erfolgt der Abschluss mit einem ›Omin‹ (Amen), begleitet von der Geste, sich mit beiden Händen über das Gesicht zu streichen.
Schmatzen gehört zum guten Ton, man zeigt damit, dass es schmeckt. Und beim Teetrinken darf geschlürft werden. Den Hausherrn oder die Hausfrau am Beladen des Tellers zu hindern ist verpönt. Wenn man nicht mehr essen mag oder kann, lässt man einfach etwas auf dem Teller.

Taxi in Almaty

Pamirtoilette

Toiletten

Man muss sich auf die gesamte Bandbreite vom Hock-Klo bis zum supermodernen und topsauberen WC einstellen. Die Low-tech-Version trifft man häufig dort, wo es weder Wasser- noch Abwasserleitung gibt: Im ländlichen und kleinstädtischen Bereich, in bzw. neben Raststätten und Tankstellen. Toilettenpapier und Desinfektionstücher sollten immer dabei sein. Benutztes Toilettenpapier wird übrigens in den Eimer neben dem Abtritt geworfen.
Die **Kennzeichnungen der Toiletten** für Damen und Herren können sehr mannigfaltig sein: Von den üblichen Piktogrammen über anglophile Schildchen mit ›M‹ und ›F‹, die russischen ›M‹ (mustschiny = Männer) und ›Ж‹ (zhenstschiny = Frauen) oder gar Abkürzungen in den Landessprachen.

Trampen

Das Mitnehmen mit dem Auto wird mit der Erwartung verknüpft, dass der Passagier zahlt. Da das Preisgefüge in den Regionen sehr unterschiedlich ist, kann auch der Obolus stark schwanken; der Preis muss beim Einsteigen ausgehandelt werden.
Man sollte auf Sicherheit achten: Möglichst nicht im Dunkeln trampen und nicht allein

– die Tramper sollten zahlenmäßig im Auto nicht unterlegen sein. Die ungefährlichste Variante ist es, einen Linienbus auf offener Straße anzuhalten. Das ist meistens auch billiger.

Trekking

Die großartigen Gebirgslandschaften von Altai, Dzhungarischem Alatau, Tien Shan, Alai, Fan-Gebirge und Pamir fordern zum Trekking geradezu heraus. Doch die Voraussetzungen dafür sind ganz anders als in Europa, es gibt kaum markierte Wanderwege. Die einzigen Ausnahmen sind das Ala-Artscha-Gebirge südlich von Bischkek und Teile des Fan-Gebirges in Tadschikistan. Es ist deswegen dringend angeraten, sich einer Gruppe anzuschließen oder sich unter die Obhut eines erfahrenen Bergführers zu begeben.

Es gibt einige zuverlässige Veranstalter, die auf Trekking spezialisiert sind, hier kann man in der Regel auch Zelte, Isomatten und Schlafsäcke ausleihen. Für größere Touren sind Packpferde bzw. Packesel und im Pamir sogar Yaks im Angebot; es gibt Führer für die Tiere, Träger und Köche für die Touren. In Karakol in Kirgistan hat sich die halbe Stadt auf die Betreuung von Trekkingtouristen und Bergsteigern spezialisiert, auch im tadschikischen Fan-Gebirge leben die Dörfer vom Outdoor-Tourismus.

Trekking im Dzhungarischen Alatau in Kasachstan

Marktfrau in Duschanbe

Trinkgeld

In der Gaststätten-Rechnung sind oft schon zehn Prozent Bedienungsaufschlag enthalten. Andernfalls oder wenn man der Meinung ist, dass die Bedienung einen Extra-Obulus verdient hat, kann man die entsprechende Summe separat mit den Worten ›Danke, das ist für Sie!‹ (Spasibo, eto dlja was!) übergeben. In den seltensten Fällen wird man zurückgewiesen. Auch Fahrer, Guides, Pferdeführer usw. nehmen gern ein Extra für überdurchschnittliche Leistung. 10 Prozent vom Basispreis ist ein guter Richtwert.

Trinksprüche

Islam hin oder her, bei Feierlichkeiten in Zentralasien wird häufig etwas (oder mehr) Alkohol getrunken. Ohne Trinkspruch zu trinken gilt dabei als kulturlos. Jeder Teilnehmer eines Gastmahls sollte mindestens einmal zu Wort kommen. Was man sagen will, sollte man sich vorher zurechtlegen – denn erwartet werden inhaltsreiche, möglichst blumige Reden. Üblich ist es, sich für die Einladung zu bedanken, auf die Beziehung zum Gastgeber einzugehen, ihn zu loben, seiner Familie alles Gute zu wünschen, einen Ausblick in die Zukunft zu wagen.

Ein Trinkspruch geht immer an die Hausfrau(en) – man bedankt sich für die gute Bewirtung.

Unterkunft

Vom Luxushotel bis zur Absteige mit Plumpsklo auf dem Hof ist alles zu haben. In abgelegenen Gegenden gibt es oft nur einfache Herbergen. Ein Hüttenschlafsack tut hier gute Dienste.

Besonders in Kirgistan und Tadschikistan gibt es gute **CBT-Netzwerke**, wo man ›dicht am Leben‹ und preiswert in Privatpensionen übernachten kann und auch verpflegt wird:

CBT Kyrgyzstan: http://cbtkyrgyzstan.kg

Tadschikistan (PECTA): www.visitpamirs.com/homestays-regions, ZTDA: http://ztda-tourism.tj

In Kasachstan und Usbekistan gibt es das nur punktuell (Kolsaj-Seen, Nuratau-Berge), in Turkmenistan gar nicht.

Über die **gängigen Buchungsnetzwerke** findet man auch in Zentralasien die passende Komfort- und Preisklasse, zusätzlich gibt vorliegendes Buch einige Tipps.

Eine preiswerte Möglichkeit der Unterbringung ist das Wohnen im Sanatorium oder ›Prophylaktorium‹, buchbar in manchen Reisebüros. Der Komfort in manchen dieser Häuser ist durchaus akzeptabel.

Wer sich über einen längeren Zeitraum in Zentralasien aufhalten will, sollte sich über eine Immobilienagentur oder privat eine Wohnung mieten.

Vegetarier unterwegs

Nach wie vor ist es in dieser Weltgegend nicht selbstverständlich, kein Fleisch zu essen. Für viele Menschen ist es nicht einmal vorstellbar. Manchmal wird man gar gefragt: ›Warum? Bist Du krank?‹. Als Alternative wird angeboten: Hühnchen (›Hühnchen ist doch kein Fleisch‹), Fisch, das gleiche Gericht ohne Fleisch oder Suppe (›Wir haben das Fleisch rausgenommen.‹). Man sollte prüfen, ob man für die Zeit seines Aufenthaltes zum Flexitarier wird. Geht das nicht, sei Folgendes empfohlen: Bei Gruppenreisen durch private Gästehäuser rechtzeitig Bescheid geben (lassen), dass Vegetarier kommen und was vegetarisches Kochen bedeutet. Oft sind sehr gute frische Milchprodukte im Angebot. In Restaurants: Fladenbrot, Eierspeisen, Beilagen (Reis ist immer im Angebot, oft gibt es Nudeln, Bratkartoffeln, Pommes, Buchweizen oder gar gegrilltes oder gedünstetes Gemüse). Obst und Gemüse auf dem Basar kaufen und (abgewaschen) mitführen. Gebäck und Süßigkeiten sind in großer Vielfalt im Verkauf.

Veganer unterwegs

Für Veganer ist es noch komplizierter. In den Regionen, wo Menschen nur als Viehzüchter überleben können, wird natürlich auch viel mit Milchprodukten zubereitet, selbst das Fladenbrot kann Joghurt enthalten. Hier darf man nichts dem Zufall überlassen und muss a) vor der Tour bestimmte Gerichte bestellen und b) Notrationen einkaufen: Trockenfrüchte, Nüsse, Müslimischungen, Buchweizen, Hülsenfrüchte, Hirse, Reis vom Markt, Bananen.

Authentische Unterkunft: Jurtenstadt am Song-Köl in Kirgistan

Visa

In der Reihenfolge der Unkompliziertheit der Visafragen sind die Länder so aufgestellt:

Kirgistan: Kein Visum für Touristen aus europäischen Ländern für die Dauer von 60 Tagen.

Kasachstan: Kein Visum für Touristen aus europäischen Ländern für die Dauer von 30 Tagen.

Usbekistan: Seit 1.2.2019 kein Visum für Touristen aus EU-Staaten für die Dauer von 30 Tagen. Bleibt man länger, kann alles elektronisch eingereicht werden: http://evisa.mfa.uz/evisa_en/. Mindestanzahl für Gruppenvisa: fünf Personen.

Tadschikistan: Elektronisches Visum mit Aufenthaltsdauer bis maximal 45 Tage, Preis 35 bis 70 Euro, für Einmalvisum unkompliziert und schnell: www.evisa.tj, für Mehrfachvisa etwas aufwendiger: https://www.visa.gov.tj

Turkmenistan: Visapflicht, ziemlich umständliche Beantragung, muss per Post erfolgen, nur mit Einladung von geprüften Veranstaltern und Zustimmung des Migrationsdienstes, lange Prüf- und Wartezeit mit relativ hoher Ablehnungsquote. Preis je nach Dauer 35 bis 55 Euro, maximale Verweildauer im Land 30 Tage. https://germany.tmembassy.gov.tm.

▸ **Übersicht über die Visabestimmungen** *(Stand Sommer 2019)*

	Kasachstan	Kirgistan	Tadschikistan	Turkmenistan	Usbekistan
Visumpflicht?	nein	nein	ja	ja	nein
Maximale Verweildauer ohne Visum	30 Tage	60 Tage	-	-	30 Tage
Maximale Verweildauer mit einfachem touristischem Visum	-	-	45 Tage	30 Tage	-
Elektronisches Visum möglich?	nein	nein	ja	nein	ja
Einladung nötig?	nein	nein	nein	ja	nein
Durch wen?	-	-	-	Reisebüro	-
Tourplan nötig?	nein	nein	nein	ja	nein
An Tourplan gebunden?	-	-	-	nicht zwingend	-
Visum am Flughafen?	-	-	ja	ja	-
Polizeiliche Anmeldung nötig?	nein	nein	nein	ja	ja
Durch wen?	-	-	-	Hotel oder Reisebüro	Hotel oder Reisebüro
Zolldeklaration?	ggf.	ggf.	ggf.	ggf.	ggf.
Maximale Summe bei Einfuhr ohne Deklarationspflicht	10 000 US-Dollar	0	0	0	0
Maximale Summe bei Ausfuhr ohne Deklarationspflicht	10 000 US-Dollar	0	0	0	0

Skifahrer in Schymbulaq oberhalb von Almaty

Wintersport

Wintersportländer sind Kirgistan (Karakol, Ala-Artscha, Ski-Touren überall möglich) und Kasachstan (Altai und die Berge über Almaty). Die Saison dauert je nach Höhe von November/Dezember bis März/April. Nördlich von Duschanbe gibt es auch in Tadschikistan ein Wintersportgebiet (Safedorak) und in der Nähe von Taschkent soll das kleine Resort von Tschimgan ausgebaut werden. Hier ist die Saison kürzer (Dezember bis Februar).

Zahlungsmittel

In allen fünf Ländern wird in nationaler Währung bezahlt, auch wenn manchmal zur besseren Orientierung in US-Dollar ausgepreist ist. Die Landeswährungen sind nur im Inland erhältlich. US-Dollar und Euro können getauscht werden, die Prozeduren sind unterschiedlich einfach bzw. kompliziert
Die nationalen Währungen sind:
Kasachstan: Tenge
Kirgistan: Som
Tadschikistan: Somoni
Turkmenistan: Manat
In Usbekistan: Sum
Der **Wechselkurs** (→ S. 440) zum US-Dollar/Euro wird von den Nationalbanken festgelegt. In Kasachstan floatet der Kurs offiziell, die Wirklichkeit sieht etwas anders aus.
Das Netz der **Geldautomaten** in größeren Städten und an Tankstellen großer Ketten ist in Kasachstan und Kirgistan inzwischen gut ausgebaut, in Usbekistan gibt es wenige Automaten in großen Hotels. Die Maximalbeträge für eine Abhebung mit ausländischen Karten sind nicht sehr hoch und liegen zwischen 100 und 200 Euro. Plant man also die Zahlung einer größeren Summe in bar gleich nach der Ankunft, sollte man diese in Euro oder Dollar mitbringen, um nicht in Schwierigkeiten zu geraten.
Reiseschecks werden kaum noch angenommen. **Kreditkarten** sind gebräuchlicher, auch **Maestro-Karten** werden inzwischen an vielen Orten in großen Städten akzeptiert.
Geldüberweisungen in Minutenschnelle übernimmt die ›Western Union Money Transfer‹, inzwischen in allen großen Städten bei Banken vertreten, sogar in Turkmenistan.

Zeitzonen

Im Verhältnis zu Mitteleuropäischer Zeit (MEZ):
Kasachstan: im Westen plus 4 Stunden (Aktau, Atyrau, Uralsk, Aktöbe), Rest plus 5, im Sommer jeweils plus 3 und plus 4.
Kirgistan: plus 5 Stunden, im Sommer plus 4.
Turkmenistan und Tadschikistan: plus 4 Stunden, im Sommer plus 3.
Achtung: Im **Pamir östlich von Ischkoschim** wird inoffiziell von allen die kirgisische Zeit verwendet, also plus 1 Stunde zur offiziellen Duschanbe-Zeit.
Usbekistan: plus 4 Stunden, im Sommer plus 3.

Sprachführer

Wer nach den Ausführungen auf → S. 111 nicht entmutigt ist und Lust auf ein Lesen- oder gar Schreibenkönnen der jeweiligen Sprachen hat, dem sei folgende Tabelle als Hilfe angeboten.

Da Russisch immer noch der einzige gemeinsame Sprachnenner ist, folgt die Ordnung in der Tabelle dem kyrillischen Alphabet.

Buchstabentabelle

Kyrillisch incl. Sonderzeichen	Transkription in diesem Buch	Aussprache/ Bemerkungen	IPA	Usbekische Entsprechung	Turkmenische Entsprechung
А а	A a	Affe	a	A a	A a
Б б	B b	Bein	b	B b	B b
В в	W w	Weg	v w β	V v	W w
Г г	G g	gut	G	G g	G g
Ғ ғ	Gh gh	kehliges, gehauchtes g, nah beim deutschen r in Karre	n	G' g' (*)	-
Д д	D d	Dorf	d	D d	D d
Е е	Je je/e	am Silbenbeginn und nach Vokal immer kurzes je wie in yes, sonst e wie in Kelle	je, e	E e	
Ё ё	Jo jo	Joch	jo	Yo yo	Yo yo
Ж ж	Zh zh	stimmhaftes sch wie in Journal, im Kirgisischen stimmhaftes dsch wie in Jam	ʒ	J j	Ž ž
Җ җ	Dzh dzh	stimmhaftes dsch wir in Jam	ʤ	-	J, j
З з	Z z	Stimmhaftes s wie in Sinn	z	Z z	Z z
И и	I i	Igel	i	I i	I i
İ i	I i	kurz und geschlossen wie in ist (nur im Kasachischen)	ɪ	I i	
Й й	I i/J j/ij	vor folgendem Konsonanten i, vor folgendem Vokal j. Am Wortende betont auslautend wie ij	j	Y y	Ý ý
К к	K k	Kissen	k	K k	K k
Қ қ	Q q	kehliges, hartes k wie in krächzen	Q	Q q	K k
Л л	L l	Lampe	l	L l	L l
М м	M m	Mund	m	M m	M m
Н н	N n	Nase	n	N n	N n
Ң ң	Ng ng	gebunden wie in Angst	ŋ	Ng ng	Ň ň
О о	O o	offen, mit leichtem Beiklang von a	ɒ	O o	O o
П п	P p	Palme	p	P p	P p

Kyrillisch incl. Sonderzeichen	Transkription in diesem Buch	Aussprache/ Bemerkungen	IPA	Usbekische Entsprechung	Turkmenische Entsprechung
Р р	R r	gerolltes r	r	R r	R
С с	S s (ss)	stimmloses scharfes s wie in Tasse	s θ	S s	S s
Т т	T t	Tuch	t	T t	T t
У у	U u	Uhu	u	U u	U u
Ф ф	F f	Fahne	f	F f	F f
Х х	Ch ch	vor und nach a, o, u wie in Dach, vor und nach e, i wie in ich	x χ	X x	
Ҳ ҳ	H h	Haus, Gehabe, nur im Tadschikischen und Usbekischen **	h	H h	-
Һ (һ) h	H h	Hand, gehofft, nur im Kasachischen und Turkmenischen **	h	-	H h
Ц ц	Ts ts	Zauber, Katze	ts	Ts ts	-
Ч ч	Tsch tsch	wie in Matsch	tʃ	Ch ch	Ç ç
Ҷ ҷ	Dzh dzh	stimmhaftes dsch wie in Gin, nur im Tadschikischen	dʒ	-	-
Ш ш	Sch sch	Schaf	ʃ	Sh, sh	Ş ş
Щ щ	Schtsch schtsch	keine dt. Entsprechung, meist vernuschelt	ʃt	-	-
Ы ы	Y y	sehr breit ausgesprochenes ü	ɯ	-	Y y
Э э	E e	wie kurzes ä in kämmen	e	E e	E e
Ю ю	Ju ju	Jugend	ju	Yu yu	Ju ju
Я я	Ja ja	Jacke	ja	Ya ya	Ja ja
ь	'	Weichheitszeichen, macht vorhergehenden Konsonanten weich	-	'	-
ъ	-	Härtezeichen, trennt zwei Buchstaben in der Aussprache deutlich	-	'	-
Ә ә	Ä ä	kurz wie in Äpfel	æ	-	Ä ä
Ө ө/Ў ў	Ö ö	kurz wie in öffnen	ø	O' o' (*)	Ö ö
Ү ү	Ü ü	kurz wie in üppig	y	-	Ü ü
Ұ ұ	U u	langes dunkles u, nur im Kasachischen	U	-	-

*nicht mit dem Apostroph identisch, sondern ähnelt einer kleinen 6. In Schreibschrift kann es durch einen über den Buchstaben gesetzten Strich ersetzt werden: ḡ oder ğ, ō oder ŏ.

**Wird nie zur Verlängerung des vorgehenden Vokals verwendet, wie im Deutschen, sondern immer nur zum Aushauchen des vorgehenden oder Anhauchen des nachfolgenden Vokals.

Die gebräuchlichsten Redewendungen

Aus Platzgründen wird nicht die Originalschreibweise, sondern nur die Aussprache verwendet.

Deutsch	Kasachisch	Kirgisisch	Tadschikisch	Turkmenisch	Usbekisch	Russisch
Hallo!	Sälém!	Salám!	Assalóm!	Salám!	Salóm! oder Hormang!	Priwjét!
Guten Tag.	Sälemetsiz b´ä? (Wörtlich: Bist Du gesund?)	Salamatsyzby? (Wörtlich: Bist Du gesund?)	Ruz ba chair.	Salam Alejkum. (Grüß Gott. Friede sei mit Dir.)	Assalomu Alajkum.	Dóbryj djen´
Willkommen (Pl.)	Qosch kelingiz(der).	Kosch kelingiz(der).	Chusch ómaded.	Hosch geldingiz.	Chush kelibsiz.	Dabró pazhalo-wat´.
Wie geht es Dir/ Ihnen?	Kalyng kaláj?/Ka-lyngiz kaláj?	Kandaj turasyz?	Tschi chel schu-mo?	Jagdajlaryng nä-hili?	Ahvollaring jach-schimi?	Kak Váshi djelá?
gut	zháqsi	dzhákschy	chub	jágsy	jáchschi	charaschó
nicht schlecht/ geht so	zhamán jemés	dzhaman emes/ eptep septep	Bad nest/mescha-wad	aladá etmé.	jomón ämás/ buládi	neplócha/pajdjót
schlecht	zhamán	dzhaman	bad	erbet/jaman	jomón	plócha
Tschüss!	Sau ból!	Kosch bol!	chajr.	Sag bol.	Chajr!	Paká!
Auf Wiedersehen! (Mehrzahl, Sie-Form)	Sau bolyngiz!	Kosch bolunguz!	Chajr, to didan./ To bozdid!	Sag bolung./ Hosch galyng!	Chajr!	Da swidánija!
ja	ijä	oba	bale	hawa	ha	da
nein	zhoq	dzhok	ne	jok	jok	njet
Verstehen Sie?	Tüsinesiz bé?	Tuschundunuzbú?	Mefamed?	Düschündingmí?	Tuschunárlimi?	Panimájetje?

Deutsch	Kasachisch	Kirgisisch	Tadschikisch	Turkmenisch	Usbekisch	Russisch
Ich verstehe nicht.	Tüsenbéjmin.	Tuschunbodum.	Man na mefamam.	Men düschenemok.	Men tuschunmádim.	Ja nje panimáju.
Ich weiß nicht.	Bilméjmin.	Bilméjmin.	Man na medonam.	Men bilemok.	Men bilmájman.	Ja nje znáju.
Wie heißen Sie?	Sizding atyngyz kim?	Sizding atyngyz kim?	Nomi schumo tschist?/Nomi schumo tschi?	Adyngyz näme?	Ismingiz nima?	Kak Vas zawút?
Ich heiße ...	Meníng atým ...	Menim atým ...	Nomi man ...	Mening adym ...	Ismim ...	Menjá zawút ...
Woher kommen Sie?	Siz qaydán kelesíz?	Siz kajsy ölködön kéldingiz?	Schumo as kudzho?	Perischdeleri kim jaratdy?	Siz kaerdán?	Atkúda Wy?
Ich komme aus Deutschland/Österreich/der Schweiz.	Men Germániadan/Ávstriadan/Schwejtsáriadan kéldim.	Men Germaniadan/Avstriadan/Schwejtsariadan kéldim.	Man az Olmon astam.	Men Germániadan/Ávstriadan/Schwejtsáriadan.	Men Olmónijadan/Ávstrijadan/Schwejtsárijadan.	Ya iz Germánii/Avstrii/Schwejtsárii.
Darf ich ...?	Bola ma ekén?	Urksatpy?	Mumkin ...?	Boljarmy?/Mümkinmi?	Munkinmí?	Mózhna?
Ich möchte ...	Maghan ... kerek.	Maga ... kerek.	Man mechoham .../Mechom ...	Men islejärin ...	Menga ... kerak.	Ya chatschú ....
Haben Sie ...?	... sizde bar má?	A ... sizde barby?	Shumo ... dored?	Sizde ... barmý?	... sizda bórmi?	U was jest ...?
danke/vielen Dank	rachmét/köp rachmét!	yrachmat	rahmat/rahmati kalon	sag bol	rahmat	spasiba/balschóje spasiba
bitte	ötinémiz	suránytsch	marhamat/iltimos	basch üstüne	marhamat	pazháluista
Entschuldigen Sie.	Késchiringiz.	Ketschiresiz.	Lutfan bubachsched./Bachschisch.	Bagyschlang.	Iltimós, kétschiring.	Izvinítje.

Deutsch	Kasachisch	Kirgisisch	Tadschikisch	Turkmenisch	Usbekisch	Russisch
Mann	adám (erkék)	ärkék	mard	adám (är, erkek)	erkák	muschtschína
Frau	äjél	ajál	zan	ajál (zenan)	ajól	zhénschtschina
Kind/Kinder	balá/balalár	balá/balalár	kudak, batscha/ farzand(on)	tschaga/tschagatar	bolá/bolalár	rebjónok/djéti
Familie	ótbasy/zhangujá	uj buló	oila/chonawoda	maschgala	oila	semjá
geöffnet	aschyq	atschyk	kuschod ast/kurz: kuschoda	atschyk	otschík	atkrýta
geschlossen	zhabyq	zhabyk	band ast/machkam ast (kurz: band/machkam)	japyk	jopik	zakrýta
jetzt	qazyr	azyr	hozir	muhazar	chózir	sejtschás
heute	bügin	bugun	imruz	schü gün	bugun	sewódnja
morgen	jerténg	ärteng	fardo	ertir	ertaga	záwtra
übermorgen	bürsigüni	burskunu	pasfardo	bir gün	indinga	poslezáwtra
Stunde	saghat	saat	soat	sagat	soat	tschas
Tag	kün	kun	ruz	gün	kun	djen´
Woche	apta	apta	hafta	hepde	hafta	nedjélja
morgens	tangertenggilik	ärten menen	pagohiruzi	irden	erta bilan	útram
abends	keschke/keschkilik	ketschinde	begohi/schom	agscham	ketschqurun	vétscheram
nachts	tünde	tunundo	schabona	gidzhe	tunda	nótschju
groß	ülken	tschong	kalon	ulý	katta	balschój
klein	kischi	kitschi	churd	kítschi	kitschik	málenkij

Deutsch	Kasachisch	Kirgisisch	Tadschikisch	Turkmenisch	Usbekisch	Russisch
schön	ädemi	kooz	zebo	owadan	tschirojli	krasíva
Wo (ist)?	... qajda?	... kajsy zherde?	(Dar) kudzho (ast)?	nirede?	qajerga?	Gdje (nachóditsa)?
(nach) links	sol(gha)	solgo	ba tschap	sag(a)	tschapga	naléwa
(nach) rechts	ong(gha)	ongo	ba tarafi rost	tschep(e)	ongga	napráwa
geradeaus	tuura	tuura	rost	göni	togriga	prjáma
nah	zhaqyn	zhaqyn	nazdik	golaj	zhaqýn	blízka
fern (weit)	alys	alys	dur	dasch	uzóq	dalekó
hier	myna zherde	bul zherde	hamindzho/indzho	bu erde (kurz: bärde)	bujerda	zdjes´
dort	ana zherde	al zherde	dar on tscho	ol erde	ujerga	tam
Zentrum	ortalýq	tsentr	markaz	orta	markaz	tsentr
Altstadt	eschki qala	äski schaar	schahri kadim	köne schäher	eski schahar	stáryj górad
Bahnhof	temir zhol stantsi-jasy/wokzal	vokzal	istgoh	wokzal	wokzal	wakzal
Bahnsteig/Gleis	platfórma/zhol	platfórma/dzhol	perron/roh	dzhol	zhol	platfórma/put´
Kasse	kassa	kassa	kassa	kassa	kassa/ gaznachoná	kassa
Fahrkarte	biljet	biljet	biljet	biljet	biljet	biljét
Wieviel kostet ...?	... qanscha turade?	... kantscha turat?	Tschand pul mes-hawed ... ?	... bahasy nätsché?	... netscha pul?	skólko stóit ...?
Zug	pójyz	pójezd	pójezd/qatora	pójezd	pojezd	pójezd
Ankunft	keletyn uaqyty	satyp aluu	omada rasidan	geljän wagty	kelisch	pribýtije

Deutsch	Kasachisch	Kirgisisch	Tadschikisch	Turkmenisch	Usbekisch	Russisch
Abfahrt	zhüretin uakyty	dzhonotuu	ravonakuni	gidjän wagty	zhonatisch	atpravlénije
Busbahnhof	awtobekét	awtowakzal	istgohi avtomo-bilho	awtowokzál	awtowokzál/ awtobus bekati	awtawakzál
Bus	awtobus	awtobus	awtobus	awtóbus	awtóbus	awtóbus
Sammeltaxi	marschrútka	marschrutka	marschrutka	taxi (goschulyp gi-diljän)	marschrútnoje taxí	marschrútnaje taxí
Auto	maschyna/kölik	una	avtomobil/mo-schín	maschyn	avtoulów	maschína
Haltestelle	ajaldama´, astanówka	ajaldamá	istgoh	duralga	ostanowka	astanówka
Flughafen	äuezhaj, aeroport	aeroport	aeroport	aeropórt	aeropórt	aeropórt
Flugzeug	uschaq	utschák	tayjora/ hvopajmo	samoljot	tajora/samoljót	samaljót
Eingang	kiru	kirú	daromadgoh	girelge	kirisch	wchod
Ausgang	schyghú	tschigú	baromad	tschykalga	tschigisch	wýchod
Hotel	qonak uj	mejmankana	mehmonchoná	myhmanhana	mehmonchoná	gastínitsa
Zimmer	nömir	nomer	nomer	myhmanhana otagy	nómer	nómer
Bettwäsche	tösek	schejschepter	rachti chob	jorgan-düschek	ürinbosch	pastélnaje bel´jó
Handtücher	oramaldar/sülgi	sulgu	dasturujpokkunak	polotense	sótschik	palaténtse
heißes Wasser	istyq su	ssyk suu	obi garm	gyzgyn suw	issiq suw	garjátschaja wadá
Dusche	dusch	dusch	dusch	dusch	dusch	dusch
Heizung	batariya/pesch	zhylytuu	garmkuni	jylydysch	isitisch	ataplénije

Deutsch	Kasachisch	Kirgisisch	Tadschikisch	Turkmenisch	Usbekisch	Russisch
Licht/Strom	toq	elektr	quwwaj barq	tschyra	elektr toki/elektr kutschlanisch	elektrítschestwa
... funktioniert nicht/ist kaputt.	... bitken.	... ischtebejt.	kor namekunad/ schikast	... ischlemejär (kurz: ischlänok)	... ischlamájdi	... nje rabótajet
Restaurant	restorán/as-chaná	restoran/aschkaná	restoran/tarab-choná	restoran	restorán	restarán
Speisekarte	menjú	menju	menjú	menü	menjú	menjú
Ich habe Hunger.	Mening qarnym asch.	Men atschkamyn.	Man gurusna.	men adzhygyaryn.	Mening qornim otsch.	Ya galóden (mask.)./Ya galad-ná. (fem.)
Guten Appetit!	As tätti bólsyn!	Tamagygar tattuu bolsun!	Ischtihoi taom oder ischtihoi sof	Ischdängiz tschyk!	Joqimli ischtacha!	Prijátnowo ap-petíta!
Frühstück	tanggi tamaq	ärtegmenenki ta-maktanu	churoki nahori	ertilik nahar/ertilik	nonuschta	záwtrak
Mittagessen	tüski tamaq	tuschku tamak-tanu	churoki nisfiruzi	öjlänlik nahar/ öjlänlik	tuschlik	abjéd
Abendessen	keschki tamaq	ketschki tamak-tanu	churoki schabona	Agschamlyk nahar/agschamlyk	ketschki ovqat	úzhin
Suppe	sup/sorpa	sorpó	schurbo	tschorba	schorwa	sup
Brot	nan	nan	non	tschörek/noun	non	chljeb
Butter/Fett	sary maj/maj	sary maj/maj	ravghan	mesge	sarjogh/jogh/moj	másla/zhir
Wasser	su	suu	ob	suw	suw	wada´
Saft	schyryn	schire	scharbat	miwe suwy/sok	scharbat	sok

Sprachführer

Deutsch	Kasachisch	Kirgisisch	Tadschikisch	Turkmenisch	Usbekisch	Russisch
schwarzer/ grüner Tee	qara/kök schaj	kara/kok schaj	tschoj sija/ tschoj sabz	gara/ gäk tschaj	kora/ kok tschoj	tschornyj/ zelj´nyi tschaj
Kaffee	kófe	kofe	qahwa	kofe	kofe	kófe
Milch	süt	sut	schir	süyt	sut	malakó
Zucker	qant	kant	schakar	gant	schakar	sáchar
Bier	syrá	syra	piwo/obi jaw	piwe	píwo	píwa
Wein	scharáp	vino	scharob/maj	tschakyr/winó	wino	winó
Fleisch	jet	ät	guscht	et	goscht	mjása
Fisch	balyq	balyk	mohi	balyk	baliq	rýba
Eier	zhumyrtqa	zhumurtka	tuchm	jumurtga	tuchum	jájtsa
Käse (v.a. Frisch-käse)	irimschik	syr	panir	pejnir/syr	pischlók	syr
Gemüse	kökönis(ter)	dzhaschyltschalar	zabszavot	gök önümleri	sabzavot	ówoschtschi
Obst	zhemis(ter)	zhemisch/mömö	mewa	miwe	mewalar	frúkty
Reis	kürisch	kurutsch	birindzh	tüwi	gurutsch	ris
Kartoffeln	kartop	kartöschkö	kartoschka	kartoschka	kartóschka	kartóschka
Salz	tuz	tuz	namak	duz	tuz	sol´
Bank	bank	bank	bonk	bank	bank	bank
Geld	aqschá	aktschá	pul	pul	pul	djéngi
Geschäft	dukén	dükön	maghoza	dukán	magazín/dokón	magazín
Markt	bazar	bazar	bozor	bazar	bozor	rýnak

Deutsch	Kasachisch	Kirgisisch	Tadschikisch	Turkmenisch	Usbekisch	Russisch
Wieviel kostet das?	Bul qanscha turadý?	... kantscha turat?	Tschand pul meshawed ... ?	Onung bahasy nätsché?	Kantschá bu turadi?	skólka éta stóit?
teuer	qymbát	kymbat	qimmát	gymmat	qimmat	dórogo
Post	pótschta	pótschta	potschta	pótschta	pótschta	pótschta
Briefmarke	marka	marka	marka	marka	marka	patschtówaja marka
Krankenhaus	auruchaná	bejtapkana	kasalchoná/bemorchona	keselhaná	kasalchoná	balnítsa
Arzt	däriger	doktur	duchtur	lykman	doktor	wratsch/doktor
Ich habe Fieber.		Men temperatura bolup atam.	Man tab kardosijam.	Meng gyzgynym bar.	Mening charorátim bor.	U menjá temperatúra.
Ich habe Durchfall.	Mening ischim ötti.	Mening itschim ötüp atat.	Man darunrav schudam.	Mening itschim getschyär.	Itschim ketajapti.	U menjá panós.
Medikamente	deri	daary	doru	derman	dori	lekárstva
Apotheke	derichana	apteka	doruchoná	dermanhana	dorichoná	aptéka
Toilette	däretchaná	daaratkaná	chodzhatchoná	hajathana	hojatchona	toiljét
Brücke	Köpir	köpürö	pul	köpri	kóprik	most
Straße	kösche (im Ort)/ zhol (Landstraße)	kötschö	kutscha	kötsche (Ort)/zhol (Landstraße)	kótscha/zhol	úlitsa (Ort)/daróga (Landstraße)
Platz	alang	ajant	majdón	jer	majdón	plóschtschad´
Museum	muzej	muzej	muzey/osorchona	muzej	muzej	muzéj
Theater	teatr	teatr	teatr	teatr	teatr	teátr
Botschaft	elschilik	ältschilik, posolstvo	saforat	iltschihana	ältschichoná	pasólstwa

Sprachführer

Glossar

Acantholimon: Hochlandpflanze, die große Stachelpolster ausbildet. Jene werden im Pamir gegen den bösen Blick auf die Hausdächer gelegt

Achämeniden: bis weit nach Zentralasien reichende vorchristliche persische Dynastie, wurde von Alexander dem Großen geschlagen und beendet

Aiwan: offene Pavillons in Parks (TJ, UZ)

Alabaster: weicher, leicht zu bearbeitender Marmor (Kalkstein) oder Gips, wurde als Ausgangsmaterial für Schnitzarbeiten verwendet

Animismus: Naturreligiöse Glaubensrichtungen, die von einer Beseeltheit (lat. anima = ›Seele‹) der gesamten Natur ausgehen

Aryq: schmaler, offener Wasserkanal

Aqyn, **Akyn**: fast dasselbe wie ein → Zhyrau, ein Aqyn tritt vor allem während großer Rezitierwettbewerbe (Aitys, Ajtysch) auf

Aul, **Ail**: kasachische und kirgisische Bezeichnung für eine Jurtensiedlung bzw. ein Dorf

Awesta, **Avesta**, **Avesto**: heilige Schriften der Zoroastrier, verfasst wahrscheinlich zwischen 1737 und dem 8. Jahrhundert vor unserer Zeit, leider nur in Resten erhalten. Enthält sehr detaillierte und nachvollziehbare Verhaltensvorschriften, die in Tadschikistan teilweise heute noch bekannt sind und eingehalten werden

Baktrien: historische Region um die Stadt Baktra (Balkh im Norden Afghanistans)

Balbal: steinerne Grabstele, stilisierter Wächter (6./8. Jahrhundert)

Baraka, **Barakat**, **Bereke**: Allahs Segen, dessen man für gute Taten (z.B. Wohltätigkeit, Gastfreundschaft) teilhaftig wird. Im Pamir ein zentraler Begriff

Buran: schwerer Schneesturm in der Steppe

Chanaka, **Chanagah**, **Khanqah**: Pilgerherberge, Kloster, Herberge für Derwische

Chauz, **Khauz**, **Khawuz**, **Haus**: Großes Wasserbecken an einer Moschee oder anderen öffentlichen Stellen

CBT: Community based tourism, in ländlichen Regionen angewandtes Konzept, die Bevölkerung über Privatpensionen, Arbeit als Guides usw. einzubeziehen und Einkommensmöglichkeiten zu schaffen

Chorasan: historischen Region beiderseits des Gebirges Kopet-Dagh, heute in Iran, Turkmenistan, Usbekistan und Afghanistan gelegen

Chorezmien, **Choresm**, **Khorezm**: Großoase am Unterlauf und der Mündung des Amudarja, südlich des Aralsees, früher von persischer Bevölkerung besiedelt, historische Region, Reich, jetzt usbekische Provinz, erste Hauptstadt Toprak Kala, dann Kath, Kunya-Urgentsch und Chiwa

Chudzhra, **Hudschra**: offene Wohnnischen für Studenten in Medresen

Dastarchan, **Dastarchon**: Tischtuch/niedriger Tisch bei zentralasiatischen Völkern, Symbol für Bewirtung und Gastfreundschaft

Derwisch: Angehöriger eines Sufi-Ordens, eigentlich Bettler (persisch)

Dombra: zwei- oder dreiseitiges Zupfinstrument der Kasachen, oft als Begleitung zum Sprechgesang verwendet, aber auch zur Darbietung von Instrumentalstücken (Küj)

Dschingisiden: direkte Nachfahren Dschingis Khans und seiner ersten Frau Börte; noch heute sind Personen in Zentralasien sehr stolz darauf, zu dieser Linie zu gehören

Dzhamoatchona: das ismailitische Pendant zur Moschee, die es bei den Ismailis nicht gibt

Dzhuma-Moschee: Freitagsmoschee, große Zentralmoschee für das feierliche Hauptgebet

Endemisch: bezogen auf Tiere und Pflanzen, nur in einer begrenzten Region vorkommend

GULag: Sowjetisches Arbeitslager-System unter Stalin (Glavnoje Upravlenije Lagerey)

Hadithen: Mohammed zugeschriebene Verhaltensregeln für die Gläubigen aus der → Sunna

Hukumat (tadsch.): Verwaltung eines Ortes oder Gebietes (kas., kirg.: Akimat)

Iwan, **Liwan**, **Aiwan**: Portal mit einer großen, gewölbten, reich verzierten Nische, eigentlich zum Hof geöffneter Teil alter arabischer und persischer Häuser, in Tadschikistan auch hölzerne Pavillons in Parks

Jurte: traditionelle mobile Behausung der zentralasiatischen Nomaden, großes rundes Filzzelt mit flexiblem Holzgestänge

Kalpak: traditioneller hoher weißer Filzhut der Kasachen und Kirgisen, mit schwarzen Ornamenten bestickt und manchmal mit schwarzem Samt verbrämt

Kala, **Qala**: befestigte Stadt

Kazan: Großer Kessel, in dem Gerichte über dem offenen Feuer gekocht werden

Kenotaph, **Zenotaph**: Scheingrab

Khan, **Chan**: Herrscher bei Mongolen, Tataren, Kasachen und anderen Turkvölkern

Kischlak, **Qischloq**: persisch für Dorf

Kobyz: zweisaitiges Streichinstrument der Steppenvölker, nach einer Legende vom sagenhaften Musiker und Philosophen Qorqyt erfunden. Schamanen nutzen es zur Erlangung der Trance

Komuz: kirgisische Variante der → Dombra

Kumys, **Kumiss**, **Kymys**: fermentierte, vergorene Stutenmilch, leicht alkoholisch

Kurgan (nicht zu verwechseln mit dem korgon – Festung): skythischer Grabhügel

Kurt, **Kurut**: gesalzene, luftgetrocknete Frischkäsebällchen

Kurutob: vegetarisches tadschikisches Gericht aus Tomaten-Gurken-Salat mit Blätterteig-Fladenbrot, Öl und in Wasser (ob) eingeweichtem Kurut

Muqarnas in der Medrese Abd Al-Aziz Khan in Buchara

Kurultai: große Volksversammlung bei den zentralasiatischen Nomadenstämmen, mit Gesandten aus jedem Stamm, vergleichbar dem Thing der Germanen

Mahalla: traditionelle Wohnstruktur in den Städten Zentralasiens. Stampflehmhäuser mit Flachdächern sind um Hofgärten angeordnet, nach innen offen, nach außen vollständig mit fensterlosen Mauern abgeschlossen. Früher hatte jede Mahalla ihre Moschee, die Entwicklung verläuft wieder in dieser Richtung. Mahallas sind soziale Einheiten, in denen gewohnt und gearbeitet wird und die ihre eigene, informelle Verwaltung wählen, sie haben ›Scharnier‹funktion zwischen Familie und Staat

Majolika: typisch zentralasiatische Fayencen – Zierkacheln oder Schindeln zur Verkleidung von Fassaden und Kuppeln, Wänden, Mihrabs und Gräbern. Die Grundfarbe ist meist ein intensiv leuchtendes Türkis, oft mit feinster Ornamentik oder gar dreidimensional

Maral (*Cervus elaphus sibiricus*): Sibirischer Edelhirsch, größer als der Rothirsch

Margiana: historische Region um die Oase Merw, heute Mary in Turkmenistan

Marschrutka: Sammeltaxi, Kleinbusse für ca. 10 Personen, die erst dann abfahren, wenn sie voll und übervoll sind

Mazar, **Masar**: Schrein, in dem eine Person verehrt wird

Medrese: theologische Hochschule, offener Hof mit → Iwanen und Wohneinheiten (→ Chudzhras) für die Schüler

Mihrab: nach Mekka weisende Nische in Moscheen, in dieser Richtung wirf gebetet

Minbar: Kanzel in einer Moschee, vor oder neben dem Mihrab befindlich

Mikrorayons: sowjetische Satellitenstädte mit reiner Wohnfunktion, ab den 1960ern im Eiltempo aus Betonplatten errichtet

Muqarnas, auch Stalaktiten genannt: kunstvolle (statisch-) dekorative Gebilde zum Ausfüllen von rechtwinkligen Nischen

Namazgah-Moschee: Moschee für die Alltagsgebete (namaz)

Nekropole: Gräberstadt jenseits bewohnter Territorien

Nizari-Ismailitentum: im 11. Jahrhundert entstandene Abspaltung vom Islam, gemäßigte → schiitische Richtung, erkennt nur direkte Nachfolger Mohammeds an und hier besonders die Linie des Imams Nizar. Aktueller Imam ist der Aga Khan

Oblast: Verwaltungsbezirk, Provinz, dem Rayon (Kreis) übergeordnete Einheit

Ovring: kunstvoll gebaute, teilweise geflochtene und mit Seilen befestigte ›hängende Pfade‹ an steilen Bergwänden

Ossuarium: Urne für Gebeine, verbreitet bei den Zoroastriern

Oxus: altgriechische Bezeichnung für den Fluss Amudarja

Peschtak: großes Portal, rechteckiger Mauerteil, der sich über die Dachlinie erhebt und ein Portal oder einen Iwan abschließt

Petroglyphen: in glatte, meist mit Wüstenlack bedeckte Felsoberflächen eingravierte oder eingeritzte Motive, i.d.R. aus dem 1. Jahrtausend vor unserer Zeit bis zum Mittelalter

Saken (persische Bezeichnung), **Skythen** (griechische Bezeichnung, geht auf Herodot zurück) – hoch entwickelte kriegerische Reiternomaden zwischen Baikalsee und Krim im 2. und 1. Jahrtausend vor unserer Zeit

Samaniden (tadsch. Somoniden): persisch-islamische Herrscherdynastie nach Ismail Samani, 9.–10. Jahrhundert

Sardoba: überkuppelter Wasserspeicher, oft neben Karawansereien

Saxaul (*Haloxylon ammodendron*): typischer zentralasiatischer Wüstenstrauch oder niedriger Baum, sehr anspruchslos, mit hartem Holz und nadelförmigen Blättern

Schahristan (Schachristan, Scharestan): Kern einer mittelalterlichen Stadt, durch mächtige Mauern geschützt

Schaibaniden: Dynastie in Buchara, die wahrscheinlich auf Dschingis Khans Sohn Dzhutschi und dessen fünften Sohn Schiban zurückgeht. Schaibani-Khan begründete um 1500 die erste Usbeken-Dynastie

Schaschlyk: Fleischspieße, in Tadschikistan auch Sikh Kabob genannt

Scheich: geistiger, oft auch religiöser Führer, bei den Sufis spiritueller Meister (persisch: Pir), der den Menschen (seinen Murid, den ›Wollenden‹, d.h., Schüler) auf den Pfad der Erkenntnis führt

Schiiten: von Schia = Partei: Anhänger des Erbkalifats, betrachten Mohammeds Schwiegersohn Ali und dessen Nachfahren als einzig rechtmäßige Nachfolger Mohammeds

Schyrdak: kirgisische Filzteppiche mit farblich abgehobenen Ornamenten, die aufwendig eingenäht werden

Schirtschoj, Shirchoy: Gesalzener Milchtee, in welchen Brot gebrockt wird, Alltagsessen der Pamiri

Schubat: vergorene Kamelmilch

Skythen: griechische Sammelbezeichnung für wehrhafte, kulturell hochstehende indogermanische Reitervölker zwischen Baikalsee und Krim im 2./1. Jahrtausend vor unserer Zeit, von den Persern wurde ein Teil von ihnen auch Saken (saka) genannt

Sogdien, **Sogdiana**, **Sogd**, **Sughd**: Persische Provinz (Satrapie) zwischen Amudarja und Syrdarja vom 6. Jhd. vor unserer Zeit bis zum Einfall der Araber im 7./8. Jahrhundert

Stupa: buddhistische Pagode, oft einfache Stufenpyramide

Sufismus, **Sufitum**, **Sufik**: islamische Mystik, religiöse Philosophie, in Zentralasien ab dem 12. Jahrhundert auch mit religionspolitischer Funktion – zentraler Faktor bei der Gewinnung von Nicht-Muslimen für den Islam und Organisation eines Volksglaubens Von den zahlreichen Sufi-Bruderschaften gibt es in Zentralasien die Kubrawija in Turkmenistan, die Naqschbandija und Suhrawardija in Usbekistan und die Jassawija in Kasachstan

Sunna: Sammlung von ca. 800 000 überlieferten Verhaltensregeln, die Mohammed für die Gläubigen aufgestellt haben soll, nach al-Buchari können aber nur 7397 von Mohammed selbst stammen

Sunniten: Anhänger der Sunna, die sich am Brauch (arab. sunna = ›Brauch‹) der ersten Nachfolger Muhammads, der Kalifen, sowie dem der Mehrheit der Gläubigen orientierten

Teppichknüpferinnen in Margilon

Die meisten Moslems in Zentralasien sind Sunniten, Ausnahme sind die schiitischen → Nizari-Ismailiten im Pamir

Sybyzgy: zentralasiatische Hirtenflöte

Syrten: Bergtundra im Tien Shan, als Sommerweide genutzt und leider auch übernutzt

Tandyr: traditioneller Brotbackofen, oft selbstgebaut aus Lehm, manchmal auch vorgefertigt aus Beton

Taptschan, **Tapchan**: meist hölzernes Podest im Freien, auf dem gesessen, gegessen und auch geschlafen wird

Teresken: Hornmelde, Kraschennikowia, bis drei Meter hoher Halbstrauch aus der Familie der Fuchsschwanzgewächse, wird im Pamir zum Feuern verwendet

Telpek: Ziegenfellmütze in Turkmenistan und im westlichen Usbekistan

Terrakotta: äußerst hartes Material aus gebrannter Tonerde

Tim: Passage, Handelsbau mit mehreren Kuppeln

Timuriden: Herrscherdynastie der Nachfahren Timurs (15. Jahrhundert)

Tjubetejka: mit Seiden- oder Goldfäden, manchmal auch mit Glasperlen bestickte runde Kappe, vornehmlich bei Usbeken und Tadschiken

Toq, **Tok**, **Tak**, **Taq**: Kuppelbasar

Tschador: Knöchellanger, meist schwarzer Körperschleier, der das Gesicht freilässt

Transoxanien: das ›Land hinter dem Oxus‹, persisch Maverannahr, das Land zwischen den Strömen (Amudaja und Syrdarja)

Tündük (kirg.), **Schangyrak** (kas.): Dachkranz der Jurte

Tschajchona, **Tschajchana**, **Chaykhana**, **Choyxona**: traditionelle Teestube, in der man auch essen kann, überschaubare Speisekarte, kein Alkoholausschank! Meist sitzen nur Männer hier und reden. Natürlich trinken sie dabei auch Tee

Zapowednik: Naturschutzgebiet, strengster Schutzstatus

Zhailjau (kas.), **Dzhailoo** (kirg.) – Sommerweide, Alm, Standort der Jurten vom Beginn des Sommers bis zum ersten Schneefall, liebster Ort der Kasachen und Kirgisen

Zhetigen: siebensaitiges kasachisches Zupfinstrument, zither-ähnlich

Zhyrau: improvisierende Volksdichter der Kasachen und Kirgisen, ihre ausschließlich mündliche Kunst wird als Sprechgesang weitergegeben, rhythmisch von der → Dombra begleitet

Literatur

Länder und Leute

Dalos, György: Geschichte der Russlanddeutschen. Von Katharina der Großen bis zur Gegenwart, Beck 2015. Russlanddeutsche haben Zentralasien mitgeprägt – hier erfährt man alles über ihre Herkunft und die Gründe ihrer Rückkehr in die historische Heimat.

Karutz, Richard: Unter Kirgisen und Turkmenen, nur antiquarisch. Karutz meint, im damaligen Kenntnisstand gefangen, Kasachen statt Kirgisen. Ethnologische Kostbarkeit über das Leben an der Westküste des Kaspischen Meeres zu Beginn des 20. Jahrhunderts.

Kindler, Robert: Stalins Nomaden. Herrschaft und Hunger in Kasachstan, Hamburger Edition 2014. Die Doktorarbeit des jungen Historikers ist ein erschütterndes Dokument über Stalins drakonische Assimilations-Politik gegenüber den Nomadenvölkern, exemplarisch am Beispiel der Kasachen.

Knobloch, Edgar: Turkestan, Prestel München/London/New York 1999. Komplexe und sprachgewaltige Darstellung des Kulturraumes Zentralasien.

Loy, Thomas: Jaghnob 1970. Erinnerungen an eine Zwangsumsiedlung in der Tadschikischen SSR, Dr. Ludwig Reichert Verlag, Wiesbaden 2005.

Schwarz, Franz Xaver von: Turkestan, die Wiege der indogermanischen Völker. Diese hochinteressanten, umfänglichen und bebilderten Aufzeichnungen von 1923 gibt es als Kopie im Internet zu kaufen.

Seidenstraße verstehen. Kirgistan–Tadschikistan–Usbekistan, herausgeben 2017 vom Studienkreis für Tourismus und Entwicklung in der Reihe SympathieMagazine. Guter Einführung in den Alltag.

Belletristik

Aini, Sadriddin: Der Tod des Wucherers/Buchara. Beide Bücher sind antiquarisch erhältlich. Der in Tadschikistan und Usbekistan gleichermaßen verehrte Schriftsteller erlebte und beschrieb in wunderbarer Detailtreue und Bildhaftigkeit zwei historische Epochen.

Aitmatow, Tschingis: Dshamila/Frühe Kraniche/Der erste Lehrer/Abschied von Gülsary/Der Tag zieht den Jahrhundertweg (Ein Tag länger als ein Leben)/Der weiße Damp-

Diese Bücher machen neugierig auf mehr

fer/Die Richtstatt/Das Kassandramal/Kindheit in Kirgistan/Der Schneeleopard/Mein Land u.a.
Die Werke des großen kirgisischen Schriftstellers dokumentieren auf einzigartige Weise, poetisch, kraftvoll und traurig 50 Jahre sowjetisches Zentralasien und fast 20 Jahre der schwierigen Selbständigkeit.

Auezow, Muchtar: Abai (Der Weg des Abai). Ein bildgewaltige Geschichte aus den letzten Jahrzehnten des traditionellen kasachischen Nomadenlebens.

Böhm, Peter: Tamerlans Erben. Zentralasiatische Annäherungen. Picus, Wien 2005. Teilweise satirische Momentbeschreibungen aus den zentralasiatischen Republiken.

Brehm, Alfred: Auf den Spuren der Archare. Tier- und Abenteuergeschichten. Prisma-Verlag 1990. Feinsinnige und anschauliche Beobachtungen von einer Forschungsreise nach Sibirien und Zentralasien (1867).

Fatland, Erika: Sowjetistan. Erfrischend geschriebene Beobachtungen einer jungen Norwegerin auf ihrer Reise durch das moderne Zentralasien.

Filchner, Wilhelm: Ein Ritt über den Pamir, 1903. Dokumentation des sensationellen Alleinritts eines deutschen kaiserlichen Offiziers von Osch über den Pamir nach Kaschgar.

Jan, Wassilij: Dschingis-Khan, antiquarisch erhältlich. Sorgsam recherchierter historischer Roman über das blutige Zusammentreffen zweier Kulturkreise im frühen 13. Jahrhundert: Der mongolischen Reiternomaden unter Führung Dschingis Khans und des Heeres vom Chorezmien unter Führung von Schah Muhammad. Weitere Teile der Trilogie: Batu-Khan/Zum letzten Meer.

Kisch, Egon Erwin: Gesammelte Werke III. Zaren, Popen, Bolschewiken. Asien gründlich verändert. China geheim, Aufbau Verlag, Berlin 1992. Der berühmte ›rasende Reporter‹ war schwer beeindruckt vom Wandel, der das sowjetische Turkestan in den 1930er Jahren erfasste.

Maillart, Ella: Turkistan Solo. Eine abenteuerliche Reise ins Ungewisse, Frederking & Thaler 2001. Mittelasien zur Zeit der Sowjetisierung 1932, im Konflikt zwischen Tradition und Aufbruch, aus dem Blickwinkel der ungewöhnlichen Schweizer Reisenden Ella Maillart.

Nurpeissov, Abdishamil: Der sterbende See,Dagiyeli, Kasachische Bibliothek 2006. Ergreifendes Werk über das bittere Schicksal eines Fischerdorfes am austrocknenden Aralsee und die Verantwortlichkeit des Menschen für seine Umwelt und sein Leben.

Polo, Marco: Die Beschreibung der Welt. Die Reise von Venedig nach China (auch erhältlich als Polo, Marco: Die Wunder der Welt. Die Reise nach China an den Hof des Kublai Khan). Der Venezianer tangierte nur den Süden des heutigen Tadschikistan, und doch ist es eine passende Lektüre

Qodyriy, Abdullo: Die Liebenden von Taschkent. Der usbekische Schriftsteller wurde 1938 wegen ›Nationalismus‹ von Stalins Schergen erschossen. Das Buch erscheint 2019 bei Dagiyeli.

Rickmers, Willi: Alai! Alai!, Leipzig 1930. Spannender Bericht des Leiters der legendären sowjetisch-deutschen Pamir-Expedition, antiquarisch erhältlich.

Schwartz, Daniel: Schnee in Samarkand. Ein Reisebericht aus 3000 Jahren, Eichborn Verlag Frankfurt a. Main 2007. Kulturhistorische Hintergründigkeiten auf fast 1000 Seiten.

Seysenbajev, Rollan: Der Tag, an dem die Welt zusammenbrach, Dagyeli 2001. Novelle über den Test der Wasserstoffbombe in der kasachischen Steppe und die Folgen für die hier lebenden Menschen. Aufrüttelndes Gleichnis über den Umgang mit der Natur und die Menschenverachtung der Mächtigen.

Tichy, Jaroslav: Söhne der Goldenen Horde. Märchen aus Kasachstan und Usbekistan, antiquarisch erhältlich. Wundersam und sprachlich brilliant, von arabeskenhaft bis volkstümlich, oft ohne happy end, so wie das Leben.

Vambery, Hermann: Mohammed in Asien (anderer Titel: Man nannte mich Reshid Efendi), antiquarisch erhältlich.

Unglaublich aufwühlende Geschichte einer lebensgefährlichen wissenschaftlichen Mission, getarnt als Pilgerreise. Vambery war kurz vor der russischen Eroberung in Chiwa, Buchara und Samarkand.

Windisch, Elke: Zentralasien. Politische Reisereportagen, Dagyeli 2007. Nicht mehr ganz aktuell, aber eine gute Momentaufnahme, die das Verstehen vieler Zusammenhänge erleichtert.

Zabarah, Dareg (Hsg.): Zentralasien, Wieser Verlag 2017. Handliches Lesebuch für die Jackentasche, mit kurzen Geschichten bekannter und unbekannter Chronisten aus drei zentralasiatischen Jahrtausenden.

Sachbuch

Baumer, Christoph: The history of Central Asia, Tauris, 2012. Faszinierender Text- und Bildband eines leidenschaftlichen Forschers und Historikers über eine sensationelle und doch weitgehend unbekannte Zivilisation.

Diebold, Alfred: Water unites. From the Glaciers to the Aral Sea, Trescher Verlag 2012. Fundierte und gut bebilderte Darstellung der gemeinsamen Gletscher- und Wasserproblematik der zentralasiatischen Länder.

Frankopan, Peter: Licht aus dem Osten. Eine neue Geschichte der Welt, Rororo 2017. Endlich mal ein nicht europa-zentristischer Gesamtblick auf die Welt. Plötzlich liegt Zentralasien im Zentrum.

Hopkirk, Peter: The Great Game. The Struggle for Empire in Central Asia, Reprint 1994. Gut lesbares, bebildertes Standardwerk über den Kampf zwischen Großbritannien und dem Russischen Zarenreich um die Macht über das Gebiet vom Kaukasus bis nach China im 19. und frühen 20. Jahrhundert.

Humboldt, Alexander von: Zentralasien. Das Reisewerk zur Expedition von 1829, Gutenberg 2009. Auch wenn der große Forscher nur den Norden des heutigen Kasachstan tangierte – er wusste doch viel mehr. Mit diesem Wälzer kann man sich getrost für ein Jahr einschließen.

Kappeler, Andreas: Russland als Vielvölkerreich. Entstehung, Geschichte, Zerfall, C.H.Beck 1992. Mit einer verständlichen Darstellung der Eingemeindung Mittelasiens in das Russische Imperium sowie der Vektoren der russischen und sowjetischen Politik in Zentralasien.

Klevemann, Lutz: The new Great Game: Blood and Oil in Central Asia. Grove Press, New York 2004. Aktuellere Entwicklungen in den zentralasiatischen Staaten.

Létolle, René/Mainguet, Monique: Der Aralsee. Eine ökologische Katastrophe, Springer 1996. Umfassende Bestandsaufnahme der tragischen Umweltkrise am Aralsee

Meuser, Philipp (Hrsg.): Ästhetik der Leere. Moderne Architektur in Zentralasien, Verlagshaus Braun, Berlin 2002. Geschichte, Eigenarten und Probleme der Region und das Streben nach künstlerischer und politischer Eigenständigkeit durch das Prisma der Ästhetik des modernen Städtebaus. Unter Meusers Herausgeberschaft sind bei DOM publishers weiterhin erschienen:

Architekturführer Kasachstan. Der große Bogen von den Grabmalen in der Steppe bis zur futuristischen Metropole Nur-Sultan (Astana).

Architekturführer Astana. Ein spannendes Architekturbuch über ein ambitioniertes Metropolenprojekt.

Architekturführer Bischkek. Dokumentiert die einzige zentralasiatische Hauptstadt, die ihre sowjetische Vergangenheit (bisher) noch nicht großflächig abgerissen hat

Architekturführer Duschanbe. Die Mittelasien-Expertin Edda Schlager hat akribisch im alten und neuen Duschanbe recherchiert. Für die historischen, größtenteils dem Untergang geweihten Gebäude gibt es mit diesem Buch wenigstens ein würdiges Denkmal.

Architekturführer Taschkent. Ein Lehrbuch der sowjetischen Plattenbau-Vielfalt nach dem Tabula-rasa-Erdbeben von 1966, mit Blicken in die Vergangenheit und Sahnehäubchen der imperialen neo-usbekischen Architektur

Parzinger, Hermann: Die frühen Völker Eurasiens. Vom Neolithikum bis zum Mittelalter, C.H. Beck 2011. Akribische Dokumentation jahrzehntelanger Grabungen und Forschungsarbeiten in Eurasien und Herstellung eines grandiosen geschichtlichen Zusammenhangs.

Paul, Jürgen: Zentralasien, Neue Fischer Weltgeschichte, Band 10.
Verständlich verfasster, spannender und komplexer Überblick eines renommierten Islamwissenschaftlers.

Pitschikjan, Igor: Oxos-Schatz und Oxos-Tempel. Achämenidische Kunst in Mittelasien, Berlin, Akademie 1992 (Antike in der Moderne).

Sapper, M./Weichsel, V./Huterer, A. (Hrsg.): Machtmosaik Zentralasien, Doppelheft Osteuropa 8–9/2007. Nicht mehr ganz frisch, aber doch gut geeignet, um den postsowjetischen Umbruch zu verstehen

Flora und Fauna

Manuel Schweitzer, Raffael Ayé, Tobias Roth: Birds of Central Asia.

Holubec, Voitech und Horak, David: The Tian Shan and its Flowers. Eine Augenweide. Nach diesem Buch möchte man nur noch weg und hin.

Reiseführer

Luckow, Beate: Turkmenistan. Durch die Wüste Karakum nach Ashgabat, Nisa, Merw und Konya Urgench, Trescher Verlag, Berlin 2019

Middleton, Robert/Huw, Thomas: Tajikistan and the High Pamirs. Odyssey Illustrated Guides, Hongkong 2011. Mit fast 700 Seiten zu schwer für den Rucksack, dafür ausführliche Informationen zu Kultur, Religion und zu Entdeckern und Entdeckungsreisen im Pamir.

Pander, Klaus: Zentralasien. Usbekistan, Kirgistan, Tadschikistan, Turkmenistan, Kasachstan, DuMont Kunst-Reiseführer 2012. Fundiertes Kompendium über die gemeinsame Geschichte und Kultur Zentralasiens, dezidierte Beschreibungen der Architektur.

Schreiber, Dagmar: Kasachstan. Mit Almaty, Astana, Tien Schan und Kaspischem Meer, Trescher Verlag, Berlin 2017

Schreiber, Dagmar, Bill, Sonja: Tadschikistan. Mit Duschanbe, Pamir und Fan-Gebirge, Trescher Verlag, Berlin 2018.

Schreiber, Dagmar, Flechtner, Stephan: Kirgistan. Mit Bischkek, Talas, Osch, Naryn, Issyk Kul, Tien Schan und Pamir, Trescher Verlag, Berlin 2019.

Thöns, Irina; Thöns, Bodo: Usbekistan. Entlang der Seidenstraße nach Taschkent, Samarkand, Buchara und Chiwa, Trescher Verlag, Berlin 2019.

Sprachen

In der Reihe ›Kauderwelsch‹ des Reise Know-How Verlags sind erschienen:

Höhmann, Thomas: Kasachisch Wort für Wort

Korotkow, Michail: Tadschikisch Wort für Wort, Usbekisch Wort für Wort
Die erfrischend unorthodoxen kleinen Lehrbücher machen sogar Sprachmuffeln Lust auf das Erlernen der gängigen Redewendungen der jeweiligen Sprache.

Landmann, Angelika: Turkmenisch. Kurzgrammatik. Taschenbuch

Zentralasien im Internet

Alle Links auf www.trescher-verlag.de

Amtliches

www.auswaertiges-amt.de
Basis- und Sicherheitsinformationen zu jedem einzelnen Land, sie werden regelmäßig aktualisiert

Wirtschaft und Analysen

www.zentralasien.ahk.de Internetauftritt der Delegation der Deutschen Wirtschaft in Zentralasien: Wirtschaftsnachrichten und Statistiken

www.laender-analysen.de/zentralasien
Zentralasien-Analysen des Zentrums für

Mützenanprobe auf dem Basar in Osch

Osteuropa- und internationale Studien gemeinsam mit anderen deutschen Forschungsinstituten. Gut recherchierte Daten und Zusammenhänge zu wechselnden Themen mit zahlreichen Tabellen und Chroniken. Kostenlos, großes Archiv

https://www.liportal.de/kasachstan/
https://www.liportal.de/kirgisistan/
https://www.liportal.de/turkmenistan/
https://www.liportal.de/tadschikistan/
https://www.liportal.de/usbekistan/
Ständig aktuelles Länderinformationsportal der Deutschen Gesellschaft für Internationale Zusammenarbeit

Nachrichten

http://akipress.com Tagesaktuelle Berichte aus Kirgistan – Zentralasiens einzigem Land ohne durchgehende Pressezensur – und seinen Nachbarländern (kirg., russ., engl.)
http://enews.fergananews.com Kritische Nachrichten aus Zentralasien aus russischer Sicht, einseitig sicherheitsfokussiert
www.timesca.com Times of Central Asia. Ausgewogene Nachrichten auf Englisch.
www.novastan.org Zentralasien aus französischer Sicht, auch auf Deutsch
www.eurasianet.org Wöchentlich aktualisierte politische Nachrichten aus amerikanischer Sicht, nützliche Links (engl., russ.)
www.eurasischesmagazin.de Mehr über Asien ohne Scheuklappen des Eurozentrismus (deutsch)
www.deutsche-allgemeine-zeitung.de Wochenzeitung der Deutschen in Zentralasien (deutsch, russ.)
https://n-ost.org/ Netzwerk von Journalisten mit Ost-Schwerpunkt

Reisen

www.caravanistan.com Land, Leute, Geschichte, Politik, Kultur, Touren, Literatur (engl.). Nicht immer topaktuell, was z.B. Visabestimmungen betrifft
https://centralasiagb.com Informationen für Individualtouristen
www.crm.de Reisemedizinische Beratung
https://orexca.com/start/index-eng.php Reisebüro ›Oriental Express Central Asia‹ aus Taschkent, mit guter Übersicht: Touren, Hotels, Kultur und Geschichte (engl., russ.).
www.pamirs.org Seite des Buchautors Robert Middleton mit umfänglichen Infos zum Pamir (engl.)
http://paramountjourney.com/de/ Tadschikistan vom Insider

Natur und Umwelt

www.birds.kz Die Seite für Freunde des reichen kasachischen Vogellebens (engl., russ.)
www.plantarium.ru Pflanzen auf dem Territorium der ehemaligen Sowjetunion
www.crudeaccountability.org Unabhängige Umweltinfos aus der Kaspi-Region (engl., russ.).

Reiseblogs

www.pedalglobal.net Treffpunkt für Biker mit Infos und Forum (dt.)
www.tlc-exped.net Berichte über Offroad-Touren durch Zentralasien (dt.)
www.travelblog.org/Asia
Austauschforum für Traveller (engl.)

Klima und Relief

http://geofon.gfz-potsdam.de Aktuelle Erdbebenberichte mit Richterskala (engl.).
www.meteo.tj Wettervorhersage und Informationen zu Klima und Gletschern (tadsch., russ., engl.)
www.weather-and-climate.com Klimadiagramme (engl.)

Danksagung

Sehr, sehr viele Menschen haben mir in den vergangenen 25 Jahren geholfen, Zentralasien von seinen besten Seiten kennenzulernen. Viele von ihnen sind zu guten Freunden geworden. Sie alle zu nennen, würde bedeuten, dem Buch ein Extrakapitel hinzuzufügen. In meinen Reiseführern über Kasachstan, Kirgistan und Tadschikistan sind die meisten genannt.

Für die Hilfe bei der Arbeit an diesem Buch bin ich besonders dankbar:

Najmiddin Khalikulov, Rashid Sukhov, Bodo und Irina Thöns in Taschkent,
Oibek Ostanov in Samarkand,
Surat Toimastov, Mavljuda Khaydarowa, Umed und Khalil Karimov in Duschanbe,
Oleg, Antonina und Shamurad in Aschgabat,
Alexander Petrov und Valeri Izmailov in Almaty,
Munira Akilowa, Farida Oqili und Dzhamshed Yussupov in Chudzhand,
Misha Danichkin und seiner Familie in Bischkek und Tamga sowie Tschynar Assylbajewa in Bischkek,
Michael Richter in Erlangen, dem Team des Studienkreises für Tourismus und Entwicklung und meiner Lektorin Sabine Fach.

Und ehrlicherweise muss ich auch Wikipedia erwähnen – der Triumphzug des freien Wissens im Internet ist großartig. Er kann gründliches Lesen nicht ersetzen, wohl aber zeitaufwendiges Suchen bestimmter Fakten in Karteikästen von Bibliotheken. Danke, Wiki! Gespendet hab ich auch!

Über die Autorin

Dagmar Schreiber, Jahrgang 1962, Studium der Philosophie in Leningrad und Moskau, zwei Kinder, hatte 1994 eigentlich keine Lust, für ein Weltbank-Projekt nach Kasachstan zu gehen. Sie ging trotzdem und musste sich in der Folgezeit gefallen lassen, dass ›die Umstände‹ und ihre eigene Neugier und Faszination ihr gesamtes Leben umkrempelten. Kasachstan, dann Kirgistan, Tadschikistan, Usbekistan und schließlich auch Turkmenistan wurden zu ihrer großen Leidenschaft. Sie sattelte um auf Schreiben, Reisen, Ökotourismus und Umweltschutz. Im Trescher Verlag erschienen ›Kasachstan‹, ›Kirgistan‹ (mit Stephan Flechtner) und ›Tadschikistan‹ (mit Sonja Bill). Seit 2004 nimmt sie Gleichgesinnte auf ihre Touren mit. Ganz den nomadischen Traditionen Zentralasiens folgend, begibt sie sich im Frühjahr auf Reisen und kehrt im Herbst in ihr Winterquartier im Kreis Mansfeld-Südharz zurück. Ihre Reiseberatung www.kasachstanreisen.de hilft Individualreisenden bei ihrem Aufenthalt in Zentralasien. Hinweise und Korrekturen sind willkommen unter sh.dagmar@gmail.com.

Dagmar Schreiber

Register

Kartenregister

Übersichtskarten

Bildnachweis

alle Fotos von Dagmar Schreiber, außer:

Alexander Binder: 454
AlexelA/shutterstock.com: 3
arthorse/shutterstock.com: 31, 32
Ruslana Berndl: 169
Curioso/shutterstock.com: 419
deepspace/shutterstock.com: 327
EugenPut/shutterstock.com: 16
Sebastian Fischer: 172
Julia Yashina/shutterstock.com: 17
M. Potapowa/shutterstock.com: 17
Markhor: S. 309
MehmetO/shutterstock.com: Titel
Michal Knitl/shutterstock.com: 281
Moehring/shutterstock.com: 378
oixxo/shutterstock.com: 171
Claudia Quaukies: 19, 197
Tabea Rettelbach: 207
Michael Richter: 191
Herrmann Schulz: 170
Rashid Sukov: 420
Bodo Thöns: 365, 412, 425, 426, 427, 428
Uwe Seidner/shutterstock.com: 319
Vladimir Mulder/shutterstock.com: 157
Susanne Weitlaner: 478

Lokale Reiseexperten.
Entdecken Sie Usbekistan mit uns!
Ihr DOCA TOURS Team
DOCA TOURS
Discover Oriental Central Asia
www.doca-tours.com | www.oybekostanov.com
info@doca-tours.com | info@oybekostanov.com
docatours | DiscoverOrientalCentralAsia
+998 93 352 00 44 | +99893 350 20 20
D.O.C.A.

ORIENT SILK
ROAD EXPRESS

Ventus Reisen
Spezialist für anspruchsvolle
Individual- und Gruppenreisen
Zentralasien
Blaue Kuppeln, alte Karawanenstädte und grandiose
Bergpanoramen entlang der Seidenstraße.
individuell | maßgeschneidert | reisen
Wir organisieren jede Reise nach Ihren Wünschen.
Zentralasien | Orient | Kaukasus | Russland | Südostasien
www.ventus-reisen.de
Krefelder Straße 8, 10555 Berlin | Tel: 030 - 391 00 332
office@ventus.com

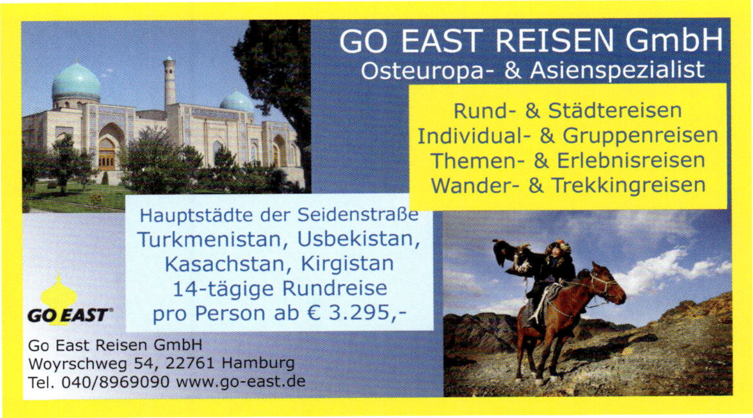
GO EAST REISEN GmbH
Osteuropa- & Asienspezialist
Rund- & Städtereisen
Individual- & Gruppenreisen
Themen- & Erlebnisreisen
Wander- & Trekkingreisen
Hauptstädte der Seidenstraße
Turkmenistan, Usbekistan,
Kasachstan, Kirgistan
14-tägige Rundreise
pro Person ab € 3.295,-
GO EAST
Go East Reisen GmbH
Woyrschweg 54, 22761 Hamburg
Tel. 040/8969090 www.go-east.de

Reisen nach Maß
Ihr Spezialist für
Individualreisen nach
Zentralasien
HAASE
TOURISTIK
www.haase-touristik.de
info@haase-touristik.com
fon 030 84 183 226
fax 030 84 183 227
Dickhardtstr. 56
12159 Berlin

TRESCHER VERLAG
Peter Kerber
IRAN
Das einstige Persien zwischen Tradition und Moderne
Mit herausnehmbarer Übersichtskarte
Trescher Verlag
Andreas von Heßberg, Waltraud Schulze
CHINESISCHE SEIDENSTRASSE
Reisen zwischen Xi'an, Ürümqi und Kashgar
Mit Taklamakan, Tian Shan und Altai
DIE SEIDENSTRASSE

Kartenlegende

- Autofähre
- Bahnhof
- Bank
- Bar
- Brunnen
- Burg/Festung
- Burgruine
- Busbahnhof
- Café
- Campingplatz
- Denkmal
- Dorfkirche
- Fähre
- Flughafen
- Hafen
- Höhle
- Hotel
- Internetcafé
- Kino
- Kirche
- Kloster
- Klosterruine
- Krankenhaus
- Leuchtturm
- Markt
- Moschee
- Museum
- Naturschutzgebiet
- Oper
- Parken
- Parkhaus
- Post
- Restaurant
- Ruine/Ausgrabungsstätte
- Segeln
- Sehenswürdigkeit
- Seilbahn
- Strand
- Supermarkt
- Synagoge
- Theater
- Tor
- Touristeninformation
- Turm
- Zoo
- Sehenswürdigkeit
- Burg
- Kirche
- Friedhof
- Zeltplatz
- Berggipfel
- Seilbahn
- Autobahn
- Schnellstraße
- Hauptstraße
- sonstige Straßen
- E 65 Europastraße
- A 65 Autobahn
- 243 Bundesstraße
- Eisenbahn
- Grenzübergang
- Staatsgrenze
- Hauptstadt
- Stadt/Ortschaft

Kartenregister → S. 484

Zeichenlegende

- allgemeine Informationen, Reisebüros, Tourismusämter
- Flughäfen
- Bahnverbindungen
- Busverbindungen
- Taxiinformationen
- Hotels und Pensionen
- Restaurants
- Cafés
- Einkaufsmöglichkeiten, Souvenirs
- Festivals und sonstige Kulturveranstaltungen